经济教材译丛

（原书第17版）

商务与经济统计方法

Statistical Techniques in Business and Economics
(17th Edition)

道格拉斯·A. 林德（Douglas A. Lind）
卡罗来纳海岸大学和托莱多大学
[美] 威廉·G. 马歇尔（William G. Marchal） 著
托莱多大学
塞缪尔·A. 沃森（Samuel A. Wathen）
卡罗来纳海岸大学

马丹 译

机械工业出版社
CHINA MACHINE PRESS

本书是优秀的统计学教材，为读者深入领会统计的概念提供了有效的工具。本书介绍了一些基本的数据分析知识，提供了丰富的统计软件知识，编排新颖、讲解清晰，并结合大量案例，使统计技术不再枯燥，而是变得生动有趣，方便读者理解和学习。本书的重点是理解概念，通过大量的案例和练习理解统计方法在商业与经济学中的应用。

本书不仅适合作为财经院校统计专业广大师生的教材，而且适合作为管理学、市场营销学、金融学、会计学、经济学和其他商业管理相关专业师生的指导书。

Douglas A. Lind, William G. Marchal, Samuel A. Wathen.
Statistical Techniques in Business and Economics, 17th Edition.
ISBN 978-1-259-66636-0
Copyright © 2018 by McGraw-Hill Education.

All Rights reserved. No part of this publication may be reproduced or transmitted in any form or by any means, electronic or mechanical, including without limitation photocopying, recording, taping, or any database, information or retrieval system, without the prior written permission of the publisher.

This authorized Chinese translation edition is published by China Machine Press in arrangement with McGraw-Hill Education (Singapore) Pte. Ltd. This edition is authorized for sale in the Chinese mainland (excluding Hong Kong SAR, Macao SAR and Taiwan).

Translation copyright © 2023 by McGraw-Hill Education (Singapore) Pte. Ltd and China Machine Press.

版权所有。未经出版人事先书面许可，对本出版物的任何部分不得以任何方式或途径复制或传播，包括但不限于复印、录制、录音，或通过任何数据库、信息或可检索的系统。

此中文简体翻译版本经授权仅限在中国大陆地区（不包括香港、澳门特别行政区及台湾地区）销售。

翻译版权 © 2023 由麦格劳－希尔教育（新加坡）有限公司与机械工业出版社所有。

本书封面贴有 McGraw-Hill Education 公司防伪标签，无标签者不得销售。

北京市版权局著作权合同登记　图字：01-2021-1776 号。

图书在版编目（CIP）数据

商务与经济统计方法：原书第 17 版 /（美）道格拉斯·A. 林德（Douglas A.Lind），（美）威廉·G. 马歇尔（William G.Marchal），（美）塞缪尔·A. 沃森（Samuel A.Wathen）著；马丹译.—北京：机械工业出版社，2024.5

（经济教材译丛）

书名原文：Statistical Techniques in Business and Economics, 17th Edition

ISBN 978-7-111-74875-5

Ⅰ.①商…　Ⅱ.①道…②威…③塞…④马…　Ⅲ.①商业统计－统计方法－高等学校－教材②经济统计－统计方法－高等学校－教材　Ⅳ.① F712.3 ② F222.1

中国国家版本馆 CIP 数据核字（2024）第 072089 号

机械工业出版社（北京市百万庄大街 22 号　邮政编码 100037）
策划编辑：王洪波　　　　　　　　　　责任编辑：王洪波　伍　曼
责任校对：王小童　杨　霞　张　征　　责任印制：单爱军
保定市中画美凯印刷有限公司印刷
2024 年 7 月第 1 版第 1 次印刷
185mm×260mm · 38.75 印张 · 964 千字
标准书号：ISBN 978-7-111-74875-5
定价：119.00 元

电话服务　　　　　　　　　　　网络服务
客服电话：010-88361066　　　　机　工　官　网：www.cmpbook.com
　　　　　010-88379833　　　　机　工　官　博：weibo.com/cmp1952
　　　　　010-68326294　　　　金　　书　　网：www.golden-book.com
封底无防伪标均为盗版　　　　　　机工教育服务网：www.cmpedu.com

前言

多年来，本书得到了许多读者的厚爱，并广受师生欢迎，我们深感荣幸，将会一如既往地为读者提供有价值的内容。

本书主要介绍统计方法，提供了许多与现实经济活动息息相关的商务应用案例，适合作为管理学、市场营销、金融学、会计学、经济学和其他商业管理相关专业师生的指导书。使用本书无需统计学专业背景，如果掌握了大学一年级代数课内容，学习本书会更加容易。

为了帮助读者提高学习效率，本书将计算的每一个必要步骤都清晰列出，循序渐进，易于掌握。在介绍统计方法的相关概念时，设置了大量的案例和章节练习，有助于读者理解统计方法在商业和经济学中的应用。

本书第 1 版出版于 1967 年。当时很难找到相关的业务数据来进行分析，如今却大不相同，收集数据已不再是问题。杂货店出售的商品数量会自动记录在结账柜台；电话公司会记录通话时间、通话时长以及通话人的身份信息；信用卡公司会保留消费者的消费次数、日期以及金额信息；医院的医疗设备可以远程自动监视患者的心率、血压和体温。大量的业务信息被实时记录并上报，例如，美国有线电视新闻网、《今日美国》和微软全国广播公司都有实时跟踪股票价格的网站。

如今，数据分析已广泛应用于各行各业。在实践中进行数据分析需要掌握多个领域的技能和知识，如需要计算机技能处理大量信息，需要分析技能来评估、总结、组织和分析信息，需要批判性思维和技巧来解读与交流分析结果。

本书介绍了一些基本的数据分析知识。在此版本中，部分章的末尾添加了"数据分析"的内容。读者在学习过程中，可利用这部分内容来巩固学到的统计学知识和统计软件知识，探索多种业务环境，锻炼对结果的解读和分析能力。

本书还提供了丰富的统计软件知识。Microsoft Excel 有许多统计分析的加载项，如 Megastat 加载项。Minitab 和 JMP 是可用于 PC 或 MAC 的独立统计软件。本书使用 Microsoft Excel、Minitab 和 Megastat 做示例，可在附录 C 中找到相关的软件命令。在各章中给出了软件的屏幕截图，便于读者熟悉软件输出的内容。

得益于计算机和软件操作的便利，本书将之前版本的不少计算案例替换为了更贴近实际的通俗易懂的案例，以帮助读者理解和解释统计结果。此外，本书更加重视对统计主题的概念和性质的介绍。在修订完善的同时，本书保留了与之前版本相同的专业性和趣味性。

本书特色
FEATURES

我们对整本书中的例子和练习进行了许多修改，该书的主要变化是为了满足读者在数据分析领域的需求。我们的目的是为教师和学生提供机会，将统计知识、计算机和统计软件技能以及批判性思维能力结合起来。在第 1 章至第 18 章的章末，在题为"数据分析"的内容中包含了一套修订后的练习。在这些练习题中，涵盖了三个数据集。原先版本中有两个数据集：一是包含市场上 105 套房屋的北谷房地产的销售数据集，二是林肯维尔学区的 80 辆公共汽车的信息数据集。作者设计这些数据是为了让学生能够使用统计软件来分析数据，找到变量之间的关系。在新版本中，增添了 2015 赛季的棒球统计数据集。

练习题为日后的案例分析提供了基础。我们建议教师选择其中一个数据集，并在每章教学完成后布置相应的练习。同时，教师要重视学生的反馈。学生应该保留每一章的结果和相关运算过程，这些将有助于学生不断进步，使用新的统计方法来进一步分析数据。希望读者可以通过大量的数据分析练习，独立撰写基于分析结果的综合报告。

我们知道教师给统计专业的学生教授统计学，培养他们数据分析方面的基本能力是具有挑战性的。此外，教师还需要选择合适的统计软件进行教学，以提高学生的计算机技能。最后，教师需要根据统计分析能力以及书面写作能力来评估学生的表现。使用本书建议的方法可能会有所帮助。

我们希望读者能发现这个新版本的趣味性和吸引力。

致 谢
ACKNOWLEDGEMENTS

本书是许多人的作品：学生、同事、评论家和麦格劳－希尔教育的工作人员，我们感谢他们所有人，也对审稿人表示诚挚的感谢：

史蒂芬·鲁迪格	贡奈丝·塔格瓦塔拉布	穆罕默德·齐米
亚利桑那州立大学	中央密歇根大学	北卡罗来纳大学夏洛特分校
安东尼·克拉克	约翰·雅博	安娜·特兹安
圣路易斯社区学院	东北密西西比社区学院	洛约拉马利蒙特大学
乌玛尔·卡里尔	约翰·拜尔斯	李·坎内尔
西弗吉尼亚大学	马里兰大学	埃尔帕索社区学院
利奥妮·斯通		
纽约州立杰尼西奥大学		

他们的建议以及对前一版和本版手稿的彻底审查使这本书变得更好。

特别感谢：爱达荷大学的雪莉·摩尔和莱克兰社区学院的约翰·阿卡罗精确检查了章节练习，特洛伊大学的埃德·帕帕纳斯托斯建立了新的数据集并修订了智能本，南俄勒冈大学的勒内·奥多内兹建立了章节指导案例，托莱多大学的温迪·贝利准备了测试库，矿区学院的斯蒂芬妮·坎贝尔准备了幻灯片，威斯特摩兰县社区学院的薇姬·弗莱提供了大量的数字准确性检查和支持。（智能本、章节指导案例、测试库、幻灯片等教辅由外方出版社提供，具体请联系：instructorchina@mheducation.com。）

还要感谢麦格劳－希尔的工作人员，包括高级品牌经理多莉·沃马克、产品开发协调员米歇尔·亚尼切克、产品开发者卡米尔·科勒姆和瑞安·麦克安德鲁斯、内容项目经理哈维·耶普和布鲁斯·金，以及其他一些虽然我们不认识但做出了有价值贡献的人。

简明目录
BRIEF CONTENTS

第1章	什么是统计学	1
第2章	描述数据：频数表、频率分布和图形表示	15
第3章	描述数据：数值测度	37
第4章	数据的描述性统计	65
第5章	概率	91
第6章	离散型概率分布	122
第7章	连续型概率分布	145
第8章	抽样方法和中心极限定理	175
第9章	参数估计与置信区间	197
第10章	单样本假设检验	225
第11章	双样本假设检验	251
第12章	方差分析	274
第13章	相关与线性回归	309
第14章	多元回归分析	347
第15章	非参数方法：定类数据分析	390
第16章	非参数方法：定序数据分析	413
第17章	统计指数	439
第18章	时间序列分析与预测	462
第19章	统计过程控制和质量管理	497
第20章	决策理论导论	522

目录

前言
本书特色
致谢

第1章 什么是统计学 ······· 1

引言 ······· 1
1.1 为什么学习统计学 ······· 2
1.2 统计学的含义 ······· 2
1.3 统计学的类型 ······· 3
1.4 变量的类型 ······· 6
1.5 测量尺度 ······· 7
1.6 伦理与统计 ······· 10
1.7 基本商业分析 ······· 11
章节摘要 ······· 12
章节练习 ······· 12
数据分析 ······· 14
习题答案 ······· 14

第2章 描述数据：频数表、频率分布和图形表示 ······· 15

引言 ······· 15
2.1 构造频数表 ······· 16
2.2 定性数据的图形表示 ······· 17
2.3 构造频数分布 ······· 20
2.4 频率分布的图形表示 ······· 25
章节摘要 ······· 30
章节练习 ······· 31

数据分析 ······· 35
习题答案 ······· 36

第3章 描述数据：数值测度 ······· 37

引言 ······· 37
3.1 位置测度 ······· 38
3.2 加权平均值 ······· 45
3.3 几何平均值 ······· 46
3.4 为什么要研究离散测度 ······· 48
3.5 标准差的解释和使用 ······· 54
3.6 分组数据的均值和标准差 ······· 56
3.7 伦理和报告结果 ······· 58
章节摘要 ······· 59
章节练习 ······· 60
数据分析 ······· 64
习题答案 ······· 64

第4章 数据的描述性统计 ······· 65

引言 ······· 65
4.1 点状图 ······· 65
4.2 茎叶图 ······· 67
4.3 位置测量 ······· 70
4.4 箱线图 ······· 73
4.5 偏度 ······· 75
4.6 两变量相关性的描述性分析 ······· 78
4.7 列联表 ······· 80
章节摘要 ······· 81

  关键词 ……………………………… 82
  章节练习 …………………………… 82
  数据分析 …………………………… 86
  习题答案 …………………………… 86
  第 1～4 章回顾 …………………… 87

第 5 章　概率 ……………………………… 91

  引言 ………………………………… 91
  5.1　什么是概率 …………………… 92
  5.2　确定概率的方法 ……………… 94
  5.3　概率的加法法则 ……………… 97
  5.4　概率的乘法法则 …………… 100
  5.5　列联表 ………………………… 103
  5.6　贝叶斯定理 ………………… 107
  5.7　计数原理 …………………… 111
  章节摘要 ………………………… 115
  关键词 …………………………… 116
  章节练习 ………………………… 116
  数据分析 ………………………… 120
  习题答案 ………………………… 121

第 6 章　离散型概率分布 …………… 122

  引言 ……………………………… 122
  6.1　什么是概率分布 …………… 122
  6.2　随机变量 …………………… 124
  6.3　离散型概率分布的均值、方差和
     标准差 ………………………… 125
  6.4　二项式概率分布 …………… 127
  6.5　超几何概率分布 …………… 133
  6.6　泊松概率分布 ……………… 136
  章节摘要 ………………………… 140
  章节练习 ………………………… 141
  数据分析 ………………………… 144
  习题答案 ………………………… 144

第 7 章　连续型概率分布 …………… 145

  引言 ……………………………… 145
  7.1　均匀概率分布 ……………… 145
  7.2　正态概率分布 ……………… 148

  7.3　标准正态概率分布 ………… 150
  7.4　正态分布对二项分布的近似 … 159
  7.5　指数概率分布 ……………… 162
  章节摘要 ………………………… 166
  章节练习 ………………………… 167
  数据分析 ………………………… 171
  习题答案 ………………………… 171
  第 5～7 章回顾 ………………… 172

第 8 章　抽样方法和中心极限定理 … 175

  引言 ……………………………… 175
  8.1　抽样方法 …………………… 175
  8.2　抽样误差 …………………… 181
  8.3　样本均值的抽样分布 ……… 182
  8.4　中心极限定理 ……………… 185
  8.5　样本均值的抽样分布的应用 … 190
  章节摘要 ………………………… 191
  章节练习 ………………………… 192
  数据分析 ………………………… 196
  习题答案 ………………………… 196

第 9 章　参数估计与置信区间 ……… 197

  引言 ……………………………… 197
  9.1　总体均值的点估计 ………… 198
  9.2　总体均值的置信区间 ……… 198
  9.3　总体比例的置信区间 ……… 210
  9.4　样本容量的确定 …………… 212
  9.5　有限总体修正因子 ………… 215
  章节摘要 ………………………… 217
  章节练习 ………………………… 218
  数据分析 ………………………… 221
  习题答案 ………………………… 221
  第 8～9 章回顾 ………………… 222

第 10 章　单样本假设检验 …………… 225

  引言 ……………………………… 225
  10.1　什么是假设检验 ………… 226
  10.2　假设检验的六个步骤 …… 226
  10.3　单尾和双尾假设检验 …… 230

10.4 已知总体标准差，对总体均值的假设检验 ……………………… 231
10.5 假设检验中的 p 值 …………… 235
10.6 在总体标准差未知时，对总体均值的假设检验 …………………… 237
10.7 第二类错误 …………………… 243
章节摘要 …………………………… 246
章节练习 …………………………… 247
数据分析 …………………………… 250
习题答案 …………………………… 250

第 11 章 双样本假设检验 ……………… 251

引言 ………………………………… 251
11.1 双样本假设检验：独立样本 …… 252
11.2 总体标准差未知时比较总体均值 … 256
11.3 双样本检验：样本相关 ……… 262
11.4 比较不独立和独立的样本 …… 265
章节摘要 …………………………… 267
章节练习 …………………………… 267
数据分析 …………………………… 273
习题答案 …………………………… 273

第 12 章 方差分析 ……………………… 274

引言 ………………………………… 274
12.1 比较两个总体方差 …………… 274
12.2 ANOVA：方差分析 …………… 278
12.3 关于多重比较的推论 ………… 285
12.4 双因素方差分析 ……………… 288
12.5 有交互作用的双因素方差分析 … 291
章节摘要 …………………………… 296
章节练习 …………………………… 298
数据分析 …………………………… 304
习题答案 …………………………… 304
第 10～12 章回顾 ………………… 304

第 13 章 相关与线性回归 ……………… 309

引言 ………………………………… 309
13.1 什么是相关分析 ……………… 310
13.2 相关系数 ……………………… 312

13.3 回归分析 ……………………… 319
13.4 检验斜率的显著性 …………… 324
13.5 评估回归方程的预测能力 …… 326
13.6 预测的区间估计 ……………… 330
13.7 数据变换 ……………………… 334
章节摘要 …………………………… 336
章节练习 …………………………… 338
数据分析 …………………………… 346
习题答案 …………………………… 346

第 14 章 多元回归分析 ………………… 347

引言 ………………………………… 347
14.1 多元回归方程 ………………… 347
14.2 评价多元回归方程 …………… 351
14.3 多元回归分析中的推断 ……… 355
14.4 评价对多元回归的假设 ……… 360
14.5 自变量相互独立 ……………… 365
14.6 带有交互作用的回归模型 …… 368
14.7 逐步回归 ……………………… 370
14.8 多元回归的复习 ……………… 372
章节摘要 …………………………… 377
章节练习 …………………………… 379
数据分析 …………………………… 386
习题答案 …………………………… 386
第 13～14 章回顾 ………………… 386

第 15 章 非参数方法：定类数据分析 …… 390

引言 ………………………………… 390
15.1 关于总体比例的假设检验 …… 391
15.2 关于两个总体比例的假设检验 … 393
15.3 比较观察到的和预期的频率分布 … 396
15.4 卡方统计量的局限性 ………… 400
15.5 检验一组频数是否服从正态分布 … 402
15.6 列联表分析 …………………… 404
章节摘要 …………………………… 406
章节练习 …………………………… 408
数据分析 …………………………… 412
习题答案 …………………………… 412

第16章 非参数方法：定序数据分析 ……… 413

引言 ……………………………………… 413
16.1 符号检验 ………………………… 413
16.2 中位数检验 ……………………… 417
16.3 Wilcoxon 符号秩检验 …………… 419
16.4 Wilcoxon 秩和检验 ……………… 421
16.5 Kruskal-Wallis 检验 ……………… 424
16.6 等级相关系数 …………………… 427
章节摘要 ………………………………… 430
章节练习 ………………………………… 431
数据分析 ………………………………… 435
习题答案 ………………………………… 435
第 15 ～ 16 章回顾 ……………………… 436

第17章 统计指数 ……………………… 439

引言 ……………………………………… 439
17.1 简单指数 ………………………… 439
17.2 不加权总指数 …………………… 443
17.3 加权总指数 ……………………… 444
17.4 机构编制的统计指数 …………… 449
17.5 居民消费价格指数 ……………… 451
章节摘要 ………………………………… 456
章节练习 ………………………………… 457
习题答案 ………………………………… 461

第18章 时间序列分析与预测 ………… 462

引言 ……………………………………… 462
18.1 时间序列数据的构成 …………… 463
18.2 移动平均法 ……………………… 465
18.3 加权移动平均法 ………………… 468
18.4 线性趋势 ………………………… 471
18.5 非线性趋势 ……………………… 474
18.6 季节变动 ………………………… 475
18.7 剔除时间序列的季节效应 ……… 481
18.8 杜宾统计量 ……………………… 484
章节摘要 ………………………………… 488
章节练习 ………………………………… 489
数据分析 ………………………………… 493
习题答案 ………………………………… 494

第 17 ～ 18 章回顾 ……………………… 494

第19章 统计过程控制和质量管理 …… 497

引言 ……………………………………… 497
19.1 质量控制简史 …………………… 497
19.2 偏差因素 ………………………… 500
19.3 诊断图表 ………………………… 500
19.4 质量控制图的目的和类型 ……… 503
19.5 在控制和失控的情况下 ………… 508
19.6 计数值控制图 …………………… 509
19.7 验收抽样 ………………………… 514
章节摘要 ………………………………… 517
章节练习 ………………………………… 518
习题答案 ………………………………… 521

第20章 决策理论导论 ………………… 522

引言 ……………………………………… 522
20.1 决策要素 ………………………… 523
20.2 不确定性条件下的决策 ………… 524
20.3 机会损失 ………………………… 525
20.4 大中取小、大中取大和小中取大的后悔策略 ………………………… 527
20.5 完美信息价值 …………………… 527
20.6 敏感性分析 ……………………… 528
20.7 决策树 …………………………… 529
章节摘要 ………………………………… 530
章节练习 ………………………………… 531
习题答案 ………………………………… 533

附录A 数据集 …………………………… 534

附录B 分布 ……………………………… 547

附录C 软件命令 ………………………… 566

术语表 …………………………………… 587

关键公式 ………………………………… 592

t 分布表 ………………………………… 603

正态曲线下的面积 ……………………… 607

第1章

什么是统计学

百思买（Best Buy）销售的可穿戴技术设备Fitbit可追踪人们的身体活动和睡眠质量。例如，Fitbit能够通过收集一个人的每日步数信息，追踪这个人每日消耗的卡路里。这些信息可以通过Fitbit应用软件展示在手机上。现在，假设你知道上个月宾夕法尼亚州科利奇维尔的百思买商店Fitbit Flex 2设备的日销量。描述一种情况，其中已售出的设备被视为样本。再描述一种情况，其中已售出的设备被视为总体。

学完本章后，你将能够：
① 解释为什么统计学知识很重要。
② 定义统计学，并提供应用统计学的示例。
③ 区分描述性统计和推断性统计。
④ 将变量分类为定性变量或定量变量，以及离散变量或连续变量。
⑤ 区分定类、定序、定距和定比测量尺度。
⑥ 列出统计实践中的价值观。

引言

假设你在一家大公司工作，主管要求你决定是否生产和销售新版本的智能手机。首先，你要考虑新产品的创新性和新功能。紧接着，你会进一步意识到如果决定生产该产品，就需要获利，因此其定价、生产和分销的成本都是很重要的因素。引入新产品的决策取决于很多因素。你怎么能够知道哪种选择最优？你应该从哪里开始进行分析？

如果你没有长期的行业经验，那么就很有必要开始学习，进而提升你的才智，最终成为一名专家。你选择了其他三个人与你一起工作并要与他们会面，会议讨论的重点是决策前需要掌握哪些信息与数据。会议提出了下列问题：市场上已经有多少竞争对手？智能手机如何定价？竞争对手的产品具有哪些设计特征？市场需要什么功能？客户想要从智能手机中获取什么？客户觉得现有的产品怎么样？上述问题的答案需要利用客户调查、工程分析和市场研究来收集数据和信息，并进行商务智能分析。最终，是否生产和销售新智能手机仍取决于涉及汇总与整理数据的统计学，包括对比新旧产品的统计数据，以及用来估计未来销售额、成本和收入的统计数据。统计学将会是你与主管关于这个重要决定所讨论的关键。

作为决策者，你将需要获取和分析数据以支撑你的决策。本书的目的是介绍基本统计分析技术和方法，以及如何将其应用到商业发展和个人能力提升方面，从而帮助你做出决策。

1.1 为什么学习统计学

浏览大学教材的目录，你会发现许多大学课程中都会用到统计学。当调查与会计学、经济学、人力资源管理、财务管理或其他专业相关的职业时，你会发现统计学也与这些专业职业密切相关。为什么这么多职业需要统计学呢？

统计学被广泛需要的主要原因是其中包含了与数据有关的技术。例如，谷歌拥有跟踪互联网用户访问网站的技术。当用户在网上搜索时，谷歌会记录每个搜索，然后使用这些数据对结果进行排序并确定优先级，为该用户将来的互联网搜索做准备。曾有研究表明，谷歌每天要处理 20 000 兆字节的信息。塔吉特（Target）、沃尔玛（Walmart）以及克罗格（Kroger）等大型零售商会扫描每件入库商品，使用这些数据来管理商品的分销，并跟踪每日甚至每小时的销售额，以便管理者做出有关营销和销售的决策。警察部门收集并使用数据为城市居民提供地图，以传达有关罪犯行为及其位置的信息。每个组织都在收集和使用数据来开发知识与获取信息，从而帮助人们做出明智的决策并跟踪决策的执行情况。统计学可用于汇总和组织数据，以提供有用且有助于做出决策的信息。统计学常被用于进行决策的有效对比以及预测决策结果。

总而言之，学习统计学的原因至少有三个：①数据采集无处不在，统计学可以使数据信息更加有用；②运用统计学有助于做出专业的个人决策；③无论你从事何种职业，都需要掌握统计学的知识来认识世界并熟悉自己的职业。

1.2 统计学的含义

关于统计学含义的这个问题可以用两种更为巧妙的方式提出：①什么是统计数据？②什么是统计学？首先回答第一个问题，统计数据是用于传达一条信息的数字。统计数据示例包括：

- 通货膨胀率为 2%。
- 你的平均学分绩点（GPA）是 3.5。
- 特斯拉 S 型轿车（Tesla Model S sedan）的售价为 79 570 美元。

这些统计信息中的每一个数据传达的信息非常有限，其本身并不是很有用。但是，如果我们认识到这些统计数据中的每一个都是某个更大的问题中的一部分，那么上述分析就能够适用于解答"什么是统计学"这个问题。统计学涵盖一系列用于组织、汇总和分析数据的技能。统计分析的结果将会在我们搜寻知识和信息的过程中引发有趣的对话交流，从而有助于我们做出决定。比如：

- 每年的通货膨胀率为 0.7%。通过应用统计数据，我们可以将今年的通货膨胀率与过去的通货膨胀率进行比较，是更高、更低还是大致相同？通货膨胀是否有加重或减缓的趋势？利率和政府债券之间有关系吗？
- 你的平均学分绩点为 3.5。通过收集数据和应用统计数据，你可以确定芝加哥大学、哈佛大学或密歇根大学的工商管理硕士课程所需的平均学分绩点，从而确定你被录取到特定项目的可能性。假设你有兴趣申请宝洁公司的管理职位，通过收集并应用统计数据，你可以了解宝洁公司对拥有学士学位的大学毕业生的平均学分绩点有什么要求，以及是否有一个可接受的平均学分绩点范围区间。

- 你正在做购买新车的预算。你想拥有一辆碳足迹较小的电动汽车。特斯拉 S 型轿车的价格为 79 570 美元。通过收集其他数据并应用统计数据，你可以分析替代方案。例如，另一种选择是同时使用汽油和电力运行的混合动力汽车，如 2015 丰田普锐斯（Toyota Prius），它的售价约为 28 659 美元。另一款混合动力汽车雪佛兰 Volt（Chevrolet Volt）的售价为 33 995 美元。这些汽车的规格有何不同？还需要收集和总结哪些其他信息，以便你做出明智的购买决定？

使用统计数据提供信息以评估决策的另一个示例是分析菲多利公司（Frito-Lay）产品的分布和市场份额。在菲多利公司的生产线上收集每个产品的数据，这些数据包括市场份额和所售产品的磅①数，统计信息如图 1-1 所示。它清楚地表明了菲多利公司在薯片、墨西哥玉米片和炸玉米片市场上的主导地位，以及美国消费市场上每个产品线的销售磅数的绝对数值。

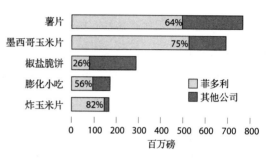

图 1-1 美国超市的菲多利食品销量和主要零食类别的份额

这些示例表明，统计学不仅仅是数字信息的表示形式，还是收集和处理信息以建立讨论分析，激发其他问题并提供决策依据的方法。具体而言，我们将统计学定义为：

> 统计学（statistics）：收集、组织、呈现、分析和解释数据以帮助做出更有效决策的科学。

在本书中，你将学习统计学的基本知识和应用方法，这些统计技术可用于支撑你的个人和专业决策。首先，我们将区分描述性统计和推断性统计。

◆ 实践中的统计学

本书的一个特色是"实践中的统计学"专栏，请仔细阅读每一项内容，以了解统计学在管理学、经济学、护理学、法学、体育学和其他学科中的广泛应用。

- 2015 年，《福布斯》发布了最富有的美国人名单。微软公司的创始人比尔·盖茨是最富有的美国人。他的净资产估计为 760 亿美元。（www.forbes.com）
- 2015 年，按收入排名的美国四大私营公司分别是嘉吉（Cargill）、科氏工业（Koch Industries）、戴尔（Dell）和艾伯森（Albertsons）。（www.forbes.com）
- 在美国，普通高中毕业生每周收入 668 美元，具有学士学位的大学毕业生每周收入 1 101 美元，具有硕士学位的大学毕业生每周收入 1 326 美元。（www.bls.gov/emp/ep_chart_001.htm）

1.3 统计学的类型

当我们通过使用统计学分析数据从而生成决策信息时，我们将用到描述性统计或推断性统计来进行分析。它们的具体应用取决于所提出的问题和可用数据的类型。

---
① 1 磅 =0.453 6 千克。

1.3.1 描述性统计

大量无组织的数据包含的价值很少，如人口普查数据、数千名程序员的每周收入数据、2 000名注册选民的总统选举投票数据等。但是，描述性统计可以用来将这些数据处理为更具有使用价值的形式。我们将描述性统计定义为：

> **描述性统计（descriptive statistics）**：以信息性的方式组织、汇总和呈现数据的方法。

以下是一些示例，这些示例应用描述性统计方法来汇总大量数据并提供易于理解的信息。

- 美国州际公路总长为46 837英里⊖。州际公路系统仅占美国总公路的1%，但承载的交通量却超过20%。最长的是I-90，这条路从波士顿延伸到西雅图，长度为3 099英里。最短的是纽约市的I-878，长度为0.70英里。阿拉斯加州没有任何州际公路，得克萨斯州的州际公路里程最多，为3 232英里，纽约州的州际公路最多，为28条。
- 2014年，平均每个人在传统情人节商品上的消费为133.91美元。与2013年相比，增加了2.94美元。与往年相比，男性在情人节上的消费额是女性的两倍多。男性平均花费108.38美元来向对方表达爱意，相较而言，女性的花费仅为48.41美元。

第2章和第4章介绍了描述性统计的统计方法和技术。这些方法和技术包括组织与汇总具有频率分布的数据，以及利用图和表来展示频率分布。此外，第3章还介绍了总结分布特征的统计方法。

1.3.2 推断性统计

有时，我们必须根据一组有限的数据来做出决策。例如，我们想知道当前使用的运动型多用途车的运行特性，可以通过每加仑⊖英里数来衡量燃料效率。但如果我们愿意花费大量时间、金钱和精力，那么可以对所有的运动型多用途车的所有者进行调查。在这种情况下，我们的目标是调查运动型多用途车的所有者**总体**。

> **总体（population）**：包含所研究的全部个体（数据）的集合，通常由所研究的一些个体组成。

基于推断性统计，我们能够对有限数量的运动型多用途车所有者进行调查，并从总体中收集**样本**。

> **样本（sample）**：观测或调查的一部分个体，总体是研究对象的全部。

在具体分析中，通常使用样本来获得总体参数的可靠估计（抽样在第8章中有详细讨论）。在上述分析过程中，我们在收集所有数据所花费的时间、金钱、精力和估计总体参数的误差这两者之间进行了权衡。图1-2说明了运动型多用途车的抽样过程。在此示例中，我们想知道运动型多用途车的平均燃料效率。为了估算总体的平均值，对6辆运动型多用途车进行了抽样，并计算了其每加仑燃料所行驶英里数（MPG）的平均值。

⊖ 1英里=1 609米。
⊜ 1加仑=3.785升。

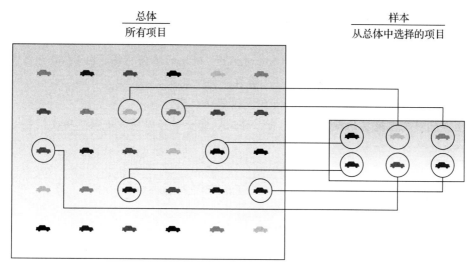

图 1-2　运动型多用途车的抽样过程

由此可知，6 辆运动型多用途车的样本特征代表了来自总体的特征，我们可以用来估计所有运动型多用途车的每加仑燃料所行驶英里数的平均值。为了估计总体属性而从总体中抽样的过程称为推断性统计。

> **推断性统计（inferential statistics）**：基于样本估计总体属性的方法。

◆ 实践中的统计学

统计学的发展源于何处？约翰·格伦特（John Graunt）在 1662 年发表了《对死亡记录的自然和政治观察》。作者的"观察"是对每周一次的教堂出版物《死亡记录》的研究和分析的结果，该出版物列出了部分信徒出生、洗礼、死亡时间及死亡原因。格伦特意识到《死亡记录》中的记录仅占伦敦所有出生和死亡人数的一小部分。但是，他利用这些数据得出了有关鼠疫之类的疾病对普通人群影响的一般结论或推断。他的分析是推断性统计的一个典型例子，他对数据的分析和解读被认为是统计学开始的标志。

推断性统计被广泛应用于商业、农业、政治等相关方面的分析，如下例所示：

- 电视网络通过雇用尼尔森公司（Nielsen）和其他组织来对电视观众的喜好进行抽样调查，从而不断监控其节目的受欢迎程度。例如，9.0% 的有电视的家庭在 2015 年 11 月 2 日这一周里观看了《生活大爆炸》。关于这些节目的调查数据被用来决定广告费率以及决定是否继续或取消一个节目。
- 2015 年，我们对美国国税局征税志愿者提供服务的三份标准纳税申报单样本进行了检验。样本检验结果表明，纳税申报单的填写准确率达到了 49%。换句话说，大约一半的申报单填写存在错误。在此例中，我们可以使用统计学来决定如何通过更正最常见的错误并改进对志愿者的培训来提高准确率。

本书的一个特点是自测，每一章中都有许多自测问题，第一次自测如下所示。每次自测都会检验你对先前内容的理解，答案和解题步骤附在章后二维码中。我们建议你先独自完成每个问题，然后再与答案核对。

自测1-1

总部位于亚特兰大的广告公司布兰登及联营公司（Brandon and Associates）向1960名消费者提供了由波士顿市场连锁餐馆（Boston Market）研发的鸡肉晚餐。在1960个消费者样本中，有1176人表示如果该晚餐上市，他们会在市场上购买。

（1）这是描述性统计还是推断性统计的示例？请解释说明。

（2）基于人们对鸡肉晚餐的接受情况，布兰登及联营公司可以向波士顿市场连锁餐馆报告什么内容？

1.4 变量的类型

变量有定性变量和定量变量这两种类型（见图1-3）。当一个对象或个体被记录为非数字属性时，它就是一个定性变量或属性变量。定性变量的例子有性别、饮料偏好、拥有的车辆类型、出生状态和眼睛颜色等。当一个变量是定性变量时，我们通常计算每个类别的观察次数并确定每个类别的百分比。例如，如果我们观察到不同的眼睛颜色，那么有百分之几的人有蓝色眼睛，有百分之几的人有棕色眼睛？如果变量是车辆类型，那么运动型多用途车在上个月售出的汽车总数中占百分之几？

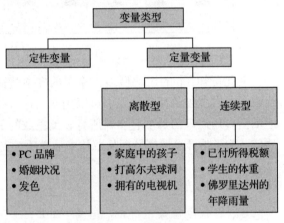

图1-3 变量的类型

定性变量通常以图表和条形图的形式总结（第2章）。

当一个变量可以以数值形式呈现时，它被称为定量变量。定量变量的例子包括：你的支票账户中的余额，上个月你计划使用的手机千兆字节数据的数量，汽车电池的寿命（如42个月），以及公司雇用的人数，等等。

定量变量要么是离散的，要么是连续的，离散变量只能对某些值求和，并且这些值之间存在"间隙"。离散变量的例子包括：房子里的卧室数量（1、2、3、4等）、1小时内经过佛罗里达州迪士尼乐园附近I-4号州际公路25号出口的汽车数量（326、421等），以及每节统计学课程中的学生人数（A节25人，B节42人，C节18人）。例如，我们计算I-4号州际公路25号出口的汽车数量，并计算每节统计学课程中的学生人数。请注意，一个家庭可以有3个或4个卧室，但它不能有3.56个卧室，因此，变量可能的取值之间存在"差距"。通常，离散变量是用来计数的。

连续变量的观测值可以被假定为特定范围内的任何值。连续变量的例子包括轮胎中的气压和一批西红柿的重量，一盒葡萄干麦片重多少盎司⊖，从奥兰多到圣迭戈的飞行时间等数据。平均绩点是一个连续变量，我们可以将某一个学生的平均绩点记录为3.257 695 2，但通常的做法是四舍五入到3.258。一般来说，连续变量是通过测量得出的。

⊖ 1盎司=28.35克。

1.5 测量尺度

数据可以根据测量尺度来分类。测量尺度决定了如何汇总和显示数据，它还能指示具体所使用的统计分析类型。这里有两个例子说明了测量尺度与我们应用统计学方法之间的关系。一袋 M&M's 巧克力豆里有六种颜色的巧克力糖，假设我们给棕色赋值 1，黄色赋值 2，蓝色赋值 3，橙色赋值 4，绿色赋值 5，红色赋值 6，那么一颗 M&M's 巧克力豆的颜色是哪种变量？它是一个定性变量。假设某人通过添加指定的颜色值来总结 M&M's 巧克力豆颜色，将总和除以 M&M's 巧克力豆的数量，然后得出平均颜色为 3.56。我们如何解释这一统计数据？你得出的结论是，它在衡量 M&M's 巧克力豆颜色上没有任何意义，该结论是正确的。作为定性变量，我们只能报告一袋 M&M's 巧克力豆中每种颜色的数量和百分比。再举一个例子，在高中田径比赛中，400 米赛跑比赛中有 8 名选手，我们统计完成的顺序以及完成的平均时间为 4.5。这意味着什么？什么意义都没有。在这两种情况下，我们都没有选择合适的测量尺度来统计数据。

测量有四种尺度：定类、定序、定距和定比。最低级的、最原始的测量尺度是定类，最高级的测量尺度是定比。

1.5.1 定类尺度

定类尺度是指测量定性变量的观测值并将其记录为标签或名称，标签或名称只能用于分类和计数，标签没有特别的顺序。

> **定类尺度（nominal level of measurement）**：在定类尺度上记录的数据代表着标签和名称，它们没有顺序，是用于分类和计数的。

对 M&M's 巧克力豆的六种颜色分类就是定类尺度的一个例子。我们只是把糖果按颜色分类，而没有对它们排序，也就是说，我们可以选择先汇报棕色，也可以先汇报橙色或者其他某种颜色。记录性别变量是定类尺度的另一个例子，假设我们用学生证统计参加足球比赛的学生人数，并报告有多少是男性，多少是女性，那么我们可以记录第一个人是男性还是女性。对于定类数据，我们仅需要记录每个类别的样本个数，通常，我们将这些计数转换为百分比。例如，在 M&M's 巧克力豆的随机样本里，记录每种颜色的百分比如表 1-1 所示。

为了处理定类数据，我们通常对标签或名称进行数值编码。例如，如果我们有兴趣了解加利福尼亚大学学生的家庭状况，我们会给每个学生的家乡分配一个代码：阿拉巴马州为 1，阿拉斯加州为 2，亚利桑那州为 3，依此类推，可以将各州按顺序列出，威斯康星州的编码是 49，怀俄明州的编码是 50。但我们要意识到分配给每个州的数字仍然代表一个标签或名称，我们分配数字代码是为了方便使用统计软件来统计每个州的学生人数，将数字分配给每个州并不能使它们具有任何数值意义。具体来说，在这个例子中，1+2=3 相当于阿拉巴马州 + 阿拉斯加州 = 亚利桑那州，显然，定类尺度不允许对数字进行任何有数学运算含义的操作。

表 1-1 M&M's 巧克力豆每种颜色所占百分比

颜色	百分比
蓝色	24%
绿色	20%
橙色	16%
黄色	14%
红色	13%
棕色	13%

1.5.2 定序尺度

下一个更高级别的测量尺度是定序尺度。对于这种测量尺度，定性变量或属性变量将按相对等级进行排序或评级。

> **定序尺度（ordinal level of measurement）**：定序数据基于属性变量或定性变量的相对排名或评级，基于这一测量尺度的变量只进行排序或计数。

例如，许多企业决定在哪里建立公司，换句话说，需要决定公司的最佳设立点在哪里。2016年，《商业设施》杂志发布了"最佳商业环境"排名靠前的10个州（见表1-2），这个排名是对许多不同因素进行考察后得到的综合评价结果，考核因素包括劳动力成本、营业税环境、生活质量、交通基础设施、劳动力的受教育程度和经济发展潜能。

这是一个定序尺度的例子，各州的排名顺序所依据的是各州的商业环境，也就是说，我们能够根据各州的商业环境属性来得知各州排名的相对顺序。例如，2016年佛罗里达州的商业环境最好，犹他州位居第二，印第安纳州排在第五位，比田纳西州排名好一些，但不如佐治亚州好。请注意，我们不能说佛罗里达州的商业环境比印第安纳州的商业环境好五倍，因为各州商业环境之间的差异大小尚不清楚。换句话说，我们不知道佛罗里达州和犹他州之间的差异是否与得克萨斯州和佐治亚州之间的差异相同。

表 1-2 最佳商业环境排名

1. 佛罗里达州	6. 田纳西州
2. 犹他州	7. 内布拉斯加州
3. 得克萨斯州	8. 北卡罗来纳州
4. 佐治亚州	9. 弗吉尼亚州
5. 印第安纳州	10. 华盛顿州

另一个关于定序尺度的例子是基于测量属性来进行分析。当学生对教师的各类属性进行评分时就会使用这种类型的测量尺度。其中一个评分属性可能是："总的来说，你是如何评价这门课的教学质量的？"学生对这个问题的回答会被记录在一个相对等级表上，其中等级情况分为：很差、差、一般、好和极好。定序尺度的一个重要特征是我们无法区分组间差异的大小。我们不知道"极好"和"好"之间的区别是否与"差"和"很差"之间的区别相同。

表1-3列出了在詹姆斯·布鲁纳教授的"金融导论"课程里，60个学生对教学质量的评级情况。数据是根据给教师评分的量表里的顺序进行汇总得到的，也就是说，它们是由给老师评级为极好（6人）、好（26人）等的学生人数进行汇总得到的。我们也可以把频率转换成百分比，约有43.3%（=26/60）的学生将老师的教学质量评为好。

表 1-3 教学质量的评级

评级	频率	占比
极好	6	10.0%
好	26	43.3%
一般	16	26.7%
差	9	15.0%
很差	3	5.0%

1.5.3 定距尺度

定距尺度是更高级别的测量尺度，它涵盖了定序尺度的所有特征。此外，定距尺度的另一个特征是数值之间的距离或间隔是有意义的。

> **定距尺度（interval level of measurement）**：对于在定距尺度上记录的数据，数值之间的距离或间隔是有意义的。测量的间隔水平基于已知测量单位的刻度。

华氏度[⊖]的刻度是定距尺度的一个例子。假设波士顿连续三个冬季的最高温为 28、31 和 20 华氏度，这些温度可以很容易地排序，而且我们也可以确定温度之间的间隔或距离，因为 1 华氏度代表一个恒定的测量单位，即 10 到 15 华氏度之间的距离为 5 华氏度，且与 50 到 55 华氏度之间的距离相同。要注意，0 是刻度上的一个点，它不代表没有温度。测量 0 华氏度并不代表没有热或冷。如果由我们自己的感觉测量，就会认为 0 华氏度很冷！在定距尺度上对变量进行测量的一个限制是我们不能做出类似于"20 华氏度是 10 华氏度的两倍"这样的陈述。

定距尺度的另一个例子是女装的尺码。表 1-4 列出的是美国标准女性服饰的尺码信息。

表 1-4 美国标准女性服饰尺码表

尺码	胸围（英寸①）	腰围（英寸）	臀围（英寸）	尺码	胸围（英寸）	腰围（英寸）	臀围（英寸）
8	32	24	35	20	44	36	47
10	34	26	37	22	46	38	49
12	36	28	39	24	48	40	51
14	38	30	41	26	50	42	53
16	40	32	43	28	52	44	55
18	42	34	45				

① 1 英寸 =0.0254 米。

为什么"码数"是定距尺度？我们可以观察到随着码数每变化两个单位（例如，从 10 号变为 12 号，或者从 24 号变为 26 号），每个码数都增加了 2 英寸。换句话说，间隔是相同的。

衣服码数没有自然零点。码数为零的衣服并非没有布料，相反，它的胸围为 24 英寸，腰围为 16 英寸，臀围为 27 英寸。但此时，尺码数间的比率是没有意义的。如果用 28 号除以 14 号，则得到的答案与 20 号除以 10 号所得到的答案不同。并且，正如以"码数"数字为单位度量所暗示的那样，这两种比率均不等于 2。简而言之，如果数字之间的距离有意义，比率却没有意义，那么这是一个定距数据。

1.5.4 定比尺度

几乎所有定量变量都定义在定比尺度上。定比尺度是"最高"级别的测量尺度。它具有定距尺度的所有特征，同时 0 点和两个数字之间的比率都有意义。

> **定比尺度（ratio level of measurement）**：定比尺度是在具有已知测量单位的标尺上定义的，并且标尺上的零点有确定性的意义。

定比尺度的例子包括工资、生产单位、重量、股票价格的变化、分支机构之间的距离以及身高等。此外，金钱也是一个很好的例子。如果你有 0 美元，那么这代表你没有钱。每小时 50 美元的工资是每小时 25 美元的工资的两倍。重量也是定比数据。如果校准了秤，则秤上没有任何东西时它将显示为 0。此外，重 1 磅的东西的重量是重 2 磅的东西的一半。

表 1-5 是四对父子组合的年收入变量的比例表。请注意，在 Lahey 组中，父亲的收入是儿子的两倍。在 Rho 组中，儿子的收入是父亲的两倍。

⊖ 华氏度 = 摄氏度 × $\frac{9}{5}$ +32。

表 1-5 父子收入组合

姓名	父亲收入（美元）	儿子收入（美元）	姓名	父亲收入（美元）	儿子收入（美元）
Lahey	80 000	40 000	Rho	60 000	120 000
Nale	90 000	30 000	Steele	75 000	130 000

图 1-4 总结了各种测量尺度的主要特征。测量尺度能够确定统计分析方法的类型，从而用于分析变量。第 15 章讨论了用于分析定类尺度上测得的变量的统计方法。第 16 章讨论了定序级变量的统计分析方法。第 9～14 章介绍了用于分析定距和定比数据的统计方法。

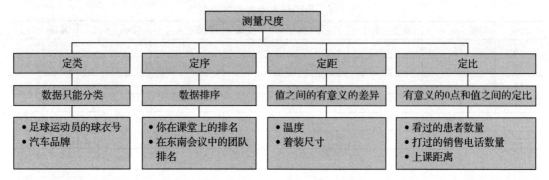

图 1-4 测量尺度的特征和示例

自测 1-2

1. 假设听谈话广播的人的平均年龄为 42.1 岁。使用什么测量尺度来评估年龄这个变量？
2. 一项对豪华车车主的调查表明，有 8% 的美国人口拥有豪华车，而在加利福尼亚州和佐治亚州，则有 14% 的人拥有豪华车。此信息中包含两个变量，它们分别是什么类型的统计数据？如何测量？

1.6 伦理与统计

在发生了由华尔街理财师伯尼·麦道夫（Bernie Madoff）引导的庞氏骗局（从投资者身上骗取了数十亿美元）以及安然（Enron）和泰科（Tyco）的财务虚假陈述等事件之后，商科学生需要明白这些事件是基于商业和财务信息的虚假陈述。在各个案件中，每个组织内的人员都向投资者报告了财务信息，向他们表示公司的业绩比实际情况要好得多。但当报告真实的财务信息时，这些公司的价值却比广告宣传时要少得多。结果就导致许多投资者损失了全部或几乎全部的投资资金。

《美国统计学家》（The American Statistician）2003 年第 57 期第 1 篇文章《统计与伦理：给年轻统计学家的一些建议》为我们提供了指导。作者建议我们诚实、正直地进行统计，并敦促我们在收集、组织、总结、分析和解释数字信息时"做正确的事"。统计对社会的真正贡献是一种道德上的贡献。财务分析师需要提供能够真实反映公司业绩的信息，以免误导个人投资者。必须以诚实和正直的方式分析和报告可能对人体有害的产品缺陷的有关信息。文章的作者进一步指出，当我们从事统计工作时，在分析与报告发现和结论时，我们需要保持"独立且有原则的观点"。

在阅读本书时，我们会强调在收集、分析、展示和解释统计信息时的道德问题。我们还希望，当你学习如何使用统计信息时，你会成为对信息更加知情的消费者。例如，你可以对一份不能合理代表总体数据的报告、一份不包含所有相关统计数据的报告、一份选择不正确的统计方法的报告、一份在故意企图误导或歪曲陈述的报告提出疑问。

1.7 基本商业分析

统计知识能够满足对公司和组织应用业务分析能力不断增长的需求。业务分析用于处理和分析数据与信息，以支持公司业务的故事或叙述，例如"什么使我们获利""我们的客户将如何应对营销变化"。除统计数据外，使用计算机软件进行汇总、组织、分析和呈现统计分析结果的功能至关重要。在本书中，我们将使用常见的、可利用的计算机软件，来分析最基本的商务信息，如使用 Microsoft Excel、Minitab。大学通常会提供对 Microsoft Excel 的访问。你的计算机可能已经包含了 Microsoft Excel 软件，或者，你可以通过大学或学院以较低的学术价格买到带有 Excel 的 Office 软件包。在本书中，大多数的应用都会用到 Excel。此外，我们还使用称为 MegaStat 的 Excel "加载项"。如果你的老师需要此软件包，请访问网页 www.mhhe.com/megastat。此加载项使 Excel 能够生成其他统计报告。有时，我们使用 Minitab 来说明应用程序。有关更多信息，请参见 www.minitab.com。Minitab 还提供优惠的学术价格。Microsoft Excel 2016 版本支持本书中的分析。但是，用于 Apple Mac 计算机的早期版本的 Excel 没有必需的加载项，如果你没有 Excel 2016，并且正在将 Apple Mac 计算机与 Excel 配合使用，则可以从 www.analystsoft.com 下载 Stat Plus 的免费试用版，它是一个统计软件包，将与 Apple Mac 计算机上的 Excel 集成。

图 1-5 显示了 Excel 应用程序执行统计摘要。它来自苹果伍德汽车集团（Applewood Auto Group，一家多地点汽车销售和服务公司）的销售信息。信息中包含 180 辆汽车的销售信息。每次销售都由几个变量来描述：（买方的）年龄、利润、（销售经销店的）位置、（所销售的）车辆类型、（买方）是不是回头客，以及利润汇总。图 1-5 还显示了 Excel 对可变利润统计的总结。利润汇总显示，每辆车的平均利润为 1 843.17 美元，中位数略高，为 1 882.50 美元，利润从 294 美元到 3 292 美元不等。

	A	B	C	D	E	F	G	H
	年龄	利润	位置	车辆类型	是不是回头客		利润汇总	
2	33	$1,889	Olean	SUV	1			
3	47	$1,461	Kane	Sedan	0		Mean	1843.17
4	44	$1,532	Tionesta	SUV	3		Standard Error	47.97
5	53	$1,220	Olean	Sedan	0		Median	1882.50
6	51	$1,674	Sheffield	Sedan	1		Mode	1915.00
7	41	$2,389	Kane	Truck	1		Standard Deviation	643.63
8	58	$2,058	Kane	SUV	1		Sample Variance	414256.61
9	35	$1,919	Tionesta	SUV	1		Kurtosis	-0.22
10	45	$1,266	Olean	Sedan	0		Skewness	-0.24
11	54	$2,991	Tionesta	Sedan	0		Range	2998
12	56	$2,695	Kane	Sedan	2		Minimum	294
13	41	$2,165	Tionesta	SUV	0		Maximum	3292
14	38	$1,766	Sheffield	SUV	0		Sum	331770
15	48	$1,952	Tionesta	Compact	1		Count	180

图 1-5　Excel 应用程序执行统计摘要示意

在全书中，我们都将鼓励使用计算机软件来汇总、描述和呈现信息及数据。本书给出了 Excel 的应用方法，以便你学习如何使用 Excel 进行统计分析。这些说明在本书的附录 C 中提供。这些数据以及其他数据集和文件可在本书的学生网站 www.mhhe.com/Lind17e 上找到。

章节摘要

1. 统计学是收集、组织、呈现、分析和解释数据以帮助做出更有效决策的科学。
2. 统计有两种类型。
   （1）描述性统计是用于组织和汇总数据的过程。
   （2）推断性统计涉及从总体中抽取样本，并根据抽样结果对总体进行估计。
      1）总体是包含所研究的全部个体（数据）的集合。
      2）样本是观测或调查的一部分个体。
3. 有两种类型的变量。
   （1）定性变量是非数字的。
      1）通常，我们对每个类别中观测值的数量或百分比感兴趣。
      2）定性数据通常以图表和条形图的形式进行汇总。
   （2）定量变量有两种类型，通常以数字形式出现。
      1）离散变量只能呈现某些值，并且值之间存在间隙。
      2）连续变量可以是指定范围内的任何值。
4. 共有四种测量尺度。
   （1）定类尺度：类别没有特定顺序。
   （2）定序尺度：假定一种分类的等级高于另一种。
   （3）定距尺度：具有定序测量的排名特征，且值之间的距离大小恒定。
   （4）定比尺度：具有间隔测量的所有特征，具有绝对零点，并且两个值的比率有意义。

章节练习⊖

1. 以下每个变量的测量尺度是什么？
   （1）学生的智力等级。
   （2）学生上学的路程。
   （3）社团足球队的球衣号码。
   （4）学生出生时的所在地。
   （5）学生的课程阶段，即大一、大二、大三或大四。
   （6）学生每周学习的小时数。
2. 在网上打开你喜欢的新闻，并找到每种变量类型的示例，编写简短的备忘录，列出变量，并以定性或定量、离散或连续以及测量尺度来描述它们。
3. 解释定性变量和定量变量之间的区别，并举例说明。
4. 解释离散变量和连续变量之间的区别，并举例说明。
5. 沿州际公路的出口以前是从一个州的西部或南部边界连续编号的。但是，美国运输部最近修改了其中的大多数，并使其与高速公路沿线英里标记的数字保持一致。
   （1）连续出口编号上的数据是什么类别的测量尺度？
   （2）高速公路沿线英里标记的数字是什么类别的测量尺度？
   （3）讨论新编号方式的优点。

⊖ 原书只提供了奇数题答案，因此本书只摘录了奇数题。若想获取偶数题及答案可联系外方出版社。

6. 百思买销售的可穿戴技术设备 Fitbit 可追踪人们的身体活动和睡眠质量。例如，Fitbit 能够通过收集一个人的每日步数信息，追踪这个人每日消耗的卡路里。这些信息可以通过 Fitbit 应用软件展示在手机上。现在，假设你知道上个月宾夕法尼亚州科利奇维尔的百思买商店 Fitbit Flex 2 设备的日销量。描述一种情况，其中已售出的设备被视为样本再描述一种情况，其中已售出的设备被视为总体。

7. 将下面这些变量放在表 1-6 和表 1-7 中。对于每个表，汇总你的观察结果并评估结果是否大致正确。例如，薪水既是连续的定量变量，也是一个连续的定比变量。

   （1）薪水；
   （2）性别；
   （3）MP3 播放器的销量；
   （4）软饮偏好；
   （5）温度；
   （6）SAT 成绩；
   （7）学生在班级的排名；
   （8）金融教授教学质量的评级；
   （9）家庭中可播放视频的屏幕数。

表 1-6 分类表 1

	离散变量	连续变量
定性		
定量		如：薪水

表 1-7 分类表 2

	离散变量	连续变量
定类		
定序		
定距		
定比		如：薪水

8. Struthers Wells 公司在美国、欧洲和亚洲的销售办事处和制造工厂雇用了 10 000 多名白领员工。一份 300 名美国员工的样本显示，120 名员工会接受转移到美国境外工作。根据这些调查结果，请向公司人力资源副总裁万达·卡特女士写一份简短的备忘录，内容涉及公司中所有白领员工的转移意愿。

9. 《华尔街日报》报告了分别截至 2014 年 10 月和 2015 年 10 月销售的汽车和轻型卡车的数量，并列出了排名前 16 的制造商。这种方式可以列举销售数据，并将当年销售额与去年的销售额进行比较（见表 1-8）。

表 1-8 销售数据

制造商	年初至今的销售额（美元）	
	2015 年 1～10 月	2014 年 1～10 月
通用汽车公司	2 562 840	2 434 707
福特汽车公司	2 178 587	2 065 612
丰田汽车美国销售公司	2 071 446	1 975 368
克莱斯勒	1 814 268	1 687 313
美国本田汽车公司	1 320 217	1 281 777
日产北美公司	1 238 535	1 166 389
现代汽车美国公司	638 195	607 539
起亚汽车美国公司	526 024	489 711
美国斯巴鲁汽车公司	480 331	418 497
美国大众汽车公司	294 602	301 187
梅赛德斯-奔驰	301 915	281 728
北美宝马公司	279 395	267 193
马自达美国汽车公司	267 158	259 751
美国奥迪公司	165 103	146 133
三菱汽车	80 683	64 564
沃尔沃	53 803	47 823

（1）使用计算机软件，比较各制造商 2015 年 1～10 月的销售额与 2014 年 1～10 月的销售额的差异，分别列出与 2014 年相比，销售额增加和减少的制造商名单。

（2）使用计算机软件，通过计算销售额的变化率，比较每个制造商 2014 年和 2015 年的销售额。按变化率百分比递增的顺序列出制造商名单，并找出哪些制造商排在前 5 名，哪些制造商排在后 5 名？

（3）使用计算机软件，首先对 2015 年的销售额进行排序，然后设计一个条形图，展示前 12 名制造商 2014 年和 2015 年的销售额。另外，设计一个条形图，展示前 12 名制造商的销售额变化率，比较这两个图表，并做简短的评论。

10. 图 1-6 显示了埃克森美孚公司 2003—2014 年的收益（以 10 亿美元计）。写一份简短的报告讨论埃克森美孚公司在该期间的收益。是否有某年的数据比其他年份高？收益在这段时间内是增加、减少还是保持不变？

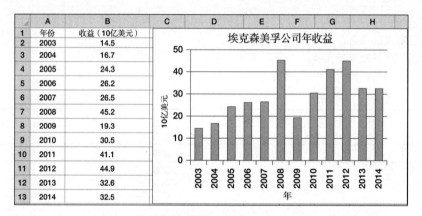

图 1-6　埃克森美孚公司 2003—2014 年的收益

数据分析[○]

11. 参考附录 A.2，该数据集报告了 2015 赛季美国职业棒球大联盟 30 支球队的信息。考虑以下变量：球队薪金、上座数、胜场数、球队是在美国联赛（American League）还是在国家联赛（National League），以及全垒打的次数。

（1）哪些变量是定性的，哪些是定量的？

（2）确定每个变量的测量尺度。

习题答案

扫码查看章节练习和数据分析答案

扫码查看自测答案

[○] 本书数据分析题的数据可以通过访问 www.mhhe.com/Lind17e 获得。

第2章

描述数据：频数表、频率分布和图形表示

美林集团（Merrill Lynch）最近完成了一项针对客户的在线投资组合研究，用频率分布展示70名研究参与者的数据。

学完本章后，你将能够：

① 用频数和频率表总结定性变量。
② 使用条形图或饼图展示频数表。
③ 用频数和频率分布总结定量数据。
④ 使用直方图或频数多边形展示频数分布。

引言

美国汽车零售业竞争激烈，大型经销商占主导地位，通常雇用超过10 000人，并创造每年数十亿美元的销售额。许多顶级经销商都在纽约证券交易所或纳斯达克（NASDAQ）上市。2014年，最大的经销商是全美汽车租赁（AN），其次是彭斯克汽车集团（PAG）、第一集团汽车公司（GPI）和私营汽车经销商范图尔集团（Van Tuyl Group）。

这些大公司利用统计分析方法来总结和分析数据，帮助它们做出决策。例如，苹果伍德汽车集团拥有四家经销店，销售各种样式的车辆，其中包括韩国品牌起亚和现代，宝马、沃尔沃轿车和SUV，以及福特、雪佛兰全部的汽车和卡车。

凯瑟琳·鲍尔（Kathryn Ball）女士是苹果伍德汽车集团高级管理团队的一员，该公司办公室紧挨着凯恩汽车公司（Kane Motors），她负责跟踪、分析车辆销售情况及这些车辆的盈利情况。凯瑟琳想统计车辆销售所获得的利润及最低、最高的利润额；同时，她还希望对买家进行人口统计分析，如买家的年龄、在苹果伍德汽车集团的历史购车记录，以及购买的车辆类型。

苹果伍德汽车集团有四家经销商：

- 蒂奥涅斯塔（Tionesta）销售福特和林肯的汽车和卡车。
- 欧林汽车公司（Olean Automotive Inc.）拥有日产汽车（Nissan）的专营权，同时也销售通用汽车品牌（General Motors）的雪佛兰、凯迪拉克和GMC。
- 谢菲尔德汽车公司（Sheffield Motors Inc.）销售别克、GMC、现代和起亚汽车。
- 凯恩汽车公司（Kane Motors Inc.）销售克莱斯勒、道奇、吉普、宝马和沃尔沃汽车。

每个月，凯瑟琳都会从四家经销商收集数据，并在Excel电子表格内存档。上个月，苹

果伍德汽车集团的四家经销商共出售了 180 辆汽车。前几次的调查情况如表 2-1 所示，涉及的变量包括：

- 年龄——购车时买家的年龄。
- 利润——经销商在销售每辆车时赚取的金额。
- 地点——经销商公司的位置。
- 车辆类型——SUV、大轿车（Sedan）、小汽车（Compact）、混合动力型（Hybrid）、卡车（Truck）。
- 购买记录——消费者之前在苹果伍德汽车集团四家经销店购买的车辆数量。

整个数据集可在 McGraw-Hill 网站（www.mhhe.com/Lind17e）和本书附录 A4 中查询。

表 2-1 苹果伍德汽车集团经销商的销售情况

	A 年龄	B 利润（美元）	C 地点	D 车辆类型	E 购买记录
1	21	1 387	蒂奥涅斯塔	大轿车	0
2	23	1 754	谢菲尔德	SUV	1
3	24	1 817	谢菲尔德	混合动力型	1
4	25	1 040	谢菲尔德	小汽车	0
5	26	1 273	凯恩	大轿车	1
6	27	1 529	谢菲尔德	大轿车	1
7	27	3 082	凯恩	卡车	0
8	28	1 951	凯恩	SUV	1
9	28	2 692	蒂奥涅斯塔	小汽车	0
10	29	1 206	谢菲尔德	大轿车	0
11	29	1 342	凯恩	大轿车	2
12	30	443	凯恩	大轿车	3
13	30	754	欧林	大轿车	2
14	30	1 621	谢菲尔德	卡车	1

2.1 构造频数表

回顾第 1 章的内容，用来描述一组数据的方法被称为描述性统计。描述性统计是对数据进行整理从而显示出数据的一般规律，如确定数值在哪里集中、是否有极端或异常值。我们讨论的第一种方法是频数表。

> **频数表（frequency table）**：频数表将定性数据分为相互不重合且所有部分完全穷尽的组，并显示出每个组中的观察次数。

在第 1 章中，我们区分了定性变量和定量变量。回顾一下，一个定性变量是"非数值"型的，也就是说，它只能分为不同的类别，如出生地（亚拉巴马州、怀俄明州等）、在书店买书的支付方式（现金支付、手机支付或银行卡支付）。而定量变量是数值型的，例如，与大学生有关的定量数据有：教科书的价格、年龄和在本学期注册的学时数。

苹果伍德汽车集团的例子中包括 5 个变量：年龄、利润、地点、车辆类型和购买记录（买方以前的购车数量）。地点和车辆类型是定性变量，年龄、利润和购买记录是定量变量。

假设凯瑟琳想按经销商的地点分组，来总结上个月的销售情况。她需要根据经销商地点进行分类，然后统计每个地点的销售数量。地点分别为蒂奥涅斯塔、欧林、谢菲尔德或凯恩。这 4 个地点的销售情况可以构建成一个频数表，该表由 4 个互斥独立的组组成。互斥意味着某个特定车辆只能分配给一个组。此外，频数表必须完全穷尽。表 2-2 就展示了上个月售出车辆信息，如果每辆车都包括在频数表中，该表将完全穷尽，车辆总数为 180。我们如何获得这些计数结果？Excel 提供了一个叫作"数据透视表"的工具，能快速、准确地建立这 4 个组并进行计数。Excel 的输出结果如表 2-2 所示，该表显示总共售出了 180 辆汽车，其中 52 辆是在凯恩汽车公司出售的。

表 2-2　按地点分组的苹果伍德汽车集团销售车辆频数表

地点	汽车数量
凯恩	52
欧林	40
谢菲尔德	45
蒂奥涅斯塔	43
总计	180

频率

你可以将频数转换为频率，即显示每个组中观察数的比例。频率可以显示出频数与观测总数之间的关系。在车辆销售的例子中，我们可能想知道 4 个经销地点中，每一个地点的销售量占总量的百分比，那么就需要将频数表中的每一个数值都除以观测总数，从而将频数表转换为频率表。同样，这很容易在 Excel 上完成。上个月在凯恩销售的车辆数的占比为 52/180，即 0.289。每个经销地点销售情况的频率形式如表 2-3 所示。

表 2-3　按地点分组的苹果伍德汽车集团销售车辆频率表

地点	汽车数量	频率	比例形式
凯恩	52	0.289	52/180
欧林	40	0.222	40/180
谢菲尔德	45	0.250	45/180
蒂奥涅斯塔	43	0.239	43/180
总计	180	1.000	

2.2　定性数据的图形表示

展现定性变量最常见的图形是条形图。通常情况下，横轴显示要进行统计分析的变量，纵轴显示每个可能结果的频数。条形图的一个显著特征是条之间有距离或间隙，因为变量是定性的，所以条形之间不相连，而是用一系列均匀宽的矩形来描述频数表，其中每个矩形的高度是频数。

> **条形图（bar chart）**：条形图沿水平轴显示定性类别，沿垂直轴显示类频数。类频数与图形高度成正比。

以苹果伍德汽车集团的数据为例（见图 2-1）。我们关注的变量是车辆销售的地点和每个地点销售的车辆数量，所以在横轴上标明四个地点，在纵轴上标明销售数量。变量"地点"是定类尺度，所以横轴上地点的排列顺序并不影响我们的研究。在图 2-1 中，将这些地点按首字母顺序排列，当然，我们也可以按照频数递减或递增的顺序来排列。

条形图的高度与每个地点的车辆出售数量相对应，上个月在凯恩销售了 52 辆汽车，所以"凯恩"这一类的直方图高度为 52，而"欧林"的直方图高度为 40。

描述定性数据的另一种图表是饼图。

> **饼图（pie chart）**：饼图显示每个类所代表的频数占总数的比例或百分比。

我们使用表 2-4 中的信息来解释如何构建饼图，以展示苹果伍德汽车集团每种车辆类型的售出频率和百分比。

绘制饼图的第一步是在圆的周围均匀地标记百分比为 0、5%、10%、15% 等（见图 2-2）。若大轿车售出数量占总销售量的 40%，则从圆圈中心画一条线到 0，另一条线从圆圈中心画到 40% 处，即生成一个"切片"，这个"切片"中的面积表示销售的大轿车数量占总销量的百分比。接下来，将 SUV 售出数量在总销量中的百分比（30%）加到大轿车在总销售量中的百分比（40%），结果为 70%，则从圆圈的中心画一条线到 70%，所以 40%～70% 的"切片"面积显示 SUV 的销售量占总销售量的百分比。继续，再加上小汽车车辆占总销售量的 15%，可以得到新的结果为 85%，即从圆圈的中心画一条线到 85%，所以 70%～85% 的"切片"代表了小汽车车辆的售出数量占总销量的百分比。剩余的 15% 中，10% 用于表示卡车销售占比，5% 用于表示混合动力型车辆销售占比，都使用相同的方法添加到图中。

由于饼图的每一个"切片"都表示某种车辆类型的售出数量占总销量的百分比，所以我们可以很容易地比较它们：

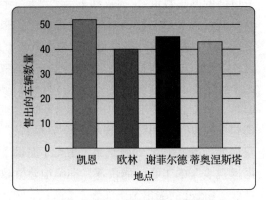

图 2-1　按地点出售的车辆数量

表 2-4　按车辆类型分组的苹果伍德汽车集团销售情况

车辆类型	售出频率	百分比（%）
大轿车	72	40
SUV	54	30
小汽车	27	15
卡车	18	10
混合动力型	9	5
总计	180	100

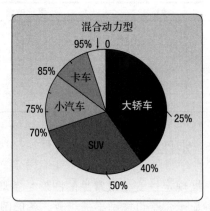

图 2-2　按车辆类型划分的饼图

- 销售量占比最大的是大轿车。
- 大轿车和 SUV 一起占汽车总销量的 70%。
- 尽管只上市了几年，混合动力型汽车仍占汽车总销量的 5%。

我们可以使用 Excel 软件快速统计每种车辆类型的售出辆数，并创建频数表、条形图和饼图。如图 2-3 所示，Excel 里用于以上统计分析的工具称为数据透视表，具体操作过程的说明见附录C。

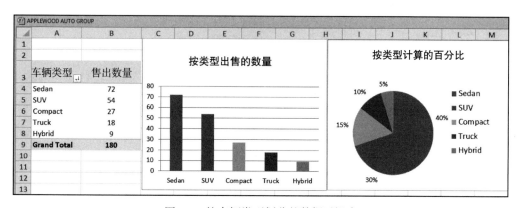

图2-3　按车辆类型划分的数据透视表

饼图和条形图都是用来说明频数和频率表的。那么，什么时候饼图比条形图更可取？在大多数情况下，饼图用于展示和比较每个定性变量的值或组的观测百分比的相对差异，而当我们想要比较定性变量的每个值或组的观测次数或频率时，首选条形图。下面的案例和解析考虑了条形图和饼图的另一种应用。

例 2-1　SkiLodges.com 正在测试其新网站的市场营销能力，即关于其网页导航服务的性能。随机选择了200名普通互联网用户，并要求他们在网站上执行搜索任务，然后让每个人将网页导航的使用性能评级为差、良好、好或优秀。结果如表2-5所示。

（1）描述导航易用性能的变量属于什么测量尺度？

（2）为调查结果绘制条形图。

（3）为调查结果绘制饼图。

解析　这些是定序尺度的统计数据。也就是说，从"优秀"到"差"的评级变换表示网页导航的易用性能变差了。每个评级之间的间隔大小是未知的，因此不可能得出类似这样的结论："良好"的评级是"差"评的两倍。我们可以用条形图来绘制数据，纵轴表示频率，横轴表示变量的所有取值（见图2-4）。

这些数据也可以绘制成饼图（见图2-5）。根据饼图结果可以看出，超过一半的受访者对网站的易用性能评级为优秀。

表 2-5　网页导航的使用性能评级

级别	频数
优秀	102
好	58
良好	30
差	10

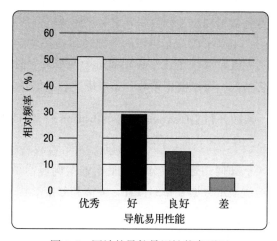

图2-4　网站的导航易用性能条形图

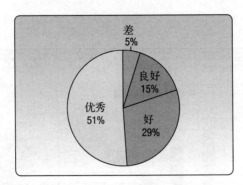

图 2-5 网站的导航易用性能饼图

自测 2-1

德森佐特色食品饮料公司一直在提供一种有附加调味品的可乐饮料——可乐 Plus（Cola-Plus），深受顾客欢迎。该公司对顾客对可乐 Plus、可口可乐、百事可乐和柠檬汽水的偏好感兴趣。公司随机抽取 100 名顾客进行味觉测试，让他们选择自己最喜欢的饮料，结果如表 2-6 所示：

（1）数据是定性的还是定量的？为什么？
（2）这张表叫什么？它显示了什么？
（3）编制条形图来描述数据信息。
（4）利用频率制作饼图。

表 2-6 顾客对饮料的偏好

级别	频数
可乐 Plus	40
可口可乐	25
百事可乐	20
柠檬汽水	15
总计	100

2.3 构造频数分布

在第 1 章和本章之前学习的内容中，我们区分了定性和定量数据。在上一节中，利用苹果伍德汽车集团的数据，我们研究了两个定性变量：经销商地点和销售的车辆类型，并利用这些数据创建了频数和频率表，还通过条形图和饼图描述了统计分析结果。

苹果伍德汽车集团的数据还包括几个定量变量：买方的年龄、销售车辆所获得的利润和买家在苹果伍德汽车集团的历史购车量。假设凯瑟琳想基于每辆车的利润来总结上个月的销售情况，可以使用频数分布来描述利润信息。

> **频数分布（frequency distribution）**：将定量数据分为互斥且所有数据完全穷尽的组，展示每个组中的观测次数。

如何构建频数分布？下面的案例显示了构造频数分布的步骤，我们的目标是构造图表，通过显示数据分布的位置、极值和分布形状来快速总结数据规律。

例 2-2 苹果伍德汽车集团的凯瑟琳想基于频数分布分析利润这一定量变量，并构造分布图和分布表。如果有了这些信息，凯瑟琳可以很容易地回答以下问题：每次销售的利润是多少？销售可得的最大利润是多少？最小利润是多少？利润值倾向于聚集在什么数值附近？

解析 表 2-7 中列出了 180 辆汽车中每一辆汽车的售出利润，这些信息被称为原始数据或未分组数据，该表只是由很多单个利润组成的列表。

表 2-7　苹果伍德汽车集团上月销售车辆利润　　　　　　（单位：美元）

1 387	2 148	2 201	963	820	2 230	3 043	2 584	2 370
1 754	2 207	996	1 298	1 266	2 341	1 059	2 666	2 637
1 817	2 252	2 813	1 410	1 741	3 292	1 674	2 991	1 426
1 040	1 428	323	1 553	1 772	1 108	1 807	934	2 944
1 273	1 889	352	1 648	1 932	1 295	2 056	2 063	2 147
1 529	1 166	482	2 071	2 350	1 344	2 236	2 083	1 973
3 082	1 320	1 144	2 116	2 422	1 906	2 928	2 856	2 502
1 951	2 265	1 485	1 500	2 446	1 952	1 269	2 989	783
2 692	1 323	1 509	1 549	369	2 070	1 717	910	1 538
1 206	1 760	1 638	2 348	978	2 454	1 797	1 536	2 339
1 342	1 919	1 961	2 498	1 238	1 606	1 955	1 957	2 700
443	2 357	2 127	294	1 818	1 680	2 199	2 240	2 222
754	2 866	2 430	1 115	1 824	1 827	2 482	2 695	2 597
1 621	732	1 704	1 124	1 907	1 915	2 701	1 325	2 742
870	1 464	1 876	1 532	1 938	2 084	3 210	2 250	1 837
1 174	1 626	2 010	1 688	1 940	2 639	377	2 279	2 842
1 412	1 762	2 165	1 822	2 197	842	1 220	2 626	2 434
1 809	1 915	2 231	1 897	2 646	1 963	1 401	1 501	1 640
2 415	2 119	2 389	2 445	1 461	2 059	2 175	1 752	1 821
1 546	1 766	335	2 886	1 731	2 338	1 118	2 058	2 487

通过搜索列表，可以找到最小利润（294 美元）和最大利润（3 292 美元），但很难确定一个具有代表性的利润，或者确定利润值倾向于聚集在什么数值附近并将其可视化。如果我们用频数分布总结数据，原始数据就更容易解释。创建此频数分布的步骤如下所示。

步骤 1：决定组的个数。 确定组数（K）的一个有用的方法是 "2 到 K 规则"。本书建议你选择使 2^K 大于观测数 N 的最小的数（K）为组数。在苹果伍德汽车集团的例子中，有 180 辆汽车售出，所以 $N=180$。如果尝试 $K=7$，这意味着我们将使用 7 个组，$2^7=128$ 小于 180，因此 7 个组太少。如果让 $K=8$，那么 $2^8=256$ 大于 180，所以 8 个组更合适。

步骤 2：确定组间距。 一般来说，所有组的间距都是相同的，并且所有的组间距加起来必须至少覆盖从数据中的最小值到最大值的距离。用公式表示为

$$i \geq \frac{最大值 - 最小值}{K}$$

i 表示组间距，K 表示组的个数。

在苹果伍德汽车集团的例子中，最小值为 294，最大值为 3 292。如设置 8 个组，组间距应为

$$i \geq \frac{最大值 - 最小值}{K} = \frac{3\,292 - 294}{8} = 374.75（美元）$$

在实践中，这种间距大小通常被简化为一些比较方便的数字，例如 10 或 100 的倍数。在本例中，400 是比较合适的选择。

步骤 3：设置组的上下限。 设置明确的上下限，避免重叠或不明确的上下限，这样你就可以将每个观测值只放在一个组别中。例如，不应使用 "1 300～1 400 美元" 和 "1 400～1 500 美元" 来作为上下限，因为不清楚 1 400 美元属于第一组还是第二组。在本书中，我们

通常使用 [1 300，1 400) 和 [1 400，1 500) 等格式，可以很明显地看出 1 399 美元属于第一组，1 400 美元属于第二组。此外，本书还假设符号"~"表示包含区间左端点值，不包括区间右端点值。

我们总是按照组间距的大小向上叠加，获得一个涵盖了必要范围且规模合适的组。例如，在苹果伍德汽车集团案例中，我们使用间距大小为 400 美元的 8 个组，计算得到组的范围为 8×400=3 200 美元，我们需要覆盖的范围大小为最大值减去最小值，所以这一范围比实际范围大 202 美元。通常来说，我们会在两端的组中放置大约相等数量的多余部分。当然，我们也应该选择合适的组限制，其中一个准则是使第一组的下限成为组间距的倍数，但有时这是不可能的，此时的下限应该通过四舍五入得到。表 2-8 是我们基于上述讨论进行的分组结果。

步骤 4：将车辆售出利润分组统计，并确定每个组内的观察次数。首先，表 2-7 中第一辆车的销售利润为 1 387。它被划入 [1 000，1 400) 组内；表 2-7 第一行的第二个车辆售出利润为 2 148。它被划入 [1 800，2 200) 组内，其他利润以类似的方式分组。当所有利润都被分组之后，结果如表 2-9 所示。

表 2-8 分组结果

分组（美元）
[200, 600)
[600, 1 000)
[1 000, 1 400)
[1 400, 1 800)
[1 800, 2 200)
[2 200, 2 600)
[2 600, 3 000)
[3 000, 3 400)

表 2-9 按利润分组的频数分布

分组（美元）	频数
[200, 600)	正 III
[600, 1 000)	正 正 I
[1 000, 1 400)	正 正 正 正 III
[1 400, 1 800)	正 正 正 正 正 正 正 III
[1 800, 2 200)	正 正 正 正 正 正 正 正 正
[2 200, 2 600)	正 正 正 正 正 正 II
[2 600, 3 000)	正 正 正 IIII
[3 000, 3 400)	IIII

每个组中的观测次数称为**组频数**（class frequency），在 [200，600) 的组内有 8 个观测值，在 [600，1 000) 的组中有 11 个观测值。因此，第一组的组频数为 8，第二组的组频数为 11，整个数据集总共有 180 个观测值，所有的组频数之和应等于 180。频数分布的结果如表 2-10 所示。

现在已经将数据构建成了一个频数分布（见表 2-10），我们可以总结苹果伍德汽车集团的车辆利润特征，观察分析如下：

（1）车辆销售利润在 200～3 400 美元。

（2）车辆利润采用 400 的组间距进行划分，组区间是通过减去连续的下层或上层极限来确定的。例如，第一组的下限是 200，第二组的下限是 600，两组之间的间距还是 400。

（3）157 辆车（87%）的售出利润集中在 1 000～3 000 美元。

表 2-10 苹果伍德汽车集团上月销售车辆利润的频数分布

分组（美元）	频数
[200, 600)	8
[600, 1 000)	11
[1 000, 1 400)	23
[1 400, 1 800)	38
[1 800, 2 200)	45
[2 200, 2 600)	32
[2 600, 3 000)	19
[3 000, 3 400)	4
总计	180

（4）对每个组，我们可以确定**组中值**（class midpoint），它是两个连续的组的下限值或上限值的平均值，参照表 2-10，第一组下限为 200，第二组下限为 600，根据 (600+200)/2 得出组中值为 400，组中值是用于代表该组别车辆利润的最典型的数值。由此可以进行如下描述：苹果伍德汽车集团销售了 8 辆车，典型利润为 400 美元。

（5）售出车辆最多的组是[1 800，2 200)，该组共售出45辆车，组中值为2 000美元。

通过向凯瑟琳介绍这些信息，我们向她清楚地展现了上个月车辆利润的分布情况。

诚然，将利润信息构建成频数分布确实会导致一些详细信息的丢失，也就是说，将数据总结成频数分布后，无法精确地确定某一车辆的实际利润，如1 387、2 148或2 201。此外，我们无法看出该组数据中车辆出售的实际最低利润为294美元，最高利润为3 292美元，但是第一组的下限和最后一组的上限所传达的含义本质上是相同的。也许，当凯瑟琳知道最低利润大约是200美元和确切的最低利润是294美元时，她会做出同样的判断。将180个利润数值汇总成一种更容易理解、更有组织性的形式的优势可以抵消信息丢失这一劣势。

当我们用频数分布总结原始数据时，优先考虑相等的组间距。然而，在某些情况下，为了避免构造出很多频数很小的类，可能需要不相等的组间距，如表2-11所示。美国国税局对个人纳税申报表中调整后的总收入采用大小不相等的组区间来汇总，如果按照之前的方法求相等间距的组区间，那么按照2^K规则得到的结果是25个组，组间距为400 000美元，假设0和10 000 000美元作为调整后总收入的最小值和最大值，表2-11中的前13个组约占所有纳税申报表的99.9%，其余调整后的总收入超过400 000美元的24个组只占纳税申报表的0.1%。可以看出，使用相等的组间距并不能很好地理解原始数据，在这种情况下，如表2-11所示，需要分析找出合适的不同大小的组间距来展现纳税申报表的总收入分布情况，特别是在500 000美元以下的收入区间里。

表2-11 个人纳税申报表

调整后的总收入（美元）	人数（千）
无调整的总收入	178.2
[1，5 000)	1 204.6
[5 000，10 000)	2 595.5
[10 000，15 000)	3 142.0
[15 000，20 000)	3 191.7
[20 000，25 000)	2 501.4
[25 000，30 000)	1 901.6
[30 000，40 000)	2 502.3
[40 000，50 000)	1 426.8
[50 000，75 000)	1 476.3
[75 000，100 000)	338.8
[100 000，200 000)	223.3
[200 000，500 000)	55.2
[500 000，1 000 000)	12.0
[1 000 000，2 000 000)	5.1
[2 000 000，10 000 000)	3.4
10 000 000及以上	0.6

自测2-2

去年第一季度化工公司11名销售人员收入如下（单位：美元）：

1 650，1 475，1 510，1 670，1 595，1 760，1 540，1 495，1 590，1 625，1 510

（1）以上数据是什么数据？

（2）以[1 400，1 500)为第一组，[1 500，1 600)为第二组，将季度收入按频数分组。

（3）你构建的频数分布中右栏中的数字叫什么？

（4）分析按频数分布汇总的季度收入情况。收入倾向于集中在什么值附近？最小收入和最大收入是多少？典型收入是多少？

频率分布

正如先前对定性数据所进行的处理一样，将频数转换为频率可以展示每个组中观测数占总数的百分比。在车辆售出利润的数据中，如果我们想知道利润在[1 000，1 400)组内的车辆销售百分比，就需要将频数分布转换为频率分布，即将每个组的频数除以观测总数。从车辆利润的分布来看，表 2-10 中，[1 000，1 400) 组的频率为 23/180，即 0.128，也就是说，12.8% 的车辆利润在 1 000 ～ 1 400 美元。其余组的频率见表 2-12。

表 2-12　苹果伍德汽车集团售出车辆利润的频率分布

利润（美元）	频数	频率	比例
[200，600)	8	0.044	8/180
[600，1 000)	11	0.061	11/180
[1 000，1 400)	23	0.128	23/180
[1 400，1 800)	38	0.211	38/180
[1 800，2 200)	45	0.250	45/180
[2 200，2 600)	32	0.178	32/180
[2 600，3 000)	19	0.106	19/180
[3 000，3 400)	4	0.022	4/180
总计	180	1.000	

有许多软件包可以执行上述统计分析，在本书中，我们将使用 Microsoft Excel、MegaStat（Microsoft Excel 加载项程序）和 Minitab（统计软件包）。在实践中，由于 Excel 最容易操作，因此使用频率最高。

在之前定性数据的图形表示部分中，我们使用 Excel 中的数据透视表工具来创建频率表，使用相同的 Excel 命令来计算苹果伍德汽车集团数据中利润的频数和频率（见图 2-6）。附录 C 给出了必要的操作步骤。

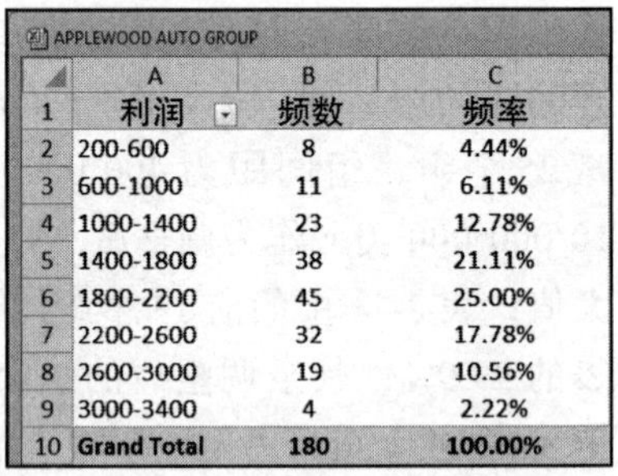
APPLEWOOD AUTO GROUP

	A	B	C
1	利润	频数	频率
2	200-600	8	4.44%
3	600-1000	11	6.11%
4	1000-1400	23	12.78%
5	1400-1800	38	21.11%
6	1800-2200	45	25.00%
7	2200-2600	32	17.78%
8	2600-3000	19	10.56%
9	3000-3400	4	2.22%
10	Grand Total	180	100.00%

图 2-6　Excel 频数和频率的输出结果

自测 2-3

旧金山巨人队的巴里·邦兹（Barry Bonds）创造了一个新的单赛季大联盟棒球全垒打纪录，在 2001 年赛季中打出了 73 次全垒打。下面按顺序列出 73 次全垒打中每一个的距离。

表 2-13　巴里·邦兹的 73 次全垒打距离（升序排列）

320	320	347	350	360	360	360	361	365	370
370	375	375	375	375	380	380	380	380	380
380	390	390	391	394	396	400	400	400	400
405	410	410	410	410	410	410	410	410	410
410	410	411	415	415	416	417	417	420	420
420	420	420	420	420	420	429	430	430	430
430	430	435	435	436	440	440	440	440	440
450	480	488							

（1）基于上述数据，请使用 2^K 规则创建 7 个组的频数分布。

（2）将组间距设为 30，请按 7 个组将原始数据汇总。

（3）将组间距设为 30，组数设为 7，请利用原始数据构造频数和频率分布，第一组的下限为 300。

（4）有多少次全垒打在 360 ～ 390 英尺[⊖]距离的组内？

⊖ 1 英尺 =0.304 8 米。

(5）百分之多少的全垒打在360～390英尺距离的组内？
(6）在390及以上英尺距离的组内，全垒打的比例是多少？

2.4 频率分布的图形表示

销售经理、股票分析师、医院管理人员和其他高管通常需要快速了解销售量、股票价格或医药成本的分布情况，这些分布可以用图表来描述。直方图、频数多边形和累积频数多边形这三个图表可以帮助描绘频率分布。

2.4.1 直方图

基于定量数据的频数分布直方图类似于基于定性数据的频数分布条形图。横轴上标记各组，纵轴上标记频数，组频数用柱的高度表示。然而因为数据的性质不同，两者有一个重要的区别，定量数据通常是连续的，横轴表示变量全部的可能取值，所以直方图相邻绘制以显示数据的连续性质。

> **直方图（histogram）**：横轴上标记各组，纵轴上标记频数，高度表示组频数，柱与柱之间是相连的。

例 2-3 表 2-14 是苹果伍德汽车集团上个月汽车销售利润的频数分布。

构造一个直方图，根据直方图中显示的信息，你能观察到什么？

解析 组频数沿纵轴（y 轴）和各组的上下限或组中值在横轴上缩放，前三个组的直方图如图 2-7 所示。

从图 2-7 中，我们注意到有 8 辆车的销售利润落在组 [200，600) 中，因此这个组的高度为 8；有 11 辆汽车的销售利润落在组 [600，1 000) 中，因此这个组的高度为 11。柱的高度表示组中的观察次数。

所有组都继续此过程，完整的直方图如图 2-8 所示。注意，柱与柱之间没有空格，这是直方图的一个特征，因为在横轴上绘制的利润变量是一个连续变量。在条形图中，数据的测量尺度通常是定类尺度，所以柱条是分开的，这是直方图和条形图的一个重要区别。

表 2-14 苹果伍德汽车集团售出车辆利润的频数分布

分组（美元）	组频数
[200, 600)	8
[600, 1 000)	11
[1 000, 1 400)	23
[1 400, 1 800)	38
[1 800, 2 200)	45
[2 200, 2 600)	32
[2 600, 3 000)	19
[3 000, 3 400)	4
总计	180

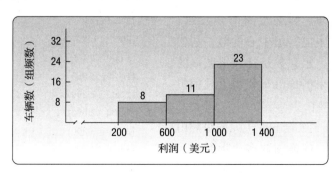

图 2-7 汽车销售利润的频数分布直方图

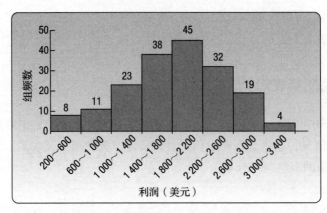

图 2-8 苹果伍德汽车集团销售的 180 辆汽车的利润直方图

根据图 2-8 可以得出以下结论，它们与基于表 2-10 的分析结果相同。

（1）车辆销售利润在 200～3 400 美元。

（2）车辆利润采用 400 的组间距进行划分，组区间是通过减去连续的下层或上层极限来确定的。例如，第一组的下限是 200，第二组的下限是 600，两组之间的间距还是 400。

（3）157 辆车（87%）的售出利润集中在 1 000～3 000 美元。

（4）对每个组，我们可以确定组中值，它是两个连续的组的下限值或上限值的平均值，参照表 2-14，第一组下限为 200，第二组下限为 600，根据 (600+200)/2 得出组中值为 400，组中值是用于代表该组别车辆利润最典型的数值。由此可以进行以下描述：苹果伍德汽车集团销售了 8 辆车，典型利润为 400 美元。

（5）售出车辆最多的组是 [1 800，2 200)，该组共售出 45 辆车，组中值为 2 000 美元。

因此，直方图将频数分布可视化。此外，还应该指出，如果使用频率分布而不是实际频数，我们也会进行同样的分析，所以直方图的形状也会相同。也就是说，如果我们使用表 2-12 的频率分布，结果是与图 2-8 形状相同的直方图，唯一的区别是纵轴显示的是车辆百分比而不是车辆数。创建图 2-8 的 Excel 命令在附录 C 中给出。

2.4.2 频数多边形

频数多边形（frequency polygon）也显示了分布的形状，类似于直方图，它由连接组中值与组频数的交点所形成的线段组成。频数多边形的构造如图 2-9 所示，我们用上个月在苹果伍德汽车集团卖车的利润（见表 2-15），以每个组的中点为 x 轴，以每个组的频数为 y 轴。回忆一下，组中值是组中心的值，它代表该组中的典型值，组频数是指该组数据的观测次数。现将苹果伍德汽车集团上月销售车辆所获利润复述如下。

如前所述，200 美元至 600 美元的组频由中点 400 美元表示。构建频数多边形时，在图形上水平移动到中点 400 美元的地方，再

表 2-15 苹果伍德汽车集团上月利润、组中值和组频数

利润（美元）	组中值（美元）	组频数
[200, 600)	400	8
[600, 1 000)	800	11
[1 000, 1 400)	1 200	23
[1 400, 1 800)	1 600	38
[1 800, 2 200)	2 000	45
[2 200, 2 600)	2 400	32
[2 600, 3 000)	2 800	19
[3 000, 3 400)	3 200	4
总计		180

垂直移动到 8，即组频数，绘出一个点，下一个点的坐标是 $x=800$，$y=11$，对所有组都进行这一过程，然后将各点按顺序连接起来。也就是说，代表最低等级的点与代表第二等级的点连接，依此类推。在图 2-9 中，请注意，为了完成频数多边形，在 x 轴上增加了 0 美元和 3 600 美元的点，来锚定零频数的多边形。0 美元和 3 600 美元这两个值，是通过从最低中点（400 美元）中减去 400 美元的组区间，以及将 400 美元加到频率分布的最高中点（3 200 美元）中得出的。

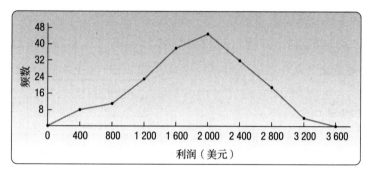

图 2-9　苹果伍德汽车集团 180 辆汽车销售利润的频数多边形

直方图和频数多边形都可以让我们快速了解数据的主要特征（高点、低点、集中点等）。虽然这两种表示方法的目的相似，但直方图的优点是将每一组数据都描绘成一个矩形，矩形条的高度代表了每一组数据的数量。而频数多边形相较于直方图有一个优势，它可以让我们直接比较两个或多个频数分布。假设凯瑟琳想比较苹果伍德汽车集团和密歇根州格雷灵市的福勒汽车集团（Fowler Motors）的每辆车销售利润。为此，需要构建两个频数多边形，一个在另一个之上，如图 2-10 所示。

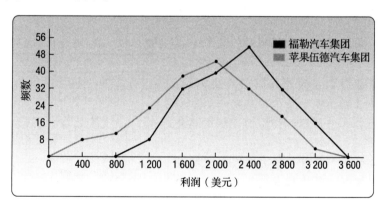

图 2-10　苹果伍德汽车集团和福勒汽车集团的单车销售利润

从图中可以看出两点：

- 福勒汽车集团的车辆利润较大，苹果伍德汽车集团大约为 2 000 美元，福勒汽车集团大约为 2 400 美元。
- 福勒汽车集团的利润变化或分散程度比苹果伍德汽车集团小。苹果伍德汽车集团的下限是 0 美元，上限是 3 600 美元。福勒汽车集团下限是 800 美元，上限是 3 600 美元。

两家经销商的汽车销售总量差不多，所以可以直接比较。如果销售的汽车总数相差很大，将频数转换为频率绘制两个分布图,就可以进行更清晰的比较。

◆ 实践中的统计学

弗洛伦斯·南丁格尔被称为护理专业的创始人。然而,她也通过使用统计分析挽救了许多生命。当她遇到医疗条件不卫生或医院供不应求的情况时,她改善了条件,并用统计数据来记录改善的情况。因此,她能够使其他人相信医疗改革的必要性,特别是在卫生领域。她绘制了图表来证明在克里米亚战争这一时期,死于医疗条件不卫生的士兵比死于战争的士兵多。

自测 2-4

表 2-16 是一组选定的电子供应商的年度进口量的频数分布表。
（1）以直方图来描绘进口量。
（2）以频数多边形来描绘进口量。
（3）总结分布的重要特征（如频数最高和最低的组）。

表 2-16　电子供应商年度进口量频数分布表

进口量（百万美元）	供应商数量
[2, 5)	6
[5, 8)	13
[8, 11)	20
[11, 14)	10
[14, 17)	1

2.4.3 累积频数多边形

再考虑一下苹果伍德汽车集团销售车辆的利润分配情况。假设对销售利润低于 1 400 美元的车辆数量感兴趣。这些数值可以通过构造一个**累积频数分布**（cumulative frequency distribution），并以**累积频数多边形**（cumulative frequency polygon）的方式用图形来近似地表示。或者,假设对最低销量的 40% 的车辆所赚取的利润感兴趣,这些值可以通过构造一个累积频率分布,并以累积频率多边形的图形来近似地描述它。

例 2-4　苹果伍德汽车集团利润的频数分布如表 2-17 所示。

构建一个累积频数多边形来回答这个问题：60% 的车辆的销售利润低于多少？构建一个累积频率多边形来回答这个问题：75% 的车辆的销售利润低于多少？

解析　顾名思义,累积频数分布表和累积频数多边形都需要累积频数。构建一个累积频数分布的过程参考表 2-18。注意到销售利润低于 600 美元的车辆有 8 辆,这 8 辆车,加上下一个更高利润组的 11 辆车,共有 19 辆车的利润在 1 000 美元以下。下一个更高利润组的累积频数为 42,是由 8+11+23 求得的。依此类推,所有车辆获得的利润都低于 3 400 美元（见表 2-18）。

表 2-17　苹果伍德汽车集团利润频数分布

利润（美元）	频数
[200, 600)	8
[600, 1 000)	11
[1 000, 1 400)	23
[1 400, 1 800)	38
[1 800, 2 200)	45
[2 200, 2 600)	32
[2 600, 3 000)	19
[3 000, 3 400)	4
总计	180

表 2-18　苹果伍德汽车集团上月销售车辆利润累积频数分布表

利润（美元）	累积频数	计算由来
不足 600	8	8
不足 1 000	19	8+11

（续）

利润（美元）	累积频数	计算由来
不足 1 400	42	8+11+23
不足 1 800	80	8+11+23+38
不足 2 200	125	8+11+23+38+45
不足 2 600	157	8+11+23+38+45+32
不足 3 000	176	8+11+23+38+45+32+19
不足 3 400	180	8+11+23+38+45+32+19+4

为了构建累积频率分布表，需要将累积频数除以总的观测数 180，如表 2-19 所示，第四组的累积频率为 80/180=44%。也就是说，44% 的车辆售价在 1 800 美元以下。

表 2-19　苹果伍德汽车集团上月销售车辆利润的累积频率分布表

利润（美元）	累积频数	累积频率
不足 600	8	8/180=0.044=4.4%
不足 1 000	19	19/180=0.106=10.6%
不足 1 400	42	42/180=0.233=23.3%
不足 1 800	80	80/180=0.444=44.4%
不足 2 200	125	125/180=0.694=69.4%
不足 2 600	157	157/180=0.872=87.2%
不足 3 000	176	176/180=0.978=97.8%
不足 3 400	180	180/180=1.000=100%

要绘制累积频率分布表，应沿 x 轴缩放每组的上限，沿 y 轴缩放相应的累积频数。为提供额外的信息，你可以在右侧的纵轴上以累积频率的方式进行标注。在苹果伍德汽车集团中，左边的纵轴标注为 0 到 180，右边的纵轴标注为 0 到 100%。请注意，两侧的标注应相互对应，举一个例子，右侧纵轴上的 50% 应该与左轴上的 90 辆车相对应。

图 2-11 中，横轴起点为（200，0）说明卖出的车辆利润都不低于 200 美元。有 8 辆车的利润不到 600 美元，所以下一个点在（600，8）。依此类推，下一个点是（1 000，19），说明有 19 辆车的销售利润低于 1 000 美元。将其余各点绘制后，再将各点连接起来，形成图 2-11。

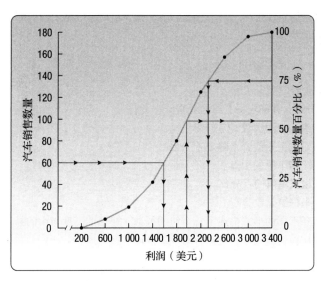

图 2-11　苹果伍德汽车集团上月销售车辆利润的累积频率多边形

应该指出，如果使用累积频率而不是累积频数，分布的形状是一样的。唯一不同的是，纵轴是以百分比为单位进行缩放的。

利用图 2-11 求出 75% 的汽车销售的利润额，从右侧纵轴上的 75% 标记处画一条水平线到多边形上，然后下拉到 x 轴上，读出利润额。x 轴上的数值约为 2 300 美元，因此我们估计 75% 的售出车辆为苹果伍德汽车集团赚取了 2 300 美元以内的利润。

使用图 2-11 来找出 180 辆汽车中利润最低的 60 辆汽车，并在这 60 辆汽车中找到最高利润。先在左边的纵轴上定位到值为 60 的地方，接下来，从 60 的值到多边形画一条水平线，然后下拉到 x 轴，读取利润，大约是 1 600 美元，所以估计有 60 辆卖出的车利润低于 1 600 美元。还可以估算出售价低于某一特定金额的车辆所占的百分比，解释一下，假设想估计销售利润在 2 000 美元以下的车辆的百分比，首先要找到 x 轴上的价值为 2 000 美元的地方，垂直移动到多边形，然后水平移动到右边的纵轴，该值约为 56%，因此 56% 的车辆销售利润在 2 000 美元以下。

自测 2-5

表 2-20 列出了佐治亚州布伦瑞克市家得宝（Home Depot）公司 15 名员工每小时工资的样本。
（1）这张表叫什么？
（2）构造累积频数分布，并描绘这个分布的累积频数多边形。
（3）在累积频数多边形的基础上，有多少员工的小时工资低于 11 美元？

表 2-20 小时工资样本

小时工资（美元）	员工数量
[8, 10)	3
[10, 12)	7
[12, 14)	4
[14, 16)	1

章节摘要

1. 频数表是将定性数据分成相互排斥、共同穷尽的组，并展示每个组中的观测次数。
2. 频率表显示的是每组频率数所占的比例。
3. 条形图是频数表的一种图形表示方式。
4. 饼图显示了不同的组占观察总数的比例。
5. 频数分布表是将数据分成相互排斥、共同穷尽的组，并显示出每一组中的观测次数。
   （1）构建频数分布表的步骤是：
   　　1）决定组的数量。
   　　2）确定组间距。
   　　3）设置各个组的上下限。
   　　4）将原始数据分组，并确定每个组的频数。
   （2）组频数是指每个组的观测次数。
   （3）组距是两个连续组的上限或者下限之差。
   （4）组中值是各组上限与下限的中点。
6. 频率分布表显示了每组观测值的百分比。
7. 可以用以下几种图形来描绘频数分布。
   （1）直方图以矩形或条形图的形式描述了每个组的频数，矩形的高度与组的频数成正比。
   （2）频数多边形由组中值与组频数的交点所形成的线段连接而成。
   （3）累积频数分布表显示的是小于给定值的观测次数。
   （4）累积频率分布表显示了小于给定值的观测次数所占的百分比。

章节练习

1. 饼图显示了可乐产品的相对市场份额，百事可乐的"切片"的中心角度为 90 度。它的市场份额是多少？
2. 为调查明尼苏达州居民最喜欢哪个季节，抽取 1 000 名居民作为样本。抽样结果为，100 名居民最喜欢冬天，300 名居民最喜欢春天，400 名居民最喜欢夏天，200 名居民最喜欢秋天。构建频数表和频率表来总结这些信息。
3. Wellstone 公司生产销售五种不同颜色的手机盖：亮白色、金属黑、黄绿色、橘红色和融合红，为了估计每种颜色的需求度，该公司在美国购物中心设立了一个调查小组，持续了几个小时，随机挑选一些人调查统计他们最喜欢的手机盖颜色。结果如表 2-21 所示。

    （1）这个表叫什么？
    （2）为表 2-21 构建条形图。
    （3）基于表 2-21 构建饼图。
    （4）如果 Wellstone 公司计划生产 100 万个手机盖，每种颜色应该生产多少个？

    表 2-21　Wellstone 公司生产销售五种不同颜色的手机盖

亮白色	130
金属黑	104
黄绿色	325
橘红色	455
融合红	286

4. 若一组数据包括 38 个观测值，请问设置成多少个组的频数分布比较合适？
5. 若一组数据包括从 235 到 567 的共 230 个观测值，请问组间距设置为多大比较合适？
6. 沃切索制造公司在过去 16 天生产了如表 2-22 所示数量的设备。

    表 2-22　沃切索制造公司 16 天里的设备生产数量

27	27	27	28	27	25	25	28
26	28	26	28	31	30	26	26

    根据以上数据构建频数分布。
    （1）你推荐分成多少个组？
    （2）组间距是多少？
    （3）第一组的下限值是多少？
    （4）将原数据信息组织成频数分布和频率分布。
    （5）频数最大的是哪一组？

7. 位于罗德岛普莱森特的 BiLo 超市收集了关于一个月内顾客访问商店次数的信息，51 个顾客的调查数据如表 2-23 所示。

    表 2-23　一个月内顾客访问商店的次数

5	3	3	1	4	4	5	6	4	2	6	6	6	7	1
1	14	1	2	4	4	4	5	6	3	5	3	4	5	6
8	4	7	6	5	9	11	3	12	4	7	6	5	15	1
1	10	8	9	2	12									

    （1）设置组间距为 3，第一组的下限为 0，将原数据构建成频数分布。
    （2）描述分布情况，数据倾向于在哪里聚集？
    （3）将分布转换为频率分布。

8. 莫莉的蜡烛店在北卡罗来纳州和南卡罗来纳州的沿海地区有几家零售店。许多莫莉的客户要求她运送他们的货物。图 2-12 显示了过去 100 天每天运送的包裹数量。例如，第一组数据显示，发货的包裹数量是 0～5 的天数为 5 天。

    （1）这张图叫什么图？

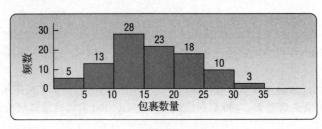

图 2-12

(2) 发货的包裹总数是多少?
(3) 组距是多少?
(4) 发货量为 10～15 这一组的包裹发货总量是多少?
(5) 发货量为 10～15 这一组的包裹发货频率是多少?
(6) 发货量为 10～15 这一组的中点是多少?
(7) 有多少天发了 25 个以上的包裹?

9. 表 2-24 显示了布鲁姆利统计咨询公司雇员的飞行常客里程数,以千英里为单位。
(1) 该表中涉及多少名雇员?
(2) 第一组的组中值是多少?
(3) 建立一个直方图。
(4) 在画频数多边形时,第一组的坐标是什么?
(5) 建立一个频数多边形。
(6) 用两个图来解读累积的飞行里程频数。

表 2-24 布鲁姆利统计咨询公司雇员飞行常客里程数频数分布表

常客里程数(千英里)	雇员数量
[0, 3)	5
[3, 6)	12
[6, 9)	23
[9, 12)	8
[12, 15)	2
总计	50

10. 对佐治亚州亚特兰大地区的注册焊工样本的小时工资进行抽样调查,图 2-13 为小时工资分布的累积频数和累积频率多边形。

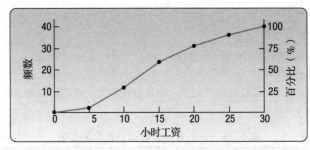

图 2-13 注册焊工小时工资累积频数和累积频率多边形

(1) 共研究了多少名焊工?
(2) 组距是多少?
(3) 大约有多少焊工小时工资不到 10 美元?
(4) 大约有 75% 的焊工小时工资低于多少?
(5) 在所研究的焊工中,有 10 人的小时工资低于多少?
(6) 有多少比例的焊工小时工资不到 20 美元?

11. 继续使用第 9 题布鲁姆利统计咨询公司雇员的飞行常客里程数据。
(1) 有多少雇员的累计里程不足 3 000 英里?
(2) 将频数分布表转换为累积频数分布表。
(3) 以累积频数多边形的形式描绘累积分布。

（4）根据累积频率，大约75%的雇员累积了多少里程或更少？
12. 描述定性变量和定量变量的异同，并一定要包括以下内容：
   （1）每种变量类型需要什么程度的测量？
   （2）这两种类型的变量能否同时用于描述样本和总体？
13. 亚历山德拉·达蒙特将在南卡罗来纳州的默特尔海滩建造一个新的度假村。她必须根据度假村将为顾客提供的活动类型来决定如何设计度假村。最近对300名潜在客户进行的一项调查显示，客户对计划中的度假活动的偏好如表2-25所示。
   （1）这张表是什么？
   （2）画一个条形图来描述调查结果。
   （3）画一张饼图来描述调查结果。
   （4）如果你准备将结果作为报告的一部分提交给达蒙特女士，你倾向于提交哪种图表？为什么？

表 2-25　客户对度假活动的偏好

喜欢计划内的活动	63
不喜欢计划内的活动	135
不确定	78
没有答复	24

14. 若一组数据由83个观测值组成，在做频数分布表时，你建议将以上数据分为多少组？
15. 调查了25位汽车高管从家到公司的通勤时间，结果如表2-26所示。

表 2-26　汽车高管通勤时间表

28	25	48	37	41	32	26	16	23	23	29	36
31	26	21	32	25	31	43	35	42	38	33	28

   （1）你建议将上述数据分为多少组？
   （2）你建议将组距设置为多少？
   （3）你建议将第一组的下限设置为多少？
   （4）将数据整理成频数分布表。
   （5）对频数分布表的形状进行评论。
16. 一位社会科学家正在研究大学生使用iPod的情况，对45名学生的抽样调查显示，他们昨天播放的歌曲数量如表2-27所示。

表 2-27　学生播放歌曲数量表

4	6	8	7	9	6	3	7	7	6	7	1	4	7	7
4	6	4	10	2	4	6	3	4	6	8	4	3	3	6
8	8	4	6	4	6	5	5	9	6	8	8	6	5	10

将信息整理成频数分布表。
   （1）你建议将上述数据分为多少组？
   （2）最适合的组距是多少？
   （3）第一组的下限是多少？
   （4）创建一个频数分布表。
   （5）描述这个分布的形状。
17. 你正在浏览iTunes资料库中的音乐。你的"智能播放列表"中的27首歌曲在过去一年中的总播放次数如表2-28所示。请对这些计数做一个频数分布表，并描述其形状。常常有人说，一个人播放过的歌曲中的一小部分会占到其总播放量的大部分。这里的情况也是这样吗？

表 2-28　歌曲次数播放表

128	56	54	91	190	23	160	298	445	50
578	494	37	677	18	74	70	868	108	71
466	23	84	38	26	814	17			

18. 图 2-14 显示了某统计班第一次考试的成绩。
    （1）有多少学生参加考试？
    （2）组距是多少？
    （3）第一组的组中值是多少？
    （4）有多少学生的分数低于 70 分？

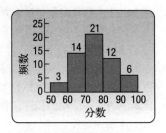

图 2-14 考试成绩直方图

19. 一家总部位于科罗拉多州阿斯本的面向初学者的连锁运动商店，计划对初学者初次购买装备和用品的花费进行研究。根据这些数据，它想探索提供组合的可能性，如一双靴子和一双滑雪板，以吸引初学者购买更多的东西。对 44 张收银机收据的抽样调查显示，这些初学者的购买金额如表 2-29 所示。

表 2-29　初学者的购买金额表　　　　　　　　　　（单位：美元）

140	82	265	168	90	114	172	230	142
86	125	235	212	171	149	156	162	118
139	149	132	105	162	126	216	195	127
161	135	172	220	229	129	87	128	126
175	127	149	126	121	118	172	126	

（1）请给出一个恰当的组距。
（2）以 70 美元为第一组的下限将数据整理成频数分布表。
（3）解释你的发现。

20. 最近的一项调查显示，典型的美国车主每年在汽车上的支出为 2 950 美元。表 2-30 是各种支出项目的明细，请画一张适当的图表来描绘这些数据，并将你总结的调查结果写在一份简短的报告中。

表 2-30　支出项目明细表

支出项目	金额（美元）
燃料费	603
汽车贷款利息	279
修理费	930
保险和许可证	646
折旧费	492
总计	2 950

21. 南卡罗来纳州居民的调整后总收入为 695 亿美元。其中 73% 为工资和薪金；11% 为股息、利息和资本收益；8% 为个人退休账户和应税养老金；3% 为商业收入养老金；2% 为社会保障；其他收入来源有 3%。请绘制一张饼图，描述调整后总收入的分类，并写一段话总结这些信息。

22. 美林证券最近完成了一项针对 40～50 岁年龄段客户的在线投资组合（股票、债券、共同基金和存款证明）规模的研究。表 2-31 列出的是 70 名研究参与者的投资总价值。

表 2-31　参与者投资总价值　　　　　　　　　　（单位：千美元）

669.9	7.5	77.2	7.5	125.7	516.9	219.9	645.2
301.9	235.4	716.4	145.3	26.6	187.2	315.5	89.2
136.4	616.9	440.6	408.2	34.4	296.1	185.4	526.3
380.7	3.3	363.2	51.9	52.2	107.5	82.9	63.0
228.6	308.7	126.7	430.3	82.0	227.0	321.1	403.4
39.5	124.3	118.1	23.9	352.8	156.7	276.3	23.5
31.3	301.2	35.7	154.9	174.3	100.6	236.7	171.9
221.1	43.4	212.3	243.3	315.4	5.9	1 002.2	171.7
295.7	437.0	87.8	302.1	268.1	899.5		

（1）将数据整理成频数分布。你建议分为多少组？你建议的组距是多少？
（2）画一张直方图。理财专家建议，这个年龄段的人至少有 5 倍于工资的存款。作为基准，假设 500 000 美元的投资组合可以支持 10～15 年后的退休生活。请以书面形式展示你的结果。

23. 请参考图 2-15。

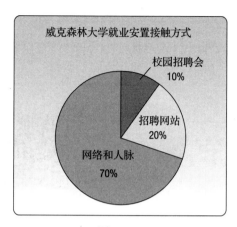

图 2-15

（1）这种图表的名称是什么？
（2）假设有 1 000 名毕业生在毕业后不久就会开始新的工作，估计通过网络和人脉首次接触就业的毕业生人数。
（3）大约 90% 的工作安排是通过网络和人脉、招聘网站进行的，请判断这样的结论是否合理？并举出证据。

24. 2014 年，美国共向加拿大出口了价值 3 760 亿美元的产品。其中包括了表 2-32 所列的五大类产品。
（1）使用一个软件包来画出一个条形图。
（2）"机器"和"电子器械"两类产品占美国对加拿大出口总额的百分比是多少？
（3）"机器"和"电子器械"占出口产品前五名的百分比是多少？

表 2-32 产品类别表

产品	价值（10 亿美元）
汽车	63.3
机器	59.7
电子器械	36.6
矿物燃料和石油	24.8
塑料制品	17.0

25. 美国最受欢迎的糖果之一是 M&M's 巧克力豆。一开始 M&M's 巧克力豆都是棕色的。现在生产的有红、绿、蓝、橙、棕、黄等颜色。最近，购买一袋 14 盎司的原味 M&M's 巧克力豆有 444 颗，按颜色分类如下：棕色 130 颗，黄色 98 颗，红色 96 颗，橙色 35 颗，蓝色 52 颗，绿色 33 颗。绘制一张图表，描述这些信息，并写一段话总结结果。

数据分析

26. 参考附录 A.1 北谷房地产过去一年内的房屋销售信息的报告。请对价格这一变量选择一个合适的组距，并将售价编制成一个频数分布。根据你的发现写一份简要报告，并务必在报告中回答以下问题：
（1）数据倾向于集中在价格值为多少的数据周围？
（2）根据频数分布，第一组的典型售价是多少？最后一组的典型售价是多少？
（3）画一个累积频率分布，并利用这个分布，计算出 50% 的房屋以不高于多少的价格出售？估算出前 10% 的房屋售价的下限？大约有百分之几的房屋售价低于 30 万美元？
（4）请参考卧室这一变量，画一个条形图，显示卧室数为 2 间、3 间、4 间的房屋的销售数量，并说明分布的情况。

27. 参考附录 A.3 林肯维尔学区的公共汽车数据，参考上次维修后行驶里程数这一变量，将这些数据整理成频数分布。
（1）一般行驶的里程数是多少？范围是多少？

（2）对分布的形状进行说明，并指出在行驶里程方面是否存在任何异常值？
（3）画出累积频率分布，并指出有 40% 的公共汽车行驶里程少于多少英里？有多少辆公共汽车的行驶里程少于 10 500 英里？
（4）根据有关公共汽车制造商和公共汽车容量的变量，画出每个变量的饼图，并对结果进行说明。

习题答案

扫码查看章节练习和数据分析答案

扫码查看自测答案

第3章

描述数据：数值测度

肯塔基赛马会于5月的第一个星期六在肯塔基州路易维尔的丘吉尔·唐斯赛马场举行，该赛马场的跑道总长1.25英里。如果你知道了自1990年以来的赢家名单，他们的获胜优势、获胜时间，以及2美元的赌注回报等相关数据，应该怎样确定"获胜时间"与"赌注回报"变量的均值㊀和中位数？

学完本章后，你将能够：

① 计算并解释均值、中位数和众数。
② 计算加权平均值。
③ 计算并解释几何平均值。
④ 计算并解释极差、方差和标准差。
⑤ 解释和应用切比雪夫定理和经验法则。
⑥ 计算分组数据的均值和标准差。

引言

在第2章，我们开始了描述性统计的学习。为了将原始数据总结成一种有意义的形式，我们将定性数据组织成一个频数表，并将结果展示在条形图中。类似地，我们将定量数据转换成频数分布，并将结果描绘成直方图。我们还研究了其他的统计图，如饼图可以描绘定性数据，累积频数多边形可以描绘定量数据。

本章涉及描述定量变量的两种数值方法，即**位置测度**（measures of location）和**离散测度**（measures of dispersion）。数据集的位置测度通常使用平均值，其目的是精确定位数据分布的中心。平均值是数据中心值的位置测度，且总是出现在电视、各种网站、报纸和其他期刊上。例如：

- 平均每11.8年美国房屋所有权就会发生变化。
- 美国人平均每年收到568封邮件。
- 在美国普通家庭中，平均每2.55人拥有2.73台电视机。
- 美国夫妇平均花费20 398美元举行婚礼，这比他们的预算多了50%，而且还未包括度蜜月或购买婚戒的费用。
- 根据全国剧院业主协会的数据，美国剧院门票的平均价格是8.31美元。

㊀ 本书所述的均值、平均值概念相同，但英文有差异，这里不作硬性统一。

如果仅考虑一组数据中的位置测度，或者使用中心值比较几组数据，则可能得出错误的结论。除位置测度外，我们还应考虑数据的离散测度，有时也称变异或扩散测度。举例来说，假设互联网公司高管的平均年收入为80 000美元，制药公司高管的平均年收入也为80 000美元。如果只看平均收入，我们可能会得出这两类工资相同的错误结论，因为如果我们继续研究收入的离散测度与分布范围，就会发现之前的结论是不正确的。互联网公司高管的工资从70 000美元到90 000美元，但制药公司高管的工资范围为40 000美元到120 000美元。虽然这两个行业的平均工资是相同的，但制药公司高管工资的离散测度更强。为了描述离散程度，我们将考虑极差、方差和标准差。

◆ 实践中的统计学

一个普通美国人——罗伯特（定类测度）的相关信息如下：31岁（定比测度），身高69.5英寸（定比测度），重172磅，穿9.5码的鞋，腰围34英寸，穿40码的西装。此外，他平均每年吃4磅薯片，看1 456小时的电视，吃26磅香蕉，每晚睡7.7小时。

美国女人平均身高5英尺4英寸，体重140磅，而美国模特平均身高5英尺11英寸，体重117磅。在美国，每天几乎有一半的妇女都在节食。以今天的标准，玛丽莲·梦露将被视为体重超重，但实际上她的衣服尺码在14号至18号之间波动，她是一个健康且有魅力的女人。

3.1 位置测度

衡量位置测度的指标有很多种，本书将考虑5个方面：算术平均值、中位数、众数、加权平均值和几何平均值，算术平均值是使用最为广泛的位置测度。我们将均值作为总体参数和样本统计量进行研究。

3.1.1 总体均值

许多研究均涉及总体均值。例如，雷诺兹路地毯分店雇用12名销售助理，他们上个月的平均佣金是1 345美元。这是一个总体均值，因为考虑了所有销售助理的佣金。总体均值的其他例子如下：

- 强生股票过去5天的平均收盘价是95.47美元。
- 上周某焊接公司的6名焊工加班的平均时长为6.45小时。
- 上个月，Caryn Tirsch创建了一个致力于有机园艺的网站。在7月的31天里，她的网站日平均点击次数为84.36次。

对于原始数据，即没有在频数分布中分组展示的数据，总体均值的计算方法是利用总体中所有值的总和除以总体中数据的个数。总体均值的计算公式如下：

总体均值 = 总体中所有值的总和 / 总体中数据的个数

使用数学的速记符号来表示总体均值的计算方式更方便。公式如下：

$$\text{总体均值} \quad \mu = \frac{\Sigma X}{N} \tag{3-1}$$

式中　μ——总体均值。这是希腊小写字母"mu";

　　　N——总体中数据的个数;

　　　X——任何特定的值;

　　　Σ——希腊大写字母"sigma",是一种求和符号;

　　　ΣX——总体中所有值的总和。

总体的任何可测量特征都称为参数,总体均值是总体的一个参数。

> **参数(parameter):** 总体的特征。

例 3-1　I-75 号州际公路上有 42 个出口可通向肯塔基州。表 3-1 列出了各出口之间的距离。

表 3-1　各出口之间的距离　　　　　(单位:英里)

11	4	10	4	9	3	8	10	3	14	1	10	3	5
2	2	5	6	1	2	2	3	7	1	3	7	8	10
1	4	7	5	2	2	5	1	1	3	3	1	2	1

为什么这些信息是总体?各出口之间的平均英里数是多少?

解析　这是一个总体,因为考虑了 I-75 号州际公路的所有可通向肯塔基州的出口。我们测算了 42 个出口之间的距离,总路程为 192 英里。为了求算术平均值,我们把这个总数除以 42,得到的算术平均值是 4.57 英里。利用式(3-1)得出:

$$\mu = \frac{\Sigma X}{N} = \frac{11+4+10+\cdots+1}{42} = \frac{192}{42} = 4.57$$

如何解释 4.57?这是出口之间的平均英里数,这个值是一个总体参数。

3.1.2　样本均值

正如第 1 章所解释的,人们经常从总体中选择一个样本来估计总体的特定特征。斯马克公司的质量保证部门需要保证罐中橙子果酱的实际含量至少达到了罐子上标记的 12 盎司,但是检查每个罐子的重量是非常昂贵和耗时的。因此,可以选择一个包含 20 个果酱罐的样本,然后通过计算样本的平均值来估计每个罐子的重量。

对于原始数据,即未分组的数据,平均值是所有样本值的总和除以样本中数据的个数。样本均值的计算公式为:

样本均值 = 所有样本值的总和 / 样本中数据的个数。

样本均值和总体均值是以同样的方式计算的,但使用的符号是不同的。样本均值的计算公式如下:

$$\text{样本均值}\ \bar{X} = \frac{\Sigma X}{n} \tag{3-2}$$

式中　$\bar{X}$——样本均值;

　　　n——样本中数据的个数;

　　　X——任何特定的值;

　　　Σ——希腊大写字母"sigma",是一种求和符号;

　　　ΣX——样本中所有值的总和。

样本均值或基于样本数据的任何其他度量，称为统计量。一个包含 10 罐橙子果酱样本的平均重量是 11.5 盎司，这就是一个统计量的例子。

> **统计量（statistic）**：样本的特征。

例 3-2 威瑞森正在研究客户每月在特定的手机费率计划中使用的分钟数。下面是随机抽样的 12 个客户上个月使用手机的分钟数。

表 3-2　12 个客户上个月使用手机的分钟数

90	77	94	89	119	112
91	110	92	100	113	83

上个月手机使用时间的样本均值是多少？

解析 使用式（3-2），样本均值为

$$\bar{X} = \frac{\Sigma X}{n} = \frac{90 + 77 + \cdots + 83}{12} = \frac{1\,170}{12} = 97.5$$

因此，12 个客户上个月手机使用时间的样本均值为 97.5 分钟。

3.1.3　算术平均值的性质

算术平均值是一种广泛使用的位置测度指标，它具有以下几个重要性质。

1. 要计算平均值，必须在定距或定比水平上测量数据。 第 1 章介绍的定距数据包括温度、尺码等数据，数字之间的距离是恒定的。

2. 在计算平均值时，会用到全部的数据。

3. 平均值是唯一的。 也就是说，一组数据中只有一个平均值。在本章的后面将介绍一种情况，即在一组数据中出现两次或两次以上的位置测度。

4. 每个值与平均值的偏差之和为零。 表示如下：

$$\Sigma(X - \bar{X}) = 0$$

例如，3、8 和 4 的平均值是 5，即有：

$$\Sigma(X - \bar{X}) = (3-5) + (8-5) + (4-5) = -2 + 3 - 1 = 0$$

因此，可以将平均值视为一组数据的平衡点。为了说明这一点，假设有一个长板，数字 1，2，3，…，9 均匀分布在上面，长板上放置了 3 个等重的条，分别位于数字 3、4 和 8 所在的区域，平衡点设置为 5，即这三个数字的平均值。会发现低于平均值的偏差（-3）与高于平均值的偏差（+3）相等，如图 3-1 所示。

均值也有不足之处。回想一下，在平均值的计算过程中会使用到样本或总体中的每个个体值。如果这些值中的一个或两个与大多数数据相比非常大或非常小，则平均值可能不是代表数据的合适指标。例如，假设在美林公司有一个关于财务规划师年收入的样本，其中有 5 个数据为 62 900 美元、61 600 美元、62 500 美元、60 800 美元和 1 200 000 美元。平均收入为 289 560 美元，显然，它不能代表财务规划师这个群体，因为除其中一名财务规划师外，其他所有人的收入都在 60 000 美元到 63 000 美元之间，其中值为 120 万美元的收入影响了均值。

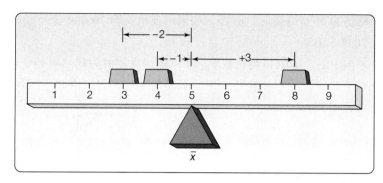

图 3-1 均值示意图

自测 3-1

1. 西屋公司中层管理人员样本的年收入分别为 62 900 美元、69 100 美元、58 300 美元和 76 800 美元。
   (1) 给出样本均值的公式。
   (2) 计算出样本均值。
   (3) 你在(2)中计算的均值是统计量还是参数?为什么?
   (4) 你对总体均值的最佳估计是什么?
2. 计算机课上的六个学生是一个总体。他们的最终课程成绩为 92、96、61、86、79 和 84。
   (1) 给出总体均值的公式。
   (2) 计算平均课程成绩。
   (3) 你在(2)中计算的均值是统计量还是参数?为什么?

3.1.4 中位数

之前讨论过,对于包含一个或两个非常大或非常小的值的数据,算术平均值可能不具有代表性。此类数据的中心位置最好通过叫作中位数的位置测度来描述。

为了说明除算术平均值外还需要其他位置测度的必要性,假设你正考虑在 Palm Aire 购买公寓。你的房地产经纪人说,当前可售单元的均价为 110 000 美元,你还要继续看房吗?如果你已将购买价最高预算定为 75 000 美元,你可能会认为它们超出了你的价格范围。但是,查看各档次房源的价格可能会让你改变主意,它们分别是 60 000 美元、65 000 美元、70 000 美元和 80 000 美元,而超豪华顶层公寓的价格为 275 000 美元。正如房地产经纪人所声称的那样,算术平均价格为 110 000 美元,但是 275 000 美元的房屋价格拉动了算术平均价格,使其成为不具代表性的平均值。大约 70 000 美元的价格才是更典型或更具代表性的平均值。在这种情况下,中位数可提供更有效的位置测度。

我们可以使用中位数 70 000 美元对公寓的平均价格水平进行描述(见图 3-2)。先将价格从最小值(60 000 美元)到最大值(275 000 美元)进行排序,然后选择中间值(70 000 美元)。请注意,定序数据才有中位数这一概念。

> **中位数(median):** 从最小值到最大值排序后的值的中点。

可以看到,低于中间价格 70 000 美元的数量与高于中间价格的数量相同。因此,中位数不受极低或极高价格的影响。如果最高价格为 90 000 美元或 300 000 美元,甚至 1 000 000

美元，中位数价格仍为 70 000 美元。同样，如果最低价格为 20 000 美元或 50 000 美元，中位数价格也仍为 70 000 美元。

在上例中，总体中的个体数目是奇数 5。如何确定观测值为偶数时的中位数？和以前一样，首先将观测结果排序，然后计算两个中间观测值的平均值。因此，当观测值为偶数时，中位数可能不是给定值之一。

例 3-3 Facebook 是一个很受欢迎的社交网站。网站用户可以在上面添加朋友，发送消息，更新他们的个人资料以通知朋友。现有一个由 10 名成年人组成的样本，他们上个月使用 Facebook 的小时数如表 3-3 所示。

求小时数的中位数。

价格从小到大排序		价格从大到小排序
60 000		275 000
65 000		80 000
70 000	←中位数→	70 000
80 000		65 000
275 000		60 000

图 3-2 中位数示意图

解析 注意，采样的成人数是偶数 10。第一步，和以前一样，将使用 Facebook 的小时数从最小值排到最大值。然后找到中间的两个值，两次中间观测的算术平均值即为小时数的中位数。将值从最小值排列到最大值：1、3、3、5、5、7、9、9、10、17。

表 3-3 使用 Facebook 的小时数

3	5	7	5	9
3	9	17	10	1

中位数是通过计算两个中间值的平均数得到的。中间值为 5 小时和 7 小时，这两个值的平均数为 6。因此可以得出结论，典型的成人 Facebook 用户每月在网站上花费 6 小时。请注意，中位数不是样本值中的任何一个。此外，有一半的时间低于中位数，另一半高于中位数。

中位数的主要性质是：

1. **不受极大值或极小值的影响**。因此，当出现此类值时，中位数是更有参考意义的位置测度。

2. **可以对定序、定距、定比数据进行计算**。回想一下第 1 章中的可以从低到高排序的定序数据。

3.1.5 众数

众数是另一个位置测度。

众数（mode）：最常出现的观察值。

众数在统计汇总定类数据时特别有用。例如，一家公司开发了 5 种沐浴露，图 3-3 中的条形图显示了一项市场调查的结果，该调查旨在发现消费者更喜欢哪种沐浴露。最高的柱状表明，大部分的受访者喜欢 Lamoure。因此，Lamoure 是众数。

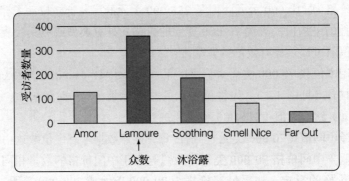

图 3-3 不同受访者对不同沐浴露喜欢的程度

例 3-4 回想一下 I-75 号州际公路 42 个通向肯塔基州的出口之间的距离。如表 3-4 所示，我们仍然采用之前的数据，请问距离的中位数是多少？

表 3-4 各出口之间的距离 （单位：英里）

11	4	10	4	9	3	8	10	3	14	1	10	3	5
2	2	5	6	1	2	2	3	7	1	3	7	8	10
1	4	7	5	2	2	5	1	1	3	3	1	2	1

解析 第一步是将距离组织成一个频数表（见表 3-5），这将帮助我们确定最常出现的距离。

最常出现的距离是 1 英里，出现了 8 次，也就是说，各出口之间距离的众数距离为 1 英里。

三种位置测度（均值、中位数和众数）中哪一个最能代表这些数据的中心位置？众数是代表这些数据的最佳位置测度吗？不是。众数仅针对定类数据，而可变英里数是使用定比数据来测量的。我们计算出的平均值为 4.57 英里。平均值是表示这些数据的最佳位置测度吗？可能也不是。在某些情况下，出口之间的距离较大，这些值会影响平均值，使其过大，而不能代表各出口之间的距离。中位数呢？距离的中位数是 3 英里。也就是说，各出口之间距离的一半为 3 英里。在这种情况下，中位数 3 英里可能是各出口之间距离的更具代表性的位置测度。

表 3-5 频数表

距离（英里）	频数
1	8
2	7
3	7
4	3
5	4
6	1
7	3
8	2
9	1
10	4
11	1
14	1
总计	42

总而言之，可以确定众数适用于所有数据——定类数据、定序数据、定距数据和定比数据，众数还具有不受极高值或极低值影响的优点。

但是，众数也存在一些缺点，导致其使用频率低于平均值或中位数。许多数据集没有众数，因为没有某个值出现多次。例如，下面这组价格数据就没有众数，因为每个值都只出现一次：19 美元、21 美元、23 美元、20 美元和 18 美元。另外，对于某些数据集，多次出现的值可能不只一个。假设一个股票投资俱乐部中的个人年龄分别是 22、26、27、27、31、35 和 35。年龄 27 和 35 都是众数。因此，这种年龄分组称为双峰（具有两个峰）。有人会质疑是否可以使用两个众数来代表这组年龄数据。

自测 3-2

1. 一项对得克萨斯州的某些单身人士的社会保障金的抽样调查显示，他们的每月收入为 852 美元、598 美元、580 美元、1 374 美元、960 美元、878 美元和 1 130 美元。
   （1）月平均收入是多少？
   （2）有多少个观测值低于中位数？有多少个观测值高于中位数？
2. 在过去 10 年中，美国停工的次数为 22、20、21、15、5、11、19、19、15 和 11。
   （1）停工的中位数是多少？
   （2）有多少个观测值低于中位数？有多少个观测值高于中位数？
   （3）停工的众数是多少？

3.1.6 均值、中位数和众数的相对位置

请参阅图 3-4 中的分布图,它呈"丘状"对称分布,该分布在中心的两侧具有相同的形状。如果将图对折,则左右两半将重合。对于任何对称分布,众数、中位数和均值都位于中心,并且始终相等,在图 3-4 中,它们都等于 30。应该指出,有些对称分布不是"丘形"的。

对应于曲线最高点的年数是众数 30。因为分布是对称的,所以中位数对应于将分布减少一半(30)的点。另外,由于算术平均值是分布的平衡点,并且该分布是对称的,因此算术平均值为 30。从逻辑上讲,这三个测度中的任何一个都具有代表性。

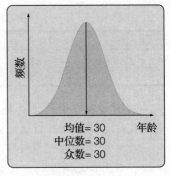

图 3-4 对称分布

如果一个分布是不对称的或倾斜的,这三个测度之间的关系就会改变。在正偏的分布(见图 3-5)中,均值是三个测度中最大的,为什么?因为平均值比中位数或众数受几个极高值的影响更大。在正偏分布中,中位数的数值次之,而众数是三个测度中最小的。如果分布高度倾斜,均值将不是一个很好的衡量标准,中位数和众数将更具代表性。

相反,如果分布呈负偏(见图 3-6),则均值是这三个测度中最低的。当然,均值受到一些极低的观测值的影响。中位数大于均值,并且众数值是这三个测度中的最大值。同样,如果分布高度偏斜,则均值不具有代表性。

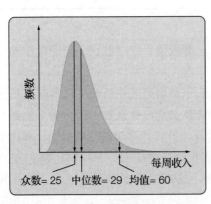

图 3-5 正偏分布

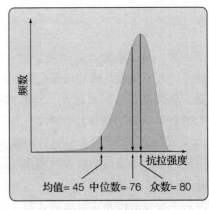

图 3-6 负偏分布

自测 3-3

某电子供应商店的每周销售样本被组织成一个频数分布。每周平均销售额为 105 900 美元,中位数为 105 000 美元,众数为 104 500 美元。

(1) 以平滑的频数多边形的形式描绘销售情况。注意均值、中位数和众数在 x 轴上的位置。
(2) 分布是对称的、正偏的还是负偏的?请解释。

3.1.7 软件解决方案

我们可以使用统计软件包来找到许多测量位置的方法。

例3-5 根据苹果伍德汽车集团180辆汽车的销售利润表,确定销售价格的均值和中位数。

解析 利润的均值、中位数和众数如图3-7所示(在图中突出显示)。该项研究统计了180辆车的销售利润信息,因此使用计算器计算会很烦琐,容易出错。

	A	B	C	D	E	F	G	H
1	年龄	利润	位置	车辆类型	是不是回头客		利润汇总	
2	21	$1,387	Tionesta	Sedan	0			
3	23	$1,754	Sheffield	SUV	1		Mean	1843.17
4	24	$1,817	Sheffield	Hybrid	1		Standard Error	47.97
5	25	$1,040	Sheffield	Compact	0		Median	1882.50
6	26	$1,273	Kane	Sedan	1		Mode	1915.00
7	27	$1,529	Sheffield	Sedan	1		Standard Deviation	643.63
8	27	$3,082	Kane	Truck	0		Sample Variance	414256.61
9	28	$1,951	Kane	SUV	1		Kurtosis	-0.22
10	28	$2,692	Tionesta	Compact	0		Skewness	-0.24
11	29	$1,342	Kane	Sedan	2		Range	2998
12	29	$1,206	Sheffield	Sedan	0		Minimum	294
13	30	$443	Kane	Sedan	3		Maximum	3292
14	30	$1,621	Sheffield	Truck	1		Sum	331770
15	30	$754	Olean	Sedan	2		Count	180

图3-7 软件输出结果

平均利润为1 843.17美元,中位数为1 882.50美元。这两个值相差不到40美元,因此任何一个值都是合理的。我们还可以从Excel输出中看到有180辆汽车售出,其总利润为331 770.00美元。我们将在本章后面和后续的章节中描述输出结果中标准误差、标准偏差和其他测度的含义。

可以得出什么结论?车辆的典型利润约为1 850美元,苹果伍德汽车公司的管理层可能会利用此值来预测利润。例如,如果经销商可以将一个月内售出的车辆数量从180辆增加到200辆,那么估计总利润为37 000美元。

3.2 加权平均值

当有多个观测值相同时,加权平均值是计算算术平均值的便捷方法。例如,假设温迪餐厅以1.84美元、2.07美元和2.40美元的价格分别出售中杯、大杯和超大杯的软饮料。在最近出售的10杯饮料中,有3杯是中杯的,4杯是大杯的,3杯是超大杯的。要找到最近出售的10杯饮料的平均价格,我们可以使用式(3-2):

$$\bar{X} = \frac{1.84+1.84+1.84+2.07+2.07+2.07+2.07+2.40+2.40+2.40}{10} = 2.10 \text{(美元)}$$

因此,10杯饮料的平均售价为2.10美元。

一个更容易找到平均销售价格的方法是确定加权平均值。也就是说,我们将每个观察乘以它发生的次数。我们将把加权平均值记为 $\bar{X}_w$。

$$\bar{X}_w = \frac{3 \times 1.84 + 4 \times 2.07 + 3 \times 2.40}{10} = \frac{21.00}{10} = 2.10 \text{(美元)}$$

在这种情况下，权重是频数。当然，任何重要的衡量标准都可以用作权重。通常来说，加权平均值为样本值 $X_1, X_2, \cdots, X_n$ 与相应的权重 $w_1, w_2, \cdots, w_n$ 通过以下公式计算而来：

$$\text{加权平均值} \quad \bar{X}_w = \frac{w_1 X_1 + w_2 X_2 + w_3 X_3 + \cdots + w_n X_n}{w_1 + w_2 + w_3 + \cdots + w_n} \tag{3-3}$$

还可以简写为

$$\bar{X}_w = \frac{\Sigma(wX)}{\Sigma w}$$

注意，加权平均值的分母是加权和。

例 3-6　卡特建筑公司给它的小时工的工资为每小时 16.50 美元、19.00 美元或 25.00 美元。该公司共有 26 名小时工，其中 14 个人的工资是 16.50 美元，10 个人的工资是 19.00 美元，2 个人的工资是 25.00 美元。这 26 人每小时的平均工资是多少？

解析　为了找到平均时薪，我们将每个时薪乘以获得该时薪的员工人数。根据式（3-3），平均时薪为

$$\bar{X}_w = \frac{14 \times 16.50 + 10 \times 19.00 + 2 \times 25.00}{14 + 10 + 2} = \frac{471.00}{26} = 18.1154 \text{（美元）}$$

所以，四舍五入得到平均工资为 18.12 美元。

自测 3-4

某公司售出了 95 套男式西服，正常价格为 400 美元每套。在春季促销中，西服降至 200 美元每套，共售出 126 套。在最后清仓时，价格降至 100 美元每套，剩余的 79 套西服已售出。
（1）西装的均价是多少？（按加权平均公式计算。）
（2）该公司生产这 300 套西服的成本为 200 美元每套。如果销售人员每售出一笔，可获得 25 美元的佣金，请计算该商店每套西服的利润。

3.3　几何平均值

几何平均值代表了百分比、比率、指数或增长率随时间的平均变化。它在商业和经济学中有着广泛的应用，因为我们经常对销售、工资或经济数字（如国内生产总值）的百分比变化感兴趣，这些变化是相互联系或相互依赖的。一组 n 个正数的几何平均值定义为 n 个值乘积的 n 次方根。几何平均值的公式如下：

$$\text{几何平均值} \quad GM = \sqrt[n]{(X_1)(X_2)\cdots(X_n)} \tag{3-4}$$

几何平均值将始终小于或等于（永远不超过）算术平均值。此外，所有数据值都必须是正的。

比如，假设你今年的工资增长 5%，明年的工资增长 15%，则年均增长 9.886%，而不是 10.0%。为什么会这样？回想一下，当我们计算几何平均值时，5% 的加薪意味着工资提高 5%，我们将它写成 1.05。于是：

$$GM = \sqrt{(1.05)(1.15)} = 1.09886$$

这可以通过假设你每个月的收入是 3 000 美元来验证，若两次分别增长 5% 和 15%。

第一次增长 =3 000×0.05=150.00 美元。
第二次增长 =3 150×0.15=427.50 美元。
总共增长了 622.50 美元。
你工资总共增长了 622.50 美元，这与用之前的数据计算出的结果一致：
3 000.00×0.098 86=296.58，3 296.58×0.098 86=325.90，296.58+325.90=622.48≈622.50。
下面的例子显示了几个百分比的几何平均值。

例 3-7 阿特金斯建筑公司连续 4 年的投资回报率分别为 30%、20%、-40% 和 200%。投资收益率的几何平均值是多少？

解析 数字 1.3 表示 30% 的投资回报，即 1.0 的"原始"投资加上 0.3 的"回报"。0.6 表示亏损 40%，是原投资 1.0 减去亏损 0.4。此计算假设每个期间的总回报被再投资或成为下一个期间的"原始"投资。也就是说，第 2 期的基数是 1.3，第 3 期的基数是 1.3×1.2，等等。

由下式得到几何平均收益率为 29.4%：

$$\text{GM} = \sqrt[n]{(x_1)(x_2)\cdots(x_n)} = \sqrt[4]{(1.3)(1.2)(0.6)(3.0)} = 1.294$$

几何平均数为 2.808 的四次方根。所以，平均收益率（复合年增长率）为 29.4%。请注意，如果你计算算术平均值，你将得到更大的结果，这将夸大真实回报率！

几何平均值的第二个应用是在一段时间内找到平均百分比变化。例如，如果你在 2004 年赚了 45 000 美元，在 2016 年赚了 100 000 美元，那么你在这段时间里的年增长率是多少？答案为 6.88%。增长率公式如下：

平均年增长率 $\quad \text{GM} = \sqrt[n]{\dfrac{\text{期末值}}{\text{期初值}}} - 1 \qquad$ （3-5）

在式（3-5）中，n 是周期数。

例 3-8 1990—2014 年，内华达州的拉斯维加斯是美国发展最快的城市之一。人口从 1990 年的 258 295 人增加到 2014 年的 613 599 人，增长率为 137.56%，即人口增加了一倍以上。请问年平均增长率是多少？

解析 1990—2014 年共经历了 24 年，所以 n=24。然后，根据式（3-5）计算如下：

$$\text{GM} = \sqrt[24]{\dfrac{613\,599}{258\,295}} - 1 = 0.036\,7$$

计算几何平均值的步骤可以归纳为：
（1）用期末的值除以期初的值。
（2）找到比值的 n 次方根，其中 n 是周期数。
（3）减 1。

0.036 7 表示此期间的年平均增长率为 3.67%。换句话说，1990—2014 年，拉斯维加斯的人口以每年 3.67% 的速度增长。

自测 3-5

1. 某公司在过去 4 年里的销售增长百分比分别为 4.91%、5.75%、8.12% 和 21.60%。

(1) 计算几何平均增长率。
(2) 计算算术平均增长率。
(3) 算术平均值是否大于几何平均值？

2. 某卡车的产量从 1996 年的 23 000 辆增加到 2016 年的 120 520 辆，求年增长率的几何平均值。

3.4 为什么要研究离散测度

位置测度，如均值、中位数或众数，只描述数据的中心位置。从这个角度来看，它是有价值的，但它没有告诉我们任何关于数据分布的信息。例如，如果你的导航告诉你前面的河流平均有 3 英尺深，你愿意在没有其他信息的情况下徒步涉水过去吗？可能不会。你会想知道深度的变化。如果这条河的最大深度是 3.25 英尺，最小深度是 2.75 英尺，你可能会同意涉水。如果你知道河水的深度在 0.5 英尺到 5.5 英尺之间，你的决定可能是不涉水。在决定涉水之前，你需要了解河流深度的更多信息。

一般来说，均值被认为是数据的代表。但是当离散测度较大时，均值是不可靠的。根据某公司的 100 名员工在该公司工作的年数，我们绘制了一个直方图（见图 3-8）。数据的均值是 4.9 年，但是数据从 6 个月持续到 16.8 年。因此，4.9 年的均值对所有员工来说并不是很有代表性。

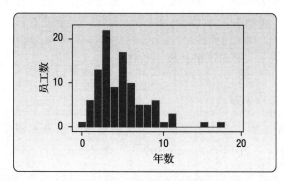

图 3-8　某公司就业年数的直方图

研究一组数据的离散测度还可以比较两组或多组数据分布的范围。例如，假设某新型计算机显示器是在 A 工厂和 B 工厂组装完成的。A 工厂和 B 工厂的平均每小时产出均为 50。基于这两种平均值，你可能会认为每小时产出的分布是相同的结论。然而，两家工厂 9 个小时的生产记录表明，这一结论是不正确的（见图 3-9）。A 工厂的生产速度从每小时 48～52 个装配件不等。B 工厂的生产更加不稳定，每小时的产量从 40 到 60 不等。因此，A 工厂的每小时产量聚集在平均值 50 附近，B 工厂的每小时产出更加分散。

我们将考虑离散测度的测度方式。极差基于数据集中的最大值和最小值，也就是说，仅考虑两个值。但是方差和标准差却使用了数据集中的所有值，并基于与算术平均值的偏差而求得结果。

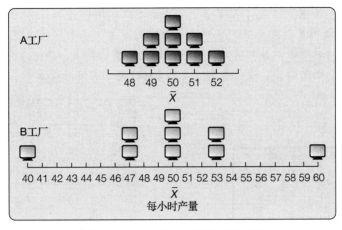

图 3-9 A 工厂和 B 工厂每小时产量

◆ **实践中的统计学**

在过去的几年里,美国邮政服务试图变得更加友好。最近的一项调查显示,顾客对交货时间的一致性感兴趣。"我需要知道自己应该提前多少天把生日卡寄给妈妈,这样贺卡就能在她生日那天寄达,而不是过早或者过晚。"一致性以交货时间的标准偏差来衡量。

3.4.1 极差

最简单的离散测度的度量是**极差**(variance),它是数据集中最大值和最小值之差。用下式表示:

极差 极差 = 最大值 − 最小值 (3-6)

极差广泛应用于生产管理和控制应用,因为它非常容易计算和理解。

例 3-9 请参阅图 3-9。找出 A 工厂和 B 工厂每小时生产的计算机显示器的数量的极差,并解释这两个极差。

解析 A 工厂每小时产量的极差是 4,这是通过每小时最大产量 52 与最小产量 48 之差得出的。B 工厂每小时产量的极差是 20,即 60 减 40。因此得出结论:①由于 A 工厂极差小于 B 工厂极差,所以 A 工厂每小时产量的离散测度比 B 工厂小;②与 B 工厂相比,A 工厂的产量大多集中在 50 的平均值附近,而 B 工厂的产量却比较分散。因此,与 B 工厂相比,A 工厂的平均产量(50)是更具代表性的位置测度。

3.4.2 方差

极值的一个限制是,它只基于两个值,即最大值和最小值,而没有考虑所有的值。方差测量的是一个总体或样本中,与其平均值不同的值的平均水平。就定义而言:

方差(variance):与平均值的平方差的算术平均值。

下面的例子说明了如何使用方差来度量离散测度。

例3-10 图3-10显示了上个月某5天4点到5点之间的样本信息,用来考察在奥兰治县机场和安大略机场的星巴克出售的卡布奇诺咖啡的数量。求出这两个机场出售的卡布奇诺咖啡数量的均值、中位数、极差和方差,并评析这些数值的异同。

解析 将每个机场的均值、中位数和极差用Excel电子表格进行报告,如图3-11所示。

加利福尼亚机场	
奥兰治县	安大略
20	20
40	45
50	50
60	55
80	80

	A	B	C
1		加利福尼亚机场	
2		奥兰治县	安大略
3		20	20
4		40	45
5		50	50
6		60	55
7		80	80
8			
9	均值	50	50
10	中位数	50	50
11	极差	60	60

图3-10 不同机场出售的卡布奇诺咖啡的数量   图3-11 计算结果(一)

请注意,两组数据的均值、中位数、极差这三个指标是完全相同的,这是否表明这两组数据没有差异?如果我们计算方差,我们会得到更清晰的解释。

奥兰治县机场的方差计算过程如图3-12所示:

F	G	H
计算奥兰治县机场的方差		
售出数量	与均值之差	平方差
20	20 - 50 = -30	900
40	40 - 50 = -10	100
50	50 - 50 = 0	0
60	60 - 50 = 10	100
80	80 - 50 = 30	900
	总计	2000

图3-12 计算结果(二)

$$方差 = \frac{\Sigma(X-\mu)^2}{N} = \frac{(-30)^2+(-10)^2+0^2+10^2+30^2}{5} = \frac{2\,000}{5} = 400$$

上述结果表明奥兰治县机场出售的卡布奇诺咖啡数量的方差为400。下面求安大略机场出售的卡布奇诺咖啡数量的方差,计算过程如图3-13所示。

计算安大略机场的方差		
售出数量	与均值之差	平方差
20	20 - 50 = -30	900
45	45 - 50 = -5	25
50	50 - 50 = 0	0
55	55 - 50 = 5	25
80	80 - 50 = 30	900
	总计	1850

图3-13 计算结果(三)

$$方差 = \frac{\Sigma(X-\mu)^2}{N} = \frac{(-30)^2+(-5)^2+0^2+5^2+30^2}{5} = \frac{1850}{5} = 370$$

因此，两个机场出售的卡布奇诺咖啡数量的均值、中位数和极差是相同的，但方差是不同的。奥兰治县机场的方差是 400，但安大略机场的方差是 370。

让我们来解释两个机场的星巴克测度结果的情况。两个地点的均值和中位数完全相同，都售出了 50 杯卡布奇诺咖啡，这些位置测度表明这两个分布是相同的。两个位置的范围也相同，为 60。但是，请记住，该范围提供了有关离散测度的有限信息，因为它仅基于最小值和最大值这两个值。两个机场的方差并不相同。方差是基于每个观测值与算术平均值之间的差异。它显示了数据分布相对于均值或中心的接近度或聚类度。比如奥兰治县机场的方差是 400，但安大略机场的方差是 370。根据差异，我们得出结论，安大略机场星巴克的销售分布比奥兰治县机场的分布更集中（即接近 50 的平均值）。

方差比极差具有更重要的优势，因为它使用了样本中的所有值，而极差仅使用最大值和最小值。

自测 3-6

运往爱尔兰的集装箱的重量为（千磅）：95、103、105、110、104、105、112、90。
（1）重量的极差是多少？
（2）计算重量的算术平均值。
（3）计算重量的方差。

3.4.3 总体方差

在前面的例子中，我们把方差作为离散测度的重要指标之一。与均值相似，我们可以计算总体的方差或样本的方差。计算总体方差的公式如下：

$$\text{总体方差} \quad \sigma^2 = \frac{\Sigma(X-\mu)^2}{N} \quad (3\text{-}7)$$

式中　σ^2——总体方差；
　　　X——总体中的每一个观测值；
　　　μ——总体的算术平均值；
　　　N——总体中观测值数量。

计算方差的过程如下：
（1）首先计算出平均值。
（2）计算出每个观测值与平均值之差，并将这个差进行平方。
（3）将所有的平方差进行求和。
（4）将平方差之和除以总体中观测值的个数。

所以总体方差是每个值与均值的平方差的平均值。观测值越接近平均值，方差将越小，反之，方差将越大。方差通过使用总体中的所有值来克服极值的劣势，因为极值只使用最大值和最小值。我们通过平方差来克服 $\Sigma(X-\mu)=0$ 的问题。下面是另一个例子，说明了方差的计算过程。

例 3-11　表 3-6 是去年在南卡罗来纳的博福特县按月发布的交通传票数量。请计算总体方差。

表 3-6　交通传票数量

时间（月）	数量（次）	时间（月）	数量（次）
1	19	7	45
2	17	8	39
3	22	9	38
4	18	10	44
5	28	11	34
6	34	12	10

解析　因为我们研究的是一年内的所有传票，数据组成了一个总体。为了确定总体方差，我们使用式（3-7）。表 3-7 详细说明了计算结果。

1. 从确定总体的算术平均值开始。本年度发布的总传票数为 348 次，因此平均每月发布次数为 29 次。

$$\mu = \frac{\Sigma X}{N} = \frac{19+17+\cdots+10}{12} = 29$$

2. 接下来，我们计算每个观测值和平均值之差，如表第 3 列所示。每个值与平均值之差的和为 0。

3. 下一步是将每个月的差额进行平方。如表第 4 列所示，所有的平方值都是正的。请注意，将负值平方或乘以它本身就会产生正值。

4. 将平方差求和。第 4 列合计为 1 488。

5. 最后，我们将平方差除以 N，即样本中的观测数。

$$\sigma^2 = \frac{\Sigma(X-\mu)^2}{N} = \frac{1\,488}{12} = 124$$

表 3-7　计算结果表

时间（月）	数量（X）（次）	X−μ	(X−μ)²
1	19	−10	100
2	17	−12	144
3	22	−7	49
4	18	−11	121
5	28	−1	1
6	34	5	25
7	45	16	256
8	39	10	100
9	38	9	81
10	44	15	225
11	34	5	25
12	10	−19	361
总计	348	0	1 488

因此，传票次数的总体方差为 124。

与极差一样，方差可以用来比较两组或两组以上观测值的离散度。例如，在博福特县发布的传票数量的方差为 124。如果在南卡罗来纳州的万宝路县发布的传票数量的方差为 342.9，可以得出这样的结论：①博福特县的传票数量比万宝路县更不分散（因为 124 小于 342.9）；②博福特县的传票数量比万宝路县更集中在均值 29 附近。因此，与万宝路县的平均传票数量相比，博福特县的平均传票数量更能代表该地区的情况。

3.4.4　总体标准差

当我们计算方差时，重要的是要理解度量单位和当分子的差异平方时会发生什么。也就是说，在前面的例子中，每月传票的数量是变量。当我们计算方差时，方差的度量单位是传票数量的平方，使用"传票数量的平方"作为度量单位是很麻烦的。

为了解决这个问题，通过取总体方差的平方根，我们可以将其转换为用于原始数据的相同的度量单位。其中 124 的传票数量的平方的平方根是 11.14，这些单位是传票数量。总体方差的平方根是总体标准差。

总体标准差　$$\sigma = \sqrt{\frac{\Sigma(X-\mu)^2}{N}}$$　（3-8）

自测 3-7

普华永道费城办事处今年招聘了 5 名会计培训生。他们的起薪为 3 536 美元、3 173 美元、3 448 美元、3 121 美元和 3 622 美元。

(1) 计算总体均值。
(2) 计算总体方差。
(3) 计算总体标准差。
(4) 匹兹堡办事处雇用了 6 名学员,他们的平均月薪是 3 550 美元,标准差是 250 美元。试比较这两组数据。

3.4.5 样本方差和标准差

总体均值的公式是 $\mu = \Sigma X / N$。我们只需要更改样本均值的符号,即 $\bar{X} = \Sigma X / n$。但是从总体方差到样本方差的转换并不是那么直接。它需要改变分母,不是用 n(样本中的数)代替 N(总体中的数),而是用 $n-1$ 代替。因此,**样本方差**(sample variance)的公式为

$$\text{样本方差} \quad s^2 = \frac{\Sigma(X-\bar{X})^2}{n-1} \quad (3\text{-}9)$$

式中 s^2——样本方差;
   X——样本中的每一个观测值;
   $\bar{X}$——样本的算术平均值;
   n——样本中观测值数量。

为什么分母会有这种变化?尽管 n 的使用是合乎逻辑的,但用 $\bar{X}$ 来估计 μ 时,它倾向于低估总体方差 σ^2,分母中 $(n-1)$ 的使用为这种倾向提供了适当的修正。因为像 s^2 这样的样本统计的主要用途是估计像 σ^2 这样的总体参数,所以在定义样本方差时,$(n-1)$ 优于 n。在计算样本标准差时,我们也将使用此约定。

例 3-12 已知家得宝兼职员工的时薪为 12 美元、20 美元、16 美元、18 美元和 19 美元。样本方差是多少?

解析 用式(3-9)计算样本方差,见下式及表 3-8:

$$\bar{X} = \frac{\Sigma X}{n} = \frac{85}{5} = 17$$

$$s^2 = \frac{\Sigma(X-\bar{X})^2}{n-1} = \frac{40}{5-1} = 10$$

表 3-8 计算结果表

员工	时薪 (X)(美元)	$X-\bar{X}$	$(X-\bar{X})^2$
1	12	−5	25
2	20	3	9
3	16	−1	1
4	18	1	1
5	19	2	4
总计	85	0	40

样本标准差作为总体标准差的估计量。如前所述,总体标准差是总体方差的平方根。同样,样本标准差是样本方差的平方根。样本标准差的计算方法为

$$\text{样本标准差} \quad s = \sqrt{\frac{\Sigma(X-\bar{X})^2}{n-1}} \quad (3\text{-}10)$$

例 3-13 若前一个例子中涉及小时工资的样本方差为 10,样本标准差是多少?

解析 样本标准差为 3.16。再次注意,样本方差是以美元的平方为单位,取 10 的平方根,得到 3.16,它与原始数据以相同的单位(美元)表示。

3.4.6 软件解决方案

使用 Excel 确定苹果伍德汽车集团利润的均值、中位数和众数(见图 3-14)。你会注意到它列出了样本方差和样本标准差。与大多数其他统计软件一样,Excel 假设数据来自样本。

	A	B	C	D	E	F	G	H
	\multicolumn{8}{l}{APPLEWOOD AUTO GROUP}
1	年龄	利润	位置	车辆类型	是不是回头客		利润汇总	
2	21	$1,387	Tionesta	Sedan	0			
3	23	$1,754	Sheffield	SUV	1		Mean	1843.17
4	24	$1,817	Sheffield	Hybrid	1		Standard Error	47.97
5	25	$1,040	Sheffield	Compact	0		Median	1882.50
6	26	$1,273	Kane	Sedan	1		Mode	1915.00
7	27	$1,529	Sheffield	Sedan	1		Standard Deviation	643.63
8	27	$3,082	Kane	Truck	0		Sample Variance	414256.61
9	28	$1,951	Kane	SUV	1		Kurtosis	-0.22
10	28	$2,692	Tionesta	Compact	0		Skewness	-0.24
11	29	$1,342	Kane	Sedan	2		Range	2998
12	29	$1,206	Sheffield	Sedan	0		Minimum	294
13	30	$443	Kane	Sedan	3		Maximum	3292
14	30	$1,621	Sheffield	Truck	1		Sum	331770
15	30	$754	Olean	Sedan	2		Count	180

图 3-14 计算结果

自测 3-8

俄亥俄州克利夫兰州农场保险索赔办公室的 7 名雇员的服务年限分别为 4、2、5、4、5、2 和 6,则样本方差是多少?样本标准差又是多少?

3.5 标准差的解释和使用

标准差通常被用作比较两组或更多组观测值的离散测度的一种度量。例如,某公司利润分红金额的标准差被计算为 7.51 美元。假设这些员工位于佐治亚州,如果得克萨斯州的一组员工的标准差是 10.47 美元,而且平均值相同,这表明佐治亚州员工的投资没有得克萨斯州员工分散(因为 7.51 美元 < 10.47 美元)。由于佐治亚州员工的投资金额更接近于平均值,因此佐治亚州员工的平均值比得克萨斯州的平均值更可靠。

3.5.1 切比雪夫定理

前面已经强调过,如果一组样本的标准差小,表明这些值更接近平均值的位置。相反地,一个大的标准差,表明样本数据广泛地散布在平均值周围。俄罗斯数学家切比雪夫(1821—1894 年)提出了一个定理,该定理确定了在一定数量的均值标准差范围内的最小值比例。例如，根据切比雪夫定理，至少 75% 的值一定位于均值加减 2 个标准差的范围之内。无论分布的形状如何，这种关系都适用。另外，88.9% 位于均值加减 3 个标准差的范围之内，96% 的值处在均值加减 5 个标准差的范围之内。

> **切比雪夫定理（Chebyshev's theorem）**：给定一组观测值，其均值假定为 μ，标准差 $\sigma>0$，则对任意 $k\geq 1$，位于区间 $[\mu-k\sigma, \mu+k\sigma]$ 内的数据所占比例大于等于 $1-1/k^2$。

例 3-14 某公司的员工利润分红金额均值为 51.54，标准差为 7.51。那么至少有多少比例员工的分红金额在均值加减 3.5 个标准差之间，即在 25.26 至 77.83 之间？

解析

$$有 92\%，即 1-\frac{1}{k^2}=1-\frac{1}{3.5^2}=0.92$$

3.5.2 经验法则

切比雪夫定理适用于任何一组值，即数据的分布可以有任何形状。然而，对于对称的钟形分布，如图 3-15 中的分布，切比雪夫定理可以更精确地解释平均值的离散测度。这些涉及标准差和均值的关系由**经验法则**描述，有时也称为**正态法则**（normal rule）。

> **经验法则（empirical rule）**：对于对称的钟形分布，大约 68% 的观测值将在平均值加减 1 个标准差范围之内，大约 95% 的观测值将在平均值加减 2 个标准差范围之内，几乎所有（99.7%）的观测值都将在平均值加减 3 个标准差范围之内。

这些关系在图 3-15 中以图形方式描述，其钟形分布的平均值为 100，标准差为 10。

根据经验法则，如果一个分布是对称钟形曲线，几乎所有的观测值都在平均值加减 3 个标准差的范围之内。因此，如果均值为 100，标准差为 10，几乎所有的观测值都在 100 加减 30 之间，即 70 和 130 之间，则估计的极差为 130-70=60。

相反，如果我们知道极差是 60，分布是钟形的，我们可以通过将极差除以 6 来近似标准差，极差 ÷6=60÷6=10，即标准差。

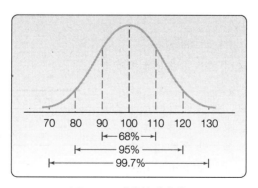

图 3-15 对称钟形曲线

例 3-15 某公寓月租金的样本近似于一个对称的钟形分布。该样本均值为 500，标准差为 20。运用经验法则，回答以下问题：

1. 大约 68% 的月租在哪两个金额之间？

2. 大约95%的月租在哪两个金额之间？
3. 几乎所有的月租都在哪两个金额之间？

解析
1. 大约68%的月租在480至520之间，即 $\bar{X} \pm 1s = 500 \pm 1 \times 20$。
2. 大约95%的月租在460至540之间，即 $\bar{X} \pm 2s = 500 \pm 2 \times 20$。
3. 几乎所有（99.7%）的月租在440至560之间，即 $\bar{X} \pm 3s = 500 \pm 3 \times 20$。

自测 3-9

某管材公司是国内几家PVC管材生产企业之一。产品质量管理部抽取了600个10英尺长的样品。在离管道末端1英尺的地方，他们测量了外径。均值为14.0英寸，标准差为0.1英寸。
（1）如果不知道外管直径分布的形状，至少有多少观测值将在13.85英寸至14.15英寸之间？
（2）如果假设直径的分布是对称的钟形分布，大约95%的观测值将介于哪两个值之间？

3.6 分组数据的均值和标准差

在大多数情况下，平均值和标准差是通过使用单个值来确定的。统计软件使得计算这些值变得容易，即使对于大型数据集也是如此。然而，有时我们只掌握分组数据的频数分布，并希望借此估计分组数据的均值或标准差。在下面的讨论中，展示了如何估计分组数据的均值和标准差。

3.6.1 分组数据的算术平均值

为了估计分组数据的算术平均值，首先假设每个组中的观测值都由组中值表示。因此，分组数据的算术平均值可以表示为

$$\textbf{分组数据的算术平均值} \quad \bar{X} = \frac{\Sigma fM}{n} \tag{3-11}$$

式中 $\bar{X}$——样本均值；
M——组中值；
f——每组的频数；
n——样本个数。

例3-16 请根据表3-9中某汽车集团的利润数据来计算分组数据的算术平均值。

解析 为了估计平均值，假设每组的组中值可以代表该组的数据值。为了求一个组的组中值，将每组的上下界相加，然后取其两者之和的一半。因此，第一组的组中值是400，由（200+600）/2得到。假设400的值代表了这个组的8个值。换句话说，假设这个组中的8个值的和是3 200。继续用这个方法求其他组的组中值，并用组中值乘以每一组的频数，然后对所有组的乘积进行求和。结果如表3-10所示。

表 3-9 频数表

利润（美元）	频数
[200, 600)	8
[600, 1 000)	11
[1 000, 1 400)	23
[1 400, 1 800)	38
[1 800, 2 200)	45
[2 200, 2 600)	32
[2 600, 3 000)	19
[3 000, 3 400)	4
总计	180

表 3-10 某汽车集团销售的 180 辆汽车的利润

利润（美元）	频数（f）	组中值（M）(美元)	fM（美元）
[200, 600)	8	400	3 200
[600, 1 000)	11	800	8 800
[1 000, 1 400)	23	1 200	27 600
[1 400, 1 800)	38	1 600	60 800
[1 800, 2 200)	45	2 000	90 000
[2 200, 2 600)	32	2 400	76 800
[2 600, 3 000)	19	2 800	53 200
[3 000, 3 400)	4	3 200	12 800
总计	180		333 200

用式（3-11）求解算术平均值，得到：

$$\bar{X} = \frac{\Sigma fM}{n} = \frac{333\,200}{180} = 1\,851.11$$

由此得出结论，每辆车的平均利润约为 1 851 美元。

3.6.2 分组数据的标准差

为了计算分组数据的标准差，需要稍微调整式（3-10），用每个组的频数来加权每个平方差：

$$\text{分组数据的标准差} \quad s = \sqrt{\frac{\Sigma f(M-\bar{X})^2}{n-1}} \quad (3-12)$$

式中 s——样本标准差；

$\bar{X}$——样本均值；

M——组中值；

f——每组的频数；

n——样本个数。

例 3-17 请参阅表 3-10 中的某汽车集团利润数据的频率分布表，计算车辆销售价格的标准差。

解析 按照先前用于计算分组数据平均值的相同做法，M 为组中值，f 为每组的频数，n 为样本个数（见表 3-11）。

表 3-11 结果计算表

利润（美元）	频数（f）	组中值（美元）	fM（美元）	$(M-\bar{X})$	$(M-\bar{X})^2$	$f(M-\bar{X})^2$
[200, 600)	8	400	3 200	−1 451	2 105 401	16 843 208
[600, 1 000)	11	800	8 800	−1 051	1 104 601	12 150 611
[1 000, 1 400)	23	1 200	27 600	−651	423 801	9 747 423
[1 400, 1 800)	38	1 600	60 800	−251	63 001	2 394 038
[1 800, 2 200)	45	2 000	90 000	149	22 201	999 045
[2 200, 2 600)	32	2 400	76 800	549	301 401	9 644 832
[2 600, 3 000)	19	2 800	53 200	949	900 601	17 111 419

利润（美元）	频数（f）	组中值（美元）	fM（美元）	$(M-\bar{X})$	$(M-\bar{X})^2$	$f(M-\bar{X})^2$
[3 000, 3 400)	4	3 200	12 800	1 349	1 819 801	7 279 204
总计	180		333 200			76 169 780

步骤1：用组中值减去均值，即对第一组，$(M-\bar{X})=(400-1851)=-1451$，对第二组，$(800-1851)=-1051$，依此类推。

步骤2：将组中值与均值的差平方。对于第一组，$(400-1851)^2=2105401$，对于第二组，$(800-1851)^2=1104601$，依此类推。

步骤3：将组中值与均值的差的平方乘以组频数。对于第一组，$8\times(400-1851)^2=16843208$，对于第二组，$11\times(800-1851)^2=12150611$，依此类推。

步骤4：计算$f(M-\bar{X})^2$的和，为76 169 780。根据式（3-12）以及表3-11的数据，可以计算出分组数据的标准差为

$$s=\sqrt{\frac{\Sigma f(M-\bar{X})^2}{n-1}}=\sqrt{\frac{76\,169\,780}{180-1}}=652.33$$

根据上述结果，发现分组数据计算的均值和标准差与根据原始数据计算的均值和标准差比较接近。但是，分组数据会导致一些数据信息丢失。比如车辆利润的案例中，原始数据输出报告的平均利润是1 843.17美元，标准差是643.63美元，而从分组数据中估计出的数值分别为1 851.11美元和652.33美元。两者估计的均值相差7.94美元，误差率约0.4%，标准差相差8.70美元，误差率仅为1.4%。根据误差率，可以发现分组数据估计值与实际值非常接近。

自测3-10

抽样的20家集装箱运输公司的净收入被整理成表3-12。

（1）这张表叫什么？

（2）根据表3-12中的信息，估计的平均净收入是多少？

（3）根据表3-12中的信息，估计的标准差是多少？

表3-12 集装箱运输公司的净收入

净收入（百万美元）	公司个数
[2, 6)	1
[6, 10)	4
[10, 14)	10
[14, 18)	3
[18, 22)	2

3.7 伦理和报告结果

在第1章中，我们讨论了统计结果的伦理和公正报告。当你学习如何使用统计来组织、总结和解释数据时，理解统计也很重要，这样你就可以成为一个聪明的信息消费者。

在这一章中，我们学习了如何计算数值去进行描述性统计分析。具体来说，展示了如何计算和解释数据集的位置测度：均值、中位数和众数，还讨论了每个统计量的优缺点。例如，如果房地产开发商告诉客户，某一特定领域的平均住宅售价为15万美元，假设15万美元是所有住宅的代表性售价。但假设客户也问销售价格中位数是多少，中位数是6万美元。为什么开发商只报告平均价格？这些信息对于一个人在买房子时的决策非常重要。当报告统计数据和使用统计信息进行决策时，了解均值、中位数和众数的优缺点是很重要的。

我们还学习了如何计算离散测度：极差、方差和标准差。这些统计量各有优缺点。请记住，极差提供了有关分布的总体范围的信息。然而，它没有提供关于数据如何聚集或集中在

分布中心的任何信息。当了解更多关于统计的知识时,需要记住,在使用统计结果时,必须保持独立和有原则的观点,任何统计报告都需要客观和真实地展示结果。

章节摘要

1. 位置测度是用来描述一组数据的中心趋势的值。
   (1) 算术平均值是使用最广泛的位置测度。
      1) 它是通过观测值之和除以观测值总数来计算的。
         ① 未分组或原始数据的总体均值的公式为
         $$\mu = \frac{\Sigma X}{N} \tag{3-1}$$
         ② 样本均值的公式为
         $$\bar{X} = \frac{\Sigma X}{n} \tag{3-2}$$
         ③ 分组数据的算术平均值的公式为
         $$\bar{X} = \frac{\Sigma fM}{n} \tag{3-11}$$
      2) 算术平均值的主要特征是:
         ① 要计算平均值,必须在定距或定比水平上测量数据;
         ② 所有值都包含在计算平均值中;
         ③ 平均值是唯一的,一组数据中只有一个平均值;
         ④ 每个值与平均值的偏差之和为零。
   (2) 中位数是一组有序数据中间的值。
      1) 若要找到中值,请将观测值从最小值排序到最大值,并识别中间值。
      2) 中位数的主要特征是:
         ① 至少要求定序尺度;
         ② 它不受极端值的影响;
         ③ 50% 的观测值大于中位数;
         ④ 它是唯一的。
   (3) 众数是在一组数据中最常出现的值。
      1) 众数在汇总定类数据时特别有用。
      2) 一组数据可以有多个众数。
   (4) 加权平均值是通过将每个观测值乘以其相应的权重来计算的。加权平均值的公式为
   $$\bar{X}_w = \frac{w_1 X_1 + w_2 X_2 + \cdots + w_n X_n}{w_1 + w_2 + \cdots + w_n} \tag{3-3}$$
   (5) 几何平均值是 n 个值乘积的 n 次方根。
      1) 几何平均值的公式为
      $$\text{GM} = \sqrt[n]{(X_1)(X_2)\cdots(X_n)} \tag{3-4}$$
      2) 几何平均值也用来求一个周期到另一个周期的变化率。平均年增长率的公式为
      $$\text{GM} = \sqrt[n]{\frac{\text{期末值}}{\text{期初值}}} - 1 \tag{3-5}$$

3）几何平均值总是等于或小于算术平均值。
2. 离散测度可以描述一组数据的变化情况。
   （1）极差是一组数据中最大值和最小值的差值。
      1）极差的公式是：
      $$极差 = 最大值 - 最小值 \tag{3-6}$$
      2）极差的主要特征是：
         ①在计算中只使用两个值；
         ②受极端值的影响；
         ③很容易计算和理解。
   （2）方差是观测值与平均值的平方差的算术平均值。
      1）总体方差的公式为
      $$\sigma^2 = \frac{\Sigma(X-\mu)^2}{N} \tag{3-7}$$
      2）样本方差的公式为
      $$s^2 = \frac{\Sigma(X-\bar{X})^2}{n-1} \tag{3-9}$$
      3）方差的主要特征是：
         ①所有观测值都用于计算；
         ②单位有点难处理，因为它们的单位是原来的单位平方。
   （3）标准差是方差的平方根。
      1）标准差的主要特征是：
         ①与原始数据单位相同；
         ②它是观测值与算术平均值的平方偏差的平均值的平方根；
         ③它不可能是负数；
         ④它是最广泛的离散测度方法。
      2）样本标准差的公式为
      $$s = \sqrt{\frac{\Sigma(X-\bar{X})^2}{n-1}} \tag{3-10}$$
      3）分组数据的标准差的公式为
      $$s = \sqrt{\frac{\Sigma f(M-\bar{X})^2}{n-1}} \tag{3-12}$$
3. 切比雪夫定理与经验法则的运用。
   （1）切比雪夫定理指出，无论分布的形状如何，至少有 $1-1/k^2$ 的观测值将在均值的 k 个标准差范围之内，其中 k 不小于 1。
   （2）经验法则表明，对于一个钟形分布，68% 的值将在平均值加减 1 个标准差范围之内，95% 的值在平均值加减 2 个标准差范围之内，几乎所有（99.7%）的值都在平均值加减 3 个标准差范围之内。

章节练习

1. 计算下列总体的平均值：6、3、5、7、6。
2.（1）计算下列样本的平均值：5、9、4、10。

（2）证明：$\Sigma(X-\bar{X})=0$。
3. 计算下列样本的平均值：16.25、12.91、14.58。
   计算章节练习 4～5 的算术平均值，并指出它是统计量还是参数。
4. 中城福特店中有 10 名销售人员上月销售的新车数量分别为：15 辆、23 辆、4 辆、19 辆、18 辆、10 辆、8 辆、28 辆、19 辆、10 辆。
5. 某公司随机抽取了 20 个住宅客户样本。以下是客户在上个月支付的电气费用（以美元为单位）：54、48、58、50、25、47、75、46、60、70、67、68、39、35、56、66、33、62、65、67。
6. 上个月某公司完成了 30 份订单，平均每份订单收入 5 430 美元。经理想知道这个月的总收入。你能根据有限的信息计算总收入吗？
7. 如果有以下几种情况，你会选择什么作为众数？
   （1）10 个观测值都不相同。
   （2）6 个观测值都一样。
   （3）6 个观测值为 1、2、3、3、4 和 4。
8. 以下是 12 家建筑公司从去年到今年净收入的百分比变化的样本：5、1、-10、-6、5、12、7、8、6、5、-1、11。请求均值、中位数和众数。
9. 以下列出了美国经济增长的几个常用指标的年度百分比变化。根据表 3-13，请计算：
   （1）百分比变化的中位数是多少？
   （2）百分比变化的众数是什么？

表 3-13 常用指标的年度百分比变化

指标名称	百分比（%）	指标名称	百分比（%）
通货膨胀	4.5	实际国民生产总额	2.9
出口	4.7	居民投资	3.6
进口	2.3	非居民投资	2.1
实际可支配收入	2.9	生产率（全行业）	1.4
消费	2.7	生产率（制造业）	5.2

10. 某会计师事务所专门为医生、牙医、建筑师和律师等专业人士提供所得税申报。该公司雇用了 11 名会计师来提供所得税申报。去年，每个会计师编制的申报表的数量是：58、75、31、58、46、65、60、71、45、58、80。
    你认为这组数的均值、中位数、众数哪个更具代表性？
11. 阿拉斯加州按月的失业率如表 3-14 所示。

表 3-14 月失业率

时间（月）	数量（次）	时间（月）	数量（次）	时间（月）	数量（次）
1	8.7	5	7.3	9	6.5
2	8.8	6	7.8	10	6.8
3	8.7	7	6.6	11	7.3
4	7.8	8	6.5	12	7.6

（1）阿拉斯加州月失业率的算术平均值是多少？
（2）计算失业率的中位数和众数。
（3）计算冬季（12 月至次年 3 月）月份的算术平均值和中位数。有什么不同吗？

12. 今年 6 月，一名投资者以每股 20 美元的价格购买了甲骨文信息技术公司的 300 股股票。8 月，她又以每股 25 美元的价格购买了 400 股股票。11 月，她又购买了 400 股股票，但该股股价下降到 23 美元每股。请问每股加权平均价格是多少？

13. 某保健系统雇用 200 名护理人员。其中，50 名是助理护士，50 名是实习护士，100 名是注册护士。助理护士每小时 8 美元，实习护士每小时 15 美元，注册护士每小时 24 美元。请问加权平均时薪是多少？
14. 计算以下月增长百分比的几何平均值：8、12、14、26 和 5。
15. 下面列出的是 MG 公司在过去 5 年的销售额增长百分比，即 9.4、13.8、11.7、11.9、14.7。求该期间销售额增长的几何平均值。
16. 美国劳工统计局每月公布消费者价格指数。它报告了市场一篮子商品的价格从一个时期到另一个时期的变化。2000 年的指数为 172.2，到 2015 年却增加到 236.525。这一时期的几何平均年增长率是多少？
17. 2000 年，全世界有 720 000 个手机用户。到 2015 年，手机用户增加到 752 000 000。这一时期的几何平均年增长率是多少？

计算章节练习 18～19 的极值、算术平均值、方差，解释统计量。

18. 在上周末的销售中，五名客户服务代表出售的高清电视分别为 5 台、8 台、4 台、10 台和 3 台。
19. 以下是安装 10 个自动车库门开启器所需的分钟数：28、32、24、46、44、40、54、38、32 和 42。
20. 生活在加利福尼亚州的 10 位年轻人对某个比萨的味道进行了评分，评分为 1 到 50 分，其中 1 分表示最不喜欢，50 分表示最喜欢。评级为：34、39、40、46、33、31、34、14、15、45。此外，在一项对比研究中，艾奥瓦州的 10 位年轻人也对同一批比萨的味道进行了评分。评级为：28、25、35、16、25、29、24、26、17、20。作为市场研究员，请比较两个市场销售比萨的潜力。
21. 把下面五个值看作一个总体：8、3、7、3 和 4。求总体的均值和方差。
22. 某公司年度报告披露了过去 5 年的每股基本收益：2.68、1.03、2.26、4.30 和 3.58。如果我们假设这些组成一个总体，请求出每股基本收益的算术平均值和方差。
23. 某公司过去 5 年的股东权益回报率如下：4.3、4.9、7.2、6.7 和 11.6。把这些视为总体，计算极差、算术平均值、方差和标准差。

对于章节练习 24～26，请计算样本方差和样本标准差。

24. 把这些值看作一个样本：7、2、6、2 和 3。
25. 以下是安装 10 个自动车库门开启器所需的时间，以分钟为单位：28、32、24、46、44、40、54、38、32 和 42。
26. 下面列出了 10 家汽车旅馆的商务间的房费：101、97、103、110、78、87、101、80、106、88。
27. 根据切比雪夫定理，至少有百分之几的观测值将在平均值加减 1.8 倍的标准差范围内？
28. 一个 1 400 个货物集装箱样本的重量分布是对称的和钟形的。根据经验法则，回答以下问题：
    （1）有百分之几的观测值在平均值加减 2 倍的标准差范围之内？
    （2）有百分之几的观测值在平均值和平均值加 2 倍的标准差范围内？有百分之几的观测值超过平均值加 2 倍的标准差范围？
29. 当我们计算频率分布的平均值时，为什么我们把它称为估计平均值？
30. 表 3-15 为黑色星期五在一家零售店排队的前 60 个人的年龄。估计一下频率分布的平均值和标准差。
31. 美国国税局对小型会计师事务所编制的个人税务表格的数量感兴趣。美国国税局在达拉斯 – 沃思堡地区随机抽取了 50 家拥有 10 名或更少雇员的公共会计师事务所。表 3-16 报告了研究结果。请估计平均值和标准差。

表 3-15 样本年龄

年龄分组	频数
[20, 30)	7
[30, 40)	12
[40, 50)	21
[50, 60)	18
[60, 70)	12

表 3-16 频数表

年龄分组	频数
[20, 30)	1
[30, 40)	15
[40, 50)	22
[50, 60)	8
[60, 70)	4

32. 某会计师事务所有五个资深合伙人。昨天,资深合伙人分别会见了 6、4、3、7 和 5 个客户。
   (1) 计算资深合伙人所见客户的均值和中位数。
   (2) 均值是样本均值还是总体均值?
   (3) 验证 $\Sigma(X-\mu)=0$。
33. 某公司固定电话服务的家庭样本显示,上周每个家庭接到的电话数量为:52、43、30、38、30、42、12、46、39、37、34、46、32、18、41、5。请计算该组样本的平均值和中位数。
34. 最近对美国人的洗衣时间进行了调查。表 3-17 是 40 次观测的样本的数据。请计算洗涤时间的平均值和中位数。

表 3-17 洗涤时间观测数据

35	37	28	37	33	38	37	32	28	29
39	33	32	37	33	35	36	44	36	34
40	38	46	39	37	39	34	39	31	33
37	35	39	38	37	32	43	31	31	35

35. 某栅栏公司向华盛顿州西雅图郊区的房主出售三种类型的栅栏。A 级栅栏每平方米安装费用为 5.00 美元,B 级栅栏每平方米安装费用为 6.50 美元,C 级栅栏每平方米安装费用为 8.00 美元。昨天,该公司安装了 270 平方米的 A 级、300 平方米的 B 级和 100 平方米的 C 级栅栏,请问安装每平方栅栏的平均成本是多少?

表 3-18 信息表

县	失业率	劳动力规模
Wood	4.5	15 300
Ottawa	3.0	10 400
Lucas	10.2	150 600

36. 表 3-18 显示了俄亥俄州西北部三个县失业劳动力的百分比和劳动力规模。约翰是该地区主任,他必须向几家正在考虑在俄亥俄州西北部选址的公司提交一份报告。对整个地区来说,适当的失业率是多少?
37. 第一届超级碗比赛于 1967 年举行。第一届比赛时,30 秒钟的广告费用为 42 000 美元,而第五十届比赛时,30 秒广告费用为 460 万美元。请问广告费用在 50 年间的几何平均增长率是多少?
38. 从多伦多到香港的加拿大游客样本的年龄分别为:32、21、60、47、54、17、72、55、33、41。请计算样本极差和标准差。
39. 俄亥俄州 13 所公立大学的学生人数情况如表 3-19 所示,请回答:
   (1) 这是样本还是总体?
   (2) 平均学生人数是多少?
   (3) 学生人数的中位数是多少?
   (4) 学生人数的极差是多少?
   (5) 计算学生人数的标准差。

表 3-19 学生人数情况表

大学	人数
University of Akron	26 106
Bowling Green State University	18 864
Central State University	1 718
University of Cincinnati	44 354
Cleveland State University	17 194
Kent State University	41 444
Miami University	23 902
Ohio State University	62 278
Ohio University	36 493
Shawnee State University	4 230
University of Toledo	20 595
Wright State University	17 460
Youngstown State University	12 512

40. 阿波罗太空计划从 1967 年持续到 1972 年,包括 13 项任务。这些任务从最短的 7 小时到最长的 301 小时。每次飞行的持续时间如下:9、195、241、301、216、260、7、244、192、147、10、295、142。
   (1) 解释为什么飞行时间是一个总体。
   (2) 计算飞行时间的平均值和中位数。
   (3) 计算飞行时间的极差和标准差。
41. 表 3-20 为抽样的 25 名本科生去年的娱乐开支数额。

表 3-20 娱乐开支数额

| 684 | 710 | 688 | 711 | 722 | 698 | 723 | 743 | 738 | 722 | 696 | 721 | 685 |
| 763 | 681 | 731 | 736 | 771 | 693 | 701 | 737 | 717 | 752 | 710 | 697 | |

   (1) 计算这组数据的平均值、中位数和众数。
   (2) 极差和标准差是多少?

（3）使用经验法则来建立一个包含大约 95% 观测值的区间。

42. 当地沃尔玛超级中心的经理正在研究顾客在夜间购买的物品数量。下面列出的是 30 个顾客购买的物品数量：15、8、6、9、9、4、18、10、10、12、12、4、7、8、12、10、10、11、9、13、5、6、11、14、5、6、6、5、13、5。

（1）求物品数量的平均值和中位数。

（2）求物品数量的极差和标准差。

（3）将物品数量整理成一个频数分布。

（4）找出组成频数分布的分组数据的均值和标准差。将这些值与问题（1）中计算的值进行比较，为什么它们不一样？

43. 某公司最近调查了一组员工，以确定他们住处距离公司总部的远近，结果如表 3-21 所示。请计算平均值和标准差。

表 3-21 距离信息表

距离	频数	组中值
[0，5)	4	2.5
[5，10)	15	7.5
[10，15)	27	12.5
[15，20)	18	17.5
[20，25)	6	22.5

数据分析

44. 参考附录 A.2，该数据报告了 2015 赛季美国职业棒球大联盟 30 支球队的信息。考虑团队工资这个变量。

（1）准备一份团队工资报告，请务必在你的报告中回答以下问题。

1）数据倾向于围绕哪些值聚集？具体来说，团队平均工资是多少？团队工资的中位数是多少？是否有一项指标比其他指标更能代表团队工资？

2）团队工资的极差是多少？标准差是多少？大约 95% 的工资在哪两个值之间？

（2）参考每年平均工资的信息。2000 年，球员的平均工资为 199 万美元。到 2016 年，球员的平均工资已经增加到 440 万美元。这段时间的增长率是多少？

习题答案

扫码查看章节练习和数据分析答案

扫码查看自测答案

第4章

数据的描述性统计

一家珠宝商最近在社交媒体网站上发布了一则广告,对其库存的33颗钻石的形状、尺寸、价格和切割等级进行了说明。绘制可变价格的箱线图并对结果进行解释。

学完本章后,你将能够:
① 绘制并分析点状图。
② 绘制并分析茎叶图。
③ 识别和计算位置。
④ 绘制并分析箱线图。
⑤ 计算并解释偏度系数。
⑥ 绘制并分析散点图。
⑦ 绘制并分析列联表。

引言

我们在第2章对描述性统计进行了探讨。为了更直观地描述原始数据,我们将其转换为频率分布的形式,并用直方图或频率多边形图等描绘频数的分布情况,通过图形我们能更加直观地看到数据集中分布的地方、数据的最大值最小值以及数据分布的总体形状。

我们计算了几个度量分布中心位置的指标,例如均值、中位数和众数,这些指标反映了一组观测值的典型值。我们还计算了衡量离散测度的指标,例如极差、方差和标准差。对于离散测度的衡量有利于描述观测值的变化。

本章将探讨并研究描述性统计,研究点状图、茎叶图、分位数图以及箱线图。这些图表和统计数据有助于我们更深入地了解数据的集中情况以及数据分布的一般形状,在此基础上,可以进一步分析二元数据。在二元数据中,我们从两个层面分析观测值。例如,学生的学习时长和考试取得的分数,抽样产品是否符合质量规范和生产班次,家庭一个月的用电量和该地区当月的平均日高温。在分析问题时,图表的使用有利于我们更深入地理解和分析数据。

4.1 点状图

回顾一下苹果伍德汽车集团的数据,我们将其销售的180辆汽车的销售利润分成8组,统计了频率分布情况。当我们将数据分成8组时,我们也就无法再知道数据的原始值。**点状图**(dot plot)将数据尽可能细地分组,一般不会丢掉数据的原始值。要绘制点状图,我们将每一个观测值显示在一条水平的数字线上,水平线上的数字代表了数据的值。如果有相同的观测值或观测值太接近而无法单独显示,这些点就会相互"堆积"在一起。通过这一方式我们可以看到数据的分布形状、数据集中分布的值以及数据的最大值和最小值等。点状图有利于分析数据量较小的数据集,当数据过多时,通常使用直方图。例 4-1 介绍了如何绘制和解释点状图。

例 4-1 上个月,苹果伍德汽车集团四家经销商中的两家——蒂奥涅斯塔和谢菲尔德汽车公司的服务部门都营业了 24 天。表 4-1 和表 4-2 列出了上个月在这两家经销商处维修的车辆数量,构建点状图并报告总体统计数据,以对两个经销商进行比较。

表 4-1 蒂奥涅斯塔公司维修车辆数量

蒂奥涅斯塔公司					
周一	周二	周三	周四	周五	周六
23	33	27	28	39	26
30	32	28	33	35	32
29	25	36	31	32	27
35	32	35	37	36	30

表 4-2 谢菲尔德汽车公司维修车辆数量

谢菲尔德汽车公司					
周一	周二	周三	周四	周五	周六
31	35	44	36	34	37
30	37	43	31	40	31
32	44	36	34	43	36
26	38	37	30	42	33

解析 用 Minitab 系统绘制点状图,可以同时得到过去 24 个工作日中每个经销商维修汽车数量的均值、中位数、最大值和最小值以及标准差(见图 4-1)。

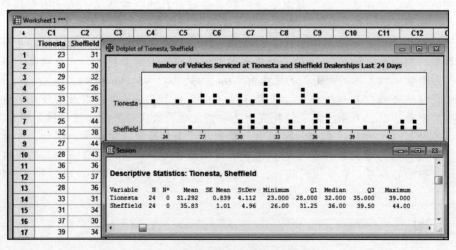

图 4-1 公司维修汽车数量点状图

输出结果所显示的点状图以图形方式说明了每个经销商所修理汽车数量的分布情况,图形中显示了观测值的位置及分散情况。通过观察点状图,我们可以看出谢菲尔德汽车公司维

修的车辆数量分布更广,均值也比蒂奥涅斯塔公司要高。维修车辆数量的其他特征有:
1. 蒂奥涅斯塔公司 24 天里维修数量最少的是 23 辆车。
2. 谢菲尔德汽车公司维修数量最少的是 26 辆车,比次少的一天少 4 辆车。
3. 蒂奥涅斯塔公司有 4 天每天都维修了 32 辆汽车。
4. 谢菲尔德汽车公司维修车辆数量聚集在 36 附近,蒂奥涅斯塔公司维修车辆数量聚集在 32 附近。

根据描述性统计可知,谢菲尔德汽车公司平均每天维修 35.83 辆车,相同时期内,蒂奥涅斯塔公司平均每天维修 31.292 辆车。所以谢菲尔德汽车公司通常每天多维修 4.54 辆车。谢菲尔德汽车公司的每日维修的车辆数量也比蒂奥涅斯塔公司的更为分散,这是因为谢菲尔德汽车公司的标准差(4.96 辆/天)要大于蒂奥涅斯塔公司(4.112 辆/天)。

4.2 茎叶图

在第 2 章里,我们探讨了通过构建频率分布情况将原始数据转化为更有意义的形式。频率分布的一大优点是不用计算就可以快速、直观地观察到数据的分布情况,即可以看到数据集中的地方,也可以确定是否存在极端值(极大值、极小值)。然而,将数据转换为频率分布形式有两个缺点:①我们失去了每个数据的原始值;②我们无法确定每组中数据是如何分布的。例如,位于宾夕法尼亚州伊利市的共和国剧院,可以预订戏剧和音乐剧的门票。剧院的容量是 160 个座位。去年的 45 场演出中,有 8 场戏剧演出和 12 场乐队演出。从表 4-3 可以看出,在 45 场演出中,有两场演出的观众人数在 80~90 人,有 7 场演出的观众人数在 90~100 人。然而在组内,观众集中在 90 人左右还是均匀分布在整个区间?或者集中在 99 人左右?这些我们都无法知道。

表 4-3 观众人数频数分布情况

观众	频数
[80,90)	2
[90,100)	7
[100,110)	6
[110,120)	9
[120,130)	8
[130,140)	7
[140,150)	3
[150,160)	3
总计	45

茎叶图(stem-and-leaf display)可以通过浓缩信息的形式显示比频数分布更为详尽的数据信息。与频率分布相比,茎叶图的优点是我们不会丢失每个观测值的原始值。在上面的例子中,我们无法知道 90~100 之间的数据原始值。为了绘制观看每场演出观众数的茎叶图,假设 90~100 这个组的 7 个观测值分别是 96、94、93、94、95、96 和 97。**茎值**(stem)是指位数相同的一组数的最高位数字,在本例中是 9,**叶值**(leaves)为除最高位之外的数字。将茎值放置在垂直线左侧,叶值放置在右侧。

90~100 这个组中的 7 个数据可以表示为

$$9\,|\,6\ 4\ 3\ 4\ 5\ 6\ 7$$

一般需要将叶值按从小到大的次序排列,上述茎叶图可以表示为

$$9\,|\,3\ 4\ 4\ 5\ 6\ 6\ 7$$

通过茎叶图,我们可以非常直观地看出有两场演出的观众人数都是 94,也可以看出观众人数在 93~97。茎叶图和频数分布作用相同,前者却显示了更为详尽的数据,在茎叶图中,我们可以看到每个数据的原始值。

茎叶图：茎叶图是一种显示数据的方式。每个数字都被分成两个部分，数据按位数进行比较，将数的大小基本不变或变化不大的位数作为茎，其余数字为叶。茎沿垂直轴放置，叶沿水平轴按从小到大的次序排列。

例 4-2 详细介绍了茎叶图的绘制方法。

例 4-2　表 4-4 列出了共和国剧院去年 45 场演出中每一场演出的观众数量。将数据绘制成茎叶图并回答，观众数量主要集中在哪个值？观众数量最少是多少？最多呢？

表 4-4　剧院 45 场演出观众人数

96	93	88	117	127	95	113	96	108	94	148	156
139	142	94	107	125	155	155	103	112	127	117	120
112	135	132	111	125	104	106	139	134	119	97	89
118	136	125	143	120	103	113	124	138			

解析　从表 4-4 可以看出，观众人数最少为 88 人，所以我们将第一个茎值定位 8。观众人数最多为 156 人，所以可以确定茎值在 8～15。表 4-4 中的第一个数字 96，茎为 9，叶为 6；第二个数字 93，其茎为 9，叶为 3；第三个数字也可用同样的方式表示。确定了前三个数字的表示方式后，茎叶图可以初步绘制为表 4-5 的形式。

将所有的数据按同样的方法表示，可以得到如表 4-6 所示的茎叶图。

表 4-5　观众人数茎叶图初步绘制

茎	叶
8	8
9	6 3
10	
11	
12	
13	
14	
15	

表 4-6　观众人数茎叶图未排序

茎	叶
8	8 9
9	6 3 5 6 4 4 7
10	8 7 3 4 6 3
11	7 3 2 7 2 1 9 8 3
12	7 5 7 0 5 5 0 4
13	9 5 2 9 4 6 8
14	8 2 3
15	6 5 5

通常需要将叶部分的数字按从小到大的次序排列，例如表 4-6 的最后一行。这一行表示的数字为 150～159。将叶排序得：

$$15 | 5\ 5\ 6$$

将叶均按从小到大的次序排列后可得表 4-7。

你可以从茎叶图中得出几个结论：首先，观众人数最少为 88，最多为 156。有两场演出的观众人数少于 90 人，有 3 场演出的观众人数超过了 150 人。其次，也可以看到观众人数超过 150 人的 3 场演出，观众人数分别为 155、155、156。观众集中分布在 110～130，有 9 场演出的观众人数在 110～119，有 8 场演出的观众人数在 120～129。你也可以看出，在 120～129 这一区间的观众人数较为分散，有 2 场演出的观众人数为 120，有 1 场演出有 124 名观众，有 3 场演出有 125 名观众，有 2 场演

表 4-7　观众人数茎叶图

茎	叶
8	8 9
9	3 4 4 5 6 6 7
10	3 3 4 6 7 8
11	1 2 2 3 3 7 7 8 9
12	0 0 4 5 5 5 7 7
13	2 4 5 6 8 9 9
14	2 3 8
15	5 5 6

出有 127 名观众。

我们也可以通过 Minitab 软件获得这些信息。我们可以构造一个名为观众人数（attendance）的变量。图 4-2 为 Minitab 的输出结果。你可以在附录 C 中找到这一操作的相关命令。

Minitab 绘制的茎叶图还提供了有关累计总数的附加信息，即茎值最左边的一列数据，如 2、9、15 等。数字 9 表示小于 100 的观测值有 9 个，数字 15 表示小于 110 的观测值有 15 个。在这一列数据的第 4 行，数字 9 出现在括号中，这种表示的含义是这组数据总共

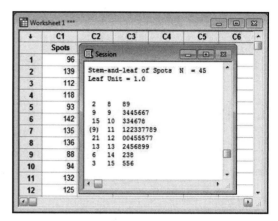

图 4-2　Minitab 绘制观众人数茎叶图

有 9 个观测值，同时，中位数也出现在这一组数据中。在这种情况下，中位数也就是低于一半观测值的数值。总共有 45 个观测值，因此，如果将数据按从小到大的次序排列，位于最中间的观测值就应当是中位数，其值为 118。在中位数之后，最左侧一列数值的含义转变为超过对应茎值所代表的值的观测值数量，如 21 表示有 21 个观测值大于或等于 120，13 表示有 13 个观测值大于或等于 130。

点状图和茎叶图哪个更好？这是一个视情况决定的问题。对于数据量较大的数据集，一般而言，使用点状图会更为方便。点状图也多用于文献分析、市场报告和年度报告等。如果你需要快速分析自己面临的问题，而数据量又比较小的话，使用茎叶图相对而言要更为简单方便。

自测 4-1

1. 图 4-3 显示了东南地区 142 家家得宝门店的员工人数。

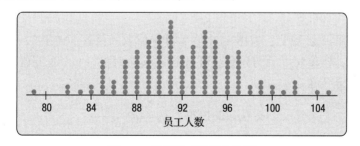

图 4-3　门店员工数量点状图

（1）每家门店的员工数量最少是多少？最多呢？
（2）有 91 名员工的门店有多少家？
（3）门店员工数量趋向于聚集在哪个值附近？

2. 21 只股票的收益率如表 4-8 所示。

表 4-8　21 只股票的收益率　　　　　　　　　　　　　　　　（%）

8.3	9.6	9.5	9.1	8.8	11.2	7.7	10.1	9.9	10.8	
10.2	8.0	8.4	8.1	11.6	9.6	8.8	8.0	10.4	9.8	9.2

根据以上信息绘制茎叶图并回答以下问题：
（1）收益率低于9%的股票有几只？
（2）列出在10.0%～11.0%这一区间的股票收益率。
（3）中位数是多少？
（4）股票收益率最高是多少？最低是多少？

4.3 位置测量

标准差是使用最广泛的衡量数据离散测度的指标。当然，还有其他方法可以衡量数据的离散情况。一种衡量方法是确定将一组观测值分成相等部分的值的位置，如四分位数、十分位数和百分位数。

四分位数将一组数据按从小到大的次序进行排列，并将数据分成四个相等的部分。在第3章中，我们将排列后的数据中最中间的数字称为中位数，即有50%的观测值大于中位数，有50%的观测值小于中位数。中位数是一种位置的测量方法，因为它精确地指出了数据的中心。同样，**四分位数**（quartiles）将一组观测值分为4个相等的部分。第一个四分位数，通常记作Q_1，表示有25%的观测值小于该值；第三个四分位数，记作Q_3，表示有75%的观测值小于这个值。

同样地，**十分位数**（deciles）将数据分成10个相等的部分，**百分位数**（percentiles）将数据分成100个相等的部分。如果你发现你的成绩是第8个十分位数，那就意味着有80%的同学成绩比你低，有20%的同学成绩比你高。如果你发现你的成绩是第92个百分位数，你可以认为有92%的同学成绩比你低，只有8%的同学成绩比你高。百分位数在SAT、ACT、GMAT（工商管理硕士研究生入学考核）和LSAT（法学院入学考试）等国家标准化考试报告成绩时广为使用。

四分位数、十分位数及百分位数

为了使计算过程更加规范，采用L_P来表示百分位数的位置。如第92个百分位数，可以记作L_{92}；中位数，即第50个百分位数，可以记作L_{50}。对于有n个观测值的数据，可以用下面的公式找到其百分位数：

$$\text{百分位数的位置} \quad L_P = (n+1)\frac{P}{100} \tag{4-1}$$

下面我们通过一个例子来解释这个公式。

例4-3 摩根士丹利是一家在美国各地都设有办事处的投资公司，表4-9列出了其位于加利福尼亚州奥克兰办事处的15名经理人上个月赚取的收益。

表4-9 投资公司经理人收益表 （单位：美元）

2 038	1 758	1 721	1 637	2 097	2 047	2 205	1 787	2 287
1 940	2 311	2 054	2 406	1 471	1 460			

求中位数、第一个四分位数和第三个四分位数。

解析 首先要将收益按从小到大的顺序排列（见表 4-10）。

表 4-10 投资公司经理人收益排序表　　　　　　　　　（单位：美元）

1 460	1 471	1 637	1 721	1 758	1 787	1 940	2 038
2 047	2 054	2 097	2 205	2 287	2 311	2 406	

首先要明确，中位数和第 50 个百分位数是一样的，所以对中位数而言，$P=50$，可以用前文提到的记法表示为 L_{50}。L_{50} 等于 $(n+1)(50/100)$，n 是指观测值的数量，在本例中为 15，可得 L_{50} 为 8。第 8 个观测值为 2 038，由此我们可以推断中位数就是 2 038，即有一半的经理人收益高于 2 038，有一半的经理人收益低于 2 038。这一结果和第 3 章中所述的方法得出的结果是一致的。

回顾一下四分位数的定义。四分位数将一组观测值分成了 4 等份，所以有 25% 的观测值小于第一个四分位数，75% 的观测值小于第三个四分位数。我们使用式（4-1）得到第一个四分位数，其中 $n=15$，$P=25$：

$$L_{25} = (n+1)\frac{P}{100} = (15+1) \times \frac{25}{100} = 4$$

当 $n=15$，$P=75$ 时，可求出第三个四分位数：

$$L_{75} = (n+1)\frac{P}{100} = (15+1) \times \frac{75}{100} = 12$$

因此，第一个四分位数和第三个四分位数分别是第 4 个、第 12 个观测值，分别对应 1 721 和 2 205。

在上面的例子中，使用公式所确定的位置的值是一个整数，即在一组有 15 个观测值的数据中要找到第一个四分位数，通过位置公式可以得出这个值是第 4 个观测值。如果这组数据有 20 个观测值，即 $n=20$，我们想要找到第一个四分位数，又会是怎样呢？根据式（4-1）可得：

$$L_{25} = (n+1)\frac{P}{100} = (20+1) \times \frac{25}{100} = 5.25$$

我们可以确定这个位置是在第 5 个观测值的基础上，向第 6 个观测值移动了第 5 个观测值和第 6 个观测值距离的 25%。和中位数一样，四分位数也可以不是观测值中的一个数。

进一步，假设一个数据集包含了 91、75、61、101、43 和 104 这 6 个数。我们要找到第一个四分位数，首先需要将数据按从小到大的次序排列：43、61、75、91、101 和 104。第 1 个四分位数位于：

$$L_{25} = (n+1)\frac{P}{100} = (6+1) \times \frac{25}{100} = 1.75$$

通过式（4-1）可以得出第一个四分位数在第一个观测值和第二个观测值之间，是在第一个观测值的基础上，向第二个观测值移动了第一个观测值和第二个观测值之间距离的 75%。第一个观测值是 43，第二个观测值是 61，两个观测值之间的距离是 18，移动距离的 75% 即需要移动 $18 \times 0.75 = 13.5$。第一个观测值 43 和 13.5 的和（56.5）就是第一个四分位数。

这一方法可以拓展至十分位数和百分位数，为了确定 80 个观测值中第 23 个百分位数的值，我们需要找到第 18.63 个观测值对应的数值。

$$L_{23}=(n+1)\frac{P}{100}=(80+1)\times\frac{23}{100}=18.63$$

为了得到第 23 个百分位数的值，我们需要确定第 18 个观测值、第 19 个观测值，以及这两个观测值之间的距离，然后用距离乘以 0.63，再加上第 18 个观测值对应的数值，就可以得出第 23 个百分位数。

用统计软件来描述和汇总数据非常方便。Excel、Minitab 和 MegaStat（用于统计分析 Excel 插件）都可以提供包括四分位数在内的描述性统计信息。例如，Minitab 汇报了摩根士丹利公司经理人收益的第一个四分位数、第三个四分位数以及其他的统计信息（见图 4-4）。根据四分位数的汇报结果可知，25% 的经理人收益低于 1 721，75% 的经理人收益低于 2 205，这与我们用式（4-1）计算的结果一致。

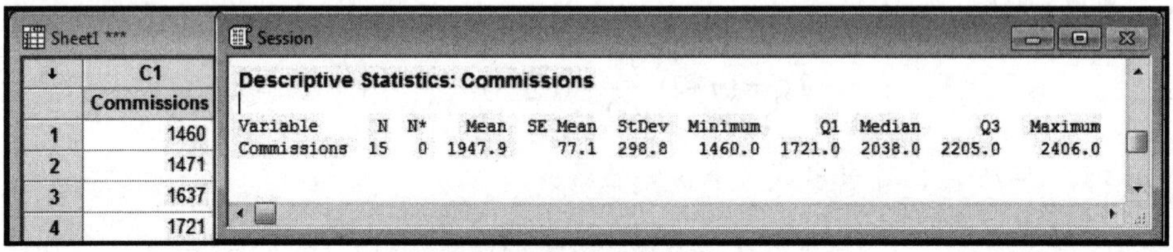

图 4-4 数据的描述性统计

除式（4-1），还可以用其他方法计算四分位数。例如，用 0.25*n*+0.75 来确定第一个四分位数的位置，使用 0.75*n*+0.25 来确定第三个四分位数的位置，我们将这种方法称为 Excel 方法。根据摩根士丹利的数据，这种方法将第一个四分位数的位置确定为 4.5(=0.25 × 15+0.75），第三个四分位数的位置确定为 11.5（=0.75 × 15+0.25）。第一个四分位数的位置在第 4 个观测值和第 5 个观测值中间，由此可以得到，第一个四分位数的值为 1 739.5[=1 721+0.5 ×（1 758–1 721）] 美元。第三个四分位数的位置是在 11.5 位，即在第 11 个观测值和第 12 个观测值正中间，为 2 151[=2 097+0.5 ×（2 205−2 097）] 美元。如图 4-5 和图 4-6 所示，对于摩根士丹利和苹果伍德汽车集团的数据，用这两种方法都可以计算出相应的四分位数。

摩根士丹利		
1 460	Equation 4-1	
2 047	Quartile 1	1 721
1 471	Quartile 3	2 205
2 054		
1 637		
2 097	Alternate Method	
1 721	Quartile 1	1 739.5
2 205	Quartile 3	2 151
1 758		
2 287		
1 787		
2 311		
1 940		
2 406		
2 038		

图 4-5 摩根士丹利公司收益数据四分位数计算

苹果伍德汽车集团			
年龄	利润		
21	$1 387		
23	$1 754		
24	$1 817	Equation 4-1	
25	$1 040	Quartile 1	1 415.5
26	$1 273	Quartile 3	2 275.5
27	$1 529		
27	$3 082	Alternate Method	
28	$1 951	Quartile 1	1 422.5
28	$2 692	Quartile 3	2 268.5
29	$1 342		

图 4-6 苹果伍德汽车集团收益数据四分位数计算

这两种方法的区别大吗？一般而言，这两种方法区别不大。用这两种方法计算出的四分位数，都能满足有25%的观测值小于第一个四分位数，有75%的观测值小于第三个四分位数，尤其当样本数据量较大时，这两种计算方法得出的结果差异很小。例如，苹果伍德汽车集团的数据中涉及180辆车的利润。用这两种方法计算的四分位数如图4-6所示。用两种方法计算的第一个四分位数，均大于这180个数据中的25%的观测值（45个观测值）；计算出的第三个四分位数，均大于180个数据中75%的观测值（135个观测值）。

在使用Excel进行计算时，要注意区分四分位数的计算方法，Excel 2013和Excel 2016都能支持这两种计算方式。Excel中的函数Quartile.exc将得出与式（4-1）相同的答案，另一个函数Quartile.inc将得出另一种方法的计算结果。

自测4-2

一家公司的质量保证部负责检查标准重量应为8盎司的罐装花生酱的重量。在前一个小时所生产的花生酱中随机选择9罐，其重量如表4-11所示。

表4-11　罐装花生酱样本重量　　　　　　　　（单位：盎司）

7.69	7.72	7.80	7.86	7.90	7.94	7.97	8.06	8.09

（1）样本重量的中位数是多少？
（2）求第一个四分位数和第三个四分位数对应的重量。

◆ 实践中的统计学

约翰·图基（1915—2000年）于1939年获得普林斯顿大学数学博士学位，然而当他在第二次世界大战期间加入一所研究室时，他研究的兴趣从抽象数学转向了应用统计学。他开发了研究数据的有效的数值方法和图形方法。他开发的图形有茎叶图、箱线图。1960—1980年，图基负责领导全国广播公司选举之夜投票预测小组的统计部门。1960年，约翰·肯尼迪在总统选举中获胜，图基因阻止了理查德·尼克松提前宣布获胜而声名鹊起。

4.4　箱线图

箱线图是一种用图形描述数据的方法，要构建箱线图，只需要5个统计量：最小值、Q_1（第一个四分位数）、中位数、Q_3（第三个四分位数）和最大值。下面用一个例子来说明。

例4-4　一家比萨店为15英里以内的消费者提供免费送餐服务，比萨店的老板想了解一些有关送餐时间的信息，包括送餐时间集中在哪个时长，大多数送餐服务在什么时间范围内完成。根据20次送餐时间的样本，他得到了以下信息：

$$最小值 = 13 分钟$$
$$Q_1 = 15 分钟$$
$$中位数 = 18 分钟$$
$$Q_3 = 22 分钟$$
$$最大值 = 30 分钟$$

根据以上信息绘制箱线图，你能从送餐时间中得出什么结论？

解析 要绘制箱线图，首先要沿着水平轴建立适当的刻度线，然后以 Q_1（15分钟）为起始边，以 Q_3（22分钟）为终边画一个矩形框。在矩形框内绘制一条代表中位数（18分钟）的垂线。最后，我们从矩形框代表分位数的边的中点出发，向最大值（30分钟）和最小值（13分钟）分别绘制水平线。矩形框外面的这些水平线有时被称为"胡须"，因为它们看起来有点像猫的胡须（见图4-7）。

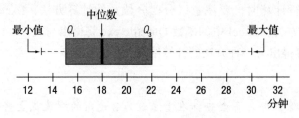

图4-7 送餐时间箱线图

箱线图还显示了四分位距在 Q_1 和 Q_3 之间，即**四分位距**（interquartile range）为7分钟，表明50%的送餐时间在 15～22 分钟。

箱线图还显示送餐时间的分布是正偏的。在第3章中，我们将偏度定义为一组数据缺乏对称性。那么如何判断数据正偏呢？有两种方法可以说明数据是正偏的。首先，方框右边的虚线（从22分钟到最大时间30分钟）比左边的虚线（从15分钟到最小值13分钟）要长。另外，25%的大于第三个四分位数的数据要比25%的小于第一个四分位数的数据更为分散。其次，正偏的另一个特征是中位数不在矩形框的正中央。从第一个四位数到中位数的距离要小于从中位数到第三个四分位数的距离。然而，从15分钟到18分钟和从18分钟到22分钟之间的送餐次数是一样的。

例4-5 参考苹果伍德汽车集团的数据，根据消费者的年龄绘制箱线图，我们能从中得出什么结论？

解析 使用 Minitab 绘制箱线图并进行描述性统计（见图4-8）。

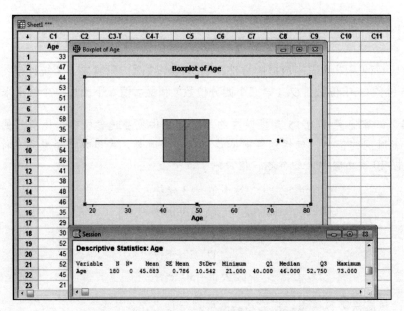

图4-8 苹果伍德汽车集团消费者年龄箱线图

消费者年龄的中位数为 46 岁，有 25% 的消费者年龄在 40 岁以下，25% 的消费者年龄在 52.75 岁以上。根据统计信息和箱线图，可以得出如下结论：

1. 50% 的购买者年龄在 40 岁到 52.75 岁之间。
2. 年龄的分布较为对称。因为 52.75 岁到 73 岁（最大值）的距离和到 21 岁（最小值）的距离相差无几，且中位数将矩形框分成了面积大致相等的两个部分。

箱线图中，70 岁以上的区域有三个星号（*）。它们表示什么呢？在箱线图中，星号代表**异常值**（outlier），即与其他数据不一致的数值，被定义为小于 Q_1 或大于 Q_3 的分位数极差 1.5 倍以上的值。在这个例子中，异常值是一个大于 71.875 岁的值，其计算方法是：

$$异常值 > Q_3 + 1.5(Q_3 - Q_1) = 52.75 + 1.5 \times (52.75 - 40) = 71.875$$

同时，小于 20.875 的值也是离群值：

$$异常值 < Q_1 - 1.5(Q_3 - Q_1) = 40 - 1.5 \times (52.75 - 40) = 20.875$$

根据箱线图，我们可以得出有三个消费者的年龄在 72 岁或以上，所有消费者的年龄都不低于 21 岁。需要注意的是，由于软件和可用空间的限制，在某些情况下，单个星号可能代表多个观测值，所以要对实际数据进行检测来确定星号的含义。在本例题中，只有三个 72 岁或以上的消费者，两个 72 岁，一个 73 岁。

自测 4-3

图 4-9 所示的箱线图显示了华盛顿州西雅图信用合作社数百万美元的资产。

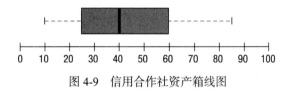

图 4-9　信用合作社资产箱线图

最小值和最大值是多少？第一个四分位数和第三个四分位数以及中位数分别是多少？你认为数据的分布对称吗？是否有异常值？

4.5　偏度

在第 3 章中，我们介绍了通过均值、中位数和众数衡量数据分布的中心位置的方法。还介绍了通过极差和标准差衡量数据的分布或变化情况。

分布的另一个特征是形状。一般而言有四种形状：对称、正偏、负偏和双峰。**对称**（symmetric）分布中，数据均匀地分布于均值和中位数周围，而且均值和中位数是相等的，数据分布以均值（中位数）为轴，呈对称分布。在有单峰的情况下，数据分布可能会**正偏**（positively skewed），这种情况下，观测值向峰值右侧延伸的距离比向峰值左侧延伸的距离更远，而且均值要大于中位数。在有单峰的情况下，数据分布也有可能**负偏**（negatively skewed），在这种情况下，观测值向峰值左边延伸的距离比向右边延伸的距离更远，且均值要小于中位数。一般来说正偏分布更为常见，例如工资往往就遵循这种分布。一家有 100 名员工的公司，跟其他员工相比，总经理等管理人员的工资会非常高，因此工资的分布一般而言呈正偏。**双峰分布**（bimodal distribution）是指有两个或两个以上峰值的分布，当观测值来自两个或两个以上总体时，通常会出现这种情况。图4-10是对这四类分布的总结。

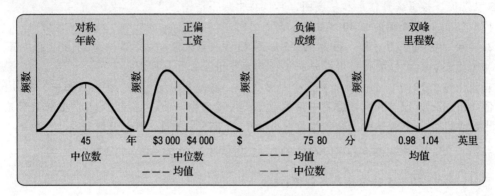

图4-10 数据分布的类型

统计学文献中有几个计算偏度的公式。卡尔·皮尔森（Karl Pearson）(1857—1936年)基于均值和中位数的差异，提出了一种较为简单的计算方法。

$$\text{皮尔森偏度系数} \quad sk = \frac{3(\bar{X} - \text{中位数})}{s} \quad (4\text{-}2)$$

这一公式确定的偏度系数的范围是 −3～3，偏度越接近 −3，例如 −2.57，越表示负偏，1.63代表正偏，偏度为0表示均值和中位数相等，即数据分布是对称的。

本章中，我们介绍了用Minitab和Excel计算偏度的方法，这两个软件都会根据观测值与均值差值的立方计算偏差系数。公式为

$$\text{软件计算偏度系数} \quad sk = \frac{n}{(n-1)(n-2)} \left[\sum \left(\frac{X - \bar{X}}{s} \right)^3 \right] \quad (4\text{-}3)$$

式（4-3）提供了另一种计算偏度的方法。公式右侧是每个观测值与均值的差值除以标准差，即公式中的 $(X - \bar{X})/s$，这种方法叫**标准化**（standardizing）。在第7章讲解标准正态分布时，我们会对此进行更为细致的描述。通过这种方式，我们可以知道单位标准差的观测值与均值的差值。如果该差值为正，则观测值要大于均值；如果该差值为负，则观测值要小于均值。对这些值取立方时，符号的信息得以保留，可以看出在式（3-10）中，如果我们取的是每个观测值与均值之差的平方，得到的结果将没有负数。

如果要考察的数据集是对称的，当我们将标准化量取立方并加总时，结果将趋于零。如果数据中有几个明显比其他值大的数，立方和将是一个较大的正数，如果存在较大的值，明显地区别于其他值，则立方和将是一个正值。如果有几个明显比其他值小的数，则立方和将是一个负值。

下面用一个例子来说明偏度的概念。

例4-6 以下是随机抽样的15家公司2016年的每股收益。按从小到大的顺序排列，如表4-12所示。

计算均值、中位数以及标准差，采用皮尔森的方法和软件计算法两种方式计算偏度，你能判断数据的分布形状是怎样的吗？

表 4-12　2016 年度 15 家公司每股收益统计表　　　（单位：美元）

0.09	0.13	0.41	0.51	1.12	1.20	1.49	3.18
3.50	6.36	7.83	8.92	10.13	12.99	16.40	

解析　根据样本数据，使用式（3-2）确定均值。

$$\bar{X} = \frac{\Sigma X}{n} = \frac{74.26}{15} = 4.95$$

中位数是指数据按从小到大的次序排列后，位于最中间的数值，在本例中，最中间的数只有一个，所以中位数就是最中间的 3.18。

使用式（3-10）计算样本标准差。

$$s = \sqrt{\frac{\Sigma(X-\bar{X})^2}{n-1}} = \sqrt{\frac{(0.09-4.95)^2 + \cdots + (16.40-4.95)^2}{15-1}} = 5.22$$

由式（4-2）可知，用皮尔森法计算的偏度系数为 1.017。

$$sk = \frac{3(\bar{X}-\text{中位数})}{s} = \frac{3\times(4.95-3.18)}{5.22} = 1.017$$

这表明每股收益数据分布是正偏的。通过使用软件方法也可以求得偏度相近的偏度值，计算详情见表 4-13。首先，我们计算出每股收益与均值之间的差值，然后用这个差值除以标准差，即对每股收益进行标准化，并对标准化后的值求三次方。例如，对于每股收益为 0.09 的这家公司，其计算步骤列示如下：

$$\left(\frac{X-\bar{X}}{s}\right)^3 = \left(\frac{0.09-4.95}{5.22}\right)^3$$
$$= (-0.9310)^3$$
$$= -0.8070$$

将 15 个立方值相加，可以求出和为 11.827 4，即 $\Sigma[(X-\bar{X})/s]^3 = 11.827\ 4$。使用式（4-3）求偏度系数，$n=15$，计算过程如下。

$$sk = \frac{n}{(n-1)(n-2)}\Sigma\left(\frac{X-\bar{X}}{s}\right)^3$$
$$= \frac{15}{(15-1)\times(15-2)}\times 11.827\ 4$$
$$= 0.975$$

表 4-13　计算偏度系数

每股收益	$\dfrac{(X-\bar{X})}{s}$	$\left(\dfrac{X-\bar{X}}{s}\right)^3$
0.09	−0.931 0	−0.807 0
0.13	−0.923 4	−0.787 3
0.41	−0.869 7	−0.657 9
0.51	−0.850 6	−0.615 4
1.12	−0.733 7	−0.395 0
1.20	−0.718 4	−0.370 8
1.49	−0.662 8	−0.291 2
3.18	−0.339 1	−0.039 0
3.50	−0.277 8	−0.021 4
6.36	0.270 1	0.019 7
7.83	0.551 7	0.167 9
8.92	0.760 5	0.439 9
10.13	0.992 3	0.977 2
12.99	1.540 2	3.653 9
16.40	2.193 5	10.553 7
总计		11.827 4

由计算结果可知，每股收益值存在一定程度的正偏。图 4-11 使用 Minitab 软件报告了数据的描述性统计结果，包括每股收益的均值、中位数、标准差、偏度系数和叠加了钟形曲线的直方图。

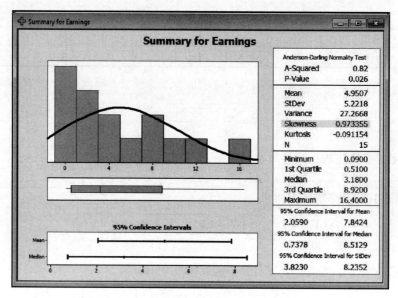

图 4-11　每股收益数据描述性统计结果

自测 4-4

某税务局随机选取 5 名数据录入员,在 1 小时前的税收记录中,他们录入的数据量分别为 73、98、60、92 和 84。

(1) 求均值、中位数和标准差。
(2) 用皮尔森法计算偏态系数。
(3) 用软件法计算偏态系数。
(4) 关于数据的偏态,你能得出什么结论?

◆ 实践中的统计学

史蒂芬·杰伊·古尔德(Stephen Jay Gould,1941—2002 年)是哈佛大学动物学教授和地质学教授。1982 年,他被确诊患癌症,预计只能再活 8 个月,然而他毫不气馁,他的研究表明,存活时间的分布呈明显的右偏分布,不仅有 50% 的癌症患者存活超过 8 个月,而且存活时间可能长至数年而非数月!事实上,古尔德又活了 20 年。根据他的经验,他写了一篇广为流传的文章——《中位数不提供信息》。

4.6　两变量相关性的描述性分析

在第 2 章和本章的 4.1 节中,我们介绍了如何用图形来描述变量的分布情况,并在第 2 章中使用频率分布直方图来描述苹果伍德汽车集团的汽车销售利润。在本章的前面,我们使用点状图和茎叶图来直观地描述数据。由于我们探讨的都是单变量,所以也将此称为**单变量数据**(univariate data)。

在某些情况下,需要直观地描述两个变量之间的关系。当数据用于研究两个变量之间的关系时,我们把数据称为**二元变量**(bivariate)。数据分析人员通常希望了解两个变量之间的关系,以下是一些示例。

- 一家律师事务所在当地电视台做广告宣传。合作伙伴正在考虑增加这家事务所的广告预算。在做出决策之前,他们想知道每月广告费和当月总支出之间的关系,即广告支出的增加会导致总支出增加吗?
- 某地产公司正在研究房屋的销售价格。哪些变量会影响房屋销售价格?例如,大房子比小房子卖得更贵吗?答案是很有可能,所以这家公司可能会研究面积(平方英尺)和售价之间的关系。
- 史蒂芬·吉文斯博士是人类发展方面的专家。他正在研究父亲身高和儿子身高之间的关系:高个子的父亲必然有高个子的孩子吗?或者说,你觉得身高6英尺8英寸,体重250磅的职业篮球运动员勒布朗·詹姆斯,会有一个相对高大的儿子吗?

用来展现变量之间关系的图形叫**散点图**(scatter diagram)。

绘制散点图需要有两个变量。我们用图形的横轴(x轴)描述一个变量,纵轴(y轴)描述另一个变量,通常一个变量会在一定程度上影响另一个变量。例如,在上述第三个例子中,儿子的身高取决于父亲的身高,因此我们可以用横轴表示父亲的身高,用纵轴表示儿子的身高。

我们可以使用Excel等统计软件绘制散点图。绘制中要注意坐标轴的刻度,可以改变横轴坐标刻度的比例,在视觉上呈现出较强的相关关系。

图4-12展现了3张散点图。左边的这张图显示去年俄亥俄州克利夫兰市10辆公共汽车的保养费用与使用年限正相关,即随着公共汽车使用年限的增加,每年的维护费用也会增加。中间的图片显示了随机抽取的20辆车的里程表读数与拍卖价格的相关关系,随着行驶里程数的增加,拍卖价格逐渐下降。最右边的图片显示了15名主管的身高和年薪之间的关系,这张图表明他们的身高和年薪之间不存在相关性。

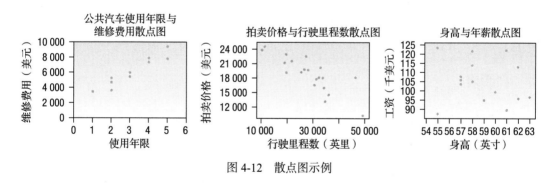

图4-12 散点图示例

例4-7 在第2章中,我们介绍过苹果伍德汽车集团的数据,我们收集了几个变量的信息,包括上个月售出的180辆汽车的销售利润。除了每辆车的销售利润外,另一个变量就是购买者的年龄。汽车的销售利润和购买者的年龄之间有相关性吗?是否有理由认为年龄较大的购买者购买汽车会产生更多利润?

解析 可以用散点图来探究汽车的销售利润和购买者年龄之间的关系。用横轴表示年龄,纵轴表示利润,假设利润和购买者年龄存在相关性。随着年龄的增长,他们的收入增加,会购买更昂贵的汽车,从而产生更高的利润。我们用Excel绘制散点图(见图4-13),Excel命令见附录C。

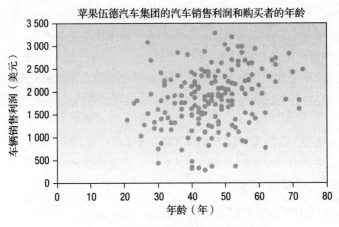

图 4-13　购买者年龄与销售利润散点图

散点图显示这两个变量之间的相关性很弱，即汽车的销售利润与购买者年龄之间似乎没有太大的关系。在第 13 章中，我们将更深入地研究变量之间的关系，通过计算一些数值来表达变量之间的关系。

在前面的例子中，变量之间存在微弱的正相关关系。然而，在很多情况下，变量之间存在负相关关系。例如：

- 车辆价值和行驶里程数。随着行驶里程数的增加，车辆的价值降低。
- 汽车保险费率和司机年龄。年轻驾驶员的汽车保险费率往往最高，而高龄驾驶员的汽车保险费率往往更低。
- 对许多执法人员来说，随着工作年限的增加，开出的交通罚单的数量也在减少。这可能是因为工作人员在工作形式上变得更加自由，或者他们可能处于主管的位置，无法开出那么多的罚单。但无论如何，随着年龄的增加，交通罚单的数量会减少。

4.7　列联表

散点图要求两个变量至少是定距尺度，例如在苹果伍德汽车集团例子中的购买者的年龄和车辆销售利润。在讨论父亲的身高和儿子的身高之间的关系时，身高则是定比尺度。如果在研究两个变量之间的关系时，其中一个或两个变量是定序尺度，应该怎么办呢？在这种情况下，我们将结果汇总到列联表中。

列联表（contingency table）：根据两个可识别特征对观察结果进行分类汇总的表格。

列联表是同时汇总两个相关变量的交叉表。例如：

- 某大学的学生按性别和年级（大一、大二、大三或大四）进行分类。
- 一个产品可分为合格品或不合格品，并按生产的班次（白天、下午或晚上）进行分类。
- 参加学校公投的选民按党派（民主党、共和党、其他）和该选民在该地区上学的子女人数（0、1、2 等）进行分类。

例 4-8 苹果伍德汽车集团有四家经销商。我们想比较一下不同经销商销售每辆车所获得的利润,即想知道赚取的利润额和经销商之间是否有关系。

解析 在列联表中,两个变量必须是定序尺度或定类尺度。在本例中,变量经销商是一个定类尺度,变量利润是定比尺度,为了将利润转换为定序尺度,我们将变量利润分为两类,一类是获得的利润大于中位数的情况,一类是小于中位数的情况。我们计算出上个月苹果伍德汽车集团所有汽车的销售利润中位数为 1 882.5 元。

将信息整理成列联表(见表 4-14)的形式,并比较四家经销商的利润,我们可以观察到以下情况:

表 4-14 苹果伍德汽车集团经销商与利润列联表

利润大于或小于中位数	凯恩	欧林	谢菲尔德	蒂奥涅斯塔	总计
大于中位数	25	20	19	26	90
小于中位数	27	20	26	17	90
总计	52	40	45	43	180

- 从右边的总计一栏来看,180 辆汽车中有 90 辆的利润大于中位数,有 90 辆小于中位数。
- 对于凯恩汽车公司来说,在售出的 52 辆汽车中,有 25 辆车的利润大于中位数,占 48%。
- 其他利润大于中位数的经销商及比例分别是:欧林,50%;谢菲尔德,42%;蒂奥涅斯塔,60%。

我们将在第 5 章研究概率时和第 15 章研究非参数分析方法时再度对列联表进行讨论。

自测 4-5

一个摇滚组合在美国进行巡演,图 4-14 显示了随机选取的几场音乐会的座位数与收入之间的关系。
(1)这张图的类型是?
(2)总共探究了几场音乐会?
(3)估计座位数最高的音乐会的收入。
(4)如何描述收入和座位数之间的关系?是强相关还是弱相关?是正相关还是负相关?

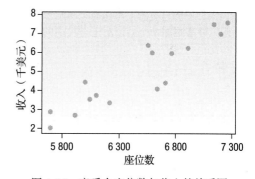

图 4-14 音乐会座位数与收入的关系图

章节摘要

1. 点状图用横轴表示数值范围,用纵轴表示每个数值的观测次数。
   (1)点状图报告了每个观测值详细的分布情况。
   (2)有利于两个或两个以上数据集的比较。
2. 茎叶图是直方图的一种替代方法。
   (1)前面的数字是茎,后面的数字是叶。
   (2)与直方图相比,茎叶图的优点有:
      1)不会丢失每个观测值的原始值;
      2)用数字本身构成的图形反映分布情况;
      3)图形中显示了累积频数。
3. 对数据位置测量的同时描述了数据的形状。

（1）四分位数将一组观测值分为 4 等份。

　　1）25% 的观测值小于第一个四分位数，50% 的观测值小于第二个四分位数，75% 的观测值小于第三个四分位数。

　　2）四分位数区间是指第三个四分位数与第一个四分位数之差。

（2）十分位数把一组观测值分成 10 等份，百分位数把一组观测值分成 100 等份。

4. 箱线图指用图形显示一组数据。

（1）画出一个矩形框，将第一个四分位数和第三个四分位数之间的区域围起来。

　　1）在矩形框内画一条代表中位数的线。

　　2）从第三个四分位数到最大值画一条线段，表示数值最大的 25% 的观测值，从第一个四分位数到最小值画一条线段，表示数值最小的 25% 的观测值。

（2）箱线图是根据最大值和最小值、第一个和第三个四分位数、中位数这五个统计量来绘制的。

5. 偏度系数是衡量分布对称性的指标。计算偏度系数有两个公式。

　　1）皮尔森偏度系数：

$$sk = \frac{3(\bar{X} - 中位数)}{s} \tag{4-2}$$

　　2）软件计算偏度系数：

$$sk = \frac{n}{(n-1)(n-2)}\left[\sum\left(\frac{X - \bar{X}}{s}\right)^3\right] \tag{4-3}$$

6. 散点图是描绘两个变量间关系的图形。两个变量都是用定距或定比尺度。

（1）如果散点从左下角向右上角移动，说明变量是正相关的。

（2）如果散点从左上角向右下角移动，说明变量是负相关的。

7. 用列联表根据两个特征对定类尺度的数据进行分类。

关键词

第 4 章关键词符号及含义表

符号	含义
L_P	百分位数的位置
Q_1	第一个四分位数
Q_3	第三个四分位数

章节练习

1. 描述点状图和直方图的不同，并说明在什么情况下用点状图比直方图更为方便。

2. 根据图 4-15 回答问题。

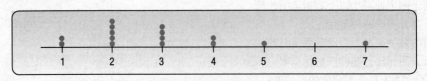

图 4-15

（1）这张图的类型是什么？

（2）总共有多少个观测值？

（3）最大值和最小值分别是多少？
（4）观测值趋向于聚集在哪个值？

3. 一个茎叶图的第一行为：62 | 1 3 3 7 9，假设均为整数。请回答：
   （1）这行数据的取值极差是？
   （2）这行数据总共代表了多少个观测值？
   （3）写出这行数据的真实值。

4. 一家工厂每天生产的产品数量的茎叶图绘制如表 4-15 所示。
   （1）总共显示了多少天的数据？
   （2）第一组中有多少个观测值？
   （3）最大值和最小值分别是多少？
   （4）写出第 4 行数据的真实值。
   （5）写出第 2 行数据的真实值。
   （6）生产的产品数量小于 70 的有多少天？
   （7）生产的产品数量大于等于 80 的有多少天？
   （8）中位数是多少？
   （9）生产的产品数量在 60～89（包括 60、89）的有多少天？

表 4-15　产品数量茎叶图

茎	叶
3	8
4	
5	6
6	0 1 3 3 5 5 9
7	0 2 3 6 7 7 8
8	5 9
9	0 0 1 5 6
10	3 6

5. 随机选择 16 位手机用户调查了他们上周打电话的次数，得到了如表 4-16 所示的信息。

表 4-16　用户打电话次数表

| 52 | 43 | 30 | 38 | 30 | 42 | 12 | 46 | 39 |
| 37 | 34 | 46 | 32 | 18 | 41 | 5 | | |

绘制茎叶图并回答：
（1）用户打电话的次数主要集中在哪个值？
（2）打电话次数的最大值和最小值分别是多少？

6. 确定表 4-17 所示数据中的中位数、第一个四分位数和第三个四分位数。

表 4-17　数据信息表

| 46 | 47 | 49 | 49 | 51 | 53 | 54 | 54 | 55 | 55 | 59 |

7. 对于公司来说，客户根据发票进行支付的时间长短至关重要。表 4-18 展示了托马斯供应公司随机调查的客户根据发票支付的时长，数据按从小到大的次序排列，单位为天。

表 4-18　客户支付发票时长情况表

| 13 | 13 | 13 | 20 | 26 | 27 | 31 | 34 | 34 | 34 | 35 | 35 | 36 | 37 | 38 |
| 41 | 41 | 41 | 45 | 47 | 47 | 47 | 50 | 51 | 53 | 54 | 56 | 62 | 67 | 82 |

（1）求第一个四分位数和第三个四分位数。
（2）求第二个十分位数和第八个十分位数。
（3）求第 67 个百分位数。

8. 图 4-16 显示了大学生在本科四年平均每年买书和物品所花费的钱。
   （1）这组数据的中位数是多少？
   （2）第一个四分位数和第三个四分位数分别是多少？
   （3）估计四分位距。
   （4）识别异常值并估计异常值的取值。
   （5）如果数据的分布是有偏的，是正偏还是负偏呢？

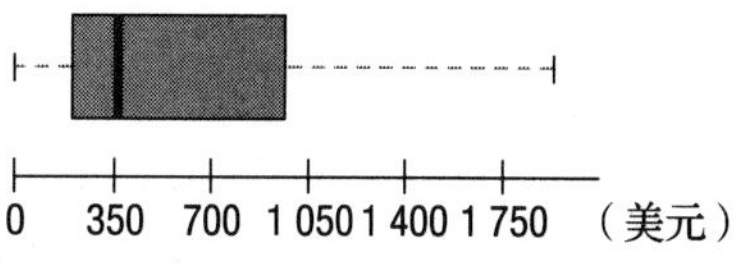

图 4-16　本科大学生年均支出箱线图

9. 对 2016 年款汽车的每加仑汽油可行驶里程的调查显示，每加仑汽油平均可行驶英里数为 27.5，中位数为 26.8，最小值为 12.70，最大值为 50.20。第一个和第三个四分位数分别是 17.95 和 35.45。绘制箱线图并进行标注，这一分布是对称的吗？

10. 表 4-19 显示了前一年入职公共会计职位的 5 名会计毕业生的起薪（以千美元计）。
    （1）求均值、中位数和标准差。
    （2）使用皮尔森法确定偏度系数。
    （3）使用软件方法确定偏度系数。

表 4-19 毕业生起薪情况表

36.0	26.0	33.0	28.0	31.0

11. 表 4-20 列示了某公司 15 名销售代表去年赚取的收益。

表 4-20 销售代表收益情况表 （单位：千美元）

3.9	5.7	7.3	10.6	13.0	13.6	15.1	15.8	17.1
17.4	17.6	22.3	38.6	43.2	87.7			

（1）求均值、中位数和标准差。
（2）使用皮尔森法确定偏度系数。
（3）使用软件方法确定偏度系数。

12. 根据表 4-21 中的数据绘制散点图，并说明如何描述这些值之间的关系。

表 4-21 X 及 Y 取值情况表

X	10	8	9	11	13	11	10	7	7	11
Y	6	2	6	5	7	6	5	2	3	7

13. 一家公司的计划主管希望研究客户的性别与客户是否订购甜点之间的关系。为了调查这种关系，该主管收集了最近 200 个客户的信息（见表 4-22）。
    （1）这两个变量是哪种衡量方法？
    （2）表的类型是什么？
    （3）表格中的证据是否表明男性比女性更可能订购甜点呢？为什么得出这个结论？

表 4-22 客户性别与是否订购甜点相关信息表

是否订购	性别		合计
	男	女	
是	32	15	47
否	68	85	153
总计	100	100	200

14. 对就读某大学的学生进行抽样调查，询问他们上周参加社会活动的次数。得到信息如图 4-17 所示。

图 4-17

（1）这张图的类型是什么？
（2）参加调研的学生有多少人？
（3）参加调研的学生中有多少人上周没有参加社会活动？

15. 表 4-23 显示了过去 23 天内到过某家商店的顾客数量，根据表中信息绘制茎叶图。

表 4-23 顾客数量表

46	52	46	40	42	46	40	37	46	40	52	32	37	32	52
40	32	52	40	52	46	46	52							

16. 近年来，由于利率较低，许多房主对房屋抵押贷款进行了再融资。一名银行员工上周处理的 20 笔贷款的再融资金额如表 4-24 所示。数据以千美元为单位，并按从最小到最大的顺序排列。

表 4-24 再融资金额表

59.2	59.5	61.6	65.5	66.6	72.9	74.8	77.3	79.2
83.7	85.6	85.8	86.6	87.0	87.1	90.2	93.3	98.6
100.2	100.7							

（1）求中位数、第一个四分位数和第三个四分位数。
（2）求第 26 个和第 83 个百分位数。
（3）画出数据的箱线图。

17. 某银行人力资源总监正在研究员工上班所需时间。市政府计划向每一家鼓励员工使用公共交通工具的本市公司提供奖励。根据员工上班使用公共交通还是开车，列出了他们上班所花费的时间（见表 4-25）。

（1）求员工使用公共交通所耗费时间的中位数、第一个四分位数和第三个四分位数，并绘制箱线图。
（2）求自己开车的员工所耗费时间的中位数、第一个四分位数和第三个四分位数，并绘制箱线图。
（3）比较乘坐不同交通工具所耗费的时间。

表 4-25 员工上班耗费时间情况表

公共交通									
23	25	25	30	31	31	32	33	35	36
37	42								
自行驾车									
32	32	33	34	37	37	38	38	38	39
40	44								

18. 一家供应商的发票金额差距很大，从不足 20 美元到超过 400 美元不等。在 1 月份，该公司发出了 80 张发票。图 4-18 是这些发票的箱线图。请简要总结发票金额数据中包含的信息，要包括第一个四分位数和第三个四分位数的值、中位数以及偏度的信息。如果有异常值，请估算这些异常值所表示的发票金额。

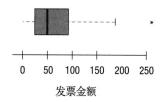

图 4-18 发票金额箱线图

19. 麦吉文珠宝店位于俄亥俄州托莱多市南部的利维斯广场购物中心。近日，它在社交网站上发布了一则广告，报告了其目前库存的 33 颗钻石的形状、尺寸、价格和切割等级。有关情况报告如表 4-26 所示。

表 4-26 库存钻石相关情况表

形状	尺寸（克拉）①	价格（美元）	切割等级	形状	尺寸（克拉）	价格（美元）	切割等级
公主方形	5.03	44 312	理想	圆	0.77	2 828	超理想
圆	2.35	20 413	优质	椭圆	0.76	3 808	优质
圆	2.03	13 080	理想	公主方形	0.71	2 327	优质
圆	1.56	13 925	理想	橄榄形	0.71	2 732	良好
圆	1.21	7 382	超理想	圆	0.70	1 915	优质
圆	1.21	5 154	一般	圆	0.66	1 885	优质
圆	1.19	5 339	优质	圆	0.62	1 397	良好
祖母绿形	1.16	5 161	理想	圆	0.52	2 555	优质
圆	1.08	8 775	超理想	公主方形	0.51	1 337	理想
圆	1.02	4 282	优质	圆	0.51	1 558	优质
圆	1.02	6 943	理想	圆	0.45	1 191	优质
橄榄形	1.01	7 038	良好	公主方形	0.44	1 319	一般
公主方形	1.00	4 868	优质	橄榄形	0.44	1 319	优质
圆	0.91	5 106	优质	圆	0.40	1 133	优质
圆	0.90	3 921	良好	圆	0.35	1 354	良好
圆	0.90	3 733	优质	圆	0.32	896	优质
圆	0.84	2 621	优质				

① 1 克拉 =0.2 克。

（1）绘制价格变量的箱线图，并对结果进行评论。是否有异常值，如果有的话是多少？价格的中位数是多少？第一个四分位数和第三个四分位数是多少？

（2）绘制尺寸变量的箱线图，并对结果进行评论。是否有异常值，如果有的话是多少？价格的中位数是多少？第一个四分位数和第三个四分位数是多少？

（3）绘制变量价格和尺寸之间的散点图。用纵轴表示价格，横轴表示尺寸，这两个变量之间有关联吗？这种关联是正相关还是负相关？是否有某个点与其他点存在明显不同？

（4）绘制变量形状和切割等级的列联表。最常见的切割等级是什么？最常见的形状是什么？最常见的切割等级和形状的组合是什么？

20. 表 4-27 列示了上周一个大城市发生的汽车盗窃案的数量，用两种方法计算偏度系数。

表 4-27 某城市汽车盗窃案数量表

| 3 | 12 | 13 | 7 | 8 | 3 | 8 |

21. 一家汽车保险公司报告了司机年龄和相应交通事故数量的信息（见表 4-28）。根据数据绘制散点图并进行分析。

表 4-28 司机年龄及相应交通事故情况表

年龄	事故数量	年龄	事故数量	年龄	事故数量	年龄	事故数量
16	4	18	5	23	0	32	1
24	2	17	4	27	1	22	3

22. 表 4-29 分性别显示了美国 20 岁及 20 岁以上的就业和失业工人人数。

（1）总共调查了多少位工人？

（2）工人失业人数的百分比是多少？

（3）比较男性和女性的失业率。

表 4-29 不同性别就业人数及失业人数

（单位：千人）

年龄	就业人数	失业人数
男性	70 415	4 209
女性	61 402	3 314

数据分析

23. 参考附录 A.2，这份数据报告了 2015 赛季中美国职业棒球大联盟 30 支棒球队伍的信息。

（1）在数据集中，开业年份指该体育场馆运营的第一年。对于每支球队，使用这个变量创建一个新的变量，通过从本年中减去开业年份构建体育场已使用年限变量，并对此变量绘制箱线图。有无异常值？如果有，哪些体育场馆是异常值？

（2）根据变量"工资"绘制箱线图，是否有异常值？用式（4-1）计算出四分位数，简要进行分析总结。

（3）画出一个散点图，用纵轴表示变量"胜场数"，用横轴表示变量"球队薪金"，你能得出什么结论？

（4）利用变量"胜场数"，画一个点状图，从这个图中你能得出什么结论？

习题答案

扫码查看章节练习和数据分析答案

扫码查看自测答案

第 1～4 章回顾

本部分是对第 1～4 章中介绍的主要概念和术语的回顾。第 1 章首先介绍了统计的含义和目的，而后描述了不同类型的变量及四种测量尺度。第 2 章主要介绍了如何将一组观测值转换成频率分布的形式，并根据频率分布情况绘制频率分布直方图。第 3 章描述了通过平均值、加权平均值、中位数、几何平均值和众数等对数据分布的位置进行测量，还涉及对分散程度的测量，包括极差、方差和标准差。第 4 章介绍了几种图形方法，如点状图、箱线图和散点图，此外还讨论了偏度系数——它报告了一组数据中缺乏对称性的情况。

在本部分中，我们再度强调使用统计软件的重要性，如 Excel 和 Minitab，以展现如何使用计算机快速、有效地将一个大型数据集转化成一个频率分布的形式。我们可以用软件计算出若干测量位置或离散测度的指标，并以图表的形式显示相关信息。

回顾练习

1. 表 4-30 显示了去年某地区 50 次停电的持续时间。

表 4-30　地区停电时长表　　　　　　　　　　　　　　　　（单位：分钟）

124	14	150	289	52	156	203	82	27	248
39	52	103	58	136	249	110	298	251	157
186	107	142	185	75	202	119	219	156	78
116	152	206	117	52	299	58	153	219	148
145	187	165	147	158	146	185	186	149	140

使用统计软件（如 Excel 或 Minitab）辅助回答下列问题。
（1）求均值、中位数和标准差。
（2）求第一个四分位数和第三个四分位数。
（3）绘制箱线图，考察是否存在异常值，并分析数据的分布是呈对称分布还是有偏度？
（4）将停电时长的分布整理成频率分布的形式。
（5）对（1）～（4）的结果进行简要总结。

2. 表 4-31 列出了 2014 年 51 个地区的家庭平均收入。

表 4-31　51 个地区的家庭平均收入　　　　　　　　　　　　　（单位：美元）

地区编号	家庭平均收入	地区编号	家庭平均收入
1	42 278	12	71 223
2	67 629	13	53 438
3	49 254	14	54 916
4	44 922	15	48 060
5	60 487	16	57 810
6	60 940	17	53 444
7	70 161	18	42 786
8	57 522	19	42 406
9	68 277	20	51 710
10	46 140	21	76 165
11	49 555	22	63 151

（续）

地区编号	家庭平均收入	地区编号	家庭平均收入
23	52 005	38	58 875
24	67 244	39	55 173
25	35 521	40	58 633
26	56 630	41	44 929
27	51 102	42	53 053
28	56 870	43	43 716
29	49 875	44	53 875
30	73 397	45	63 383
31	65 243	46	60 708
32	46 686	47	66 155
33	54 310	48	59 068
34	46 784	49	39 552
35	60 730	50	58 080
36	49 644	51	55 690
37	47 199		

使用统计软件（如 Excel 或 Minitab）辅助回答下列问题。
（1）求均值、中位数和标准差。
（2）求第一个四分位数和第三个四分位数。
（3）绘制箱线图，考察是否存在异常值，并分析数据的分布是呈对称分布还是有偏度？
（4）将收入的分布整理成频率分布的形式。
（5）对（1）～（4）的结果进行简要总结。

3. 根据图 4-19 所示回答：

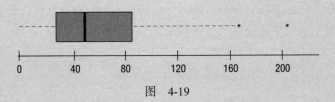

图 4-19

（1）这个图形叫什么？
（2）求中位数、第一个四分位数和第三个四分位数的值。
（3）分布是否存在正偏？说明理由。
（4）是否有异常值？如果有，请估计这些数值。
（5）你能确定研究中的观测值的数量吗？

扫码查看
回顾练习答案

篇章测试

本部分的最后是一个模拟测试。测试分两部分，第一部分为客观题，通常是填空题。一般而言，完成这个测试需要 30 ～ 45 分钟，回答这些问题需要用到计算器，可对照书后面的参考答案进行检查。

客观题

1. 收集、组织、展示、分析和解释数据，以协助做出有效决策的科学被称为_____。
2. 对数据进行整理、归纳，并以更有效的方式呈现数据的方法是_____。
3. 感兴趣的个体或对象的集合，或从所有感兴趣的个体或对象的集合中获得的测量值称为_____。
4. 列出两种类型的变量。
5. 房屋的卧室数是一个_____。（请在离散变量、连续变量、定性变量中选其一。）
6. 美国职业棒球大联盟球员的球衣号码是什么尺度的测量？
7. 若按眼睛的颜色对学生进行分类，这是一个什么尺度的测量？
8. 每个观测值与平均值的差值的和总是等于什么值？
9. 一组数据包含 70 个观测值，根据 2^k 法，可以分几个组以构建频率分布？
10. 一个数据集中，有百分之几的值总是大于中位数？
11. 标准差的平方是_____。
12. 标准差在_____（请在所有的观测值都是负值、至少有一半的值是负的、永远不为负中选其一）情况下为负值。
13.（请在均值、中位数、极差中选其一）_____受异常值的影响最小。

主观题

1. 罗素 2000 股票价格指数指在过去 3 年中分别增长了 18%、4% 和 2%，这 3 年的增幅的几何平均数是多少？
2. 表 4-32 为 2016 年某地区房屋售价的相关信息（单位：千美元）。

表 4-32 房屋售价频数分布表

房屋售价	频数
120～150	4
150～180	18
180～210	30
210～240	20
240～270	17
270～300	10
300～330	6

（1）组距是多少？
（2）2016 年卖了多少套房子？
（3）有多少套房子的售价低于 210 000 美元？
（4）210～240 这一区间的频率是多少？
（5）150～180 这一区间的中点是多少？
（6）售价的范围可以确定在哪两个值之间？

3. 随机选取的 8 名大学生拥有的 CD 数量分别为：52、76、64、79、80、74、66、69。
（1）拥有的 CD 数量的平均值。
（2）拥有的 CD 数量的中位数是多少？
（3）第 40 个百分位数是多少？
（4）拥有的 CD 数量的极差是？
（5）拥有的 CD 数量的标准差是多少？

4. 一位投资者在 2013 年 7 月以每股 36 美元的价格购买了 200 股某公司股票，在 2015 年 9 月以每股 40 美元的价格购买了 300 股，并在 2016 年 1 月以每股 50 美元的价格购买了 500 股。该投资者的加权平均每股价格是多少？

5. 第 50 届超级碗比赛中，吃掉了 3 000 万磅的休闲食品，图 4-20 描述了详细信息。

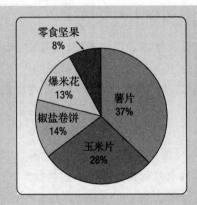

图 4-20

(1) 该图的名称是什么？
(2) 估计比赛中吃掉的薯片的数量（以百万磅计）。
(3) 估计薯片和爆米花的关系（两倍、一半、三倍、这些都不是，选择其一）。
(4) 薯片和玉米片总共占总数的百分之几？

扫码查看
篇章测试答案

第5章

概　率

　　一项调查显示，某月来中国的游客中有60%参观了北京的故宫、天坛、长城，以及其他在北京或北京附近的历史遗迹；有40%的游客参观了西安的秦始皇兵马俑；有30%的游客既去了北京，也去了西安。那么，游客中至少参观北京或西安中一个地方的概率是多少呢？

学完本章后，你将能够：
① 明确概率、随机试验、事件、结果等术语的定义。
② 使用经典的、经验的或主观的方法确定概率。
③ 使用加法法则计算概率。
④ 使用乘法法则计算概率。
⑤ 使用列联表计算概率。
⑥ 使用贝叶斯定理计算概率。
⑦ 使用计数原则确定结果的数量。

引言

　　第2～4章的重点是描述性统计。在第2章中，我们制作了苹果伍德汽车集团销售180辆汽车所得利润的频数分布图。这张频数分布图显示了利润的最大值、最小值以及数据最集中的地方。在第3章中，我们使用衡量集中趋势和离散测度的指标来衡量车辆销售利润的典型值，并研究销售利润的变化，采用标准差等指标来描述利润的变化。在第4章中，我们引入了图表，如散点图或点状图，以便于更直观、形象地描述数据的特征。

　　描述性统计关注的是对已发生事件所形成的数据的总结。我们来看看统计学的另一层面，即计算某件事在未来发生的可能性。这一层面的统计学被称作**统计推断**（statistical inference）或**推断性统计**（inferential statistics）。

　　决策者很少有完整的信息来做决策。例如：

- 一家制造商最近开发了一款基于体育运动的新游戏，想知道体育迷们是否会购买这款游戏。该制造商还想知道取名为"灌篮高手"还是"全垒打"更能促进销量。为此，制造商决定聘请一家市场调查公司。该公司在喜欢体育运动游戏的人中随机选取了800名消费者作为样本，并询问每位受访者对新游戏及其拟定名称的反应。利用抽样结果，公司可以估计购买人群所占的比例。

- 一家美国钢铁厂的质量保证部门必须向管理层保证所生产的0.25英寸的金属丝具有可接受的拉伸强度。当然，并非所有生产的金属丝都得进行拉伸强度测试，因为测试需要将金属丝拉伸直至其断裂。为此，在生产的金属丝中随机选择10个作为样本，基于测试结果，可评价所生产金属丝合格与否。
- 其他与不确定性有关的问题有：是否应立即停止播放肥皂剧《我们的生活》？新开发的薄荷味麦片如果上市会盈利吗？查尔斯·林登会被选为巴达维亚县的审计员吗？

统计推断基于从总体中抽取的样本来推断有关总体的结论（前面例子中的总体为所有喜欢体育运动游戏的消费者、所生产的0.25英寸的金属丝、所有观看肥皂剧的观众、所有购买麦片的人，等等）。

由于决策过程中存在不确定性，因此对所有已知风险进行科学评估非常重要，在这种评估中，概率论尤为重要。概率论能使决策者分析风险并将其最小化，例如在推销新产品或购进可能有瑕疵的货物时。

概率在统计推断（将从第8章开始讨论）中至关重要，本章介绍概率的基本概念，包括随机试验、事件、主观概率，以及加法法则和乘法法则等术语。

◆ 实践中的统计学

政府统计数据显示，汽车每行驶1亿英里，大约会导致1.7人因车祸死亡。如果你开车1英里到商店购买彩票，然后返回家，则你已经行驶2英里，那么当你下次进行2英里往返旅行时，将加入此统计组的概率为 $2 \times 1.7 / 100\,000\,000 = 0.000\,000\,034$，即"1/29 411 765"。因此，如果你开车去商店购买彩票，死亡的概率会是赢得大奖概率的4倍以上，赢得大奖的概率为 1/120 526 770（http://www.durangobill.com/PowerballOdds.html）。

5.1 什么是概率

毫无疑问，你对概率这个术语并不陌生。例如，天气预报员报道周日有70%的概率下暴雨；根据对消费者的调查，一种新开发的香蕉味的牙膏上市后获得成功的概率只有0.03（意味着香蕉味的牙膏被大众接受的可能性非常小）。什么是概率？一般而言，是指用数值衡量的事件发生可能性大小。

> **概率（probability）**：介于0和1之间的值，描述随机事件发生的可能性大小。

概率通常以小数表示，如0.70、0.27或0.50，或用百分比表示，如70%、27%或50%，也可以用分数表示，如7/10、27/100或1/2。概率可以是从0到1的任何数字，用百分比可将其表示为从0%到100%。如某公司只有5个销售区域，我们将每个区域的名称或编号写在一张纸条上，并将纸条放在帽子里，则选中编号在五个区域中的概率为1，选择的纸条上写着"匹兹堡钢人"的概率为0。1代表一定会发生的事件，0代表不可能发生的事件。

概率越接近0，事件不发生的可能性越大。概率越接近1，事件发生的可能性越大。图5-1显示了我们对一些事件发生可能性的认知和概率之间的联系。当然，你可能会选择不同的概率来表示斯洛·波克赢得肯塔基德比赛的可能性或美国联邦税收增加的可能性。

有时，事件的可能性可以用比率来表示。若事件发生的概率是"五比二"，意味着在7次随机试验中，事件发生了5次，有2次不发生。使用比率，我们可以计算出事件发生的概率是5/（5+2），即5/7。所以，事件发生的概率是 $x : y$，意味着该事件发生的概率是 $x/(x+y)$。

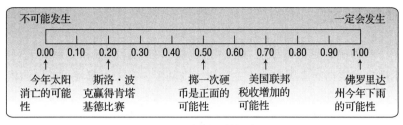

图 5-1 事件及其概率

概率研究中有三个关键词：随机试验、结果和事件。这些术语我们在日常生活中都有使用，但在统计学中，它们有特定含义。

随机试验（experiment）：导致事件中出现一种且仅有一种可能结果的过程。

这一定义比物理学中的定义更宽泛，在物理学中，我们可以想象随机试验一般是有人在操作试管或显微镜。在概率中，一个随机试验有两种或两种以上的可能结果，而且不确定哪一种会发生。

结果（outcome）：随机试验的特定结果。

例如，抛硬币是一个随机试验，你无法确定结果。抛硬币时，一个特定的结果是"正面朝上"，另一个则是"反面朝上"。询问 500 名大学生他们是否愿意旅行 100 多英里去参加一场音乐会也是一个随机试验。在这个随机试验中，一个可能的结果是有 273 名学生表示他们愿意参加音乐会，另一个结果是有 317 名学生愿意参加，还有一个结果是 423 名学生愿意参加，当观察到随机试验的一个或多个结果时，我们称之为事件。

事件（event）：随机试验的一种或多种结果的集合。

表 5-1 的例子说明了随机试验、结果、事件等术语的含义。在掷骰子随机试验中，有 6 种可能的结果，但有许多可能的事件。在统计《财富》世界 500 强企业中 60 岁以上的董事会成员数量时，可能的结果可以是零到成员总数，但在这个随机试验中，有更多可能的事件。

表 5-1 随机试验、结果与事件的区别

随机试验	掷骰子	计算《财富》世界 500 强企业董事会成员大于 60 岁的数量
结果	1 点 2 点 3 点 4 点 5 点 6 点	0 人大于 60 岁 1 人大于 60 岁 2 人大于 60 岁 ⋮ 48 人大于 60 岁 ⋮
事件	点数为偶数 点数大于 4 点数小于 3	大于 60 岁的人数超过 13 人 大于 60 岁的人数少于 20 人

自测 5-1

一家游戏公司最近开发了一款新的电子游戏，其可玩性将由 80 名资深游戏玩家进行测试。

（1）请指出这一过程中的随机试验。
（2）一种可能的结果是什么？
（3）如果 80 名测试新游戏的玩家中有 65 人表示喜欢这个游戏，65 是一个概率吗？
（4）如果计算得出新游戏成功的概率为 −1.0，意味着什么？
（5）请指出这个随机试验中可能的一个事件。

5.2 确定概率的方法

本节介绍了三种确定事件概率的方法：古典概率、经验概率和主观概率。古典概率和经验概率是基于信息和数据的客观方法，主观概率则基于一个人对事件可能性的认知或估计。

5.2.1 古典概率

古典概率（classical probability）的基础假设是随机试验的结果是有限的，且所有结果出现的可能性都相等。使用古典概率的方法，事件概率是发生结果的数量除以所有可能的结果数量。

$$\text{古典概率} \quad \text{事件概率} = \frac{\text{发生结果的数量}}{\text{所有可能的结果数量}} \quad (5-1)$$

例 5-1 在一个掷骰子的随机试验中，"朝上的一面为偶数点"，这一事件的概率是多少？

解析 所有可能的结果如表 5-2 所示。

在 6 种结果等可能出现的随机试验中，有三个结果（2 点、4 点、6 点）包含在"朝上的一面为偶数点"的事件中，因此：

表 5-2 掷骰子随机试验的结果

1 点	4 点
2 点	5 点
3 点	6 点

$$\text{"朝上的一面为偶数点"的概率} = \frac{\text{发生结果的数量}}{\text{所有可能的结果数量}} = \frac{3}{6} = 0.5$$

相互排斥的概念在第 2 章介绍频率分布时就已提及。回想一下，我们创建一组事件，使得特定的事件只包含在其中某一组事件中，且不同事件组没有重叠。因此，在一定时间，不同组的事件中只能有一个事件发生。

> **相互排斥**（mutually exclusive）：同一时间，一个事件的发生意味着其他事件都不会发生。

变量"性别"的结果（男性和女性）就是互相排斥的。随机抽取的员工要么是男性，要么是女性，但二者不可能同时发生。制造的零件可以是合格的或者不合格的，但在同一时刻，某一零件不可能既是合格的又是不合格的。在对制造的零件取样时，零件为非合格品和零件为合格品这两个事件是相互排斥的。

如果一个随机试验的事件集包括了随机试验的所有结果，比如掷骰子实验中事件"点数为偶数"和"点数为奇数"，那么这个事件集就是完备事件组。对于掷骰子随机试验而言，结果要么是偶数，要么是奇数，所以这组事件是完备的。

> **完备事件组**（collectively exhaustive）：在进行随机试验时，其中至少有一个事件必须发生。

如果一组事件是完备的，且每个子事件是互斥的，那么子事件的概率的和是 1。从历史上看，在 17 世纪和 18 世纪，古典概率被发展并应用于诸如纸牌和骰子等碰运气的游戏。我们没必要用传统的方式做随机试验来确定事件发生的概率，因为结果的总数在实验之前就是已知的。抛硬币有 2 种可能的结果，掷骰子有 6 种可能的结果。我们可以推断出掷一枚硬币结果是反面的概率，或者掷三枚硬币得到三个正面的概率。

古典概率也可应用于买彩票。在南卡罗来纳州，教育彩票的游戏之一是"选择 3"。一个人买了一张彩票并在 0 到 9 之间选择了三个数字。每周，这三个数字会由机器中随机选择，机器会在三个装有编号为 0 到 9 的球的容器中抽取三个球。中奖则需要数字和数字的顺序都与机器一致。买这种彩票共有 1 000 种结果（000 到 999），任何一个三位数中奖的概率是 0.001，即千分之一。

5.2.2 经验概率

经验概率或频率是第二类客观概率，基于事件发生的次数占已知随机试验次数的比例。

经验概率的公式为

$$经验概率 = \frac{事件发生的次数}{试验总次数}$$

> **经验概率（empirical probability）**：事件发生的概率等于类似事件在过去发生的次数的比例。

经验概率的方法基于大数定律。建立经验概率的关键是，多次随机试验将提供更准确的概率估计值。

> **大数定律（law of large numbers）**：经过大量的随机试验，事件的经验概率会接近它的真实概率。

为了解释大数定律，假设我们抛出一枚质地均匀的硬币。每次抛掷的结果不是正面朝上就是反面朝上。只要抛一次硬币，经验概率为正面出现的概率不是 0 就是 1。如果我们多次抛掷硬币，正面朝上的概率就会趋近于 0.5。表 5-3 报告了抛掷硬币 1 次、10 次、50 次、100 次、500 次、1 000 次、10 000 次时正面朝上的相对频率。可以发现，当随机试验次数增加时，正面朝上经验概率趋近于 0.5（依据古典概率计算的概率）。

表 5-3 抛硬币随机试验中正面朝上的频率

随机试验次数	正面朝上的次数	正面朝上的频率
1	0	0.00
10	3	0.30
50	26	0.52
100	52	0.52
500	236	0.472
1 000	494	0.494
10 000	5 027	0.502 7

这一结果说明了什么呢？根据古典概率的定义，抛掷一枚质地均匀的硬币一次，正面朝上的概率为 0.5。基于经验概率或频率得出的事件概率与古典概率得到的值趋于一致。

这种原因使得我们可以用经验概率或频率来估计概率。例如：

- 上学期，80 名斯坎迪亚大学的学生选修了商业统计课程。有 12 名学生在考核中获得了 A，根据这些信息和经验概率的方法确定概率，可以估计斯坎迪亚大学的学生在这门课程中获得 A 的概率为 0.15。
- 2015～2016 赛季，金州勇士队的斯蒂芬·库里在 400 次罚球中命中了 363 次。根据经验概率的方法，他下一次罚球命中的概率是 0.908。
- 人寿保险公司依据过去的数据来确定是否接受投保申请以及要收取的保费。死亡率表列示了一定年龄的人在来年死亡的概率。例如，一名 20 岁女性在来年内死亡的概率为 0.001 05。

以下示例说明了经验概率的概念。

例 5-2 2003 年 2 月 1 日，哥伦比亚号航天飞机发生爆炸。这是美国航空航天局在 113 次太空任务中的第二次失事。根据这一信息，将来完成任务的概率是多少？

解析 我们采用字母或数字来简化方程式。P代表概率，A代表事件成功完成任务。在这种情况下，$P(A)$代表成功完成任务的概率。

$$成功完成任务的概率 = \frac{已成功完成的任务数量}{已执行的任务总数}$$

$$P(A) = \frac{111}{113} = 0.98$$

我们可以根据频率来估计概率，即根据过去的经验，未来成功完成航天飞机飞行任务的概率为 0.98。

5.2.3 主观概率

如果几乎没有经验或信息可作为概率依据，则将进行主观估计。这意味着需要主观评估可用的意见和信息，然后估计概率。这种概率称为主观概率。

> **主观概率（subjective probability）**：某一事件发生的概率由个人根据所掌握的任何信息进行估计。

主观概率的例子：

（1）估计明年新英格兰爱国者队参加超级碗比赛的概率。
（2）估计某人在未来 12 个月内发生车祸的概率。
（3）估计未来 10 年内美国预算赤字减少一半的概率。

图 5-2 总结了概率的类型。概率表示未来事件发生的可能性。由于个人对事件基本过程的了解程度不同，用概率衡量不确定性仍有较大的余地。因为我们很了解掷骰子，所以可以判断在掷骰子时，每一面朝上的概率均为 1/6，但我们对市场对未经测试的新产品的接受程度知之甚少。例如，即使市场研究主管在 40 家零售商店中测试了新开发的产品，并指出该产品的销售量超过 100 万个的概率为 70%，但当新产品在全国上市时，市场部对消费者会做出何种反应仍知之甚少。在掷骰子和测试新产品的例子中，个体都在确定感兴趣的事件的概率，差别仅在于预测者对于估计精确度的信心不同。但无论哪种观点都运用了大数定律（将在以下各节中介绍）。

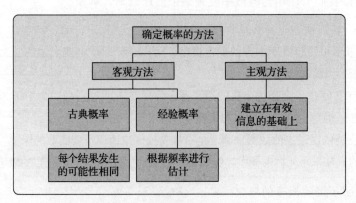

图 5-2　概率确定方法总结

自测 5-2

1. 从标准的 52 张纸牌中随机抽取一张纸牌,这张牌是"Q"的概率是多少?你使用哪种方法来确定概率?
2. 儿童保育中心报告了 539 名儿童的父母的婚姻状况。有 333 名儿童的父母已婚,有 182 名儿童的父母离婚,有 24 名儿童是单亲家庭。随机选择一个孩子,其父母已离婚的概率是多少?你使用哪种方法?
3. 退休时,你能存下 100 万美元的概率是多少?你使用哪种方法来回答这个问题?

5.3 概率的加法法则

概率的加法法则有两个,一个是特殊的加法法则,一个是一般的加法规则。我们首先介绍特殊的加法法则。

5.3.1 特殊的加法法则

当使用**特殊的加法法则**(special rule of addition)时,事件必须是互斥的。回顾一下,互斥是指当一个事件发生时,其他事件都不能与之同时发生。在掷骰子实验中,互斥事件可以是"点数大于等于 4"和"点数小于等于 2"。如果结果是第一组 {4、5、6},那么就不可能是第二组 {1 和 2}。另一个例子是流水线生产的产品不可能同时是合格的和不合格的。

如果事件 A 和事件 B 是互斥事件,特殊的加法法则的含义是事件 A 或事件 B 发生的概率等于事件 A 发生的概率与事件 B 发生的概率的和。

特殊的加法法则 $\quad P(A \cup B) = P(A) + P(B)$ (5-2)

事件 A、B、C 互斥,使用特殊的加法法则可知:

$$P(A \cup B \cup C) = P(A) + P(B) + P(C)$$

下面举例详细说明。

例 5-3 一台机器要在相同规格的塑料袋里装满豆类、西兰花和其他蔬菜的混合物。大多数袋子里的重量是合格的,但由于豆子和其他蔬菜的大小不同,袋子可能会过轻或者过重。对上个月所装的 4 000 个袋子进行检查,结果如表 5-4 所示。

那么随机抽取一个袋子,为分量过轻或过重的概率是多少?

表 5-4 混合蔬菜包重量检测情况

重量	事件	袋子数量	概率
过轻	A	100	0.025
合格	B	3 600	0.900
过重	C	300	0.075
总计		4 000	1.000

解析 过轻是事件 A,过重是事件 C,应用特殊的加法法则可得:

$$P(A \cup C) = P(A) + P(C) = 0.025 + 0.075 = 0.10$$

这些事件是相互排斥的,这意味着混合蔬菜包不可能同时过轻、合格和过重。这三个事件是完备事件组,随机抽取的袋子要么过轻,要么合格,要么过重。

英国逻辑学家约翰·维恩(J. Venn,1834—1923 年)发明了一种用图形描绘随机试验结果的方法。互斥的概念以及求组合概率的规则都可以用这种方式来说明。要构建维恩图，首先要构造一个能代表所有可能结果总和的空间，这个空间通常是矩形。事件由在矩形中画的与概率呈正比的圆表示。图 5-3 所示的维恩图显示了互斥的含义。在图 5-3 中，事件没有重叠部分，意味着事件是互斥的，且图中假定事件 A、B、C 是等可能的。

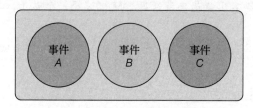

图 5-3　等可能事件维恩图

5.3.2　对立法则

抽取的混合蔬菜包的质量过轻的概率 $P(A)$，加上非过轻的概率 $P(\bar{A})$（读作"非 A"），其和必须等于 1，记作：

$$P(A)+P(\bar{A})=1$$

也可记作：

对立法则　　$P(A)=1-P(\bar{A})$　　（5-3）

这就是**对立法则**（complement rule）——可以通过从 1 中减掉不可能发生的事件的概率来确定发生的事件的概率。这一法则很有用，因为有时候通过从 1 中减掉不可能发生事件的概率来计算发生事件的概率更为简单。需要注意的是，事件 A 和事件 $\bar{A}$ 必须是完备的，这样才能使得事件 A 和事件 $\bar{A}$ 的概率之和为 1，图 5-4 用维恩图说明对立法则。

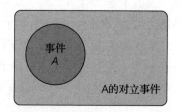

图 5-4　对立法则的维恩图表示

例 5-4　回顾先前的案例，混合蔬菜包重量过轻的概率为 0.025，重量过重的概率为 0.075。应用对立法则可以求出合格的概率为 0.900。图 5-5 显示了维恩图的求解结果。

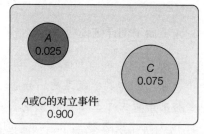

图 5-5　对立法则维恩图求解实例

解析　混合蔬菜包的重量不合格的概率等于重量过轻和过重的概率之和，即 $P(A \cup C) = P(A) + P(C) = 0.025 + 0.075 = 0.100$。而混合蔬菜包的重量除了过轻和过重就只有合格，所以 $P(B)=1-[P(A)+P(C)]=1-(0.025+0.075)=0.900$。

自测 5-3

对全球企业员工进行的有关新医保计划的抽样调查，员工分类如表 5-5 所示。

表 5-5　全球企业员工抽样结果分类统计

分类	事件	雇员数量
高管	A	120
维修员	B	50
工人	C	1 460
管理者	D	302
秘书	E	68

（1）随机选择一个人，求此人分别为以下两种情况的概率：

    1）既不是维修员也不是秘书；

    2）不是管理者。

（2）用维恩图表示（1）的结果。

（3）"非维修员"和"非秘书"这两个事件是互相补充的还是互相排斥的？抑或二者兼有？

5.3.3 一般的加法法则

随机试验的结果未必是相互排斥的。例如，佛罗里达州的旅游委员会在最近一年到访的游客中选取 200 名作为样本。调查显示，有 120 名游客去了迪士尼乐园，100 名游客去了坦帕附近的布什公园。那么游客去了迪士尼乐园或布什公园的概率是多少？如果运用特殊的加法法则，游客选择去迪士尼的概率为 0.6（=120/200），选择去布什公园的概率为 0.50，概率的总和是 1.10。然而概率不可能大于 1。出现这一结果的原因是两个地方都去了的游客被重复计算了。调查显示有 60 名游客两个地方都去了。

"随机访问的游客去了迪士尼乐园或者布什公园的概率是多少？"将游客去过迪士尼乐园（记为事件 A）的概率和去过布什公园（记为事件 B）的概率相加，减掉两个地方都去了的概率，可以得出这一问题的答案：

$$P(A\cup B) = P(A) + P(B) - P(A\cap B) = 0.6 + 0.5 - 0.3 = 0.8$$

当两个事件都发生时，概率被称为联合概率。0.3 就是游客同时游览了两个地方的概率，是一个联合概率。

> **联合概率（joint probability）**：衡量两个或两个以上事件同时发生的可能性的概率。

图 5-6 所示的维恩图显示两个事件并非互斥事件，这两个事件的交集说明了有一部分人两个地方都去了。

一般的加法法则用以计算两个非互斥事件的概率。

一般的加法法则 $P(A\cup B) = P(A) + P(B) - P(A\cap B)$ （5-4）

表达式的左边 $P(A\cup B)$，表示事件 A 发生或者事件 B 发生。这一概率也包含了事件 A 和事件 B 同时发生的情况。符号"∪"即指**并集**（inclusive），也可以写作 P（A 或 B 或两者都有），以强调事件的并集包括 A 和 B 的交集。

将一般的加法法则和特殊的加法法则对比，可以发现二者最大的不同在于事件是否互斥。如果事件是互斥的，联合概率 $P(A\cap B)$ 就等于 0，特殊的加法法则就是一般的加法法则联合概率等于 0 时的特例。如果事件不是互斥的，就必须求联合概率并运用一般的加法法则。

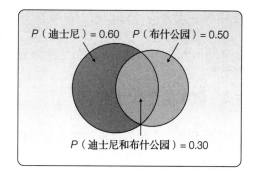

图 5-6 非互斥事件维恩图

例 5-5   在标准的纸牌中，随机抽到"K"或"红桃"的概率是多少？

解析 我们也许会将抽到"K"的概率和抽到"红桃"的概率相加。如果我们这么做了,红桃K既算"K"也算"红桃",如果我们将抽到的"K"(52张牌中有4张)和抽到的"红桃"(52张牌中有13张)简单加总,认为52张牌中共有17张符合要求,这其中存在一个问题,红桃K被计算了两次。我们需要从17张牌中减掉一张以保证每张牌仅计算一次。因此,有16张牌是"K"或者"红桃",所以概率应该是16/52=0.307 7。纸牌抽取结果及其概率见表5-6。

表5-6 纸牌抽取结果及其概率

牌	概率	备注
K	$P(A)=4/52$	52张牌中有四张"K"
红桃	$P(B)=13/52$	52张牌中有13张"红桃"
红桃K	$P(A \cap B)=1/52$	52张牌中有一张"红桃K"

运用一般的加法法则公式可得:

$$P(A \cup B) = P(A) + P(B) - P(A \cap B) = \frac{4}{52} + \frac{13}{52} - \frac{1}{52} = \frac{16}{52}$$

图5-7显示了用维恩图表示的上述事件的结果。

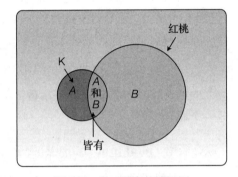

图5-7 非互斥事件维恩图

自测5-4

作为保健服务方案的一部分,通用混凝土公司的员工每年都要进行例行体检。体检发现有8%的员工需要矫正鞋,15%的人需要进行牙科治疗,3%的人既需要矫正鞋,也需要进行牙科治疗。

(1) 随机抽取的员工需要矫正鞋或者进行牙科治疗的概率是多少?
(2) 用维恩图的形式表示这种情况。

◆ 实践中的统计学

如果你想在下次参加聚会时引起人们的注意,你可以宣布你认为在场的人中至少有两个人是在同一天出生的。如果聚会有30个人参加,那么至少有两个人同一天出生的概率为0.706。如果聚会有60个人参加,那么至少有两个人同一天出生的概率是0.994。如果只有23个人参加,那么至少有两个人同一天出生的概率为0.50。提示:要计算这个问题,首先要计算出每个人出生在不同日子的概率,再使用对立法则。

5.4 概率的乘法法则

在本节中,我们讨论了两个事件同时发生的概率(联合概率)的计算法则。例如,2016年16%的退税是由布洛克税务公司申报的,其中75%的报税单显示有退税,则一个人的税表是由布洛克税务公司申报的概率是多少?这个人收到退税的可能性是多少?维恩图说明了这两个事件有交集,为了得出上述两个事件发生的概率,我们需要运用乘法法则。乘法法则有两种:特殊法则和一般法则。

5.4.1 特殊的乘法法则

特殊的乘法法则要求事件 A、B 相互独立，相互独立指的是一个事件的发生并不会影响另一事件发生的概率。

从另一个角度理解相互独立，可以假设事件 A、B 不在同一时刻发生。例如，事件 B 发生在事件 A 之后，那么事件 A 会对事件 B 发生的概率造成任何影响吗？如果答案是否，即指事件 A 和事件 B 是相互独立的事件。为了证明独立性，假设抛掷两枚硬币，抛掷一枚硬币的结果（正面朝上或反面朝上），不会受到任何先前抛掷硬币的结果影响。

> **相互独立（independent）**：一个事件的发生不会影响另一事件发生的概率。

对于 A、B 两个相互独立的事件，事件 A、事件 B 同时发生的概率等于事件 A 的概率乘以事件 B 的概率。这就是**特殊的乘法法则**（special rule of multiplication），可表述为

$$\text{特殊的乘法法则} \quad P(A \cap B) = P(A)P(B) \qquad (5\text{-}5)$$

对于三个相互独立的事件 A、B、C，三个事件同时发生的概率可通过乘法法则求得：

$$P(A \cap B \cap C) = P(A)P(B)P(C)$$

例 5-6 美国汽车协会的一项调查显示，去年有 60% 的会员预订过机票。随机抽取两名会员，这两人去年都预订了机票的概率是多少？

解析 第一个会员去年预订机票的概率是 0.60，记作 $P(R_1)=0.60$，R_1 指的是第一个会员去年预订了机票。第二个会员去年预订机票的概率也是 0.60，记作 $P(R_2)=0.60$。因为美国汽车协会的会员非常多，可以假设 R_1 和 R_2 是相互独立的。使用特殊的乘法法则公式可得两个事件同时发生的概率为

$$P(R_1 \cap R_2) = P(R_1)P(R_2) = 0.60 \times 0.60 = 0.36$$

表 5-7 列示了所有可能的结果，R 表示预订机票，$\bar{R}$ 表示没有预订机票。

根据对立法则，可以得出每种结果的联合概率。例如，两个会员都没有预订机票的概率是 0.16。两人中一个人预订了机票且另一个人没预订的概率是 0.48（=0.24+0.24）。所有结果是完备事件且互斥，因此，所有结果的概率和为 1。

表 5-7 随机试验结果及其概率

结果		联合概率	
R_1	R_2	0.60×0.60	0.36
R_1	$\bar{R}_2$	0.60×0.40	0.24
$\bar{R}_1$	R_2	0.40×0.60	0.24
$\bar{R}_1$	$\bar{R}_2$	0.40×0.40	0.16
总计			1.00

自测 5-5

根据经验，提顿轮胎了解到 XB-70 轮胎在损坏之前，能行驶 60 000 英里的概率是 0.95，对不能行驶 60 000 英里的轮胎都会进行调整。假设你购买了 4 个 XB-70 轮胎，这 4 个轮胎至少能行驶 60 000 英里的概率是多少？

5.4.2 一般的乘法法则

如果两个事件不是相互独立的，它们就会相互影响。如果在一个冰柜里有 10 罐苏打水，其中有 7 罐普通苏打水和 3 罐无糖苏打水。从冰柜中随机拿一罐苏打水。拿到无糖苏打水的概率是 3/10，拿到普通苏打水的概率是 7/10。然后不放回取出的苏打水，再从冰箱中取一瓶，

则第二次拿到无糖苏打水的概率取决于第一次拿到的是哪种苏打水,即第二次拿到无糖苏打水的概率为:

若第一次拿到的是无糖苏打水,则概率为 2/9(冰箱里只剩两瓶无糖苏打水)。

若第一次拿到的是普通苏打水,则概率为 3/9(三瓶无糖苏打水都在冰箱)。

这个试验中的 2/9(3/9)就被称为条件概率,因为这一概率取决于第一次拿到的苏打水是无糖苏打水还是普通苏打水。

> **条件概率(dependent):** 在某一事件发生的条件下,另一事件发生的概率。

在一般的乘法法则中,求条件概率首先需要计算 A、B 两个非独立事件同时发生的联合概率。非独立事件 A、B 的条件概率记作 $P(B|A)$,表示事件 A 发生的情况下事件 B 发生的概率,事件 B 发生的概率受事件 A 的影响。适用于两个非独立事件的乘法法则为

$$\text{一般的乘法法则} \quad P(A\cap B) = P(A)P(B|A) \tag{5-6}$$

例 5-7 一个高尔夫球手的衣柜里有 12 件高尔夫球衫。假设其中 9 件是白色的,其余是蓝色的。他从衣柜中随机选择一件高尔夫球衫。他已经连续打了两天高尔夫球,也没有把穿过的衬衫洗干净放回衣柜。请问选择的两件衬衫都是白色的概率为?

解析 将第一次拿到的衬衫是白色的记为事件 W_1,由衣柜里 12 件衬衫中有 9 件是白色的可知,$P(W_1)=9/12$。将第二次拿到的衬衫白色的记为事件 W_2。在第一次拿到的衬衫为白色的情况下,第二次拿到白色衬衫的条件概率为 $P(W_2|W_1)=8/11$。为什么这样呢?第一次拿到白色衬衫后,衣柜里只有 11 件衬衫,其中有 8 件是白色的。为了求得两次都拿到白色衬衫的概率,运用乘法法则公式可得:

$$P(W_1 \cap W_2) = P(W_1)P(W_2|W_1) = \frac{9}{12} \times \frac{8}{11} = 0.55$$

即拿到的两件衬衫都是白色的概率为 0.55。

我们可以将一般的乘法法则拓展到两个或两个以上事件,例如 A、B、C 三个事件,则一般的乘法法则为

$$P(A\cap B\cap C) = P(A)P(B|A)P(C|A\cap B)$$

在这个高尔夫球衫的例子中,不放回的情况下,拿到的三件衬衫都是白色的概率为

$$P(W_1 \cap W_2 \cap W_3) = P(W_1)P(W_2|W_1)P(W_3|W_1\cap W_2)$$
$$= \frac{9}{12} \times \frac{8}{11} \times \frac{7}{10}$$
$$= 0.38$$

即在不放回的情况下,取得的三件衬衫都是白色的概率为 0.38。

自测 5-6

塔贝尔工业公司的董事会由 8 名男性和 4 名女性组成。现随机选择 4 名董事组成遴选委员会,在全国范围内寻找新的公司总裁。

(1)遴选委员会的 4 名成员都是女性的概率是多少?

(2)遴选委员会的 4 名成员都是男性的概率是多少?

(3)前两句所描述事件的概率之和是否等于 1?原因是什么?

◆ **实践中的统计学**

2000年，乔治·布什以微弱的优势赢得了美国总统职位。由此产生了许多有关选举的故事，有的涉及投票违规，有的提出了有趣的选举问题。在密歇根州的一次地方选举中，有两位候选人竞选一个民选职位，取得了相同的票数。为了打破平局，候选人从一个盒子里抽出一张纸条，盒子里有两张纸条，一张标有"胜利者"字样，另一张没有标明。由选举官员抛硬币确定哪位候选人先抽，最终抛硬币的获胜者也抽到了标有"胜利者"的纸条。但抛硬币真的有必要吗？没有必要，因为这两个事件是独立的。抛硬币的胜利并不会改变任何一位候选人抽到获胜纸条的概率。

5.5 列联表

通常我们会把调查的结果统计在一个双向表格中，使用统计结果来确定事件概率。这一方法在第4章就已提及，我们把双向表称为列联表。

列联表是一种交叉表，同时总结了两个相关变量及其关系。计量水平可以是名义值。例如：

- 统计了150位成年人的性别和他们使用的Facebook账户数量。结果如表5-8所示。
- 美国咖啡生产者协会（American Coffee Producers Association）报告了一个月内咖啡消费者的年龄信息和消费量信息。结果如表5-9所示。

下面的例子说明了如何通过列联表运用加法及乘法法则。

表 5-8　性别及 Facebook 账户数量列联表

Facebook账户数量	性别		合计
	男性	女性	
0	20	40	60
1	40	30	70
≥2	10	10	20
合计	70	80	150

表 5-9　咖啡消费者年龄及消费量列联表

年龄	咖啡消费量			合计
	低	中	高	
<30	36	32	24	92
30～40	18	30	27	75
40～50	10	24	20	54
≥50	26	24	29	79
总计	90	110	100	300

例 5-8　上个月，美国国家剧院管理协会（National Association of Theater Managers）随机抽取了500名成年人进行了一项调查。调查询问了受访者的年龄和他们在影院看电影的次数。表5-10总结了调查结果。

表 5-10　年龄和每月看电影次数列联表

每月看电影次数	年龄			合计
	<30(B_1)	30～60(B_2)	≥60(B_3)	
0(A_1)	15	50	10	75
1～2(A_2)	25	100	75	200
3～5(A_3)	55	60	60	175
≥6(A_4)	5	15	30	50
总计	100	225	175	500

协会想了解成年人尤其是60岁以上的人在影院看电影的概率，这一信息有助于制定有关老年人门票折扣和优惠的决策。确定以下事件的概率：

（1）一个成年人每月看电影不低于6场。
（2）一个成年人每月看电影不高于2场。

（3）一个成年人年龄大于 60 岁或每月看电影不低于 6 场。
（4）60 岁以上的人每月看电影不低于 6 场。
（5）每月看电影不低于 6 场，且年龄在 60 岁以上的成年人。
（6）每月看电影的次数和成人的年龄是独立事件吗？

解析 表 5-10 是一张列联表。该列联表用两种标准对人或事物进行了分类。在本例中，用年龄和每月看电影的次数两个标准对成年人进行了分类。基于列联表采用加法法则和乘法法则可以计算出事件的概率。

（1）要得到随机抽取一名成年人每月看电影不低于 6 场的概率，需要注意列联表中每月看电影次数大于等于 6（记为事件 A_4）的那一行，列联表显示 500 个成年人中 50 人每月看电影不低于 6 场。使用经验概率的方法，可以得出：

$$P(每月看电影不低于 6 场) = P(A_4) = \frac{50}{500} = 0.10$$

0.10 的概率表示 500 个成年人中有 10% 的人每月看电影不低于 6 场。

（2）要得到随机抽取的一名成年人每月看电影不高于 2 场的概率，需要将每月不看电影和每月看 1~2 场电影这两个结果结合起来。由于一个人只能被纳入不看电影或看 1~2 场电影中的某一类，所以这两个结果是互斥的，因此可以采用特殊的加法法则，直接将不看电影的概率和看 1~2 场电影的概率加总：

$$P(每月不看电影或看1~2场电影) = P(A_1) + P(A_2) = \frac{75}{500} + \frac{200}{500} = 0.55$$

概率 0.55 表示样本中有 55% 的人每月看电影不高于 2 场。

（3）要得到随机抽取的一个成年人年龄大于 60 岁或每月看电影不低于 6 场的概率，我们需要再一次使用加法法则。但这两个事件不是互斥的。为什么呢？因为一个人既可以是 60 岁以上的，也可以每个月看电影不低于 6 场，也可以兼有。所以这两个事件有交集，有一部分群体是重叠的。需要运用一般的加法法则计算概率：

$$P(每月看电影不低于 6 场或年龄大于 60 岁)$$
$$= P(A_4) + P(B_3) - P(A_4 \cap B_3)$$
$$= \frac{50}{500} + \frac{175}{500} - \frac{30}{500}$$
$$= 0.39$$

所以年龄大于 60，或看电影不低于 6 场，或二者兼有的人占比为 39%。

（4）要得到 60 岁以上的人每月看电影不低于 6 场的概率，需要看列联表的 B_3 列。我们只需关注这列总计 175 人中，有 30 人年龄在 60 岁以上。使用一般的乘法法则公式可得：

$$P(年龄大于 60 岁的人中每月看电影不低于 6 场)$$
$$= P(A_4 | B_3) = \frac{30}{175} = 0.17$$

（5）每月看电影不低于 6 场，且年龄在 60 岁以上的成年人的概率建立在两个事件都发生的基础之上，即事件"每月看电影不低于 6 场"（A_4）事件"年龄大于 60"（B_3）必须都发生。为了计算联合概率，我们运用一般的乘法法则公式：

P("年龄大于60岁"且"每月看电影不低于6场")

$$= P(A_4 \cap B_3) = P(A_4)P(B_3 | A_4)$$

为了计算联合概率,需要先算出事件 A_4 发生的概率,即随机选择一人每月看电影不低于6场的概率。通过看列联表第4行,可以发现500个人中有50个人每月看电影不低于6场,$P(A_4)=50/500$。

之后,计算条件概率 $=P(B_3 \cap A_4)$,这一概率表示每月看电影不低于6场的人中年龄大于60岁的概率,

$$P(每月看电影不低于6场的人中年龄大于60岁) = P(B_3 \cap A_4) = \frac{30}{50} = 0.6$$

使用这两个概率,可以求出"每月看电影不低于6场"和"年龄大于60"的联合概率。

$$P("年龄大于60岁"且"每月看电影不低于6场") = P(A_4 \cap B_3)$$

$$= P(A_4)P(B_3 | A_4) = \frac{50}{500} \times \frac{30}{50} = 0.06$$

根据列联表的信息,可以得出一个成年人既"年龄大于60岁",又"每月看电影不低于6场"的概率为6%。

有可以不用乘法法则就能求出联合概率的方法吗?有的,直接看 A_4 行("每月看电影不低于6场")和 B_3 列("年龄大于60岁")的交叉处的数字,同时符合两个分类标准要求的人数有30人,所以 $P(A_4 \cap B_3)=30/500=0.06$,与公式计算的结果一致。

(6)每月看电影的次数和成人的年龄是独立事件吗?我们可以借用第(4)问的结果回答这一问题。在(4)中,我们计算了60岁以上的人每月看电影不低于6场的概率为0.17,如果年龄不会影响观影率,那么30岁以下的人看电影不低于6场的概率也应该是17%。也就是说,这两个条件概率相等。计算年龄小于30岁的成年人每月看电影不低于6场的概率为

$$P(年龄小于30岁的成年人每月看电影不低于6场) = \frac{5}{100} = 0.05$$

因为两个概率不相等,可知电影上座率与年龄不是相互独立的。在500个成年人的样本中,看电影的数量和年龄是有关联的,在第15章,我们将更细致地探究独立性的概念。

自测 5-7

根据表 5-10,回答以下事件的概率。

(1)随机选择一个成年人,其年龄在 30~60 的概率。
(2)随机选择一个成年人,其年龄小于 60 岁的概率。
(3)随机选择一个成年人,其年龄小于 30 岁或每月不看电影概率。
(4)随机选择一个成年人,其年龄小于 30 岁且每月不看电影概率。

树状图

树状图(tree diagram)是一种可视化的方法,有利于构思和计算与前例类似的问题的概率。这种类型的问题包括了几个阶段,这些阶段可以用树枝来表明,树枝上标注事件概率。可以用图 5-8 中的信息来展示树状图的构造。

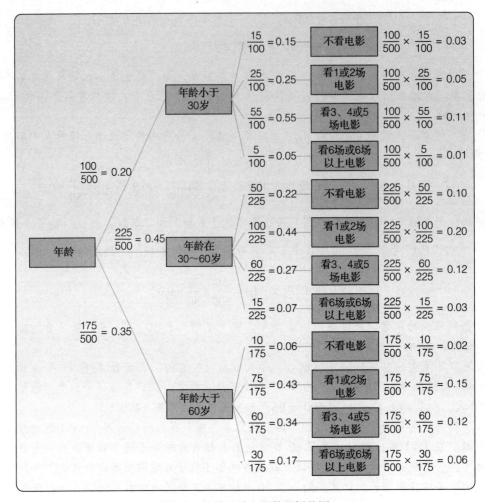

图 5-8　年龄和看电影数量树状图

（1）首先在左边画一个写着"年龄"变量的方框，代表树的根部（见图 5-8）。

（2）从根部画出三个枝干，最上面的枝干代表成年人的年龄小于 30 岁这一结果。这一枝干标注了相应概率，为 $P(B_1)=100/500$。中间的枝干代表的结果是年龄在 30～60 岁，标注概率为 $P(B_2)=225/500$，最后一个枝干标注 $P(B_3)=175/500$。

（3）三个枝干又分别"长"出了四个分支。这些分支代表了每月观影数量的分类：0，1 或 2，3、4 或 5，6 及以上。第一个枝干最上面的分支代表了已知一个成年人的年龄小于 30 岁的条件下，其不看任何电影的概率，四个分支分别代表 $P(A_1|B_1)$、$P(A_2|B_1)$、$P(A_3|B_1)$、$P(A_4|B_1)$，其中 A_1 指的是没有看电影，A_2 指的是每月看 1 或 2 场电影，A_3 指的是每月看 3～5 场电影，A_4 指的是每月看 6 场及以上电影。自上而下，概率分别为：15/100、25/100、55/100 和 5/100。用同样的方法可以写出其他枝干分支的条件概率。

（4）最后我们可以确定联合概率。第一个枝干的分支代表的事件为：成年人年龄在 30 岁以下且每月不看电影，年龄在 30 岁以下且每月看 1 或 2 场电影，年龄在 30 岁以下且每月看 3～5 场电影，年龄在 30 岁以下且每月看 6 场或以上的电影。这些联合概率标注在图 5-8 的右侧。例如，随机抽取的成年人年龄小于 30 岁且每月看电影次数为 0 的联合概率是：

$$P(B_1 \cap A_1) = P(B_1)P(A_1|B_1) = \frac{100}{500} \times \frac{15}{100} = 0.03$$

树状图总结了表 5-10 中列联表的所有概率。例如，条件概率显示，60 岁及以上的人中每月看电影不低于 6 场的比例最高，为 17%。30～60 岁群体每月不看电影的比例最高，为 22%。根据联合概率可知，样本中 20% 的成年人每月看 1 或 2 场电影且年龄在 30～60 岁之间。根据树状图中的信息，我们可以了解到很多内容。

自测 5-8

对消费者进行了调查，调查内容包括去西尔斯商店的相对次数（经常、偶尔和从不）以及该商店是否处于封闭场所内（是和否）。当变量名义上可测时，用调查数据可以构建列联表（见表 5-11）。

随机选取一名消费者，求以下情况的概率或解答问题：

（1）经常来西尔斯商店。
（2）去过位于封闭场所的西尔斯商店。
（3）去过位于封闭场所的西尔斯商店或经常去西尔斯商店。
（4）在西尔斯商店位于封闭场所的条件下经常去西尔斯商店。
（5）去商店的频率和商店是否位于封闭场所是相互独立的吗？
（6）消费者经常去西尔斯商店且西尔斯商店位于封闭场所。
（7）画出树状图并计算联合概率。

表 5-11 去商店次数及商店是否位于封闭场所列联表

去商店次数	是否位于封闭场所		合计
	是	否	
经常	60	20	80
偶尔	25	35	60
从不	5	50	55
总计	90	105	195

5.6 贝叶斯定理

18 世纪，英国长老会牧师托马斯·贝叶斯（Thomas Bayes）思考了这样一个问题：上帝真的存在吗？由于对数学感兴趣，他试图根据地球上现有的证据，构建一个公式来计算上帝存在的概率。后来皮埃尔·西蒙·拉普拉斯对贝叶斯的工作进行了改进，并将其命名为**贝叶斯定理**（Bayes' theorem）。贝叶斯定理的公式是：

贝叶斯定理　　$P(A_i|B) = \dfrac{P(A_i)P(B|A_i)}{P(A_1)P(B|A_1) + P(A_2)P(B|A_2)}$　　（5-7）

式（5-7）中，假设事件 A_1 和事件 A_2 为互斥事件且构成完备事件组，而 A_i 指的是事件 A_1 或 A_2。因此，在这种情况下，事件 A_1 和事件 A_2 满足对立法则。式中符号的含义用下面的例子来说明。

假设乌门（一个虚构的第三世界国家）有 5% 的人口患有该国特有的疾病。事件 A_1 表示"得了这种病"，事件 A_2 表示"没有患病"。由此可知，如果我们随机抽取一个乌门人，被选中的人患病的概率为 0.05，即 $P(A_1)=0.05$，这一概率被称作先验概率。之所以叫先验概率，是因为这

> **先验概率（prior probability）**：事件发生前，根据以往的经验和分析得到的概率。

一概率在获得任何经验数据之前，就已经确定了。

故由 1-0.05 可得，一个人不患这种病的先验概率为 0.95，即 $P(A_1)=0.95$。

有一种诊断技术可以检测出该病，但不是很准确。B 表示"检测结果为患病"这一事件。假设历史证据表明，如果一个人真的患有该病，那么检测结果正确的概率为 0.90。利用本章介绍的条件概率的定义，可以写作：

$$P(B|A_1)=0.90$$

假设一个人明明没有患病，却被诊断出患有该病的概率为

$$P(B|A_2)=0.15$$

从乌门国随机选择一个人进行检测，测试结果为患病。那这个人的确患有该病的概率是多少？这一概率可用符号表示为 $P(A_1|B)$，即 P（检测结果为患病时确实患有该病），$P(A_1|B)$ 被称为后验概率。

> **后验概率（posterior probability）**：事件发生后，判断事情由哪个原因引起的概率。

根据贝叶斯定理，即式（5-7），我们可以确定后验概率。

$$P(A_1|B)=\frac{P(A_1)P(B|A_1)}{P(A_1)P(B|A_1)+P(A_2)P(B|A_2)}=\frac{0.05\times0.90}{0.05\times0.90+0.95\times0.15}=\frac{0.0450}{0.1875}=0.24$$

所以，一个被诊断为患病的人确实患病的概率为 0.24。如何解释这个结果呢？随机选择一个人，其患病的概率为 0.05，如果这个人被诊断为患病了，这个人实际患病的概率从 0.05 上升到了 0.24。

在这个问题中，事件 A_1、A_2 是互斥的，且构成完备事件组。如果 n 个事件 A_1, A_2, …, A_n 互斥且构成完备事件组，就可运用根据贝叶斯定理：

$$P(A_i|B)=\frac{P(A_i)P(B|A_i)}{P(A_1)P(B|A_1)+P(A_2)P(B|A_2)+\cdots+P(A_n)P(B|A_n)}$$

延续先前的符号，表 5-12 总结了乌门国的相关问题。

表 5-12 疾病问题贝叶斯定理相关概率

事件 A_i	先验概率 $P(A_i)$	条件概率 $P(B|A_i)$	联合概率 $P(A_i\cap B)$	后验概率 $P(A_i|B)$
患病 A_1	0.05	0.90	0.045 0	0.045 0/0.187 5=0.24
未患病 A_2	0.95	0.15	0.142 5	0.142 5/0.187 5=0.76
			$P(B)=0.1875$	1.00

下面讲解有关贝叶斯定理的第二个例子。

例 5-9 一家手机制造商购买了一种 LS-24 芯片，供货商为霍尔电子公司（Hall Electronics）、舒勒销售公司（Schuller Sales）和克劳福德装配公司（Crawford Components）。有 45% 的 LS-24 芯片购自霍尔电子公司，30% 购自舒勒销售公司，其余 25% 购自克劳福德装配公司。这家手机制造商从以往的经验中了解到，霍尔电子公司提供的 LS-24 芯片有 3% 是损坏的，从舒勒销售公司购买的芯片有 6% 是损坏的，从克劳福德装配公司购买的芯片有 4% 是损坏的。

当芯片从三家供货商那里运来之后，直接放到了箱子里，没有进行检查，也无法识别相应的供货商。一名工作者随机挑选了一个芯片进行安装，却发现是坏的，则这个芯片由舒勒销售公司制造的概率是多少？

解析 首先，总结一下这个问题中已知的信息。

- 有三个相互排斥的事件，即三家供货商：

  A_1：LS-24 芯片由霍尔电子公司生产。

  A_2：LS-24 芯片由舒勒销售公司生产。

  A_3：LS-24 芯片由克劳福德装配公司生产。

- 先验概率有：

  $P(A_1)=0.45$，即 LS-24 芯片由霍尔电子公司生产的概率。

  $P(A_2)=0.30$，即 LS-24 芯片由舒勒销售公司生产的概率。

  $P(A_3)=0.25$，即 LS-24 芯片由克劳福德装配公司生产的概率。

- 其余信息：

  B_1：LS-24 芯片损坏。

  B_2：LS-24 芯片完好。

- 可以得到如下条件概率：

  $P(B_1|A_1)=0.03$，即已知 LS-24 芯片由霍尔电子公司生产的条件下损坏的概率。

  $P(B_1|A_2)=0.06$，即已知 LS-24 芯片由舒勒销售公司生产的条件下损坏的概率。

  $P(B_1|A_3)=0.04$，即已知 LS-24 芯片由克劳福德装配公司生产的条件下损坏的概率。

- 从箱子中随机选择一个芯片。因为无法识别芯片的供货商，我们无法确定损坏的芯片是由哪家供货商生产的。我们想知道损坏的芯片是由舒勒销售公司生产的概率，即 $P(A_2|B_1)$。

通过查看舒勒销售公司的质量记录，可以发现它是三个供应商中最差的。从舒勒销售公司购买了 30% 的产品，但有 6% 的产品是损坏的。现在我们发现了一个损坏的的 LS-24 芯片，我们怀疑修正后的概率要远高于 0.30。但具体高多少呢？贝叶斯定理可以给我们答案。请注意如图 5-9 所示的树状图。

因为事件是相互独立的，所以用第一阶段分支代表的先验概率乘以第二阶段的条件概率就可以得到联合概率，图 5-9 的最右侧汇报了联合概率的情况。为了构建图 5-9 的树状图，我们将从供货商购货视为时间序列来考察芯片损坏与否。

修正图 5-9 需要做什么呢？我们需要做的是逆转时间过程。在图 5-9 中，我们需要从右向左推算，而不是从左向右推。发现一个损坏的芯片，我们想确定它是从舒勒销售公司购买的概率。如何实现呢？我们首先从联合概率得出 10 000 例中的相对频率。例如，霍尔电子公司生产的 LS-24 芯片损坏的概率是 0.013 5。因此，在 10 000 个霍尔电子公司生产的芯片中，预计会发现 135 个损坏的芯片。由此可得，10 000 个芯片中，LS-24 有 415（=135+180+100）个芯片是损坏的。在这 415 个损坏芯片中，有 180 个是舒勒销售公司生产的。因此，从舒勒销售公司购买损坏的 LS-24 芯片的概率为 180/415 = 0.433 7。我们现在确定了 $P(A_2|B_1)=0.06$ 这一修正概率。之前，我们从在舒勒销售公司购买损坏的 LS-24 芯片的概率为 0.30，现在这一概率提升到了 0.433 7。我们用贝叶斯定理实现了什么？一旦我们发现损坏的芯片，它由舒勒销售公司提供的概率变高了，从 0.30 上升到了 0.433 7。

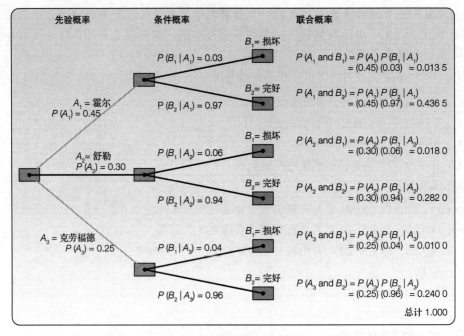

图 5-9 芯片制造问题树状图

这些信息总结在表 5-13 中。

表 5-13 芯片销售问题贝叶斯定理相关概率

事件 A_i	先验概率 $P(A_i)$	条件概率 $P(B_1/A_i)$	联合概率 $P(A_i \cap B_1)$	后验概率 $P(A_i/B_1)$
霍尔电子公司	0.45	0.03	0.013 5	0.013 5/0.041 5=0.323 5
舒勒销售公司	0.30	0.06	0.018 0	0.018 0/0.041 5=0.433 7
克劳福德装配公司	0.25	0.04	0.010 0	0.010 0/0.041 5=0.241 0
			$P(B_1)$=0.041 5	1.000 0

通过贝叶斯定理可以得出损坏的芯片由舒勒销售公司生产的概率,即计算 $P(A_2|B_1)$,A_2 表示芯片由舒勒销售公司生产,B_1 表示随机选取的芯片已损坏。

$$P(A_2|B_1) = \frac{P(A_2)P(B_1|A_2)}{P(A_1)P(B_1|A_1)+P(A_2)P(B_1|A_2)+P(A_3)P(B_1|A_3)}$$

$$= \frac{0.30 \times 0.06}{0.45 \times 0.03 + 0.30 \times 0.06 + 0.25 \times 0.04} = \frac{0.018\ 0}{0.041 5} = 0.433\ 7$$

这一结果与图 5-9 和表 5-13 一致。

自测 5-9

根据前面的例子回答以下问题:

(1) 已知芯片完好的情况下,用公式表示这一芯片是由克劳福德装配公司生产的概率。
(2) 用贝叶斯定理计算出(1)的结果。

实践中的统计学

美国国家大学体育协会(NCAA)最近的一项研究报告称,15 万名打篮球的高中高年级男生中，有 64 人会进入职业球队，即高中高年级学生进入职业球队的概率为 1/2 344。这份调查还指出：

1. 高中高年级时打篮球的男生在大学继续打的概率为 1/40。

2. 高中高年级时打篮球的男生在大学高年级仍打篮球的概率约为 3/60。

3. 如果你在大学高年级时打球，进入职业球队的概率约为 1/37.5。

5.7 计数原理

如果随机试验的结果数量较小，则确定结果的数量相对容易。掷骰子有 6 种结果，分别是"1 点""2 点""3 点""4 点""5 点""6 点"。

如果随机试验的结果数量过多，例如抛掷 10 次硬币的随机试验，去计算所有可能的结果是很乏味的。可以全部是正面、1 次正面和 9 次反面、2 次正面和 8 次反面等。为了便于计算，我们介绍了三个公式：乘法原理（不要与本章前面描述的乘法法则混淆）、排列数公式和组合数公式。

5.7.1 乘法原理

首先介绍乘法原理的含义。

乘法原理（multiplication formula）：如果做一件事的方法有 n 种，做另一件事的方法有 m 种，那么做这两件事的方法共有 $m \times n$ 种。

这一公式可以表示为

$$\text{乘法原理} \quad \text{组合数量} = m \times n \qquad (5\text{-}8)$$

可以拓展到多个事件，如三个事件分别对应的方法数量为 m、n、q：

$$\text{组合数量} = m \times n \times q$$

例 5-10 某汽车经销商想做广告，内容为花 29 999 美元就可以买一辆敞篷车、一辆双门轿车或一辆四门轿车，每种车型都可以选择钢丝轮罩或实心轮罩。根据车型和轮罩的类型，经销商可以提供多少种不同的车？

解析 当然，经销商可以通过数数确定车的种类数 6。

我们可以使用乘法原理作为检验（m 是车型数量，n 是轮罩类型数），使用式（5-8）：
车的总类型数 $= m \times n = 3 \times 2 = 6$

在本例中，要数清所有可能的车型和轮罩组合并不困难。然而，如果经销商决定提供 8 种车型和 6 种轮罩类型，要计算所有可能的组合就太乏味了。使用乘法原理，可以轻而易举地计算结果：$m \times n = 8 \times 6 = 48$，即有 48 种可能的组合。

注意，在前面的乘法原理应用中，你需要在两个或两个以上的分组中进行选择。例如，汽车经销商提供了可选择的车型以及轮罩。一个房屋建筑商提供给你四种不同的房屋外观风格和三种室内地板，乘法原理可用于计算有多少种不同的组合，这里为 12 种。

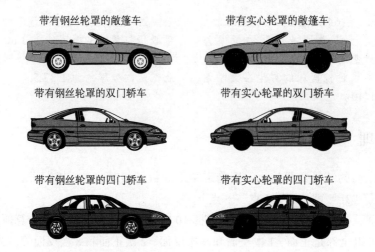

自测5-10

1. 有线电视的妇女购物频道为女性顾客提供毛衣和裤子。毛衣和裤子有不同的颜色。如果毛衣有5种颜色，裤子有4种颜色，那么可以宣称多少套不同的搭配？
2. 先锋公司生产3种型号的WiFi网络收音机、2种MP3扩展坞、4套不同的扬声器和3种CD转盘交换器。4种组件一起出售时，就构成了一套"系统"。该公司可以提供多少种不同的系统？

5.7.2 排列数公式

乘法原理用以确定两组或两组以上事件的组合数量。与此相反，当只有一组事件时，我们用**排列数公式**（permutation formula）来求可能的排列数。这类问题的例子有：

- 三个电子元件：晶体管、LED和合成器被组装成高清电视的插件。这些部件可以按任何顺序组装。这三个电子元件有多少种不同的组装方式？
- 机器操作员在启动机器前必须做四次安全检查。若检查的顺序不重要，操作者有多少种不同的检查方式？

> **排列（permutation）**：从一组n个可能的对象中选出的r个对象的所有排列方式。

第一个例子的一种顺序可以是：先晶体管，再LED，最后是合成器，这种组合方式称为排列。

将abc和bac看作不同的排列。计算不同排列总数的公式如下：

$$\text{排列数公式} \quad A_n^r = \frac{n!}{(n-r)!} \quad (5-9)$$

式中　n——对象总数；

r——从n中选择的对象的数量。

在解决上述两个问题之前，首先要明确排列和组合（稍后讨论）中所使用的$n!$（n的阶乘）这一符号的含义。$n!=n\times(n-1)\times(n-2)\times(n-3)\times\cdots\times1$，如5的阶乘表示成：$5!=5\times4\times3\times2\times1=120$。

许多计算机有一个名为"$x!$"的按钮，可以执行阶乘计算，这将会节省很多时间。

当分子和分母中都出现相同的数字时，也可以不用阶乘符号，如下所示：

$$\frac{6!3!}{4!} = \frac{6 \times 5 \times \cancel{4} \times \cancel{3} \times \cancel{2} \times \cancel{1} \times (3 \times 2 \times 1)}{\cancel{4} \times \cancel{3} \times \cancel{2} \times \cancel{1}} = 180$$

根据定义，零的阶乘写作0!，其值为1，即0!=1。

例5-11 三个零件可以按任意次序组装，有多少种不同的组装方式？

解析 有三个零件需要组装，所以$n=3$。因为三个零件需要共同组成一个插件，所以$r=3$，运用式（5-9）可得：

$$A_n^r = \frac{n!}{(n-r)!} = \frac{3!}{(3-3)!} = \frac{3!}{0!} = \frac{3!}{1} = 6$$

我们可以运用乘法原理来核查排列数。我们需要确定要填多少个"空格"以及填入每个"空格"的概率。在涉及三个零件的问题中，三个零件在插件中占有三个位置。第一个位置可以选三个零件中的一个，第二个位置有两个零件可以选（一个已被选择），第三个位置只有一种可能，具体如下：

$$3 \times 2 \times 1 = 6$$

即三个零件共有6种排列方式，例如A、B、C可以被排列为：

ABC、BAC、CAB、ACB、BCA、CBA

在前面的例子中，我们选择了所有的对象，即$n=r$。在更多的情况下，只从n个可能的对象中选择几个对象，我们在下面的案例中详细阐述这种情况。

例5-12 一家广告公司正在制作1个1分钟的视频广告。在制作过程中，共制作了8段不同的视频。为了将时间限制在1分钟内，他们只能选择8段中的3段。广告需要的3个视频片段，可以有多少种不同的排列方式？

解析 广告共有三个片段，第一个片段可以选择8段视频中的一个，第二个片段就只能选择7段视频中的一个，第三个片段只能选择6段视频中的一个，即

$$8 \times 7 \times 6 = 336$$

因此，共有336种不同的排列方式。这一结果也可由式（5-9）求得。有8段视频可以选择，即$n=8$，选择3段，即$r=3$，可得

$$A_n^r = \frac{n!}{(n-r)!} = \frac{8!}{(8-3)!} = \frac{8!}{5!} = \frac{8 \times 7 \times 6 \times \cancel{5!}}{\cancel{5!}} = 336$$

5.7.3 组合数公式

如果所选对象的次序并不重要，所选的对象被称为一种组合。从逻辑上讲，组合的数量总是小于排列的数量。从n个对象中选择r个对象的组合数的公式是：

组合数公式 $$C_n^r = \frac{n!}{r!(n-r)!} \qquad (5-10)$$

例如，如果要选择约翰、杰克和汤姆三位高管组成谈判合并事项的委员会，那么这三者

只有一种可能的组合。选择约翰、杰克和汤姆组成的委员会与选择杰克、约翰和汤姆所组成的委员会是一样的。使用组合公式：

$$C_n^r = \frac{n!}{r!(n-r)!} = \frac{3\times 2\times 1}{3\times 2\times 1\times 1} = 1$$

例 5-13 某电影院每天晚上都会安排 3 名员工组成小组值班，总共有 7 名员工可以在晚上工作，可以安排多少个不同的小组值班？

解析 根据式（5-10）可得，共有 35 种组合方式：

$$C_n^r = \frac{n!}{r!(n-r)!} = \frac{7!}{3!\times(7-3)!} = \frac{7!}{3!\times 4!} = 35$$

每次从 7 名员工中选择 3 人，可以组成 35 个不同的小组。

当排列或组合的数量很大时，计算会很烦琐。计算机软件和计算器都有计算排列数和组合数的功能。图 5-10 显示了用 Excel 计算广告公司从 8 个片段中选择 3 个片段的排列结果，总共有 336 个排列方式。

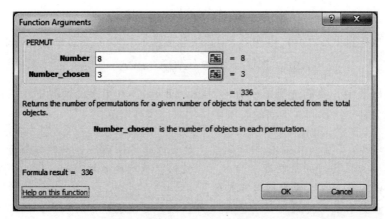

图 5-10 用 Excel 计算排列数

图 5-11 显示了电影院从 7 名可以值夜班的员工中选择 3 名员工组成一个小组，可以组成的小组数量。

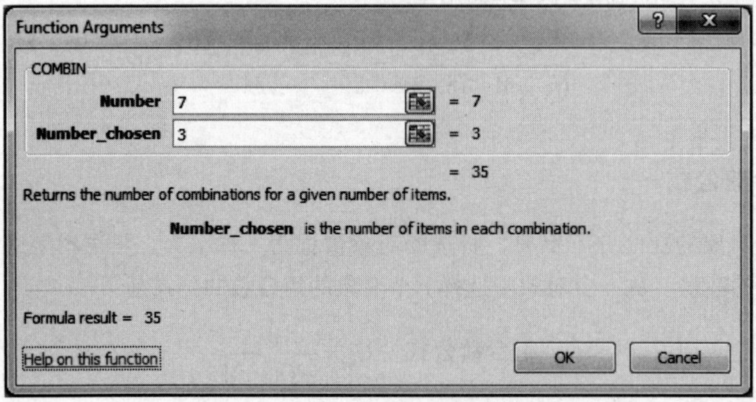

图 5-11 用 Excel 计算组合数

自测 5-11

1. 一个音乐家想写一首基于 5 个和弦的乐谱，5 个和弦为：降 B、C、D、E、G。但是，在每次只能连续使用 5 个和弦中的 3 个，如 C、降 B 和 E。且不允许重复使用，如不能出现降 B、降 B 和 E。
   （1）从 5 个和弦中选 3 个，共有多少种排列方式。
   （2）使用式（5-9）计算有多少种排列方式。
2. 从 0～9 这 10 个数字中选择 4 个数组成一个代码组，以识别一件衣服。例如，代码 1083 表示一件中码的蓝色衬衫，代码 2031 表示一条 18 号的裤子。数字不允许重复，例如，2256、2562 或 5559 都是错误代码。请计算可以设计多少个不同的代码组？
3. 在前面涉及电影院的例子中，从 7 名员工中选取 3 名员工，可以组成 35 个不同的小组。
   （1）用式（5-10）表明这个结果是正确的。
   （2）剧院经理计划周末由 5 名员工组成的小组值班，以满足较多人群的需求。从 7 名员工中选择 5 名员工，可以组成多少个不同的小组？
4. 在一个彩票游戏中，从编号为 1 到 50 的滚珠中随机选出三个号码。
   （1）有多少种可能的排列组合？
   （2）有多少种可能的组合？

章节摘要

1. 概率是一个介于 0 和 1 之间的（包括 0，1）衡量事件发生的可能性的数。
   （1）随机试验是指导致事件中出现一种且仅有一种可能结果的过程。
   （2）结果指随机试验的特定结果。
   （3）事件是指随机试验的一种或多种结果的集合。
2. 概率有三种定义。
   （1）古典概率的定义：随机试验中的 n 种结果中，发生的可能性都是一样的。
   （2）经验概率的定义：事件发生的概率等于类似事件在过去发生的次数的比例。
   （3）主观概率的定义：某一事件发生的概率由个人根据所掌握的任何信息进行估计。
3. 两个事件互斥是指一个事件发生的同时另一个事件不可能发生。
4. 事件相互独立是指一个事件的发生不会对另一个事件造成任何影响。
5. 概率的加法法则用以计算两个或两个以上事件发生的概率。
   （1）特殊的加法法则用以计算互斥事件的概率。

$$P(A \cup B) = P(A) + P(B) \qquad (5\text{-}2)$$

   （2）对立法则可以通过从 1 中减去事件 A 不发生的概率来计算事件 A 发生的概率。

$$P(A) = 1 - P(\bar{A}) \qquad (5\text{-}3)$$

   （3）一般的加法法则用以计算非互斥事件的概率。

$$P(A \cup B) = P(A) + P(B) - P(A \cap B) \qquad (5\text{-}4)$$

6. 概率的乘法法则用以计算两个或两个以上事件同时发生的概率。
   （1）特殊的乘法法则用来计算相互独立的事件同时发生的概率。

$$P(A \cap B) = P(A)P(B) \qquad (5\text{-}5)$$

（2）一般的乘法法则用来计算不相互独立的事件同时发生的概率。

$$P(A\cap B) = P(A)P(B|A) \tag{5-6}$$

（3）联合概率是指两个或两个以上事件同时发生的概率。

（4）贝叶斯定理适用于互斥的完备事件组，用以计算后验概率。

$$P(A_1|B) = \frac{P(A_1)P(B|A_1)}{P(A_1)P(B|A_1)+P(A_2)P(B|A_2)} \tag{5-7}$$

7. 有三个公式有利于计算随机试验结果的数量。

（1）乘法原理：完成一件事的第一个步骤有 m 种方法，第二步有 n 种方法，则完成这件事总共有 $m \times n$ 种方法。

$$组合数量 = m \times n \tag{5-8}$$

（2）排列数公式：计算从 n 个对象中选择 r 个对象按次序排列所能形成的排列数量。

$$A_n^r = \frac{n!}{(n-r)!} \tag{5-9}$$

（3）组合数公式：计算从 n 个对象中选择 r 个对象所能形成的组合的数量。

$$C_n^r = \frac{n!}{r!(n-r)!} \tag{5-10}$$

关键词

符合	含义
$P(A)$	事件 A 发生的概率
$P(\bar{A})$	事件 A 不发生的概率
$P(A \cap B)$	事件 A、事件 B 同时发生的概率
$P(A \cup B)$	事件 A 发生或事件 B 发生的概率
$P(A|B)$	事件 B 发生的条件下事件 A 发生的概率
A_n^r	从 n 个对象中选择 r 个对象按次序排列所能形成的排列数量
C_n^r	计算从 n 个对象中选择 r 个对象所能形成的组合的数量

章节练习

1. 有些人同意削减税收促进消费，有些人则反对。选出两个人，记录他们的意见。假设没有人犹豫不决，请列出所有可能的结果。
2. 表5-14显示了华尔街商学院34名学生专业的调查结果。从这34名学生中随机选择一名学生。

    表5-14 分专业学生人数表

专业	人数
会计学	10
金融	5
经济学	3
管理学	6
市场营销学	10

    （1）这名学生是管理学专业学生的概率是多少？
    （2）你估计概率所采用的方法是什么？
3. 指出下列例子所采用的估计概率的方法是古典概率方法、经验概率方法还是主观概率方法。

    （1）一名棒球选手每100次击球中，击中球的次数为30次，则他下一次击球击中的概率为0.3。

    （2）某校成立了一个由7人组成的学生委员会来研究环境问题。随机选择这7人中的任何一个作为发言人的概率是多少？

（3）你购买了一张加拿大乐途（Lotto）彩票，彩票共售出超过 500 万张，则你赢得 100 万美元大奖的概率是多少？

（4）北加利福尼亚州在未来 10 年间发生超过 5 级地震的概率为 0.8。

4. 选取 40 位石油行业的高管进行问卷测试。有一个关于环境问题要求只能用"是"或"否"回答。
   （1）随机试验的内容是什么？
   （2）列出一个可能的事件。
   （3）若 40 位高管中，有 10 位回答"是"。根据样本结果，预测石油行业高管回答"是"的概率是多少？
   （4）这个例子采用的估计概率的方法是什么？
   （5）每一种可能的结果都是等可能且相互排斥的吗？

5. 美国银行客户自行设置三位数的个人识别码（PIN）以使用自动取款机。
   （1）将此视为随机试验并列出 4 个可能的结果。
   （2）客户选择 259 作为其 PIN 的概率是多少？
   （3）你使用哪种确定概率的方式来回答第（2）问？

6. 事件 A 和事件 B 是互斥事件，若 $P(A)=0.30$，$P(B)=0.20$，求事件 A 或者事件 B 发生的概率是多少？事件 A 和事件 B 都不发生的概率是多少？

7. 调查显示，200 家广告公司的税后收入如表 5-15 所示。
   （1）随机抽取一家广告公司，其税后收入低于 100 万美元的概率是多少？
   （2）随机抽取一家广告公司，其税后收入高于 100 万美元且低于 2 000 万美元或高于 2 000 万美元的概率是多少？

表 5-15 公司税后收入情况表

税后收入	公司数目
低于 100 万美元	102
高于 100 万美元且低于 2 000 万美元	61
高于 2 000 万美元	37

8. 假设你在本次测验中获得 A 的概率是 0.25，获得 B 的概率是 0.50，则你的成绩高于 C 的概率是多少？

9. 事件 A 和事件 B 发生的概率分别为 0.20 和 0.30，事件 A 和事件 B 同时发生的概率为 0.15，则事件 A 或事件 B 发生的概率是多少？

10. 若事件 A 和事件 B 是互斥事件，则事件 A、事件 B 的联合概率是多少？

11. 海洋生物水族馆中有 140 条鱼，这些鱼中有 80 条绿色的剑尾鱼（雌鱼 44 条、雄鱼 36 条）、60 条橙色的剑尾鱼（雌鱼 36 条、雄鱼 24 条）。从水族馆中随机捕获一条鱼，则：
    （1）所捕获的鱼是绿色剑尾鱼的概率是多少？
    （2）所捕获的鱼是雄性的概率是多少？
    （3）所捕获的鱼是雄性绿色剑尾鱼的概率是多少？
    （4）所捕获的鱼是雄性或绿色剑尾鱼的概率是多少？

12. 假设 $P(A)=0.40$，$P(B|A)=0.30$，求 A、B 的联合概率。

13. 一家地方银行报告称，客户中有 80% 的开有支票账户，60% 的开有储蓄账户，50% 的客户两者都有。如果随机选择一个客户，那么该客户开有支票账户或储蓄账户的概率是多少？客户既没有开支票账户也没有开储蓄账户的概率是多少？

14. 根据表 5-16 回答问题：
    （1）求 $P(A_1)$。
    （2）求 $P(B_1 | A_2)$。
    （3）求 $P(B_2 \cap A_3)$。

表 5-16 事件 1 及事件 2 列联表

事件 2	事件 1			总计
	A_1	A_2	A_3	
B_1	2	1	3	6
B_2	1	2	1	4
总计	3	3	4	10

15. 将普契特、希茨和霍根三家保险公司销售人员的销售能力评估为低于平均水平、平均水平或高于平均水平。每个销售人员的晋升潜力也被评为一般、良好或优秀。将 500 名销售人员的这些特质交叉归类到表 5-17 中。

（1）这个表的类型是什么？

（2）随机选取一名销售人员，其销售能力高于平均且晋升潜力为优秀的概率是多少？

（3）用树状图表示包括条件概率和联合概率的所有概率。

表 5-17

销售能力	晋升潜力		
	一般	良好	优秀
低于平均	16	12	22
平均	45	60	45
高于平均	93	72	135

16. 访问了 545 名大学生最喜欢的冬季运动，以及他们所在大学的类型，结果如表 5-18 所示。

使用样本中这 545 名大学生的信息，随机选取一名学生，求：

（1）所选择的学生最喜欢的运动是滑雪的概率是多少？

（2）所选择的学生就读于专科院校的概率是多少？

（3）如果已知这个学生本科在读，这个学生最喜欢滑冰的概率是多少？

（4）如果已知这个学生最喜欢单板滑雪，这个学生就读于专科院校的概率是多少？

（5）如果已知这个学生研究生在读，这个学生最喜欢滑雪或滑冰的概率是多少？

表 5-18 大学生最喜欢的冬季运动及大学类型列联表

大学类型	最喜欢的冬季运动			总计
	单板滑雪	滑雪	滑冰	
专科	68	41	46	155
本科	84	56	70	210
研究生	59	74	47	180
总计	211	171	163	545

17. 已知 $P(A_1)=0.60$，$P(A_2)=0.40$，$P(B_1|A_1)=0.05$，$P(B_1|A_2)=0.10$，使用贝叶斯定理求 $P(A_1|B_1)$。

18. 一支球队有 70% 的比赛在晚上进行，30% 在白天进行。球队晚上打球时赢的概率为 50%，白天打球时赢的概率为 90%。根据今天的报纸，昨天这支球队赢了。那么这场比赛在晚上进行的概率是多少？

19. 一家百货公司的信用部门报告说，他们的销售额中有 30% 是用现金支付的，30% 用信用卡支付，40% 用借记卡支付。超过 50 美元的商品中，有 20% 用现金支付，90% 用信用卡支付，60% 用借记卡支付。蒂娜·史蒂文斯女士刚刚购买了一件新衣服，花费了 120 美元。她用现金支付的概率是多少？

20. 计算下列式子：

（1）$\dfrac{40!}{35!}$

（2）A_7^4

（3）C_5^2

21. 一位记者随机从 10 个可供采访的人中选出 4 个进行采访，可以采访多少个不同的 4 人小组？

22. 一家快递公司的路线必须包括 5 座城市，如果城市的次序不重要，那么可以有多少条不同的路线？

23. 一家餐厅在每周日晚 6 点推出特价套餐。每位顾客可以选择一个开胃菜（4 个选项）、一个主菜（8 个选项）和一个甜点（3 个选项），那么共有多少种不同的套餐可供选择？

24. 百事公司市场部计划就一款新品饮料对青少年进行一项调查。询问他们这款新品饮料与他们最喜欢的饮品相比如何。

（1）这个过程中的随机试验是什么？

（2）指出这个过程中一个可能的事件。

25. 癌症的所有病因和治疗方法在 2020 年前就已经全部被发现的概率是 0.20。这一陈述中的概率有怎样的含义？

26. 赢得"三冠王"全部三项赛事的胜利，被认为是传统赛马比赛的最大壮举。汤姆在赢得肯塔基州大赛马比赛后，又以 2∶1 的赔率成为赢得普利克内斯大奖赛的热门。

（1）如果他有 2∶1 的比率赢得贝尔蒙锦标赛，则他赢得"三冠王"的概率是多少？

（2）他赢得普利克内斯大奖赛的概率要达到多少，才能让他最终赢得"三冠王"的概率为 0.5？

27. 一家交通灯制造商经测试发现，有 95% 的新开发的信号灯系统都能正常运行至少 3 年。
  （1）如果一个城市购买了 4 个这样的系统，那么这 4 个系统都能正常运行至少 3 年的概率是多少？
  （2）可以运用概率计算的哪种法则？
  （3）用 4 个字母代表这 4 个系统，请用式子表示如何得出第（1）问的答案。
28. 在一家企业的管培生项目中，有 80% 的学员是女性，20% 的学员是男性。女性中有 90% 上过大学，男性中有 78% 上过大学。
  （1）随机抽取一名管培生，所选中的人是没有上过大学的女性的概率是多少？
  （2）性别和是否上过大学是独立的吗？为什么？
  （3）绘制一个树状图，表示包括条件概率、联合概率在内的所有概率。
  （4）联合概率的总和是 1.00 吗？为什么？
29. 一家企业有 100 名员工，其中 57 名员工为小时工，40 名为主管，2 名为秘书，其余为经理。假设从所有员工中随机选择一名，则：
  （1）所选择的员工是小时工的概率是多少？
  （2）所选择的员工是小时工或主管的概率是多少？
  （3）第（2）问中的事件相互独立吗？
  （4）所选择的员工既不是小时工也不是主管的概率是多少？
30. 四支女子大学篮球队参加了一场篮球赛。在半决赛的两支被看好的球队中，一支有 2 比 1 的概率赢得比赛，另一支球队有 3 比 1 的概率赢得比赛，回答以下问题：
  （1）两支被看好的球队都赢得比赛的概率是多少？
  （2）两支被看好的球队都没有赢得比赛的概率是多少？
  （3）至少有一支被看好的球队赢得比赛的概率是多少？
31. 一家保险公司希望通过互联网向 60 岁的男性提供人寿保险。死亡率表显示，60 岁男子再活一年的概率为 0.98。如果向 5 名 60 岁的男性提供保单，求：
  （1）这 5 名男性都能活过一年的概率是多少？
  （2）至少有一个人死亡的概率是多少？
32. 鹌鹑溪地区总共有 10 户人家，其中 4 户人家安装了安全系统。随机选择 3 户人家，求：
  （1）所选中的 3 户人家都安装了安全系统的概率是多少？
  （2）所选中的 3 户人家都没有安装安全系统的概率是多少？
  （3）所选中的 3 户人家中至少有 1 户安装了安全系统的概率是多少？
  （4）你认为这些事件是独立事件吗？
33. 某公司的董事会由 12 名成员组成，其中有 3 名女性。现需要为公司编写一份新政策和程序手册。从董事会中随机选择 3 名成员组成一个委员会负责编写工作。
  （1）委员会的所有成员都是男性的概率是多少？
  （2）委员会中至少有 1 名女性的概率是多少？
34. 佐治亚州奥古斯塔的一家投资公司在该地区的报纸《奥古斯塔晨报》上做了大量广告。据《奥古斯塔晨报》营销人员估计，该投资公司的潜在客户中有 60% 的人阅读该报。据进一步估计，这些潜在客户中有 85% 的人在阅读《奥古斯塔晨报》后还记得该投资公司的广告。
  （1）该投资公司的潜在客户中，看到并记住了该广告的人占比是多少？
  （2）该投资公司的潜在客户中，看到但不记得该广告的人占比是多少？
35. 一家计算机店购进了 1 000 张 CD-R 光盘，并试图为某一特定应用进行格式化。在这 1 000 张光盘中，有 857 张完好的光盘，有 112 张光盘可以使用但有瑕疵，其余的根本无法使用。
  （1）随机选择一张光盘，非完好的概率是多少？
  （2）如果光盘非完好，那么它完全无法使用的概率是多少？
36. 一家营销研究公司专门为商场中的女装店提供前景评估。这家营销研究公司的总裁报告称，他将前景评估为良好、一般或差三个等级。以往的评估记录显示,有 60% 的店铺被评为良好,30% 的店铺被评为一般,10% 的店铺被评为差。被评为良好等级的店铺中,有 80% 在第 1 年实现了盈利;被评为一般的店铺中,有 60% 在第 1 年盈利;被评为差的店铺中,有 20% 在第 1 年盈利。康妮服饰是这家营销公司的客户之一,康妮服饰去年实现了盈利,求康妮服饰原先被评为差的概率是多少?

37. 凡在托尼的比萨店购买大比萨的顾客,都会获得一张优惠券,可以刮开看是否中奖。抽中一瓶饮料的概率为 0.10,抽中免费吃大比萨的概率是 0.02。你计划明天在托尼的店里吃午饭,求以下事件的概率:
（1）你将赢得一个大比萨或一瓶饮料?
（2）你不会中奖?
（3）你连续 3 次去托尼店都没有中奖?
（4）你连续 3 次去托尼的店,至少赢得一个奖?

38. 几年前,一家汉堡店广告称,店里可以提供 256 种不同的汉堡包。客户可以选择在自己的汉堡包上添加或不要以下材料:芥末酱、番茄酱、洋葱、泡菜、番茄、调味品、蛋黄酱和生菜。这则广告是否正确? 你是如何得出答案的。

39. 一款新开发的口香糖对那些想戒烟的人很有帮助。假定嚼该口香糖的人中有 60% 的人成功戒烟,则 4 名嚼该口香糖的吸烟者中,至少有一人成功戒烟的概率是多少?

40. 一款新的跑车有 15% 的时间刹车有问题,5% 的时间转向有问题。假设这些问题是独立发生的。如果一辆车存在这两个问题中的一个,这辆车就被称为"柠檬"。如果这两个问题都存在,这辆车就是"危险品"。你的教官昨天买了一辆这款车,求:
（1）这辆车可以被叫作"柠檬"的概率。
（2）这辆车是"危险品"的概率。

41. 有 4 人在竞争道尔顿公司的首席执行官一职。有 3 名候选人年龄超过 60 岁。有 2 名候选人是女性,其中 1 名年龄超过 60 岁。
（1）1 名候选人是年龄大于 60 岁的女性的概率是多少?
（2）已知候选人是男性的条件下,该候选人的年龄小于 60 岁的概率是多少?
（3）已知候选人年龄大于 60 岁的条件下,该候选人是女性的概率是多少?

42. 一台计算机的密码由 4 个字符组成。这些字符来自 26 个英文字母,每个字符可以使用多次,总共可以有多少种不同的密码?

43. 报纸上刊登了一个匹配谜题。一个表的第 1 栏列示了 10 位美国总统的名字,副总统的名字随机列示在第 2 栏。这个谜题要求读者将每一位总统和他的副总统进行匹配。如果你随机进行匹配,有多少种匹配方式? 你的 10 个匹配全部正确的概率是多少?

44. 豪威电子公司从 4 家不同的供应商处采购电视显像管。泰森批发提供了 20% 的显像管,富士进口商提供了 30%,柯克帕特里克公司提供了 25%,零件公司提供了 25%。泰森批发提供的产品往往质量较好,到货时一般只有 3% 的显像管有缺陷,富士进口商的显像管中有 4% 有缺陷,柯克帕特里克公司的有 7% 有缺陷,零件公司的有 6.5% 有缺陷。
（1）求有缺陷产品所占百分比。
（2）在最近一批货中发现了一个有缺陷的显像管,它来自泰森批发的概率是多少?

45. 你乘飞机旅行,旅程中要转 3 趟航班,这 3 趟航班不会相互影响。如果每趟航班准时到达的概率均为 80%,那么 3 趟航班都准时到达的概率是多少?

46. 22% 的发光二极管（LED）显示器是由三星制造的。那么在三个独立采购的 LED 显示器中,至少有一个由三星制造的概率是多少?

数据分析

47. 附录 A.2 报告了 2015 赛季美国职业棒球大联盟 30 支球队的信息。根据这一数据设置以下三个变量:

- 根据球队在这个赛季是否获胜将球队分为两组，即创建一个变量来统计赢得 80 场及以上比赛胜利的球队，以及赢得比赛次数少于 80 场的球队。
- 根据球迷数量创建一个新的变量，将球迷数量划分为三类：小于 200 万（数量少）、200 万～ 300 万（数量一般）、300 万或以上（数量多）。
- 创建一个变量，显示在一个使用年限小于 20 年和大于 20 年的体育场比赛的球队。

回答下列问题：

（1）创建一个表格，显示根据球迷数量类别划分的本赛季取得胜利的球队数量和本赛季未取得胜利的球队数量。如果随机选择一支球队，计算以下事件的概率：

1）该球队本赛季取得胜利。

2）该球队本赛季取得胜利，或球迷数量超过 300 万。

3）已知球迷数量超过 300 万的条件下，该球队本赛季取得胜利。

4）该球队本赛季取得胜利且球迷数量小于 200 万。

（2）制作一个表格，显示本赛季获胜的球队数量，以及体育场使用年限小于 20 年和大于 20 年的球队数量。随机选择一支球队，计算以下概率：

1）该球队在一个使用年限大于 20 年的体育场比赛。

2）该球队本赛季获得胜利且在一个使用年限小于 20 年的体育场比赛。

3）该球队本赛季获得胜利或在一个使用年限小于 20 年的体育场比赛。

习题答案

扫码查看章节练习和数据分析答案

扫码查看自测答案

第6章

离散型概率分布

最近的一项统计数据显示,在所有访问网上零售网站的人中,有15%的人最终进行了购买。一位零售商希望证实这一说法。为此,她在网站上选择了一个商品,这个商品被"点击"了16次,实际上产生了4次购买记录。那么刚好发生4次购买的可能性是多少?她应该期望有多少次购买行为?4次或4次以上的"点击"导致购买的可能性有多大?

学完本章后,你将能够:

① 识别概率分布的特征。
② 区分离散型随机变量和连续型随机变量。
③ 计算离散型概率分布的均值、方差和标准差。
④ 阐明二项分布的假设,并将其用于概率计算。
⑤ 阐明超几何分布的假设,并将其用于概率计算。
⑥ 阐明泊松分布的假设,并将其用于概率计算。

引言

第2~4章着重描述的是已经发生的事情,从本章开始,我们研究可能发生的事情。我们将统计学的这方面研究称为统计推断,其目标是根据从总体中选择的一系列观察结果,即样本,对总体做出推断(陈述)。在本章中,我们指出概率是介于0和1之间的值,并且研究概率是如何使用加法法则和乘法法则的。

本章开始研究概率分布。概率分布类似于频率分布,然而它不是用来描述过去的,而是用来估计未来事件的可能性。因为概率分布可以用位置测度和离散测度来描述,所以我们会演示如何计算分布的均值、方差和标准差,并且讨论三种常见的离散型概率分布:二项分布、超几何分布和泊松分布。

6.1 什么是概率分布

概率分布定义或描述了一系列结果发生的可能性。例如,某高尔夫球公司将高尔夫球杆装配为三个部件:杆头、杆身和手柄。根据经验,从亚洲供应商处收到的杆身中有5%有缺陷。作为统计过程控制的一部分,公司会检查每批到货的20根杆身。根据经验,我们知道杆身有缺陷的概率是5%。因此,在20根杆身的样品中,我们预计1根杆身有缺陷,其余19根杆身没有缺陷。通过使用概率分布，我们可以完全描述可能结果的范围。例如，我们会知道20根杆身都没有缺陷的概率，或者样本中有2根、3根、4根有缺陷，甚至最多20根都有缺陷的概率。在给定杆身有缺陷的概率非常小的情况下，概率分布表明，4根及以上的杆身有缺陷的概率非常小。

> **概率分布（probability distribution）**：包含随机试验的所有结果以及每个结果相应的概率的汇总。

> **概率分布的特征：**
> 1. 一个特定结果的概率在0到1之间（包括0和1）。
> 2. 结果是互斥的。
> 3. 所有结果的概率之和为1。

我们如何构建一个概率分布？下面的示例将对此进行解释。

例6-1 假设抛掷一枚硬币三次，我们关注正面朝上的次数。这是一个随机试验，所有可能的结果有0次、1次、2次和3次。那么正面朝上的次数的概率分布是什么？

解析 一共有8种可能出现的结果。第一次抛硬币时可能反面朝上，第二次抛硬币时也有可能反面朝上，第三次抛硬币时还是可能出现反面朝上。或许我们还可能会得到"反面、反面、正面"这样的结果。使用乘法原理，即式（5-8）计算出结果，有8（=2×2×2）种可能的结果。所有可能的结果如表6-1所示。

表6-1 抛掷一枚硬币三次所有可能出现的结果

可能的结果	抛掷硬币			正面朝上次数	可能的结果	抛掷硬币			正面朝上次数
	第一次	第二次	第三次			第一次	第二次	第三次	
1	反	反	反	0	5	正	反	反	1
2	反	反	正	1	6	正	反	正	2
3	反	正	反	1	7	正	正	反	2
4	反	正	正	2	8	正	正	正	3

注意在这些结果里面，"0次正面朝上"只发生了一次，"1次正面朝上"发生了三次，"2次正面朝上"发生了三次，"3次正面朝上"只发生了一次。也就是说，"0次正面朝上"在所有8种结果中出现了一次，因此0次正面朝上的概率是$\frac{1}{8}$，1次正面朝上的概率是$\frac{3}{8}$，依此类推。概率分布如表6-2所示。这些结果总有一个会发生，所有事件概率之和为1。图6-1给出了相同的信息。

参考表6-2中抛硬币的例子。我们把X的概率写成$P(X)$，那么0次正面朝上的概率是$P(0$次正面

表6-2 抛掷一枚硬币三次出现正面朝上次数的概率分布

正面朝上的次数 X	相应结果的概率 $P(X)$
0	$\frac{1}{8}=0.125$
1	$\frac{3}{8}=0.375$
2	$\frac{3}{8}=0.375$
3	$\frac{1}{8}=0.125$
总计	$\frac{8}{8}=1$

朝上$)=0.125$，一次正面朝上的概率是$P(1$次正面朝上$)=0.375$，等等。这些互斥事件的概率之和为1。从表6-2也可以看出 $0.125+0.375+0.375+0.125=1$。

自测 6-1

抛掷一枚骰子，所有可能出现的点数是一个点、两个点、三个点、四个点、五个点和六个点。
（1）写出可能出现的点数的概率分布。
（2）用图形描述概率分布。
（3）所有可能出现点数的概率之和是多少？

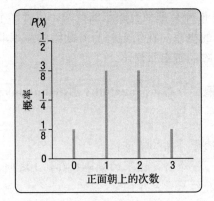

图 6-1 抛掷三次硬币得到正面朝上的次数和相应概率的图形表示

6.2 随机变量

在具有偶然性的实验中，一些变量的结果是随机发生的，这些变量通常被称为随机变量。有些实验的结果是用定量变量（如美元、体重或儿童的数量）来衡量的，而其他实验结果则是用定性变量（如肤色或宗教偏好）来衡量的。接下来几个例子将进一步说明随机变量。

- 周一日班缺勤的员工人数，可能是0、1、2或3，缺勤的数字是随机变量。
- 佛罗里达州杰克逊维尔市50名水管工的时薪是随机变量。
- 某公司一小时内生产的缺陷灯泡数量是随机变量。
- 圣詹姆斯高中校园女子篮球队成员所在的年级是随机变量，注意，它是一个定性变量。
- 2016年纽约市马拉松参赛人数是随机变量。
- 某个月，得克萨斯州布拉佐利亚县每天因酒后驾车而被起诉的司机人数是随机变量。

随机变量的定义如下：

随机变量（random variable）：试验结果中测量或观察到的变量。变量可以有不同的值。

在第5章中，我们定义了随机试验、结果和事件。思考我们刚才描述的那个关于抛掷一枚硬币三次的试验，在这个试验中，随机变量就是在三次抛掷中出现正面朝上的次数。这个试验有8种可能的结果，如图6-2所示。

所以，一个可能的结果是每次抛掷都会出现反面朝上：反反反。这个结果描述了三次抛掷中正面朝上出现0次的事件。另一种可能结果是第一次正面朝上而接下来两次反面朝上：正反反。如果我们想确定在三次抛掷中恰好出现了一次正面朝上的事件，我们必须考虑这三种可能性结果："反反正""反正反""正反反"。这三个结果正好描述了在三次抛掷中正面朝上只出现了一次的事件。

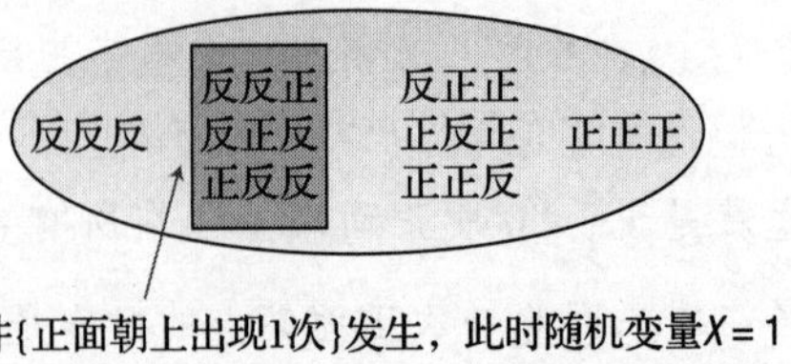

事件{正面朝上出现1次}发生，此时随机变量 $X = 1$

图 6-2 抛掷一枚硬币三次所有可能出现的结果

在这个试验中，随机变量是三次抛掷中出现正面朝上的次数，可以有四个不同的取值，0、1、2或3。试验的结果是未知的，但是我们可以利用概率计算出，抛掷一枚硬币三次，正面朝上出现1次的可能性是3/8或0.375。在这个例子中，随机变量取每个值的概率都可以被计算出来，由此便可创建随机变量的概率分布。

随机变量有两种类型：离散型或连续型。

6.2.1 离散型随机变量

一个离散型随机变量只能描述一定数量的分散的值。例如，卡罗来纳州银行统计一组客户的信用卡数量。数据总结如表 6-3 所示。

在这个频率表格里面，信用卡的数量是离散型随机变量。

> **离散型随机变量（discrete random variable）**：一种只能取某些明确分离的值的随机变量。

在某些情况下，离散型随机变量的取值可以为小数或分数。作为一个离散型随机变量，这些值必须是分离的。例如，一家百货公司提供折扣分别为 10%、15% 和 25% 的优惠券。我们可以计算顾客使用 10% 的优惠券与使用 15% 或 25% 的优惠券的概率。

表 6-3　卡罗来纳州银行统计一组客户的信用卡数量的相对频率表

持有信用卡数量	相应结果的概率
0	0.03
1	0.10
2	0.18
3	0.21
≥4	0.48
总计	1.00

6.2.2 连续型随机变量

一个**连续型随机变量**（continuous random variable）可以描述为在一定范围内的无穷多个值。它是在一个连续的定序或定比尺度上测量的。例如：

- 亚特兰大和洛杉矶之间的商业航班的飞行时间为 4.67 小时、5.13 小时，等等。这里随机变量是以小时为单位的时间，它是在连续的时间尺度上进行度量的。
- 明尼苏达州的明尼阿波利斯市每年的降雪量。这里随机变量为雪的总量，是用连续的尺度进行测量的。

与离散型随机变量一样，连续型随机变量的可能性可以用概率分布来概括。例如，对于亚特兰大和洛杉矶之间的飞行时间的概率分布，我们可以说飞行时间小于 4.5 小时的概率为 0.9，这也意味着飞行时间超过 4.5 小时的概率为 0.10。关于明尼阿波利斯降雪量的概率，我们可以说年降雪量超过 48 英寸的概率是 0.25，这也意味着年降雪量少于 48 英寸的概率为 0.75。请注意，这些示例引用的都是连续的取值范围。

6.3 离散型概率分布的均值、方差和标准差

在第 3 章中，我们讨论了频率分布的位置测度和离散测度。均值反映了数据的中心位置，而方差描述了数据的分散程度。类似地，概率分布也可由其均值和方差来概述。我们用小写希腊字母 μ 表示概率分布的均值，用小写希腊字母 σ 来表示标准差。

6.3.1 均值

均值是用来表示概率分布中心位置的一个典型值，它也是随机变量的长期平均值。概率分布的均值也被称为其期望值，它是一个加权平均值，其中随机变量的可能值按其发生相应

的相应概率进行加权。

离散型概率分布的均值由以下公式计算得出：

$$\text{概率分布的均值} \quad \mu = \Sigma[XP(X)] \quad (6\text{-}1)$$

其中 $P(X)$ 是某个特定值 X 的概率，换句话说，将每个 X 值乘以其发生的概率，然后将这些乘积相加。

6.3.2 方差和标准差

均值是一个用以描述离散型概率分布的典型值。然而，它不能描述分布中的分散（变化）程度。方差可以用于描述分布的分散（变化）程度。概率分布的方差的公式为

$$\text{概率分布的方差} \quad \sigma^2 = \Sigma[(X - \mu)^2 P(X)] \quad (6\text{-}2)$$

计算步骤为：

1. 从随机变量的每个值中减去均值，将差值进行平方。
2. 将差值的平方乘以其对应的概率。
3. 将上述乘积相加从而得到方差。

标准差 σ 通过取 σ^2 的正平方根得到，即 $\sigma = \sqrt{\sigma^2}$

接下来的示例将有助于你理解概率分布中的均值和标准差。

例 6-2 约翰为某汽车公司销售新车。约翰通常在星期六卖出的车最多，现就其在星期六的汽车销量做了一个概率分布，如表 6-4 所示。

（1）这是什么类型的分布？
（2）在这个星期六，约翰预计卖出多少辆车？
（3）这个分布的方差是多少？

解析 （1）这是一个离散型概率分布，其随机变量为"汽车销量"。请注意，约翰只希望销售一定范围内的汽车：他不指望能卖出 5 辆或 50 辆车，此外，他也不能卖出半辆车，他只可能卖 0、1、2、3、4 辆车，而且这些结果是相互排斥的——他不能在同一个周六同时卖出 3 辆和 4 辆车。所有可能结果的概率和为 1。因此，这些情况是符合概率分布的。

表 6-4 约翰就某个星期六预计汽车销量的概率分布

汽车销量，X	概率，$P(X)$
0	0.1
1	0.2
2	0.3
3	0.3
4	0.1
总计	1.0

（2）汽车销量均值的计算方法是通过将售出的汽车数量乘以销售该数量的概率来计算的，然后将乘积相加，使用式（6-1）可以得到：

$$\mu = \Sigma[XP(X)]$$
$$= 0 \times 0.1 + 1 \times 0.2 + 2 \times 0.3 + 3 \times 0.3 + 4 \times 0.1$$
$$= 2.1$$

这些计算可以用表 6-5 概括。

表 6-5 汽车销量的均值计算过程

汽车销量，X	概率，$P(X)$	$XP(X)$
0	0.1	0.0
1	0.2	0.2
2	0.3	0.6
3	0.3	0.9
4	0.1	0.4
总计	1.0	μ=2.1

如何解释均值为 2.1 呢？这个值表明，在大部分的周六，约翰预计平均能卖出 2.1 辆车。当然，他不可能在任何周六卖出 2.1 辆车。然而，从长远

来看，期望值可以用来预测星期六汽车销量的算术平均数。例如，如果约翰一年中有50个星期六是在工作的，那么他仅仅在周六就能预计卖出105（=50×2.1）辆汽车。因此，均值有时被称为期望值。

（3）表6-6说明了使用式（6-2）计算方差的步骤。表中前两列是概率分布，第三列是随机变量的每个可能取值减去均值，第四列是第三列的平方，第五列是第四列乘以对应的概率。将第五列中的值求和，可得到方差。

标准差 σ，就是方差的正平方根。在这个例子中，$\sqrt{\sigma^2} = \sqrt{1.290} = 1.136$。如果销售员丽塔·基尔希在周六也平均卖出2.1辆车，而她的销售的标准差是1.91，我们就会得出结论，基尔希女士在周六的销售情况比约翰更具可变性（因为1.91 > 1.136）。

表 6-6　汽车销量的方差计算过程

汽车销量, X	概率 $P(X)$	$(X-\mu)$	$(X-\mu)^2$	$(X-\mu)^2 P(X)$
0	0.1	0−2.1	4.41	0.441
1	0.2	1−2.1	1.21	0.242
2	0.3	2−2.1	0.01	0.003
3	0.3	3−2.1	0.81	0.243
4	0.1	4−2.1	3.61	0.361
总计				σ^2=1.290

自测 6-2

某快餐店提供三种大小的可乐。小杯的售价是1.99美元，中杯2.49美元，大杯2.89美元。销售的饮料中，30%是小杯的，50%是中杯的，20%是大杯的。将价格作为随机变量，建立其概率分布，并回答以下问题：
（1）这是离散型概率分布吗？说明原因。
（2）计算一杯可乐的平均费用。
（3）一杯可乐的价格的方差是多少？标准差是多少？

6.4　二项式概率分布

二项式概率分布（binomial probability distribution）是一种广泛存在的离散型概率分布，也称二项分布。要用二项分布描述试验结果，有四个要求。

第一个要求是，在特定的试验中只有两种可能结果。例如，在一个测试中，一个判断题要么回答正确，要么回答错误。一个例子是，在度假胜地，客房部主管会对员工的工作进行评估，并将其评定为可接受或不可接受。这两个结果的关键特征是它们必须相互排斥。正如判断题的答案必须是正确的或错误的，但不能同时是正确的和错误的。另一个例子是电话销售的结果。顾客要么购买产品要么不购买产品，但销售不能同时产生两种结果。通常，我们将二项试验的两个可能结果称为"成功"和"失败"。这样的区别并不意味一个结果是好的而另一个是坏的，只说明这是两个相互排斥的结果。

第二个要求是，随机变量定义为成功的次数，并且试验的总次数是已知的、固定的。例如，抛掷硬币五次，观察在五次抛掷中正面朝上出现的次数；随机选择10名员工，统计年龄在50岁以上的人数；随机抽取20盒家乐氏葡萄干麸，统计实际重量超过包装上注明重量的盒数。在每个例子中，我们从固定的试验次数中计算成功的次数。

第三个要求是，我们事先知道成功的概率，并且在每次试验中该概率保持不变。参考如下例子：

- 对于一个包含 10 个判断题的测试，已知测试进行了 10 次，10 次测试中的任何一次猜中正确答案的概率都是 0.5。对于一个包含 20 道选择题的测试，每道题有四个选项，只有一个正确答案，已知有 20 次测试，20 次试验中的任何一次随机猜中正确答案的概率都是 0.25。
- 博恩·阿尔博是一位一级篮球运动员，他的罚球命中率为 70%。如果他在今晚的比赛中有 5 次罚球机会，那么他在这 5 次机会中每一次命中的可能性都是 0.70。
- 在最近的一项民意调查中，18% 的成年人表示他们最喜欢的糖棒是士力架。我们选取了 15 名成年人作为一个样本，调查每个人最爱的糖棒，回答是士力架的可能性为 0.18。

二项分布的最后一个要求是每次试验都独立于其他试验。独立意味着试验没有特定的模式，每一次试验结果并不影响其他试验的结果。给出两个示例：

- 某家庭有两个孩子，都是男孩。第三胎是男孩的概率还是 0.50。也就是说，第三个孩子的性别独立于其他两个孩子的性别。
- 假设在某医院急诊室内的患者中有 20% 没有保险。如果今天下午送来的第 2 个患者没有保险，那么这并不影响第 3 个、第 10 个，以及其他任何患者是否有保险的可能性。

二项试验
1. 一个随机试验的每次试验结果都被分为两个互相排斥的类别——成功或者失败。
2. 随机变量为在固定数量的试验中成功的次数。
3. 在每次试验中，成功的概率都是相同的。
4. 试验是独立的，这意味着一次试验的结果不影响任何其他试验的结果。

6.4.1 如何计算二项分布的概率

为了计算二项分布的概率，我们需要计算：①试验次数；②每次试验成功的概率。例如，如果某园林绿化公司种植 10 棵树，并且已知每颗树存活下来的概率为 0.90，可以计算出恰好有 8 棵树存活下来的概率。在这个例子中，试验的次数是 10，成功的概率是 0.90，成功的次数是 8。实际上，我们可以计算出 10 棵树中存活任何数量的树的二项分布的概率。

二项分布的概率可通过以下公式计算：

$$\text{二项分布的概率} \quad P(X) = C_n^X \pi^X (1-\pi)^{n-X} \quad (6\text{-}3)$$

式中　C——组合；
　　　n——试验的次数；
　　　X——随机变量，该随机变量定义为成功的次数；
　　　π——每次试验成功的概率。

我们使用希腊字母 π 表示二项总体的参数，请不要把它和常数 3.141 6 混淆。

例 6-3　美国航空公司每天有 5 趟航班从匹兹堡飞往位于宾夕法尼亚州布拉德福德的机场。假设任一航班晚点的概率都是 0.20，那么今天所有航班都不晚点的概率是多少？今天恰有 1 趟航班晚点的概率是多少？

解析　可以使用式（6-3）。任意一趟航班晚点的概率为 0.20，所以令 π=0.20。因为有五趟航班，所以 n=5。X 为随机变量，表示成功的次数。在这个例子中，一趟航班晚点即为一次

"成功"。随机变量 X 可以等于五次试验中的 0 趟、1 趟、2 趟、3 趟、4 趟或者 5 趟晚点航班。所有航班都不晚点的概率，即 X=0 的概率为

$$P(0) = C_n^X \pi^X (1-\pi)^{n-X} = C_5^0 (0.20)^0 (1-0.20)^{5-0} = 1 \times 1 \times 0.327\ 7 = 0.327\ 7$$

5 趟航班中恰有 1 趟晚点的概率为 0.409 6，是通过以下计算得到的：

$$P(1) = C_n^X \pi^X (1-\pi)^{n-X} = C_5^1 (0.20)^1 (1-0.20)^{5-1} = 5 \times 0.20 \times 0.409\ 6 = 0.409\ 6$$

当 n=5，π=0.20 时，整个二项分布如图 6-3 所示。我们观察到正好有 3 趟航班晚点的概率是 0.051 2，从图中可以看出，航班晚点的分布是正偏的。

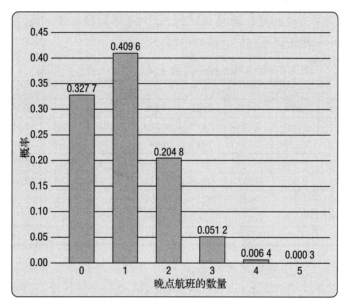

图 6-3 n=5，π=0.20 时的二项分布

二项分布的均值和方差可用以下简便方法计算：

二项分布的均值 $\mu = n\pi$ （6-4）

二项分布的方差 $\sigma^2 = n\pi(1-\pi)$ （6-5）

思考航班晚点的示例，n=5，π=0.20，因此

$$\mu = n\pi = 5 \times 0.20 = 1.0$$
$$\sigma^2 = n\pi(1-\pi) = 5 \times 0.20 \times (1-0.20) = 0.799\ 7$$

均值和方差也可以分别通过式（6-1）和式（6-2）计算，也能得到均值为 1.0、方差为 0.799 7。前面条形图中的概率分布和计算的细节如表 6-7 所示。

表 6-7 航班晚点的均值与方差计算过程

晚点数目，X	概率，P(X)	XP(X)	(X−μ)	(X−μ)²	(X−μ)²P(X)
0	0.327 7	0.000 0	−1	1	0.327 7
1	0.409 6	0.409 6	0	0	0
2	0.204 8	0.409 6	1	1	0.204 8

(续)

晚点数目, X	概率, P(X)	XP(X)	(X−μ)	(X−μ)²	(X−μ)²P(X)
3	0.051 2	0.153 6	2	4	0.204 8
4	0.006 4	0.025 6	3	9	0.057 6
5	0.000 3	0.001 5	4	16	0.004 8
总计		μ=1.000 0			σ²=0.799 7

6.4.2 二项分布表

给定任意 n 和 π，式（6-3）都可用于计算二项分布的概率。然而，对于较大的 n，计算需要更多的时间。为了方便起见，附录 B.1 给出了对于不同的 n 和 π 值，式（6-3）的计算结果。表 6-8 显示了 $n=6$ 和选择不同的 π 值时的部分结果。

表 6-8 $n=6$ 和选择不同的 π 值时的二项分布的概率

X	π										
	0.05	0.10	0.20	0.30	0.40	0.50	0.60	0.70	0.80	0.90	0.95
0	0.735	0.531	0.262	0.118	0.047	0.016	0.004	0.001	0.000	0.000	0.000
1	0.232	0.354	0.393	0.303	0.187	0.094	0.037	0.010	0.002	0.000	0.000
2	0.031	0.098	0.246	0.324	0.311	0.234	0.138	0.060	0.015	0.001	0.000
3	0.002	0.015	0.082	0.185	0.276	0.313	0.276	0.185	0.082	0.015	0.002
4	0.000	0.001	0.015	0.060	0.138	0.234	0.311	0.324	0.246	0.098	0.031
5	0.000	0.000	0.002	0.010	0.037	0.094	0.187	0.303	0.393	0.354	0.232
6	0.000	0.000	0.000	0.001	0.004	0.016	0.147	0.118	0.262	0.531	0.735

例 6-4 已知西南地区的电话掉线率为 5%，在随机选择的 6 通电话中，全部没有掉线的概率为多少？刚好有 1 通、2 通、3 通、4 通、5 通、6 通电话掉线的概率是多少？

解析 该试验满足二项试验的条件：①只有两种可能的结果（电话掉线或不掉线）；②试验次数（6 次）是固定的；③成功的概率（0.05）是常数；④试验是相互独立的。

参阅表 6-8，可以准确地了解到 6 通电话全部没有掉线的概率。从左边往下看到 $X=0$，然后水平移动到 $\pi=0.05$ 的那一列去求概率，是 0.735。表 6-8 中的值四舍五入到小数点后三位。同理，6 通电话中恰好有 1 通电话掉线的概率为 0.232。当 $n=6$，$\pi=0.05$ 时，二项分布如表 6-9 所示：

表 6-9 $n=6$，$\pi=0.05$ 时的二项分布

掉线个数, X	发生概率 P(X)	掉线个数, X	发生概率 P(X)
0	0.735	4	0.000
1	0.232	5	0.000
2	0.031	6	0.000
3	0.002		

显然，在 6 通随机选择的电话中恰有 5 通电话掉线的概率其实是很小的，为 0.000 001 78，可以通过在二项分布的概率公式中代入适当的值得到：

$$P(5) = C_6^5 (0.50)^5 (0.95)^1 = 0.000\,001\,78$$

我们也可以计算得到，6 通电话全部掉线的概率为 0.000 000 016。因此，在 6 次试验中，

5 或 6 次掉线的概率非常小。

我们也可以计算期望和方差：
$$\mu = n\pi = 6 \times 0.05 = 0.30$$
$$\sigma^2 = n\pi(1-\pi) = 6 \times 0.05 \times 0.95 = 0.285$$

自测 6-3

某公司有 95% 的员工的工资是公司通过电子转账直接转到他们的银行账户，这也叫直接存款。假设我们随机抽取 7 位员工。

（1）这种情况是否符合二项分布的假设？
（2）7 位员工都使用直接存款的概率有多大？
（3）使用式（6-3）确定样本中 7 位员工里恰有 4 位使用直接存款的概率。
（4）使用 Excel 验证你对（2）和（3）的答案。

附录 B.1 给出了 n 从 1 到 15，且 π 分别取 0.05，0.10，…，0.90 和 0.95 时的二项分布的概率。在给定 n 和 π 的情况下，Excel 可以生成指定成功次数的概率。图 6-4 显示了 $n=40$ 且 $\pi=0.09$ 时相应成功次数的概率。请注意，成功的最大次数停止在了 15，这是因为次数从 16 上升到 40 时，其概率已非常接近 0。附录 C 中的软件命令对此进行了详细说明。

	A	B
1	Success	Probability
2	0	0.0230
3	1	0.0910
4	2	0.1754
5	3	0.2198
6	4	0.2011
7	5	0.1432
8	6	0.0826
9	7	0.0397
10	8	0.0162
11	9	0.0057
12	10	0.0017
13	11	0.0005
14	12	0.0001
15	13	0.0000
16	14	0.0000
17	15	0.0000

图 6-4　$n=40$ 且 $\pi=0.09$ 时相应成功次数的概率

关于二项分布，还需要注意几个问题。

（1）如果 n 保持不变，但 π 从 0.05 增加到 0.95，那么分布的形状会发生变化。请看表 6-10 和图 6-5。π 为 0.05 时分布是正偏的。当 π 接近 0.05 时，分布变得对称。当 π 越过 0.50 并向 0.95 移动时，概率分布变得负偏。表 6-10 强调了 $n=10$ 且 π 分别取 0.05、0.10、0.20、0.50 和 0.70 时的概率。图 6-5 给出了这些概率分布的图像。

表 6-10　$n=10$ 时不同的 π 值及不同成功次数对应的概率

X	π										
	0.05	0.10	0.20	0.30	0.40	0.50	0.60	0.70	0.80	0.90	0.95
0	0.599	0.349	0.107	0.028	0.006	0.001	0.000	0.000	0.000	0.000	0.000
1	0.315	0.387	0.268	0.121	0.040	0.010	0.002	0.000	0.000	0.000	0.000
2	0.075	0.194	0.302	0.233	0.121	0.044	0.011	0.001	0.000	0.000	0.000
3	0.010	0.057	0.201	0.267	0.215	0.117	0.042	0.009	0.001	0.000	0.000
4	0.001	0.011	0.088	0.200	0.251	0.205	0.111	0.037	0.006	0.000	0.000
5	0.000	0.001	0.026	0.103	0.201	0.246	0.201	0.103	0.026	0.001	0.000
6	0.000	0.000	0.006	0.037	0.111	0.205	0.251	0.200	0.088	0.011	0.001
7	0.000	0.000	0.001	0.009	0.042	0.117	0.215	0.267	0.201	0.057	0.010
8	0.000	0.000	0.000	0.001	0.011	0.044	0.121	0.233	0.302	0.194	0.075
9	0.000	0.000	0.000	0.000	0.002	0.010	0.040	0.121	0.268	0.387	0.315
10	0.000	0.000	0.000	0.000	0.000	0.001	0.006	0.028	0.107	0.349	0.599

（2）如果成功的概率 π 保持不变，但 n 变得越来越大，则二项分布会变得越来越对称。

图 6-6 给出了当 π 取 0.10，n 取 7、12、20、40 时的概率分布情况。

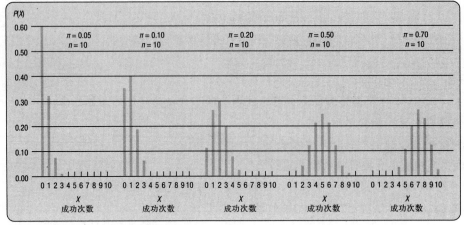

图 6-5 π 取 0.05、0.10、0.20、0.50 和 0.70，且 n 取 10 的二项分布

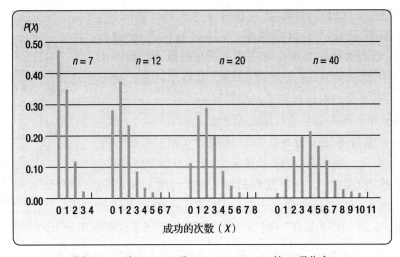

图 6-6 π 取 0.10，n 取 7、12、20、40 的二项分布

6.4.3 累积二项分布

我们可能希望知道在 10 个判断题中猜对 6 个及以上问题的答案的概率，也可能对在前一小时内生产的产品中随机选择 10 个，其中有缺陷的产品不到 2 个的概率感兴趣。在这些情况下，我们需要类似于第 2 章中 "累积分布" 部分中引申出的累积频率分布。下面的示例将对此进行说明。

例 6-5 伊利诺伊州交通部针对汽车的一项研究得出结论，76.2% 的前排座位上的人使用安全带。也就是说，前排的两位乘客都使用了他们的安全带。假设我们决定将这些信息与当前的使用情况进行比较，并选取了 12 辆车作为一个样本。

（1）12 辆车中恰有 7 辆车的前排乘客系安全带的概率为多少？
（2）12 辆车中至少有 7 辆车的前排乘客系安全带的概率为多少？

解析 这种情况满足二项分布要求。

- 在一辆车里，前排乘客要么系了安全带，要么没系，只有两种可能的结果。
- 试验次数是固定的，本例为 12 次，因为随机选择了 12 辆车。
- 每辆车“成功”(乘客系安全带）的概率都是一样的，为 76.2%。
- 试验是独立的。如果在样本中选择的第 4 辆车的所有乘客都系上了安全带，这对第 5 辆或第 10 辆车的结果没有任何影响。

我们使用式（6-3）来找出恰巧有 7 辆抽样车辆的乘客系安全带的可能性。在本例中，n=12，π=0.762。

$$P(X=7)=C_{12}^{7}(0.762)^{7}(1-0.762)^{12-7}=792\times 0.149\,171\times 0.000\,764=0.090\,2$$

因此得出的结论是，12 辆抽样的汽车中，恰好有 7 辆车的前排乘客系上安全带的可能性约为 9%。

使用式（6-3）及第 5 章中特殊的加法法则来计算有 7 辆或 7 辆以上车辆的前排乘客系安全带的概率。因为事件是互斥的，我们可以找到有 7 辆车上的前排乘客系安全带的概率、有 8 辆车上的前排乘客系安全带的概率，依此类推，直到找到有 12 辆车上的前排乘客都系安全带的概率，然后将每一种结果的概率相加。

$$\begin{aligned}P(X\geqslant 7)&=P(X=7)+P(X=8)+P(X=9)+P(X=10)+P(X=11)+P(X=12)\\&=0.090\,2+0.180\,5+0.256\,9+0.246\,7+0.143\,6+0.038\,3\\&=0.956\,2\end{aligned}$$

因此，选择 12 辆车并且其中 7 辆及以上的车中的前排乘客系了安全带的概率是 0.956 2。这些信息如图 6-7 中的 Excel 电子表格所示。由于四舍五入的关系，与软件得出的答案略有不同。该 Excel 中的命令与附录 C 中的软件命令相似。

Cumulative Binomial.xlsx

	A	B	C	D
1	Success	Probability		
2	0	0.000 0		
3	1	0.000 0		
4	2	0.000 0		
5	3	0.000 2		
6	4	0.001 7		
7	5	0.008 8		
8	6	0.032 9		
9	7	0.090 2		
10	8	0.180 5		
11	9	0.256 9		
12	10	0.246 7		
13	11	0.143 6		
14	12	0.038 3		
15		0.956 3		

Sum of Probabilities for 7 or more successes

图 6-7　n=12，π=0.762 时累积二项式概率分布

自测 6-4

最近的一项研究显示，圣迭戈地区 40% 的全职女性也在社区做志愿者。假设我们在圣迭戈地区随机选择八位女性。

（1）n 和 π 值分别为多少？

（2）恰有三名女性在社区做志愿者的概率为多少？

（3）至少有一名女性在社区做志愿者的概率为多少？

6.5　超几何概率分布

应用二项分布的条件是每次试验成功的概率必须保持不变。例如，对于判断题，猜中正确答案的概率是 0.50，这个概率对于每道判断题都是相同的。同样，假设某选区有 40% 的选民是共和党人。如果随机抽取 27 名选民，在第一次抽样中选择共和党的选民的概率是 0.40，在下一次抽样中选择共和党的选民的概率也是 0.40（假设抽样是放回的，这意味着被选中的人会在下一次抽样之前被放回总体中，所以下一次选择共和党的选民的概率也是 0.40）。

然而，大多数抽样都是在不放回的情况下进行的。因此，如果总体很小，每次观测成功的概率都会发生变化。例如，如果总体由 20 个个体组成，则从该总体中选择特定对象的概率为 1/20。如果抽样是不放回的，第一次选择后只剩下 19 个项目，在第二次选择时，选择特定项目的概率仅为 1/19。对于第三次选择，概率为 1/18，依此类推。上述分析假设总体是**有限的**（finite），也就是说，总体数量是已知的并且数量相对较少，如某选区内的 2 842 名共和党人、9 241 名申请医学院的人、在得克萨斯州休斯敦某大道上停放的 18 辆 4 座的出租车。

回想一下，二项分布的标准之一就是每次试验成功的概率都是一样的。当在不放回的情况下从相对较小的总体中抽样时，各次试验成功的概率不能保持相同，因此不应使用二项分布，而应当使用**超几何概率分布**（hypergeometric distribution），也称超几何分布。因此，如果一个样本是从有限总体中不放回地选择出来的，并且如果样本容量大于总体容量的 5%，则宜使用超几何分布来确定某一特定数目成功或失败的概率，尤其是在总体容量较小的情况下。

超几何分布的计算公式如下：

$$\text{超几何分布} \quad P(X) = \frac{C_S^X C_{N-S}^{n-X}}{C_N^n} \quad (6\text{-}6)$$

式中　N——总体的容量；

　　　S——总体中成功的次数；

　　　X——样本中成功的次数；

　　　n——样本容量或试验次数；

　　　C——组合数符号。

综上所述，超几何分布具有以下特征：

超几何试验

1. 每一次试验的结果都被分为两个相互排斥的类别——成功或失败。
2. 随机变量是在固定数量的试验中成功的次数。
3. 试验并不是独立的。
4. 假设从一个有限总体中进行不放回抽样，并且 $n/N > 0.05$。所以，每次试验成功的概率都会改变。

下面的例子说明了使用超几何分布计算概率的细节。

例 6-6　某玩具公司在其装配部门有 50 名员工，其中 40 名员工加入了工会，另外 10 名没加入。随机选出 5 名员工组成一个委员会，与管理层就轮班开始时间举行会议，则委员会选出的 5 名员工中有 4 名属于工会的概率是多少？

解析　本例中的总体是装配部门的 50 名员工。一名员工只能被选入委员会一次，这意味着该抽样是不放回的，也就是说选择工会员工的概率（从一次试验到下一次试验的概率）会发生变化。因此，我们运用超几何分布来计算本例中的概率问题。在此问题中，

　　N 为 50，即员工的人数。

　　S 为 40，即工会员工的人数。

　　X 是 4，即选定的工会员工人数。

　　n 是 5，即选定的员工人数。

我们希望找出 5 名委员会成员中有 4 名属于工会的概率。将这些值代入式（6-6）：

$$P(4) = \frac{C_{40}^4 C_{50-40}^{5-4}}{C_{50}^5} = \frac{91\,390 \times 10}{2\,118\,760} = 0.431$$

因此，从 50 名员工中随机选出 5 名员工，其中 4 名属于工会的概率是 0.431。

表 6-11 显示了在委员会中有 0、1、2、3、4 和 5 名工会成员的超几何分布。

表 6-12 展示了使用二项分布和超几何分布的比较结果。由于装配部门的 50 名员工中有 40 名属于工会，因此我们设 $\pi=0.80$，$n=5$，代入二项分布表达式，计算结果如表 6-12 所示。

表 6-11 委员会中工会成员数目的超几何分布（$n=5$，$N=50$，$S=40$）

工会成员数目，X	概率 $P(X)$
0	0.000
1	0.004
2	0.044
3	0.210
4	0.431
5	0.311
总计	1.000

表 6-12 超几何分布和二项分布概率的结果比较

工会成员数目，X	超几何分布概率 $P(X)$	二项分布概率（$\pi=0.80$，$n=5$）
0	0.000	0.000
1	0.004	0.006
2	0.044	0.051
3	0.210	0.205
4	0.431	0.410
5	0.311	0.328
总计	1.000	1.000

如表 6-12 所示，当不能满足二项分布中要求的成功的概率为常数时，应使用超几何分布。两种概率之间有明显的差异。

然而，在一定条件下，二项分布的结果近似于超几何分布。这就产生了一个经验法则：如果是不放回抽样，当 $n/N < 0.05$ 时，二项分布可以用来近似超几何分布。换句话说，如果样本占总体的比例小于 5%，二项分布将非常接近超几何分布。例如，如果总体 N 为 150，总体成功的次数 S 为 120，样本量 n 为 5，那么经验法则是正确的。因为 $5 < 0.05 \times 150$，即 $5 < 7.5$。样本量不到总体的 5%。表 6-13 比较了这种情况下的超几何分布和二项分布，二者的概率是非常接近的。

我们可以使用 Excel 创建超几何分布（见图 6-8）。必要的步骤参见附录 C。

表 6-13 样本容量小于 0.05N 时超几何分布和二项分布概率的结果比较

工会成员数目，X	超几何分布概率，$P(X)$	二项分布概率（$n=5$，$\pi=0.80$，$S/N < 120/150$）
0	0.000	0.000
1	0.006	0.006
2	0.049	0.051
3	0.206	0.205
4	0.417	0.410
5	0.322	0.328
总计	1.000	1.000

	A	B
1	Union Members	Probability
2	0	0.000
3	1	0.004
4	2	0.044
5	3	0.210
6	4	0.431
7	5	0.311

图 6-8 超几何分布的概率计算

自测 6-5

某公司计划今年新招聘 5 名金融分析师。公司老板决定在 12 个申请者中随机选择。申请者中有 8 名男性和 4 名女性，请问将被雇用的 5 人中有 3 人是男性的概率是多少？

6.6 泊松概率分布

泊松概率分布（Poisson probability distribution）也叫泊松分布，描述了某事件在给定间隔内发生的次数。这里的间隔可以是时间、距离、面积或体积。

该分布基于两个假设。第一个假设是概率与间隔的长度成正比，第二个假设是间隔是独立的。换言之，间隔越长概率越大，各个间隔中事件发生的次数互相不会影响。当成功的概率很小而试验的次数 n 很大时，这个分布是二项分布的一种极限形式，它常被称为"不可能事件定律"，意思是某个特定事件发生的概率 π 是相当小的。泊松分布是一种离散型概率分布，因为它常应用于计数过程。

泊松概率试验具有以下特征：

> **泊松试验**
> 1. 随机变量是某个事件在给定的时间间隔内发生的次数。
> 2. 事件发生的概率与间隔的长度成正比。
> 3. 间隔不重叠且相互独立。

这种概率分布有很多应用。它可用来描述数据输入的误差分布，刷过新油漆的汽车表面划痕和其他缺陷的数量、有缺陷的零件的数量，在餐馆等待服务的人数或在迪士尼乐园等待进入某个景点的人数，三个月内某公路上的事故数，等等。

泊松分布的数学表达式为

$$\textbf{泊松分布} \quad P(X) = \frac{\mu^X e^{-\mu}}{X!} \qquad (6\text{-}7)$$

式中　μ——某一特定区间内发生事件（成功）的平均次数；
　　　e——常数 2.718 28（对数的底）；
　　　X——出现的（成功）次数；
　$P(X)$——给定 X 值时的概率。

成功次数均值 μ，由 $n\pi$ 得出，其中 n 是试验次数，π 是成功的概率。

$$\textbf{泊松分布的均值} \quad \mu = n\pi \qquad (6\text{-}8)$$

泊松分布的方差等于其均值。例如，如果银行兑现的支票被退票的概率为 0.000 3，有 10 000 张支票兑现，则被退支票的均值和方差为 3.0，由 $\mu = n\pi = 10\,000 \times 0.000\,3 = 3.0$ 得出。

回想一下，对于二项分布，要求试验的次数是固定的。例如，对于一个含有 4 个问题的选择题测试，只能有 0、1、2、3 或 4 次成功（正确答案）。然而，对于泊松分布，随机变量 X 可以假设无穷多个值，即 0、1、2、3、4、5、……但是在最初的几次事件（成功）之后，概率会变得非常小。

例 6-7　某经济航空公司是一家季节性航空公司，经营从南卡罗来纳州的默特尔海滩到东北部各个城市的航班。目的地包括波士顿、匹兹堡、布法罗以及纽约的拉瓜迪亚机场和肯尼迪机场。最近该公司在关注丢失行李的数量，分析部门的安被要求研究这个问题。她随机抽取了 500 个航班的样本，发现抽样航班上共有 20 件行李丢失。

这个例子是否服从泊松分布？每趟航班丢失行李的平均数量是多少？航班上没有行李丢

失的可能性有多大？至少丢了一件行李的概率有多大？

解析　我们先判断该经济航空公司丢失行李的情况是否服从泊松分布，具体方法请参阅前文所讨论的"泊松试验"的特征。我们统计了在某一航班上丢失的行李数量，发现大多数航班没有行李丢失，少数航班有一件行李丢失，在非常罕见的情况下，部分可能有不只一件行李丢失。假设每趟航班独立于任何其他航班。

根据样本信息，我们可以估计每趟航班丢失行李的平均数量。在500趟航班中有20件行李丢失，因此每趟航班丢失行李的平均数量为20/500，因此$\mu=0.04$。

我们可以使用式（6-7）计算丢失任何数量行李的概率。当丢失行李的数量为0时，X值为0。

$$P(0) = \frac{\mu^X e^{-\mu}}{X!} = \frac{0.04^0 e^{-0.04}}{0!} = 0.9608$$

只有一件行李丢失的概率是：

$$P(1) = \frac{\mu^X e^{-\mu}}{X!} = \frac{0.04^1 e^{-0.04}}{1!} = 0.0384$$

一件或多件行李丢失的概率为

$$1 - P(0) = 1 - \frac{\mu^X e^{-\mu}}{X!} = 1 - \frac{0.04^0 e^{-0.04}}{0!} = 1 - 0.9608 = 0.0392$$

这些概率也可以通过Excel计算得到（见图6-9）。计算泊松分布的概率的命令见附录C。

附录B.2的部分内容如表6-14所示。对于泊松分布的某些给定的均值μ，我们可以直接从表中读取相应概率。再举另一个例子，某货运公司从纽约到洛杉矶的这条路线运行发生故障次数的均值为0.3。从表6-14中，我们可以找到在某一次特定的运行中不发生故障的概率。首先找到标题栏为"0.3"，然后将该列向下移动到标记为"0"的行，对应处的值是0.7408，这个值是某一次特定航空运行中不发生故障的概率，而发生1次故障的概率则是0.2222。

	A	B
1	Success	Probability
2	0	0.9608
3	1	0.0384
4	2	0.0008
5	3	0.0000
6	4	0.0000
7	5	0.0000
8	6	0.0000
9	7	0.0000

图6-9　泊松分布的概率计算

表6-14　μ取不同值时的泊松概率表

x	μ								
	0.1	0.2	0.3	0.4	0.5	0.6	0.7	0.8	0.9
0	0.9048	0.8187	0.7408	0.6703	0.6065	0.5488	0.4966	0.4493	0.4066
1	0.0905	0.1637	0.2222	0.2681	0.3033	0.3293	0.3476	0.3595	0.3659
2	0.0045	0.0164	0.0333	0.0536	0.0758	0.0988	0.1217	0.1438	0.1647
3	0.0002	0.0011	0.0033	0.0072	0.0126	0.0198	0.0284	0.0383	0.0494
4	0.0000	0.0001	0.0003	0.0007	0.0016	0.0030	0.0050	0.0077	0.0111
5	0.0000	0.0000	0.0000	0.0001	0.0002	0.0004	0.0007	0.0012	0.0020
6	0.0000	0.0000	0.0000	0.0000	0.0000	0.0000	0.0001	0.0002	0.0003
7	0.0000	0.0000	0.0000	0.0000	0.0000	0.0000	0.0000	0.0000	0.0000

在本节前面，我们提到泊松分布是二项分布的一种极限形式。也就是说，我们可以用泊松分布来估计二项分布。在下面的例子中，我们使用泊松分布来估计当n（试验次数）很大而

π（成功概率）很小时的二项分布的概率。

例6-8 某保险公司为弗吉尼亚州、北卡罗来纳州、南卡罗来纳州和佐治亚州海岸的海滨房产承保保险。该公司估计在任何一年内，三级（风速持续超过110英里/小时）及以上级别的飓风袭击海岸特定区域（如佐治亚州的圣西蒙斯岛）的概率为0.05。如果房主为最近在圣西蒙斯购买的房产申请了30年的抵押贷款，那么房主在抵押期间至少经历一次飓风的可能性有多大？

解析 为了使用泊松概率分布，我们首先确定在30年内达到袭击圣西蒙斯强度标准的飓风的均值或期望值，即

$$\mu = n\pi = 30 \times 0.05 = 1.5$$

式中　　n——年数，这里是30年；

π——符合强度标准的飓风袭击的概率；

μ——30年内风暴数量的均值或期望值。

为了找出至少一场风暴袭击佐治亚州圣西蒙斯岛的可能性，我们首先找出没有风暴袭击海岸的概率，然后用1减去这个值。

$$P(X \geq 1) = 1 - P(X = 0) = 1 - \frac{\mu^0 e^{-1.5}}{0!} = 1 - 0.2231 = 0.7769$$

我们得出的结论是，在抵押贷款的30年期间，符合强度标准的飓风将袭击圣西蒙斯海滨房产的概率实际上是0.7769。换言之，圣西蒙斯在30年内遭受三级及以上的飓风袭击的概率略高于75%，并且预计每30年会有1.5次风暴袭击海岸，30年为一个连续的周期。

在前面的例子中，我们使用泊松分布作为二项分布的估计。请注意，上例已经满足了前面所提到的二项试验的条件。

- 有两种可能的结果：飓风袭击了圣西蒙斯地区或没有袭击。
- 有固定数量的试验次数，在本例子中为30（次）。
- 成功的概率是恒定的，即每年飓风袭击的概率是0.05。
- 年份是独立的。这意味着如果一个飓风在第5年袭击，这对其他任何一年飓风是否袭击该地区都没有影响。

使用二项分布求出30年内至少有一次风暴袭击该地区的概率：

$$P(X \geq 1) = 1 - P(X = 0) = 1 - C_{30}^{0}(0.05)^0(0.95)^{30} = 1 - 1 \times 1 \times 0.2146 = 0.7854$$

在30年期间至少有一次飓风袭击圣西蒙斯地区的概率为0.7854。

哪个答案是正确的？为什么我们要从两个方面来看待这个问题？二项分布是在"技术上更为正确"的解决方案。当试验次数n很大，且成功的概率π很小时，泊松分布可以看作近似于二项分布。我们使用这两个分布来研究上述问题就是为了说明这两种离散型概率分布的收敛性。在某些情况下，使用泊松分布可以更快地得到答案，正如你所见，该答案和使用二项分布算出来的答案几乎没有差别。事实上，随着n变大，π变小，两个分布之间的差异也会越来越小。

泊松分布总是正偏的，随机变量没有特定的上限。在丢失行李的案例中，泊松分布

（μ=0.04）高度正偏。事实上，μ越大，泊松分布越对称。

图6-10给出了某汽车店每天的传输服务、消声器更换和机油更换发生的次数，它们服从均值分别为0.7、2.0和6.0时的泊松分布。

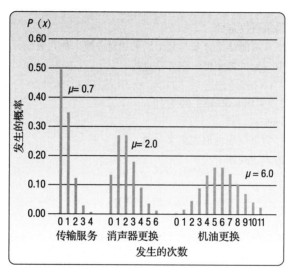

图6-10　当μ取0.7、2.0和6.0时的泊松分布

泊松分布是离散型分布族中的一种，构造泊松分布需要知道随机变量的平均数量，即概率分布的均值。

自测6-6

某保险公司根据精算表发现，25岁的男性在未来一年内死亡的可能性为0.000 2。如果该保险公司出售4 000份保单给4 000名今年25岁的男性，他们只需要赔付一份保单的概率是多少？

◆ 实践中的统计学

在第二次世界大战接近尾声时，德国人向伦敦发射了火箭炸弹。盟军军事指挥部不知道这些炸弹是随机发射的还是有瞄准装置的。为了调查，伦敦市被分成586个正方形区域。不同区域被击中次数的分布记录如下：

被击次数	0	1	2	3	4	5
区域	229	221	93	35	7	1

上图显示有229个区域没有被炸弹击中，7个区域被击中4次。通过泊松分布计算发现，每个区域的平均击中次数为0.93次，预期的命中次数如下：

被击次数	0	1	2	3	4	5或更多
区域	231.2	215.0	100.0	31.0	7.2	1.6

盟军军事指挥部总结如下：因为实际的命中次数接近于预期的命中次数，炸弹是随机落下的，所以德国人还没有研制出带有瞄准装置的炸弹。

章节摘要

1. 随机变量数值是由试验结果所决定的。
2. 概率分布是一个试验的所有可能结果以及与每个结果相对应概率的列表。
   （1）离散概率分布只能取一定的特定值。主要特点是：
   　1）概率之和为 1。
   　2）某一特定结果的概率在 0.00 到 1.00 之间。
   　3）结果是互相排斥的。
   （2）连续分布可以在某一特定范围内取无限多个值。
3. 概率分布的均值和方差的表达式如下。
   1）均值：
   $$\mu = \Sigma[XP(X)] \quad (6\text{-}1)$$
   2）方差：
   $$\sigma^2 = \Sigma[(X-\mu)^2 P(X)] \quad (6\text{-}2)$$
4. 二项分布具有以下特征。
   （1）每次试验结果都被分为两个互相排斥的类别。
   （2）这种分布是对一定次数的试验中成功的次数进行计数的结果。
   （3）在每次试验中，成功的概率都是相同的。
   （4）每次试验是相互独立的。
   （5）概率：
   $$P(X) = C_n^X \pi^X (1-\pi)^{n-X} \quad (6\text{-}3)$$
   （6）均值：
   $$\mu = n\pi \quad (6\text{-}4)$$
   （7）方差：
   $$\sigma^2 = n\pi(1-\pi) \quad (6\text{-}5)$$
5. 超几何分布具有以下特征。
   （1）试验只有两种可能的结果。
   （2）在每次试验中，成功的概率都是不同的。
   （3）这种分布适用于对一定次数试验中成功的次数进行计数的过程。
   （4）适用于有限总体中的不放回抽样。
   （5）超几何分布的概率：
   $$P(X) = \frac{C_S^X C_{N-S}^{n-X}}{C_N^n} \quad (6\text{-}6)$$
6. 泊松分布具有以下特征。
   （1）它描述了某个事件在指定的时间间隔内发生的次数。
   （2）"成功"的概率与间隔的长度成正比。
   （3）间隔不重叠且相互独立。

（4）当 n 很大 π 很小时，泊松分布近似于二项分布。

（5）泊松分布的概率：

$$P(X) = \frac{\mu^X e^{-\mu}}{X!} \quad (6\text{-}7)$$

（6）均值和方差：

$$\mu = n\pi, \sigma^2 = n\pi \quad (6\text{-}8)$$

章节练习

1. 计算表 6-15 中离散型概率分布的均值和方差。
2. 计算表 6-16 中离散型概率分布的均值和方差。

表 6-15 离散型概率分布表

X	P(X)
0	0.2
1	0.4
2	0.3
3	0.1

表 6-16 离散型概率分布表

X	P(X)
5	0.1
10	0.3
15	0.2
20	0.4

3. 表 6-17 中的数据统计了美国南卡罗来纳州沃尔特伯罗市志愿救护服务队在最近 50 天内每天接收到的紧急呼叫次数。如表所示，其中有 22 天接收到 2 次紧急呼叫，有 9 天接收到 3 次紧急呼叫。
   （1）将上述统计数据转换成概率分布表。
   （2）上述示例是离散型概率分布还是连续型概率分布。
   （3）每天紧急呼叫次数的均值是多少？
   （4）每天紧急呼叫次数的标准差是多少？

表 6-17 在 50 天内紧急呼叫次数表

次数	天数
0	8
1	10
2	22
3	9
4	1
总计	50

4. 某百货商店在本周末有个特卖活动，使用该百货公司信用卡购买商品总额超过 50 美元的顾客会获得一张抽奖卡。刮开抽奖卡，就可获知可优惠的金额。表 6-18 列示了各项优惠金额及出现概率。
   （1）优惠金额的均值是多少？
   （2）优惠金额的标准差是多少？

表 6-18 优惠金额与概率

优惠金额（美元）	概率
10	0.50
25	0.40
50	0.08
100	0.02

5. 在一个 $n=4$，$\pi=0.25$ 的二项分布中，使用二项分布的概率公式计算下列事件发生的概率。
   （1）$X=2$。
   （2）$X=3$。
6. 现有一个 $n=3$，$\pi=0.60$ 的二项分布。
   （1）参考附录 B.1，列出从 $X=0$ 到 $X=3$ 的概率。
   （2）使用概率分布的均值和方差的式（6-1）和式（6-2）计算此二项分布的均值、方差和标准差。
7. 美国投资者协会的一项调查发现 30% 的个人投资者使用过折扣经纪人。在一个包含 9 名投资者的随机样本中，以下事件发生的概率是多少：
   （1）有且仅有 2 人使用过折扣经纪人。
   （2）有且仅有 4 人使用过折扣经纪人。
   （3）没有人使用过折扣经纪人。
8. 行业标准显示 10% 的新车在第一年内需要接受保修服务。在美国南卡罗来纳州的某市，某天共卖了

12 辆尼桑汽车，计算以下问题：

（1）没有任何一辆汽车接受保修服务的概率是多少？

（2）有且仅有 1 辆车接受了保修服务的概率是多少？

（3）有且仅有 2 辆车接受了保修服务的概率是多少？

（4）计算该概率分布的均值和标准差。

9. 一项美国会计协会的最新调查显示，23% 的会计专业毕业生选择了公共会计行业。假设我们选取 15 名会计专业毕业生作为一个样本。

（1）2 名毕业生选择了公共会计行业的概率是多少？

（2）5 名毕业生选择了公共会计行业的概率是多少？

（3）你估计有多少毕业生会选择公共会计行业？

10. 在一个 $n=8$ 且 $\pi=0.30$ 的二项分布中，计算下列事件的发生概率：

（1）$X=2$。

（2）$X \leqslant 2$（即 X 小于或等于 2 的概率）。

（3）$X \geqslant 3$（即 X 大于或等于 3 的概率）。

11. 一项最新调查显示，90% 的美国家庭有大屏幕电视。在一个包含 9 个家庭的样本中，以下事件发生的概率是多少：

（1）全部 9 家都有大屏幕电视。

（2）不到 5 家有大屏幕电视。

（3）超过 5 家有大屏幕电视。

（4）至少有 7 家有大屏幕电视。

12. 公用事业公司解决投诉问题的速度十分重要。某通信公司报告称其解决投诉问题的数量是当天新增投诉量的 70%。假设今天新增 15 件投诉。

（1）预计今天能解决多少件投诉？标准差是多少？

（2）今天能解决 10 件投诉的概率是多少？

（3）今天能解决 10 件或者 11 件投诉的概率是多少？

（4）今天能解决 10 件以上（不含 10 件）投诉的概率是多少？

13. 一张 CD 储存了 10 首歌，其中 6 首古典乐、4 首摇滚乐。在一个包含 3 首歌的样本中，有且仅有 2 首是古典乐的概率是多少？（假设样本是从总体中以不放回的方式抽取的。）

14. 美国某银行发放了 10 笔均超过 100 万美元的不动产贷款。其中 3 笔已经严重缩水，即其不动产价格已经低于该笔贷款金额。首席贷款员决定从 10 笔贷款中随机抽取 2 笔，检查是否缩水，能否符合银行的标准。抽取的贷款均没有缩水的概率是多少？

15. 基斯的花店拥有 15 辆运输卡车，主要用于在美国南卡罗来纳州某地区运输鲜花和鲜花装饰物，其中 6 辆卡车的刹车有问题。随机选取 5 辆卡车作为一个样本，发现其中 2 辆有刹车问题的概率是多少？

16. 在一个 $\mu=0.4$ 泊松分布中：

（1）$X=0$ 的概率是多少？

（2）$X>0$ 的概率是多少？

17. 卑尔根女士是某信托银行的一名贷款经理。根据她多年的从业经验，她估计贷款人无法归还其分期贷款的概率是 0.25。上个月她发放了 40 笔贷款。

（1）其中 3 笔贷款发生违约的概率是多少？

（2）其中至少 3 笔贷款发生违约的概率是多少？

18. 据估计，打电话给戴尔客服部门的人中有 0.5% 会收到客服正忙的提示。那么在今天打电话的 1 200 人中，至少有 5 人收到客服正忙的提示的概率是多少？

19. 随机变量和概率分布之间的区别是什么？

20. 一项投资在年末可能会收益 1 000 美元、2 000 美元或 5 000 美元，相应发生的概率是 0.25、0.60 和

0.15。计算该项投资收益的均值和方差。
21. 某羊角面包烘焙店提供特殊的装饰蛋糕，可供生日聚会、婚礼等场景使用。普通蛋糕在其店内也有售。表 6-19 展示了每天售出蛋糕总量及其发生的概率。请计算每天售出蛋糕的均值、方差以及标准差。

表 6-19　蛋糕销量的概率分布

蛋糕销量	概率
12	0.25
13	0.40
14	0.25
15	0.10

22. 一项最新调查研究显示，35% 的被调查对象最喜欢的冰激凌口味是巧克力味。假设我们选取一个包含 10 人的样本，统计他们最喜欢的冰激凌口味。
（1）你预计样本中将有多少人喜欢巧克力味？
（2）当且仅有 4 人喜欢巧克力味的概率是多少？
（3）有 4 人及以上的人喜欢巧克力味的概率是多少？
23. 美国佐治亚州健康维护服务中心的一名审计员报告称，在 55 岁及以上的投保人中，有 40% 的人会在本年内申请保险索偿。若随机选取了 15 名投保人做样本。
（1）你预计这些投保人中有多少人去年申请了索偿？
（2）这些投保人中有 10 人去年申请了索偿的概率是多少？
（3）这些投保人中有 10 人及以上去年申请了索偿的概率是多少？
（4）这些投保人中超过 10 人去年申请了索偿的概率是多少？
24. 一项联邦调查研究显示 7.5% 的美国工人有吸毒问题。印第安纳州的一名禁毒官员希望进一步调查这项结论，她的调查样本中包含了 20 名工人。
（1）你预计其中多少人有吸毒问题？标准差是多少？
（2）没有任何一名工人有吸毒问题的可能性有多少？
（3）至少有 1 名工人有吸毒问题的可能性有多少？
25. 最新统计显示，访问零售网站的用户中，有 15% 的用户会购买商品。一名调查人员想验证这项结论，因此她选取了零售网站上的 16 次访问作为一个样本，其中 4 次访问确实产生了购买行为。
（1）有且仅有 4 次购买行为的可能性是多少？
（2）她应该预计样本中有几次购买行为？
（3）有 4 次及以上购买行为的可能性是多少？
26. 联合利华公司最近开发了一种带有姜味的沐浴露。它们的研究显示 30% 的男性喜欢这个新气味。为深入调查，该公司市场研究组随机选取了 15 名男性并询问其是否喜欢这个气味。这 15 人中，有 6 人及以上喜欢这款新沐浴露的气味的概率是多少？
27. 某网站进行的一项研究揭示，52% 的商务旅行者会在出发前两周内计划他们的旅程。若在三个地区选取 12 名频繁出差的商务旅行者作为样本来核实这项研究。
（1）建立一个概率分布，用于描述计划在两周内出发的旅行者数量。
（2）计算该概率分布的均值和标准差。
（3）12 名被选商务旅行者中，有且仅有 5 人计划在两周内出发的概率是多少？
（4）12 名被选商务旅行者中，有 5 人及以下计划在两周内出发的概率是多少？
28. 某律师事务所位于俄亥俄州的辛辛那提市市中心。事务所有 10 名合伙人：7 人居住在俄亥俄州，3 人在肯塔基州北部。作为管理合作伙伴的温迪·哈格尔女士想成立一个由 3 名合伙人组成的委员会，以商量将公司搬到肯塔基州北部的事宜。如果这个委员会的成员是从 10 名合伙人中随机选取的，下列事件的概率是多少：
（1）委员会中 1 名成员居住在肯塔基州北部，而其余两人居住在俄亥俄州。
（2）委员会中至少 1 名成员居住在肯塔基州北部。
29. 宾夕法尼亚州科里市警察局长的职位目前空缺。一个由科里居民组成的遴选委员会负责向市议会推荐一名新局长。目前有 12 名申请人，其中 4 人是女性或少数族裔。遴选委员会决定面试全部 12 名申请人。第一天他们随机选取了 4 名申请人进行面试，但其中没有一人是女性或少数族裔，当地报纸在一篇社论中暗示存在歧视。请问这种情况发生的可能性是多少?

30. 雷克萨斯汽车在底特律区域的每日销量服从均值为 3 的泊松分布。
    (1) 某一天,一辆雷克萨斯汽车都未被卖出的概率是多少?
    (2) 连续 5 天,每天至少卖出一辆雷克萨斯汽车的概率是多少?

31. 对某超市结账队伍的研究显示,周末的下午 4 ~ 7 点平均有 4 名顾客在排队。你在这个时间段去该超市发现下列情况的概率是多少:
    (1) 没有顾客在排队。
    (2) 有 4 名顾客在排队。
    (3) 有 4 名及 4 名以下顾客在排队。
    (4) 有 4 名及 4 名以上顾客在排队。

32. 最新犯罪报告显示,在美国每分钟会发生 3.1 起汽车盗窃案件。假设每分钟发生盗窃案件数的分布近似于泊松分布。
    (1) 计算在一分钟内正好发生 4 起盗窃案的概率。
    (2) 在一分钟内没有盗窃案发生的概率是多少?
    (3) 在一分钟内至少有 1 起盗窃案发生的概率是多少?

33. 美国国家航空航天局(NASA)经历过 2 次重大灾难——1986 年"挑战者号"航天飞机在大西洋上空爆炸,2003 年"哥伦比亚号"航天飞机在得克萨斯州东部重返大气层时解体。基于此前的 113 次发射任务,假设每次发生事故的概率是一样的,对于即将进行的 23 次发射任务来说,发生 2 次事故的概率是多少?不发生事故的概率是多少?

34. 在 1989 年美国高尔夫公开赛第二轮比赛中,有高尔夫球手在第六洞打出一杆进洞。若职业高尔夫球手打出一杆进洞的概率是 1/3 709,此次第二轮比赛的当天有 155 名球手参与,请估计有 4 名球手在第六洞打出一杆进洞的概率。

35. CBS 新闻台的一项最新调查显示,67% 的成年人认为美国财政部应该继续制造硬币。假设我们选取了 15 个成年人作为样本。
    (1) 其中多少人会认为美国财政部应该继续制造硬币?其标准差是多少?
    (2) 有且仅有 8 人认为美国财政部应该继续制造硬币的可能性是多少?
    (3) 至少有 8 人认为美国财政部应该继续制造硬币的可能性是多少?

数据分析

36. 参见附录 A.2 2015 赛季的棒球数据,计算每局比赛中全垒打数量的均值。为此,应找出 2015 赛季每支队伍的全垒打平均数量,将此数除以 162(一个赛季有 162 局比赛),再乘以 2(因为一场比赛有 2 支队伍)。请使用泊松分布预估每场比赛全垒打的数量,并算出下列事件的概率:
    (1) 在一场比赛中没有发生全垒打。
    (2) 在一场比赛中发生 2 次全垒打。
    (3) 在一场比赛中至少发生 4 次全垒打。

习题答案

扫码查看章节练习
和数据分析答案

扫码查看自测答案

第7章

连续型概率分布

皇家维京邮轮公司（Royal Viking）的游轮报告称，9月游轮上80%的客房都住满了。那么对于一艘拥有800间客房的游轮来说，9月有665间或更多客房入住的概率是多少？

学完本章后，你将能够：
① 描述均匀分布并使用它来计算概率。
② 描述正态分布的特征。
③ 描述标准正态分布并使用它来计算概率。
④ 使用标准正态分布近似二项分布来计算概率。
⑤ 描述指数分布并使用它来计算概率。

引言

我们在第6章研究了概率分布，并考虑了三种离散型概率分布：二项分布、超几何分布和泊松分布。这些分布基于离散型随机变量，且这些变量只能取一些明显分离的值。例如，我们选择了2014年开始运营的10家小企业作为研究对象。2017年仍在运营的小企业数目可以是0，1，2，…，10，不可能有3.7、12或-7家企业仍在运行。在这个例子中，只有某些结果是可能的，并且这些结果用明显分开的值表示。此外，结果通常是通过计算试验成功的次数来得到的，所以这里研究的是2017年仍在运营的企业数量。

在本章，我们继续研究另一种概率分布——连续型概率分布。连续型概率分布通常是在测量某些东西的情形下得到的，比如从宿舍到教室的距离、一个人的体重或者首席执行官的奖金数额。例如，某餐馆的特色是小比目鱼，该餐馆小比目鱼每天销售量的均值为10.0磅，标准差为3.0磅。这种分布是连续的，因为餐馆老板"测量"了每天出售的小比目鱼的数量。连续型随机变量可以在一个特定的范围内取无穷多个值，所以对于连续型随机变量而言，概率描述的是一个范围的值，因为连续型随机变量取某个特定值的概率为0。

本章将介绍三种连续型概率分布：均匀分布、正态分布和指数分布。

7.1 均匀概率分布

均匀概率分布又叫均匀分布，是最简单的连续型概率分布。该分布是矩形的（见图7-1），并且完全由它的最小值和最大值所决定。下面是一些服从均匀分布的例子。

- 纽约某加油站的汽油销售量是每天 2 000～5 000 加仑，服从均匀分布。随机变量是每天售出汽油的加仑数，该变量的值在 2 000～5 000 这个范围内是连续的。
- 在某公共图书馆的志愿者们准备完成联邦所得税表格。完成该表格的时间在 10 分钟到 30 分钟之间，服从均匀分布。随机变量是完成表单所需的分钟数，它可以是 10 到 30 之间的任何值。

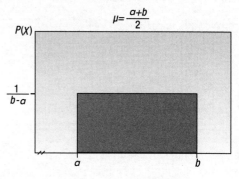

图 7-1 均匀分布的图像

均匀分布如图 7-1 所示。分布的形状是矩形的，最小值为 a，最大值为 b。此外，请注意，分布的高度在 a 和 b 之间是恒定或统一的。均匀分布的均值位于最小值和最大值之间的中间。计算如下：

$$\text{均匀分布的均值} \quad \mu = \frac{a+b}{2} \qquad (7\text{-}1)$$

标准差描述了分布的分散性。在均匀分布中，标准差与最大值和最小值之间的间隔有关。

$$\text{均匀分布的标准差} \quad \sigma = \sqrt{\frac{(b-a)^2}{12}} \qquad (7\text{-}2)$$

均匀分布的概率计算公式如下：

$$\text{均匀分布} \quad P(X) = \frac{1}{b-a} \quad (a \leqslant X \leqslant b，\text{并且 } P \text{ 在除 } [a, b] \text{ 外的其他任意点都为 } 0) \qquad (7\text{-}3)$$

正如我们在第 6 章中所描述的，概率分布可以很好地展现出随机变量在一定范围内的取值概率。对于描述连续型随机变量，分布范围内的区域代表概率。均匀分布的形状是矩形，所以我们可以应用面积公式。对于均匀分布，矩形的高度为 $P(X)$，即 $1/(b-a)$，分布的长度或底是 $b-a$，如果用分布的高度乘以它的整个范围来求面积，结果总是 1.00。换个角度来说，连续型概率分布的总面积等于 1.00。一般来说，

$$\text{面积} = \text{高度} \times \text{长度} = \frac{1}{b-a} \times (b-a) = 1.00$$

因此，如果均匀分布范围在 10 到 15 之间，则高度为 0.20[=1/（15-10）]。长度为 5(=15-10) 得出。总面积为

$$\text{面积} = \text{高度} \times \text{长度} = \frac{1}{15-10} \times (15-10) = 1.00$$

下面的示例说明了均匀分布的特征，并介绍了如何使用它来计算概率。

例 7-1 西南亚利桑那州立大学为在校学生提供校车服务。每个工作日的上午 6 时至晚上 11 时，每隔 30 分钟都有一辆公共汽车往返于北大街和大学路站。学生们随机到达公共汽车站。学生等待的时间在 0～30 分钟内均匀分布。

（1）构建分布图。
（2）计算并说明该均匀分布的面积为 1.00。
（3）一个学生通常要等多长时间的车？换句话说，平均等待时间是多少？等待时间的标

准差是多少?

(4)一个学生等待超过 25 分钟的可能性有多大?

(5)一个学生等待 10～20 分钟的可能性有多大?

解析 在这个例子中,随机变量是学生必须等待的时间长度。时间以连续尺度测量,等待时间在 0～30 分钟。

(1)均匀分布的图像如图 7-2 所示。水平线在高度为 0.033 3 处绘制,高度为 1/(30-0)。这个分布的范围为 0～30 分钟。

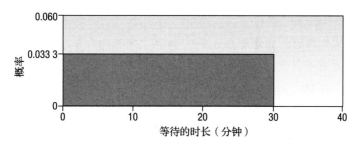

图 7-2 学生等待时间的均匀分布

(2)学生等待公共汽车的时间均匀分布在区间 0 到 30 中,所以这里 a 为 0,b 为 30。

$$面积 = 高度 \times 长度 = \frac{1}{30-0} \times (30-0) = 1.00$$

(3)我们使用式(7-1)求均值:

$$\mu = \frac{a+b}{2} = \frac{0+30}{2} = 15$$

该分布的均值为 15 分钟,因此等待公共汽车的平均时间是 15 分钟。

为了找出等待时间的标准差,我们使用式(7-2)。

$$\sigma = \sqrt{\frac{(b-a)^2}{12}} = \sqrt{\frac{(30-0)^2}{12}} = 8.66$$

分布的标准差为 8.66 分钟,该指标衡量了学生等待时间的变化情况。

(4)在区间 25 到 30 的分布内的面积代表了这种概率。根据面积公式:

$$P(25 < 等待时间 < 30) = 高度 \times 长度 = \frac{1}{30-0} \times 5 = 0.166\,7$$

所以学生等待时间在 25 分钟到 30 分钟之间的概率是 0.166 7。这个结论用图 7-3 来说明。

(5)在区间 10 到 20 的分布内的面积也可以表示概率。

$$P(10 < 等待时间 < 20) = 高度 \times 长度$$
$$= \frac{1}{30-0} \times 10 = 0.333\,3$$

我们同样可以用图形进行表示,如图 7-4 所示。

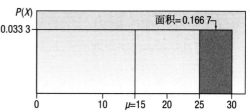

图 7-3 学生等待时间在 25 分钟到 30 分钟之间的概率示意

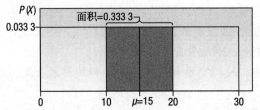

图 7-4 学生等待时间在 10 分钟到 20 分钟之间的概率示意

自测 7-1

微波炉是有使用期限的,其寿命在 8 年到 14 年之间呈均匀分布。
(1)将该均匀分布用图形表示,其高度和长度各是多少?
(2)证明分布内的总面积为 1.00。
(3)计算此分布的均值和标准差。
(4)某微波炉使用期限在 10 ~ 14 年的概率有多大?
(5)微波炉使用不到 9 年的可能性有多大?

7.2 正态概率分布

接下来我们考虑正态概率分布(也称正态分布)。与均匀分布不同,正态分布有一个非常复杂的计算公式。

$$\text{正态分布} \quad P(X) = \frac{1}{\sigma\sqrt{2\pi}} e^{-\frac{(X-\mu)^2}{2\sigma^2}} \qquad (7\text{-}4)$$

不要为这个公式看起来十分复杂而烦恼,我们已经熟悉了其中的很多值。和之前一样,符号 μ 和 σ 表示均值和标准差。希腊符号 π 是一个常数,其值约为 22/7 或 3.141 6。字母 e 也是一个常数,它是自然对数的底,约等于 2.718。X 是连续随机变量的取值。所以正态分布是基于它的均值和标准差来定义的。

你不需要使用式(7-4)进行计算,而是可以使用附录 B.3 中给出的表来找出各种概率。这些概率也可以使用 Excel 函数或其他统计软件进行计算。

正态分布具有以下特征:

- 它是钟形的,在分布中心有一个单峰。均值、中位数和众数相等,位于分布中心。曲线下总面积为 1.00。正态曲线下的一半区域位于该中心位置的右侧,另一半位于该中心位置的左侧。
- 关于均值对称。如果在正态曲线的中心位置垂直切割下去,曲线的形状将是镜像图像。另外,每一半的面积都是 0.5。
- 从中心值沿任一方向平滑下降。也就是说,分布是渐近的:曲线越来越接近 x 轴,但不会相交。换句话说,曲线的尾部在两个方向上无限延伸。
- 正态分布的位置由均值 μ 决定。分布的分散或扩散程度由标准差 σ 决定。

这些特征如图 7-5 所示。

正态分布不只是一个分布,而是一个分布族。例如,在图 7-6 中,三个不同的工厂有着关于员工服务年限的不同的概率分布。在工厂 1 中,员工服务年限的均值为 20 年,标准差为 3.1 年。在工厂 2 中,员工服务年限也服从正态分布,其中 $\mu=20$ 年,$\sigma=3.9$ 年。在工厂 3 中,$\mu=20$ 年,$\sigma=5.0$ 年。注意,它们的均值相同,但标准差不同。随着标准差变小,分布会变得更窄并出现"峰值"。

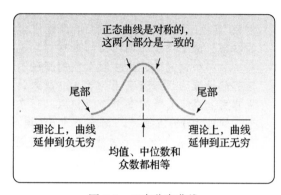

图 7-5 正态分布曲线

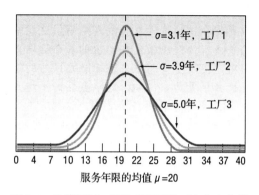

图 7-6 均值相同,标准差不同的正态分布曲线

图 7-7 显示了装有三种不同谷物的盒子的重量分布。盒子重量服从正态分布,其均值不同,标准差相同。

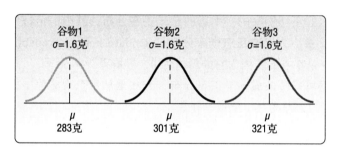

图 7-7 均值不同,标准差相同的正态分布曲线

最后,图 7-8 显示了三种具有不同均值和标准差的正态分布。它们分别是三种钢索抗拉强度的分布,单位是磅/平方英寸[⊖](psi)。

在第 6 章中我们讨论了用离散型概率分布表示某个离散值发生的具体可能性。例如,在航班晚点的案例中,二项分布被用来计算 5 趟航班都不晚点的概率。

对于连续型概率分布,曲线下方的区域定义了概率。正态曲线下的总面积为 1.0。这说明了所有可能的结果概率之和为 1。因为正态分布是对称的,所以均值左侧曲线下的面积是 0.5,均值右侧曲线下的面积也为 0.5。把这一点应用到

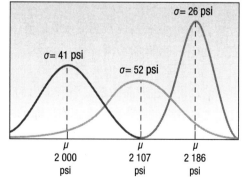

图 7-8 均值和标准差都不相同的正态分布曲线

⊖ 1 磅/平方英寸 =6 894.76 帕。

图 7-7 谷物 1 的分布上。它是服从正态分布的,均值为 283 克。因此,装有谷物的盒子重量大于 283 克的概率为 0.5,小于 283 克的概率为 0.5。我们还可以确定一个盒子重量在 280 到 286 克之间的概率。然而,如果要确定这个概率,我们需要了解标准正态概率分布。

◈ 实践中的统计学

许多变量都是近似服从正态分布的,如智商得分、预期寿命和成人身高。这意味着几乎所有的观测值都在均值的 3 个标准差范围内。出现在离均值 3 个标准差以外的情况是极其罕见的。例如,成年男性的平均身高为 68.2 英寸,标准差为 2.74。这意味着几乎所有的男性都在 60.0 英寸到 76.4 英寸之间。勒布朗·詹姆斯是克利夫兰骑士队的职业篮球运动员,身高 80 英寸,这明显超过了平均值的 3 个标准差。一个标准的门的高度为 80 英寸,这对几乎所有成年男性来说都足够高,除了像勒布朗·詹姆斯这样罕见的人。另一个例子是,大多数车辆的驾驶员座椅都被设置为适合身高至少为 159 厘米的人所使用。成年女性身高分布近似服从正态分布,均值为 161.5 厘米,标准差为 6.3 厘米。大约 35% 的成年女性无法舒适地坐在驾驶座上。

7.3 标准正态概率分布

正态分布的数量是无限的,每个分布都有不同的均值或不同的标准差,或两者都不同。虽然我们可以为离散分布(如二项分布和泊松分布)提供有限数量的概率表,但为无限数量的正态分布提供概率表是不切实际的。幸运的是,正态分布的其中一个特例可以用来确定所有正态分布的概率,它被称为**标准正态概率分布**(standard normal probability distribution),也称标准正态分布。它是唯一的,因为它的均值为 0,标准差为 1。

任何正态分布都可以转换成标准正态分布,方法是从每个观测值中减去均值,然后用这个差值除以标准差。该结果称为 z 值或 z 分数。

> **z 值(z value)**:选定值 X 与均值 μ 之差,除以标准差 σ。

所以,z 值是用标准差的单位来测量某特定值到均值的距离。

此转换的公式为

$$\text{标准正态值} \quad z = \frac{X - \mu}{\sigma} \tag{7-5}$$

式中 X——任何特定观测值或测量值;
μ——分布的均值;
σ——分布的标准差。

正如我们在前面的定义中所指出的,z 值以标准差的单位表示 X 的某个特定值与算术平均值之间的距离或差。一旦正态分布的观测值被标准化后,z 值的均值为 0,标准差为 1。因此,z 分布具有所有正态分布的所有特征。这些特征在正态分布一节中被列出。附录 B.3 中的表格列出了正态分布的概率,表 7-1 是该表的一小部分。

表 7-1 正态曲线下的面积

z	0.00	0.01	0.02	0.03	0.04	0.05	…
1.3	0.403 2	0.404 9	0.406 6	0.408 2	0.409 9	0.411 5	

(续)

z	0.00	0.01	0.02	0.03	0.04	0.05	…
1.4	0.419 2	0.420 7	0.422 2	0.423 6	0.425 1	0.426 5	
1.5	0.433 2	0.434 5	0.435 7	0.437 0	0.438 2	0.439 4	
1.6	0.445 2	0.446 3	0.447 4	0.448 4	0.449 5	0.450 5	
1.7	0.455 4	0.456 4	0.457 3	0.458 2	0.459 1	0.459 9	
1.8	0.464 1	0.464 9	0.465 6	0.466 4	0.467 1	0.467 8	
1.9	0.471 3	0.471 9	0.472 6	0.473 2	0.473 8	0.474 4	
⋮							

◆ **实践中的统计学**

一个人的技能取决于许多遗传因素和环境因素,每种因素对技能的影响大致相同。因此,就像有大量试验的二项分布一样,许多技能的强弱都服从正态分布。如SAT推理测试是美国大学招生中使用最广泛的标准化考试,其分数基于正态分布,均值为1 500,标准差为300。

7.3.1 标准正态分布的应用

标准正态分布对于确定任何服从正态分布的随机变量的概率都非常有用。其基本方法是根据该正态分布的均值和标准差,求出随机变量的特定值的z值,并使用z值以及标准正态分布来找到概率。下面的案例描述了标准正态分布的应用。

例7-2 近年来,一种新型的出租车服务已经在全球300多个城市发展起来,顾客可以通过智能手机直接与司机取得联系。这一想法最早由总部位于加利福尼亚州旧金山的优步科技公司(Uber Technologies)提出。它使用优步移动应用,该应用允许使用智能手机的客户提交一个出行请求,该请求会发送给优步司机,司机会接走客户并将其带到目的地。该交易不涉及现金,而是通过数字支付进行。

假设优步司机每周的收入服从正态分布,均值为1 000美元,标准差为100美元。一个每周赚1 100美元的司机的收入的z值是多少?对于一个每周挣900美元的司机来说,其z值又是多少呢?

解析 使用式(7-5),对应两个X值(1 100和900)的z值是:

当X=1 000时:

$$z = \frac{X - \mu}{\sigma}$$
$$= \frac{1100 - 1000}{100}$$
$$= 1.00$$

当X=900时:

$$z = \frac{X - \mu}{\sigma}$$
$$= \frac{900 - 1000}{100}$$
$$= -1.00$$

z为1.00表示每周收入1 100美元高于均值一个标准差,z为-1.00表示每周收入900美元低于均值一个标准差。请注意,收入(1 100美元和900美元)与均值的距离(100美元)是相同的。

自测7-2

最近针对全国的一项调查发现,一个人平均每天消耗48盎司的水。假设每天的用水量服从一个标准差为 12.8 盎司的正态分布。

（1）一个人每天消耗 64 盎司的水，其对应的 z 值是多少？根据这个 z 值，能得出什么结论？

（2）一个人每天消耗 32 盎司的水，其对应的 z 值是多少？根据这个 z 值，能得出什么结论？

7.3.2 经验法则

第 3 章介绍了经验法则。它表示如果随机变量是正态分布的，则：

（1）大约 68% 的观测值在均值的正负一个标准差范围内。

（2）大约 95% 的观测值都在均值的正负两个标准差范围内。

（3）几乎所有（99.7%）的观测值，都在均值的正负三个标准差范围内。

现在，我们知道了如何应用标准正态分布来验证经验法则了。例如，与均值相差一个标准差，即 z 值为 1.00，当我们参照正态分布表时，z 值为 1.00 所对应的概率是 0.341 3。观测值占均值的正负一个标准差范围内的百分比是多少？我们利用 2 × 0.341 3=0.682 6，得出结论为大约 68% 的观测值在均值正负一个标准差范围内。

经验法则可表示为图 7-9。

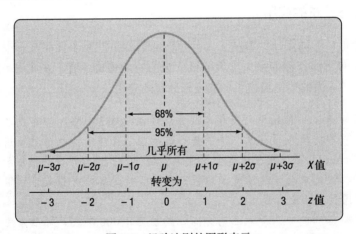

图 7-9 经验法则的图形表示

将测量值转换为标准正态时会改变刻度，这个变化也显示在了图 7-9 中。例如，将 $\mu+1\sigma$ 转换为 z 值时，值为 1.00。同样地，将 $\mu-2\sigma$ 转化为 z 值时，值变为 -2.00。请注意，z 分布的中心是 0，表示与均值没有偏差。

例 7-3 作为其质量保证的一部分，某电池公司对电池寿命进行测试。对于某特殊型号的电池，其平均寿命为 19 小时。电池的寿命服从正态分布，标准差为 1.2 小时。请回答以下问题。

（1）大约 68% 的电池寿命会在哪个区间？

（2）大约 95% 的电池寿命会在哪个区间？

（3）几乎所有电池的寿命都会在哪个区间？

解析 我们可以用经验法则来回答这个问题（见图 7-10）。

（1）大约 68% 电池的寿命会在 17.8 和 20.2 小时之间，由 19.0±1×1.2 小时所得。

（2）大约 95% 电池的寿命会在 16.6 和 21.4 小时之间，由 19.0±2×1.2 小时所得。

（3）几乎所有电池的寿命都在 15.4 和 22.6 小时之间，由 19.0±3×1.2 小时所得。

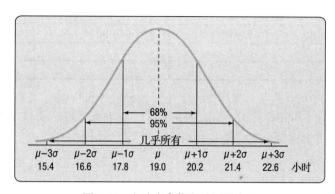

图 7-10 电池寿命信息的图形表示

自测 7-3

某公司中层管理人员的年收入分布情况近似服从正态分布，其均值为 47 200 美元，标准差为 800 美元。
（1）约 68% 的收入介于哪两个数字之间？
（2）约 95% 的收入介于哪两个数字之间？
（3）几乎所有的收入都介于哪两个数字之间？
（4）收入的中位数和众数分别是多少？
（5）收入的分布是否对称？

7.3.3 求解正态曲线下的面积

标准正态分布可应用于求解正态分布中均值和所选值（定义为 X）之间的区域面积，下面的例题将说明细节。

例 7-4 在例 7-2 里，我们讨论了优步司机的周收入服从均值为 1 000 美元，标准差为 100 美元的正态分布，也就是说，$\mu=1\,000$，$\sigma=100$。随机选择一名司机，其周收入在 1 000 到 1 100 美元之间的可能性是多少呢？

解析 我们已经通过式（7-5）算得每周收入 1 100 美元所对应的 z 值为 1.00，也就是

$$z = \frac{X-\mu}{\sigma} = \frac{1100-1000}{100} = 1.00$$

z 为 1.00 所对应的概率值见附录 B.3。表 7-2 是附录 B.3 的一部分。要查询 z 为 1.00 所对应的概率，可在左列找到 1.0，然后水平移动到标题为 0.00 的列，值为 0.341 3。

表 7-2 部分 z 值

z	0.00	0.01	0.02
⋮	⋮	⋮	⋮
0.7	0.258 0	0.261 1	0.264 2
0.8	0.288 1	0.291 0	0.293 9
0.9	0.315 9	0.318 6	0.321 2

(续)

z	0.00	0.01	0.02
1.0	**0.341 3**	0.343 8	0.346 1
1.1	0.364 3	0.366 5	0.368 6
⋮	⋮	⋮	⋮

在 1 000 美元到 1 100 美元之间的正态曲线下的面积是 0.341 3。我们也可以说 34.13% 的优步司机每周收入在 1 000 美元到 1 100 美元之间，或者说，随机选择一个司机，其收入在 1 000 美元到 1 100 美元之间的可能性是 0.341 3。

图 7-11 总结了这些信息。

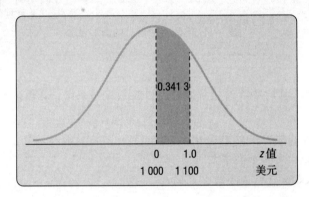

图 7-11　在 1 000 美元到 1 100 美元之间的正态曲线下的面积

在刚刚完成的例题中，我们感兴趣的是落在均值和给定值之间的概率。现在换个问题思考。若我们并不是想知道随机选择一个司机，其收入在 1 000 美元到 1 100 美元之间的概率，而是想知道假设我们随机选择一个司机，其收入不到 1 100 美元的概率。我们把这个表述用概率符号表示为 P（周收入 < 1 100 美元）。解决的方法是一样的：我们随机选择一个司机，找到其收入在 1 000 美元和 1 100 美元之间的概率，为 0.341 3，收入小于 1 000 美元的概率是 0.500 0，把这两个概率相加，0.341 3 + 0.500 0 = 0.841 3，即 84% 的优步司机每周收入不到 1 100 美元，如图 7-12 所示。

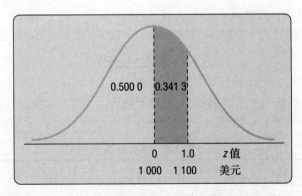

图 7-12　收入不到 1 100 美元的正态曲线下的面积表示

Excel 也能计算出这个概率。必要的软件命令都在附录 C 中。由 Excel 算出答案是 0.841 3，与我们计算的结果相同（见图 7-13）。

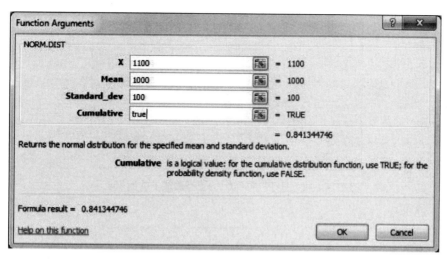

图 7-13　收入不到 1 100 美元的 Excel 计算结果

例 7-5　在例 7-2 里，我们讨论了优步司机的周收入服从均值为 1 000 美元，标准差为 100 美元的正态分布。随机选择一名司机，考察其周收入：

（1）其周收入在 790 美元到 1 000 美元的概率为多少？
（2）其周收入不到 790 美元的概率为多少？

解析　我们可以通过式（7-5）算出周收入为 790 美元所对应的 z 值，也就是

$$z = \frac{X-\mu}{\sigma} = \frac{790-1\,000}{100} = -2.10$$

如表 7-3 所示沿最左列下移到值为 2.1 的行，并找到 z 值为 0.00 对应的列，对应值是 0.482 1。因此，对应于 z 值为 2.10 的标准正态曲线下的面积是 0.482 1。但是，由于正态分布是对称的，所以 0 和负 z 值之间的面积与 0 和相应的正 z 值之间的面积相同，即找到一个收入在 790 ~ 1 000 美元的司机的可能性是 0.482 1。用概率的表示方法，写为 P（790< 周收入 <1 000）= 0.482 1。

表 7-3　部分 z 值

z	0.00	0.01	0.02
⋮	⋮	⋮	⋮
2.0	0.477 2	0.477 8	0.478 3
2.1	**0.482 1**	0.482 6	0.483 0
2.2	0.486 1	0.486 4	0.486 8
2.3	0.489 3	0.489 6	0.489 8
⋮	⋮	⋮	⋮

均值将正态曲线分成两个相同的部分。均值左边正态曲线下方的面积是 0.500 0，右边的面积也是 0.500 0。因为在 790 和 1 000 之间的曲线下的面积是 0.482 1，所以低于 790 所对应部分的面积是 0.017 9，由 0.500 0－0.482 1 得到。用概率的表示方法，我们写为 P（周收入 < 790）= 0.017 9。

因此，我们得出结论，48.21% 的优步司机周收入在 790 ~ 1 000 美元。此外，我们可以预计 1.79% 的人每周的收入低于 790 美元。图 7-14 总结了这些信息。

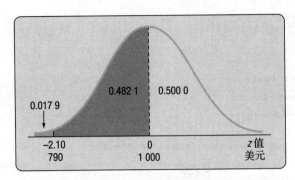

图 7-14 收入低于 790 美元的正态曲线下的面积表示

自测 7-4

某咖啡馆出售的咖啡温度遵循正态分布，其均值为 150 华氏度，标准差为 5 华氏度。
（1）咖啡温度在 150 华氏度与 154 华氏度之间的概率是多少？
（2）咖啡温度超过 164 华氏度的概率是多少？

正态分布的另一个应用是将两个区域的面积，或者说概率结合起来。这两个区域一个在均值的右边，另一个在均值的左边。

例 7-6 本例继续对优步司机的周收入进行讨论。其周收入是遵循均值为 1 000 美元，标准差为 100 美元的正态分布，则周收入在 840 美元与 1 200 美元之间的正态曲线下的面积是多少？

解析 这个问题可以分为两个部分。对于在 840 美元与均值 1 000 美元之间的面积：

$$z = \frac{X - \mu}{\sigma} = \frac{840 - 1\,000}{100} = \frac{-160}{100} = -1.60$$

对于在均值 1 000 美元与 1 200 美元之间的面积：

$$z = \frac{X - \mu}{\sigma} = \frac{1\,200 - 1\,000}{100} = \frac{200}{100} = 2.00$$

z 为 -1.60 时曲线下的面积为 $0.445\,2$（见附录 B.3）。z 为 2 时曲线下的面积是 $0.477\,2$。两个面积相加：$0.445\,2 + 0.477\,2 = 0.922\,4$。因此，收入在 840 美元与 1 200 美元之间的概率是 $0.922\,4$。用概率符号可表示为 $P(840 < 周收入 < 1\,200) = 0.445\,2 + 0.477\,2 = 0.922\,4$。综上所述，92.24% 的司机周收入介于 840 美元与 1 200 美元之间，如图 7-15 所示。

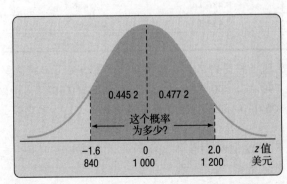

图 7-15 周收入介于 840 美元至 1 200 美元的正态曲线下的面积表示

正态分布的另一个应用是确定均值同一侧的值之间的面积。

例 7-7 本例继续对优步司机周收入（$\mu=1000$，$\sigma=100$）进行讨论。周收入在 1 150 美元与 1 250 美元之间的正态曲线下的面积是多少？

解析 这个问题同样可分为两个部分，使用式（7-5）。首先，我们找到周收入在 1 250 美元所对应的 z 值：

$$z = \frac{X-\mu}{\sigma} = \frac{1\,250-1\,000}{100} = 2.50$$

然后，我们再找周收入在 1 150 美元所对应的 z 值：

$$z = \frac{X-\mu}{\sigma} = \frac{1\,150-1\,000}{100} = 1.50$$

在附录 B.3 中，z 值为 2.50 所对应的区域面积是 0.493 8，所以周收入在 1 000 ～ 1 250 美元的概率是 0.493 8。同样地，z 值为 1.50 所对应的面积是 0.433 2，所以周收入在 1 000 ～ 1 150 美元的概率是 0.433 2。用 z 值为 2.50 的面积（0.493 8）减去 z 值为 1.50 的面积（0.433 2），就可以得出每周收入在 1 150 ～ 1 250 美元的概率。因此，每周收入在 1 150 ～ 1 250 美元的概率是 0.060 6（见图 7-16）。用概率符号表示为 P（840 < 周收入 < 1 200）= 0.493 8 - 0.433 2 = 0.060 6。

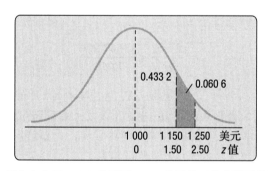

图 7-16 周收入介于 1 150 美元至 1 250 美元的正态曲线下的面积表示

综上所述，在标准正态分布下求面积有 4 种情况。
1. 要找 0 和 z 或 -z 之间的面积，请直接在表中查找概率。
2. 要找 z 或 -z 以外的面积，请在表中找到 z 的概率，并从 0.500 0 中减去该概率。
3. 为了求均值的不同边上两点之间的面积，应确定 z 值，并加上相应的概率。
4. 要求均值同一侧两个点之间的面积，应确定 z 值，并从较大的概率中减去较小的概率。

自测 7-5

回顾自测 7-4，某咖啡馆出售的咖啡温度服从正态分布，其均值为 150 华氏度，标准差是 5 华氏度。
（1）咖啡温度在 146 华氏度与 156 华氏度之间的概率是多少？
（2）咖啡温度在 156 华氏度与 162 华氏度之间的概率是多少？

前面的例题要求找到位于两个观测值之间的观测值百分比，或特定观测值 X 上方或下方的观测值百分比。正态分布的进一步应用，涉及在给定高于或低于某特定观测值的百分比时，

求出该特定观测值 X。

例 7-8 某轮胎公司希望为其型号为 MX100 的新轮胎设定最低里程保证。测试显示，里程数服从正态分布，平均里程为 67 900 英里，标准差为 2 050 英里。该公司想要设定最低的里程数，以使轮胎的更换率不超过 4%。该公司应该宣布多少的最低保证里程数？

解析 图 7-17 显示了这种情况下的各个方面，其中 X 表示最低保证里程数。

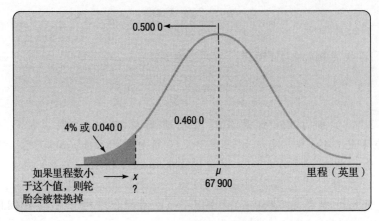

图 7-17 里程数的正态分布

将这些值代入式（7-5），则 z 可表示为

$$z = \frac{X-\mu}{\sigma} = \frac{X-67\,900}{2\,050}$$

这个式子包含两个未知数，z 和 X。想要找到 X，首先要找到 z 的值，然后求解出 X。回忆正态曲线的特征，在均值 μ 左侧的面积为 0.500 0。在 μ 和 X 之间的面积为 0.460 0，由 0.500 0 − 0.040 0 可得。参阅附录 B.3，在表中搜索离 0.460 0 最接近的面积，是 0.459 9。从这个值可以读到所对应的 z 值为 1.75。因为这个值在均值的左边，所以其真实值为 −1.75，这些步骤由表 7-4 呈现。

表 7-4 在正态曲线下选择面积

z	0.03	0.04	0.05	0.06
⋮	⋮	⋮	⋮	⋮
1.5	0.477 0	0.438 2	0.439 4	0.440 6
1.6	0.448 4	0.449 5	0.450 5	0.451 5
1.7	0.458 2	0.459 1	**0.459 9**	0.460 8
1.8	0.466 4	0.467 1	0.467 8	0.468 6

知道了 μ 与 X 的距离为 -1.75σ，或者 $z = -1.75$，我们就可以求出 X（最小保证里程）：

$$z = \frac{X-\mu}{\sigma} = \frac{X-67\,900}{2\,050}$$

$$-1.75 = \frac{X-67\,900}{2\,050}$$

$$-1.75 \times 2\,050 = X - 67\,900$$

$$X = 67\,900 - 1.75 \times 2\,050 = 64\,312$$

因此该公司可以在广告上宣传，如果轮胎在行驶 64 312 英里之前磨损，公司将免费更换轮胎，并且公司知道在这个计划下，只有4%的轮胎会被更换。

Excel 也能计算出里程值（见图7-18）。必要的软件命令在附录C中给出。

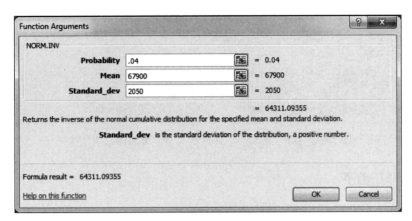

图 7-18　里程数的 Excel 计算图示

自测 7-6

通过对"商业导论"课程学生期末考试成绩的分析，我们发现成绩服从正态分布。分布的均值是75，标准差是8。教授想给成绩最高的10%的学生A，那么那些得A和得B的学生成绩的分界点是多少？

◆ **实践中的统计学**

许多产品的生产过程，如灌装饮料和零食，都是正态分布的。制造商必须防止灌装过量或灌装不足。如果灌得太多，会增加成本；如果灌得太少，会与商品描述不符而有被投诉的风险。"控制图"通常用于监控这类生产过程，即在均值上下三个标准差范围内画出限制。

7.4　正态分布对二项分布的近似

第6章描述了二项分布，它是一个离散型概率分布。附录B.1中的二项分布表给出了n从1到15的结果。如果一个问题涉及的样本容量为60，那么为这个庞大的数字生成一个二项分布将非常耗时。更有效的方法是用正态分布去近似二项分布。

当n很大时，我们可以用正态分布（连续分布）来代替二项分布（离散分布），因为当n增加，二项分布越来越接近正态分布。图7-19描述了当π为0.50，n取值为1、3、20时的二项分布形状的变化，请注意当$n=20$时图像是如何近似于正态分布的。

什么时候可以使用正态分布去近似二项分布？当$n\pi$和$n(1-\pi)$都至少为5时，正态分布便是二项分布的一个很好的近似。然而，在应用正态分布近似之前，必须确保我们所关注的分布实际上是一个二项分布。回顾第6章，该分布必须满足四个标准：

（1）一次试验只有两个相互排斥的结果："成功"和"失败"。

（2）这个分布是通过计算在固定数量的试验中成功的次数得出的。

（3）成功的概率π，在不同的试验中保持不变。

（4）每次试验都是相互独立的。

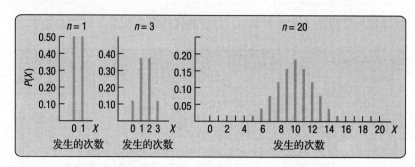

图 7-19　当 π 为 0.50，n 取值为 1、3、20 时的二项分布

7.4.1 连续修正因子

为了说明正态分布近似二项分布的应用和校正因子的需要，假设某比萨餐厅的管理者发现 70% 的新顾客会再次光顾餐厅。一周内，有 80 个新顾客（第一次）在该餐厅用餐，那么有 60 个或更多的顾客再次光顾的概率是多少？

注意，这里满足了二项式条件：①只有两种可能的结果——顾客选择再次光顾餐厅或者不光顾；②我们可以计算成功的次数，例如，80 个顾客中有 57 个再次光顾；③这些试验是独立的，也就是说，如果第 34 个顾客回来光顾吃第二顿饭，并不影响第 58 个顾客是否返回光顾；④对于所有 80 个顾客，每个顾客返回的概率为 0.70。

因此，使用二项分布的概率式（6-3）：

$$P(X) = C_n^X \pi^X (1-\pi)^{n-X}$$

要计算 60 个或更多顾客再次光顾的概率，首先需要计算恰好 60 个顾客返回的概率。也就是：

$$P(X=60) = C_{80}^{60}(0.7)^{60}(1-0.7)^{20} = 0.063$$

接下来，求出恰好 61 个顾客返回的概率：

$$P(X=61) = C_{80}^{61}(0.7)^{61}(1-0.7)^{19} = 0.048$$

继续这个过程，直到把所有 80 个顾客返回的概率算出来，把求得的概率全部加起来，用这种方式解决问题是冗长乏味的。我们也可以使用统计软件包来计算各种概率。下面列出了当 $n=80$，$\pi=0.70$ 和 X 在 43 到 68 之间的二项分布的概率。小于 43 或大于 68 的顾客数返回的概率小于 0.001。可以假设这些概率是 0.000（见表 7-5）。

表 7-5　返回顾客数的二项分布的概率

返回顾客数	概率	返回顾客数	概率
43	0.001	48	0.015
44	0.002	49	0.023
45	0.003	50	0.033
46	0.006	51	0.045
47	0.009	52	0.059

（续）

返回顾客数	概率	返回顾客数	概率
53	0.072	61	0.048
54	0.084	62	0.034
55	0.093	63	0.023
56	0.097	64	0.014
57	0.095	65	0.008
58	0.088	66	0.004
59	0.077	67	0.002
60	0.063	68	0.001

可以通过求 0.063 + 0.048 + ⋯ + 0.001 得到有 60 或 60 个以上顾客再次光顾的概率，其值为 0.197。图 7-20 显示了这种分布与正态分布的相似性。我们所需要做的就是把离散概率"平滑化"为连续型（见图 7-20）。此外，处理正态分布比处理二项分布涉及的计算要少得多。

方法是把 56 个顾客的离散概率用 55.5 和 56.5 之间的连续曲线下的面积表示出来，用 56.5 和 57.5 之间的面积来表示 57 个顾客的概率，依此类推。这与四舍五入到整数正好相反。

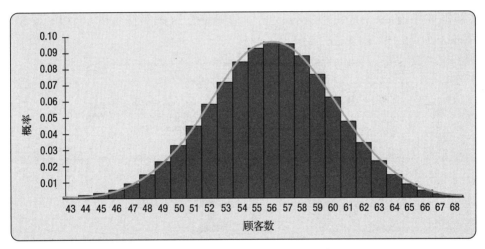

图 7-20　离散概率"平滑化"为连续型

因为我们使用正态分布来确定 60 个顾客或 60 个顾客以上的二项分布的概率，所以必须从 60 中减去 0.5。值 0.5 被称为连续修正因子。这个小的调整是因为连续分布（正态分布）被用来近似离散分布（二项分布）。

> **连续修正因子（continuity correction factor）**：当离散概率分布近似为连续概率分布时，根据问题的不同，对选定的值加上或减去 0.5。

7.4.2　如何应用连续修正因子

应用连续修正因子有 4 种情况，包括：
（1）对于至少出现 X 次的概率，使用 (X-0.5) 上面的面积。
（2）对于超过 X 次的概率，使用 (X+0.5) 上面的面积。

（3）对于 X 或更少发生的概率，使用（X+0.5）下面的面积。
（4）对于出现小于 X 次的概率，使用（X−0.5）下面的面积。

用正态分布来近似该比萨餐厅的 80 个顾客中至少有 60 个再次光顾的概率，请遵循以下步骤。

第 1 步：使用式（7-5）找到 X 为 59.5 所对应的 z 值，并且通过式（6-4）和式（6-5）找到二项分布的均值和方差：

$$\mu = n\pi = 80 \times 0.70 = 56$$
$$\sigma^2 = n\pi(1-\pi) = 80 \times 0.70 \times (1-0.70) = 16.8$$
$$\sigma = \sqrt{16.8} = 4.10$$
$$z = \frac{X-\mu}{\sigma} = \frac{59.5-56}{4.10} = 0.85$$

第 2 步：在 μ 为 56 和 X 为 59.5 之间，确定正态曲线下的面积。从第 1 步，我们知道对应于 59.5 的 z 值是 0.85。参考附录 B.3，从左边往下读到 0.8，然后我们从水平看到以 0.05 为列头的内容，那个面积是 0.302 3。

第 3 步：通过从 0.500 0 中减去 0.302 3（=0.197 7）来计算超出 59.5 的面积。因此，0.197 7 是 80 个新顾客中有 60 个或更多会再次光顾的概率，用概率符号表示为 P（顾客 >59.5）=0.500 0−0.302 3=0.197 7（见图 7-21）。

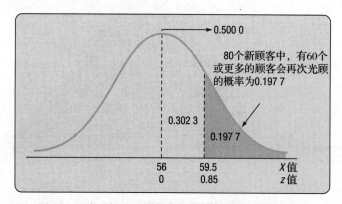

图 7-21 该示例中正态分布近似二项分布的图形表示

毫无疑问，使用二项分布的正态近似值是估计 60 个或更多新顾客再次光顾餐厅的更有效的方法，该方法比使用二项分布计算更好。使用二项分布的概率是 0.197，而使用正态近似的概率是 0.197 7。

自测 7−7

某家庭保险公司的一项研究显示，80% 的失窃案例中，失窃物品都没有被房主追回。
（1）在发生的 200 起盗窃案内，170 起或更多起盗窃案中没有追回赃物的概率是多少？
（2）在发生的 200 起盗窃案内，150 起或更多起盗窃案中没有追回赃物的概率是多少？

7.5　指数概率分布

到目前为止，我们学习了两个连续的概率分布，均匀分布和正态分布。我们将考虑的下一个连续分布是指数概率分布（也称指数分布）。这种连续的概率分布通常描述一个序列中事件之间的时间。这些动作以每单位时间或长度的恒定速率独立发生。因为时间不可能倒退，所以指数分布的随机变量总是正的。指数分布通常描述如下情况：

- 在某公共图书馆问讯处为顾客服务的时间。
- 网站"点击"的间隔时间。
- 厨房用具的使用寿命。
- 下一个电话接入客户服务中心的时间。

指数分布是正偏的，而均匀分布和正态分布是对称的。指数分布只由一个参数描述，我们将其记为 λ。λ 通常被称为"速率"参数。图 7-22 展示了当把 λ 的值从 0.33 变为 1 和 2 时，指数分布的形状。我们观察到，当 λ 减小时，分布的形状"不那么倾斜"。

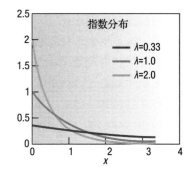

图 7-22　λ 不同时的指数分布示意图

指数分布的另一个特征是它与泊松分布有着密切的关系。泊松分布是一个离散型概率分布，并且只有一个参数 μ。我们在第 6 章描述了泊松分布，这也是一个正偏的分布。为了解释泊松分布和指数分布之间的关系，假设顾客在晚餐时间以每小时 6 次的速度到达一家家庭餐厅，泊松分布的均值就是 6。对于一个小时的时间间隔，我们可以使用泊松分布来计算 1 个、2 个或 10 个顾客到达的概率。假设我们不研究一小时内到达的顾客数量，而是希望研究他们到达时间的间隔。到达时间间隔是一个连续的分布，因为时间是作为一个连续的随机变量来测量的。如果顾客以每小时 6 次的速度到达，那么从逻辑上讲，通常或平均到达时间是 1/6 小时，也就是 10 分钟。我们在这里需要小心处理，以便保持单位一致，因此写为 1/6 小时。一般来说，如果我们知道顾客每小时一定的速率（称为 μ），那么我们可以预期到达的平均间隔时间是 $1/\mu$，即速率参数 λ 等于 $1/\mu$。在这个例子中，顾客到达时间之间的平均值为 λ =1/6 小时。

当随机变量的 X 值为 0 时，指数分布图从 λ 的值开始，逐渐向右移动，随着 X 的增加，分布逐渐下降。式（7-6）描述了以 λ 为速率参数的指数分布。正如之前描述的泊松分布，e 是一个数学常数，等于 2.718 28，它是自然对数的底数。指数分布的均值和标准差都等于 $1/\lambda$。

指数分布　$P(X) = \lambda e^{-\lambda X}$ 　　（7-6）

对于连续分布，我们不处理出现单独的值的概率。相反，两个指定值之间的概率分布图下面的区域面积给出了随机变量在该区间内的概率。如附录 B.3 的正态分布所示，表格对指数分布来说是不必要的。在指数密度函数下的面积，可由一个手持计算器上的 e^x 键完成。大多数统计软件包也可计算指数分布的概率，只需要输入速率参数 λ，便可以得到小于特定值 X 的概率。

用指数分布计算概率　$P(\text{Arrival time} < X) = 1 - e^{-\lambda X}$ 　　（7-7）

例 7-9　假设订单按平均每 20 秒一个的速率到达药店的网站，其服从指数分布。请计算下一个在 5 秒内到达网站的订单的概率，并计算下一个在超过 40 秒后到达网站的订单的概率。

解析 我们可以确定速率参数，在本例中为 1/20。为了求出概率，我们在式（7-7）中，将 $\lambda=1/20$ 和 $X=5$ 分别代入：

$$P(\text{Arrival time} < 5) = 1 - e^{-\frac{1}{20} \times 5} = 1 - e^{-0.25} = 1 - 0.7788 = 0.2212$$

所以我们得出结论，下一个订单有 22% 的概率在 5 秒内到达。该区域被识别为曲线下的有色区域（见图 7-23）。

前面的计算处理的是在指数分布中，当 $\lambda=1/20$ 时的左尾区域和 0 到 5 之间的区域，即小于 5 秒的面积。如果你对右尾区域感兴趣呢？也可以进行计算，见第 5 章中的式（5-3）。换句话说，要找出下一个超过 40 秒后到达的概率，我们要找出这个订单在 40 秒内到达的概率，然后用 1.00 减去结果，分两步来计算。

（1）找出一个订单在 40 秒内被接收的概率。

$$P(\text{Arrival time} < 40) = 1 - e^{-\frac{1}{20} \times 40} = 1 - 0.1353 = 0.8647$$

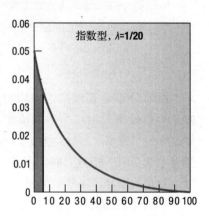

图 7-23 深色部分为到达时间在 5 秒以内的概率

（2）找出一个订单超过 40 秒被接收的概率。

$$P(\text{Arrival time} > 40) = 1 - P(\text{Arrival time} < 40) = 1 - 0.8647 = 0.1353$$

我们的结论是，药店收到下一份订单需要 40 秒或更长时间的概率为 13.5%。

在前面的例题中，当应用指数分布来计算到达时间大于 40 秒的概率时，会比较冗余。一般来说，如果我们希望找到时间大于某个值（如 40）的可能性，可以使用对立法则：

$$P(\text{Arrival time} > X) = 1 - P(\text{Arrival time} < X) = 1 - (1 - e^{-\lambda X}) = e^{-\lambda X}$$

换句话说，当我们用 1 减去式（7-7）来求右边尾部的面积时，结果是 $e^{-\lambda x}$。因此，在不借助对立法则的情况下，计算超过 40 秒后到达的概率如下：

$$P(\text{Arrival time} > 40) = e^{-\frac{1}{20} \times 40} = 0.1353$$

结果如图 7-24 所示。

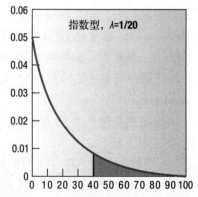

图 7-24 深色部分为超过 40 秒达到的概率

如果希望确定下一个订单到达时间超过 5 秒但少于 40 秒的概率，该怎么办呢？当 X 值为 40 时使用式（7-7），然后减去当 X 是 5 时式（7-7）的值。

$$P(5 \leq X \leq 40) = P(\text{Arrival time} \leq 40) - P(\text{Arrival time} \leq 5)$$
$$= (1 - e^{-\frac{1}{20} \times 40}) - (1 - e^{-\frac{1}{20} \times 5}) = 0.8647 - 0.2212 = 0.6435$$

我们的结论是，大约有 64% 的订单到达的时间将是 5～40 秒（见图 7-25）。

先前的例子是计算在两个观测值之间的百分比，或者求解高于或低于某特定值观测值的百分比。利用式（7-7），当比例高于或低于给定的观测值时，我们也可"反向"找到特定的观测值。

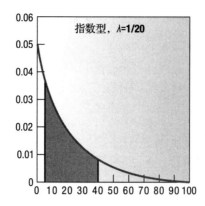

图 7-25　深色部分为订单到达时间超过 5 秒但小于 40 秒的概率

例 7-10　某计算机公司希望为其新电源装置设定一个最低的寿命保证。质量测试表明，故障发生的时间服从指数分布，均值为 4 000 小时。该公司希望保修期内只有 5% 的电源出现故障，应该将保修期设置为什么值？

解析　请注意，4 000 小时是均值，而不是速率。因此，我们必须设定 λ 为 1/4 000，即 0.000 25。如图 7-26 所示，其中 X 表示最小保证的寿命。

我们使用式（7-7），本质上是反向求解。在本例中，速率参数是 4 000 小时，我们想要让如图所示的面积为 0.05：

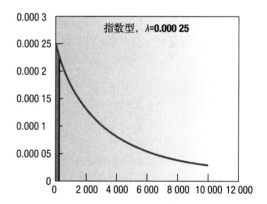

图 7-26　深色部分为电源出现故障的概率在 5% 以内的保修期小时

$$P(\text{Arrival time} < X) = 1 - e^{-\lambda X} = 1 - e^{-\frac{1}{4\,000}X} = 0.05$$

接下来，我们求解这个方程，方程两边同时减去 1，然后乘以 −1 来简化符号。结果是：

$$0.95 = e^{-\frac{1}{4\,000}X}$$

在等式两边同时取关于 X 的自然对数：

$$\ln(0.95) = -\frac{1}{4\,000}X$$

$$-0.051\,293\,294 = -\frac{1}{4\,000}X$$

$$X = 205.17$$

因此，将保修期设置为 205 小时，可保证只有约 5% 的电源出现故障。

自测 7-8

救护车到达医院急诊室的时间呈指数分布，均值为 10 分钟。
（1）下一辆救护车在 15 分钟或更短时间内到达的可能性有多大？
（2）下一辆救护车超过 25 分钟后到达的可能性有多大？
（3）下一辆救护车在超过 15 分钟但少于 25 分钟到达的可能性有多大？

（4）找出救护车到达之间时间的第 80 百分位（这意味着只有 20% 可能比这个到达时间长）。

章节摘要

1. 均匀分布为一个连续型概率分布，具有以下特征：
   （1）其图像为矩形。
   （2）均值和中位数相等。
   （3）完全由其最小值 a 和最大值 b 决定。
   （4）均值和标准差由以下公式计算：

$$\mu = \frac{a+b}{2} \tag{7-1}$$

$$\sigma = \sqrt{\frac{(b-a)^2}{12}} \tag{7-2}$$

   （5）在区域 a 到 b 的概率由以下公式计算：

$$P(X) = \frac{1}{b-a} \tag{7-3}$$

2. 正态分布为一个连续型概率分布，具有以下特征：
   （1）它是钟形的，在分布中心有一个单峰。
   （2）该分布关于均值对称。
   （3）该分布是渐进的，意味着分布曲线和 x 轴不相交。
   （4）完全由其均值 μ 和标准差 σ 决定。
   （5）正态分布是一个分布族。
      1）当均值和标准差不同时，所对应的正态分布也不同。
      2）正态分布可由以下公式描述：

$$P(X) = \frac{1}{\sigma\sqrt{2\pi}} e^{-\frac{(X-\mu)^2}{2\sigma^2}} \tag{7-4}$$

3. 标准正态分布是一个特殊的正态分布。
   （1）它的均值为 1，标准差为 0。
   （2）任何正态分布都可以由以下公式转换为标准正态分布：

$$z = \frac{X-\mu}{\sigma} \tag{7-5}$$

   （3）通过标准正态分布，可算出以标准差为单位，任意选定值与均值间的距离。
4. 在一定条件下，正态分布可近似二项分布。
   （1）$n\pi$ 和 $n(1-\pi)$ 都至少为 5。
      1）n 为观察次数。
      2）π 为成功的概率。
   （2）二项分布的条件：
      1）试验两种可能的结果。
      2）π 在每次试验中都保持不变。
      3）试验是相互独立的。
      4）该分布是对一定次数的试验中成功的次数进行计数的结果。
   （3）二项分布的均值和方差分别为

$$\mu = n\pi$$
$$\sigma^2 = n\pi(1-\pi)$$

（4）连续校正因子用于在任意方向上对某个连续值扩展半个单位。这种校正将离散分布平滑化，从而可用连续分布近似。

5. 指数分布描述了一个序列中事件之间的时间。
   （1）这些动作以每单位时间或长度的恒定速率独立地发生。
   （2）概率可由以下公式计算：
   $$P(X) = \lambda e^{-\lambda X} \tag{7-6}$$
   （3）它是非负、正偏的，稳定地向右下降，并且是渐近的。
   （4）曲线下区域的面积由以下公式计算：
   $$P(\text{Arrival time} < X) = 1 - e^{-\lambda X} \tag{7-7}$$
   （5）均值和标准差由以下公式计算：
   $$\mu = \frac{1}{\lambda}$$
   $$\sigma^2 = \frac{1}{\lambda}$$

章节练习

1. 对于一个定义在区间 [6，10] 上的均匀分布。
   （1）a 和 b 的值是多少？
   （2）此均匀分布的均值是多少？
   （3）标准差是多少？
   （4）指出概率为 1 的区域面积。
   （5）计算随机变量大于 7 的概率。
   （6）算出随机变量在区间 [7，9] 的概率。
2. 若某体育用品公司股票的收盘价均匀分布于 20 至 30 美元之间，则股票价格在下列情景中的概率是多少？
   （1）超过 27 美元。
   （2）小于或等于 24 美元。
3. 亚利桑那州弗拉格斯塔夫市某月降水量服从在区间 [0.5，3] 英寸上的均匀分布。
   （1）a 和 b 的值是多少？
   （2）该月的平均降水量是多少？标准差是多少？
   （3）该月降水量低于 1 英寸的概率是多少？
   （4）该月降水量正好为 1 英寸的概率是多少？
   （5）该月降水量超过 1.5 英寸的概率是多少？
4. 解释这句话的含义，"正态分布不止一个，而是有一个分布族"。
5. 一个正态分布的均值为 500，标准差为 10。
   （1）68% 的观测值将落于什么区间？
   （2）95% 的观测值将落于什么区间？
   （3）几乎所有观测值将落于什么区间？
6. 坎普家有一对双胞胎罗伯和瑞秋，他们都于两年前毕业，现在每人每年收入都是 50 000 美元。瑞秋在零售行业工作，该行业具有 5 年以下经验的管理职位年薪均值为 35 000 美元，标准差为 8 000 美元。罗伯是个工程师，具有 5 年以下经验的工程师的年薪均值为 60 000 美元，标准差为 5 000 美元。计算罗伯和瑞秋相应工资水平的 z 值，并解释你的发现。

7. 一个正态分布的总体，其均值为 20.0，标准差为 4.0。
   （1）计算 25.0 所对应的 z 值。
   （2）在区间 [20.0，25.0] 上的样本占总体的比值是多少？
   （3）小于 18.0 的样本占总体的比值是多少？

8. 一项对大型航空公司维修人员时薪的研究显示，他们的平均时薪为 20.5 美元，标准差为 3.5 美元。假设时薪服从正态分布，如果我们随机选取一组成员，他们的时薪落在下列区间内的概率是多少？
   （1）20.5 美元与 24 美元之间。
   （2）超过 24 美元。
   （3）低于 19 美元。

9. 一个正态分布的均值为 50，标准差为 4。
   （1）计算随机变量落在 [44.0，55.0] 之间的概率。
   （2）计算随机变量大于 55 的概率。
   （3）计算随机变量落在 [52.0，55.0] 之间的概率。

10. 假设美国国税局报告称，2016 年平均退税金额为 2 800 美元，标准差为 450 美元，并且退税金额服从正态分布。
    （1）退税金额超过 3 100 美元的概率是多少？
    （2）退税金额在 3 100 美元与 3 500 美元之间的概率是多少？
    （3）退税金额在 2 250 美元与 3 500 美元之间的概率是多少？

11. 一家全时段播报新闻的广播电台发现，听众转到本台的收听时长服从正态分布，均值是 15 分钟，标准差是 3.5 分钟。某个特定听众听取下列广播时长的概率是多少？
    （1）超过 20 分钟。
    （2）不超过 20 分钟。
    （3）10～12 分钟。

12. 一个正态分布的均值为 50，标准差为 4。计算低于多少的观测值涵盖了全部观测值的 95%。

13. 假设运营一家商业航空飞机每小时的成本服从均值为 2 100 美元，标准差为 250 美元的正态分布。成本最低的 3% 的航空飞机的每小时运营成本是多少？

14. 据媒体调查，一个普通美国人去年听了 195 小时音乐，低于 4 年前的 290 小时。迪克是乡村音乐和西部音乐的忠实粉丝，他工作、读书或开卡车的时候通常会听音乐。假设他听音乐的时长服从标准差为 8.5 小时的正态分布。
    （1）如果迪克在去年听歌时长排在前 1%，那么他去年至少听了多少小时？
    （2）假设 4 年前的听歌时长也服从标准差为 8.5 小时的正态分布，听歌时长排在后 1% 的人听歌时长不会超过多少时间？

15. 在经济理论中，最低预期回报率是人们做投资所能接受的最小回报率。一项调查报告称某一特定类型的普通股股票的年回报率服从均值为 12%，标准差为 18% 的正态分布。为了让股票筛选器从 20 只股票中筛选出 1 只符合条件的股票，其最低预期回报率应该设为多少？

16. 假设一个二项分布的 n=50，π=0.5。请计算：
    （1）随机变量 X 的均值和标准差。
    （2）随机变量 $X \geq 15$ 的概率。
    （3）随机变量 $X \leq 10$ 的概率。

17. 某税务服务公司专注于为医生、牙医、会计师和律师等客户提供纳税申报服务。美国国税局最近对其做的纳税申报的审计结果显示，去年的纳税申报有 7% 的错误。假设这个错误率延续到了今年，该公司今年做了 80 次纳税申报，其犯以下错误数量的概率是多少？
（1）超过 6 个。
（2）少于 6 个。
（3）正好 6 个。

18. 一项由全国知名的健康俱乐部进行的研究显示，30% 的新成员超重 15 磅。在大都市地区举行的一次会员活动中招募了 500 名新成员。
    （1）有人建议使用近似于二项分布的正态分布计算有不少于 175 名成员超重 15 磅的概率。这个概率问题符合二项分布的定义吗？请解释。
    （2）超重 15 磅的成员不少于 175 名的概率是多少？
    （3）超重 15 磅的成员不少于 140 名的概率是多少？

19. 在某三明治店下单后等待取餐的时间服从均值为 60 秒的指数分布。计算顾客等待以下时间的概率：
    （1）少于 30 秒。
    （2）超过 120 秒。
    （3）在 45 秒与 75 秒之间。
    （4）50% 顾客的等待时间不超过多少秒？

20. 美国劳工统计局调查发现，人们休闲时使用电脑的时长随着年龄的不同变化很大。75 岁及以上的人每天平均使用时长为 0.3 小时，15 岁至 19 岁的人每天平均使用时长为 1 小时。如果他们的使用时长服从指数分布，计算使用时长为下列情况的人群占比是多少：
    （1）少于 15 分钟。
    （2）超过 2 小时。
    （3）30 分钟与 90 分钟之间。
    （4）找出第 20 百分位数。80% 的人至少使用的时间为多少？

21. 一个体积为 12 盎司的易拉罐所装的可乐量均匀分布于 11.96 盎司与 12.05 盎司之间。
    （1）每罐含量的均值是多少？
    （2）每罐含量的标准差是多少？
    （3）随机挑选一罐可乐，其含量少于 12 盎司的概率是多少？
    （4）随机挑选一罐可乐，其含量超过 11.98 盎司的概率是多少？
    （5）随机挑选一罐可乐，其含量超过 11 盎司的概率是多少？

22. 许多零售商场提供它们自己的信用卡。在申请这种信用卡的时候，顾客会享受九折优惠。申请信用卡需要的时间均匀分布于 4 分钟与 10 分钟之间。
    （1）申请信用卡过程所需时间的均值是多少？
    （2）该过程的标准差是多少？
    （3）某次申请过程少于 6 分钟的可能性是多少？
    （4）某次申请过程超过 5 分钟的可能性是多少？

23. 将铝加工厂的净销售额和雇员人数用频率分布图表示后，都呈现出了正态分布的特征。对于净销售额，其均值是 180 百万美元，标准差是 25 百万美元，对于雇员人数，其均值是 1 500 人，标准差是 120 人。若某厂有净销售额 170 百万美元和雇员 1 850 人。
    （1）将该厂的净销售额和雇员人数转换成 z 值。
    （2）在附录 B.3 中找到两个 z 值对应的概率值。
    （3）比较该厂和其他厂商的净销售额和雇员人数。

24. 2015 年，美国农业部（http://www.cnpp.usda.gov/sites/default/files/CostofFood-Mar2015.pdf）发布报告称一个四口之家每月在食物上花费的平均值是 890 美元。假设四口之家每月食物花费服从正态分布，标准差为 90 美元。
    （1）每月食物花费在 430 至 890 美元之间的家庭占比是多少？

（2）每月食物花费少于 830 美元的家庭占比是多少？
（3）每月食物花费在 830 至 1 000 美元的家庭占比是多少？
（4）每月食物花费在 900 至 1 000 美元的家庭占比是多少？

25. 某制造公司为其员工提供了牙科险。人力资源部主管做的最新调查发现每人每年牙科费用服从正态分布，均值为 1 280 美元，标准差为 420 美元。
（1）每年牙科费用超过 1 500 美元的概率是多少？
（2）每年牙科费用在 1 500 美元与 2 000 美元之间的概率是多少？
（3）估计一个员工本年没有产生牙科费用的概率是多少？
（4）每年牙科费用最高的 10% 的员工的总费用是多少？

26. 据南达科他州卫生部说，成年女性比成年男性每周观看电视的时间更长。一项最新研究显示，女性每周平均观看电视 34 个小时，男性是 29 个小时。假设男女两个群体观看电视的时长都服从正态分布，女性的标准差是 4.5 个小时，男性是 5.1 个小时。
（1）女性每周观看电视时长少于 40 小时的比例是多少？
（2）男性每周观看电视时长超过 25 小时的比例是多少？
（3）每周观看电视时长最长的 1% 的女性会观看多少小时电视？相对应的男性会观看多少小时？

27. 某电子公司的管理层考虑采用一项奖金制度来增加产量。一名高管建议根据过往经验给予产量最高的 5% 的员工一份奖金。历史记录显示每周产量服从正态分布，均值是 4 000 个单位每周，标准差是 60 个单位每周。如果奖金给到产量最高的 5% 的员工，奖金将给到产量在多少单位及以上的员工？

28. 某电力公司提供一项无忧退售政策。每天办理退售的顾客数量服从正态分布，均值为 10.3，标准差为 2.25。
（1）对于任何一天，不超过 8 名顾客办理退售的概率是多少？
（2）对于任何一天，有 12 至 14 名顾客办理退售的概率是多少？
（3）有可能某天没有顾客办理退售吗？该概率是多少？

29. 某健康周报称 64% 的年龄超过 18 岁的美国男性认为营养很重要。假设我们选取了 60 名男性作为样本。计算发生以下情况的可能性：
（1）32 名及以上男性认为营养很重要。
（2）44 名及以上男性认为营养很重要。
（3）32 至 43 名男性认为营养很重要。
（4）正好 44 名男性认为营养很重要。

30. 南卡罗来纳州某地的交通分部报告称 40% 的汽车高速追逐会导致或大或小的事故。如果一年内发生 50 次高速追逐，有 25 次及以上会导致事故的概率是多少？

31. 美国机场处理国际航班的目标是争取在 45 分钟内完成。我们将其定义为 95% 的国际航班能在 45 分钟内被处理完，另外 5% 的航班需要更长时间处理。我们假设处理时长的分布近似于正态分布。
（1）如果处理航班时长的标准差是 5 分钟，则均值是多少？
（2）假设标准差是 10 分钟，则均值又是多少？
（3）一名顾客有 30 分钟的时间从其航班落地到乘坐豪华轿车，假设处理航班时长的标准差是 10 分钟，他有多大可能性能及时赶上轿车？

32. 某火腿公司加工的火腿罐头的重量服从均值为 9.2 磅，标准差为 0.25 磅的正态分布。商标上标注的是 9 磅。
（1）火腿重量实际低于商标标注重量的比例占多少？
（2）公司股东格伦正在考虑两种降低火腿低于标注重量的比例的方式。他可以将均值提高到 9.25 磅但标准差不变，或者维持均值为 9.2 磅，但将标准差从 0.25 磅降为 0.15 磅。你会推荐采用哪种方式？

33. 大多数汽车租赁期限为 4 年，最长可行驶 60 000 英里。如果超过这个数字，承租人会收到每英里

20 美分的罚金，一并算到租金成本里。假设 4 年租约的行程服从正态分布，均值是 52 000 英里，标准差是 5 000 英里。

（1）有多少比例的承租人会因超过里程限制被处罚？

（2）如果汽车公司想改变租约条款，使得有 25% 的租约会超过里程限制，则应该将里程限制设为多少？

（3）低里程数汽车是指 4 年中行驶里程低于 45 000 英里，则归还的汽车中有多大比例的汽车是低里程数汽车？

34. 爱情小说的年销售量服从正态分布，均值和标准差都未知。若其在一年中 40% 的时间销量超过 470 000，10% 的时间销量超过 500 000，则均值和标准差是多少？

35. 某电话销售公司正在考虑购买一个能随机选取电话号码并自动拨打的机器。该公司通常在晚上拨打电话进行销售，所以打办公电话将没人接听。这个机器制造商声称它的编程能将打给办公电话的占比降到 15%。为了验证这个声明，该公司的采购主管通过编程让机器选取了 150 个电话号码作为样本。假设制造商的声明是对的，则被选取的电话号码中超过 30 个是办公电话的可能性是多少？

36. 若埃里克穆萨的个人电脑的启动时间（从屏幕亮到能在微软操作系统点开第一个文件的时间）服从指数分布，均值为 27 秒，则以下启动时间发生的概率是多少？

（1）少于 15 秒。

（2）超过 60 秒。

（3）在 30 秒与 45 秒之间。

（4）低于多少秒的启动时间占比只有 10%？

37. 个人电脑发生故障的间隔时间服从指数分布，均值为 300 000 小时。计算以下情况的概率：

（1）在少于 100 000 小时的时间内发生了故障。

（2）持续 500 000 小时没有发生过故障。

（3）下一次故障发生的时间在 200 000 小时之后，350 000 小时之前。

（4）两次故障间隔时间的均值和标准差是多少？

数据分析

38. 参阅附录 A.2，它报告了 2015 赛季 30 支大联盟球队的信息。

（1）该赛季每支队伍的平均上座数是 243.9 万，标准差为 61.8 万。用正态分布估计上座数超过 350 万的队伍数量，并对你的估计与真实数据进行比较，评价你估计的准确性。

（2）球队薪金平均为 121 百万美元，标准差为 40 百万美元。用正态分布估计薪金超过 100 百万美元的队伍数量，并将你的估计与真实数据进行比较，评价你估计的准确性。

习题答案

扫码查看章节练习和数据分析答案

扫码查看自测答案

第 5～7 章回顾

本部分讨论了处理不确定性的方法。在第 5 章中，我们描述了概率的概念。概率是 0 到 1 之间的值，表示某一特定事件发生的可能性。我们研究了使用加法法则和乘法法则计算概率的方法，提出了计数的原则，包括排列和组合，还描述了使用贝叶斯定理的情况。

第 6 章描述离散型概率分布。离散型概率分布列出了一个试验的所有可能结果以及与每个结果相关的概率。我们描述了三种离散型概率分布：二项分布、超几何分布和泊松分布。二项分布的要求是每次试验只有两种可能的结果，成功的概率是恒定的，试验的次数是固定的，试验是相互独立的。二项分布给出了在一定次数的试验中成功的次数的概率。超几何分布类似于二项分布，但成功的概率不是常数，所以试验不是独立的。泊松分布的特点是在大量试验中成功的概率很小。它具有以下特征：随机变量是某一事件在固定区间内发生的次数，成功的概率与区间的大小成正比，区间是独立的、不重叠的。

第 7 章描述了三种连续型概率分布：均匀分布、正态分布和指数分布。均匀分布是矩形的，由其最小值和最大值定义。均匀分布的均值和中位数是相等的，它没有众数。

正态分布是使用最广泛的分布。它的主要特点是钟形对称，完全由其均值和标准差来描述，并具有渐近性，即从峰值开始沿各个方向平稳下落，但不与水平轴相交。在正态分布的族中，每个正态分布都有自己的均值和标准差。正态分布的个数是无限的。

为了找到任何正态分布的概率，可通过计算 z 值将正态分布转换为标准正态分布。z 值是 X 和均值之间的距离，单位是标准差。标准正态分布的均值是 0，标准差是 1。它是有用的，因为任何一个服从正态分布的事件的概率都通过它和正态分布表算得（见附录 B.3）。

指数分布描述了一个序列中事件之间的时间。这些事件以每单位时间或长度的恒定速率独立发生。指数分布是正偏的，以 λ 作为速率参数。均值和标准差是相等的，都是 λ 的倒数。

回顾练习

1. 丙氨酸是一种治疗粉刺的新药，制药商说其对 80% 的人都有效。假设由 15 人组成的样本人群将该药涂抹到了患病部位。发生以下情形的概率是多少？
   （1）全部 15 人都有明显的改善。
   （2）15 人中少于 9 人有明显的改善。
   （3）12 人及以上有明显的改善。
2. 一项对某大学篮球比赛出席人数的研究表明，出席率的分布是正态分布，均值为 10 000，标准差为 2 000。
   （1）某场比赛出席人数超过 13 500 的概率是多少？
   （2）出席人数在 8 000 与 11 500 之间的概率是多少？
   （3）10% 的比赛出席人数超过了多少或者低于多少？
3. 在科罗拉多州某住宅区，每个家庭的适龄入学儿童数量的分布如表 7-6 所示。

表 7-6 适龄入学儿童数量的分布情况

儿童数量	0	1	2	3	4
家庭占比	40	30	15	10	5

(1) 该住宅区每个家庭适龄入学儿童数量分布的均值和标准差是多少？
(2) 该住宅区计划建设一座新学校，因此需要估计适龄入学儿童数量。这里有 500 个家庭，你估计有多少适龄儿童？
(3) 将前述分布转换成只包含有孩子的家庭的分布。在有孩子的家庭中，孩子的平均数量是多少？

篇章测试

客观题

1. 在什么情况下概率会大于 1 或 100%？
2. 对某种活动的观察或采取某种测量方法的行为指的是_____。
3. 试验的一个或多个结果的集合为_____。
4. 两个或两个以上事件同时发生的可能性称为_____概率。
5. 在_____中，事件发生的先后顺序很重要，但在_____中，这不重要。
6. 在离散型概率分布中，所有可能结果之和等于_____。
7. 下列哪项不是二项分布的要求？（固定的成功概率、3 个或 3 个以上的结果、计数的结果）
8. 存在多少种正态分布？
9. 存在多少种标准正态分布？
10. z 值在 -0.76 与 0 之间的概率为？
11. z 值大于 1.67 的概率为？
12. 如果一个事件的发生不影响另一个事件的发生，则这两个事件是_____。
13. 如果由于一个事件的发生，导致另一个事件不发生，那么两个事件是_____。
14. 关于正态分布，下列选项不正确的是：_____。（具有渐近性、是一个分布族、只有两个结果、50% 的观测值大于均值）
15. 下列说法最能描述正态分布的形状的是：_____。（钟形、均匀的、V 形、无固定形状）

主观题

1. 注册会计师弗雷德要准备 20 份纳税申报表。在他的一叠账户中，12 个是个人账户，5 个是企业账户，3 个是慈善机构账户。如果他随机选择 2 份纳税申报表：
   (1) 2 份都是企业账户的概率是多少？
   (2) 至少有 1 份是企业账户的概率是多少？
2. 美国国税局公布：总收入超过 100 万美元的纳税申报表中，有 15% 将接受计算机审计。2017 年，注册会计师弗雷德完成了 16 份总收入超过 100 万美元的纳税申报表。
   (1) 这些纳税申报表中刚好有 1 份被审计的概率有多大？
   (2) 至少有 1 份被审计的概率有多大？
3. 弗雷德和另外 5 名注册会计师在税务所工作。办公室旁边有 5 个停车位，假设他们都开车去上班，注册会计师们的汽车在这 5 个车位上有多少种不同的安排方式？

4. 弗雷德打算研究一下他准备的 2017 年所有个税申报表上申请的免税情况，表 7-7 总结了单份申报表申请免税的次数的情况。

    （1）每份申报表的平均免税次数是多少？
    （2）每份申报表免税次数的方差是多少？

表 7-7 申请免税情况

免税次数	百分比
1	20
2	50
3	20
4	10

5. 美国国税局在一份发给所有参与税务准备的人的备忘录中表示，平均退税金额为 1 600 美元，标准差为 850 美元。假设退税金额服从正态分布。

    （1）退税金额在 1 600 美元与 2 000 美元之间的比例是多少？
    （2）退税金额在 900 美元与 2 000 美元之间的比例是多少？
    （3）根据上述资料，纳税人欠美国国税局，即退税金额少于 0 美元，这种情况发生的比例是多少？

6. 2017 年，弗雷德共完成了 80 份纳税申报表。他编制了一个表（见表 7-8），用以总结客户的家属人数与其是否收到退税之间的关系。

表 7-8 家属人数与其是否收到退税之间的关系表

是否收到退税	家属人数			合计
	1	2	大于等于 3	
是	20	20	10	50
否	10	20	0	30
合计	30	40	10	80

（1）这是一张什么表？
（2）随机抽取一位客户，其收到退税的概率是多少？
（3）随机抽取一位客户，其收到退税的概率或有 1 个家属的概率是多少？
（4）若客户收到了退税，则其有 1 个家属的概率是多少？
（5）客户没有收到退税，但其有 1 个家属的客户的概率是多少？

7. 美国国税局提供了一项让纳税人选择由国税局来计算他们的退税金额的服务。在繁忙的报税期，某服务中心收到申请这项服务的纳税申报表服从泊松分布，平均每天出现 3 次申请。计算在某天出现以下情况的概率：

（1）1 次申请都没有出现。
（2）只出现了 3 次申请。
（3）出现了 5 次或更多的申请。
（4）连续 2 天没有出现申请。

扫码查看
篇章测试答案

第8章

抽样方法和中心极限定理

耐克年度报告显示，美国人平均每年购买6.5双运动鞋。假设对81位顾客进行抽样调查，每年购买运动鞋数量的总体标准差为2.1，那么该项调查中均值的标准误差是多少？

学完本章后，你将能够：

① 解释为什么要进行抽样，并描述四种抽样方法。
② 定义抽样误差。
③ 演示如何构造样本均值的抽样分布。
④ 根据中心极限定理，定义样本均值的抽样分布的均值和标准误差。
⑤ 利用中心极限定理计算概率分布。

引言

第2~4章讲述了如何描述数据，为了说明这些方法，我们将苹果伍德汽车集团的四家经销商销售的180辆汽车的利润构建成频数分布，并计算了均值和标准差等位置测度和离散测度指标来描述利润的分散程度。在这些章节中，我们重点描述了数据的分布，也就是描述已经发生了的事情。

第5章研究概率，为统计推断奠定了基础。回想一下，在统计推断中被观察的个体或对象的全体被称为总体，我们的目标是基于样本来确定关于总体的一些特征。样本是总体的一部分或子集。第6章通过描述三个离散型概率分布来扩展概率概念：二项分布、超几何分布和泊松分布。第7章描述了三种连续型概率分布：均匀分布、正态分布和指数分布。概率分布包括试验的所有可能结果和每个结果发生的概率，我们使用概率分布来估计将来某事发生的可能性。

本章开始对抽样进行研究，抽样是从总体中选择观察对象的过程，因此我们可以利用这些信息对总体进行判断或推断。本章首先讨论从总体中选取样本的方法，然后构造样本均值的抽样分布，从而显示了样本均值总是在总体均值处聚集分布，最后证明对于任意总体，抽样分布的形状都逐渐收敛于正态分布。

8.1 抽样方法

第1章介绍了统计推断的目的是通过样本找到关于总体的特征，样本是所研究总体的一部分或子集，在许多情况下，抽样比研究整个总体更具有可行性。在本节中，我们讨论抽样的原因，并介绍几种抽样方法。

8.1.1 抽样的原因

之所以在研究总体特征时选择总体中的一部分或样本进行观察和测量，有很多实际的原因。以下是抽样的一些原因。

1. 研究整个总体是很费时的。 国家公职候选人希望确定他自己当选的机会，于是安排专业投票公司的工作人员通过实地访谈进行抽样调查，这个过程只需 1～2 天，但如果安排相同的工作人员和采访人员，每周工作 7 天，需要将近 200 年的时间才能联系所有投票人员！即使能够安排一大批采访人员，但与所有选民联系所得到的信息可能并不值得候选人花那么多时间。

2. 研究总体中所有对象的成本可能是非常巨大的。 美国有近 6 000 万个家庭，但民意调查和消费者测试组织，例如哈里斯互动公司（Harris Interactive Inc.）、CBS 新闻民意调查和佐格比民意测验机构（Zogby Analytics）通常只调查不到 2 000 个家庭。某调查机构收费 40 000 美元，通过邮寄样品来测试消费者对某种产品（如早餐麦片、猫粮或香水）的反应，并将消费者反应整合成列表，如果让 6 000 万个家庭进行同样的产品测试，费用太高，不值得。

3. 调查总体中所有对象实际上是不可能的。 有些总体是无限的，例如，我们不可能检查伊利湖水里的全部细菌含量，所以选择在不同地点进行采样。鱼、鸟、蛇、鹿等种群数量很大，而且不断移动、出生和死亡。我们无法统计加拿大所有的鸭或庞恰特雷恩湖中的所有鱼类，而是使用各种方法对其进行估计，例如，在随机选择的池塘上记录所有的鸭和捕鱼量，或在湖中预先选定的地方捕鱼。

4. 破坏性采样。 如果加利福尼亚州萨特家庭酒厂的品酒师喝光酒厂所有的酒之后再评价葡萄酒的好坏，他们就会消耗掉全部的研究对象，导致没有一瓶葡萄酒可供出售。在工业生产领域，钢筋、电线和类似产品必须具有一定的最小抗拉强度，为了确保产品符合最低标准，质量保证部门从当前的生产中选择一组样品，然后拉伸样品直到它断裂并记录断点（通常以 psi 为单位），显然，如果所有的电线或钢筋都进行了抗拉强度测试，就不能再进行出售或使用。出于同样的原因，伯比种子公司（Burpee Seeds Inc.）在种植季节之前只对少数种子进行了发芽试验。

5. 样本提供的信息是足够的。 即使有足够的资金研究 100% 的样本，结果也不是完全精确的。例如，联邦政府通过研究分散在美国各地的杂货店样本来确定每月食品价格指数，面包、豆类、牛奶和其他主要食品的价格构成了价格指数，假设我们将美国所有杂货店都纳入考虑范围，也不太可能对指数产生重大影响，因为牛奶、面包和其他主食的价格在不同连锁店的变化通常不会超过几美分。

8.1.2 简单随机抽样

最广泛使用的抽样方法是简单随机抽样。

> **简单随机抽样（simple random sampling）**：为了使总体中的每个对象都有相同的被抽取的机会而进行样本选取的方法。

接下来举例说明一组简单随机样本的抽样过程。假设研究的总体是 2017 年年末 30 支球队现役名册上的 750 名职业棒球大联盟的运动员。球员工会主席希望成立一个由 10 名球员组成的委员会来研究球员脑震荡问题。为确保总体中的每一位球员都有同样的机会被选入委员会，将每位球员的名字写在一张纸条上，并将所有的纸条放进一个盒子里。在纸条被彻底混合后，从箱子里抽出一张纸条确定第一位委员会成员，进行第一次选择，纸条不放回箱中，重复这个过程 9 次，最终选出的 10 个人组成了委员会（请注意，每次选择的概率确实略有增加，因为纸条没有重新放入纸箱。但是概率的差异很小，因为总体有 750 人，每次被选择的概率约为 0.001 3，结果保留四位小数）。

当然，把所有球员的名字写在纸条上的过程是非常耗时的，所以通常会使用随机数表，如附录 B.4 中的随机数表。在这种情况下，工会主席将准备一份包含全部 750 名球员的名单，并使用计算机应用程序将每位球员从第 1 名到第 750 名进行编号。使用随机数表时，在表中随机选择一个起始位置，然后在 001 到 750 之间选择 10 个三位数，也可以利用计算机生成随机数，这些数字与被选择参加委员会的 10 名参与者相对应。顾名思义，简单随机抽样意味着在 001 和 750 之间的任何数字被选中的概率都是相同的，因此，对应数字为 131 的球员被选择的概率与 722 号球员或 382 号球员被选择的概率相同。使用随机数为委员会选择球员能从选择过程中消除任何主观偏见。

表 8-1 演示了如何使用随机数表的一部分选择随机数。一种方法是在表中选择一个起点，选择起点的方法是闭上眼睛，用手指向表中的一个数字，任何起点都行；另一种方法是随机选择一列和一行。假设指向的时间是 3:04，使用小时数选择列，即第三列，然后使用分钟数选择行，即第四行，号码是 03759。因为只有 750 名球员，所以使用五位随机数的前三位数。因此，037 是第一名样本球员的对应号码，继续选择球员，可以朝任何方向前进。假设向右移动，数字 03759 右边前三位是 447，第 447 号球员是第二名入选委员会的球员，往右再下一个三位数是 961，跳过 961 和下一个数字 784，因为只有 750 名球员，所以选择的第三个球员是 189 号。继续这个过程，直到选出 10 名球员。

表 8-1 使用随机数表选择随机数

50525	57454	28455	68226	34656	38884	39018
72507	53380	53827	42486	54465	71819	91199
34986	74297	00144	38676	89967	98869	39744
68851	27305	03759	44723	96108	78489	18910
06738	62879	03910	17350	49169	03850	18910
11448	10734	05837	24397	10420	16712	94496
		起点	第二名球员			第三名球员

统计软件包（如 Minitab）和电子表格软件包（如 Excel）都可以选择简单随机样本。下面的案例使用 Excel 软件从数据列表中选择一个随机样本。

例 8-1 简·麦利和乔·麦利在北卡罗来纳州经营着一家酒店并提供早餐服务。该酒店有八间客房可供出租，为统计 2017 年 6 月每一天出租的房间数量（见表 8-2），使用 Excel 软件选择 6 月里 5 个晚上的样本数据。

表 8-2 2017 年 6 月酒店房间出租情况

日期	出租数量	日期	出租数量	日期	出租数量
1	0	11	3	21	3
2	2	12	4	22	2
3	3	13	4	23	3
4	2	14	4	24	6
5	3	15	7	25	0
6	4	16	0	26	4
7	2	17	5	27	1
8	3	18	3	28	1
9	4	19	6	29	3
10	7	20	2	30	3

解析 Excel 将选择随机样本并输出结果（见图 8-1）。在第一个抽样日期里，8 个房间中有 4 个是已出租的；在 6 月的第二个抽样日期里，出租了 7 个房间，结果在 Excel 的 D 栏中显示，Excel 的软件命令在附录 C 中。Excel 软件执行的是替换抽样，这意味着同一天可以在样本中出现不止一次。

	A	B	C	D
1	Day of June	Rentals		Sample
2	1	0		4
3	2	2		7
4	3	3		4
5	4	2		3
6	5	3		1
7	6	4		
8	7	2		
9	8	3		
10	9	4		
11	10	7		
12	11	3		
13	12	4		
14	13	4		
15	14	4		

图 8-1 随机抽样的 Excel 执行结果

自测 8-1

表 8-3 列出了参加商业统计入门课程的学生情况，随机抽取三名学生并就课程内容和教学方法提出问题。

（1）在纸条上手写 00 ～ 45，并将它们放入盒子里，选择的三个数分别是 31、07 和 25，那么样本中有哪些学生？

（2）请你使用随机数表（附录 B.4）选择样本。

（3）如果遇到随机数表中的数字 59，你会怎么做？

表 8-3 参加商业统计入门课程的学生情况

随机数	姓名	随机数	姓名
00	雷蒙德	15	斯科特艾伦
01	雷尼	16	海特菲尔德安
02	詹尼特	17	戴维
03	克里斯托弗	18	阿德里安
04	帕特里克	19	米歇尔
05	斯塔尔	20	科珀斯基丽
06	约瑟夫	21	布里吉特
07	汉斯	22	克里斯蒂娜
08	维奥拉	23	谢里尔安
09	扎尔法	24	格雷尔
10	苏珊基	25	克里斯蒂
11	詹姆斯	26	罗伯特
12	弗朗西斯	27	尼古拉斯
13	林恩	28	尼克弗吉
14	罗宾凯	29	彭尼·维特

(续)

随机数	姓名	随机数	姓名
30	珀斯·克里斯	38	斯特拉·德
31	玛丽·莱尼特	39	斯维蒂
32	里斯塔斯	40	沃拉·迈克尔
33	萨格·安妮	41	沃克·黛安
34	史密斯·希瑟	42	沃克·詹妮弗
35	斯奈	43	威廉·温迪
36	斯塔·玛丽亚	44	霍克
37	约翰·艾米	45	约德·阿兰

8.1.3 系统随机抽样

简单随机抽样方法在一些研究情况下是行不通的。例如，斯托德的杂货店想要对他们的客户进行抽样，研究客户在商店中花费的时间，此时简单随机抽样不是一种有效的方法，因为在实际中并没有客户信息，所以给客户分配随机数字是不可能的。但是，可以使用系统随机抽样的方法来选择具有代表性的样本。例如，可以在星期一到星期四这4天的时间里选择100个客户，每天挑选25个客户，并在每天不同的时间开始取样，如上午8点、上午11点、下午4点和下午7点。把4个时间点，以及星期一到星期四这4天写在纸条上，放在两顶帽子里，一顶里放有写了天数的纸条，另一顶放有写了时间的纸条。从每顶帽子中挑选一张纸条，确保4个时间点被随机地分配给某一天。假设我们选择了星期一下午4点作为开始时间，接下来选择1到10之间的一个随机数，比如6，于是抽样过程从星期一下午4点开始，选择第6个进入商店的客户作为样本之一，接着选择第10、16、26和第36个进入商店的客户作为样本，直到选完25个客户。最后统计样本客户在商店中花费的时间。

> **系统随机抽样（systematic random sampling）：** 将总体按一定顺序排序，选择一个随机起点，然后按照间隔 K 来选择总体中的个体。

我们在选择天数、时间和起点时采用简单随机抽样，但在选择实际的调查对象时采用系统随机抽样。

在使用系统随机抽样之前，我们应该仔细观察总体的物理顺序，当物理顺序与总体特征有关时，不应采用系统随机抽样，因为样本可能有偏差。例如，如果我们想审查文件抽屉中的发票，这些发票是按照美元金额升序排放的，那么通过系统随机抽样将不能得到一个无偏的随机样本，此时应采用其他抽样方法。

◆ **实践中的统计学**

从总体中选出一个无偏有代表性的样本需要用到随机数表。1927年，L.Tippett发表了第一本有关随机数表的书。1938年，R.A.Fisher 和 F. Yates 使用两副纸牌生成了15 000个随机数并出版。1955年，兰德公司公布了100万个随机数字，从那时起，用于生成"几乎"随机数字的计算机程序被开发出来，被称为伪随机。至今，计算机程序是否可以用来生成真正随机的数字仍然是一个有争议的问题。

随机且无偏的抽样方法对于做出有效的统计推断是极其重要的。1936年，《文学文摘》(The Literary Digest)进行了一次模拟投票,预测富兰克林·罗斯福和艾尔弗雷德·兰登竞选总统的结果。1 000万张选票以可退回明信片的形式按照《文学文摘》订阅者的电话号码簿和汽车登记地址发送。但在1936年,没有多少人买得起电话或汽车,因此,抽样的人口不能代表全部选民。另外,有超过1 000万人接受调查,但只得到了230多万人的答复,没有人试图了解那些做出答复的人是否代表了各个特征的选民。在选举日,富兰克林·罗斯福以61%的选票获胜。在20世纪30年代中期,拥有电话和汽车的人显然不能代表美国选民!

8.1.4 分层随机抽样

当一个总体根据某种特征可以清晰地划分为几组时,可以使用分层随机抽样。它保证每个组都有个体在样本中,这些组称为层(子总体)。例如,大学生可以分为全日制的或非全日制的,男性或女性,大一、大二、大三或大四。通常,层是根据个体的共同属性或特征形成的,从每个层中随机抽取一组样本,样本数量与每一层相对于总体的大小成正比。一旦层被定义,我们在每一组或每一层中应用简单随机抽样来收集样本。

> **分层随机抽样(stratified random sampling)**:将一个总体按一定标准划分为组,每个组称为层,从每个层中随机抽取一组样本。

例如,我们可以研究美国排名前352的最大公司的广告支出,这项研究的目的是确定高股本回报率(衡量盈利能力的指标)的公司是否比低股本回报率的公司在广告上花费更多。为了确保样本是352家公司的典型代表,这些公司按股本回报率的百分比分组,表8-4显示了层和其频率。如果使用简单随机抽样,会观察到第3层和第4层的公司有很高的概率被选择(概率为0.87),而其他层的公司被选择的机会很小(概率为0.13)。我们可能不会随机地选择第1层或第5层中的任何公司,然而,分层随机抽样将保证每个层至少有一个个体被加入样本。

表 8-4 分层随机抽样选择的数字

层	股本回报率(%)	公司数量	频率	样本量
1	30 及以上	8	0.02	1[①]
2	[20, 30)	35	0.10	5[①]
3	[10, 20)	189	0.54	27
4	[0, 10)	115	0.33	16
5	赤字	5	0.01	1
总计		352	1.00	50

① 0.02 × 50 = 1, 0.10 × 50 = 5,依此类推。

假设选择了50家公司进行深入研究,根据概率,从第1层中随机选择1家公司(0.02 × 50),从第2层随机选择5家公司(0.10 × 50)。在这种情况下,从每个层里抽样的公司数量与该层在总体中的频率成正比,分层随机抽样在某些情况下比简单随机抽样或系统随机抽样更能准确地反映总体的特征。

8.1.5 整群抽样

另一种常见的抽样方法是整群抽样,当对分散在一个大地理区域的总体进行抽样时,这种方法可以帮助我们降低抽样的成本。

> **整群抽样（cluster sampling）**：根据地理界限或其他界限将总体划分为不同群体，然后随机集群，并从每个集群中随机选择样本。

假设你想确定伊利诺伊州芝加哥大都会区居民对州和联邦环境保护政策的看法，对该地区每一个居民进行统计调查是非常耗时且昂贵的。所以，你可以通过将区域细分为小单元（也许是按县划分）来进行整群抽样，这些区域通常被称为基本单位（primary unit）。

芝加哥大都会区有 12 个县，假设你随机选择 3 个县：拉波特县、库克县和基诺沙县。接下来，你在随机选择的 3 个县中，再随机选取居民样本并对他们进行访谈，这也被称为通过中间单位（intermediate unit）取样。在本例中，中间单位是县。（请注意，这是整群抽样和简单随机抽样的结合。）

前几节讨论的抽样方法并不是全部的抽样方法，如果你参与的是市场营销、金融、会计或其他领域的研究项目，你需要查阅专门研究样本理论、关于样本设计的书籍。

自测 8-2

参考自测 8-1 和学生情况表，假设通过系统随机抽样选取一组样本，每隔 9 个选取一次。最初，名单上的第 4 名学生是随机挑选的，该学生编号是 03（要注意的是随机数以 00 开头）。请问哪些学生将被选择为样本呢？

8.2 抽样误差

在上一节中，我们讨论了一些抽样方法，这些抽样样本都是总体的无偏表示。在每种抽样方法中，从大小已知的总体里选择的每个可能样本都具有已知概率，这是描述无偏抽样的另一种方法。

样本用于估计总体特征，例如，样本均值可以用来估计总体均值。但是由于样本是总体的一部分，因此样本均值不太可能完全等于总体均值，同样，样本标准差不太可能完全等于总体标准差。我们可以考虑样本统计量与其相应的总体参数之间的差异，这种差异称为抽样误差。

下面的例题阐明了抽样误差的概念。

> **抽样误差（sampling error）**：样本统计量与其相应的总体参数之间的差值。

例 8-2 参考例 8-1，我们研究了位于北卡罗来纳州特赖恩地区某一旅馆租赁的房间数，总体为 2017 年 6 月内每日房间出租数。先找到总体均值，然后选取 3 组随机样本，每组包含 5 天的租房数，再计算每个样本的平均租房数量，并将其与总体均值进行比较。请问每组的抽样误差是多少？

解析 当月共有 94 次租房记录，所以平均每晚出租 3.13 个房间，用希腊字母 μ 表示总体均值。

$$\mu = \frac{\Sigma X}{N} = \frac{0+2+3+\cdots+3}{30} = \frac{94}{30} = 3.13$$

第一组随机抽样的 5 天里，出租的房间数分别为：4、7、4、3 和 1。这组样本的均值是 3.80，设为 $\bar{X}_1$。在 X_1 上的横条提醒我们，它是一个样本均值，下标 1 表示它是第一组样本的均值。

$$\bar{X}_1 = \frac{\Sigma X}{n} = \frac{4+7+4+3+1}{5} = \frac{19}{5} = 3.80$$

第一组样本的抽样误差是总体均值 3.13 和第一组样本均值 3.80 之间的差异，因此，抽样误差为 $\bar{X}_1 - \mu = 3.80 - 3.13 = 0.67$。从总体中随机抽取的第二个样本的房间数如下：3、3、2、3 和 6，这 5 个值的均值是 3.40。

$$\bar{X}_2 = \frac{\Sigma X}{n} = \frac{3+3+2+3+6}{5} = 3.40$$

抽样误差为 $\bar{X}_2 - \mu = 3.40 - 3.13 = 0.27$。第三组样本的均值为 1.80，抽样误差为 -1.33。

这些误差（0.67、0.27 和 -1.33）都是在估计总体均值时所产生的抽样误差。有时这些误差是正值，表明样本均值大于总体均值；有些时候是负值，表明样本均值小于总体均值。三次抽样的样本误差如下图所示。

June	Rentals	June	Rentals	June	Rentals		Sample 1	Sample 2	Sample 3
1	0	11	3	21	3		4	3	0
2	2	12	4	22	4		7	3	0
3	3	13	4	23	3		4	2	3
4	2	14	4	24	6		3	3	3
5	3	15	7	25	0		1	6	3
6	4	16	0	26	4	Total	19	17	9
7	2	17	5	27	1	Mean	3.80	3.40	1.80
8	3	18	3	28	1	Sampling Error	0.67	0.27	-1.33
9	4	19	6	29	3				
10	7	20	2	30	3				

当总体包含 30 个对象，样本量为 5 时，会产生大量可能的样本——准确地说是 142 506 个样本。在 142 506 个不同的样本中，每个样本都有相同的被选择的概率。每个样本可能有不同的样本均值和不同的抽样误差，抽样误差的值必然是 142 506 个不同可能样本中的一个。因此，抽样误差是随机的、偶然发生的。如果将 142 506 个样本的抽样误差全部相加，结果将等于零，这是正确的，因为样本均值是总体均值的无偏估计。

8.3 样本均值的抽样分布

在上一节中，我们定义了抽样误差，并通过将样本统计量（如样本均值）与总体均值进行比较给出了最终结果。接下来考虑另一个问题，当我们使用样本均值来估计总体均值时，我们如何确定估计的准确性？比如：

（1）质量总监仅根据 10 个样本来判断一台灌装可乐的机器是否满足每瓶可乐 20 盎司的工作性能？

（2）FiveThirtyEight.com 和盖洛普公司根据来自近 9 000 万投票总体的样本，如何对总统竞选中选民的人口统计做出准确的陈述？

为了回答这些问题，我们首先构建样本均值的抽样分布。

例 8-2 中的样本均值因抽样结果的不同而不同，第一组样本的均值为 3.80，第二组样本的均值为 3.40，总体均值为 3.13，如果我们将所有样本量为 5 的可能样本均值构建成一个概率分布，我们称这样的分布为样本均值的抽样分布。

样本均值的抽样分布（sampling distribution of the sample mean）：样本均值的抽样分布是给定样本容量的所有可能样本的均值概率分布。

下面的例题说明了如何构造样本均值的抽样分布，我们特地使用一个小的总体来展现总体均值和各样本均值之间的关系。

例8-3 塔尔图斯工业公司有7名生产员工（总体），每个雇员的时薪如表8-5所示。

表8-5 塔尔图斯工业公司生产员工的小时薪金

员工	时薪（美元）	员工	时薪（美元）
乔	14	简	14
山姆	14	亚特	16
苏恩	16	吐尔迪	18
鲍勃	16		

（1）总体均值是多少？
（2）假设样本量为2，样本的抽样分布是什么？
（3）抽样分布的均值是多少？
（4）可以对总体和抽样分布进行哪些统计描述？

解析 以下是上述问题的解决方案：
（1）总体很小，所以很容易计算总体均值为15.43：

$$\mu = \frac{\Sigma X}{N} = \frac{14+14+16+16+14+16+18}{7} = 15.43$$

我们用希腊字母 μ 来代表总体均值，前几章也提到过，希腊字母 μ 被用来表示总体参数。

（2）为了得到样本均值的抽样分布，我们需要从总体中选择所有样本量为2的可能样本，然后计算每组样本的均值。根据式（5-10），我们得到21个可能的样本。

$$C_N^n = \frac{N!}{n!(N-n)!} = \frac{7!}{2!(7-2)!} = 21$$

其中 $N=7$ 是总体中的个体数，$n=2$ 是样本数。

表8-6显示了从7名员工中选取2名的所有可能样本的样本均值，用这21个样本均值构造概率分布，我们称之为样本均值的抽样分布。表8-7中做了总结。

表8-6 样本量为2的所有可能样本的样本均值 （单位：美元）

样本	员工	时薪（美元）	总计	均值	样本	员工	时薪（美元）	总计	均值
1	乔、山姆	14、14	28	14	12	苏恩、鲍勃	16、16	32	16
2	乔、苏恩	14、16	30	15	13	苏恩、简	16、14	30	15
3	乔、鲍勃	14、16	30	15	14	苏恩、亚特	16、16	32	16
4	乔、简	14、14	28	14	15	苏恩、吐尔迪	16、18	34	17
5	乔、亚特	14、16	30	15	16	鲍勃、简	16、14	30	15
6	乔、吐尔迪	14、18	32	16	17	鲍勃、亚特	16、16	32	16
7	山姆、苏恩	14、16	30	15	18	鲍勃、吐尔迪	16、18	34	17
8	山姆、鲍勃	14、16	30	15	19	简、亚特	14、16	30	15
9	山姆、简	14、14	28	14	20	简、吐尔迪	14、18	32	16
10	山姆、亚特	14、16	30	15	21	亚特、吐尔迪	16、18	34	17
11	山姆、吐尔迪	14、18	32	16					

（3）利用表8-7中的数据，通过对各种样本均值进行求和，然后除以样本数，得到样本均值抽样分布的均值，通常记为 $\mu_{\bar{X}}$。μ 表示它是一个包含总体价值层面的参数，因为我们已经考虑了所有可能的样本，下标 $\bar{X}$ 表示它是样本均值的抽样分布。

$$\mu_{\bar{X}} = \frac{\text{所有样本均值之和}}{\text{样本数}}$$

$$= \frac{14 \times 3 + 15 \times 9 + 16 \times 6 + 17 \times 3}{21}$$

$$= \frac{324}{21} = 15.43$$

表 8-7　n=2 时样本均值的抽样分布

样本均值（美元）	出现次数	概率
14	3	0.142 9
15	9	0.428 5
16	6	0.285 7
17	3	0.142 9
	21	1.000 0

（4）如图8-2所示，它显示了基于表8-5中数据的总体分布和基于表8-7中数据的样本均值分布，由此可以得到如下结论：

1）样本均值分布的均值（15.43）等于总体均值：$\mu_{\bar{X}} = \mu$。

2）样本均值分布的范围小于总体分布的范围。样本均值分布的取值从14美元到17美元，而总体分布的取值从14美元到18美元。并且，如果我们继续增加样本量的大小，样本均值分布的取值范围就会变小。

3）样本均值的抽样分布形状和总体分布形状不同，样本均值分布趋于钟形，近似于正态分布。

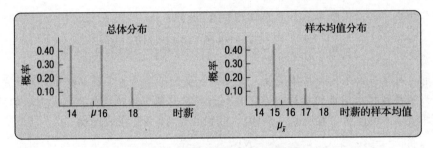

图 8-2　总体和样本均值的分布

从一个总体中抽取了所有可能的随机样本，并对每个样本计算了一个样本统计量（时薪的均值），这个例子说明了总体分布与样本均值的抽样分布之间的重要关系：

1）样本均值的抽样分布的均值与总体均值完全相等。
2）样本均值的抽样分布的取值范围小于总体分布。
3）样本均值的抽样分布趋于钟形，近似正态分布。

给定一个正态分布，我们将能够应用第7章中的概念来确定具有特定样本均值的样本概率。在下一节中，我们将展示样本量的重要性，因为它会影响样本均值的抽样分布。

自测 8-3

标准化学品公司聘用的5名高管的任职年限如表8-8所示。

（1）使用组合数式（5-10），确定样本量为2的样本数是多少？

（2）列出总体中包含任意两名主管的所有可能样本，并计算其均值。

表 8-8　5名高管的任职年限

姓名	任职年限
雪先生	20
托尔森女士	22
卡夫先生	26
欧文女士	24
琼斯先生	28

（3）构建样本均值的抽样分布。
（4）比较总体均值和样本均值。
（5）比较总体分布与样本均值抽样分布的分散情况。
（6）全部取值的总体分布如图 8-3 所示。总体分布是否呈正态分布（钟形）？

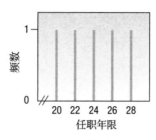

图 8-3　总体分布

（7）在第（3）问中计算的样本均值的抽样分布是否显示出某种钟形的趋势？

8.4　中心极限定理

本节考查中心极限定理，它可以应用在上一节介绍的样本均值的抽样分布中，使用正态分布来为总体均值创建置信区间（在第 9 章中描述），并进行假设检验（在第 10 章中描述）。中心极限定理指出，对于大的随机样本，样本均值的抽样分布形状接近正态分布。对于大样本而言，其分布的近似程度比小样本更接近，这是统计学中最有用的结论之一。我们可以在完全没有关于样本所在总体分布形状的信息下，对样本均值的分布进行推理。换句话说，中心极限定理对所有总体分布都是有用的。

> **中心极限定理（central limit theorem）**：如果从任意总体中选择所有具有特定大小的样本，则样本均值的抽样分布近似为正态分布，这种近似程度随着样本量的增加而增加。

为了进一步说明中心极限定理，我们假设如果总体服从正态分布，那么对于任何大小的样本量，样本均值的抽样分布也将是正态分布。如果总体分布是对称的（但不是正态的），你会发现即使样本量小到只有 10 个样本，样本均值分布也会呈现正态形状。另外，如果你从一个倾斜或厚尾的分布开始，我们可能需要 30 或更多的样本数才能观察到分布的正态特征。我们将以上概念总结在图 8-4 中，以描述各种总体分布的形状，并观察到不管总体分布的形状如何，抽样分布必定收敛到正态分布。

当总体不服从正态分布时，样本均值的分布将收敛到正态分布，这一概念表现在图 8-5、图 8-6 和图 8-7 中，下文我们将更详细地讨论这个例子。图 8-5 是一个非常倾斜的离散型概率分布图，从这个总体中，可以选择出很多个样本量为 5 的可能样本，假设我们从图 8-5 所描绘的总体中随机选择 25 组样本容量为 5 的样本，并计算每组样本的均值，这些结果如图 8-6 所示，请注意，样本均值分布的形状已经相较于原始总体的分布形状发生了变化，尽管我们只选择了许多可能的样本中的 25 组。换句话说，我们从偏斜的总体中选择了 25 个 $n=5$ 的随机样本，并发现了样本均值与总体分布形状不同。当我们取更大的样本，即 $n=20$ 而不是 $n=5$ 时，我们会发现样本均值的分布将接近正态分布，图 8-7 显示了来自同一总体的包含 25 个随机样本的 20 组观测结果,观察到有明显的正态分布趋势,这就是中心极限定理的核心。

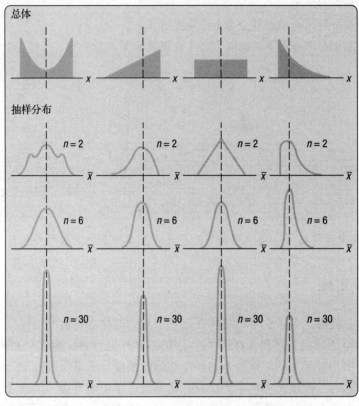

图 8-4 多个总体的正态收敛趋势

例 8-4 埃德·斯彭斯 20 年前开始了他的链轮业务,他的公司(斯彭斯链轮公司)近几年来发展壮大,现在已有 40 名员工。埃德想要决定为员工购买什么类型的医疗保险,于是,埃德将组建一个由 5 名代表员工组成的委员会,并要求委员会里的员工仔细研究医疗保险问题,然后提出建议。埃德认为,新员工对医疗保险的看法可能不同于老员工,如果埃德进行简单随机选择,他对入选委员会中的那些人在链轮公司工作的平均年限有何期待?如何比较所有员工(总体)工作年限的分布形状与样本均值的抽样分布的形状?斯彭斯链轮公司目前在薪资单上的 40 名员工的工作年限(四舍五入到最接近的年份)如表 8-9 所示。

表 8-9 斯彭斯链轮公司薪资单上的 40 名员工的工作年限

11	4	18	2	1	2	0	2	2	4
3	4	1	2	2	3	3	19	8	3
7	1	0	2	2	0	4	5	1	14
16	8	9	1	1	2	5	10	2	3

解析 图 8-5 是 40 名现任员工工作年限的频率分布直方图,该分布是正偏的。因为近年来由于公司业务扩大,40 名员工中有 29 人在公司工作不到 6 年,有 11 名在公司工作了 6 年以上,尤其是有 4 名员工在公司工作了 12 年或更长时间(频数在 12 以上),所以在工作年限的分布中有一条长尾向右,即分布呈正偏。

我们考虑第一个问题。埃德想成立一个由 5 名员工组成的委员会,研究医疗保险问题从而讨论决定哪种类型的医疗保险对大多数员工来说最合适。他应该如何选择委员会?如果他随机选择员工组成委员会，他对委员会个体的平均工作年限有何期望？

埃德把每位员工的工作年限分别写在不同的纸上，并把纸条放进一顶旧棒球帽里混合，然后从中随机抽取纸条。这5名员工的工作年限分别为1、9、0、19和14年。因此，这5名抽样员工的平均工作年限为8.6年。这与总体相比如何呢？此时，埃德不知道总体均值，但组成总体的员工人数只有40人，所以他决定计算所有员工的平均工作年限，结果为4.8年，计算过程如下：

$$\mu = \frac{11+4+18+\cdots+2+3}{40} = 4.80$$

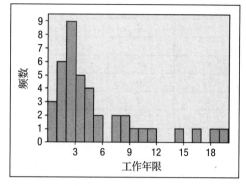

图 8-5 斯彭斯链轮公司员工工作年限分布

样本均值 ($\overline{X}$) 与总体均值 (μ) 的差值称为**抽样误差**，也就是说，样本均值8.60与总体均值4.80之间的差异3.80年为抽样误差，这属于偶然误差。因此，如果埃德选择这5名员工组成委员会，他们的平均工作年限将大于总体均值。

如果埃德把这5张纸放回棒球帽里，选择另外一组样本，会发生什么结果？你会期望第二组样本的均值与前一组完全相同吗？假设埃德选择了包含另外5名员工的一组样本，这个样本中员工的工作年限为7、4、4、1和3，这组样本的均值是3.80年。选择包含5名员工的25组样本，并计算每组样本的均值，结果如表8-10和图8-6所示。实际上，由组合数公式式（5-10），我们可以得到658 008组可能的样本。注意总体分布和这些样本均值的抽样分布在形状上的差异，员工工作年限的总体分布（见图8-5）是偏斜的，但这25组样本均值的分布并没有表现出相同的偏斜性。样本均值的抽样分布取值范围与总体分布的取值范围也有差异，总体取值从0年到19年，而样本均值的覆盖范围从1.6年到8.6年。

表 8-10 样本量为5名员工的25组随机样本

样本	对象1	对象2	对象3	对象4	对象5	总计	均值
A	1	9	0	19	14	43	8.6
B	7	4	4	1	3	19	3.8
C	8	19	8	2	1	38	7.6
D	4	18	2	0	11	35	7.0
E	4	2	4	7	18	35	7.0
F	1	2	0	3	2	8	1.6
G	2	3	2	0	2	9	1.8
H	11	2	9	2	4	28	5.6
I	9	0	4	2	7	22	4.4
J	1	1	1	11	1	15	3.0
K	2	0	0	10	2	14	2.8
L	0	2	3	2	16	23	4.6
M	2	3	1	1	1	8	1.6
N	3	7	3	4	3	20	4.0
O	1	2	3	1	4	11	2.2
P	19	0	1	3	8	31	6.2
Q	5	1	7	14	9	36	7.2
R	5	4	2	3	4	18	3.6

（续）

样本	对象1	对象2	对象3	对象4	对象5	总计	均值
S	14	5	2	2	5	28	5.6
T	2	1	1	4	7	15	3.0
U	3	7	1	2	1	14	2.8
V	0	1	5	1	2	9	1.8
W	0	3	19	4	2	28	5.6
X	4	2	3	4	0	13	2.6
Y	1	1	2	3	2	9	1.8

现在，让我们将每组样本的大小从5增加到20。表8-11显示了样本量为20名员工的25组样本的样本均值，样本均值频率分布如图8-7所示。

表8-11 样本量为20名员工的25组随机样本

样本	对象1	对象2	对象3	……	对象19	对象20	总计	均值
A	3	8	3	……	4	16	79	3.95
B	2	3	8	……	3	1	65	3.25
C	14	5	0	……	19	8	119	5.95
D	9	2	1	……	1	3	87	4.35
E	18	1	2	……	3	14	107	5.35
F	10	4	4	……	2	1	80	4.00
G	5	7	11	……	2	4	131	6.55
H	3	0	2	……	16	5	85	4.25
I	0	0	18	……	2	3	80	4.00
J	2	7	2	……	3	2	81	4.05
K	7	4	5	……	1	2	84	4.20
L	0	3	10	……	0	4	81	4.05
M	4	1	2	……	1	2	88	4.40
N	3	16	1	……	11	1	95	4.75
O	2	19	2	……	2	2	102	5.10
P	2	18	16	……	4	3	100	5.00
Q	3	2	3	……	3	1	102	5.10
R	2	3	1	……	0	2	73	3.65
S	2	14	19	……	0	7	142	7.10
T	0	1	3	……	2	0	61	3.05
U	1	0	1	……	9	3	65	3.25
V	1	9	4	……	2	11	137	6.85
W	8	1	9	……	8	7	107	5.35
X	4	2	0	……	2	5	86	4.30
Y	1	2	1	……	1	18	101	5.05

将$n=20$的抽样分布形状与总体分布（见图8-5）和样本为$n=5$的抽样分布（见图8-6）进行比较，你可以观察到两个重要的特征：

（1）样本均值分布的形状与总体分布不同。在图8-5中，所有员工的分布都是偏斜的，然而当我们从这个总体中选择随机样本构建样本均值的抽样分布时，它的形状发生了改变，且随着样本量的增加，样本均值的分布接近于正态分布，这就是中心极限定理。

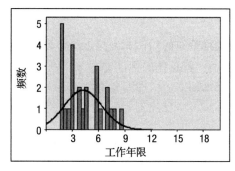
图 8-6 $n=5$ 时 25 组样本均值的直方图

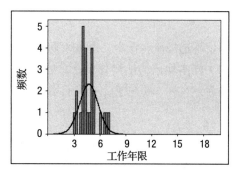
图 8-7 $n=20$ 时 25 组样本均值的直方图

（2）样本均值的抽样分布比总体分布的分散性更小。在总体中，所有员工工作年限从 0 至 19 年不等。当我们选择的样本大小为 5 时，样本均值的取值在 1.6 和 8.6 之间，当我们选择的样本大小为 20 时，样本均值取值范围在 3.05 和 7.10 之间。

我们还可以将样本均值与总体均值进行比较。根据表 8-11，$n=20$ 的 25 组样本的均值为 4.676 年。

$$\mu_{\bar{X}} = \frac{3.95+3.25+\cdots+4.30+5.05}{25} = 4.676$$

我们使用符号 $\mu_{\bar{X}}$ 来表示样本均值分布的均值，下标 $\bar{X}$ 提醒我们该分布是样本均值的抽样分布。我们观察到，样本均值的抽样分布的均值为 4.676 年，非常接近总体均值 4.80。

从这个例子中我们可以得出什么结论？中心极限定理表明，无论总体分布的形状如何，样本均值的抽样分布都会向正态分布收敛，抽样次数越多，收敛性越强。链轮公司的例子展现了中心极限定理的基本思想，我们从一个偏斜的总体出发（见图 8-5），选择了 25 组样本量为 5 的随机样本，并计算每组样本的均值，最后用这 25 个样本均值构建分布直方图（见图 8-6），我们观察到样本均值的抽样分布形状与总体有很大的不同。样本均值的抽样分布是近似于正态分布的，与之相比，总体分布是偏斜分布。

为了进一步说明中心极限定理的思想，我们将每组样本中的观测次数从 5 次增加到 20 次，同样选择了 25 组样本，并计算了每组样本的均值。最后，我们将这些样本均值构建成分布直方图（见图 8-7），图 8-7 直方图的形状明显地向正态分布收敛。

前文定义的中心极限定理没有提到样本均值的抽样分布的分散性，也没有比较样本均值的抽样分布与总体分布的均值。然而，在链轮公司的例子中，我们确实观察到样本均值分布的离散性比总体分布的离散性小，此外，我们观察到样本抽样分布的均值与总体均值很接近。可以证明，抽样分布的均值完全等于总体均值（$\mu_{\bar{X}} = \mu$）。如果总体的标准差为 σ，则样本均值的标准差为 $\sigma/\sqrt{n}$，其中 n 为每个样本中的观测数，将 $\sigma/\sqrt{n}$ 称为**均值的标准误差**（standard error of the mean）。

$$\text{均值的标准误差} \quad \sigma_{\bar{X}} = \frac{\sigma}{\sqrt{n}} \tag{8-1}$$

本节还得出了其他重要结论：

（1）如果能够从给定的总体中选择所有相同大小的可能样本，则样本均值的分布将完全等于总体均值，即

$$\mu = \mu_{\bar{X}}$$

即使不选择所有样本，也可以期望样本均值的抽样分布的均值非常接近总体均值。

（2）样本均值的抽样分布比总体分布的分散度小，若总体的标准差为 σ，则样本均值的标准差为 $\sigma/\sqrt{n}$。要注意，当我们增加样本量时，样本均值的标准误差会减小。

自测 8-4

请参阅链轮公司数据，使用本章前述的方法和随机数表（附录 B.4），选取 10 组样本量为 5 的随机样本。计算每组样本的平均值，并将样本均值绘制成图表形式，这 10 组样本均值的抽样分布的均值是多少？

8.5 样本均值的抽样分布的应用

大多数业务决策都是基于样本信息做出的。以下是一些相关的例子。

（1）某公司希望确保其出售的每瓶洗衣液中实际含有如标签上所示的 100 盎司液体，灌装过程的历史结果表明，每个容器的平均用量为 100 盎司，标准差为 2 盎司。上午 10 点，一名质量技术员测量了 40 瓶洗衣液，发现每瓶洗衣液的平均含量是 99.8 盎司，技术员是否应该停止灌装操作？

（2）尼尔森公司向电视广告公司提供信息，先前的研究表明，成年美国人每天平均看 6.0 小时的电视，标准差为 1.5 小时。我们随机选择 50 个成年人样本，请问他们每天平均看 6.5 小时或更长时间电视的概率是多少？

（3）豪顿电梯公司希望对新的超大电梯的乘坐人数进行限制。假设成人的平均体重为 160 磅，标准差为 15 磅，体重的分布并不服从正态分布，而是正偏分布的。请问对于 30 个成年人的样本，他们的平均体重是 170 磅或更多的可能性是多少？

我们可以使用上一节讨论的方法来回答这些问题。在每种情况下，我们都有一个关于其均值和标准差的信息，利用这些信息，我们可以确定样本均值的分布，并计算样本均值在一定范围内取值的概率。抽样分布将在两个条件下呈正态分布：

（1）当我们从正态总体分布中抽取样本时，可以不考虑样本量的大小。

（2）当不知道总体分布的形状时，样本量就显得很重要了。一般来说，随着样本量接近无穷大，抽样分布将呈正态分布。在实践中，当样本包含至少 30 个观测值时，抽样分布会接近正态分布。

我们使用上一章的式（7-5），可以将任意参数下的正态分布转换为标准正态分布。使用式（7-5）计算 z 值，我们可以使用标准正态表，从附录 B.3 中找出 z 在特定范围内取值的概率。求 z 值的公式为

$$z = \frac{X - \mu}{\sigma}$$

在这个公式中，X 是随机变量的值，μ 是总体均值，σ 是总体标准差。

但是，当从总体中抽样时，我们对样本均值 $\bar{X}$ 的分布感兴趣。我们用 n 个样本均值的标准误差代替总体标准差，也就是说，我们在分母中使用 $\sigma/\sqrt{n}$，而不是 σ。因此，为了求出样本均值在指定范围内取值的概率，我们首先用式（8-2）求出相应的 z 值，然后再使用附录

B.3 或统计软件确定概率。

$$\text{当总体标准差已知时} \quad z = \frac{\bar{X} - \mu}{\sigma/\sqrt{n}} \quad (8\text{-}2)$$

下面的例 8-5 显示了上述方法的应用过程。

例 8-5 可口可乐公司的质保部保存有关其大型瓶装可乐含量的记录。每瓶可乐的实际含量是至关重要的，公司不希望少装可乐，因为会出现与标签标注的含量不匹配的问题。但他们又不能把每瓶可乐装得太满，因为这样会减少利润。质保部保存的记录表明，可乐的含量服从正态分布，每瓶平均含量为 31.20 盎司，总体标准差为 0.4 盎司。今天上午 8 点，质量技术员从灌装线上随机抽 16 瓶，瓶子里可乐的平均含量是 31.38 盎司，这个结果可能吗？如果可能，是因为在瓶子里放了太多的可乐吗？换句话说，0.18 盎司的抽样误差是不正常的吗？

解析 使用上一节的结果来寻找从均值为 31.20（μ）盎司、标准差为 0.4（σ）盎司的正态总体中选择 16（n）瓶样本的全部可能情况，并从中找出样本均值为 31.38（$\bar{X}$）或更大的样本。我们用式（8-2）求 z 的值。

$$z = \frac{\bar{X} - \mu}{\sigma/\sqrt{n}} = \frac{31.38 - 31.20}{0.4/\sqrt{16}} = 1.80$$

这个方程的分子，$\bar{X} - \mu = 31.38 - 31.20 = 0.18$，是抽样误差，分母为样本均值的抽样分布的标准误差，因此，z 代表标准正态分布下的抽样误差。

接下来我们计算 z 值大于 1.80 的概率。从附录 B.3 可以看出，定位 z 值为 1.80 时对应的概率是 0.464 1，z 值大于 1.80 时对应的概率是 0.035 9（即 0.500 0－0.464 1）。

我们的结论是什么？"质量技术员从灌装线上随机抽 16 瓶，瓶子里可乐的平均含量是 31.38 盎司"是不太可能的。因为从一个均值为 31.20 盎司，总体标准差为 0.4 盎司的正态总体中选取 16 个观测样本，发现样本均值等于或大于 31.38 盎司的概率小于 4%。我们得出的结论是装瓶过程中放了过多的可乐，质量技术员应该向生产主管建议减少每瓶中可乐的含量。以上分析在图 8-8 中进行了总结。

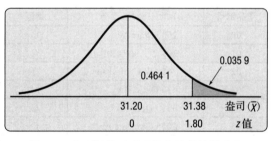

图 8-8 大型瓶装可乐平均含量的抽样分布

自测 8-5

请参阅可口可乐公司的信息，假设质量技术员选择了 16 瓶大型瓶装可乐作为样本，平均含量为 31.08 盎司，关于灌装过程，你能给出什么建议？

章节摘要

1. 从一个总体中抽样有很多的原因，列举以下几点：
   （1）样本的结果足够估计总体参数的值，而且更节省时间和金钱。
   （2）调查组成总体的全部个体可能太费时。
   （3）可能无法检查或联系组成总体的全部个体。
   （4）研究总体中所有个体的费用可能是非常巨大的。

(5) 对个体进行检验时可能会损坏抽样对象。
2. 在无偏样本中，总体中的所有个体都有机会被选择为样本，有以下几种概率抽样方法：
   (1) 在一组简单随机样本中，总体中的所有个体都有相同的机会被选择为样本。
   (2) 在系统随机抽样中，首先要选择一个随机起点，然后为样本选择此后的每第 K 个个体。
   (3) 在分层随机抽样中，首先将总体分为几组，称为层，然后从每个层中随机抽取一组样本。
   (4) 在整群抽样中，要先将总体划分为不同的群体，然后从子群中抽取样本。
3. 抽样误差是总体参数与样本统计量之间的差值。
4. 样本均值的抽样分布是样本量相同的所有可能样本的均值分布。
   (1) 对于给定大小的样本，从总体中选择所有可能的样本，其抽样分布的均值等于总体均值。
   (2) 样本均值的抽样分布的分散性小于总体分布。
   (3) 均值的标准误差衡量样本均值在抽样分布中的变化。标准误差定义为

$$\sigma_{\bar{X}} = \frac{\sigma}{\sqrt{n}} \qquad (8\text{-}1)$$

   (4) 如果总体服从正态分布，那么任意样本量下的样本均值的抽样分布也将服从正态分布；如果总体不是正态分布，样本量至少为 30 时，样本均值的抽样分布将接近正态分布。假设总体标准差已知，要确定样本均值在特定区域取值的概率，请使用以下公式：

$$z = \frac{\bar{X} - \mu}{\sigma / \sqrt{n}} \qquad (8\text{-}2)$$

章节练习

1. 表 8-12 是卢卡斯县 24 家比萨店的名单，商店的编号从 00 到 23，还标注了商店是公司所有的（C）还是经理所有的（M）。为了客户的安全，将抽取 4 个门店进行检查。

表 8-12　卢卡斯县 24 家比萨店的信息

商品编号	地址	类型	商品编号	地址	类型
00	2607 Starr Av	C	12	2040 Ottawa River Rd	C
01	309 W Alexis Rd	C	13	2116 N Reynolds Rd	C
02	2652 W Central Av	C	14	3678 Rugby Dr	C
03	630 Dixie Hwy	M	15	1419 South Av	C
04	3510 Dorr St	C	16	1234 W Sylvania Av	C
05	5055 Glendale Av	C	17	4624 Woodville Rd	M
06	3382 Lagrange St	M	18	5155 S Main	M
07	2525 W Laskey Rd	C	19	106 E Airport Hwy	C
08	303 Louisiana Av	C	20	6725 W Central	M
09	149 Main St	C	21	4252 Monroe	C
10	835 S McCord Rd	M	22	2036 Woodville Rd	C
11	3501 Monroe St	M	23	1316 Michigan Av	M

   (1) 选择的随机数为 08、18、11、54、02、41 和 54，请问应该选择哪些门店？
   (2) 使用随机数表选择你自己的门店样本。
   (3) 使用系统随机抽样，从列表中的第 3 个商店开始，每向后数 7 个位置的门店都被选择，那么样品中将包括哪些门店呢？
   (4) 使用分层随机抽样选择三个样本，要求两个门店是公司所有，一个门店是经理所有。
2. 表 8-13 是地铁托莱多汽车经销商协会的 35 个经销商个体，我们想估计经销商服务部门的平均收入。

首先设置个体的编号为 00 至 34。

表 8-13 地铁托莱多汽车经销商协会 35 个样本信息

编号	经销商	编号	经销商	编号	经销商
00	Dave White Acura	12	Spurgeon Chevrolet Motor Sales,Inc.	24	Lexus of Toledo
01	Autofair Nissan	13	Dunn Chevrolet	25	Mathews Ford Oregon, Inc.
02	Autofair Toyota-Suzuki	14	Don Scott Chevrolet	26	Northtown Chevrolet
03	George Ball's Buick GMC Truck	15	Dave White Chevrolet Co.	27	Quality Ford Sales, Inc.
04	York Automotive Group	16	Dick Wilson Infinity	28	Rouen Chrysler Jeep Eagle
05	Bob Schmidt Chevrolet	17	Doyle Buick	29	Saturn of Toledo
06	Bowling Green Lincoln Mercury Jeep Eagle	18	Franklin Park Lincoln Mercury	30	Ed Schmidt Jeep Eagle
07	Brondes Ford	19	Genoa Motors	31	Southside Lincoln Mercury
08	Brown Honda	20	Great Lakes Ford Nissan	32	Valiton Chrysler
09	Brown Mazda	21	Grogan Towne Chrysler	33	Vin Divers
10	Charlie's Dodge	22	Hatfield Motor Sales	34	Whitman Ford
11	Thayer Chevrolet/Toyota	23	Kistler Ford, Inc.		

（1）我们想随机抽取 5 个经销商作为统计样本。选择随机数为 05、20、59、21、31、28、49、38、66、08、29 和 02，那么样本中包括哪些经销商？

（2）使用随机数表选择 5 个经销商样本。

（3）采用系统随机抽样，从列表中的第 4 个经销商开始，每隔第 7 个位置的随机数对应的经销商被选入，样品中包括哪些经销商？

3. 一个总体由以下 4 个样本组成：12、12、14 和 16。
   （1）列出样本量为 2 的所有样本，并计算每组样本的均值。
   （2）计算样本均值和总体均值分布的均值，比较两个值。
   （3）比较总体中的分散程度与样本均值的分散程度。

4. 一个总体由以下 5 个样本组成：12、12、14、15 和 20。
   （1）列出样本量为 3 的所有样本，并计算每组样本的平均值。
   （2）计算样本均值和总体均值分布的均值，比较两个值。
   （3）比较总体中的分散程度与样本均值的分散程度。

5. 在某律师事务所，有 6 个合伙人，表 8-14 列出的是每个合伙人上个月在法庭上实际参与的案件数量。
   （1）有多少组样本量为 3 的可能样本？
   （2）列出所有大小为 3 的可能样本，并计算每个样本中的平均案件数。
   （3）比较样本均值分布与总体均值的均值。
   （4）在类似于图 8-2 的图表上，将总体分布的分散度与样本均值的抽样分布的分散度进行比较。

6. 附录 B.4 是一个服从均匀分布的随机数表，因此从 0 到 9 的每个数字都有相同的可能性出现。
   （1）绘制一个图，显示随机数的总体分布，总体均值是多少？
   （2）表 8-15 是附录 B.4 中随机数表的前 10 行，假设要选取 10 组随机样本，每组样本有 5 个值，确定每组样本的均值，并在图表上绘制均值概率分布。

7. 把你口袋或钱包里的所有硬币（一分、五分、五角等）视为一个总体。然后构建一个频数表，从当前年份开始向后数，记录硬币的年龄（以年为单位），例如，如果当前年份是 2017 年，那么一枚印有 2015 年的硬币的年龄就是两年。

表 8-14 案件数量

合伙人	案件数
路德	3
吴	6
萨斯	3
弗洛雷斯	3
威廉斯	0
舒勒	1

表 8-15 随机数表的前 10 行

0	2	7	1	1
9	4	8	7	3
5	4	9	2	1
7	7	6	4	0
6	1	5	4	5
1	7	1	4	7
1	3	7	4	8
8	7	4	5	5
0	8	9	9	9
7	8	8	0	4

(1) 绘制直方图或其他显示总体分布的图表。
(2) 随机选取 5 枚硬币，记录抽样硬币的平均年龄，并重复此抽样过程 20 次，然后绘制一个直方图或其他图表以展示样本均值的抽样分布。
(3) 比较两个直方图的形状。

8. 假设某一正态总体均值为 60，标准差为 12，选择样本量为 9 的随机样本，计算样本均值在以下情况下的取值概率：
 (1) 超过 63。
 (2) 低于 56。
 (3) 在 56 和 63 之间。

9. 在南加利福尼亚州的某一地区，单间公寓的月租金平均为 2 200 美元，标准差为 250 美元。月租的分布不服从正态分布，而是正偏分布。现选择 50 套单间公寓样本，平均每月租金至少 1 950 美元的概率是多少？

10. 位于某广场商场编号为 00 至 24 的 25 家零售店如表 8-16 所示。

表 8-16 编号为 00 至 24 的 25 家零售店

编号	零售店	编号	零售店	编号	零售店
00	Elder-Beerman	09	Lion Store	18	County Seat
01	Sears	10	Bootleggers	19	Kid Mart
02	Deb Shop	11	Formal Man	20	Lerner
03	Frederick's of Hollywood	12	Leather Ltd.	21	Coach House Gifts
04	Petries	13	Barnes and Noble	22	Spencer Gifts
05	Easy Dreams	14	Pat's Hallmark	23	CPI Photo Finish
06	Summit Stationers	15	Things Remembered	24	Regis Hairstylists
07	E. B. Brown Opticians	16	Pearle Vision Express		
08	Kay-Bee Toy & Hobby	17	Dollar Tree		

(1) 如果选择了随机数 11、65、86、62、06、10、12、77 和 04，那么应该联系哪些零售店进行调查？
(2) 使用附录 B.4 选择 4 家零售店的随机样本。
(3) 采取系统抽样方法，先选择第 1 家零售商店，然后每隔 3 家取一次。最终哪些零售店会在样本中？

11. 一个总体由三个值组成：1、2 和 3。
(1) 用替代抽样的方法列出样本量大小为 2 的所有可能样本，并计算每个样本的均值。
(2) 求样本均值的抽样分布和总体分布的均值，并比较两个值。
(3) 比较总体与样本均值的抽样分布的离散程度。
(4) 描述这两个分布的形状。

12. 某电子计算机制造商最近完成了一种新笔记本电脑的设计，最高管理层想要为新的笔记本电脑定价，于是联系了两家市场调研公司，要求它们制定定价策略。第一家市场调研公司对随机抽取的 50 个计划在明年购买笔记本电脑的用户进行了新笔记本电脑的测试；第二家市场调研公司对 200 个现有笔记本电脑用户进行了试销。哪家市场调研公司的测试结果会更有用？为什么？

13. 印第安纳州某地区有 25 家汽车旅馆，每个汽车旅馆的房间数如表 8-17 所示。
(1) 使用随机数表（附录 B.4），从这个总体中随机选择 5 个样本。
(2) 在前 5 家汽车旅馆中选择一个随机起点，然后依次往后，选择每隔 5 家的汽车旅馆，获得一个系统随机样本。
(3) 假设最后 5 家汽车旅馆是"减价"汽车旅馆。描述如何从包含 3 个普通汽车旅馆和 2 个"减价"汽车旅馆的总体中随机选择样本。

表 8-17 汽车旅馆的房间数

90	72	75	60	75
72	84	72	88	74
105	115	68	74	80
64	104	82	48	58
60	80	48	58	100

14. 假设你的统计老师在这个学期里进行了 6 次考试，你的考试成绩

如下：79、64、84、82、92 和 77。为了计算你的期末课程成绩，老师决定随机选择 2 个考试成绩，计算它们的均值，并使用这个分数来确定你的期末课程成绩。

（1）计算总体均值。
（2）有多少组样本容量为 2 的可能样本？
（3）列出所有样本容量为 2 的可能样本。
（4）计算样本均值分布的均值和总体分布的均值，并对比分析。
（5）如果你是一个学生，你会喜欢这样的安排吗？如果去掉最低分，结果会不会不一样？请写一个简单的说明。

15. 质量控制部雇用 5 名技术人员在白天值班，表 8-18 列出的是每个技术人员上周指示领班关闭制造过程的次数。

（1）从该总体中随机抽取两名技术人员，请问有多少种可能样本？
（2）列出所有样本量为 2 的可能样本，并计算每一个均值。
（3）比较样本均值分布的均值和总体均值。
（4）比较样本均值的抽样分布和总体分布的形状。

表 8-18 技术人员指示领班关闭制造过程的次数

技术人员	次数	技术人员	次数
泰勒	4	鲁舍	3
赫利	3	黄	2
古普塔	5		

16. 电力公司生产用于遥控玩具汽车的电池，这些电池的平均寿命遵循正态分布，均值为 35.0 小时，标准差为 5.5 小时。作为其质量保证计划的一部分，电力公司测试了 25 个电池。

（1）试分析样本均值分布的形状？
（2）样本均值分布的标准误差是多少？
（3）使用寿命超过 36 小时的电池样本占比多少？
（4）使用寿命超过 34.5 小时的电池样本占比多少？
（5）使用寿命在 34.5～36.0 小时的电池样本占比多少？

17. 近期研究表明，50 岁妇女平均每年花费 350 美元购买个人护理产品，该项支出数额服从正态分布，标准差为每年 45 美元。我们随机抽取 40 名女性样本，平均支出额为 335 美元，从指定的总体中找到样本均值大于或等于 335 美元的概率是多少？

18. 在美国，男子首次结婚时的年龄服从正态分布，平均年龄 29 岁，标准差为 2.5 岁。对于样本量为 60 的一组随机样本，他们第一次结婚的平均年龄小于 29.3 岁的概率是多少？

19. 某卡车公司送货卡车满载时的平均重量为 6 000 磅，标准差为 150 磅。假设总体服从正态分布，随机抽取 40 辆卡车并称重，请问 95% 的样本均值将出现在什么范围内？

20. 第一组学生运动员体能测试的平均成绩为 947 分，标准差为 205 分，如果你从全体学生运动员的总体中随机选择 60 个样本，其均值低于 900 分的概率是多少？

21. 表 8-19 是美国 50 个州的顺序列表，对应的数字从 00 到 49。

表 8-19 美国 50 个州及对应随机数

随机数	州	随机数	州
00	亚拉巴马州	10	夏威夷州
01	阿拉斯加州	11	爱达荷州
02	亚利桑那州	12	伊利诺伊州
03	阿肯色州	13	印第安纳州
04	加利福尼亚州	14	艾奥瓦州
05	科罗拉多州	15	堪萨斯州
06	康涅狄格州	16	肯塔基州
07	特拉华州	17	路易斯安那州
08	佛罗里达州	18	缅因州
09	佐治亚州	19	马里兰州

（续）

随机数	州	随机数	州
20	马萨诸塞州	35	俄克拉何马州
21	密歇根州	36	俄勒冈州
22	明尼苏达州	37	宾夕法尼亚州
23	密西西比州	38	罗得岛州
24	密苏里州	39	南卡罗来纳州
25	蒙大拿州	40	南达科他州
26	内布拉斯加州	41	田纳西州
27	内华达州	42	得克萨斯州
28	新罕布什尔州	43	犹他州
29	新泽西州	44	佛蒙特州
30	新墨西哥州	45	弗吉尼亚州
31	纽约州	46	华盛顿州
32	北卡罗来纳州	47	西弗吉尼亚州
33	北达科他州	48	威斯康星州
34	俄亥俄州	49	怀俄明州

（1）从此列表中选择 8 个样本，参考随机数如下：45、15、81、09、39、43、90、26、06、45、01 和 42。最终样本中包括哪些州？

（2）以数字 02 为起点，每隔 6 个选择该个体入样本，最终样本里包括哪些州？

22. 在过去 10 年中，信息系统安全协会成员每年遭受黑客攻击的均值为 510 次，标准差为 14.28 次，每年攻击次数服从正态分布且假设该情况暂时不会发生改变。问：

（1）在接下来的 10 年里，平均遭受超过 600 次攻击的概率是多少？

（2）计算未来 10 年的平均攻击次数在 500 到 600 的概率。

（3）在未来 10 年里，平均遭遇不到 500 次袭击的概率是多少？

23. 耐克的年度报告显示，美国人平均每年购买 6.5 双运动鞋。假设每年购买运动鞋的总体标准差为 2.1。对 81 名顾客进行抽样调查，问：

（1）该项调查的样本均值的标准误差是多少？

（2）样本均值在 6 到 7 的概率是多少？

（3）样本均值与总体均值之差小于 0.25 的概率是多少？

（4）样本均值大于 7 的可能性是多少？

数据分析

24. 参考附录 A.2 2015 赛季棒球数据，该数据报告了 2015 赛季 30 支主要棒球队的信息。在过去的十年里，每个团队的上座数服从正态分布，总体均值为 245 万，标准差为 71 万。计算 2015 赛季每支球队的上座数，并确定一组样本的上座数大于等于该值的概率是多少？

习题答案

扫码查看章节练习和数据分析答案

扫码查看自测答案

第9章

Chapter 9

参数估计与置信区间

美国退休人员协会收集了关于年轻已婚夫妻每周在外用餐次数的信息。一项对60对夫妻的调查显示,美国年轻已婚夫妻平均每周在外用餐次数为2.76次,标准差为0.75。请为总体均值构造99%的置信区间(见章节练习)。

学完本章后,你将能够:

① 计算和解释总体均值的点估计。
② 计算和解释总体均值的置信区间。
③ 计算和解释总体比例的置信区间。
④ 计算用于估计总体比例或总体均值所需的样本量。
⑤ 调整有限总体的置信区间。

引言

在前一章里我们对抽样进行了一些讨论,我们介绍了抽样的原因和方法。抽样原因主要有以下几个方面:

(1)调查统计总体里的全部个体太费时。
(2)研究总体中的所有个体往往成本过高。
(3)通过样本得出的结论往往已经足够。
(4)对个体的某些统计调查往往具有破坏性。
(5)调查统计组成总体的全部个体在实践上来说是不可能的。

我们还讨论了几种抽样方法。简单随机抽样是应用最广泛的方法,使用这种方法进行抽样时,总体中的每个个体都有相同的机会被选择为样本的一部分。此外,我们还讨论了其他抽样方法,如系统随机抽样、分层随机抽样、整群抽样。

第8章假设有关总体的信息,如均值、标准差或总体的形状都是已知的,但在大多数实际情况下,我们无法获得此类信息。事实上,抽样的一个目的是估计关于总体的一些参数值。例如,从总体中选择一组样本,并使用样本的均值来估计总体的均值。

本章考虑关于抽样的几个重要的应用。一种方法是点估计,点估计是从样本信息中获得的,用于计算和估计总体特征的样本值(点)。例如,我们可能对波士顿咨询集团雇用顾问的工作小时数感兴趣,所以使用简单的随机抽样,选择50名顾问,并询问他们每个人上周工作了多少小时,然后将样本均值作为未知总体均值的点估计。还有一种能提供更多信息的方法是提出一个数值区间,我们期望总体参数很可能出现在给定的区间范围内,这样的区间称为置信区间。

在商业分析中，我们经常需要确定样本的大小。比如，一个投票机构应该调查多少选民才能预测选举结果？我们需要检查多少产品才能保证其质量水平？本章讨论了如何确定合适的样本量来估计总体均值和总体比例。

◆ 实践中的统计学

根据美国环保署的要求，所有新车的车窗上都要有贴纸，展示出燃油经济性的大致估计值。通常，因为燃料成本或环境问题，燃油经济性是消费者选择新车的一个因素。据估计，2016年宝马328i轿车的燃油消耗速度是在城市每加仑23英里，在高速公路上每加仑35英里。美国环保署指出，实际的燃油经济性可能与估计值不同，没有任何测试可以模拟所有的情况，即气候、驾驶员行为和汽车养护习惯的所有可能组合。实际里程数取决于车辆的行驶方式、时间和地点。美国环保署还发现，大多数车辆的实际行驶英里数与估计值相差不过几英里。

9.1 总体均值的点估计

点估计是用于估计总体参数的单个样本统计量。假设百思买公司想估计购买液晶高清电视的人的平均年龄，公司随机选择75个最近购买过产品的顾客，确定每个买家的年龄，并计算样本中买家的平均年龄。这个样本的均值就是总体均值的点估计。

> **点估计（point estimate）**：点估计是用样本信息计算出的，用于估计总体参数的统计量。

下面几个例子说明了总体均值点估计的概念。

（1）旅游业是许多加勒比海国家的主要收入来源。假设巴巴多斯岛旅游局想要估计游客到巴巴多斯旅游的平均花费，调查每一位游客是不可行的。因此，旅游局随机挑选了500名即将离开巴巴多斯的游客，并详细询问了他们在巴巴多斯旅游期间的开支情况。作为样本的500名游客的平均花费是对未知总体参数的估计，也就是说，我们将样本均值作为总体均值的点估计。

（2）利奇菲尔德家居装修有限公司在美国东南部地区建造房屋，买家关注的主要问题之一是房屋完工的日期，该公司告诉客户："从我们开始安装墙体之日起，你的家将在45个工作日内完成。"利奇菲尔德的客户关系部门希望将这一承诺与最近的实际情况进行比较。今年完成的50所住宅样本显示，总体均值的点估计为"从安装墙体之日开始到装修完成需要46.7个工作日"。基于此，是否有理由得出总体均值仍然是45天，样本均值（46.7天）与假设的总体均值（45天）之间的差异是抽样误差？换句话说，样本均值是否与总体均值显著不同？

（3）最近的医学研究表明，运动是一个人健康生活的重要组成部分。一家大型玻璃制造商的人力资源总监希望估计员工每周的锻炼时间。一份由70名员工组成的样本显示，上周该公司员工的平均锻炼时间是3.3小时，这个值是对未知总体均值的点估计。

样本均值 $\bar{X}$ 不是总体参数唯一的点估计。例如，样本比例 P 是总体比例 π 的点估计，样本标准差 s 是总体标准差 σ 的点估计。

9.2 总体均值的置信区间

然而，一个点估计只构成了总体参数估计的一部分内容。虽然我们期望点估计接近总体参数，但如果想测量它的接近程度，可以通过置信区间来满足这一目的。例如，估计纽约新泽西地区建筑工人的平均年收入为 85 000 美元，估计值的范围可能从 81 000 美元到 89 000 美元，然后描述对总体参数落在该区间内有多大的把握。例如可以说，有 90% 的把握相信，纽约新泽西地区建筑工人的平均年收入在 81 000 美元到 89 000 美元。

> **置信区间（confidence interval）**：由样本数据构造的一个数值区间，总体参数很可能以指定的概率出现在该取值范围内，指定的概率称为置信水平。

分两种情况计算总体均值的置信区间：

（1）总体标准差（σ）已知，使用样本数据 $\bar{X}$ 来估计 μ。

（2）总体标准差未知，使用样本数据 $\bar{X}$ 来估计 μ。在这种情况下，我们用样本标准差（s）代替总体标准差（σ）。

这两种假设有很大区别，首先讨论第一种情况。

9.2.1 总体标准差 σ 已知

使用两个统计量来构建置信区间：样本均值 $\bar{X}$ 和标准差 σ。从前面的章节中，你已经知道标准差是一个重要的统计量，因为它度量了总体或抽样分布的离散测度。我们在计算置信区间时，也要使用标准差来计算置信区间的上下限。

为了理解置信区间，我们从一个简化假设开始。假设我们知道总体标准差的值为 σ，通常，在长期收集历史数据的情况下，可以认为我们知道总体标准差。例如，监测灌装汽水瓶或麦片盒的数据，以及 SAT 推理测试的结果。知道 σ 后，置信区间的构建过程就简化了，因为我们可以使用第 8 章中的标准正态分布。回想一下，样本均值的抽样分布是来自总体的、样本大小为 n 的所有样本均值 $\bar{X}$ 的分布。总体标准差 σ 已知，利用中心极限定理，我们知道抽样分布服从均值为 μ，标准差为 $\sigma/\sqrt{n}$ 的正态分布。

利用中心极限定理，使用 z 统计量做出以下陈述：

（1）从一个总体中选择随机样本，计算所有满足 $z=1.96$ 的置信区间，有 95% 的置信区间将包含总体均值。

（2）从一个总体中选择随机样本，计算所有满足 $z=1.65$ 的置信区间，有 90% 的置信区间将包含总体均值。

这些关于置信区间的描述提供了置信水平的示例，它们被称为 95% **置信区间**（95% confidence interval）和 90% **置信区间**（90% confidence interval）。95% 和 90% 是置信水平，是指在所有类似构造的区间中，包含总体真实参数（在本例中，真实参数是指总体均值 μ）的区间所占百分比。

如何得到 z 的两个值：1.96 和 1.65？让我们寻找 95% 置信区间的 z 值，下面的图 9-1 和表 9-1 将有助于理解。表 9-1 是附录 B.3 中正态分布表的一部分，许多行和列已经被删除，以便我们能够更好地关注特定的行和列。

（1）首先，把置信水平分成两半，得到 0.950 0/2=0.475 0。

（2）接下来，在表 9-1 中找 0.475 0。注意一点，0.475 0 位于表格中的某一行和某一列的交点处。

（3）在左边距中找到对应的行值1.9，在上边距中找到列值为0.06，将行和列的值相加，可得到z值为1.96。

（4）因此，z值在0和1.96之间取值的概率是0.475 0。

（5）同样，由于正态分布是对称的，所以统计量z在-1.96和0之间取值的概率也是0.475 0。

（6）将这两个概率相加，z值在-1.96和1.96之间的概率是0.95。

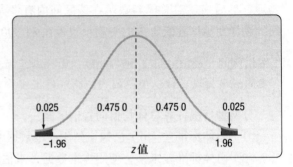

图9-1 标准正态分布的概率密度函数曲线

对于90%的置信水平，我们遵循同样的步骤：首先，将置信水平分成两半，得到0.45，表9-1中没有这个值，但它位于0.449 5和0.450 5这两个值之间；然后，定位到表9-1中，0.449 5对应的z值为1.64，0.450 5对应的z值为1.65，为了保守起见，我们选择两个z值中较大的值1.65，然后计算相应的置信水平为90.1%。接下来，就确定了z在-1.65和0之间取值的概率是0.450 5，于是z值在-1.65到1.65之间的概率为0.901 0。

表9-1 正态分布表节选

z	0.00	0.01	0.02	0.03	0.04	0.05	0.06	0.07
⋮	⋮	⋮	⋮	⋮	⋮	⋮	⋮	⋮
1.5	0.433 2	0.434 5	0.435 7	0.437 0	0.438 2	0.439 4	0.440 6	0.441 8
1.6	0.445 2	0.446 3	0.447 4	0.448 4	**0.449 5**	**0.450 5**	0.451 5	0.452 5
1.7	0.455 4	0.456 4	0.457 3	0.458 2	0.459 1	0.459 9	0.460 8	0.461 6
1.8	0.464 1	0.464 9	0.465 6	0.466 4	0.467 1	0.467 8	0.468 6	0.469 3
1.9	0.471 3	0.471 9	0.472 6	0.473 2	0.473 8	0.474 4	**0.475 0**	0.475 6
2.0	0.477 2	0.477 8	0.478 3	0.478 8	0.479 3	0.479 8	0.480 3	0.480 8
2.1	0.482 1	0.482 6	0.483 0	0.483 4	0.483 8	0.484 2	0.484 6	0.485 0
2.2	0.486 1	0.486 4	0.486 8	0.487 1	0.487 5	0.487 8	0.488 1	0.488 4

如何确定95%的置信区间？区间的宽度由两个因素决定：①置信水平；②均值标准差。为了找到均值的标准误差，回忆上一章的内容[见式（8-1）]，均值的标准误差反映了样本均值抽样分布的离散性，公式如下：

$$\sigma_{\bar{X}} = \frac{\sigma}{\sqrt{n}}$$

式中　$\sigma_{\bar{X}}$——均值标准误差的符号，用希腊字母来表示它是一个总体值，下标$\bar{X}$是样本均值抽样分布的参数；

　　　σ——总体标准差；

　　　n——样本观测次数。

标准误差的大小受两个值的影响：①总体标准差。总体标准差越大，$\sigma/\sqrt{n}$越大。如果总体同质，就会导致总体标准偏差（standard deviation）和均值标准误差（standard error）都很小。②样本观测次数。样本中的观测次数越大，估计的标准误差越小，即样本均值抽样分布的离散性越小。

通过以上分析，可以得到95%置信水平下的置信区间为

$$\bar{X} \pm 1.96 \frac{\sigma}{\sqrt{n}}$$

类似地，90.1%置信水平下的置信区间为

$$\bar{X} \pm 1.65 \frac{\sigma}{\sqrt{n}}$$

1.96和1.65分别是对应于95%和90.1%置信水平的z值，然而我们并不局限于这些置信水平，而是可以选择0到100%之间的任意置信水平，并通过统计量z找到相应的置信区间。一般情况下，当总体服从正态分布且总体标准差已知时，置信区间可以由以下公式得到：

σ已知情形下总体均值的置信区间 $\quad \bar{X} \pm z \dfrac{\sigma}{\sqrt{n}}$ （9-1）

为了理解这些概念和结论，请考虑以下的例子。德尔蒙特食品公司将桃丁装在4.5盎司的塑料杯中，为确保每个杯子至少含有所需重量，该公司在每杯中分配4.51盎司桃丁和凝胶。当然，并不是每个杯子里都会有正好4.51盎司，有的杯子多，有的杯子少。从历史数据可知，该食品每一杯的重量（盎司）服从正态分布，总体标准差为0.04盎司。质检技术员在某一批生产中选取64杯样品，并测量每杯含量及样本均值，然后构建总体均值95%的置信区间。通过置信区间判断，上述的装杯过程是否满足每个杯子至少含有所需重量？64杯的平均重量为4.507盎司，基于此信息，95%置信水平下的置信区间为

$$\bar{X} \pm 1.96 \frac{\sigma}{\sqrt{n}} = 4.507 \pm 1.96 \times \frac{0.04}{\sqrt{64}} = 4.507 \pm 0.009\,8$$

在95%的置信区间下，我们估计总体均值在4.497 2盎司和4.516 8盎司之间。回想一下，在这个过程中，假设每个杯子能装满4.51盎司，我们可以得出结论，即装杯过程达到了预期的结果。换句话说，可以合理地得出结论，均值为4.507盎司的样本可能来自均值为4.51盎司的总体分布。

在这个例子中，我们观察到4.51盎司的总体均值落在了我们给出的置信区间内，但情况并不总是如此。如果我们从总体中选择100组样本，每组样本量为64，计算样本均值，并建立一个置信区间，我们将期望在100个区间中大约有95个区间能覆盖总体真实均值。或者说，大约5个区间不能覆盖总体均值。从第8章可知，这属于抽样误差，下面的例题详细地说明了从总体中重复采样的情况。

例9-1　美国管理协会（AMA）正在研究零售行业商店经理的收入。随机抽样49名管理人员算得样本均值为45 420美元，总体标准差为2 050美元，协会希望能解决下列问题：
（1）总体均值是多少？
（2）总体均值取值的合理范围是多少？
（3）我们怎么解释这些结论？

解析　一般来说，工资和收入的分布是偏斜的，因为少数人的收入比其他人高得多，从而使分布偏斜。但中心极限定理指出，随着样本量的增加，均值的抽样分布向正态分布收敛。在这个例子中，49个商店经理的样本量已经足够大，我们可以假设抽样分布服从正态分布，

现在回答这个例子中提出的问题。

（1）在这种情况下，我们不知道总体均值。对未知总体参数的最佳估计是相应的样本统计量，我们已经知道样本均值是 45 420 美元，因此，45 420 是对未知总体均值的点估计。

（2）美国管理协会决定使用 95% 的置信水平，为了确定相应的置信区间，利用式（9-1）得到：

$$\bar{X} \pm 1.96 \frac{\sigma}{\sqrt{n}} = 45\,420 \pm 1.96 \times \frac{2050}{\sqrt{49}} = 45\,420 \pm 574$$

置信区间的上下限为 44 846 和 45 994，于是，我们得到置信水平为 95% 的置信区间取值范围是从 44 846 美元到 45 994 美元。其中，574 美元被称为误差范围。

（3）假设选择了许多组样本量为 49 的样本，计算每组样本的均值，然后构造 95% 的置信区间，期望大约 95% 的置信区间包含总体真实均值；或者说，大约 5% 的区间不包含总体均值（平均年收入 μ）。对某一特定的置信区间来说，结果只有两种，要么包含总体参数，要么不包含总体参数。图 9-2 显示了从零售行业商店经理总体中选择样本的结果，并计算了每组样本的均值，然后使用式（9-1）确定总体均值 95% 的置信区间。请注意，并非所有区间都包含总体均值，第 5 组样本的两个端点值都小于总体均值，我们将其归因为抽样误差，这是因为我们在选择置信水平时假定存在风险。

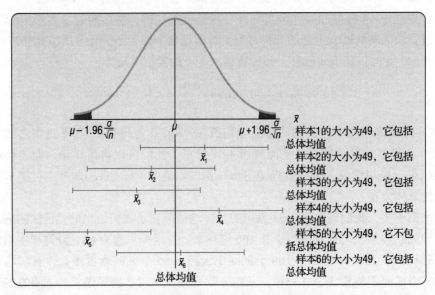

图 9-2 多组样本下总体均值的置信区间

9.2.2 数值模拟

通过统计软件可以从总体中抽取样本大小为 n 的随机样本，并计算样本均值。利用样本均值、总体标准差和置信水平，确定每组样本下的总体均值置信区间，然后利用所有样本和置信区间，找到总体均值落在置信区间中的频率。如下例所示。

例 9-2 从多年的汽车租赁业务统计中已知：租赁汽车 4 年的平均行驶距离为 5 万英里，标准差为 5 000 英里，这些是关于总体的信息。假设城镇银行希望利用抽样的思想来验证总体均值是否为 5 万英里，于是该银行决定选择 30 个观测样本和 95% 的置信区间来估计总体均值，我们将总体均值的置信区间水平定为 95%。为了使计算更简单，我们以千英里为单位。

解析 使用统计软件，生成 60 组随机样本，每组样本包含 30 个观测值，计算每组样本的样本均值。然后为每个样本构造 95% 的置信区间。实验结果如表 9-2 所示。

表 9-2　30 组观测下的总体均值置信区间

	样本观测										样本均值	95% 的置信区间	
	1	2	3	4	5	…	26	27	28	29	30		下限	上限
1	56	47	47	48	58	…	55	62	48	61	57	51.6	49.811	53.389
2	55	51	52	40	53	…	47	54	55	55	45	50.77	48.981	52.559
3	42	46	48	46	41	…	50	52	50	47	45	48.63	46.841	50.419
4	52	49	55	47	49	…	46	56	49	43	50	49.9	48.111	51.689
5	48	50	53	48	45	…	46	51	61	49	47	49.03	47.241	50.819
6	49	44	47	46	48	…	51	44	51	52	43	47.73	45.941	49.519
7	50	53	39	50	46	…	55	47	43	50	57	50.2	48.411	51.989
8	47	51	49	58	44	…	49	57	54	48	48	51.17	49.381	52.959
9	51	44	47	56	45	…	45	51	49	49	52	50.33	48.541	52.119
10	45	44	52	52	56	…	52	51	52	50	48	50	48.211	51.789
11	43	52	54	46	54	…	43	46	49	52	52	51.2	49.411	52.989
12	57	53	48	42	55	…	49	44	46	46	48	49.8	48.011	51.589
13	53	39	47	51	53	…	42	44	44	55	58	49.6	47.811	51.389
14	56	55	45	43	57	…	48	51	52	55	47	49.03	47.241	50.819
15	49	50	39	45	44	…	49	43	44	51	51	49.37	47.581	51.159
16	46	44	55	53	55	…	44	53	53	43	44	50.13	48.341	51.919
17	64	52	55	55	43	…	58	46	52	58	55	52.47	50.681	54.259
18	57	51	60	40	53	…	50	51	53	46	52	50.1	48.311	51.889
19	50	49	51	57	45	…	53	52	40	45	52	49.6	47.811	51.389
20	45	46	53	57	49	…	49	43	43	53	48	49.47	47.681	51.259
21	52	45	51	52	45	…	43	49	49	58	53	50.43	48.641	52.219
22	48	48	52	49	40	…	50	47	54	51	45	47.53	45.741	49.319
23	48	50	50	53	44	…	48	57	52	44	39	49.1	47.311	50.889
24	51	51	40	54	52	…	54	45	50	57	48	50.13	48.341	51.919
25	48	63	41	52	41	…	48	50	48	44	53	49.33	47.541	51.119
26	47	45	48	59	49	…	44	47	49	55	42	49.63	47.841	51.419
27	52	45	60	51	52	…	52	50	54	46	52	49.4	47.611	51.189
28	46	48	46	57	51	…	51	50	51	41	52	49.33	47.541	51.119
29	46	48	45	42	48	…	49	43	59	46	50	48.27	46.481	50.059
30	55	48	47	48	48	…	47	59	54	51	42	50.53	48.741	52.319
31	58	49	56	46	46	…	44	51	47	51	46	50.77	48.981	52.559
32	53	54	52	58	55	…	53	52	45	44	51	50	48.211	51.789
33	50	57	56	51	51	…	58	47	50	56	46	49.7	47.911	51.489
34	61	48	49	53	54	…	46	46	45	63	54	50.03	48.241	51.819
35	43	42	43	46	49	…	49	49	56	51	45	49.43	47.641	51.219
36	39	48	48	51	44	…	54	52	47	50	52	50.07	48.281	51.859
37	48	43	57	42	54	…	52	50	59	50	52	50.17	48.381	51.959

(续)

	样本观测										样本均值	95%的置信区间	
	1	2	3	4	5	…	26	27	28	29	30		下限	上限
38	55	43	49	57	45	…	41	51	51	52	52	49.5	47.711	51.289
39	47	49	58	54	54	…	50	56	51	56	58	50.37	48.581	52.159
40	47	56	41	50	54	…	46	56	61	61	45	51.6	49.811	53.389
41	48	47	42	47	62	…	44	47	49	55	43	49.43	47.641	51.219
42	46	49	43	36	52	…	45	51	46	51	43	47.67	45.881	49.459
43	44	48	49	48	51	…	47	52	51	48	49	49.63	47.841	51.419
44	45	52	54	54	49	…	49	45	53	50	52	49.07	47.281	50.859
45	54	46	54	45	48	…	55	38	56	50	62	49.53	47.741	51.319
46	48	50	49	52	51	…	53	57	58	46	50	49.9	48.111	51.689
47	54	55	46	55	50	…	56	54	50	55	51	50.5	48.711	52.289
48	45	47	47	63	44	…	45	53	42	53	50	50.1	48.311	51.889
49	47	47	48	54	56	…	50	48	54	49	51	49.93	48.141	51.719
50	45	61	51	45	54	…	55	52	47	45	53	51.03	49.241	52.819
51	49	62	43	49	48	…	49	58	42	58	52	51.07	49.281	52.859
52	54	52	62	43	54	…	51	57	49	58	55	50.17	48.381	51.959
53	46	50	59	56	46	…	50	51	52	54	53	50.47	48.681	52.259
54	52	50	48	48	58	…	58	52	43	61	54	51.77	49.981	53.559
55	45	44	46	56	59	…	43	45	63	48	56	49.37	47.581	51.159
56	60	50	56	51	43	…	45	43	49	59	54	50.37	48.581	52.159
57	59	56	43	47	52	…	49	54	50	50	57	49.53	47.741	51.319
58	52	55	48	51	40	…	53	51	51	52	47	49.77	47.981	51.559
59	53	50	44	53	52	…	47	50	55	46	51	50.07	48.281	51.859
60	55	54	50	52	43	…	57	50	48	47	53	52.07	50.281	53.859

在第一行中,软件计算了来自总体分布的30个随机观测值的均值为50,标准差为5。为了节省空间,只列出1至5和26至30次的观测样本,第一组样本的均值为51.6,最后两列还显示了第一组样本的95%置信区间的上下限。第一组样本的置信区间计算如下:

$$\bar{X} \pm 1.96 \frac{\sigma}{\sqrt{n}} = 51.6 \pm 1.96 \times \frac{5}{\sqrt{30}} = 51.6 \pm 1.789$$

对所有样本重复此计算。结果表明,在60个置信区间中,有93.33%,即56个置信区间包含了总体均值50,93.33%接近之前的估计值95%,或者说,我们估计有5%的置信区间将不包括总体的真实均值。实验结果表明,有6.67%的区间不包括总体均值,我们将这些区间(6、17、22和42)用阴影突出显示。这些受抽样误差影响的随机样本可能不能很好地代表总体,在这4组样本中,每一组样本的均值要么远小于、要么远大于总体均值,所以样本均值不是总体均值的良好估计,从而导致基于样本均值的置信区间没有包含总体的真实均值。

自测 9-1

位于东北部的某特许经营快餐店专营半磅汉堡、鱼类三明治和鸡肉三明治,以及饮料和炸薯条。该店市场部报告显示,餐厅的日销售额服从正态分布,总体标准差为3 000。选择大小为40的一组样本,计算其平均日销售额为2万美元。

(1)快餐店日销售额均值为多少?

（2）对总体均值最佳的估计是多少？它又叫什么？
（3）构建95%置信水平下的总体均值的置信区间。
（4）如何解释置信区间。

9.2.3 总体标准差 σ 未知

在上一节中，我们假设总体标准差是已知的。比如，在德尔蒙特食品公司的例子中，由于该公司在装杯过程上有很长的测量历史，因此，假设总体的标准差已知是合理的。然而在大多数情况下，总体标准差（σ）是未知的。如一项针对西弗吉尼亚大学学生的研究：

（1）商学院院长想估计每周全日制学生从事有偿工作的平均时数。他挑选了30名学生的样本，联系每个学生调查他们上周的工作小时数。基于样本信息，他可以计算样本均值，但他不知道式（9-1）中所需的总体标准差（σ）。

（2）学生处主任想估计学生上学的平均距离。她选择了40名学生的样本，调查统计每名学生从家到学校的单向距离。基于样本信息，可以计算平均距离 $\bar{X}$，但她不知道总体标准差是多少，所以式（9-1）无法使用。

（3）学生助学贷款工作处主任希望估计申请了贷款的学生毕业时的平均欠款额。他选取20名毕业班学生作为样本，基于样本信息，可以估计平均欠款金额。然而，如果要利用式（9-1）建立置信区间，总体标准差是必要的条件，这一信息却无法找到。

针对以上这些情况，我们可以使用样本标准差来估计总体标准差，即用 s 来估计 σ。但此时我们不能使用式（9-1），因为我们不能使用 z 分布。于是我们找到了一种补救办法，当使用样本标准差 s 时，可以用 t 分布代替 z 分布。

t 分布为连续概率分布，与 z 分布有许多相似的特征。英国酿酒师威廉·戈塞特（William Gosset）是第一个研究 t 分布的人。他特别关注以下统计量的分布情况：

$$t = \frac{\bar{X} - \mu}{s/\sqrt{n}}$$

其中 s 是对 σ 的估计，他注意到了 s 与 σ 之间的差异，特别是当 s 是基于一个小样本计算得到时。图9-3以图形方式显示了 t 分布和标准正态分布的区别，特别要注意的是，t 分布比标准正态分布更分散，这是因为 t 分布的标准差大于标准正态分布的标准差。

以下 t 分布的特征基于总体是正态或接近正态分布这一假设。

（1）t 分布和 z 分布一样，是一个连续分布。
（2）t 分布的分布形状像 z 分布，呈现出钟形和对称性。
（3）t 分布不是一个，而是一个族。所有 t 分布的均值都为0，但它们的标准差根据样本大小的不同而不同。比如，观测量为5的样本 t 分布的标准差大于观测量为20的样本 t 分布的标准差。

（4）在分布的中心位置，t 分布比标准正态分布更分散和平坦（见图9-3）。但是随着样本量 n 的增加，t 分布越来越接近标准正态分布，因为使用 s 来估计 σ 的误差随着样本的增大而减小。

由于 t 分布比 z 分布更加分散，所以给定置信水

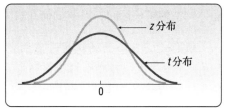

图9-3 标准正态分布和 t 分布

平上的 t 值会大于相应的 z 值。图 9-4 显示了当样本大小为 $n=5$ 时，95% 置信水平下的 z 值和 t 值，下文将解释如何获得 t 值。我们观察到在相同的置信水平下，t 分布比标准正态分布更分散，所以使用 t 统计量构造的 95% 置信区间将比使用 z 统计量构造的置信区间更宽。

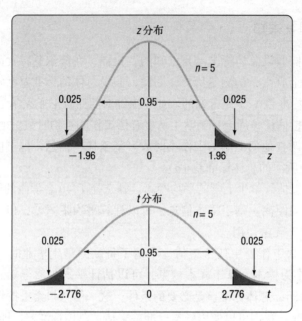

图 9-4　95% 置信水平下的 z 值和 t 值

为了利用 t 分布为总体均值建立一个置信区间，调整式（9-1）如下：

$$\sigma \text{ 未知情形下总体均值的置信区间} \quad \bar{X} \pm t \frac{s}{\sqrt{n}} \quad (9\text{-}2)$$

为了确定总体标准差未知情形下总体均值的置信区间，采取如下步骤：

（1）假设抽样总体是正态或近似正态的。在小样本情形下，这个假设是值得怀疑的，但在大样本情形下这个假设是有效的。

（2）用样本标准差估计总体标准差。

（3）使用 t 分布而非 z 分布。

使用 t 分布还是 z 分布基于我们是否知道总体标准差。如果总体标准差已知，那么使用 z 分布；如果总体标准差未知，那么必须使用 t 分布。图 9-5 总结了上述讨论过程。

下面的例子将说明，当总体标准差未知时如何构建总体均值的置信区间，以及如何在表中找到 t 值。

图 9-5　确定何时使用 z 分布或 t 分布

例 9-3　某轮胎制造商希望调查其轮胎的胎面寿命。对 10 条轮胎进行抽样调查，行驶 5 万英里后，发现样本平均胎面剩余量为 0.32 英寸，标准差为 0.09 英寸。构建总体均值 95% 置信水平下的置信区间，判断制造商是否能得出如下结论：在行驶 5 万英里后，轮胎的平均胎面剩余量是 0.30 英寸？

解析 首先假设总体分布是正态的，我们无法证明这种假设是正确的，但做这样的假设是合理的。已知样本标准差为 0.09 英寸，使用式（9-2）：

$$\bar{X} \pm t \frac{s}{\sqrt{n}}$$

根据所给信息，$\bar{X}$ =0.32，s=0.09，n=10。为了求出 t 值，使用附录 B.5，将其部分内容编制成表 9-3。找出 t 的第一步是将"置信区间"那一列移动到所要求的置信水平上。本例中，置信水平为 95%，所以要移动到"95%"那一栏，左边栏取名为"df"，表示自由度。自由度为样本观察次数减去样本数，等于 $n-1$。本例中的自由度 df 为 10-1=9。为什么我们确定自由度为 9 呢？因为当利用样本进行统计分析时，必须确定可自由变化的值的数量。

表 9-3 t 分布表节选（一）

df	置信区间				
	80%	90%	95%	98%	99%
	单边显著性水平，α				
	0.10	0.05	0.025	0.010	0.005
	双边显著性水平，α				
	0.20	0.10	0.05	0.02	0.01
1	3.078	6.314	12.706	31.821	63.657
2	1.886	2.920	4.303	6.965	9.925
3	1.638	2.353	3.182	4.541	5.841
4	1.533	2.132	2.776	3.747	4.604
5	1.476	2.015	2.571	3.365	4.032
6	1.440	1.943	2.447	3.143	3.707
7	1.415	1.895	2.365	2.998	3.499
8	1.397	1.860	2.306	2.896	3.355
9	1.383	1.833	2.262	2.821	3.250
10	1.372	1.812	2.228	2.764	3.169

为了说明自由度的含义，假设 4 个数字的平均数是 5，它们分别是 7、4、1、8。假设偏差 +2、−1、−4 是已知的，那么 +3 的值就被固定了，这样才能满足偏差之和等于 0 的条件。因此，由于算术平均值已知，我们在研究涉及样本标准差的问题时，就会失去 1 个自由度。所以我们选择自由度为 9 的那一行，最终找到 t 值为 2.262。

为了确定置信区间，我们用式（9-2）计算：

$$\bar{X} \pm t \frac{s}{\sqrt{n}} = 0.32 \pm 2.262 \times \frac{0.09}{\sqrt{10}} = 0.32 \pm 0.064$$

置信区间的端点分别为 0.256 和 0.384，我们如何解释这个结果？如果我们重复这项研究 200 次，用每组样本的均值和标准差计算 95% 的置信区间，我们预计将有 190 个区间包括总体均值，只有 10 个区间不包括总体真实均值，这是由于抽样误差造成的。进一步可以解释为总体均值是在这个区间范围内的。所以，制造商有理由（95% 的把握）认为平均剩余胎面深度在 0.256 和 0.384 英寸之间。因为 0.30 在这个区间内，所以总体均值有可能是 0.30。

考虑另外一个例子。假设某地方报纸上的一篇文章报道说，该地区出售住宅的平均时间是 60 天，你随机选取了去年售出的 20 个住宅样本，发现平均出售时间为 65 天。根据样本数据，你为总体均值构建了一个 95% 的置信区间，置信区间的端点为 62 天和 68 天，请解释这个结果？你有理由相信总体均值在这个范围内，而之前的总体均值估计量为 60 天，并不包括在这个区间内，所以认为 60 天不可能是总体均值，也就是认为当地报纸的说法可能不正确。换句话说，从平均出售时间为 60 天的总体中抽取到上述样本是不合理的。

用 Minitab 计算下面的案例。

例 9-4 位于佛罗里达州的某购物中心经理想估计顾客每次购物的平均花费。一组 20 个样本客户的支出金额如表 9-4 所示。

表 9-4 20 个样本客户的支出金额　　　　　　　　　（单位：美元）

48.16	42.22	46.82	51.45	23.78	41.86	54.86
37.92	52.64	48.59	50.82	46.94	61.83	61.69
49.17	61.46	51.35	52.68	58.84	43.88	

总体均值的最佳估计是多少？确定总体均值 95% 的置信区间，并解释结果。总体均值为 50 的结论是否合理？为 60 又是否合理？

解析 该购物中心经理假设顾客的消费金额服从正态分布，针对本例而言，这是一个合理的假设。另外，当总体严重正偏或分布有"厚尾"时，我们不应该做出正态假设，如果总体不服从正态分布，就会产生保守型误差。在第 16 章中，我们讨论了当不能做出正态假设时解决这种问题的方法。但在本例中，正态假设是合理的。

由于总体标准差未知，因此，用 t 分布和式（9-2）求置信区间。我们使用 Minitab 软件来计算这组样本的均值和标准差，结果如图 9-6 所示。

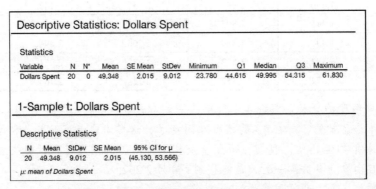

图 9-6 Minitab 计算样本均值和标准差的结果

商场经理不知道总体均值时，样本均值就是该值的最佳估计值。从图中的 Minitab 结果来看，样本均值 49.348 是总体均值的最佳估计。

接下来利用式（9-2）求出置信区间。t 值可从附录 B.5 中获得，分布的自由度为 $n-1=20-1=19$。所以我们将行移动到自由度为 19 的那一行，列移动到 95% 的置信水平上，找到交点值是 2.093。最后我们将该值代入式（9-2），求出置信区间为

$$\bar{X} \pm t \frac{s}{\sqrt{n}} = 49.348 \pm 2.093 \times \frac{9.012}{\sqrt{20}} = 49.348 \pm 4.218$$

置信区间的端点为 45.130 和 53.566，所以总体均值落在该区间是比较合理的。

该购物中心经理想知道总体均值是 50 还是 60。由于 50 在置信区间内，所以总体为 50 是比较合理的猜想；而 60 不在置信区间内，因此我们得出总体均值不太可能为 60 的结论。

Excel 可以计算置信区间，输出结果如图 9-7 所示。请注意，样本均值（49.348）和样本标准差（9.012）与 Minitab 中的计算结果相同。在 Excel 的结果中，最后一行还包括误差范围，将该值与样本均值相加减就可以得到置信区间的上下限。

$$t\frac{s}{\sqrt{n}} = 2.093 \times \frac{9.012}{\sqrt{20}} = 4.218$$

Amount	
Mean	49.35
Standard Error	2.02
Median	50.00
Mode	#N/A
Standard Deviation	9.01
Sample Variance	81.22
Kurtosis	2.26
Skewness	-1.00
Range	38.05
Minimum	23.78
Maximum	61.83
Sum	986.96
Count	20.00
Confidence Level(95.0%)	4.22

图 9-7　Excel 的输出结果

在做置信区间的相关练习之前，我们想指出 t 分布一个有用的特性，它将帮助我们使用 t 分布表快速找到 z 值和 t 值。在本节前面，我们详细介绍了 t 分布的特性，其中一点表明，随着样本量的增加，t 分布会越来越接近 z 分布，事实上，当样本量无限大时，t 分布正好等于 z 分布。

为了验证上述特性，请观察表 9-5，该表源自附录 B.5，但省略了自由度从 4 到 99 的相关数据。为了找到 95% 置信区间所对应的 z 值，我们首先看"置信区间"部分，选择以"95%"为标题的列，然后沿着该列向下移动到最后一行，该行被标记为"∞"，对应的 t 值为 1.960，与使用附录 B.3 中正态分布表找到的 z 值相同，这就证实了 t 分布的收敛性。

表 9-5　t 分布表节选（二）

df	置信区间					
	80%	90%	95%	98%	99%	99.9%
	单边显著性水平，α					
	0.10	0.05	0.025	0.010	0.005	
	双边显著性水平，α					
	0.20	0.10	0.05	0.02	0.01	0.001
1	3.078	6.314	12.706	31.821	63.657	636.619
2	1.886	2.920	4.303	6.965	9.925	31.599
3	1.638	2.353	3.182	4.541	5.841	12.924
…	…	…	…	…	…	…
100	1.290	1.660	1.984	2.364	2.626	3.390
120	1.289	1.658	1.980	2.358	2.617	3.373
140	1.288	1.656	1.977	2.353	2.611	3.361
160	1.287	1.654	1.975	2.350	2.607	3.352
180	1.286	1.653	1.973	2.347	2.603	3.345
200	1.286	1.653	1.972	2.345	2.601	3.340
∞	1.282	1.645	1.960	2.326	2.576	3.291

这对于我们来说意味着什么？意味着我们可以去 t 分布表的最后一行找到合适的 z 值来建立一个置信区间，而不用去 z 分布表里寻找。这些值有三位小数，因此，使用这个表构造 90% 的置信区间的话，沿着"90%"的列往下移动能找到 1.645，这是一个更精确的 z 值，对

应 90% 的置信水平。其他 98% 和 99% 的置信区间也可以找到所对应的保留了三位小数的 z 值。接下来,我们将使用表 9-5 为以下所有习题找到带有三位小数的 z 值。

自测 9-2

多蒂·克莱曼在贵城开了一家蛋糕店。克莱曼女士想调查蛋糕店员工的缺勤情况,表 9-6 是 10 名员工在最近两周工作日期间的缺勤天数。

（1）计算样本均值和标准差。

（2）总体均值的最佳估计是多少?

表 9-6 蛋糕店员工近两周的缺勤天数

4	1	2	2	1	2	2	1	0	3

（3）假设总体服从正态分布,构建总体均值 95% 的置信区间。

（4）解释使用 t 分布来构建置信区间的原因。

（5）是否能得出"该店员工在工作日期间不会缺勤"的结论?

◆ 实践中的统计学

t 分布是由威廉·戈塞特创造的,他于 1876 年出生在英国。他在亚瑟·吉尼斯手下工作了多年,在晚年时期负责伦敦的吉尼斯啤酒厂。吉尼斯喜欢员工在发表论文时使用笔名,所以戈塞特在 1908 年写"The Probable Error of a Mean"时使用了"Student"这个名字。在那篇论文中,他首先描述了 t 分布的特性,并使用它来监测酿造过程是否符合吉尼斯啤酒厂的质量标准。

9.3 总体比例的置信区间

本章到目前为止使用的都是诸如收入、体重、距离和年龄等定比尺度数据。我们现在要考虑如下情况:

（1）南方理工学院的就业服务中心主任在报告中提到,该学院 80% 的毕业生就职岗位与其专业相关。

（2）某公司的代表声称,汉堡王 45% 的销售额来自"免下车"窗口。

（3）芝加哥某地区的一项家庭调查显示,85% 的新建筑都装有中央空调。

（4）一项对 35～50 岁已婚男性进行的调查发现,63% 的人认为夫妻双方都应该挣钱养家。

以上几种调查的结果仅限于两个可能取值。在这些情况下,观察对象被分为两个相互排斥的群体。例如,南方理工学院的毕业生要么进入与他研究领域相关的岗位就职,要么不进入;一个特定的汉堡王客户要么在"免下车"窗口购买,要么不在"免下车"窗口购买。我们可以用比例来讨论这些群体。

> **比例(proportion)**:比例是指样本或总体中具有某种特征部分的百分比,也可以用分数表示。

举例来解释上述概念。最近一项调查显示,在被调查的 100 人中,有 92 人赞成在夏天继续使用夏令时,于是得到样品比例为 92/100,或 92%。如果用 p 表示样本比例,X 表示"赞成"的数量,n 表示样本大小,我们可以得到一个样本比例如下:

$$\text{样本比例} \quad p = \frac{X}{n} \tag{9-3}$$

总体比例由 π 表示，因此，π 指的是总体中表示"赞成"个体的百分比。回顾第 6 章，π 是在二项分布中试验"成功"所占的比例，这延续了我们使用希腊字母来标记总体参数，用罗马字母来识别样本统计量的做法。

要为一个比例制定一个置信区间，需要满足两个要求：

（1）满足第 6 章讨论的二项分布条件。

1）样本数据可以表示为 n 次试验的成功次数。

2）试验结果只有两种可能（我们通常把其中一个结果标为"成功"，另一个标为"失败"）。

3）每次试验成功的概率是不变的。

4）试验是独立的，这意味着试验的结果互不影响。

（2）$n\pi$ 和 $n(1-\pi)$ 的值均应大于等于 5，在这种情况下，我们可以使用中心极限定理和标准正态分布，即 z 分布，来构建置信区间。

对总体比例进行点估计以及构建置信区间的方法类似于总体均值。参考以下例子，某候选人正在内布拉斯加州第三国会选区竞选国会议员。在该地区随机抽取的 100 名选民中，有 60 人表示他们计划在即将到来的选举中为这位候选人投票。样本比例为 0.6，但总体比例未知。也就是说，我们不知道选民中有多少人会投票给这位候选人。样本比例 0.6 是我们对未知总体参数的最佳估计，所以我们用 p（0.6）作为总体未知参数 π 的点估计值。

为了建立总体比例的置信区间，我们使用以下公式：

$$\textbf{总体比例的置信区间} \qquad p \pm z\sqrt{\frac{p(1-p)}{n}} \qquad (9\text{-}4)$$

下文将举例详细描述如何构建置信区间并解释结果。

例 9-5 美国某工会正在考虑与其他工会合并，根据工会章程，需要至少 3/4 的工会会员同意才能通过合并提案。随机抽取了 2 000 名工会现成员，发现有 1 600 人计划投票支持合并提案。请问总体比例的点估计是多少？为总体比例制定 95% 的置信区间。根据样本信息，你能否得出如下结论：超过必要比例的工会成员赞成合并提案？请说明原因。

解析 首先，利用式（9-3）计算样品比例为 0.80，过程如下所示：

$$p = \frac{X}{n} = \frac{1\,600}{2\,000} = 0.80$$

估计 80% 的成员赞成合并提案，利用式（9-4）确定总体比例 95% 的置信区间，95% 的置信水平对应的 z 值为 1.96。

$$p \pm z\sqrt{\frac{p(1-p)}{n}} = 0.80 \pm 1.96\sqrt{\frac{0.80 \times (1-0.80)}{2000}} = 0.80 \pm 0.018$$

置信区间的上下限为 0.782 和 0.818，可以看到，区间下限大于 0.75，因此，我们得出结论，合并提案很可能会被通过，因为区间的取值范围都大于 75%。

下面我们将对总体比例的置信区间进行解释。如果重复 100 次投票，每次投票选取 100 个人，我们期望有 95 组样本构建的置信区间能够包含总体比例。此外，对置信区间的理解在决策中发挥着非常重要的作用，特别是对于预判选举结果。例如，某候选人正在新泽西州第六国会选区竞选国会议员，假设联系了 500 名已经投了票的选民，275 名选民表示他们投票支持该候选人，我们假设以上样本是随机选取的，这意味着样本中有 55% 的人投赞成票，根据式（9-3）可得到：

$$p = \frac{X}{n} = \frac{275}{500} = 0.55$$

如果要确保竞选成功，候选人必须在选民中赢得 50% 以上的选票。我们知道总体比例的点估计，即会投票给他的样本比例为 0.55，但我们不知道最终会投票给候选人的实际总体百分比是多少。所以现在的问题是：如果真实总体中支持该候选人的选民比例小于等于 50%，我们是否可能从中选取 500 名选民，并发现 55% 的选民支持他？换句话说，抽样误差 $p-\pi=0.55-0.50=0.05$ 是偶然出现的，还是因为选民中支持该候选人的人超过了总体的一半。如果我们为样本比例建立一个置信区间，并发现区间下限大于 0.50，于是我们得出结论：支持该候选人的选民比例大于 0.50，这意味着他应该竞选成功！但如果 0.50 在置信区间内呢？那么我们会得出结论：不能保证他获得一半及以上选票，即我们不能得出他会竞选成功的结论。在本例中，我们使用 95% 的置信水平，根据式（9-4）：

$$p \pm z\sqrt{\frac{p(1-p)}{n}} = 0.55 \pm 1.96\sqrt{\frac{0.55 \times (1-0.55)}{500}} = 0.55 \pm 0.044$$

所以置信区间的端点值为 0.55-0.044=0.506 和 0.55+0.044=0.594。0.50 不在此区间，因此，我们得出的结论是，很可能有 50% 以上的选民支持该候选人。

以上分析方法曾经被使用过吗？是的！这正是投票组织、电视网络和关于竞选的民意调查中经常会使用的方法。

自测 9-3

一位市场研究顾问想估计能够将洗衣粉的品牌名称与容器的形状和颜色联系起来的家庭主妇的比例。随机挑选 1 400 名家庭主妇，其中 420 人能够根据容器的形状和颜色来识别品牌名称。

（1）估计总体比例。
（2）构建总体比例在 99% 置信水平下的置信区间。
（3）解释你的结论。

9.4 样本容量的确定

构建置信区间时的一个重要的变量是样本大小 n。但在实践中，样本大小不是一个变量，而是我们为了让总体参数的估计是一个好的估计而做出的一项决定，我们的决定基于三个因素：

（1）研究者能够允许的误差范围。
（2）预期的置信水平。
（3）总体的分散程度。

第一个因素是误差范围，用 E 表示，将它与样本均值（或样本比例）进行加减可以确定置信区间的端点。例如，在一项工资研究中，我们可能会希望估计误差幅度为 1 000 美元的平均工资；又或者在一项民意调查中，我们可以接受在 3.5% 的误差以内估计总体比例。误差范围是我们在估计一个总体参数时愿意容忍的误差量。你可能会问为什么我们不选择很小的误差范围。实际上，我们要在误差范围和样本量之间进行权衡，一个小的误差范围意味着需要更大的样本和更多的资金和时间，而一个较小样本会产生较大的误差，并且导致置信区间更宽。

第二个因素是置信水平。在构建置信区间时，我们倾向于选择相对较高的置信水平，如95%和99%。为了计算样本的大小，我们需要选出与置信水平相对应的 z 统计量，95% 的置信水平对应的 z 值为 1.96，90% 的置信水平对应的 z 值为 1.645（参见 t 分布表），注意到，越大的样本量（以及需要更多的时间和金钱来收集样本）对应着越大的置信水平。另外，请注意我们使用的是 z 统计量。

第三个因素是总体标准差。如果总体分布比较分散，那么需要大量的样本才能得到总体参数的良好估计；相反，如果总体分布较为集中（即同质），那么即使是小样本也对总体进行良好估计。通常情况下，我们不知道总体标准差，以下给出了估算总体标准差的三种方法：

（1）进行试点研究。这是最常见的方法。假设我们想估计得克萨斯大学商学院学生每周的工作时间，为了测试我们的问卷的有效性，我们在一组小样本学生身上先进行预调查。从这个小样本中，我们计算出工作时数的标准差，并将这个值作为总体标准差。

（2）使用可比性研究。当已经有了另一项研究标准差的估计值时，可以使用这种方法。假设我们想估计环卫工人每周的工作时数，此时，从某些定期研究劳动力的州或联邦机构获得的信息就可以为总体标准差提供可靠的数值。

（3）使用基于范围的方法。要使用这种方法，我们需要知道总体最大和最小值的估计。回顾第 3 章，经验法则指出，几乎所有的观察结果都落在均值的 3 个标准差范围内。假设总体服从正态分布，最大值和最小值的距离为最小值的 6 个标准差，因此，我们可以用总体取值范围的 1/6 来估计标准差。例如，某银行运营总监想估算大学生每月在 ATM 上的交易量，他认为交易量的分布服从正态分布，每月最低和最高的自动取款机交易量分别为 2 和 50，所以总体取值范围是 48，那么总体标准差的估计值就是 8（48/6）。

9.4.1 估计总体均值的样本量

为了估计总体均值，我们可以用下面的公式来表示上述三个因素和样本量之间的关系。请注意，这个公式是在计算误差范围，它可以帮助我们得到置信区间的上下限，从而估计出总体均值。如下所示：

$$E = z \frac{\sigma}{\sqrt{n}}$$

解关于 n 的方程得到如下结果：

估计总体均值的样本量 $\qquad n = \left(\frac{z\sigma}{E}\right)^2 \qquad$ （9-5）

式中　　n——样本量；

z——指定置信水平所对应的标准正态分布的取值；

σ——总体标准差；

E——最大允许误差。

计算的结果并不总是整数，当结果不是整数时，通常的做法是将分数向上取整。例如，201.21 取整为 202。

例 9-6 一名公共管理专业的学生想估计市政管理委员会成员的月平均收入。在估计平均值时他能允许的最大误差为 100 美元，并且他还希望构造 95% 的置信区间。这名学生在劳工部的一份报告中发现，该委员会成员的月收入标准差为 1 000 美元，请问所需样本量是多少？

解析 最大允许误差 E 为 100，在 95% 的置信水平下 z 值为 1.96，标准差为 1 000，将这些值代入式（9-5），得到所需的样本大小为

$$n = \left(\frac{z\sigma}{E}\right)^2 = \left(\frac{1.96 \times 1\,000}{100}\right)^2 = (19.6)^2 = 384.16$$

计算结果 384.16 向上取整到 385，即本例要求的样本容量为 385。如果学生想提高置信水平，例如提高到 99%，则需要一个更大的样本。使用 t 分布表可以找到 99% 置信度的 z 值为 2.576。

$$n = \left(\frac{z\sigma}{E}\right)^2 = \left(\frac{2.576 \times 1\,000}{100}\right)^2 = (25.76)^2 = 663.58$$

计算结果表明需要 664 个样本（663.58 向上取整）才能满足本例要求。接下来，我们观察置信水平的变化对样本大小的影响，置信水平从 95% 增加到 99% 时，所需的观测值增加了 279 个，或者用百分数表示为 72%，这将大大增加研究的时间和金钱成本。因此，我们应该仔细考虑选择合适大小的置信水平。

9.4.2 估计总体比例的样本量

要确定用于估计总体比例的合适样本量，需要考虑三个因素：
（1）误差范围。
（2）预期的置信水平。
（3）总体的分散程度。

对于二项分布，误差范围表示为

$$E = z\sqrt{\frac{\pi(1-\pi)}{n}}$$

解关于 n 的方程得到如下结果：

估计总体比例的样本量 $\quad n = \pi(1-\pi)\left(\dfrac{z}{E}\right)^2 \qquad$ （9-6）

式中　n——样本量；
　　　z——指定置信水平所对应的标准正态分布的取值；
　　　π——总体标准差；
　　　E——最大允许误差。

如前所述，z 值与我们选择的置信水平有关。然而，二项分布的总体方差为 $\pi(1-\pi)$，所以想要估计总体方差，我们就必须知道总体比例 π 的值。如果通过试点研究或可比性研究不

能确定一个可靠的值，那么可以用 0.50 来估计 π。请注意，当 π 取 0.50 时，π(1−π) 最大。因此，在不能良好地估计总体比例的情况下，用 0.50 作为 π 的估计值会夸大我们真实所需要的样本量，但使用更大的样本量并不会影响对总体比例的估计。

例 9-7 上例中的学生还想估计有私人垃圾回收站的城市比例。该学生选择了 90% 的置信水平，并且希望误差幅度能控制在 0.10 范围内。请问他需要收集多少样本？

解析 令 $E=0.10$，已知置信水平为 0.90，利用 t 分布表（自由度 df 无穷大）找到其对应的 z 值为 1.645。由于没有合适的总体比例的估计值，所以我们使用 0.50 来估计 π。根据下式，我们找到需要的样本量大小为 68（向上取整后的结果）：

$$n = 0.5 \times (1-0.5) \times \left(\frac{1.645}{0.10}\right)^2 = 67.65$$

自测 9-4

一所大学的某研究部想估算过去 10 年内所有毕业学生在 GPA 中的算术平均成绩。GPA 的取值范围在 2.0 到 4.0 之间，样本均值（总体均值的估计值）应该在总体均值的正负 0.05 以内，根据以往资料显示，总体标准差为 0.279，请问在 99% 的置信水平下，需要选择多少个学生的成绩作为样本观测对象？

◆ 实践中的统计学

很多的统计调查都会涉及构建置信区间。例如，最近在俄亥俄州托莱多市对 800 名电视观众进行的调查中发现，44% 的电视观众会观看当地 CBS 电视台的晚间新闻，文章还报道了该估计在 3.4% 的误差范围内。在 95% 的置信水平下，误差幅度为

$$z\sqrt{\frac{p(1-p)}{n}} = 1.96 \times \sqrt{\frac{0.44 \times (1-0.44)}{800}} = 0.034$$

对俄亥俄州托莱多市所有电视观众观看 CBS 电视台晚间新闻的总体比例的估计值介于 40.6% 和 47.4% 之间。

9.5 有限总体修正因子

在之前的案例分析中，我们抽样的总体都是非常大或者无限的。如果抽样总体不是很大呢？在这种情况下，我们需要对样本均值的标准误差和样本比例的标准误差进行一些调整。

如果总体有固定的上限，那么这个总体就是有限的。例如，东伊利诺伊大学有 7 640 名在校学生，斯彭斯链轮公司有 40 名员工，亚历克西斯大道工厂昨天组装了 917 辆 Jeep 牧马人，圣罗斯医院昨日有 65 名手术患者。一个有限的总体可能相当小，如所有注册参加统计课程的学生。但它也可能非常大，如居住在佛罗里达州的所有老年人。

有限总体的个体或对象数目记为 N，样本中的对象或个体数量记为 n。我们需要调整置信区间式 (9-1) 和式 (9-2) 中的标准误差项，同样地，如果我们要确定总体比例的置信区间，那么我们需要调整式 (9-4) 中样本比例的标准误差。

上述调整称为**有限总体修正因子**（finite-population correction factor），简写为 FPC，表达式如下：

$$\text{FPC} = \sqrt{\frac{N-n}{N-1}}$$

为什么要引入该因子，它的作用是什么？一般来说，我们会认为如果样本占总体的比例很大，总体参数的估计就会更加精确，基于该思路，来看$(N-n)/(N-1)$项会产生什么影响。假设总体是1 000，样本是100，那么这个比例是（1 000-100）/（1 000-1），即900/999，然后取平方根得到修正因子FPC为0.949 2。用修正系数乘以标准误差，可以使得标准误差项减少约5%（1-0.949 2=0.050 8），最终会在估计总体均值或总体比例时得到一个较小的数值范围。如果样本是200个，修正系数为0.894 9，这意味着标准误差项减少了10%以上。表9-7显示了各种样本量对总体参数估计的影响。

表9-7 当总体为1 000时的有限总体修正因子

样本量	样本占总体比例	修正因子
10	0.010	0.995 5
25	0.025	0.987 9
50	0.050	0.975 2
50	0.100	0.949 2
200	0.200	0.894 9
500	0.500	0.707 5

因此，如果我们希望为有限总体均值建立一个置信区间，并且总体标准差未知时，我们将调整式（9-2）如下：

$$\bar{X} \pm t \frac{s}{\sqrt{n}}\left(\sqrt{\frac{N-n}{N-1}}\right)$$

在建立总体比例的置信区间时，对式（9-4）进行类似的调整。

下面的例题总结了构建总体均值置信区间的步骤。

例9-8 宾夕法尼亚州的斯坎迪亚地区有250个家庭，从随机抽样的40个家庭中发现，这些家庭平均每年做的教会贡献为450美元，标准差为75美元。

（1）总体均值是多少？它的最佳估计值是多少？
（2）建立总体均值90%置信水平下的置信区间，其上下限是多少？
（3）根据（2）的结果，解释为什么总体均值可能为445美元？总体均值可能是425美元吗？为什么呢？

解析 首先注意到总体是有限的，也就是说，居住在斯坎迪亚地区的人数是有限的，总体由250个个体组成。

（1）我们不知道总体均值，所以我们想估计该值。对总体均值的最佳估计是样本均值，即450。

（2）根据如下公式求出总体均值的置信区间：

$$\bar{X} \pm t \frac{s}{\sqrt{n}}\left(\sqrt{\frac{N-n}{N-1}}\right)$$

在本例中，$\bar{X}=450$，$s=75$，$N=250$，$n=40$。我们不知道总体标准差，所以利用t分布表，找到置信水平为90%和自由度$df=n-1=40-1=39$所对应的t值，即1.685。代入公式，结果如下所示：

$$=450 \pm 1.685 \times \frac{75}{\sqrt{40}}\left(\sqrt{\frac{250-40}{250-1}}\right) = 450 \pm 19.98\sqrt{0.843\ 4} = 450 \pm 18.35$$

因此，置信区间的上下限分别为 431.65 和 468.35。

（3）问题（2）中的结果表明，总体均值可能在 431.65 和 468.35 之间。换句话说，总体均值可能就是 445，但不太可能是 425，因为 445 在置信区间内，而 425 不在置信区间内。

自测 9-5

例 9-8 的另一项研究表明，抽样的 40 个家庭中有 15 个会定期参加教会活动。请为定期参加教会活动的家庭的总体构建 95% 置信水平下的置信区间。

章节摘要

1. 点估计是用于估计总体值（参数）的单个数值（统计量）。
2. 置信区间是指总体参数预期出现的数值范围。决定总体均值置信区间宽度的因素有：
    1）样本中观测值的数量 n。
    2）通常由样本标准差 s 刻画总体中的离散性。
    3）置信水平。
    ① 当总体标准差已知时，采用 z 分布确定置信水平的上下限，其公式为

$$\bar{X} \pm z \frac{\sigma}{\sqrt{n}} \tag{9-1}$$

   ② 当总体标准差未知时，采用 t 分布确定置信水平的上下限，其公式为

$$\bar{X} \pm t \frac{s}{\sqrt{n}} \tag{9-2}$$

3. t 分布的主要特点：
    （1）是一个连续分布。
    （2）是"丘形"的并且是对称的。
    （3）比标准正态分布更平坦、更分散。
    （4）t 分布族里面包含不同自由度下的 t 分布。
4. 比例是指样本或总体中具有某种特征部分的百分比，也可以用分数表示。
    （1）用 X（成功次数）除以 n（观测次数），可求出样本比例 p。
    （2）可以根据下面的公式构造一个样本比例的置信区间：

$$p \pm z \sqrt{\frac{p(1-p)}{n}} \tag{9-4}$$

5. 可以确定一个合适的样本量来估计总体均值和比例。
    （1）当估计均值时，要考虑三个决定样本量大小的因素：
        1）误差范围 E。
        2）置信水平。
        3）总体的离散情况。
        4）估计总体均值样本量的公式是：

$$n = \left(\frac{z\sigma}{E} \right)^2 \tag{9-5}$$

   （2）当估计总体比例时，要考虑三个决定样本量大小的因素：
        1）误差范围 E。
        2）置信水平。

3）总体的离散情况（π）。

4）估计总体比例样本量的公式是：

$$n = \pi(1-\pi)\left(\frac{z}{E}\right)^2 \qquad (9\text{-}6)$$

6. 有限总体误差修正因子（系数）是：$\sqrt{\dfrac{N-n}{N-1}}$

章节练习

1. 从标准差为 10 的正态总体中随机抽取 49 个观测样本，样本均值为 55。请构建总体均值 99% 置信水平下的置信区间。

2. 从总体标准差为 25 的正态总体中选择 250 个观测样本，样本均值为 20。
（1）计算均值的标准误差。
（2）解释为什么我们可以使用式（9-1）来确定 95% 的置信区间。
（3）计算总体均值 95% 置信水平下的置信区间。

3. 一家研究公司进行了一项调查，统计美国人在一周内花在咖啡上的平均金额。公司发现人们每周的支出服从标准差为 5 的正态分布。随机抽取一组样本（$n=49$），样本均值 $\bar{X}=20$。
（1）总体均值的点估计是多少？请解释其含义。
（2）计算 95% 置信水平下总体均值 μ 的置信区间，并解释它有什么含义。

4. 鲍勃想估计已被售卖汽油的平均加仑数。假设该总体服从标准差为 2.30 的正态分布，他随机选择了 60 个样本，发现样本均值为 8.60 加仑。
（1）总体均值的点估计是多少？
（2）构建一个 99% 置信水平下的总体均值的置信区间。
（3）对（2）的结果进行解释。

5. 使用附录 B.5 中的信息，找出以下条件所对应的 t 值：
（1）样本量为 12，置信水平为 95%。
（2）样本量为 20，置信水平为 90%。
（3）样本量为 8，置信水平为 99%。

6. 布里顿鸡蛋农场的老板想估计每只鸡产蛋的平均数量。一个含有 20 只鸡的样本显示，它们平均每月生产 20 个鸡蛋，标准差是每月 2 个鸡蛋。
（1）总体均值的最佳估计是多少？
（2）解释为什么我们需要使用 t 分布？你需要做什么假设？
（3）95% 置信水平的 t 值为多少？
（4）构建总体均值 95% 的置信区间。
（5）是否有理由得出结论：平均而言，每只鸡产蛋 21 个。

7. 美林证券和医疗退休公司是俄亥俄州托莱多市中心的两家大型公司，它们正在考虑共同为雇员提供托儿服务。作为研究的一部分，它们希望估计雇员每周的平均托儿费是多少。对 10 名办理了保育服务的雇员进行抽样调查，发现其上周花费的金额如表 9-8 所示。

表 9-8 托儿服务的消费金额 （单位：美元）

107	92	97	95	105	101	91	99	95	104

构建总体均值 90% 的置信区间，并对结果进行解释。

8. 西区加油站希望估计使用信用卡或借记卡在加油站付款的顾客比例。加油站调查了 100 名顾客，发现有 80 名顾客使用信用卡或借记卡付款。

（1）估计总体比例。
（2）构建总体比例在95%置信水平下的置信区间。
（3）解释你的结论。

9. 某电视台正在考虑用一档新的家庭型喜剧节目取代其黄金时段的一档犯罪调查节目。在做出最终决定之前，电视台的网络主管设计了一个实验来估计比起犯罪调查节目，电视观众是否更喜欢家庭型喜剧节目。随机抽取400名观众来观看新的家庭型喜剧节目和犯罪调查节目，在观看节目后，有250人表示喜欢新的家庭型喜剧节目，并建议用该节目取代犯罪调查节目。
   （1）估计喜欢家庭型喜剧节目的总体比例。
   （2）为喜欢家庭型喜剧节目的总体比例构建99%的置信区间。
   （3）解释你的结论。

10. 若总体标准差为10，我们想估计在95%的置信水平下，误差范围在2以内的总体均值。需要多大的样本量？

11. 假设总体比例的估计值在正负0.05之内，置信水平为95%，如果总体比例的最佳估计是0.15。请问需要多大的样本量？

12. 一家大型流媒体公司正在设计一项大规模调查，以确定企业高管观看点播电视的平均时间。它们对10名高管进行了一次小型试点调查，结果表明，企业高管平均每周观看点播电视的时间为12小时，标准差为3小时。设总体均值的估计值在正负0.25小时之内，置信水平为95%。请问该项调查应该选取多少名高管？

13. 假设美国总统想估计支持当前医疗体系改革政策的总体比例，并且他希望估计值能在真实总体比例的正负0.04范围之内。假设置信水平为95%，历史研究显示60%的人支持医疗改革。请问：
   （1）需要多大的样本量？
   （2）如果不能对总体比例做出良好估计，又需要多大的样本量？

14. 从300个数据中随机抽取36个，样本均值为35，样本标准差为5。请为总体均值构建95%的置信区间。

15. 昨晚有400人参加小联盟棒球赛，随机抽样50人，平均每人消耗饮料的数量为1.86瓶，标准差为0.50。请为平均每人消耗饮料的数量构建99%的置信区间。

16. 随机抽取通用汽车公司的85名集团领导、主管和其他高管人员进行调查，结果显示，平均而言，他们会在某一岗位就职6.5年后升职，样本标准差为1.7年。请构造95%的置信区间。

17. 作为商业宣传计划的一部分，某商会想要估计单居室公寓平均每月租金是多少。目前可供租赁的40套公寓的平均租赁费用为884美元，样本标准差为50美元。
   （1）请构造总体均值95%的置信区间。
   （2）单居室公寓平均每月租金为950美元的结论是否合理？

18. 马蒂·罗瓦蒂最近担任某教会会长，他希望了解该教会现任成员的入教年限的最新数据。假设他随机抽取了一组由40名成员组成的样本，样本均值为8.32年，标准差为3.07年。
   （1）总体均值是多少？
   （2）请构造总体均值90%的置信区间。
   （3）前任会长在退休时编写的总结报告中指出，当前成员的平均入教年限是"接近10年"。样本信息是否证实了这一说法？请解释说明。

19. 全国大学生运动协会（NCAA）报告说，大学足球助理教练在本赛季平均每周花在执教和招募上的时间为70小时。随机抽取50名助理教练，样本均值为68.6小时，标准差为8.2小时。
   （1）利用样本数据，构造总体均值99%的置信区间。
   （2）NCAA所报告的值是否合理？请解释。
   （3）假设你决定将置信水平改为95%，如果不进行任何计算，请问区间范围会增加、减少还是保持不变？公式中的哪项取值会发生改变？

20. 某学生进行了一项研究，发现 95% 的置信区间取值从 46 到 54，他知道样本的均值为 50，标准差为 16，样本大小至少为 30，但不记得确切的数字。你能帮他算出样本量吗？
21. 一项对 25 名四年制公立大学毕业生的研究显示，学生所欠助学贷款的平均金额为 55 051 美元。样本的标准差为 7 568 美元。构建总体均值 90% 置信水平下的置信区间。根据结果，试判断总体均值是否可能为 55 000 美元？
22. 2003 年，医学研究生教育认证委员会实施了限制所有住院医师工作时间的新规则。这些规则的一个重要组成部分是，住院医师每周工作时间不得超过 80 小时。表 9-9 是 2017 年泰德医疗中心住院医师样本的周工作时数。

表 9-9　泰德医疗中心住院医师样本的周工作时数　　　　（单位：小时）

84	86	84	86	79	82	87	81	84	78	74	86

　（1）该医疗中心每周工作时数的总体估计值是多少？
　（2）构造总体均值 90% 的置信区间。
　（3）泰德医疗中心住院医师周工作时数是否在委员会要求范围内？为什么？
23. 苏珊·本纳博士是一位工业心理学家，她目前正在研究互联网公司高管的压力。她设计了一份她认为可以衡量压力的问卷，80 分以上表示压力达到危险水平。随机抽取 15 名高管进行调查，他们的压力水平得分如表 9-10 所示。

表 9-10　15 名高管压力水平得分

94	78	83	90	78	99	97	90	97	90	93	94	100	75	84

　（1）求样本均值（总体均值的点估计）。
　（2）构造总体均值 95% 的置信区间。
　（3）根据本纳博士的调查，能否得出"互联网高管的平均压力水平为 80"这样的结论？请解释说明。
24. 某公司随机对员工进行公司政策的测试。在去年进行的 400 次随机测试中，有 14 名员工没有通过测试，请为未通过测试的申请者比例构建 99% 置信水平下的置信区间，并解释说明 "5% 的员工不能通过公司政策测试"的结论是否合理？
25. 约克县有 20 000 名符合条件的选民。随机抽样 500 名约克县选民进行调查，发现有 350 名选民计划投票支持某女性候选人重返州参议院。请你为该县计划投票给该女士的选民比例构建一个 99% 的置信区间。从样本信息来看，是否可以合理地断定该女士将获得多数票？
26. 某警察局局长爱德华·威尔金报告说，上个月共发出 500 张交通传票。其中 35 张传票的样本显示，平均罚款金额为 54 美元，标准差为 4.5 美元。请为该警察局的平均罚款金额构建 95% 的置信区间。
27. 据估计，60% 的美国家庭都订了一些有线电视频道，你想验证这一说法。如果你希望估计值在正负 5% 以内，选取 95% 的置信水平，你应该对多少家庭进行抽样调查？
28. 你想估算印第安纳州中部农村地区的平均家庭收入。在一次 10 个家庭的试点调查中，样本的标准差是 500 美元。调查的发起人希望你使用 95% 的置信水平，估计误差在 100 美元以内。请问应该访问多少个家庭？
29. 乘客的舒适度受机舱内加压量的影响，较高的加压量可以提供一个接近正常的轻松飞行环境。一个航空公司的研究记录了随机选择的 30 个航班的等效压，研究显示，平均等效气压为 8 000 英尺，标准偏差为 300 英尺。
　（1）为总体平均等效气压制定 99% 的置信区间。
　（2）设置信水平为 95%，估计误差在正负 25 英尺以内，请问需要多大的样本量来估计总体均值？
30. 美国电影协会对 50 名美国公民进行抽样调查，发现一个典型的美国人去年看电影的时间是 78 小时，样本标准差是 9 小时。

（1）为去年花在看电影上的总体平均小时数制定一个 95% 的置信区间。

（2）设置信水平为 95%，估计误差在正负 1 小时以内，请问需要多大的样本量来估计总体均值？

31. 对随机抽取的 36 名 iPhone 用户的调查结果显示，iPhone 平均售价为 650 美元，样本标准差为 24 美元。

（1）计算样本均值的标准误差。

（2）计算该均值 95% 的置信区间。

（3）假设总体均值的估计误差在正负 10 美元以内，请问需要多大的样本量？

32. 几年前的一项研究报告称，21% 的公共会计师在 3 年内改换了公司。美国注册会计师协会想更新这项研究，重新估计在 3 年内换了公司的公共会计师的总体比例。设误差范围为 3%，置信水平为 95%。

（1）应该联系多少名公共会计师？

（2）如果我们没有总体比例的历史研究数据，又应该联系多少名公共会计师？

33. 国家体重控制登记处希望调查那些减掉 30 磅以上并至少保持一年的人的信息。调查结果发现，在 2 700 名注册者中，有 459 人习惯饮食低碳水化合物的食物。

（1）为低碳水化合物饮食的人口比例制定 95% 的置信区间。

（2）总体比例是否可能为 18%？

（3）假设总体比例的估计误差在正负 0.5% 以内，请问需要多大的样本量？

34. 对 352 名某杂志订阅用户的抽样调查显示，用户平均每周使用互联网的时间为 13.4 小时，样本标准差为 6.8 小时。在 95% 的置信水平下，请构建用户花费在互联网上的平均时间的置信区间。

数据分析

35. 参考附录 A.1 北谷房地产数据，该数据报告了去年在该地区售出的房屋信息。随机选取 20 套房屋作为样本。

（1）根据 20 个随机样本信息，为房屋的平均售价制定一个 95% 的置信区间。

（2）根据 20 个随机样本信息，为售房的平均天数制定一个 95% 的置信区间。

（3）根据 20 个随机样本信息，为带游泳池的住宅比例制定一个 95% 的置信区间。

（4）假设该地产公司雇用了几名房屋销售代理商，并随机分配给每家代理商 20 套房屋进行销售。请你根据置信区间结果，写一份简单的报告，向代理商们说明这些房屋的特点。

（5）如果置信区间不包括 105 个样本的均值，你会怎么做？请解释为什么会出现这种情况。

36. 参考附录 A.3 林肯维尔学区公共汽车数据。

（1）为公共汽车的平均维修费用制定 95% 的置信区间。

（2）为公共汽车的平均里程表里程数制定 95% 的置信区间。

（3）写一份商业备忘录来报告你的结果。

习题答案

扫码查看章节练习和数据分析答案

扫码查看自测答案

第 8～9 章回顾

在第 8 章开始时解释了抽样的原因。之所以要抽样,是因为无法研究某些总体中的每个对象或个体。例如,如果想统计所有美国银行官员的年收入,调查过程会过于昂贵和耗时。另外,抽样可能会破坏样本对象。例如,药品制造商不能测试其生产的每片维生素的特性,因为会消耗掉所有供出售的维生素片。因此,为了估计总体参数,我们往往会从总体中选择一组样本。样本是总体的一部分,在抽样过程中,我们要确保总体中的每一个个体都有机会被选中,否则,结论可能会有偏差。我们讨论了几种概率型抽样方法,包括简单随机抽样、系统随机抽样、分层随机抽样和整群抽样。

无论选择何种抽样方法,样本统计量几乎不可能完全等于总体参数。例如,样本均值不可能与总体均值完全相同。样本统计量与总体参数之间的差异就是抽样误差。

第 8 章证明如果从一个总体中选取了所有指定大小的可能样本,并计算这些样本的均值,那么样本均值分布的均值将完全等于总体均值。随后,我们定义了样本均值分布的离散度等于总体标准差除以样本量的平方根,也被称为均值的标准误差。样本均值分布的离散性比总体分布的离散性要小。此外,当我们增加每个样本的观测次数时,抽样分布的离散性会减小。

中心极限定理是统计推断的基础。它指出,如果我们从正态分布总体中抽样,那么样本均值的分布也将服从正态分布;如果总体不是正态分布,那么随着我们样本量的增加,它也将收敛于正态分布。

第 9 章的重点是点估计和区间估计。点估计是一个单一的值,用来估计总体参数。区间估计是我们期望总体参数出现的数值范围,例如,根据一个样本,我们估计佐治亚州(总体)亚特兰大城市所有专业房屋油漆工的平均年收入是 45 300 美元。这一估计称为点估计。如果我们说总体均值可能存在于 45 200 美元至 45 400 美元区间内,这个估计称为区间估计,两个端点值(45 200 和 45 400)是区间估计的上下限。进一步地,我们还学习了当总体标准差未知时,如何构建总体均值或总体比例的置信区间。在本章中,我们还明确了需要参考总体分散程度、置信水平和误差范围来找到进行参数估计所必要的样本量。

回顾练习

1. 一项研究表明,妇女在生完孩子后平均要休 8.6 周的无薪假期。假设该分布服从正态分布,标准差为 2.0 周。我们随机抽取了 35 名近期生产并已经返岗的妇女样本,请问该样本均值至少为 8.8 周的可能性是多少?
2. 某餐厅老板希望估计平均每天中午有多少顾客。随机抽取 40 天的样本显示,平均每天中午有 160 名顾客用餐,标准差为 20。请你为每天中午用餐顾客数构建 98% 的置信区间。
3. 某公司在全球有 293 个销售办事处。销售副总裁正在研究其复印机的使用情况,对 6 个销售办事处进行随机抽样调查,发现上周复印机使用次数如表 9-11 所示。

表 9-11 复印机使用次数

826	931	1 126	918	1 011	1 101

请构建总体均值 95% 的置信区间。
4. 某制造公司的历史数据显示该公司平均每天生产 250 个小部件。最近公司新进了一台生产机器，以便每天制造更多的小部件。随机抽取 16 天进行抽样调查，发现平均每天能生产 240 个小部件，标准差为 35。请你为平均每天生产的小部件数构建一个 95% 的置信区间，并解释是否可以认为"平均每天生产的小部件数量发生了变化"。
5. 某家庭装修公司的经理希望估算该店的平均消费金额。该经理不知道消费金额的标准差，但是他估计消费金额应该在 5.00 美元到 155.00 美元之间。假设置信水平为 95%，误差范围在 4 美元以内。请问需要多大的样本量？
6. 近期来，通过网络购买新车的买家占比很大，当地汽车经销商担心其业务受到影响，希望估计通过互联网购买新车的买家比例。若置信水平为 98%，误差范围在正负 2% 以内，请问需要多少样本来估计总体比例？假设目前认为约有 8% 的车辆是通过互联网购买的。
7. 俄亥俄州的审计员需要估计经常购买彩票的居民比例。从历史数据来看，大约有 40% 的人经常购买彩票，但审计员希望更新该信息。假设置信水平为 98%，误差范围在正负 3% 以内，请问需要多大的样本量来估计总体比例？

扫码查看
回顾练习答案

篇章测试

客观题

1. 如果总体中每个个体或对象被选中的机会相同，则称为什么？
2. 总体均值和样本均值之差叫作什么？
3. 样本均值分布的标准差是什么？
4. 如果增加样本量，样本均值的方差将？（变大、变小、不变）
5. 用于估计总体参数的单一值叫作什么？
6. 总体参数可能出现的数值范围叫作什么？
7. 以下哪项不影响置信区间的宽度？（样本量、总体的分散度、置信水平、总体的大小）
8. 总体中具有某种特征的部分的百分比叫作什么？
9. 以下哪项不是 t 分布的特征？（正偏、连续、均值为零、与自由度有关）
10. 在没有总体比例估计值的情况下，应该如何确定估计总体比例所需的样本量？

主观题

1. 美国人平均每天花 12.2 分钟洗澡，假设洗澡次数服从正态分布，总体标准差为 2.3。请问 12 个美国人平均每天洗澡时间是 11 分钟或更短的可能性是多少？
2. 对南卡罗来纳州某市 26 名居民进行统计调查，结果发现，平均而言，他们在当前居所居住了 9.3 年，样本的标准差为 2，请问：
   （1）总体均值是什么？
   （2）总体均值的最佳估计值是多少？
   （3）估计的标准误差是多少？

（4）为总体均值构建一个 90% 的置信区间。

3. 最近一份联邦报告显示，27% 的 2～5 岁儿童每周至少吃 5 次蔬菜。假设置信水平为 98%，误差范围在正负 2% 以内，请问需要多大的样本量来估计总体比例？请使用联邦报告数据。

4. 费城地区的交通局希望估计中心城区工人使用公共交通上班的比例。对 100 名工人的抽样调查显示，有 64 人乘坐公共交通工具上班。请为该总体比例制定一个 95% 的置信区间。

扫码查看
篇章测试答案

第10章

单样本假设检验

都乐菠萝公司（DOLE PINEAPPLE INC.）担心 16 盎司的菠萝片罐头装得过满。假设标准差为 0.03 盎司，质量保证部随机抽取了 50 个罐头作为样本，发现平均重量为 16.05 盎司，在 5% 的显著性水平下，能否得出平均重量大于 16 盎司的结论？请确定 p 值。

学完本章后，你将能够：

① 解释检验假设的过程。
② 应用六步法进行假设检验。
③ 区分单尾和双尾的假设检验。
④ 对总体均值进行假设检验。
⑤ 计算和解释 p 值。
⑥ 使用 t 统计量来进行假设检验。
⑦ 计算第二类错误的概率。

引言

在第 8 章中我们研究了抽样和统计推断，并描述了如何选择一个随机样本来估计一个总体参数的值。例如，我们选择了某公司的 5 名员工作为样本，找出每个被抽样员工的工作年限，计算出平均工作年限，并用样本均值来估计所有员工的平均工作年限。换句话说，我们从样本统计中估计出了总体参数。

第 9 章通过制定置信区间继续研究统计推断。置信区间是一个预测总体参数会出现的数值范围。在本章中，我们并不是制定一个期望的总体参数发生的数值范围，而是制定一个程序来检验总体参数的有效性。例如：

- 在西弗吉尼亚州高速公路上，汽车通过 150 号里程标牌的平均速度是每小时 68 英里。
- 租赁雪佛兰开拓者 3 年的用户平均行驶里程数为 32 000 英里。
- 美国家庭在某一单户住宅的平均居住时间为 11.8 年。
- 在 2016 年，四年制商科专业毕业生的平均起薪为 51 541 美元。
- 根据凯利蓝皮书，2017 年福特锐界在城市中的耗油量为每加仑 21 英里。
- 改造厨房的平均费用是 20 000 美元。

本章和后面几章都涉及统计假设检验，包括定义什么是统计假设和统计假设检验，概述统计假设检验的步骤，以及进行均值的假设检验。本章的最后一节描述了假设检验中由于抽样可能产生的误差。

10.1 什么是假设检验

假设检验和检验假设这两个术语可以互换使用。假设检验从一个关于总体参数（如总体均值）的陈述或假设开始，这种陈述被称为假设。

我们可以假设某电子产品零售店销售人员的平均月薪为2 000美元，但我们无法联系该公司所有销售人员来确定均值是否为2 000美元，因为找到并采访美国的每一位电子产品销售人员的成本将是非常高昂的。为了检验假设（μ=2 000美元）的有效性，必须从该公司所有电子销售人员中选取一个样本，计算样本统计量，并根据一定的规则来判断是否拒绝原假设。因为每月1 000美元的样本均值比每月2 000美元的样本均值要少得多，所以我们很可能会拒绝这个假设。然而，假设当样本均值为1 995美元时，能否将1 995美元和2 000美元之间的5美元差异归结为抽样误差？或者说，这5美元的差异在统计学上有意义吗？

> **假设（hypothesis）**：关于有待证实的总体参数的陈述。

> **假设检验（hypothesis testing）**：根据样本和概率理论判断假设是否合理的一个过程。

10.2 假设检验的六个步骤

我们用六个步骤将假设检验系统化，当我们到了第六步，就可以根据拒绝或不拒绝假设的推断来解读检验结果了。然而，统计学家所使用的假设检验并不能像数学家"证明"一个陈述那样来证明某件事情是真的。它确实提供了一种"排除合理怀疑的证明"，它的方式是"证明"一个陈述。因此，有一些特定的规则或者说程序是需要遵循的，这些步骤如图10-1所示。接下来将详细讨论每一个步骤。

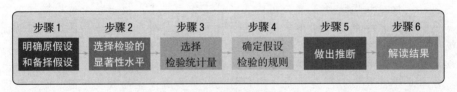

图10-1　假设检验步骤

10.2.1 步骤1：明确原假设（H_0）和备择假设（H_1）

第一步是明确被检验的假设，这就是所谓的原假设，定义为H_0。大写字母H代表假设，而下标0意味着无差别。通常在原假设中会有"不"或"没有"中的一个字，意味着没有变化。例如，原假设是钢带轮胎的平均行驶里程数与60 000里程数没有区别。原假设的写法是H_0：μ=60 000。一般来说，提出原假设是为了进行检验，我们要么拒绝，要么不拒绝原假设。除非我们的样本数据能提供令人信服的证据证明原假设是假的，不然不能拒绝原假设。

需要强调的是，如果原假设在样本数据的基础上不被拒绝，也不能说原假设是真的。换句话说，如果不能拒绝原假设并不能证明 H_0 为真，而是意味着没有做到以下几点来反证 H_0。要想证明原假设为真，就必须知道总体的真实参数。要真正确定它，必须检验、调查或者计算总体中的每一个对象或个体，然而这通常是不可行的。所以，另一种方法是从总体中抽取样本。

通常情况下，原假设一开始就说明"没有显著差异"或"玻璃的平均冲击强度与……之间没有显著差异"。从一个总体中选取一个样本时，样本统计量通常与假设的总体参数在数值上是不同的。举个例子，假设一块玻璃板的冲击强度是 70psi，而 12 块玻璃板样本的平均冲击强度是 69.5psi，我们必须对 0.5psi 的差异做出推断。它是一个真实的或显著的差异吗？还是说，样本统计量（69.5）和假设的总体参数（70.0）之间的差异是由于偶然，也就是抽样造成的？为了回答这个问题，需要进行一个显著性检验，通常称为假设检验。对原假设的定义如下：

> **原假设（null hypothesis）**：为检验数值而制定的关于总体参数值的设定。

备择假设描述了如果拒绝原假设会得出什么结论，它被写成 H_1，也被称为研究假设。如果样本数据为我们提供了足够的统计证据来证明原假设是假的，那么备择假设就被接受了。

> **备择假设（alternative hypothesis）**：如果样本数据提供了足够的证据证明原假设是假的，则选择接受的另一个假设。

下面的例子将有助于阐述什么是原假设和备择假设。有一篇文章指出，美国商用飞机的平均机龄为 15 年。要对这一说法进行统计检验，第一步要做的是确定原假设和备择假设。原假设代表的是当前或报告的状况，写成 $H_0: \mu=15$。备择假设是原假设不成立时的情况，即 $H_1: \mu \neq 15$。重要的是，要记住，无论如何陈述问题，原假设将始终包含等号，等号（=）永远不会出现在备择假设中。为什么呢？因为原假设是被检验的语句，我们的计算中需要包含一个特定的值。只有当数据表明原假设不真实时，我们才会认为备择假设是真实的。

10.2.2 步骤 2：选择检验的显著性水平

在设置了原假设和备择假设之后，下一步就是讨论显著性水平。

> **显著性水平（level of significance）**：当原假设为真时，拒绝原假设的概率。

显著性水平用希腊字母 α 表示。它有时也被称为风险水平，这可能是一个更合适的术语，因为它是在原假设为真时，你拒绝原假设所承担的风险。

没有一种显著性水平适用于所有检验。做一个推断时，显著性水平应该是 0.05（通常写作 5%）、0.01、0.1 或者其他在 0 和 1 之间的数。传统上，消费者研究项目选择的显著性水平为 0.05，质量保证部在进行统计推断时选择的显著性水平为 0.01，政治调查选择的显著性水平为 0.10。作为研究者，你必须在制定推断规则和收集样本数据之前决定显著性水平。

为了说明如何拒绝一个真实的假设，假设一家生产个人电脑的公司使用大量的印刷电路板。供应商对该电路板进行竞标，出价最低的公司就会获得一份报酬可观的合同。假设合同规定计算机制造商的质量保证部将随机抽查所有进厂的电路板，如果有超过 6% 的抽样电路板为不合格，那么该批货物将被退回。原假设是进厂的电路板符合合同规定的质量标准，并且只有低于 6% 的电路板有瑕疵，而备择假设是超过 6% 的电路板存在缺陷。

在收到联合电子公司发来的 4 000 块电路板后，质量保证部随机抽取了 50 块电路板进行检测。在被抽查的 50 块电路板中，有 4 块，即 8% 的电路板不合格。因为它超过了不合格印刷电路板数的上限 6%，所以这批货物被拒绝，如果该批货物确实是不合格的，那么将电路板退回给供应商的决定是正确的。

然而，由于抽样误差，存在很小的出现错误推断的概率。假设在这批货物中，只有 40 块，或者说 4% 的瑕疵电路板（低于 6%），即他们在 50 个样本中随机抽取了 40 个瑕疵电路板中的 4 个。抽样的数据显示，瑕疵电路板的比例为 8%（50 块中有 4 块是瑕疵电路板），所以拒绝了这批货。但是事实上，在 4 000 块电路板中，只有 40 块不合格。真实的瑕疵率是 1%。在这种情况下，根据样本数据，估计会存在 8% 的瑕疵电路板，但总体中只有 1% 的瑕疵电路板，于是做出了错误的推断。在假设检验方面，拒绝了本不应该拒绝的原假设。当拒绝一个真实的原假设时，我们就犯了第一类错误，犯第一类错误的概率用希腊字母 α 表示。

> **第一类错误（type I error）**：当原假设 H_0 为真时，拒绝原假设。

假设检验中的另一种可能犯的错误称为第二类错误，犯第二类错误的概率用希腊字母 β 表示。

> **第二类错误（type II error）**：当原假设 H_0 为假时，不拒绝原假设。

在制造商不知情的情况下，从联合电子公司运来的一批印刷电路板中含有 15% 的不合格电路板，但该批货物还是被接受了，制造商犯了第二类错误。这种情况怎么会发生呢？随机抽查 50 块电路板，可能有 2 块（4%）瑕疵电路板和 48 块符合要求的电路板。根据所述程序，由于样本中含有少于 6% 的瑕疵电路板，所以决定接受该批货物。这是犯了第二类错误。虽然这个事件的可能性极小，但因为样本是从总体中随机抽取出来的，所以它是可能发生的。在后面一节中，将展示如何计算犯第二类错误的概率。

回顾一下，研究者不可能研究总体中的每一个对象和个体。因此，有可能出现两种类型的错误——第一类错误，即在不应该拒绝原假设的情况下拒绝了原假设；第二类错误，即在应该拒绝原假设的情况下没有拒绝原假设。

通常把这两种可能的错误的概率称为 α 和 β。α 是犯第一类错误的概率，β 是犯第二类错误的概率。表 10-1 总结了研究者可能做出的推断及其后果。

表 10-1 检验的两类错误

原假设	研究者	
	不拒绝 H_0	拒绝 H_0
H_0 为真	正确的推断	犯第一类错误
H_0 为假	犯第二类错误	正确的推断

10.2.3 步骤 3：选择检验统计量

检验统计量有很多。在本章中，使用 z 统计量和 t 统计量作为检验统计量。在以后的章节中，将使用 F 和 χ^2（称为卡方）等检验统计量。

> **检验统计量（test statistic）**：根据样本信息确定的一个值，用于确定是否拒绝原假设。

在对均值（μ）进行假设检验时，当 σ 已知时，检验统计量 z 的计算方法是：

$$\text{当 }\sigma\text{ 已知时，检验 }\mu \quad z = \frac{\bar{X} - \mu}{\sigma / \sqrt{n}} \qquad (10\text{-}1)$$

z 值是根据 $\bar{X}$ 的抽样分布得出的，$\bar{X}$ 的均值记为 $\mu_{\bar{X}}$，标准差为 $\sigma_{\bar{X}}$，等于 $\sigma/\sqrt{n}$。因此，可以通过式（10-1）求 $\bar{X}$ 与 μ 的标准差，从而判断 $\bar{X}$ 与 μ 之间的差异是否显著。

10.2.4　步骤 4：确定假设检验的规则

推断规则是对拒绝原假设的具体条件和不拒绝原假设的条件的说明。拒绝的区域定义了所有这些值的位置，这些值太大或太小，都会使得原假设为真的概率相当低。

图 10-2 描绘了本章后面将要进行的显著性检验的拒绝域。

在图中，我们注意到：

- 不拒绝原假设的区域在 1.645 的左侧，我们将在下文解释如何获得 1.645 的值。
- 拒绝原假设的区域在 1.645 的右侧。
- 进行的是单尾检验。
- 选择显著性水平为 0.05。
- 统计量 z 的抽样分布服从正态分布。
- 值 1.645 将拒绝原假设和不拒绝原假设的区域分开。
- 值 1.645 为临界值。

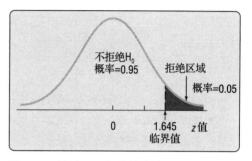

图 10-2　统计量 z 的抽样分布在显著性水平为 0.05 的右尾检验

临界值：拒绝原假设的区域与不拒绝原假设的区域之间的分界点。

◆ 实践中的统计学

在第二次世界大战期间，盟军军事规划人员需要估计德国坦克的数量。尽管传统间谍方法提供的信息并不可靠，但统计方法被证明是有价值的。例如，通过侦察，分析人员估计 1941 年 6 月生产了 1 550 辆坦克。然而在统计了被俘坦克的序列号之后，他们估计按照军事计划只生产了 244 辆坦克。根据德国生产记录确定的实际生产数量是 271 辆。由此可见，使用统计分析的估计结果要准确得多。

10.2.5　步骤 5：做出推断

假设检验的第五步是计算检验统计量的值，将其值与临界值进行比较，并做出拒绝或不拒绝原假设的推断。参考图 10-2，如果根据样本信息，计算出 z 为 2.34，则可以在 0.05 的显著性水平下拒绝原假设。拒绝 H_0 是因为 2.34 位于拒绝区域，即超过 1.645。我们之所以拒绝原假设，理由是计算出的 z 值如此之大，不可能是抽样误差（偶然）造成的。

如果计算值是 1.645 或更少，例如 0.71，原假设就不会被拒绝。拒绝的理由是：这么小的计算值可能是偶然的，也就是由抽样误差导致的。正如之前所强调的，在假设检验中，只能得到两种推断中的一种可能——要么拒绝原假设，要么不拒绝原假设。

然而，由于推断是基于样本的，所以总是有可能犯两种推断错误中的一种。当不应该拒绝原假设时，有可能犯第一类错误，或者也有可能在原假设应该被拒绝而没有被拒绝的时候犯第二类错误。幸运的是，我们选择了犯第一类错误的概率 α，并且可以计算出犯第二类错误相关的概率 β。

10.2.6 步骤6：解读结果

假设检验程序的最后一步是解读结果。这个过程并不以样本统计量的值或拒绝或不拒绝原假设的决定而结束，根据统计检验的结果，我们可以得出什么结论呢？这里有两个例子。

- 科罗拉多州一家报纸的调查记者报道说，该州便利店的平均月收入为13万美元。你决定通过假设检验来验证该报告。原假设和备择假设是：

$$H_0: \mu = 130\,000$$

$$H_1: \mu \neq 130\,000$$

因为便利店的样本提供了样本均值和标准差，所以你可以计算 z 统计量。假设检验的结果是决定不拒绝原假设，你如何解读这个结果？要谨慎解读，因为不拒绝原假设并不表示接受原假设为真。根据样本数据，样本均值与假设的总体均值之间的差异不大，不足以否决原假设。

- 某商学院院长在最近一次对学生的演讲中报告说，大学生的信用卡债务平均为3 000美元。你决定对院长的陈述进行检验，调查该陈述的真实性。原假设和备择假设是：

$$H_0: \mu = 3\,000$$

$$H_1: \mu \neq 3\,000$$

大学生的随机抽样调查提供了样本均值和标准差，并计算出了 z 统计量。假设检验的结果是拒绝原假设，你如何解读这个结果？样本结果没有支持院长的说法。根据抽样数据，大学生的信用卡债务平均金额与3 000美元是不同的，这个结果推翻了原假设，也就是说，有一个小的概率，使得由于随机抽样导致产生了拒绝原假设的错误，即犯了第一类错误 α。

> **假设检验步骤总结**
> 1. 明确原假设（H_0）和备择假设（H_1）。
> 2. 选择检验的显著性水平，即 α。
> 3. 选择一个合适的检验统计量。
> 4. 在步骤1、2、3的基础上确定假设检验的规则。
> 5. 在样本信息的基础上做出对原假设的推断。
> 6. 解读检验的结果。

在实际进行假设检验之前，我们先描述一下单尾和双尾假设检验的区别。

◆ 实践中的统计学

准分子激光手术是一种时长在15分钟左右的手术，利用激光重塑眼睛的角膜，以达到改善视力的目的。研究表明，约有5%的手术涉及眩光、角膜雾化、视力过度矫正或矫正不足、视力下降等并发症。从统计学意义上讲，该研究检验了手术不会改善视力的原假设和手术会改善视力的备择假设。准分子激光手术的样本数据显示，有5%的病例会导致并发症。这5%代表了犯第一类错误的概率。当一个人决定做手术时，他期望拒绝原假设，但在未来5%的病例中，这一预期将无法实现。[⊖]

10.3 单尾和双尾假设检验

图10-2显示了一个单尾检验。它被称为单尾检验是因为拒绝区域只在曲线的一个尾部。

[⊖] 来自 *American Academy of Ophthalmology Journal* 第16卷第43号。

在这种情况下，它是在曲线的右尾，或者说是在上尾。为了解释这一点，假设某食品公司的包装部门担心某些盒装的坚果明显超重。该包装盒上标明重量为453克，所以原假设为 $H_0: \mu \leqslant 453$，即总体均值（μ）小于等于453。备择假设是 $H_1: \mu > 453$，即总体均值（μ）大于453。注意，备择假设中的不等号，即大于号，指向上尾部的拒绝区域（见图10-2），同时观察到，原假设中包括了等号，即 $H_0: \mu \leqslant 453$。等号总是出现在 H_0 中，从未出现在 H_1 中。

图10-3描述了拒绝区域在标准正态分布的左尾，或者是说下尾的情况。举一个例子，考虑汽车制造商、大型汽车租赁公司和其他购买大量轮胎的组织的问题，他们希望轮胎在正常使用的情况下能行驶60 000英里。因此，如果测试显示轮胎的平均寿命明显低于60 000英里，他们会拒绝接受这一批轮胎；如果轮胎的平均寿命大于60 000英里，他们会欣然接受。然而，他们并不关心这种可能性，他们只关心是否有样本证明轮胎的平均使用寿命将低于60 000英里，因此，检

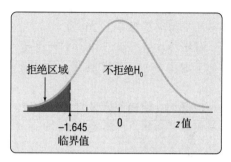

图10-3 一个统计量 z 的抽样分布在显著性水平为0.05的左尾检验

验的目的是解决汽车制造商的担忧，即轮胎的平均寿命不低于60 000英里。这一说法出现在原假设中。在本例中的原假设和备择假设写为 $H_0: \mu \geqslant 60\,000$ 和 $H_1: \mu < 60\,000$。

确定拒绝域位置的一个方法是看备择假设中的不等号所指向的方向，在轮胎磨损问题中，它是指向左边的，因此拒绝区域在左尾。

综上所述，当备择假设 H_1 指向一个方向时，检验是单尾的，如：

H_0：女性股票经纪人的平均收入低于或等于65 000美元/年。

H_1：女性股票经纪人的平均收入高于65 000美元/年。

如果在备择假设中没有指定方向，采用双尾检验。改变前面的问题来加以说明：

H_0：女性股票经纪人的平均收入为65 000美元/年。

H_1：女性股票经纪人的平均收入不是65 000美元/年。

如果在双尾情况下拒绝 H_0，接受 H_1，则平均收入可能显著高于每年65 000美元，也可能显著低于每年65 000美元。为了说明这两种可能性，5%的拒绝区域被平均分配到抽样分布的两个尾部（各占2.5%），图10-4显示了这两个区域和临界值。注意，正态分布中的总面积为1.000 0，由0.95+0.025+0.025求得。

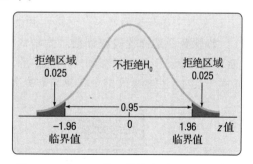

图10-4 在0.05的显著性水平下，双尾检验的不拒绝区域和拒绝区域

10.4 已知总体标准差，对总体均值的假设检验

10.4.1 双尾检验

我们用一个例子来展示六步假设检验。我们使用双尾检验，也就是说，这个例子不关心

样本结果是大于还是小于假设的总体均值,相反,我们感兴趣的是它是否与总体均值的假设值不同。正如在上一章中所做的,假设我们现在知道总体的历史信息和标准差。

例10-1 詹姆斯敦钢铁公司在纽约州西部的几个工厂负责生产和组装办公桌和其他办公设备。弗雷多尼亚工厂A325型办公桌的周产量服从均值为200、标准差为16的正态分布。最近,由于市场扩张,工厂引进了新的生产方式,并雇用了新的员工。生产部副经理想调查A325型办公桌的周产量是否有变化。请问在0.01的显著性水平下,弗雷多尼亚工厂生产办公桌的平均数是否等于200张?

解析 在这个例子中,有两个重要信息:①每周生产量的总体服从正态分布;②正态分布的标准差是16。我们使用z统计量,并用统计学假设检验来研究每周生产量是否从200张发生了变化。

步骤1:明确原假设与备择假设。 原假设是总体均值为200。备择假设是总体均值与200不同或者说总体均值不是200。这两个假设写作:

$$H_0: \mu = 200$$

$$H_1: \mu \neq 200$$

这是一个双尾检验,因为备择假设没有说明方向。换句话说,它没有说明平均产量是大于200还是小于200,副经理只想知道产量是否与200不同。

在进入第2步之前,需要强调两点:

- 原假设有等号。为什么这么说呢?因为要检验的值总是在原假设中,相应地,备择假设永远不包含等号。
- 原假设和备择假设都包含希腊字母(在本例中,μ是总体均值的符号)。假设的检验总是指总体参数,而不是指样本统计量。换句话说,你永远不会看到$\bar{X}$出现在原假设或备择假设中。

步骤2:选择检验的显著性水平。 在案例的描述中,选择的显著性水平为0.01。这就是α,即犯第一类错误的概率,它是在原假设为真时拒绝原假设的概率。

步骤3:选择检验统计量。 当总体标准差已知时,检验统计量为z统计量。将数据标准化(转化成z值)不仅可以在本问题中使用,也可以在其他假设检验的问题中使用。图10-5解释了式(10-1)中的z及其中各种字母的含义。

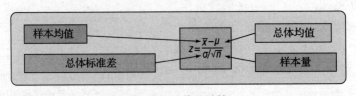

图10-5 z值的计算

步骤4:确定假设检验的规则。 制定推断规则时,首先要确定z的临界值,因为这是一个双尾检验,所以0.01的一半,即0.005,要放在每个尾部。不拒绝H_0的区域位于两尾之间,即0.99。利用附录B.5中的t分布,移至顶部空白"双尾检验的显著性水平,α"处,选择栏中的$\alpha=0.01$,并移动到最后一行,即标签为∞(无限自由度)的地方。这个单元格的z值是2.576。上述讨论如图10-6所示。

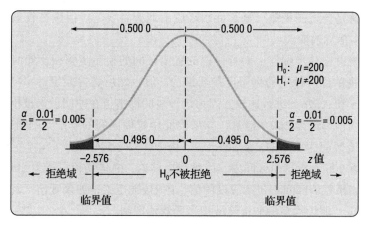

图 10-6 在显著性水平为 0.01 时的推断规则

推断规则是：如果 z 统计量不在 −2.576 和 2.576 之间，那么就拒绝原假设；如果 z 在 −2.576 和 2.576 之间，则不拒绝原假设。

步骤 5：做出推断。从总体中抽取样本（周产量），计算检验统计量，根据推断规则，做出拒绝 H_0 或不拒绝 H_0 的推断。假设去年（50 周，因为工厂停产放假 2 周）平均每周生产课桌 203.5 张，总体标准差是每周 16 张课桌。由式（10-1）计算 z 值如下：

$$z = \frac{\bar{X} - \mu}{\sigma / \sqrt{n}} = \frac{203.5 - 200}{16 / \sqrt{50}} = 1.547$$

因为 1.547 在 −2.576 和 2.576 之间，所以我们不能拒绝 H_0。

步骤 6：解读结果。没有拒绝原假设，所以不能证明总体均值相对于历史数据，即平均每周生产 200 张，发生了变化，换句话说，总体均值每周生产 200 张和样本均值每周生产 203.5 张之间的差异可能只是由于偶然性。那应该怎么和副经理汇报呢？抽样资料不能说明新的生产方式导致每周 200 张桌子的生产速度发生了变化。检验结果如图 10-7 所示。

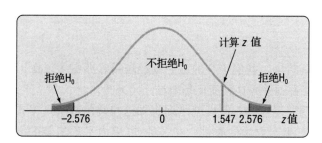

图 10-7 检验结果图

这能证明每周的生产速度还是 200 吗？并不能。虽然没能推翻原假设，但是这并不等于证明它是真的。例如，在美国的司法体系中，一个人在被证明有罪之前被推定为无罪。审判开始时，先假设这个人是无罪的。如果这个人被无罪释放，则说明审判没有提供足够的证据来拒绝无罪这一假设，那么也不能认定这个人并非无罪或者说是有罪的，即不能对这个人是否有罪进行一个判断。这就是在统计学假设检验中不拒绝原假设的做法。正确的解释是：根据证据或样本信息，未能推翻原假设。

在制定推断规则和对总体进行抽样调查之前，应确定显著性水平，在本例中选择了 0.01

的显著性水平，这是合适的策略。显著性水平应由调查者设定，但应在收集样本证据之前确定，不能根据样本信息改变。

刚才介绍的假设检验步骤与上一章讨论的置信区间的检验步骤相比如何？对桌子产量进行假设检验时，将单位从每周的桌子产量转换为 z 值，然后将检验统计量的样本值（1.547）与临界值（−2.576 和 2.576）进行比较。因为统计量的样本值在原假设未被拒绝的区域内，得出的结论是总体均值可能是 200。但是，如果要使用置信区间的方法，则根据式（9-1）制定一个置信区间，该区间为 197.671 至 209.329，由 $203.5 \pm 2.576 \times (16/\sqrt{50})$ 所得。请注意，事先假设的总体均值 200 也在这个区间内。因此得出结论，总体均值可能为 200。

一般来说，如果置信区间不包括假设的值，则 H_0 被拒绝；如果置信区间包括假设值，则 H_0 不被拒绝。所以，假设检验的非拒绝域相当于置信区间。

自测 10-1

亨氏公司是一家番茄酱制造商，它使用一种特殊的机器将 16 盎司的番茄酱分装到容器中。根据多年使用该特定分装机器的经验，亨氏公司知道每个容器中的产品数量服从均值为 16 盎司、标准差为 0.15 盎司的正态分布。对前一个小时装满的 50 个容器进行抽样调查，发现每个容器的平均分装量是 16.017 盎司。这个数据是否表明平均分装量与 16 盎司不同？请在 0.05 的显著性水平下进行检验。

（1）明确原假设和备择假设。
（2）犯第一类错误的概率是多少？
（3）给出检验统计量的公式。
（4）确定假设检验的规则。
（5）计算检验统计量的值。
（6）在原假设的基础上，你的推断是什么？
（7）用一句话解读假设检验的结果。

10.4.2 单尾检验

在上一个案例和解析中，我们关心的是向副经理报告弗雷多尼亚工厂组装的办公桌的平均数量是否发生变化，并不关心这种变化是增加还是减少。

换一个问题来说明单尾检验。假设副经理想知道组装的数量是否有所增加，那是否可以得出这样的结论：由于生产方法的改进，在过去 50 周内平均组装的办公桌的数量大于 200 张？看看这个问题的表述方式。在第一种情况下，我们想知道组装的平均数是否存在差异，但现在想知道的是是否有所增加。因为正在调查不同的问题，所以我们将做不同的假设，最大的不同发生在备择假设上。之前我们将备择假设说成不同于，现在用"大于"来进行描述。用符号表示为：

双尾假设	单尾假设
$H_0: \mu = 200$	$H_0: \mu \leq 200$
$H_1: \mu \neq 200$	$H_1: \mu > 200$

在相同的显著性水平下,单尾检验的临界值与双尾检验的临界值是不同的。在前面的案例和解析中,显著性水平一分为二,一半放在下尾,一半放在上尾。在单尾检验中,所有的拒绝区域都放在一个尾巴上(见图10-8)。

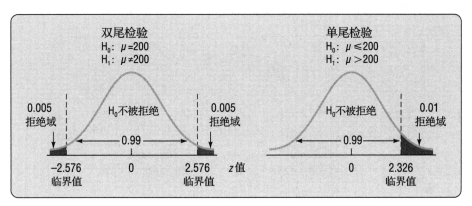

图 10-8 显著性水平 α 为 0.01 时,双尾和单尾检验的拒绝域

对于单尾检验,z 的临界值为 2.326。使用附录 B.5 中的 t 分布表,移动到最上面的标题"单尾检验的显著性水平,α",选择 $\alpha=0.01$ 的那一列,然后移动到最后一行,它的标签是 ∞(无限自由度),这个单元格的 z 值是 2.326。

10.5 假设检验中的 p 值

在检验一个假设时,将检验统计量与一个临界值进行比较,决定拒绝或不拒绝原假设。例如,如果临界值是 1.96,检验统计量的样本值是 2.19,则决定拒绝原假设。

近年来,在计算机软件的推动下,经常有关于拒绝强度的额外信息输出。那对拒绝原假设的信心有多大?这种方法显示了得到的检验统计量的值的概率(在原假设为真实的情况下),该值至少与观察到的样本值一样极端。这个过程中,将与显著性水平进行比较的概率称为 p 值。如果 p 值小于显著性水平,则拒绝 H_0。如果 p 值大于显著性水平,则不拒绝 H_0。

> p 值(p-value):在原假设为真的前提下,与观察到的样本值一样极端或更极端的概率。

确定 p 值不仅能做出关于 H_0 的推断,而且还能让我们对推断的强度有更多的了解。一个非常小的 p 值,如 0.000 1,表明 H_0 为真的可能性很小。另外,p 值为 0.203 3,意味着 H_0 没有被拒绝,它为假的可能性很小。

那如何找到 p 值呢?为了计算 p 值,需要使用 z 分布表(附录 B.3),为了使用这个表,我们将 z 检验统计量的值四舍五入到两位小数。为了说明如何计算 p 值,将以检验原假设为例,即弗雷多尼亚工厂每周生产的办公桌的平均数量是 200 张。因为计算出的 z 检验统计量的值 1.547 落在 −2.576 和 2.576 之间的区域,所以没有拒绝原假设。如果 z 检验统计量的值落在这个区域,我们不拒绝原假设。将 1.547 四舍五入到 1.55,利用 z 表,发现 z 值在 1.55 以上的概率为 0.060 6(=0.500 0−0.439 4)。换一种说法,如果 $\mu=200$,得到 $\bar{X}$ 大于 203.5 的概率是 0.060 6。计算 p 值时,我们需要关注小于 −1.55 的区域以及大于 1.55 的区域(因为拒绝域在两侧尾部）。双尾的 p 值为 0.121 2（=2×0.060 6）。p 值为 0.121 2，大于最初决定的显著性水平 0.01，所以不拒绝 H_0。详细情况如图 10-9 所示。注意对于双尾检验，p 值是用分布在两尾的区域加总来表示的，那么 p 值可以很容易地与显著性水平进行比较，与单尾检验中使用的推断规则相同。

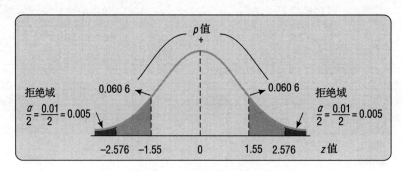

图 10-9　双尾检验 p 值计算

p 值是表达 H_0 为假的可能性的一种方式。但是如何解释 p 值呢？如果 p 值小于显著性水平，那么拒绝 H_0；如果大于显著性水平，那么不拒绝 H_0。另外，如果 p 值非常大，那么 H_0 很可能为真；如果 p 值很小，那么 H_0 很可能不为真。以下解读有助于解释 p 值。

> **解释拒绝 H_0 证据的权重**
> 如果 p 值小于：
> （1）0.10，则有一些证据证明 H_0 不是真实的。
> （2）0.05，则有很强的证据证明 H_0 不是真实的。
> （3）0.01，则有非常强的证据证明 H_0 不是真实的。
> （4）0.001，则有极其强的证据证明 H_0 不是真实的。

◆ 实践中的统计学

统计学意义和实践意义是有区别的。假设开发了一种新的减肥药，并在 10 万人身上进行测试。得出的结论是，常人服用 2 年的药物后减轻了 1 磅。你觉得会有很多人对服用药物减掉 1 磅感兴趣吗？使用新药的结果在统计学上是显著的，但没有实际意义。

自测 10-2

参考自测 10-1。

（1）假设题干中的倒数第二句话改为：这个数据是否表明平均分装量超过 16 盎司？请在这些条件下明确原假设和备择假设。

（2）在（1）题所述的新条件下，推断规则是什么？

（3）第二个样本是 50 个装满的容器，结果显示平均值是 16.040 盎司。这个样本的检验统计量的值是多少？

（4）你对原假设的推断是什么？

（5）用一句话解读统计检验的结果。

（6）p 值是多少？根据 p 值，你对原假设的推断是什么？这是否与第（4）问得出的结论相同？

10.6 在总体标准差未知时，对总体均值的假设检验

在前面的例子中，假设知道 σ，即总体标准差，而且总体服从正态分布。然而，在大多数情况下，总体标准差是未知的。因此，σ 必须基于先前的研究或由样本标准差 s 估计。在下面的例子中，总体标准差是未知的，所以需要用样本标准差来估计 σ。

为了求出检验统计量的值，我们利用 t 分布，将式（10-1）修改如下：

$$\text{在 } \sigma \text{ 未知时，检验均值} \quad t = \frac{\bar{X} - \mu}{s / \sqrt{n}} \quad (10\text{-}2)$$

自由度为 $n-1$。

式中 $\bar{X}$——样本均值；
$\quad\quad \mu$——假设的总体均值；
$\quad\quad s$——样本标准差；
$\quad\quad n$——样本观测值的数量。

在上一章构造置信区间时我们也遇到了这种情况，我们总结了这个问题。在这些条件下，正确的统计程序是用 t 分布代替标准正态分布。回顾一下，t 分布的主要特点是：

- 它是一个连续分布。
- 它是钟形的，并且也是对称的。
- 有一个 t 分布族，每当自由度发生改变时，就会产生一个新的分布。
- 随着自由度数的增加，t 分布的形状越来越接近标准正态分布。
- t 分布比标准正态分布更平坦，或者说更分散。

例 10-2 麦克法兰保险公司理赔部报告显示，处理一项索赔的平均费用为 60 美元。行业比较表明，这一数额高于大多数其他保险公司，因此该公司采取了削减成本的措施。为了评估削减成本措施的效果，理赔部主管随机抽取了上个月处理的 26 项索赔，并记录了处理每项索赔的成本。样本资料如表 10-2 所示。

在 0.01 的显著性水平下，得出现在处理索赔的平均成本低于 60 美元的结论是否合理？

表 10-2 索赔成本表
（单位：美元）

45	49	62	40	43	61
48	53	67	63	78	64
48	54	51	56	63	69
58	51	58	59	56	57
38	76				

解析 采用六步假设检验程序。

步骤 1：明确原假设和备择假设。原假设是总体均值至少为 60 美元，备择假设是总体均值小于 60 美元。我们可以将原假设和备择假设表达如下：

$$H_0: \mu \geq 60$$

$$H_1: \mu < 60$$

检验是单尾的，因为要确定成本是否有所降低，备择假设中的不等式指向分布左尾的拒绝区域。

步骤 2：选择检验的显著性水平。选取 0.01 的显著性水平。

步骤 3：选择检验统计量。这种情况下的检验统计是服从 t 分布的。为什么这么说呢？我们可以合理地得出结论：每笔索赔费用服从正态分布。可以从图 10-10 中 Minitab 输出的直方图中确认这一点，观察叠加在频数分布上的正态分布。

由于不知道总体标准差，我们用样本标准差来代替。检验统计量的值由式（10-2）计算，图 10-11 展示了 Minitab 输出的详细信息。

$$t = \frac{\overline{X} - \mu}{s / \sqrt{n}}$$

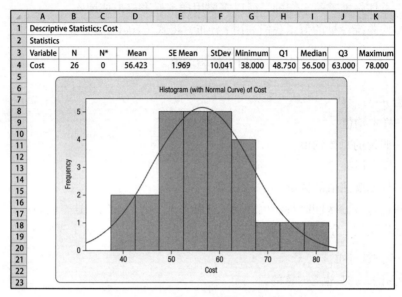

图 10-10　Minitab 输出的直方图

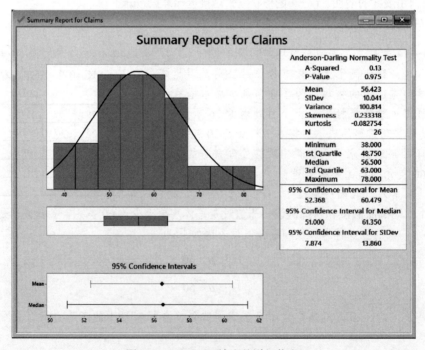

图 10-11　Minitab 输出的详细信息

步骤 4：确定假设检验的规则。附录 B.5 给出了 t 的临界值，其中部分内容如表 10-3 所示。最左边表中的一列的名称为"df"，表示自由度，自由度的数目是指在样本中观测值的总数量减去被抽样的总体数，写成 $n-1$。在这种情况下，样本中的观测值数量为 26，而我们抽取了 1 个总体，所以有 26-1=25 个自由度。

表 10-3　t 分布表的部分内容

	置信区间					
	80%	90%	95%	98%	99%	99.9%
	单尾检验的显著性水平，α					
df	0.10	0.05	0.025	0.01	0.005	0.000 5
	双尾检验的显著性水平，α					
	0.20	0.10	0.05	0.02	0.01	0.001
⋮	⋮	⋮	⋮	⋮	⋮	⋮
21	1.323	1.721	2.080	2.518	2.831	3.819
22	1.321	1.717	2.074	2.508	2.819	3.792
23	1.319	1.714	2.069	2.500	2.807	3.768
24	1.318	1.711	2.064	2.492	2.797	3.745
25	1.316	1.708	2.060	2.485	2.787	3.725
26	1.315	1.706	2.056	2.479	2.779	3.707
27	1.314	1.703	2.052	2.473	2.771	3.690
28	1.313	1.701	2.048	2.467	2.763	3.674
29	1.311	1.699	2.045	2.462	2.756	3.659
30	1.310	1.697	2.042	2.457	2.750	3.646

要找到临界值，首先要找到自由度为 25 的那一行，这一行在表 10-3 中用阴影表示出。接下来应确定检验是单尾还是双尾。本例采用的是单尾检验，所以找到表中标有"单尾"的部分，并找到所选显著性水平的那一列。在本例中，显著性水平是 0.01，向下移动标有"0.01"的那一列，直到与自由度为 25 的行相交，这个值是 2.485。因为这是一个单边检验，并且拒绝区域在左尾，所以临界值为负。推断规则是：如果 t 的值小于 -2.485，则拒绝 H_0。

步骤 5：做出推断。从 Minitab 的输出来看，26 个观测值样本的平均每笔索赔费用为 56.423 美元。这个样本的标准差是 10.041 美元。将这些值代入式（10-2）中，并计算 t 的值：

$$t = \frac{\bar{X} - \mu}{s/\sqrt{n}} = \frac{56.423 - 60}{10.041/\sqrt{26}} = -1.816$$

因为 -1.816 位于临界值 -2.485 的右侧区域（见图 10-12），所以在 0.01 的显著性水平下不拒绝原假设。

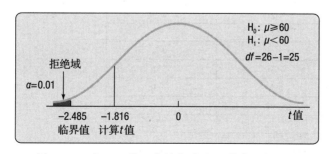

图 10-12　在 0.01 的显著性水平下，t 分布的拒绝域

步骤 6：解读结果。没有推翻原假设，索赔样本可能是从平均费用为 60 美元的总体中选

出的。换句话说，样本均值与总体均值之间的3.577（=56.423-60.00）美元的差异可能是由于抽样误差造成的，检验结果不能让理赔部经理得出削减费用的措施有效的结论。

上个例题使用 Minitab 计算了均值和标准差。以下案例和解析中显示了从样本数据计算样本均值和样本标准差时的细节。

例 10-3 默特尔海滩国际机场提供了一个手机停车场，人们可以在这里等待到达的乘客。为了决定手机停车场是否有足够的停车位，机场停车场的管理者需要知道人们在停车场停留的平均时间是否超过 15 分钟。对最近 12 位顾客的抽样调查显示，他们在该停车场停留的时间如表 10-4 所示。

表 10-4　顾客停留时间　　　　　　　　　　（单位：分钟）

| 30 | 24 | 28 | 22 | 14 | 2 | 39 | 23 | 23 | 28 | 12 | 31 |

在 0.05 的显著性水平下，得出在该地段的平均停留时间超过 15 分钟的结论是否合理？

解析　首先明确原假设和备择假设。该题中，问题是总体均值是否可以超过 15 分钟，这是一个单尾检验，我们提出两个假设如下：

$$H_0: \mu \leq 15$$

$$H_1: \mu > 15$$

有 11 个自由度，这可由 $n-1=12-1=11$ 而得。临界 t 值为 1.796，参照附录 B.5 进行单尾检验，使用 $\alpha=0.05$，自由度为 11。推断规则是：如果计算的 t 值大于 1.796，则拒绝原假设，这些信息在图 10-13 中进行了总结。

用式（3-2）计算样本均值，用式（3-8）计算样本标准差，样本均值为 23 分钟，样本标准差为 9.835 分钟。详细的计算结果如表 10-5 所示。

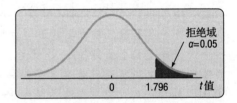

图 10-13　在显著性水平 $\alpha=0.05$ 时，t 分布单尾检验的拒绝域

表 10-5　停留时间的样本均值和标准差的计算结果

顾客	X（分钟）	$(X-\bar{X})^2$
赫穆拉	30	49
威尔	24	1
克朗普顿	28	25
克莱尔	22	1
考	14	81
洛林	2	441
埃斯波西托	39	256
科尔瓦德	23	0
霍夫勒	23	0
劳勒	28	25
特拉斯克	12	121
葛鲁理翁	31	64
总计	276	1 064

$\bar{X} = \dfrac{\Sigma X}{n} = \dfrac{276}{12} = 23$

$s = \sqrt{\dfrac{\Sigma(X-\bar{X})^2}{n-1}} = \sqrt{\dfrac{1\,064}{12-1}} = 9.835$

现在可以用式（10-2）来计算 t 值。

$$t = \frac{\bar{X} - \mu}{s/\sqrt{n}} = \frac{23 - 15}{9.835/\sqrt{12}} = 2.818$$

由于计算的 t 值 2.818 位于 1.796 的右侧区域，所以拒绝了总体均值小于或等于 15 分钟的原假设。得出的结论是，顾客在停车场的停留时间超过 15 分钟，这个结果表明，机场可能需要增加更多的停车位。

自测 10-3

数字钟所用电池的平均寿命为 305 天。电池的寿命服从正态分布。现对电池进行了改装，延长了其寿命。从 20 个经过改装的电池中抽取样本，其平均寿命为 311 天，标准差为 12 天。改造后是否增加了电池的平均寿命？

（1）明确原假设和备择假设。
（2）在 0.05 的显著性水平下，用图形展示推断规则过程。
（3）计算 t 值。关于原假设的推断是什么？简要总结你的结果。

统计软件解析

前面几章和上一节中使用的 Minitab 统计软件系统提供了一种有效的方法，对总体均值进行了单样本假设检验。生成如图 10-14 所示输出的步骤见附录 C。

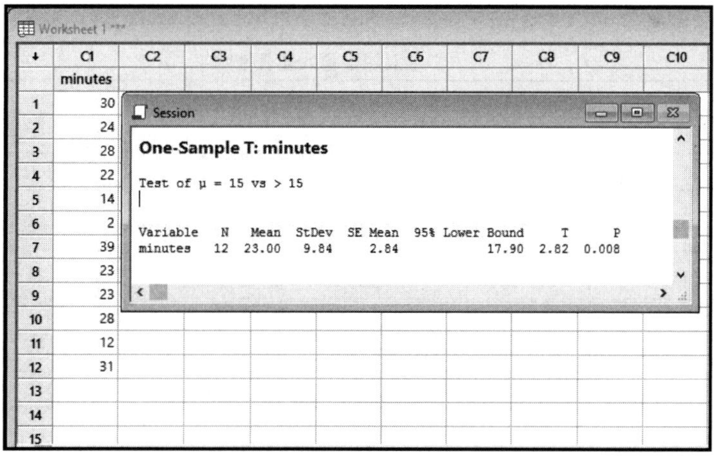

图 10-14 Minitab 步骤图

大多数统计软件包的另一个功能是报告 p 值，它提供了关于原假设的额外信息。p 值是指在原假设为真的情况下，和计算的 t 值一样极端或者更极端的概率。利用 Minitab 分析前面手机停车场的案例，p 值在给定总体均值为 15 的情况下计算结果为 0.008，与计算的 t 值为 2.82 或更大的情况类似。因此，将 p 值与显著性水平进行比较，就可以看出原假设是否接近被拒绝、勉强被拒绝，依此类推。

为了进一步解释，请参考图 10-15。p 值为 0.008，为图中最右侧的阴影区域，显著性水平为两个阴影区域的总和。因为 p 值为 0.008 小于显著性水平 0.05，所以拒绝原假设。如果 p 值大于显著性水平，如 0.06、0.19 或 0.57，则原假设不会被拒绝。

在前面的例子中,备择假设是单边的,t分布的拒绝区域为上尾或右尾的部分。p值是在自由度为11的t分布下,2.818右侧的区域。

如果进行的是双尾检验,那就使上尾和下尾都有拒绝区域。也就是说,在手机停车场的例子中,如果H_1被陈述为$\mu \neq 15$,我们计算得p值在2.818右边的区域加上 -2.818 左边区域的概率,这两个值都是0.008,所以p值是0.008+0.008=0.016。

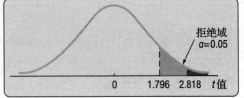

图10-15 t分布单尾检验的拒绝域

在没有计算机的情况下,如何估计p值呢?为了说明这一点,回顾一下,在关于手机停车场停留时间的案例和解析中,拒绝了$\mu \leqslant 15$的原假设,并接受$\mu > 15$的备择假设。由于显著性水平为0.05,所以逻辑上p值小于0.05。为了将p值估计得比较准确,到附录B.5中找到自由度为11的那一行,找到t值为2.818,它介于2.718和3.106之间(附录B.5的部分值见表10-6),2.718对应的单尾显著性水平为0.01,3.106对应的值为0.005,因此,p值在0.005和0.01之间。通常的做法是报告p值小于两个显著性水平中较大的一个,所以我们会报告"p值小于0.01"。

表10-6 t分布的部分值

	置信区间					
	80%	90%	95%	98%	99%	99.9%
	单尾检验的显著性水平,α					
df	0.10	0.05	0.002 5	0.01	0.005	0.000 5
	双尾检验的显著性水平,α					
	0.20	0.10	0.05	0.02	0.01	0.001
⋮	⋮	⋮	⋮	⋮	⋮	⋮
9	1.383	1.833	2.262	2.821	3.250	4.781
10	1.372	1.812	2.228	2.764	3.169	4.587
11	1.363	1.796	2.201	2.718	3.106	4.437
12	1.356	1.782	2.179	2.681	3.055	4.318
13	1.350	1.771	2.160	2.650	3.012	4.221
14	1.345	1.761	2.145	2.624	2.977	4.140
15	1.341	1.753	2.131	2.602	2.947	4.073

自测10-4

假设一台机器被用来在小瓶子里装9.0克药品。对8个瓶子进行抽样调查,发现每个瓶子中的药量如表10-7所示。

表10-7 瓶子装药量 (单位:克)

9.2	8.7	8.9	8.6	8.8	8.5	8.7	9.0

在0.01的显著性水平下,可以得出平均重量低于9.0克的结论吗?

(1)明确原假设和备择假设。
(2)自由度是多少?
(3)给出推断规则。

（4）计算 t 值。你关于原假设的推断是什么？

（5）估计 p 值。

10.7 第二类错误

回想一下，由符号 α 标识的显著性水平是指当原假设为真时被拒绝的概率，这就是所谓的第一类错误，最常见的显著性水平是 0.05 和 0.01，它们都由研究者在检验开始时设定。

在假设检验的情况下，也有可能存在原假设为假但是没有被拒绝的情况，这就是所谓的第二类错误，犯第二类错误的概率由希腊字母 β 来表示。与在假设检验程序中选择 α 的值不同，β 的值是在假设检验程序结束后计算得到的。下面的例题说明了确定 β 值的细节。

例 10-4 西线产品公司采购钢筋制作开口针。过去的经验表明，所有货物的平均抗拉强度为 10 000psi，标准差 σ 为 400psi。为了监控开口针的质量，随机抽取了 100 个开口针样品，并对其强度进行测试。在假设检验中，假设是：

$$H_0: \mu = 10\,000$$

$$H_1: \mu \neq 10\,000$$

为了确定一批钢筋是否符合质量标准，西线产品公司制定了一个规则，让质检员进行以下检验：取 100 根钢筋的样品，测试每根钢筋的抗拉强度。在 0.05 的显著性水平下，如果样品的平均强度 $\overline{X}$ 在 9 922 psi 和 10 078psi 之间，则接受这批货物，这些值是假设检验的临界值。如果样品均值大于 10 078 psi 或小于 9 922psi，则假设被拒绝，结论是货物不符合质量标准。

请参考图 10-16，图 A 给定总体均值为 10 000psi，记为 μ_0，标准差为 400，分布显示了拒绝原假设和不拒绝原假设的区域，即该批货物是否符合抗拉强度的质量标准。

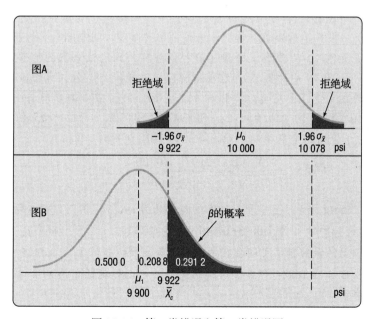

图 10-16 第一类错误和第二类错误图

假设测试 100 根钢筋的结果是样品均值为 9 900psi。显然，根据图 A，该批货物不符合质量标准，被拒收的概率为 0.05，即犯第一类错误的概率，拒收错误货品的概率很小。为了计算第二类错误，假设样本均值 9 900psi 是真实的总体均值。比较图 A 和图 B，图 A 表示该公司的抗拉强度分布，其中心值为 10 000psi，基于样本数据的图 B 表明，该分布以 9 900psi 为中心。

现在，用图 B 来确定犯第二类错误的概率 β。从质量检验的标准中知道 9 922psi 是用来拒绝原假设的。任何大于 9 922 而小于 10 078 的样本均值都被接受。如果分布真的是以 9 900psi 为中心，有可能找到更多的样本比 9 922 多，就不能拒绝原假设 $\mu=10\ 000$。这就是图 B 中标有 β 的概率的区域，在该区域内，原假设不会被拒绝。图中显示，犯第二类错误的概率为 0.291 2。也可以计算出检验的效力为 $(1-\beta)$。效力是指不犯第二类错误，正确地拒绝原假设的概率。在这个例子中检验的效力是 0.708 8。

解析 犯第二类错误的概率用图 10-16 图 B 中的阴影区域表示，计算方法是确定大于 9 922 的正态曲线下的区域。正态曲线下面积的计算在第 7 章中讨论过，简单回顾一下，首先确定样本均值落在 9 900 和 9 922 之间的概率，然后将这个概率从 0.500 0（代表平均值 9 900 右边的所有区域）中减去，得出犯第二类错误的概率。

数值为指定的入库批次的平均值 μ_1（9 900）与临界值 $\bar{X}$（9 922）之间的标准误差（z 值），计算方法为

$$\text{第二类错误} \quad z = \frac{\bar{X}_c - \mu_1}{\sigma/\sqrt{n}} \quad (10\text{-}3)$$

在 $n=100$，$\sigma=400$ 的情况下，z 的值为 0.55：

$$z = \frac{\bar{X}_c - \mu_1}{\sigma/\sqrt{n}} = \frac{9\ 922 - 9\ 900}{400/\sqrt{100}} = \frac{22}{40} = 0.55$$

曲线下 9 900 和 9 922（z 值为 0.55）之间的面积为 0.208 8。大于 9 922 的曲线下面积为 0.500 0 − 0.208 8，即 0.291 2，这就是犯第二类错误的概率，也就是说根据公司的 10 000psi 的标准，接受了这一批进厂的钢筋，但样本表明总体均值是 9 900psi，应该拒绝这批货物。

另外一个例子如图 10-17 所示。假设 100 根钢筋样品的测试结果的均值为 10 120psi。根据公司的标准（见图 10-17 中的图 A），这批货物应该被拒绝，因为样本均值 10 120 大于临界值 10 078。根据样本均值，图 C 显示了以样本均值 10 120 为中心的分布。

如果分布以样本均值 10 120 为中心，则样本均值有可能小于临界值 10 078。在图 C 中，这被标记为 β。为了找到这个概率，我们计算图 C 中 10 078 的 z 值。

$$z = \frac{\bar{X}_c - \mu_1}{\sigma/\sqrt{n}} = \frac{10\ 078 - 10\ 120}{400/\sqrt{100}} = -1.05$$

由 0.500 0 − 0.353 1 发现，z 小于 −1.05 的概率为 0.146 9。因此，β，即犯第二类错误的概率为 0.146 9。检验的效力为 1.000 0 − 0.146 9，即 0.853 1。注意，如果 μ_0 和 μ_1 之间的差异相对较小，犯第二类错误的概率可能会在两个尾部都出现，但这里不考虑这种可能性。

图 10-16 的图 B 和图 10-17 的图 C 所说明的方法可以确定任何用来估计 μ_1 的样本均值犯第二类错误的概率。

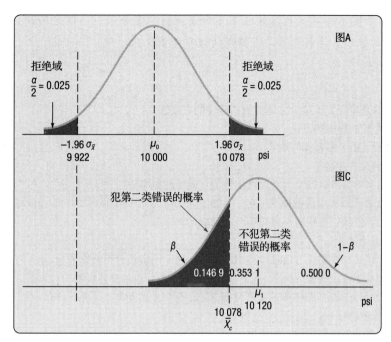

图 10-17 第一类错误和第二类错误（另一个案例）

回顾一下，在假设检验中，我们选择犯第一类错误的概率 α，自然地，选择的概率就比较小，一般小于 0.10，而犯第二类错误的概率取决于样本结果。假设的均值与样本均值之间的差异越大，在应该拒绝原假设的时候，没有拒绝原假设，即犯第二类错误的概率就越小。

对于这个案例和解析，表 10-8 显示了选定的 μ_1 值犯第二类错误的概率和检验的效力。右边一栏给出了不犯第二类错误的概率，也就是检验的效力。

表 10-8　0.05 的显著性水平下犯第二类错误的概率

选择的均值（μ_1）	犯第二类错误的概率（β）	检验的效力（$1-\beta$）
9 820	0.005 4	0.994 6
9 880	0.146 9	0.853 1
9 900	0.291 2	0.708 8
9 940	0.673 6	0.326 4
10 000	—①	—
10 060	0.673 6	0.326 4
10 100	0.291 2	0.708 8
10 120	0.146 9	0.853 1
10 180	0.005 4	0.994 6

①表示 $\mu_1=\mu_0$ 时不会犯第二类错误。

自测 10-5

参考前面的例子。假设某批钢筋的抗拉强度真实均值为 10 180psi。质检员接受均值为 10 000psi 的钢筋的概率是多少？（如果钢筋的抗拉强度高于规定值，就会被拒绝，这听起来很不合理。但是，也可能是由于开口针具有双重性。在设计上，如果电机撞到小物体，可能不会被剪断，但如果撞到石头，就会被剪断。因此，钢筋的抗拉强度也不能太高。）

若图 10-17 中图 C 中的浅色区域代表了错误地接受了原假设,即进场钢筋的平均抗拉强度为 10 000psi 的概率,请问犯第二类错误的概率是多少?

章节摘要

1. 假设检验的目的是验证关于某个总体参数的陈述的有效性。
2. 建立一个假设检验的步骤如下:
  (1)明确原假设(H_0)和备择假设(H_1)。
  (2)选择检验的显著性水平。
    1)显著性水平是指原假设为真时被拒绝的可能性或概率。
    2)显著性水平最常用的概率是 0.01、0.05 和 0.10。作为一个概率,0 到 1.00 之间的任何值都是可能的,但我们更倾向于将犯第一类错误的概率减小。
  (3)选择检验统计量。
    1)检验统计量是根据样本信息计算出的数值,用于确定是否拒绝原假设。
    2)本章涉及了两个检验统计量。① 当总体服从正态分布且总体标准差已知时,采用标准正态分布(z 分布);② 当总体服从正态分布且总体标准差未知时,采用 t 分布。
  (4)确定假设检验的规则。
    1)推断规则是拒绝原假设时的条件。
    2)在双尾检验中,拒绝域被平均分成上尾和下尾。
    3)在单尾检验中,拒绝域仅为上尾或者下尾的其中一个。
  (5)选择一个样本,计算检验统计量的值,并对原假设做出推断。
  (6)解读你的推断。
3. p 值是指当原假设为真时,检验统计量的值与计算值一样极端的概率。
4. 在对总体均值做假设检验时:
  (1)如果已知总体标准差 σ,则检验统计量为标准正态分布:
  $$z = \frac{\bar{X} - \mu}{\sigma / \sqrt{n}} \tag{10-1}$$
  (2)如果总体标准差未知,用 s 代替 σ,则检验统计量为 t 分布,它的值为
  $$t = \frac{\bar{X} - \mu}{s / \sqrt{n}} \tag{10-2}$$

  t 分布的主要特点是:
    1)它是一个连续分布。
    2)它是"丘形"对称的。
    3)它比标准正态分布更平坦,或者说更分散。
    4)根据自由度数的不同,有一系列的 t 分布。
5. 假设检验中会存在两类错误。
  (1)第一类错误发生在原假设为真时被拒绝的情况。
    1)犯第一类错误的概率等于显著性水平。
    2)这个概率用希腊字母 α 表示。
  (2)第二类错误发生在原假设为假却没有被拒绝的情况。
    1)犯第二类错误的概率用希腊字母 β 表示。
    2)犯第二类错误的概率必须根据样本结果,比较原假设与备择假设的概率分布,从而进行计算。

章节练习

对于章节练习中的第 1、2 题，回答如下问题：
（1）这是一个单尾还是双尾检验？
（2）推断规则是什么？
（3）检验统计量的值是多少？
（4）你对 H_0 的推断是什么？
（5）p 值是多少？请解释一下。

1. 从人群中选取 36 个观测值的样本，样本均值为 49，总体标准差为 5，用 0.05 的显著性水平进行以下假设检验。

$$H_0: \mu = 50$$

$$H_1: \mu \neq 50$$

2. 从总体中选取 36 个样本，样本均值为 21，总体标准差为 5，用 0.05 的显著性水平进行以下假设检验。

$$H_0: \mu \leq 20$$

$$H_1: \mu > 20$$

对于章节练习中的第 3、4 题，回答如下问题：
（1）明确原假设和备择假设。
（2）确定假设检验的规则。
（3）计算检验统计量的值。
（4）你对 H_0 的推断是什么？
（5）p 值是多少？请解释一下。

3. X-15 钢带斜拉车轮胎的制造商声称，该轮胎在轮胎面磨损前的平均行驶里程为 60 000 英里。假设行驶里程服从标准差为 5 000 英里的正态分布。克罗斯特卡车公司购买了 48 个轮胎，发现其卡车的平均里程数为 59 500 英里。在 0.05 的显著性水平下，克罗斯特卡车公司的实际情况是否与制造商声称的不同？

4. 最近的一项调查发现，高中生平均每月看 6.8 部电影。每月观看电影数量的分布服从标准差为 1.8 的正态分布。随机抽样调查 36 名大学生，发现上个月平均观看的电影数量为 6.2 部。在 0.05 的显著性水平下，是否可以得出大学生一个月看的电影数量比高中生少的结论？

5. 在下述假设下：

$$H_0: \mu \leq 10$$

$$H_1: \mu > 10$$

从正态分布总体中随机抽取 10 个观测值。样本均值为 12，样本标准差为 3。在 0.05 的显著性水平下：
（1）确定推断规则。
（2）计算检验统计量的值。
（3）你关于原假设的推断是什么？

6. 高校教材瑞思出版公司洛基山脉区域的销售经理声称销售代表平均每周给教授打 40 个销售电话。有一些代表认为这个估计太低了。为了调查验证，随机抽查 28 名销售代表，发现在上周打出的电话平均数为 42 个。样本的标准差是 2.1 个电话。在 0.05 的显著性水平下，是否可以得出每个销售代表每周的销售电话数超过 40 个的结论？

7. 美国居民的人均收入为 50 000 美元，收入服从正态分布。随机抽样调查特拉华州威尔明顿市的 10 名居民，平均收入为 60 000 美元，标准差为 10 000 美元。在 0.05 的显著性水平下，这是否足以证明特拉华州威尔明顿市居民的平均收入高于美国平均水平?

8. 在下述假设下:

$$H_0: \mu \geq 20$$

$$H_1: \mu < 20$$

随机抽取 5 个样本,结果如下:18、15、12、19 和 21。假设它是正态分布总体。在 0.01 的显著性水平下,可以得出总体均值小于 20 的结论吗?

(1) 确定推断规则。

(2) 计算检验统计量的值。

(3) 你关于原假设的推断是什么?

(4) 估计 p 值。

9. 一个健康成年人每天的饮水量服从均值为 1.4 升的正态分布。一项健康运动提倡每天至少饮用 2.0 升水。对 10 名成年人运动结束后的饮水量进行抽样调查,其饮水量如表 10-9 所示。

表 10-9 饮水量表　　　　　　　　　　　(单位:升)

1.5	1.6	1.5	1.4	1.9	1.4	1.3	1.9	1.8	1.7

在 0.01 的显著性水平下,可以得出饮水量增加的结论吗?计算并解释 p 值。

10. 华盛顿特区的一个智囊团宣布,2017 年青少年一般每天发送 67 条短信。为了更新这一估计,打电话给 12 名青少年,并以他们作为样本,调查他们前一天发送了多少条短信,他们的回答如表 10-10 所示。

表 10-10 发送短信数量表　　　　　　　　　　　(单位:条)

51	175	47	49	44	54	145	203	21	59	42	100

在 0.05 的显著性水平下,可以得出均值大于 67 的结论吗?估计 p 值并描述它告诉了你什么。

11. 根据表 10-8 和之前的例子,在 $n=100$,$\sigma=400$,$\bar{X}=9\,922$,$\mu_1=9\,880$ 的情况下,验证犯第二类错误的概率为 0.146 9。

12. 某公司的管理层正在考虑采用新的方法组装电脑。目前组装方法的平均时间为 60 分钟,标准差为 2.7 分钟。在使用新方法的情况下,随机抽样 24 台电脑的平均组装时间为 58 分钟。在 0.10 的显著性水平下,是否可以得出使用新方法的组装时间更快的结论?犯第二类错误的概率是多少?

13. 据盐湖城地区工会主席介绍,该地区水电工的平均毛收入服从均值为 45 000 美元,标准差为 3 000 美元的正态分布。最近某电视台的记者发现,以 120 名水电工为样本,平均收入为 45 500 美元。在 0.10 的显著性水平下,得出平均收入不等于 45 000 美元的结论是否合理?请确定 p 值。

14. 一家新成立的减肥公司"减重国际"在广告中称,加入减重计划的人在前两周后平均会减掉 10 磅,标准差是 2.8 磅。对 50 名加入减重计划的人进行随机抽样调查,结果显示平均减重 9 磅。在 0.05 的显著性水平下,是否可以得出加入减重计划的人减掉的体重小于 10 磅的结论?请确定 p 值。

15. 根据最近的一项调查,美国人每晚平均睡眠时间为 7 小时。西弗吉尼亚大学随机抽样调查 50 名学生,结果显示,昨晚平均睡眠时间为 6 小时 48 分钟 (6.8 小时),样本的标准差为 0.9 小时。在 5% 的显著性水平下,得出西弗吉尼亚州的学生比普通美国人睡眠时间少的结论是否合理?请计算 p 值。

16. 根据人口普查局的数据,美国家庭中平均居住着 3.13 个居民。对亚利桑那州一个退休社区的 25 个家庭的抽样调查显示,每户居民的平均人数为 2.86 人,样本标准差是 1.20 个居民。在 0.05 的显著性水平上,得出退休社区家庭的平均居民人数少于 3.13 人的结论是否合理?

17. NerdWallet 公司最近的一项调查显示,美国人在 2017 年平均支付了 6 658 美元的信用卡债务利息。对 12 个有孩子的家庭进行抽样调查结果如表 10-11 所示。在 0.05 的显著性水平下,得出这些家庭支付了大于平均水平的利息的结论是否合理?

表 10-11　支付利息表　　　　　　　　　　　　（单位：美元）

| 7 077 | 5 744 | 6 753 | 7 381 | 7 625 | 6 636 | 7 164 | 7 348 | 8 060 | 5 848 | 9 275 | 7 052 |

18. 最近的一项研究显示，普通的美国咖啡消费者平均每天消耗 3.1 杯咖啡。对 12 名老年人的抽样调查显示，他们昨天喝了如表 10-12 所示数量的咖啡。

表 10-12　消耗咖啡数量表　　　　　　　　　　（单位：杯）

| 3.1 | 3.3 | 3.5 | 2.6 | 2.6 | 4.3 | 4.4 | 3.8 | 3.1 | 4.1 | 3.1 | 3.2 |

在 0.05 的显著性水平下，这些样本数据是否表明普通的美国咖啡消费者与老年人之间存在差异？

19. Golfsmith 网站平均每天收到 6.5 个网购者的退货。在 12 天的样本中，它收到的退货数量如表 10-13 所示。

表 10-13　退货数量表　　　　　　　　　　　　（单位：件）

| 0 | 4 | 3 | 4 | 9 | 4 | 5 | 9 | 1 | 6 | 7 | 10 |

在 0.01 的显著性水平下，是否可以得出退货均值小于 6.5 的结论？

20. 瑞士手表公司声称，平均而言，其手表在一周内不会过快或过慢。对 18 块手表的抽样调查显示，每周的增（+）减（-）秒数如表 10-14 所示。

表 10-14　手表时间变动表　　　　　　　　　　（单位：秒）

| -0.38 | -0.20 | -0.38 | -0.32 | +0.32 | -0.23 | +0.30 | +0.25 | -0.10 |
| -0.37 | -0.61 | -0.48 | -0.47 | -0.64 | -0.04 | -0.20 | -0.68 | +0.05 |

手表时间变动的均值为 0 的结论是否合理？在 0.05 的显著性水平下估计 p 值。

21. 许多杂货店和大型零售商，如克罗格和沃尔玛都安装了自助结账系统，这样顾客就可以扫描自己的物品并自行结账。顾客对这项服务的喜爱程度和使用频率如何？表 10-15 列出的是沃尔玛一家分店 15 天中使用该服务的顾客数量。

表 10-15　顾客数量　　　　　　　　　　　　　（单位：人）

| 120 | 108 | 120 | 114 | 118 | 91 | 118 | 92 | 104 | 104 |
| 112 | 97 | 118 | 108 | 117 | | | | | |

得出每天使用自助结账系统的平均顾客数量超过 100 人的结论是否合理？在 0.05 的显著性水平下进行检验。

22. 《名人生活》的出版商声称，以梅根·福克斯或詹妮弗·劳伦斯等人为当期主角的杂志的平均销量为每周 150 万份。对 10 本同类杂志的抽样调查显示，上周平均周销量为 130 万份，标准差为 90 万份。这些数据是否与出版商的说法相矛盾？在 0.01 的显著性水平下进行检验。

23. 近年来，"目的地婚礼"的数量暴增。比如，很多新人都选择在加勒比地区举行婚礼。最近，一家加勒比海度假胜地在《新娘》杂志上做了广告，称加勒比海婚礼的费用不到 30 000 美元。表 10-16 列出了 8 场加勒比海婚礼的样本。

表 10-16　婚礼费用　　　　　　　　　　　　　（单位：千美元）

| 29.7 | 29.4 | 31.7 | 29.0 | 29.1 | 30.5 | 29.1 | 29.8 |

在 0.05 的显著性水平下，我们是否有理由得出这样的结论：婚礼的平均费用低于广告中所说的 30 000 美元？

24. 一台可乐分配机设定为每杯分配 9.00 盎司的可乐，标准差为 1.00 盎司。机器制造商希望将控制限值设定为：对于 36 的样本，5% 的样本将大于控制上限，5% 的样本将小于控制下限。

（1）控制限值应设定在什么值？

（2）如果总体均值是 8.6，检测到概率变化了多少？
（3）如果总体均值是 9.6，检测到概率变化了多少？

25. 在下述假设下：

$$H_0: \mu \leq 50$$

$$H_1: \mu > 50$$

假设总体标准差为 10，设犯第一类错误的概率为 0.01，犯第二类错误的概率为 0.30。假设总体均值从 50 转移到 55，需要多大的样本才能满足这些要求？

26. 一家全国性的杂货商杂志报道，普通的购物者在排队等待结账时要花 8 分钟。对当地农夫杰克店的 24 名购物者的抽样调查显示，等待结账的平均时间为 7.5 分钟，标准差为 3.2 分钟。当地农夫杰克店的等待时间是否比杂志报道的全国杂货商等待时间少？在 0.05 的显著性水平下进行假设检验。

数据分析

27. 附录 A.2 报告了 2015 赛季 30 支美国职业棒球大联盟球队的信息。
    （1）进行一个假设检验，以确定各队的平均工资是否与 1.0 亿美元不同。在 0.05 的显著性水平下进行检验。
    （2）在 5% 的显著性水平下进行假设检验，以确定每支球队的平均上座数是否超过 2 000 000。

习题答案

扫码查看章节练习和数据分析答案

扫码查看自测答案

第11章

双样本假设检验

吉布斯婴幼儿食品公司希望比较使用其产品和竞争对手产品的婴儿的体重增长情况。对40个使用吉布斯产品的婴儿进行抽样调查，结果显示婴儿出生后头三个月体重平均增加7.6磅。对于吉布斯这一品牌，该样本对应的总体标准差为2.3磅。对使用竞争者品牌产品的55个婴儿进行抽样调查，发现该样本的体重平均增加了8.1磅，总体标准差为2.9磅。在0.05的显著性水平下，是否可以得出使用吉布斯品牌的婴儿体重增加较少的结论？

学完本章后，你将能够：

① 假设总体标准差已知且相等，检验两个独立总体均值相等的假设。
② 假设总体标准差未知，检验两个独立总体均值相等的假设。
③ 检验关于配对观测值或因变量观测值之间的总体均值差异的假设。
④ 解释依存样本和独立样本的区别。

引言

第10章对假设检验进行了研究，描述了假设检验的性质，并讨论了如何完成假设检验。假设检验是将单个样本的结果与总体的值进行比较，也就是说，从总体中选择一个随机的样本，并对假设的总体值是否合理进行检验。在第10章中，我们选取了组装好的办公桌数量作为样本，以确定詹姆斯敦钢铁公司每周的生产量是否有变化。同样，我们也抽查了处理保险索赔的费用，以确定削减成本措施是否导致平均值低于目前的60美元/人。在这两种情况下，我们把单一样本统计量对总体参数影响的结果进行了比较。

本章会将假设检验的思想扩展到两个总体，也就是说，从两个不同的总体中随机选取样本，以确定总体均值是否相等。例如：

1. 佛罗里达州南部男性代理商和女性代理商销售的住宅房地产均值是否有差异？
2. 在某软件公司，客服人员上午和下午接到的电话同样多吗？
3. 在快餐行业，年轻工人（21岁以下）和年长工人（60岁以上）的平均缺勤天数是否有差异？
4. 如果在生产区域播放音乐，是否会提高生产率？

我们将从两个独立的总体出发，随机选取样本，然后研究这两个总体是否具有相同的均值。

11.1 双样本假设检验：独立样本

佛罗里达州坦帕市的一位城市规划师想知道，佛罗里达州中部不同地方的管道工和电工的平均时薪是否有差异。某财务会计想知道美国国内共同基金的平均收益率与全球共同基金的平均收益率是否不同。在第一种情况下，管道工代表一个总体，电工代表另一个总体。在第二种情况下，美国国内共同基金代表一个总体，全球共同基金代表另一个总体。在每一种情况下，都有两个独立的总体。

为了研究这些情况下的问题，从每一个总体中随机抽取样本，并计算两个样本的均值。如果两个总体的均值相同，即管道工和电工的平均时薪相同，我们会预测两个样本均值的差值是零。但如果样本均值的差值不为零呢？这种差异是偶然的，还是因为时薪确实存在差异？双样本假设检验将会帮助我们回答这个问题。

第 8 章曾讨论过，样本均值的分布将趋近于正态分布。这里需要再次假设样本均值的分布将服从正态分布，可以用数学方法证明，两个正态分布样本均值之间差值的分布也是正态分布。

用佛罗里达州坦帕市的城市规划师的例子来解释这一理论。假设管道工工资的总体均值为每小时 30.00 美元，标准差为每小时 5.00 美元；电工工资的总体均值为每小时 29.00 美元，标准差为每小时 4.50 美元。从这些信息中可以看出，这两个总体的均值是不一样的，管道工的收入实际上比电工每小时多 1.00 美元。尽管如此，我们不能期望每次对两个总体进行抽样调查时，都存在这种差值。

假设随机抽取 40 名管道工和 35 名电工的样本，并计算每个样本的平均值，然后确定样本均值之间的差值，正是这个样本均值之间的差值引起了我们的兴趣。如果总体均值相同，我们会期望两个样本均值之间的差值为零。如果总体均值之间存在差值，我们会期望找到样本均值之间的差值。

为了理解这个理论，需要取几对样本，计算出每一个样本的平均值，确定样本均值之间的差值，并研究样本均值差值的分布。基于中心极限定理，我们知道样本均值的分布服从正态分布。如果两个样本均值都服从正态分布，则可以推断出它们的差值分布也将遵循正态分布。

此外，还要考虑差值分布的均值。如果发现这个分布的均值为零，那就意味着两个总体没有差异。如果差值分布的均值等于零以外的某个值，即要么是正值，要么是负值，则两个总体的均值不一样。

回到佛罗里达州坦帕市的案例上，表 11-1 显示了选取的 20 对不同的样本，包括 40 名管道工和 35 名电工，计算每个样本的均值，并求出每对样本均值的差值。在第一种情况下，40 名水电工的样本均值为 29.80 美元，35 名电工的均值为 28.76 美元，样本均值的差值是 1.04 美元，这个过程又重复了 19 次。在这 20 对样本中，管道工的均值比电工的均值大，有 17 对样本的差值为正数；在 2 对样本中，电工的均值大于管道工的均值，差值为负；均值相等的情况仅出现在 1 对样本中。

表 11-1　20 对随机抽样的管道工和电工的平均时薪及均值之间的差值

样本	管道工（美元）	电工（美元）	差距（美元）	样本	管道工（美元）	电工（美元）	差距（美元）
1	29.80	28.76	1.04	3	30.57	29.94	0.63
2	30.32	29.40	0.92	4	30.04	28.93	1.11

(续)

样本	管道工（美元）	电工（美元）	差距（美元）	样本	管道工（美元）	电工（美元）	差距（美元）
5	30.09	29.78	0.31	13	29.42	28.79	0.63
6	30.02	28.66	1.36	14	29.78	29.54	0.24
7	29.60	29.13	0.47	15	29.60	29.60	0.00
8	29.63	29.42	0.21	16	30.60	30.19	0.41
9	30.17	29.29	0.88	17	30.79	28.65	2.14
10	30.81	29.75	1.06	18	29.14	29.95	−0.81
11	30.09	28.05	2.04	19	29.91	28.75	1.16
12	29.35	29.07	0.28	20	28.74	29.21	−0.47

最后，还需要知道一些关于差值分布的信息。换个角度来说，需要知道这个差值分布的标准差是多少？统计学理论表明，在这种情况下有独立的总体，所以差值分布的方差（标准差的平方）等于两个总体方差之和。这意味着，可以将两个抽样分布的方差相加。换一种说法，样本均值差异 $(\bar{X}_1 - \bar{X}_2)$ 的方差等于管道工的方差和电工的方差之和。

均值差异分布的方差 $$\sigma^2_{\bar{X}_1-\bar{X}_2} = \frac{\sigma_1^2}{n_1} + \frac{\sigma_2^2}{n_2} \tag{11-1}$$

$\sigma^2_{\bar{X}_1-\bar{X}_2}$ 看起来很复杂，但解释起来并不困难。σ^2 说明它是一个方差，下标 $\bar{X}_1 - \bar{X}_2$ 表示它是样本均值的差异分布。

可以通过取平方根把这个方程变成一个更常用的形式，这样就有了差异分布的标准差，或者说"标准误差"。对差值的分布进行标准化。表达式为

σ 已知时的双样本均值检验 $$z = \frac{\bar{X}_1 - \bar{X}_2}{\sqrt{\frac{\sigma_1^2}{n_1} + \frac{\sigma_2^2}{n_2}}} \tag{11-2}$$

在介绍一个例子之前，先来回顾一下使用式（11-2）的必要假设。

- 两个总体均服从正态分布。
- 两个样本不相关或者说是相互独立。
- 两个总体的标准差都是已知的。

下面的例题显示了对两个总体均值进行假设检验的细节，并说明如何解读结果。

例 11-1 在美食城超市购物的顾客在付款时可以到收银台结账，也可以使用新的快速通道。在标准程序中，美食城的员工扫描每件商品并将其放在一个短传送带上，另一名员工将其放入袋子中，然后再放入购物车中。在快速通道中，顾客自行扫描每件商品，将其装袋，然后自己将袋子放进购物车。快速通道旨在减少顾客在结账上花费的时间。

最近，拜恩路美食城超市安装了快速通道这一设施，店长想知道使用标准结账方式的平均结账时间是否比使用快速通道长。她收集了以下样本信息（见表 11-2），时间是从顾客进入排队时开始计算的，直到顾客的所有袋子都放进购物车时停止计时。因此，时间包括排队等候和结账两个环节。请问 p 值是多少？

解析 采用六步假设检验程序来研究这个问题。

表 11-2 样本信息

顾客选择结账的类型	样本量	样本均值	总体标准差
标准	50	5.50 分钟	0.40 分钟
快速通道	100	5.30 分钟	0.30 分钟

步骤 1：明确原假设和备择假设。原假设是指标准平均结账时间小于或等于快速通道平均结账时间，换句话说，标准平均结账时间与快速通道平均结账时间的 0.20 分钟的差异是由于偶然因素造成的。备择假设是指标准平均结账时间比快速通道平均结账时间更长。用 μ_S 表示标准客户结账时间的总体均值，用 μ_F 表示快速通道客户结账时间的总体均值。原假设和备择假设为

$$H_0: \mu_S \leq \mu_F$$
$$H_1: \mu_S > \mu_F$$

步骤 2：选择检验的显著性水平。显著性水平是指当原假设为真时，拒绝原假设的概率，这个可能性是在选择样本或进行任何计算之前确定的。最常见的显著性水平是 0.05 和 0.01，但其他如 0.02 和 0.10 之类的值也在使用。理论上，可以选择 0 和 1 之间的任何值作为显著性水平。在本例中，选择了 0.01 的显著性水平。

步骤 3：选择检验统计量。在第 10 章中我们使用标准正态分布（z 统计量）和 t 统计量作为检验统计量。在我们假设两个总体分布都是正态统计量且标准差已知的情况下，使用 z 统计量作为检验统计量。

步骤 4：确定假设检验的规则。推断规则基于原假设和备择假设（即单尾或双尾检验）、显著性水平和使用的检验统计量。选择 0.01 的显著性水平和 z 统计量作为检验统计量，希望推断是否用标准方法结账所需的平均时间更长。用备择假设表示使用标准方法的顾客的平均结账时间比用快速通道的顾客的平均结账时间更长，因此，拒绝域在标准正态分布的上尾（单尾检验）。使用附录 B.5 的 t 分布表找到临界值，在表格的标题中，找到标有"单尾检验的显著性水平"的行，并选择 α 为 0.01 的这一栏，然后转到最下面即自由度为无穷大的这一行，发现 z 的临界值为 2.326。所以推断规则是：如果检验统计值超过了 2.326，则拒绝原假设。图 11-1 描绘了推断规则。

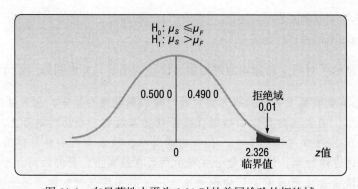

图 11-1 在显著性水平为 0.01 时的单尾检验的拒绝域

步骤 5：做出推断。美食城超市随机抽取 50 名使用标准方法结账的顾客，并计算出样本平均结账时间为 5.5 分钟，随机抽取 100 名使用快速通道结账的顾客，计算出样本平均结账时间为 5.3 分钟。假设使用这两种方法结账的总体标准差是已知的，使用式（11-2）计算检验

统计量的值。

$$z = \frac{\bar{X}_S - \bar{X}_F}{\sqrt{\dfrac{\sigma_S^2}{n_S} + \dfrac{\sigma_F^2}{n_F}}} = \frac{5.5 - 5.3}{\sqrt{\dfrac{0.40^2}{50} + \dfrac{0.30^2}{100}}} = \frac{0.2}{0.064\,031} = 3.123$$

统计值 3.123 大于临界值 2.326，所以决定是拒绝原假设，接受备择假设。

步骤 6：解读结果。平均结账时间相差 0.20 分钟，差异太大，不可能是偶然发生的。所以结论是使用快速通道的方法更快。

检验统计量的 p 值是多少？回顾一下，p 值是在原假设为真时，检验统计量的值更极端的概率。为了计算 p 值，需要求得 z 值大于 3.123 的概率。从附录 B.3，我们找不到与 3.123 相对应的概率，最接近的值为 3.09，3.09 对应的面积为 0.499 0。在此情况下，可以报告说，p 值小于 0.001 0（= 0.500 0 − 0.499 0）。所以结论是，几乎不可能出现原假设为真的情况，即使用快速通道的结账时间更少。

综上所述，使用式（11-2）的条件是：

（1）样本来自独立总体。在美食城超市的例子中，这意味着使用快速通道顾客的结账时间与其他顾客的结账时间无关。例如，史密斯先生的结账时间不会影响其他顾客的结账时间。

（2）两种总体都服从正态分布。在美食城超市的例子中，标准结账方法和使用快速通道的时间总体都服从正态分布。

（3）两个总体标准差都是已知的。在美食城超市的例子中，使用快速通道时间的总体标准差是 0.30 分钟，标准结账方法时间的总体标准差为 0.40 分钟。

◆ 实践中的统计学

你是为工作而生活还是为生活而工作？最近一项针对 802 名美国职场人士的调查显示，对于那些将工作视为生活主要目标的人，其每天的平均工作时长为 8.7 小时，而对于那些将工作仅仅视为工作的人，其每天的平均工作时长为 7.6 小时。

自测 11-1

汤姆·塞维茨是家电专卖店的店主。最近，汤姆观察到了他雇用的男女销售人员之间的销售金额不同。在一个 40 天的样本中，男性平均每天售出价值 1 400 美元的家电。在一个 50 天的样本中，女性平均每天售出价值 1 500 美元的家电。假设男性的总体标准差为 200 美元，女性为 250 美元。在 0.05 的显著性水平下，汤姆是否可以得出"每天的平均销售金额较大的是女性"这一结论？

（1）明确原假设和备择假设。
（2）推断规则是什么？
（3）检验统计量的值是多少？
（4）你关于原假设的推断是什么？
（5）p 值是多少？
（6）解读你的结果。

11.2 总体标准差未知时比较总体均值

在上一节中，我们用标准正态分布和 z 检验统计量来检验一个假设，即来自两个独立总体的均值相等，假设检验的总体呈正态分布，而且知道总体标准差。然而在大多数情况下，我们不知道总体标准差。在上一章单样本的案例中，式（10-2）用样本标准差（s）替换了总体标准差（σ）。

11.2.1 双样本的混合检验

本节中描述了另一种比较两个独立总体的样本均值的方法，以确定被抽样的总体是否可以合理地描述它们具有相同的均值。这个方法不要求知道总体标准差，这在研究样本均值的差异时有了很大的灵活性。这个检验和本章描述的前一个检验有两个主要区别：

（1）假设被抽样的总体具有相同但未知的标准差，基于这一假设，将样本标准差合并或混合。

（2）用 t 分布作为检验统计量。

计算检验统计量 t 的值的公式类似于式（11-2），但需要进行额外的计算。将两个样本标准差混合起来，形成未知总体标准差的估计，实质上计算的是两个样本标准差的加权平均值，并将此值作为未知总体标准差的估计值，权重是每个样本的自由度。为什么需要混合样本标准差？如果假设两个总体的标准差相等，那么对该值的最佳估计是将所掌握的关于总体标准差的所有样本信息合并或混合起来。

下面的公式是用来混合样本标准差的。请注意，这涉及两个因素：每个样本的观测数和样本标准差本身。

$$\text{混合方差} \quad s_p^2 = \frac{(n_1-1)s_1^2 + (n_2-1)s_2^2}{n_1+n_2-2} \tag{11-3}$$

式中　s_1^2 ——第一个样本的方差（标准差的平方）；

s_2^2 ——第二个样本的方差。

t 值由下面的公式计算得来。

$$\sigma \text{ 未知时两样本均值的检验} \quad t = \frac{\bar{X}_1 - \bar{X}_2}{\sqrt{s_p^2\left(\frac{1}{n_1}+\frac{1}{n_2}\right)}} \tag{11-4}$$

式中　$\bar{X}_1$ ——第一个样本的均值；

$\bar{X}_2$ ——第二个样本的均值；

n_1 ——第一个样本观测值的数量；

n_2 ——第二个样本观测值的数量；

s_p^2 ——对总体方差的混合估计。

检验的自由度的数目是抽样的总数减去样本总数，因为有两个样本，所以有 n_1+n_2-2 个自由度。

归纳起来，检验有三个要求或假设：

(1) 抽样总体近似正态分布。
(2) 抽样总体是独立的。
(3) 两个总体的标准差是相等的。

例 11-2 描述了检验的细节。

例 11-2 欧文斯草坪护理公司生产和组装割草机，并将其运往美国和加拿大。有人提出有两种不同的程序可以将发动机安装在割草机机架上。问题是：将发动机安装在割草机机架上的平均时间是否有差异？第一种程序是由欧文斯公司的长期雇员赫伯·威尔斯开发的（记为程序 W），第二种程序是由欧文斯工程副总裁威廉·阿特金斯开发的（记为程序 A）。为了评估这两种程序方法，通过研究机器的安装时长，5 名随机样本员工使用威尔斯方法进行安装，6 名随机样本员工使用阿特金斯方法进行安装。安装时长以分钟为单位显示在表 11-3 中。请问平均安装时间有无差异？在 0.10 的显著性水平下进行检验。

解析 按照假设检验的六个步骤：首先，原假设为两个程序之间的平均安装时间没有差异，备择假设表明存在差异。

表 11-3 安装时间表
（单位：分钟）

威尔斯方法	阿特金斯方法
2	3
4	7
9	5
3	8
2	4
	3

H_0: $\mu_W = \mu_A$

H_1: $\mu_W \neq \mu_A$

所需的假设是：
- 威尔斯样本的观测值与阿特金斯样本的观测值相互独立。
- 两个总体都服从正态分布。
- 两个总体具有相等的标准差。

使用威尔斯方法的平均装配时间和使用阿特金斯方法的平均装配时间是否存在差异？自由度等于总观测值数减去采样次数。在本例中，自由度为 $n_W + n_A - 2$。有 5 个装配器使用威尔斯方法，有 6 个装配器使用阿特金斯方法，因此，自由度为 9（=5+6-2）。从附录 B.5 中找到 $df=9$ 的地方，并根据双尾检验和 0.10 的显著性水平计算得到 t 的临界值分别为 -1.833 和 1.833。图 11-2 以图形方式描述了推断规则，如果 t 的计算值在 -1.833 和 1.833 之间，则不拒绝原假设。

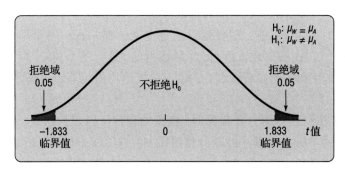

图 11-2 自由度为 9，显著性水平为 0.10 的双尾检验的拒绝域

用三个步骤来计算 t 值。
步骤 1：计算样本标准差。用式（3-9）计算样本标准差。详细计算过程如表 11-4 所示。

表 11-4 详细计算表

威尔斯方法		阿特金斯方法	
X_W	$(X_W - \bar{X}_W)^2$	X_A	$(X_A - \bar{X}_A)^2$
2	$(2-4)^2 = 4$	3	$(3-5)^2 = 4$
4	$(4-4)^2 = 0$	7	$(7-5)^2 = 4$
9	$(9-4)^2 = 25$	5	$(5-5)^2 = 0$
3	$(3-4)^2 = 1$	8	$(8-5)^2 = 9$
2	$(2-4)^2 = 4$	4	$(4-5)^2 = 1$
20	34	3	$(3-5)^2 = 4$
		30	22

$$\bar{X}_W = \frac{\Sigma X_W}{n_W} = \frac{20}{5} = 4 \qquad \bar{X}_A = \frac{\Sigma X_A}{n_A} = \frac{30}{6} = 5$$

$$s_W = \sqrt{\frac{\Sigma(X_W - \bar{X}_W)^2}{n_W - 1}} = \sqrt{\frac{34}{5-1}} = 2.9155 \qquad s_A = \sqrt{\frac{\Sigma(X_A - \bar{X}_A)^2}{n_A - 1}} = \sqrt{\frac{22}{6-1}} = 2.0976$$

步骤 2：混合样本方差。用式（11-3）混合样本方差（标准差的平方）。

$$s_p^2 = \frac{(n_W - 1)s_W^2 + (n_A - 1)s_A^2}{n_W + n_A - 2} = \frac{(5-1) \times (2.9155)^2 + (6-1) \times (2.0976)^2}{5 + 6 - 2} = 6.2222$$

步骤 3：计算 t 值。威尔斯方法的平均安装时间为 4.00 分钟，由 $\bar{X}_W = 20/5$ 计算得来，阿特金斯方法的平均安装时间为 5.00 分钟，由 $\bar{X}_A = 30/6$ 计算得来。用式（11-4）来计算 t 值。

$$t = \frac{\bar{X}_W - \bar{X}_A}{\sqrt{s_p^2 \left(\frac{1}{n_W} + \frac{1}{n_A}\right)}} = \frac{4.00 - 5.00}{\sqrt{6.2222 \times \left(\frac{1}{5} + \frac{1}{6}\right)}} = -0.662$$

因为 -0.662 落在 -1.833 和 1.833 之间的区域，所以决定不拒绝原假设。结论是样本数据未能显示出两种方法的平均装配时间上的差异。

还可以用附录 B.5 估计 p 值，即找到自由度为 9 的那一行，用双尾检验的那一列，在不考虑符号的情况下，找出与计算值 0.662 最接近的 t 值，是 1.383，对应的显著性水平是 0.20。因此，即使使用 20% 的显著性水平，也不会拒绝均值相等的原假设，可以说 p 值大于 0.20。

Excel 中有一个执行两样本方差相等的 t 检验的程序。通过执行式（11-3）和式（11-4）来计算样本均值和样本方差，程序的细节见附录 C。在 Excel 电子表格的前两列输入数据，它们的标签分别为"Welles"（即"威尔斯"）和"Atkins"（即"阿特金斯"），输出结果如图 11-3 所示。t 值为 -0.662，双尾 p 值为 0.525。正如所期望的那样，p 值大于 0.10 的显著性水平，结论是不拒绝原假设。

	A	B	C	D	E	F
1	Welles	Atkins		t-Test: Two-Sample Assuming Equal Variances		
2	2	3				
3	4	7			*Welles*	*Atkins*
4	9	5		Mean	4.000	5.000
5	3	8		Variance	8.500	4.400
6	2	4		Observations	5.000	6.000
7		3		Pooled Variance	6.222	
8				Hypothesized Mean Difference	0.000	
9				df	9.000	
10				t Stat	-0.662	
11				P(T<=t) one-tail	0.262	
12				t Critical one-tail	1.833	
13				P(T<=t) two-tail	0.525	
14				t Critical two-tail	2.262	

图 11-3 用 Excel 进行 t 检验

自测 11-2

贝尔维尤钢铁公司是一家生产轮椅的厂家，其生产经理希望将上午班生产的不良轮椅数量与下午班进行比较。对 6 个上午班和 8 个下午班的生产情况进行抽样调查，发现不良轮椅数量如表 11-5 所示。

在 0.05 的显著性水平下，每班的平均不良轮椅数量是否有差异？

（1）明确原假设和备择假设。
（2）推断规则是什么？
（3）检验统计量的值是多少？
（4）你关于原假设的推断是什么？
（5）p 值是多少？
（6）解读结果。
（7）这个检验的必要假设是什么？

表 11-5 不良轮椅数量

（单位：个）

上午班	下午班
5	8
8	10
7	7
6	11
9	9
7	12
	14
	9

11.2.2 总体标准差不相等

在前几节中我们假设总体标准差相等，换句话说，虽然不知道总体标准差，但假设它们是相等的。在许多情况下，这是一个合理的假设，但如果该假设不成立呢？在下一章中，我们将介绍一种正式的方法来检验方差相等的假设，而如果方差不相等，我们也会在第 16 章中描述一种不需要方差相等或正态假设的假设检验方法。

如果假设总体标准差相等是不合理的，那么可以使用一个类似于式（11-2）的统计量进行检验。利用样本标准差 s_1 和 s_2 来代替各自的总体标准差。此外，自由度是通过一个相当复杂的近似公式向下调整的。其效果是减少试验中的自由度数，这将需要较大的检验统计量值来拒绝原假设。

t 统计量的公式是：

均值无差异，方差不相等的检验统计量 $$t = \frac{\bar{X}_1 - \bar{X}_2}{\sqrt{\dfrac{s_1^2}{n_1} + \dfrac{s_2^2}{n_2}}} \qquad (11-5)$$

自由度的计算公式：

方差不相等时的自由度 $$df = \frac{[(s_1^2/n_1) + (s_2^2/n_2)]^2}{\frac{(s_1^2/n_1)^2}{n_1-1} + \frac{(s_2^2/n_2)^2}{n_2-1}}$$ （11-6）

其中 n_1 和 n_2 是各自的样本量，s_1 和 s_2 是各自的样本标准差。这个分数需要向下取整到一个整数值，接下来用例 11-3 来解释细节。

例 11-3 一个消费者测试实验室的工作人员正在评估纸巾的吸水性。他们希望将一组商店品牌的纸巾与一组相似品牌的纸巾进行比较。他们将每个品牌的纸浸入一盆液体中，然后评估纸巾吸收的液体量。随机抽取 9 个商店品牌纸巾的样本，它们吸收的液体量如表 11-6 所示。

表 11-6　第一组吸收的液体量　　　　　　　　　　　（单位：毫升）

8	8	3	1	9	7	5	5	12

独立随机抽取 12 个相似品牌纸巾的样本，吸收的液体量如表 11-7 所示。

表 11-7　第二组吸收的液体量　　　　　　　　　　　（单位：毫升）

12	11	10	6	8	9	9	10	11	9	8	10

在 0.10 的显著性水平下，检验两类纸巾吸收液体的平均量是否有差异。

解析　假设商店品牌和相似品牌纸巾的液体吸收量都服从正态概率分布。因为不知道任何一个总体标准差，所以将使用 t 分布作为检验统计量，总体标准差相等的假设显得不合理。商店品牌纸巾的吸液量从 1 毫升到 12 毫升不等，相似品牌纸巾的吸液量从 6 毫升到 12 毫升不等，也就是说，商店品牌纸巾的吸液量比相似品牌纸巾的吸液量变化大得多。从 Minitab 提供的点状图（见图 11-4）中可以观察到变化的差异。

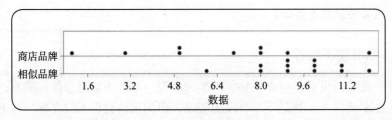

图 11-4　两样本点状图

使用 t 分布，假设总体标准差不一样。

在六步假设检验程序中，第一步是明确原假设和备择假设。原假设是两种纸巾的平均吸液量没有差异，备择假设是两种纸巾的平均吸液量有差异。

$$H_0: \mu_1 = \mu_2$$

$$H_1: \mu_1 \neq \mu_2$$

在 0.10 的显著性水平下，检验统计量服从 t 分布。因为不希望假设总体标准差相等，所以用式（11-6）调整自由度。为此，我们需要找到样本标准差。可以使用统计软件来快速找到这些结果（见表 11-8）。样本量分别为 $n_1 = 9$ 和 $n_2 = 12$，标准差分别为 3.321 和 1.621。

表 11-8 样本量、均值和标准差表

变量	样本量	均值	标准差
商店品牌纸巾	9	6.444	3.321
相似品牌纸巾	12	9.417	1.621

将这些信息导入式（11-6）中：

$$df = \frac{[(s_1^2/n_1)+(s_2^2/n_2)]^2}{\frac{(s_1^2/n_1)^2}{n_1-1}+\frac{(s_2^2/n_2)^2}{n_2-1}} = \frac{[(3.321^2/9)+(1.621^2/12)]^2}{\frac{(3.321^2/9)^2}{9-1}+\frac{(1.621^2/12)^2}{12-1}} = \frac{1.4444^2}{0.1877+0.0044} = 10.86$$

通常的做法是向下取整到整数，所以确定自由度为 10。从附录 B.5 中，在自由度为 10、双尾检验、0.10 的显著性水平下，临界值 t 为 -1.812 和 1.812。所以推断规则是：如果计算出的 t 值小于 -1.812 或大于 1.812，则拒绝原假设。

为了找到检验统计量的值，使用式（11-5）。回想一下，商店品牌纸巾的平均吸液量为 6.444 毫升，相似品牌纸巾为 9.417 毫升。

$$t = \frac{\bar{X}_1-\bar{X}_2}{\sqrt{\frac{s_1^2}{n_1}+\frac{s_2^2}{n_2}}} = \frac{6.444-9.417}{\sqrt{\frac{3.321^2}{9}+\frac{1.621^2}{12}}} = -2.474$$

计算的 t 值小于下临界值即 -1.812，所以推断拒绝原假设。结论是：这两组纸巾的平均吸液量是不一样的。

对于这种分析，有很多计算方法。统计软件通常会提供一个选项，比较两个具有不同标准差的总体均值。本例的 Minitab 输出如图 11-5 所示。

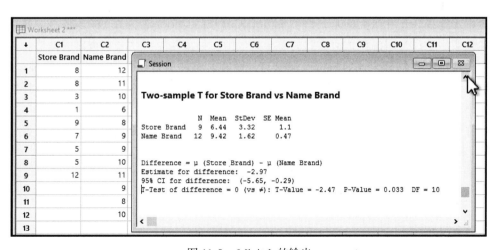

图 11-5 Minitab 的输出

自测 11-3

对公司来说，了解客户是谁以及他们是如何成为客户的往往很有用。一家信用卡公司想知道信用卡持有者是自己申请的还是因电话销售人员的推销而申请的。该公司获得了以下关于两组人的月末余额的样本信息（见表 11-9）。是否可以合理地得出，比起那些自己申请信用卡的人，被电话销售人员联系的信用卡持卡人的平均余额较大的结论？假设总体标准差不一样，在 0.05 的显著性水平下进行检验。

（1）明确原假设和备择假设。
（2）自由度是多少？
（3）推断规则是什么？
（4）检验统计量的值是多少？
（5）你关于原假设的推断是什么？
（6）解读结果。

表 11-9 样本信息表

来源	样本量	均值（美元）	标准差（美元）
自己申请	10	1 568	356
电话销售人员联系	8	1 967	857

11.3 双样本检验：样本相关

之前关于欧文斯草坪护理公司的例题中检验了两个独立总体的均值之间的差异，比较了使用威尔斯方法安装发动机所需的平均时间和使用阿特金斯方法安装发动机所需的平均时间。样本是独立的，这意味着使用威尔斯方法的装配时间样本与使用阿特金斯方法的装配时间样本没有任何关系。

然而，在有些情况下，样本不是独立的。换句话说，样本是相互依存或相关的。举个例子，某储蓄贷款公司雇用了两家公司——沙德克评估公司和鲍耶房地产公司，对其发放贷款的房地产价值进行评估。为了审查这两家评估公司的一致性，该储蓄贷款公司随机选择 10 套房屋，让沙德克评估公司和鲍耶房地产公司对所选房屋的价值进行评估。对于每套房屋，都会有一对评估值。也就是说，每套房屋都会有一对来自沙德克评估公司和鲍耶房地产公司的评估值。评估值取决于所选房屋，或者是与所选房屋有关，这也被称为成对样本。

对于假设检验，我们感兴趣的是每套房屋的评估价值的差异的分布，因此，只有一个样本。更正式地说，正在研究的是，评估价值差异分布的均值是否为 0。样本是由沙德克评估公司和鲍耶房地产公司的评估值之间的差异组成的，如果两家评估公司报出的估价相近，那么有时，沙德克评估公司评估的价值会更高，而有时鲍耶房地产公司的估价会更高。然而，平均值之间差异的分布将为 0。另外，如果其中一个公司报告的评估值较大，那么评估值之间差异分布的均值不会为 0。

用符号 μ_d 来表示差异分布的总体均值，假设差异的总体分布是近似正态分布，检验统计量服从 t 分布，通过下式计算其值：

$$\text{成对 } t \text{ 检验} \quad t = \frac{\bar{d}}{s_d / \sqrt{n}} \quad (11\text{-}7)$$

自由度为 $n-1$。

式中 $\bar{d}$——成对或相关观测值的差异分布的均值；
s_d——成对或相关观测值的差异分布的标准差；
n——成对观测值的数量。

差异的标准差由我们熟悉的标准差公式，即式（3-9）计算。用 d 代替 X，公式为

$$s_d = \sqrt{\frac{\Sigma(d-\bar{d})^2}{n-1}}$$

例 11-4 详细说明了这个检验。

例 11-4 如前所述,某储蓄贷款公司希望比较评估房屋价值的两家公司。该公司选取 10 处房屋的样本,安排两家公司进行评估,报告如下(见表 11-10)。

表 11-10 评估结果 (单位:千美元)

房屋	沙德克评估公司	鲍耶房地产公司	房屋	沙德克评估公司	鲍耶房地产公司
A	235	228	F	230	223
B	210	205	G	231	227
C	231	219	H	210	215
D	242	240	I	225	222
E	205	198	J	249	245

在 0.05 的显著性水平下,能够得出两家公司对住宅的评估值存在差异的结论吗?

解析 第一步是明确原假设和备择假设。在这种情况下,备择假设应该是双尾的,因为我们感兴趣的是公司的评估价值是否存在差异,对某家公司对房屋的评估价值是否高于另一家公司的问题是不感兴趣的。问题是评估价值的样本差异是否可能来自一个平均数为 0 的总体,如果差异的总体平均值为 0,那么结论是,两家公司的评估值没有差别。原假设和备择假设为

$$H_0: \mu_d = 0$$

$$H_1: \mu_d \neq 0$$

两家公司共评估了 10 套房屋,所以 $n=10$,$df = n-1 = 10-1 = 9$。在显著性水平为 0.05 时进行双尾检验,为了确定临界值,请到附录 B.5 中,先找到自由度为 9 的那一行,再移动到显著性水平为 0.05 的双尾检验的那一列,交叉处的值是 2.262。推断规则是:如果 t 的计算值小于 −2.262 或大于 2.262,则拒绝原假设,表 11-11 是计算的结果。

表 11-11 详细计算结果

房屋	沙德克评估公司	鲍耶房地产公司	差异, d	$(d-\bar{d})$	$(d-\bar{d})^2$
A	235	228	7	2.4	5.76
B	210	205	5	0.4	0.16
C	231	219	12	7.4	54.76
D	242	240	2	−2.6	6.76
E	205	198	7	2.4	5.76
F	230	223	7	2.4	5.76
G	231	227	4	−0.6	0.36
H	210	215	−5	−9.6	92.16
I	225	222	3	−1.6	2.56
J	249	245	4	−0.6	0.36
总计			46	0	174.40

$$\bar{d} = \frac{\Sigma d}{n} = \frac{46}{10} = 4.6$$

$$s_d = \sqrt{\frac{\Sigma(d-\bar{d})^2}{n-1}} = \sqrt{\frac{174.4}{10-1}} = 4.402$$

用式（11-7）计算检验统计量的值为 3.305，计算过程如下：

$$t = \frac{\bar{d}}{s_d/\sqrt{n}} = \frac{4.6}{4.402/\sqrt{10}} = \frac{4.6}{1.392\ 0} = 3.305$$

因为计算出的 t 落在拒绝区域，所以拒绝原假设。差异的总体分布的均值不为 0，所以得出结论：两公司的房屋平均估值存在差异。差异最大的是 3 号房屋，为 12 000 美元。

为了找到 p 值，使用附录 B.5 和本节进行双尾检验。沿着自由度为 9 的行移动，找到最接近计算值的 t 值。对于 0.01 的显著性水平，t 值是 3.250。计算值大于这个值，但小于 0.001 显著性水平对应的 4.781，因此，p 值小于 0.01。这一信息在表 11-12 中已突出显示。

表 11-12 附录 B.5 的部分内容

	置信区间					
	80%	90%	95%	98%	99%	99.9%
	单尾检验的显著性水平，α					
df	0.10	0.05	0.025	0.01	0.005	0.0005
	双尾检验的显著性水平，α					
	0.20	0.10	0.05	0.02	0.01	0.001
1	3.078	6.314	12.706	31.821	63.657	636.619
2	1.886	2.920	4.303	6.965	9.925	31.599
3	1.638	2.353	3.182	4.541	5.841	12.924
4	1.533	2.132	2.776	3.747	4.604	8.610
5	1.476	2.015	2.571	3.365	4.032	6.869
6	1.440	1.943	2.447	3.143	3.707	5.959
7	1.415	1.895	2.365	2.998	3.499	5.408
8	1.397	1.860	2.306	2.896	3.355	5.041
9	1.383	1.833	2.262	2.821	3.250	4.781
10	1.372	1.812	2.228	2.764	3.169	4.587

Excel 的统计分析软件中有一个"t 检验：成对样本均值"的程序，可以进行式（11-7）的计算，该程序的输出结果如图 11-6 所示。

计算后的 t 值为 3.305，双尾 p 值为 0.009。由于 p 值小于 0.05，所以拒绝了评估值之间差异分布的均值为零的假设。事实上，这个 p 值在 0.01 到 0.001 之间，原假设为真的可能性很小。

	A	B	C	D	E	F	G
1	Home	Schadek	Bowyer		t-Test: Paired Two-Sample for Means		
2	A	235	228				
3	B	210	205			Schadek	Bowyer
4	C	231	219		Mean	226.800	222.200
5	D	242	240		Variance	208.844	204.178
6	E	205	198		Observations	10.000	10.000
7	F	230	223		Pearson Correlation	0.953	
8	G	231	227		Hypothesized Mean Difference	0.000	
9	H	210	215		df	9.000	
10	I	225	222		t Stat	3.305	
11	J	249	245		P(T<=t) one-tail	0.005	
12					t Critical one-tail	1.833	
13					P(T<=t) two-tail	0.009	
14					t Critical two-tail	2.262	
15							

图 11-6 Excel 输出结果

11.4 比较不独立和独立的样本

初学者往往对独立样本的检验和不独立样本的检验之间的区别感到困惑。如何区分不独立样本和独立样本呢？不独立的样本有两种类型：①以第一次测量后进行某种类型的干预，然后再进行一次测量；②观察结果的匹配或成对情况。进一步解释如下。

（1）第一类不独立样本的特点是第一次测量后，在某种形式的干预后，再进行另一种测量，这可以称为"前"和"后"研究，我们举两个例子加以说明。第一个例子，假设希望通过在生产区放置扬声器并播放舒缓的音乐，来表明音乐能够提高产量。首先选择一个样本的工人，并衡量他们在当前条件下的产出。然后在生产区安装扬声器，再测量一下同样的工人的产出。这里有两次测量，干预是将扬声器安装在生产区。

第二个例子涉及一家教育公司，该公司旨在提供提高考试分数和阅读能力的课程。假设该公司想提供一门课程，帮助高三学生提高 SAT 成绩。需要说明的是，每个学生在高三要参加 SAT 考试，在高三和高四之间的暑假，他们参加了给他们提供考试技巧的课程。在高四的秋季，他们重新参加 SAT 考试。同样，这个过程的特点是一个测量（在高三时参加 SAT 考试），一个干预（暑期补习班），和另一个测量（在高四时参加 SAT 考试）。

（2）第二类不独立样本的特点是匹配或成对观测。前面关于储蓄贷款公司的例题是一个很好的例子，即选定一座房屋，两家公司对同一房屋进行评估。再举一个例子，假设一位工业心理学家希望研究新婚夫妇的智力相似性，她选择了一个新婚夫妇的样本，接下来，她对男女双方进行标准智力测试，以确定分数的差异。

为什么我们更喜欢不独立样本而非独立样本？通过使用不独立样本能够减少抽样分布的变化。为了说明这一点，我们将使用刚刚完成的某储蓄贷款公司的案例。假设有两个独立的房地产评估样本，利用式（11-4）进行以下假设检验。原假设和备择假设是：

$$H_0: \mu_1 = \mu_2$$

$$H_1: \mu_1 \neq \mu_2$$

现在有两个独立样本，样本量均为 10，所以自由度数是 10+10-2=18。从附录 B.5 中找到，在 0.05 的显著性水平下，如果 t 小于 -2.101 或大于 2.101，则拒绝 H_0。

用 Excel 求出两个独立样本的均值和标准差，如附录 C 中第 3 章所示。利用 Excel 找出集合方差和"t 统计"值，说明在附录 C 第 11 章中的部分，这些数值用阴影加以突出（见图 11-7）。

沙德克评估公司的 10 处房产评估价值的均值为 226 800 美元，标准差为 14 450 美元，对于鲍耶房地产公司来说，评估价值的均值是 222 200 美元，标准差是 14 290 美元。为了方便计算，以千美元为单位，由式（11-3）得出的混合方差估计值为

$$s_p^2 = \frac{(n_1-1)s_1^2 + (n_2-1)s_2^2}{n_1+n_2-2} = \frac{(10-1)\times(14.45)^2+(10-1)\times(14.29)^2}{10+10-2} = 206.50$$

利用式（11-4）计算得，t 值为 0.716。

	A	B	C	D	E	F	G	H
1	Home	Schadek	Bowyer		t-Test: Two-Sample Assuming Equal Variances			
2	A	235	228					
3	B	210	205			Schadek	Bowyer	
4	C	231	219		Mean	226.800	222.200	
5	D	242	240		Variance	208.844	204.178	
6	E	205	198		Observations	10.000	10.000	
7	F	230	223		Pooled Variance	206.511		
8	G	231	227		Hypothesized Mean Difference	0.000		
9	H	210	215		df	18.000		
10	I	225	222		t Stat	0.716		
11	J	249	245		P(T<=t) one-tail	0.242		
12					t Critical one-tail	1.734		
13	Mean =	226.80	222.20		P(T<=t) two-tail	0.483		
14	S =	14.45	14.29		t Critical two-tail	2.101		
15								

图 11-7　Excel 输出结果

$$t = \frac{\bar{X}_1 - \bar{X}_2}{\sqrt{s_p^2\left(\frac{1}{n_1} + \frac{1}{n_2}\right)}} = \frac{226.8 - 222.2}{\sqrt{206.5 \times \left(\frac{1}{10} + \frac{1}{10}\right)}} = \frac{4.6}{6.4265} = 0.716$$

计算出的 t 值（0.716）小于 2.101，所以不拒绝原假设。不能证明评估值的均值存在差异，这和之前得到的结论是不一样的！为什么会出现这种情况呢？在成对观察检验中，分子是一样的（4.6），但是分母更小，是 1.392 0（见上一节的计算）；在独立样本的情况下，分母是 6.426 5，有更多的变化或不确定性，这展现了 t 值的差异和统计推断的差异。分母衡量统计学的标准误差，当样本不成对时，存在两种差异：两个评估公司之间的差异和房地产价值的差异。编号为 4 号和 10 号的房产价值相对较高，而编号为 5 号的房产价值相对较低，这些数据显示了房产价值的差异，但我们真正感兴趣的是两家评估公司之间的差异。

总而言之，在对同一个变量进行成对或匹配观测时测量它们之间的差异，基于不独立样本的假设检验比基于独立样本的假设检验更能检测出显著差异。在比较沙德克评估公司和鲍耶房地产公司的房产估值的情况下，基于不独立样本的假设检验消除了变量值之间的变化，并只关注每套房产的两次评估的差异。然而，在不独立样本检验时，自由度仅为不成对样本的一半。在房地产的例子中，自由度从 18 降到成对观测时的 9。在大多数情况下，这只是为了做一个更好的检验的一个小小的代价。

自测 11-4

某健身中心的广告宣称，完成其课程可以减肥。随机抽取 8 名近期学员，在完成课程前后的体重如表 11-13 所示。在 0.01 的显著性水平下，能得出学员体重减轻的结论吗？

（1）明确原假设和备择假设。
（2）t 的临界值是多少？
（3）计算出的 t 值是多少？
（4）解读结果。p 值是多少？
（5）在构建差异的分布时，所需要的假设有什么？

表 11-13　学员体重

（单位：磅）

名字	课程前	课程后
亨特	155	154
卡斯曼	228	207
麦尔文	141	147
玛莎	162	157
特瑞拉	211	196
皮特逊	164	150
雷丁	184	170
普斯特	172	165

章节摘要

1. 在比较两个总体均值时,希望知道它们是否相等。
   (1)研究均值之间的差异分布是否均值为 0。
   (2)如果已知总体标准差,则检验统计量服从标准正态分布。
      1)两个分布服从正态分布。
      2)两个样本来自相互独立的总体。
      3)z 值的计算公式为
      $$z = \frac{\bar{X}_1 - \bar{X}_2}{\sqrt{\frac{\sigma_1^2}{n_1} + \frac{\sigma_2^2}{n_2}}} \qquad (11\text{-}2)$$

2. 如果不知道总体标准差,比较两个均值的检验统计量服从 t 分布。
   (1)两个总体都近似正态分布。
   (2)总体标准差相等。
   (3)样本相互独立。
   (4)找到 t 值需要两步。
      1)第一步是根据下面的公式找到混合标准差:
      $$s_p^2 = \frac{(n_1-1)s_1^2 + (n_2-1)s_2^2}{n_1 + n_2 - 2} \qquad (11\text{-}3)$$
      2)第二步是根据下面的公式计算 t 值:
      $$t = \frac{\bar{X}_1 - \bar{X}_2}{\sqrt{s_p^2\left(\frac{1}{n_1} + \frac{1}{n_2}\right)}} \qquad (11\text{-}4)$$
      3)检验的自由度为 $n_1 + n_2 - 2$。

3. 如果不能假设总体标准差相等,那么就调整自由度和求 t 的公式。
   (1)基于下面的公式计算自由度:
   $$df = \frac{[(s_1^2/n_1) + (s_2^2/n_2)]^2}{\frac{(s_1^2/n_1)^2}{n_1-1} + \frac{(s_2^2/n_2)^2}{n_2-1}} \qquad (11\text{-}6)$$
   (2)用下面的公式计算检验统计量的值:
   $$t = \frac{\bar{X}_1 - \bar{X}_2}{\sqrt{\frac{s_1^2}{n_1} + \frac{s_2^2}{n_2}}} \qquad (11\text{-}5)$$

4. 对于不独立样本,假设成对差异总体分布的均值为 0。
   (1)首先计算样本差异的均值和标准差。
   (2)用下面的公式计算检验统计量的值:
   $$t = \frac{\bar{d}}{s_d / \sqrt{n}} \qquad (11\text{-}7)$$

章节练习

1. 从一个总体中选取 40 个观察样本,总体标准差为 5,样本均值是 102。从第二个总体中选取 50 个观察样本，总体标准差为 6，样本均值为 99。在 0.04 的显著性水平下进行以下假设检验：

$$H_0: \mu_1 = \mu_2$$
$$H_1: \mu_1 \neq \mu_2$$

（1）这是一个单尾还是双尾检验？
（2）确定推断规则。
（3）计算检验统计量的值。
（4）你关于 H_0 的推断是什么？
（5）p 值是多少？

2. 吉布斯婴儿食品公司希望将消费其品牌食品的婴儿与消费竞争对手食品的婴儿体重增长情况进行比较。对 40 名使用吉布斯产品的婴儿进行抽样调查，结果显示，婴儿出生后头三个月的体重平均增加了 7.6 磅。对于吉布斯品牌，样本对应的总体标准差为 2.3 磅。使用竞争对手产品的 55 个婴儿样本的体重平均增加了 8.1 磅，总体标准差为 2.9 磅。在 0.05 显著性水平下，是否可以得出"使用吉布斯品牌产品的婴儿体重增加更少"这一结论？计算 p 值并进行解释。

3. 已婚女性和未婚女性每周使用 Facebook 的时间相同吗？随机抽样调查了 45 名使用 Facebook 的已婚女性，她们平均每周在这个社交媒体网站上花费 3.0 小时。随机抽样调查了 39 名未婚女性，发现她们平均每周花费 3.4 小时。假设已婚女性每周在 Facebook 上花费时间的总体标准差为 1.2 小时，未婚女性每周使用 Facebook 的总体标准差为 1.1 小时。在 0.05 的显著性下，已婚女性和未婚女性每周花在 Facebook 上的时间是否有所不同？计算 p 值并解读结果。

4. 请回答如下问题：
（1）确定推断规则。
（2）估计总体方差。
（3）计算检验统计量的值。
（4）你关于原假设的推断是什么。
（5）估计 p 值。

原假设和备择假设如下：

$$H_0: \mu_1 = \mu_2$$
$$H_1: \mu_1 \neq \mu_2$$

从一个总体中随机抽取 10 个观察样本，样本均值为 23，样本标准差为 4；从另一个总体中随机抽取 8 个观察样本，样本均值为 26，样本标准差为 5。在 0.05 的显著性水平下，总体均值之间是否存在差异？

5. 表 11-14 是 2016 年纽约扬基大联盟球队首日名单中的 25 名球员的场上位置和工资。

表 11-14　球员的场上位置和工资

球员	场上位置	工资（美元）
卡斯滕·查尔斯·萨瓦西亚	首发投手	25 000 000
马克·塔克薛拉	一垒	23 125 000
田中正宏	首发投手	22 000 000
雅各比·埃尔斯伯里	中场	21 142 857
亚历克斯·罗德里格斯	指定击球手	21 000 000
布莱恩·麦肯	捕手	17 000 000
卡洛斯·贝尔特兰	右外场	15 000 000
布雷特·加德纳	左外场	13 500 000
蔡斯·海德利	三垒	13 000 000

(续)

球员	场上位置	工资（美元）
安德鲁·米勒	后援投手	9 000 000
斯塔林·卡斯特罗	二垒	7 857 142
内森·埃瓦尔迪	首发投手	5 600 000
迈克尔·派恩达	首发投手	4 300 000
伊万·诺瓦	后援投手	4 100 000
达斯汀·阿克利	左外场	3 200 000
迪迪·格雷戈柳斯	游击手	2 425 000
亚伦·希克斯	中场	574 000
奥斯汀·罗米	捕手	556 000
查森·什里夫	后援投手	533 400
路易斯·塞维里诺	首发投手	521 300
柯比·耶茨	后援投手	511 900
罗纳德·托雷耶斯	二垒	508 600
约翰尼·巴巴托	后援投手	507 500
德林·比昂斯	后援投手	507 500
路易斯·塞萨	后援投手	507 500

将球员分为两组：所有投手（后援和首发）、位置球员（其他所有）。假设投手和位置球员的总体标准差相等。在 0.01 的显著性水平下，检验投手和位置球员的平均工资相等的假设。

6. 丽莎·莫宁女士是某媒体公司的预算总监，她想比较一下销售人员和审计人员的日常差旅费用，她收集了以下样本资料（见表 11-15）。

   在 0.10 的显著性水平下，她是否可以得出销售人员的平均每日支出大于审计人员的结论？p 值是多少？

表 11-15 差旅费用

（单位：美元）

销售人员	审计人员
131	130
135	102
146	129
165	143
136	149
142	120
	139

7. 对于本题，假设样本所对应的总体没有相等的标准差，并在 0.05 的显著性水平下进行检验。回答如下问题：
   （1）自由度是多少。
   （2）确定推断规则。
   （3）计算检验统计量的值。
   （4）明确你关于原假设的推断。

   原假设和备择假设如下：

   $$H_0: \mu_1 = \mu_2$$

   $$H_1: \mu_1 \neq \mu_2$$

   第一个总体的 15 个样本显示，均值为 50，标准差为 5；第二个总体的 12 个样本显示，均值为 46，标准差为 15。

8. 最近的一项调查比较了通过公共和私营机构收养孩子的成本。在通过公共机构收养的 16 个样本中，平均成本为 21 045 美元，标准差为 835 美元；在 18 个通过私营机构收养的样本中，平均成本为 22 840 美元，标准差为 1 545 美元。是否可以得出通过私营机构收养孩子的平均成本更大的结论？在 0.05 的显著性水平下进行检验。

9. 原假设和备择假设如下：

$$H_0: \mu_d \leq 0$$
$$H_1: \mu_d > 0$$

表 11-16 是某月 4 天的抽样资料，显示了上午班和下午班的不良品数量。

在 0.05 的显著性水平下，能否得出上午班的不良品数量更多的结论？

表 11-16 不良品数量

（单位：件）

	第几天			
	1	2	3	4
上午班	10	12	15	19
下午班	8	9	12	15

10. 东北地区一家连锁折扣家具店的管理层为销售人员设计了一项激励计划。为了评估这一创新计划，随机挑选了 12 名销售人员，并记录了他们在计划实施前后的周收入（见表 11-17）。

表 11-17 销售人员周收入　　　　　　　　　　　（单位：美元）

销售人员	实施前	实施后	销售人员	实施前	实施后
希德·麦霍恩	320	340	配格·曼库索	625	631
卡罗尔·奎克	290	285	安妮娜·鲁玛	560	560
汤姆·杰克逊	421	475	约翰·库所	360	365
安迪·琼斯	510	510	卡尔·乌兹	431	431
吉恩·斯隆	210	210	库什纳	506	525
杰克·沃克	402	500	费恩·兰登	505	619

由于创新激励计划，销售人员的周收入是否有显著增加？在 0.05 的显著性水平下进行检验，估计 p 值，并对其进行解释。

11. 最近的一项研究关注了独居男女一个月内购买外卖晚餐的次数，假设分布服从正态分布，总体标准差相等。有关资料总结如表 11-18 所示。

在 0.01 的显著性水平下，男性和女性一个月内点外卖的平均次数是否有差异？p 值是多少？

表 11-18 外卖资料

统计量	男性	女性
样本均值	24.51	22.69
样本标准差	4.48	3.86
样本量	35	40

12. 某公司雇用了拉里·克里克和乔治·穆宁来拨打服务电话，以维修家庭的炉子和空调设备。老板汤姆·弗莱想知道他们每天的平均服务电话次数是否有差异。去年 40 天的随机抽样调查显示，拉里·克里克平均每天打 4.77 个电话。在 50 天的样本中，乔治·穆宁平均每天打出 5.02 个电话。假设拉里·克里克的总体标准差为每天 1.05 次，乔治·穆宁的总体标准差为每天 1.23 次。在 0.05 的显著性水平下，这两名员工每天的平均通话次数是否有差异？p 值是多少？

13. 一家手机公司为其用户提供两种计划。在新用户注册时，他们被要求提供一些个人信息。计划 A 的 40 个样本用户的平均年收入为 57 000 美元，标准差为 9 200 美元；计划 B 有 30 个用户样本，平均收入为 61 000 美元，标准差为 7 100 美元。在 0.05 的显著性水平下，得出选择计划 B 的用户的平均收入较大的结论是否合理？p 值是多少？

14. 音乐流媒体服务是最受欢迎的听音乐方式。过去 12 个月收集的数据显示，平均有 165 万个家庭使用苹果音乐，样本标准差为 56 万个家庭单位。在同样的 12 个月里，平均有 220 万个家庭使用 Spotify，样本标准差为 30 万。假设总体标准差不一样，在 0.05 的显著性水平下，检验选择任何一种服务的家庭平均数量不存在差异的假设。

15. 某汉堡店的老板希望比较两个分店每天的销售额。在北侧地点随机抽取 10 天的平均销售数量为 83.55，标准差为 10.50。在南侧地点随机抽取 12 天，平均销售数量为 78.80，标准差为 14.25。在 0.05 的显著性水平下，两个地点售出的汉堡包的平均数量是否有差异？p 值是多少？

16. 柳润奥特莱斯购物中心有两家海格奥特莱斯店，一家位于桃子街，另一家位于梅花街。两家店的布局不同，但两家店的经理都声称他们的布局能最大限度地提高顾客冲动消费的金额。对桃子街店 10 名顾客的抽样调查显示，他们冲动消费的金额分别为：17.58 美元、19.73 美元、12.61 美元、17.79

美元、16.22 美元、15.82 美元、15.40 美元、15.86 美元、11.82 美元和 15.85 美元。对梅花街店 14 名顾客的抽样调查显示，他们冲动消费的金额分别为：18.19 美元、20.22 美元、17.38 美元、17.96 美元、23.92 美元、15.87 美元、16.47 美元、15.96 美元、16.79 美元、16.74 美元、21.40 美元、20.57 美元、19.79 美元和 14.83 美元。在 0.01 的显著性水平下，两家商店的顾客冲动消费的平均金额是否存在差异？

17. 商业银行和信托公司正在研究其自动取款机的使用情况。特别感兴趣的是，年轻的成年人（25 岁以下）是否比老年人更多地使用这些机器。为了进一步调查，选取了 25 岁以下的客户和 60 岁以上的客户作为样本。测定每个被选者上个月的 ATM 交易次数，结果如表 11-19 所示。在 0.01 的显著性水平下，银行管理层能否得出年轻客户使用 ATM 较多的结论？

表 11-19　ATM 交易次数统计　　　　　（单位：次）

小于 25 岁	大于 60 岁
10	4
10	8
11	7
15	7
7	4
11	5
10	1
9	7
	4
	10
	5

18. 一台 MP3 播放器的生产厂家想知道降价 10% 是否足以提高产品的销量。为了调查，老板随机抽取了 8 个网点，以降价的方式销售该 MP3 播放器，再随机抽取 7 个网点，按正常价格销售。表 11-20 报告的是随机抽取的网点上个月以正价和降价销售的数量。在 0.01 的显著性水平下，制造商能否得出降价带来销售量增加的结论？

表 11-20　销售量
（单位：台）

正价	降价
138	128
121	134
88	152
115	135
141	114
125	106
96	112
	120

19. 莱斯特·霍勒是一家大型制造公司负责人力资源的副总裁，近年来，他注意到缺勤率上升，他认为这与员工的总体健康状况有关。四年前，为了改善这种情况，他提出了一项健身计划，让员工在午餐时间进行锻炼。为了评估该计划的效果，他随机选取了 8 名参与者，并找出了每个人在锻炼计划开始前 6 个月和锻炼计划后 6 个月的缺勤天数，结果如表 11-21 所示。在 0.05 的显著性水平下，他能否得出缺勤天数下降的结论？估计 p 值。

表 11-21　缺勤情况　　　　　（单位：天）

员工	锻炼前	锻炼后	员工	锻炼前	锻炼后
鲍曼	6	5	佩拉特	4	3
布里格斯	6	2	里利	3	6
多切利斯	7	1	斯坦梅茨	5	3
李	7	3	斯托尔兹	6	7

20. 费尔菲尔德家园正在田纳西州某地附近开发两块地皮。为了测试不同的广告方式，它使用不同的媒体来接触潜在的买家。在第一种情况下，15 人的平均家庭年收入为 150 000 美元，标准差为 40 000

美元。相应地，在第二种情况下，25 人的样本平均数为 180 000 美元，标准差为 30 000 美元。假设总体标准差相同，在 0.05 的显著性水平下，是否可以得出总体均值不同的结论？

21. 对一种抗菌肥皂在减少手术室污染方面的有效性进行调查，结果如表 11-22 所示。在西雅图地区的 8 个手术室中对新肥皂进行了抽样测试。表 11-22 报告了每个手术室在使用肥皂前后的污染程度。

表 11-22 污染程度

	手术室							
	1	2	3	4	5	6	7	8
使用前	6.6	6.5	9.0	10.3	11.2	8.1	6.3	11.6
使用后	6.8	2.4	7.4	8.5	8.1	6.1	3.4	2.0

在 0.05 的显著性水平下，是否可以得出使用新肥皂后污染测量值降低的结论？

22. 拉古纳海滩有两个公共停车场。海洋大道停车场最多可容纳 125 辆汽车，里奥兰乔停车场最多可容纳 130 辆汽车，市政府规划人员正在考虑扩大停车场的面积，并改变收费结构。规划办公室希望得到一些关于每天不同时间段停车场的汽车数量的信息。一名初级规划师被分配的任务是，在一天中随机挑时间到这两个地段，统计地段内的汽车数量，研究持续了一个月的时间。表 11-23 是 25 次访问海洋大道地段和 28 次访问里奥兰乔地段的汽车数量，假设总体标准差相等。

表 11-23 停车数量 （单位：辆）

海洋大道												
89	115	93	79	113	77	51	75	118	105	106	91	54
63	121	53	81	115	67	53	69	95	121	88	64	
里奥兰乔												
128	110	81	126	82	114	93	40	94	45	84	71	74
92	66	69	100	114	113	107	62	77	80	107	90	129
105	124											

得出两个停车场的平均停车数量有差异的结论是否合理？在 0.05 的显著性水平下进行检验。

23. 在 US17 的某药店（CVS）多年来一直是南卡罗来纳州最繁忙的药品零售店之一。为了试图在该地区抢占更多的生意，CVS 高层管理人员在 SC707 西侧约 6 英里处又开了一家店。几个月后，CVS 管理层决定对两家店的业务量进行比较。衡量业务量的方法是在随机的日子和时间里统计商店停车场的汽车数量。现将今年最后 3 个月的调查结果报告如下（见表 11-24）。这里需要解释一下，第一次观察是在美国时间 10 月 2 日 20:52（晚上 8:52），当时 US17 车场有 4 辆车，SC707 车场有 9 辆车。在 0.05 的显著性水平下，根据车辆数量得出 US17 店比 SC707 店业务量大的结论是否合理？

表 11-24 停车数量 （单位：辆）

日期	时间	汽车数量	
		US17	SC707
10.2	20:52	4	9
10.11	19:30	5	7
10.15	22:08	9	12
10.19	11:42	4	5
10.25	15:32	10	8
10.26	11:02	9	15
11.3	11:22	13	7
11.5	19:09	20	3
11.8	15:10	15	14

（续）

日期	时间	汽车数量	
		US17	SC707
11.9	13:18	15	11
11.15	22:38	13	11
11.17	18:46	16	12
11.21	15:44	17	8
11.22	15:34	15	3
11.27	21:42	20	6
11.29	9:57	17	13
11.30	17:58	5	9
12.3	19:54	7	13
12.15	18:20	11	6
12.16	18:25	14	15
12.17	11:08	8	8
12.22	21:20	10	3
12.24	15:21	4	6
12.25	20:21	7	9
12.30	14:25	19	4

数据分析

24. 附录 A.1 北谷房地产数据报告了去年售出的房屋信息。
    （1）在 0.05 的显著性水平下，是否可以得出有泳池的房屋和没有泳池的房屋的平均价格有差异的结论？
    （2）在 0.05 的显著性水平下，是否可以得出有车库的房屋和没有车库的房屋的平均价格是有差异的结论？
    （3）在 0.05 的显著性水平下，是否可以得出拖欠房贷的房屋平均价格与不拖欠房贷的房屋平均价格存在差异的结论？
25. 参考附录 A.3 林肯维尔学区的公共汽车数据。发动机类型是柴油和汽油的公共汽车的平均维修费用是否有差异？在 0.05 的显著性水平下检验。

习题答案

扫码查看章节练习
和数据分析答案

扫码查看自测答案

第12章

方差分析

谷歌在对网页进行排名时，考虑的一个变量是网页的加载速度，即网页加载到内容页面所需的时间。可通过提高展示女性服装页面的加载速度，来更好地向她们售卖产品。改善后的新页面明显加载更快，但是初步测试表明加载时间有更大的变化。16个不同加载时间的样本表明，新页面加载时间的标准差为 0.22 秒，原页面加载时间的标准差为 0.12 秒。在 0.05 的显著性水平下，能否得出结论：新页面的加载时间有更多的变化？

学完本章后，你将能够：
① 应用 F 分布检验两个总体方差相等的假设。
② 用方差分析检验三个或三个以上总体均值相等的假设。
③ 用置信区间检验和解释总体间均值的差异。
④ 在双因素 ANOVA 中使用区组变量来检验三个或三个以上总体均值相等的假设。
⑤ 进行有交互作用的 ANOVA 并描述结果。

引言

本章继续讨论假设检验。回想一下，第 10 章和第 11 章研究了假设检验的一般理论，描述了从总体中选择样本的情况，利用 z 分布（标准正态分布）或 t 分布来确定总体均值等于一个特定值是否合理，并且检验了两个总体均值是否相等。本章将扩展假设检验的概念，介绍总体方差的检验，以及关于多总体均值是否相等的检验。

12.1 比较两个总体方差

第 11 章检验了关于总体均值的假设。根据我们对总体标准差或方差是否相等的假设，检验结果有所不同。在本章中，关于总体方差相等的假设也是重要的。本节提出了一种在统计学意义上检验这种假设的方法，该检验主要基于 F 分布。

12.1.1 F 分布

本章使用的概率分布是 F 分布，它的命名是为了纪念现代统计学的创始人之一罗纳德·费希尔爵士。很多情况下的检验统计量都服从这种概率分布，它用于检验两个样本是否来自同方差的总体，也用于同时比较几个总体的均值是否相等。比较几个总体均值是否相等的方法称为**方差分析**（analysis of variance，ANOVA）。在这两种情况下，总体必须服从正态分布，并且数据至少是定距数据。

F分布具有以下几种特征。

（1）F分布有一个族。族的具体分布由两个参数决定：分子中的自由度和分母中的自由度。分布的形状如图12-1所示。这是一个分子自由度为29、分母自由度为28的F分布，一个分子自由度为19、分母自由度为6的F分布和一个分子自由度为6、分母自由度为6的F分布。我们将在后面的章节中描述自由度的概念，分布的形状随着自由度的变化而变化。

（2）F分布是连续的。这意味着F值可以取零和正无穷大之间的无穷多个值。

（3）F统计量不能为负数。最小的F值可取0。

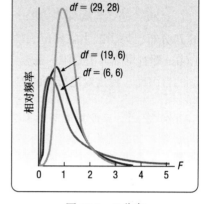

图12-1　F分布

（4）F分布正偏。分布的长尾在右边。随分子和分母自由度增加，分布趋于正态分布。

（5）F分布是渐近的。随着F值的增大，F分布接近水平轴，但不与水平轴相交，这与第7章中描述的正态分布类似。

12.1.2　检验总体方差相等的假设

F分布的第一个应用是检验一个正态总体的方差等于另一个正态总体的方差。以下示例将显示检验的用途：

- 一家卫生服务公司管理田纳西州诺克斯维尔市的两家医院：圣玛丽北部医院和圣玛丽南部医院。在每家医院，急诊科的平均等候时间均为42分钟。但医院管理人员认为，圣玛丽北部医院急诊科的等候时间比圣玛丽南部医院急诊科的等候时间的变化程度要大。
- 两种普通股的平均收益率可能是相同的，但一种股票的收益率可能比另一种股票的收益率有更大的变化。10只技术股和10只公用事业股样本的平均收益率相同，但技术股的变化可能更大。
- 一家在线报纸发现男人和女人每天登录新闻App的时长大致相同。但是，同一份报告表明男性登录时长与女性相比，有近两倍的变化。

F分布也用来检验两个正态总体的方差相等的假设。在上一章中，检验两个独立总体的均值是否相同的t检验的假设前提是两个正态总体的方差是相同的，F分布用于检验方差相等的假设。

为了比较两个总体的方差，首先给出了原假设。原假设是一个正态总体的方差σ_1^2等于另一个正态总体的方差σ_2^2，备择假设是方差不同。在这种情况下，原假设和备择假设是：

$$H_0 : \sigma_1^2 = \sigma_2^2$$

$$H_1 : \sigma_1^2 \neq \sigma_2^2$$

为了进行检验，从第一个总体中选择了一个随机的观测样本n_1，从第二个总体中选择了一个随机的观测样本 n_2，检验统计量的定义如下：

$$\text{比较两组方差的检验统计量} \quad F = \frac{s_1^2}{s_2^2} \quad (12\text{-}1)$$

s_1^2 和 s_2^2 是各自的样本方差，如果原假设是真的，检验统计量服从自由度为 n_1-1 和 n_2-1 的 F 分布。为了减小临界值表的大小，在分子中放置较大的样本方差，因此，F 值总是大于 1.00，即右尾临界值是唯一需要的值。通过将显著性水平除以 $2(α/2)$，然后参考附录 B.6 中合适的自由度，找出双尾检验的 F 的临界值。举例如下：

例 12-1 莱默斯豪华轿车公司提供从俄亥俄州托莱多的市政中心到底特律机场的豪华客车服务。该公司的总裁肖恩·莱默斯正在考虑两条路线，一个是美国的 25 号公路，另一个是 75 号州际公路。他想研究每条路线开往机场的时间，然后比较结果。他收集了如表 12-1 所示的样本数据，以分钟为单位报告。使用 0.10 的显著性水平，两条路线的行驶时间的方差是否相同？

表 12-1　美国 25 号公路和 75 号州际公路用时

（单位：分钟）

美国的 25 号公路	75 号州际公路
52	59
67	60
56	61
45	51
70	56
54	63
64	57
	65

解析 沿这两条路线的平均行驶时间几乎相同，美国的 25 号公路的平均行驶时间为 58.29 分钟，75 号州际公路的平均行驶时间为 59.0 分钟。然而，在评估行驶时间时，莱默斯也关注行驶时间的变化。他计算了两个样本方差，并使用式（3-9）来计算样本标准差。为了获得样本方差，他对标准差进行了平方。

美国的 25 号公路：

$$\bar{X}_1 = \frac{\Sigma X}{n_1} = \frac{408}{7} = 58.29 \qquad s_1 = \sqrt{\frac{\Sigma(X-\bar{X}_1)^2}{n_1-1}} = \sqrt{\frac{485.43}{7-1}} = 8.9947$$

75 号州际公路：

$$\bar{X}_2 = \frac{\Sigma X}{n_2} = \frac{472}{8} = 59.00 \qquad s_2 = \sqrt{\frac{\Sigma(X-\bar{X}_2)^2}{n_2-1}} = \sqrt{\frac{134}{8-1}} = 4.3753$$

美国的 25 号公路的标准差比 75 号州际公路的标准差要大，这与莱默斯对这两条路线的了解是一致的：美国的 25 号公路上有更多的路标，而 75 号州际公路是一条限制通行的州际公路。为了更好地提供服务，莱默斯决定进行统计检验，以确定两条路线的方差是否真的存在差异。

使用假设检验的 6 个步骤。

步骤 1：明确原假设和备择假设。我们需要明确原假设和备择假设。因为我们正在寻找这两条路线用时的方差，所以这是一个双尾检验。用下标 1 指示美国的 25 号公路的信息，下标 2 指示 75 号州际公路的信息。

$$H_0: \sigma_1^2 = \sigma_2^2$$

$$H_1: \sigma_1^2 \neq \sigma_2^2$$

步骤2：选择检验的显著性水平。选择 0.10 的显著性水平。

步骤3：选择检验统计量。检验统计量服从 F 分布。

步骤4：确定假设检验的规则。临界值取自附录 B.6A，表 12-2 展示了其中一部分。因为这是一个双尾检验，表格中的显著水平是 0.05，由 $\alpha/2 = 0.10/2 = 0.05$ 得到。分子自由度为 $n_1 - 1 = 7 - 1 = 6$，分母自由度为 $n_2 - 1 = 8 - 1 = 7$。为了找到临界值，找到显著性水平为 0.05 的 F 表（表 12-2 或附录 B.6A），在顶部水平移动到分子自由度为 6 的位置，然后在该列中向下移动到分母自由度为 7 的位置，如表 12-2 所示，可找到对应的临界值为 3.87。因此，推断规则是：如果样本方差之比超过 3.87，则拒绝原假设。

表 12-2 F 分布的临界值，$\alpha = 0.05$

分母	分子			
	分子自由度			
	5	6	7	8
1	230	234	237	239
2	19.3	19.3	19.4	19.4
3	9.01	8.94	8.89	8.85
4	6.26	6.16	6.09	6.04
5	5.05	4.95	4.88	4.82
6	4.39	4.28	4.21	4.15
7	3.97	3.87	3.79	3.73
8	3.69	3.58	3.50	3.44
9	3.48	3.37	3.29	3.23
10	3.33	3.22	3.14	3.07

步骤5：做出推断。接下来我们计算两个样本方差的比率，确定检验统计量的值，并对原假设做出推断。注意，式（12-1）是指样本方差，但我们计算的是样本标准差，我们需要对标准差进行平方以确定方差。

$$F = \frac{s_1^2}{s_2^2} = \frac{(8.9947)^2}{(4.3753)^2} = 4.23$$

因为计算出的 F 值（4.23）大于临界值（3.87），所以决定拒绝原假设。

步骤6：解读结果。得出的结论是，两条路线的行驶时间的方差不同。莱默斯将在他的车辆安排中考虑这个问题。

通常的做法是在 F 统计量的分子中放置较大的样本方差，这就使得 F 统计量至少为 1.00。这意味着可以始终使用 F 分布的右尾，从而避免增加临界值表的大小。

此时进行单尾检验又是否合理呢？例如，在前面的例题中，假设美国的 25 号公路用时的方差 σ_1^2 大于 75 号州际公路用时的方差 σ_2^2，将原假设和备择假设明确如下：

$$H_0 : \sigma_1^2 \leq \sigma_2^2$$
$$H_1 : \sigma_1^2 > \sigma_2^2$$

检验统计量为 s_1^2 / s_2^2，将具有较大方差的总体定义为总体 1，所以 s_1^2 出现在分子中，F 值大于 1.00，可采用 F 分布的上尾。在这种情况下，不必将显著性水平除以 2，因为附录 B.6

展示了 0.05 和 0.01 的显著性水平，所以仅限于 0.05 和 0.01 的显著性水平的单尾检验或者 0.10 和 0.02 的显著性水平下的双尾检验。在其他的显著性水平下，可以通过查阅更完整的表或使用统计软件计算 F 统计量。

Excel 软件可以进行方差检验，图 12-2 是例 12-1 的输出结果。F 的计算值与用式（12-1）计算出来的值相同。$F=4.23$ 大于临界值 3.87，p 值也小于 0.05，单尾假设检验的结果是拒绝原假设。得出的结论是，美国的 25 号公路用时的方差大于 75 号州际公路用时的方差。

	A	B	C	D	E	F
1	U.S. 25	Interstate 75		F-Test Two-Sample for Variances		
2	52	59			U.S. 25	Interstate 75
3	67	60		Mean	58.29	59.00
4	56	61		Variance	80.90	19.14
5	45	51		Observations	7.00	8.00
6	70	56		df	6.00	7.00
7	54	63		F	4.23	
8	64	57		P(F<=f) one-tail	0.04	
9		65		F Critical one-tail	3.87	
10						

图 12-2　莱默斯豪华轿车公司例题方差检验的输出结果

自测 12-1

斯蒂尔电气产品公司生产手机。在过去的 10 天里，马克·纳吉每天平均生产 39 部手机，标准差为每天 2 部；黛比·里士满每天平均生产 38.5 部手机，标准差为每天 1.5 部。在 0.05 的显著性水平下，能否得出马克·纳吉的日产量有更多变化的结论？

12.2　ANOVA：方差分析

F 分布可以用于多种情况的假设检验，例如，在检验三个或三个以上总体均值相等时，采用方差分析（ANOVA）技术，F 统计量作为检验统计量。

12.2.1　方差分析假设

检验三个或三个以上总体均值是否相等时，需要以下假设：

（1）总体服从正态分布。
（2）总体具有相同的标准差（σ）。
（3）总体是独立的。

当满足这些条件时，F 分布可作为检验统计量。

为什么需要研究方差分析？为什么不能用上一章所讨论的总体方差的检验方法呢？因为按照上一章的方法，一旦比较两个总体，会发生第一类错误。举例说明：我们假设用四种不同的方法（A、B、C 和 D）来训练 40 名消防员（每组 10 人）。在训练计划结束时，对四个小组进行一次测验，以检查其对消防技术的理解。那么，四个组的平均考试成绩有差异吗？

如果利用 t 分布比较四个总体均值，我们必须进行六次 t 检验，即需要比较如下两两之间的均值：A 与 B，A 与 C，A 与 D，B 与 C，B 与 D，C 与 D。对于每个 t 检验，假设我们选

择 $\alpha = 0.05$，则错误地拒绝真实的原假设的第一类错误的概率为 0.05。由于进行了六个单独的检验，因此六个检验都做出正确的推断的概率为

$$P（均为真）= 0.95 \times 0.95 \times 0.95 \times 0.95 \times 0.95 \times 0.95 = 0.735$$

为了找出由于抽样而导致第一类错误的概率，我们从 1 中减去这个结果。因此，由于抽样而导致第一类错误的概率为 $1 - 0.735 = 0.265$。总之，如果使用 t 分布进行六次独立检验，则因抽样误差而拒绝真实原假设的可能性是 0.265，这并不令人满意。方差分析则允许我们在选定的显著性水平上同时比较各总体的均值，它避免了与检验多种假设相关的第一类错误的发生。

方差分析最初是为农业应用而开发的，与这一背景有关的许多术语仍然存在。具体而言，术语"处理"用于区分不同的被检验的总体。例如，一个"处理"可以指如何用特定类型的肥料处理一块地。下面的例题将阐明术语"处理"的概念，并描述它在方差分析中的应用。

例 12-2 乔伊斯·库尔曼管理着一个地区的金融中心，她想比较三名员工根据服务的客户数量来衡量的生产率。她随机选择四天，并记录每名员工所服务的客户数量，结果如表 12-3 所示。

解析 三名员工服务的平均客户数量有差异吗？图 12-3 描述了如果各组别的均值不同，总体将如何呈现。注意，这里假设总体服从正态分布且各总体的方差是相同的。然而，均值并不相同。

表 12-3 三名员工服务的客户数量

沃尔夫	怀特	科洛萨
55	66	47
54	76	51
59	67	46
56	71	48

假设总体的均值是相同的，图 12-4 就展示了这一点。这里假设总体服从正态分布且各总体的方差是相同的。

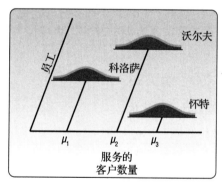

图 12-3 各组均值不同的情况

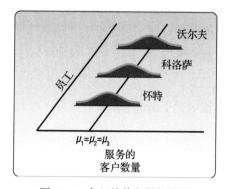

图 12-4 各组均值相同的情况

12.2.2 方差分析检验

方差分析检验是如何工作的？回想一下，我们需要确定的是不同的样本均值是来自单一的总体还是来自不同的总体，这实际上是通过它们的方差来比较这些样本的均值。为了更好地解释，前文列出了方差分析所需的假设。其中一个假设是：不同正态总体的标准差必须相同。方差分析检验充分利用了这一假设。方差分析检验的基本策略是估计两种总体方差（标准差的平方），然后找出这两种方差的比率。如果这一比率约为 1，则从逻辑上讲，这两个估

计的方差是相同的，因此可以得出结论：总体均值是相同的。如果这一比率与 1 相差很大，那么可以得出总体的均值是不同的。

参阅例 12-2，经理想确定员工服务的平均客户数量是否存在不同。首先，计算出 12 次观测的总均值为（55+54+…+48）/12=58。接下来，对于 12 个观测值中的每一个都计算出其与总体均值之间的偏差。这些偏差的平方和被称为总变差。

总变差（total variation）：所有观测值与总体均值之间的平方差之和。

在本例中，总变差为 1 082，由 $(55-58)^2 + (54-58)^2 + \cdots + (48-58)^2$ 得到。

接着，将这一总变差分为两个部分：由于组别变化和随机变化引起的变差，即组间变差和随机误差。

组间变差（treat ment variation）：各组均值与总体均值之间的平方差之和。

组别引起的变化也称为组间均值之间的变化。在这个例子中，首先，把每一个组均值和总体均值之间的差平方。沃尔夫服务客户的均值为 56，由（55+54+59+56）/4 得到，其他两个人的均值分别为 70 和 48。然后，将每个平方差乘以每个组里面的观测值的个数，在这个例子里值为 4。最后，这些值被加在一起为 992。所以，因组间变异而产生的平方之和为

$$4 \times (56-58)^2 + 4 \times (70-58)^2 + 4 \times (48-58)^2 = 992$$

与总体均值相比，如果组间均值变化很大，则这一个数是一个大的值是合乎逻辑的。如果组间均值相似，这个值就会很小，最小可能值为零。当所有的组间均值都相同时，就会发生为零的这种情况。在这种情况下，所有的组间均值也等于总体均值水平。

随机误差（random variation）：各观测值与组均值的平方差之和。

另一个变差称为随机误差或残差。

在本例中，此术语是每个观测值与每个组的均值之间的平方差的总和，也被称为组内的变异。在此案例中，随机误差为 90。

$$(55-56)^2 + (54-56)^2 + \cdots + (48-48)^2 = 90$$

下面的式子确定了检验统计量，即两个总体方差估计值的比值。

$$F = \frac{\text{根据组间均值之间的差异对总体方差的估计}}{\text{根据组内均值的差异对总体方差的估计}}$$

我们对总体方差的第一个估计是基于组别，即组别之间的方差，是 992/2。为什么要除以 2？回想第 3 章，为了找到样本方差 [见式（3-9）]，需要除以观测数减 1。在这个例子中，有三个组别，所以除以 2，因此对总体方差的第一个估计是 992/2。

组内的方差估计是随机误差除以总观察次数减去组数，即 90/（12-3）。因此，对总体方差的第二个估计是 90/9。这实际上是式（11-4）的推广，我们汇总了两个总体的样本方差。

最后一步是计算这两个估计值的比率。

$$F = \frac{992/2}{90/9} = 49.6$$

由于这一比率与 1 有明显不同，我们可以得出结论，各组别的均值不同，即这三名员工所服务的平均客户数量有所不同。

接下来介绍另一个例题,它是一个有关不同大小的样本的问题。

例12-3 最近,航空公司减少了航班期间的餐饮和小吃等服务,并开始收取行李托运费。一个由四家航空公司组成的集团雇用了布鲁纳市场研究公司,来调查乘客对最近一次航班的满意度。调查包括机票、登机、飞行服务、行李搬运、飞行员沟通等问题,每个问题有四个选项:优秀(4分)、好(3分)、一般(2分)或差(1分)。对这些回答进行汇总,总分即是乘客对飞行的满意程度。分数越高,表明乘客对服务的满意度就越高,最高分是100分。

布鲁纳市场研究公司随机挑选并调查了四家航空公司的乘客,表12-4是样本信息。顾客对这四家航空公司的平均满意度存在差异吗?使用0.01的显著性水平。

表12-4 四家航空公司满意度得分

北方航空	WTA航空	波科诺航空	布兰森航空
94	75	70	68
90	68	73	70
85	77	76	72
80	83	78	65
	88	80	74
		68	65
		65	

解析 使用假设检验的6个步骤。

步骤1:明确原假设和备择假设。原假设是四家航空公司的平均得分相同。

$$H_0: \mu_N = \mu_W = \mu_P = \mu_B$$

备择假设是这四家航空公司的平均得分并不完全相同。

$$H_1: 平均得分并不完全相同$$

也可以这样理解备择假设——"至少两个平均得分不相同"。

如果不拒绝原假设,可以得出结论,四家航空公司的平均得分没有不同。如果 H_0 被拒绝,我们认为至少有两家航空公司的平均分数不同,但此时不知道哪两家或哪几家平均得分不同。

步骤2:选择检验的显著性水平。选择0.01的显著性水平。

步骤3:选择检验统计量。检验统计量服从 F 分布。

步骤4:确定假设检验的规则。为了确定推断规则,需要知道统计量的临界值。F 统计的临界值见附录B.6,0.05显著性水平下的临界值见附录B.6A,0.01显著性水平下的临界值见附录B.6B。要使用这个表,需要知道分子和分母的自由度。分子自由度等于组数-1,即 $k-1$;分母自由度等于总观察次数 n 减去组数。就这道题而言,有四组共22个观测值。

$$分子自由度 = k - 1 = 4 - 1 = 3$$

$$分母自由度 = n - k = 22 - 4 = 18$$

参见附录B.6B中0.01显著性水平的表格。水平移动到分子自由度为3的那一列,垂直移动到分母自由度为18的那一行,交叉处即为临界值5.09。因此,如果 F 的计算值超过5.09,则推断规则是拒绝 H_0。

步骤5:做出推断。选择样本,计算并做出推断。方差分析表(ANOVA table)便于总结 F 统计量的计算值,它的格式如表12-5所示,统计软件的输出也使用这种格式。

有三个平方和用于计算 F 统计量,你可以先通过这些值计算得出SStotal和SSE,然后通过减法计算出SST。SStotal是总变差,SST是组间变差,SSE是组内误差或者随机误差。

表 12-5 方差分析表

变差来源	平方和	自由度	均方误差	F
组间	SST	$k-1$	$SST/(k-1) = MST$	MST/MSE
误差	SSE	$n-k$	$SSE/(n-k) = MSE$	
总计	SS total	$n-1$		

通常先计算 SS total，这是每个观测值与总体均值之间平方差的总和。计算 SS total 的公式为

$$SS\ total = \Sigma(X - \bar{X}_G)^2 \quad (12\text{-}2)$$

式中　X——每个样本的观测值；
　　　$\bar{X}_G$——整体平均数或总均值。

接下来确定 SSE 或残差平方和。这是每个观测值与其相应组均值之间的平方差之和。计算 SSE 的公式为

$$SSE = \Sigma(X - \bar{X}_C)^2 \quad (12\text{-}3)$$

式中，$\bar{X}_C$——组 c 的样本均值。

计算 SSE：

$$SSE = \Sigma(X - \bar{X}_N)^2 + \Sigma(X - \bar{X}_W)^2 + \Sigma(X - \bar{X}_P)^2 + \Sigma(X - \bar{X}_B)^2$$

对该案例中的 SS total 和 SSE 的详细计算如下。

为了确定 SS total 和 SSE 的值，首先计算整体平均数或总均值。共 22 个观测值，总数是 1 664，所以总均值为 75.64（见表 12-6）。

$$\bar{X}_G = \frac{1\ 664}{22} = 75.64$$

表 12-6 四家航空公司满意度得分

	北方航空	WTA 航空	波科诺航空	布兰森航空	总计
	94	75	70	68	
	90	68	73	70	
	85	77	76	72	
	80	83	78	65	
		88	80	74	
			68	65	
			65		
列合计	349	391	510	414	1 664
n	4	5	7	6	22
均值	87.25	78.20	72.86	69.00	75.64

（总均值 → 75.64）

接着计算每个观测值和总均值的差，并将其平方后求和。例如，第一名抽样乘客的打分为 94，总均值为 75.64，所以 $(X - \bar{X}_G) = 94 - 75.64 = 18.36$。对于最后一名乘客，$(X - \bar{X}_G) = 65 - 75.64 = -10.64$。所有其他乘客的计算结果如表 12-7 所示。

表 12-7 观测值与总均值之差

北方航空	WTA 航空	波科诺航空	布兰森航空
18.36	−0.64	−5.64	−7.64
14.36	−7.64	−2.64	−5.64
9.36	1.36	0.36	−3.64
4.36	7.36	2.36	−10.64
	12.36	4.36	−1.64
		−7.64	−10.64
		−10.64	

然后将这些偏差平方以后求和。因此，对于第一位乘客：

$$(X - \bar{X}_G)^2 = (94 - 75.64)^2 = (18.36)^2 = 337.09$$

最后，按式（12-2）计算所有的平方和，即 SS total 为 1 485.10（见表 12-8）。

表 12-8 计算 SS total

	北方航空	WTA 航空	波科诺航空	布兰森航空	总计
	337.09	0.41	31.81	58.37	
	206.21	58.37	6.97	31.81	
	87.61	1.85	0.13	13.25	
	19.01	54.17	5.57	113.21	
		152.77	19.01	2.69	
			58.37	113.21	SS total
			113.21		
总计	649.92	267.57	235.07	332.54	1 485.10

为了计算 SSE，找出每个观测值与其组均值之间的偏差。在本例中，第一组的均值（即北方航空公司的乘客打分）为 87.25，由 $\bar{X}_N = 349/4$ 得出。下标 N 是指北方航空公司。

第一名乘客给北方航空公司打分为 94 分，因此 $(X - \bar{X}_N) = (94 - 87.25) = 6.75$。WTA 航空组的第一名乘客打分为 75，因此 $(X - \bar{X}_W) = (75 - 78.20) = -3.2$。所有乘客的详细情况如表 12-9 所示。

表 12-9 观测值与组均值之差

北方航空	WTA 航空	波科诺航空	布兰森航空
6.75	−3.2	−2.86	−1
2.75	−10.2	0.14	1
−2.25	−1.2	3.14	3
−7.25	4.8	5.14	−4
	9.8	7.14	5
		−4.86	−4
		−7.86	

将每一个值平方，对所有 22 个值进行求和得到 SSE。SSE 值如表 12-10 所示。所以 SSE 值为 594.41，即 $\sum (X - \bar{X}_C)^2 = 594.41$。

最后，通过减法确定 SST，即由组别引起的平方和。

表 12-10 计算 SSE

	北方航空	WTA 航空	波科诺航空	布兰森航空	总计
	45.562 5	10.24	8.18	1	
	7.562 5	104.04	0.02	1	
	5.062 5	1.44	9.86	9	
	52.562 5	23.04	26.42	16	
		96.04	50.98	25	
			23.62	16	SSE
			61.78		
总计	110.750 0	234.80	180.86	68	594.41

$$SST = SS\text{ total} - SSE \qquad (12-4)$$

就本例而言：

$$SST = SS\text{ total} - SSE = 1\,485.10 - 594.41 = 890.69$$

要找到 F 的计算值，请在方差分析表中查找。均方是方差估计的另一种表述。组间的均方误差是 SST 除以它的自由度，即**组间均方**，写成 MST。以类似的方式计算**均方误差**，就是将 SSE 除以它的自由度，写成 MSE。将 MST 除以 MSE 便可完成此过程并找到 F。

将值代入方差分析表，并计算 F 的值，如表 12-11 所示。

表 12-11 计算 F 统计量

变差来源	平方和	自由度	均方误差	F
组间	890.69	3	296.90	8.99
误差	594.41	18	33.02	
总计	1 485.10	21		

F 的计算值为 8.99，大于 5.09 的临界值，因此拒绝原假设。

步骤 6：解读结果。我们得出的结论是总体均值并不全是相等的。此时，方差分析的结果仅表明，四家航空公司至少有两家平均满意度得分不同，即不能在统计上表明哪几家航空公司的满意程度不同，哪家航空公司的满意程度最高或最低。下一节将介绍确定的方法。

自测 12-2

柑橘清洁剂是一种新型的多用途清洁剂，在不同的超市内的三个不同的位置进行测试销售。表 12-12 是超市内每个地点售出的 12 盎司瓶装清洁剂的数量。在 0.05 的显著水平下，三个地点的平均销售量有不同吗？

（1）明确原假设和备择假设。
（2）推断规则是什么？
（3）计算 SS total、SST 和 SSE 的值。
（4）做出方差分析表。
（5）你对原假设有什么推断？

表 12-12 不同位置的清洁剂销量

靠近面包	靠近啤酒	靠近清洁剂
18	12	26
14	18	28
19	10	30
17	16	32

◆ 实践中的统计学

在排队打电话的时候，你有没有觉得你 前面正在打电话的人一直说个不停？有证据表明，当有人在等待使用公共电话的时候，正在使用的人倾向于使用更长时间。在最近的一项调查中，研究人员测量了某商场56名购物者在3种不同情况下打电话的时间：①当他们独自一人时；②当有人在使用附近的电话时；③当一个人在使用附近的电话同时有人在等待时。该研究采用单因素方差分析技术，表明当人们独自一人时，打电话时间明显减少。

如果每组里面的观测值较多，则前面例题中的计算会十分烦琐。许多统计软件都可以进行计算并输出结果。在图 12-5 中，Excel 用于计算之前涉及航空公司和乘客评分的案例的描述性统计数据和方差分析。结果与以前的计算略有不同，这些误差是由于四舍五入造成的。

	A	B	C	D	E	F	G	H	I	J	K	L
1	Northern	WTA	Pocono	Branson		Anova: Single Factor						
2	94	75	70	68								
3	90	68	73	70		SUMMARY						
4	85	77	76	72		Groups	Count	Sum	Average	Variance		
5	80	83	78	65		Northern	4	349	87.250	36.917		
6		88	80	74		WTA	5	391	78.200	58.700		
7			68	65		Pocono	7	510	72.857	30.143		
8			65			Branson	6	414	69.000	13.600		
9												
10						ANOVA						
11						Source of Variation	SS	df	MS	F	P-value	F crit
12						Between Groups	890.684	3	296.895	8.99	0.0007	3.160
13						Within Groups	594.407	18	33.023			
14												
15						Total	1485.091	21				

图 12-5　航空公司乘客评分案例的输出结果

注意，Excel 对处理使用术语"组间"，对残差使用术语"组内"。然而，它们的含义是相同的。p 值为 0.000 7，它是当原假设成立时找到一个更大的检验统计量值的可能性。换言之，它是当分子自由度为 3，分母自由度为 18 时计算出的 F 值大于 8.99 的可能性。因此，在这种情况下，拒绝原假设，犯第一类错误的可能性很小！

12.3　关于多重比较的推论

假设我们使用方差分析，做出拒绝原假设的推断，并得出并非所有组的均值都相同的结论。我们有时会对这一结论感到满意，但在另一些情况下，我们可能想知道是哪几组的均值不同。

回顾之前关于航空公司乘客评分的例题，结论是：至少两家航空公司的平均满意度是不同的。那么，这四家航空公司中哪几家的平均满意度有区别呢？

有几种方法可以回答这个问题。最简单的方法是使用置信区间，即式（9-2）。由图 12-5 可以得到，评价北方航空公司服务的乘客的样本平均得分为 87.25，评价布兰森航空服务的乘客的样本平均得分为 69.00。是否有足够的差异来证明两家航空公司的平均满意度是显著不同的结论？

在第 10 章和第 11 章中描述的 t 分布被用作样本检验的基础。回想一下，方差分析的一个假设是所有组别的总体方差是相同的。这个公共值是均方误差（MSE），由 $SSE/(n-k)$ 得到。两个总体之差的置信区间如下：

组间均值差的置信区间 $(\bar{X}_1 - \bar{X}_2) \pm t\sqrt{\text{MSE}\left(\dfrac{1}{n_1} + \dfrac{1}{n_2}\right)}$ （12-5）

式中 　$\bar{X}_1$——第一个样本的均值；

　　　$\bar{X}_2$——第二个样本的均值；

　　　MSE——ANOVA 表中获得的均方误差 [SSE/$(n-k)$]；

　　　n_1——第一个样本中的观测值的数量；

　　　n_2——第二个样本中的观测值的数量；

t 可在附录 B.5 查阅，自由度等于 $n-k$。

我们如何判定组均值是否存在差异？如果置信区间包括零，则组均值之间没有差异。例如，如果置信区间的左端点具有负符号，而右端点具有正符号，则区间包括零，即两个均值不存在差异。如果从式（12-5）推导出一个置信区间，并发现样本均值的差异为 5.00，即 $\bar{X}_1 - \bar{X}_2 = 5$，并且 $t\sqrt{\text{MSE}\left(\dfrac{1}{n_1} + \dfrac{1}{n_2}\right)} = 12$，则置信区间为（-7.00，17.00）。

计算过程如下：

$$(\bar{X} - \bar{X}_2) \pm t\sqrt{\text{MSE}\left(\dfrac{1}{n_1} + \dfrac{1}{n_2}\right)} = 5.00 \pm 12.00$$

注意，0 在这个区间内。因此，得出结论，在所选择的组均值上没有显著差异。

另外，如果置信区间的端点具有相同的符号，则表明处理均值不同。例如，如果 $\bar{X}_1 - \bar{X}_2 = -0.35$，$t\sqrt{\text{MSE}\left(\dfrac{1}{n_1} + \dfrac{1}{n_2}\right)} = 0.25$，则置信区间为 [-0.60，-0.10]。因为 -0.60 和 -0.10 具有相同的符号，均为负值，0 不在此区间内，因此得出结论，这些组的均值不同。

使用前面的航空公司案例，计算北方航空和布兰森航空乘客平均打分差的置信区间。置信水平为 95% 时，置信区间的端点分别为 10.457 和 26.043。

$$(\bar{X}_N - \bar{X}_B) \pm t\sqrt{\text{MSE}\left(\dfrac{1}{n_N} + \dfrac{1}{n_B}\right)} = (87.25 - 69.00) \pm 2.101\sqrt{33.023 \times \left(\dfrac{1}{4} + \dfrac{1}{6}\right)}$$
$$= 18.25 \pm 7.793$$

式中 　$\bar{X}_N$——87.25；

　　　$\bar{X}_B$——69.00；

　　　t——2.101，根据附录 B.5，其中自由度 $(n-k) = 22-4 = 18$；

　　　MSE——33.023，根据方差分析表，SSE/$(n-k)$ = 594.4/18；

　　　n_N——4；

　　　n_B——6。

95% 的置信区间为 [10.457，26.043]，两个端点均为正。因此，可以得出结论，这些组的均值有很大的不同。也就是说，北方航空公司的乘客对服务的评价与布兰森航空公司大不相同。

可以直接使用统计软件获得每对均值之差的置信区间，使用 Minitab 中的单因素方差分析计算置信区间。统计软件，如 Minitab，提供了多种方法来控制第一类错误进行多重比较。

图 12-6 中的分析采用了 Fisher 方法进行比较。

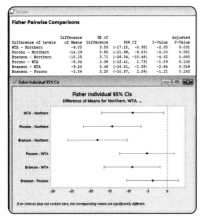 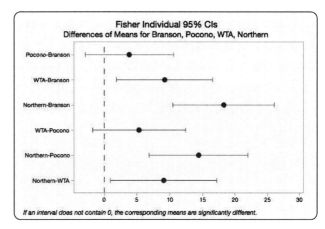

图 12-6　Fisher 单因素方差分析输出结果

输出结果展现了每对组均值之差的置信区间。第一行显示了比较 WTA 航空公司和北方航空公司的置信区间，可以看出得到的置信区间不包括零。它还显示了假设检验的 p 值，即 WTA 航空公司和北方航空公司的均值相等的概率。因为 p 值为 0.031，小于假定的 α 值 0.05，所以拒绝原假设。这两个结果都表明 WTA 航空公司和北方航空公司的均值存在显著差异。回顾整个表，只有波科诺航空公司和 WTA 航空公司，以及布兰森航空公司和波科诺航空公司这两对均值没有显著差异。其他置信区间均不包括零，且 p 值小于 0.05。因此，所有其他均值都有显著的不同。

图 12-6 说明了置信区间分析的结果，每个置信区间由其端点和组均值表示。注意，用垂直虚线表示零。其中波科诺航空公司和 WTA 航空公司，以及布兰森航空公司和波科诺航空公司这两个区间包含零，其他的区间均不包含零，所以均值有显著的不同。不同的均值有：WTA 航空公司和北方航空公司、波科诺航空公司和北方航空公司、布兰森航空公司和北方航空公司、布兰森航空公司和 WTA 航空公司。

应当强调，这项检验是一个逐步进行的过程。初始步骤是进行方差分析，仅当拒绝组均值相等的原假设时，才应尝试对单个组均值进行分析。

自测 12-3

表 12-13 是美国东北地区五所私立学校、东南地区四所私立学校和西部地区五所私立学校的平均学费。在 0.05 的显著性水平上，能否得出不同地区的平均学费有差异的结论？

（1）明确原假设和备择假设。
（2）推断规则是什么？
（3）构建方差分析表。检验统计量的值是多少？
（4）你对原假设的推断是什么？
（5）东北地区的平均学费与西部地区的平均学费有显著差异吗？如果有差异，则计算出这种差异的 95% 的置信区间。

表 12-13　不同地区的平均学费

（单位：千美元）

东北地区	东南地区	西部地区
40	38	37
41	39	38
42	40	36
40	38	37
42		36

12.4 双因素方差分析

在上一节的案例中,我们将航空公司乘客评分的总变差分为两类:组间变差和组内变差,也称组间变差为残差或随机误差。在航空公司乘客评分的例子中,可能有其他因素的变化。这些因素可能包括一年中的季节、特定的机场或航班上的乘客人数等。

考虑其他因素的好处是可以减少随机误差。也就是说,如果可以减少 F 统计量的分母(减少随机误差或更直接地说,减少 SSE 项),则 F 的值就会增大,从而拒绝组均值相等的假设。

例 12-4 华伦地区交通管理局正在将公共汽车服务从星砖郊区扩展到华伦市中心商业区。目前正在考虑从星砖郊区到华伦市中心的四条路线:

①经过美国 6 号公路(U.S.6);②经过伦敦西区(the West End);③经过胡桃木街桥(the Hickory Street Bridge);④经过 59 号公路(Route 59)。

该局进行了几次检验,以确定沿着这四条路线的平均行驶时间是否存在差异。这项检验是建立在每个司机都沿着四条路线中的每一条行驶的前提下。以下是每个司机-路线组合的行驶时间,以分钟为单位。

表 12-14 不同司机-路线组合的行驶时间 （单位:分钟）

从星砖郊区到华伦市中心的行驶时间				
司机	美国 6 号公路	伦敦西区	胡桃木街桥	59 号公路
迪恩斯	18	17	21	22
斯纳弗利	16	23	23	22
奥尔姆森	21	21	26	22
佐勒罗	23	22	29	25
菲尔贝克	25	24	28	28

在 0.05 的显著性水平下,沿四条路线的平均行驶时间存在差异吗?如果消除司机的影响,平均行驶时间存在差异吗?

解析 首先,使用单因素方差分析对假设进行检验。因此,只考虑四条路线。在这种情况下,行驶时间的差异是由于组间或随机变化所致。在案例中,下标对应于路线:1 为美国 6 号公路,2 为伦敦西区,3 为胡桃木街桥,4 为 59 号公路。比较四条路线的平均行驶时间的原假设和备择假设是:

$$H_0: \mu_1 = \mu_2 = \mu_3 = \mu_4$$

$$H_1: 并非所有的组均值相同$$

有四条路线,因此分子自由度为 $(k-1)=(4-1)=3$。有 20 个观测值,所以分母自由度是 $(n-k)=(20-4)=16$。查找附录 B.6A,可以得到在 0.05 的显著性水平下,F 的临界值为 3.24。如果计算的 F 检验统计量的值大于 3.24,则推断规则是拒绝原假设。

使用 Excel 执行计算并输出结果(见图 12-7),F 的计算值为 2.483,因此我们决定不拒绝原假设,并得出结论:沿着这四条路线的平均行驶时间没有差异,即没有理由断定任何一条路线比任何其他路线都快。

从上述 Excel 输出中,平均行驶时间分别为:美国 6 号公路 20.6 分钟,伦敦西区 21.4 分钟,胡桃木街桥 25.4 分钟,59 号公路 23.8 分钟。我们认为,这些差异是因为偶然。从方差分析表可以看出，SST 为 72.8，SSE 为 156.4，SStotal 为 229.2。

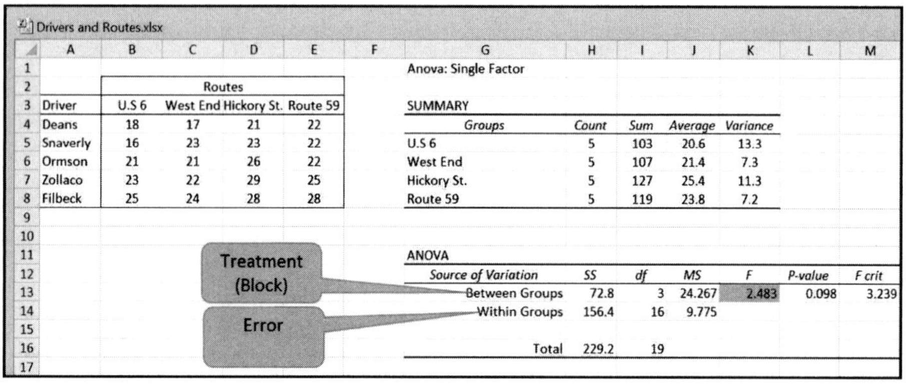

图 12-7　华伦地区交通管理局案例 Excel 输出结果

在本例中，只考虑由于组（路线）而引起的变差，并将所有剩余变差视为随机的。如果将司机的影响或变差考虑进来，这将降低 SSE，并且 F 统计量的计算值将会更大。

在这种情况下，让司机成为区组变量。加入因司机而产生的变差，我们需要确定由于区组变量而产生的变差的平方和。在双因素方差分析中，由区组变量引起的变差平方和可用下式计算。

- 区组变量（blocking variable）：第二个组变量，当包含在方差分析中时，具有降低 SSE 的作用。

$$\text{SSB} = k\Sigma(\bar{X}_b - \bar{X}_G)^2 \quad (12-6)$$

式中　k——组的个数；
　　　b——区组变量的个数；
　　　$\bar{X}_b$——区组变量的样本均值；
　　　$\bar{X}_G$——整体平均值或总均值。

在表 12-15 中，各个司机行驶时间的均值分别是 19.5 分钟、21 分钟、22.5 分钟、24.75 分钟和 26.25 分钟。通过加总 20 个司机的行驶时间（456 分钟）并除以 20，得到总行驶时间的均值是 22.8 分钟。

表 12-15　不同司机-路线组合的行驶时间（含总计和均值）　（单位：分钟）

从星砖郊区到华伦市中心的行驶时间						
司机	美国 6 号公路	伦敦西区	胡桃木街桥	59 号公路	总计	均值
迪恩斯	18	17	21	22	78	19.50
斯纳弗利	16	23	23	22	84	21.00
奥尔姆森	21	21	26	22	90	22.50
佐勒罗	23	22	29	25	99	24.75
菲尔贝克	25	24	28	28	105	26.25

将该值代入式（12-6），可以得到 SSB，即由司机（区组变量）引起的变差平方和为 119.7。

$$SSB = k\Sigma(\bar{X}_b - \bar{X}_G)^2$$
$$= 4\times(19.5-22.8)^2 + 4\times(21.0-22.8)^2 + 4\times(22.5-22.8)^2 + 4\times(24.75-22.8)^2 + 4\times(26.25-22.8)^2$$
$$= 119.7$$

SSE 的计算公式如下：

双因素残差平方和 $\quad SSE = SS\ total - SST - SSB$ (12-7)

在双因素方差分析表中使用的格式与单因素情况下相同，相比之下多了区组变量的一行。SS total 和 SST 按前文公式计算，SSB 由式（12-6）计算。计算出的方差分析表如表 12-16 所示。

表 12-16 方差分析表（含区组变量）

变差来源	平方和	自由度	均方误差	F
组别	SST	$k-1$	$SST/(k-1) = MST$	MST/MSE
区组变量	SSB	$b-1$	$SSB/(b-1) = MSB$	MSB/MSE
误差	SSE	$(k-1)(b-1)$	$SSE/[(k-1)(b-1)] = MSE$	
总计	SS total	$n-1$		

SSE 是由式（12-7）计算来的，计算结果如表 12-17 所示。

$$SSE = SS\ total - SST - SSB = 229.2 - 72.8 - 119.7 = 36.7$$

如果区组变量存在（本例中的司机变量）的目的仅仅是为了减小残差，则不应该对区组变量均值的差异进行假设检验。也就是说，如果我们的目标是降低 MSE 这一项，那么不应该检验关于区组变量的假设。但当区组变量被认为是第二个因素时，我们将其称为**双因素检验**（two-factor experiment）。在案例中，我们关心的是不同司机的行驶时间的差异，因此将进行区组变量均值相等的假设检验。下标是每个司机名字的第一个字母。这两组假设是：

表 12-17 本案例计算结果

方差分析表			
变差来源	平方和	自由度	均方误差
组别	72.8	3	24.27
区组变量	119.7	4	29.93
误差	36.7	12	3.06
总计	229.2	19	

（1）H_0: 各处理均值均相等（$\mu_1 = \mu_2 = \mu_3 = \mu_4$）

　　H_1: 至少一个处理的均值不同

（2）H_0: 各区组变量的均值均相等（$\mu_D = \mu_S = \mu_O = \mu_Z = \mu_F$）

　　H_1: 至少一个区组变量的均值不同

首先，检验关于组均值的假设。分子自由度为 $(k-1) = (4-1) = 3$，分母自由度为 $(b-1)(k-1) = (5-1)\times(4-1) = 12$。使用 0.05 的显著性水平，F 的临界值为 3.49。如果 F 值超过 3.49，则拒绝四条路线的平均行驶时间相同的原假设。

$$F = \frac{MST}{MSE} = \frac{24.27}{3.06} = 7.93$$

该原假设被拒绝，我们认为至少一条路线的平均行驶时间与其他路线不同。华伦地区交通管理局将要进行一些检验，以确定哪些组的均值不同。

接着，检验了不同司机的行驶时间是否相同。区组变量的分子自由度为 $(b-1) = (5-1) = 4$。分母自由度与以前相同：$(b-1)(k-1) = (5-1)\times(4-1) = 12$。如果 F 值超过 3.26，则拒绝关于区组变量均值相同的原假设。

$$F=\frac{\text{MSB}}{\text{MSE}}=\frac{29.93}{3.06}=9.78$$

关于区组变量均值的原假设被拒绝，我们认为至少有一个司机的平均行驶时间不同于其他司机。因此，华伦地区交通管理局可以根据抽样结果得出结论：司机的平均行驶时间存在差异。

Excel 电子表格有一个双因素 ANOVA 过程。华伦地区交通管理局案例的结果输出如图 12-8 所示。该输出还包括 p 值。关于司机因素的原假设的 p 值是 0.001，关于路线因素的是 0.004。这些 p 值证实组变量和区组变量的原假设都应被拒绝，因为 p 值小于显著性水平。

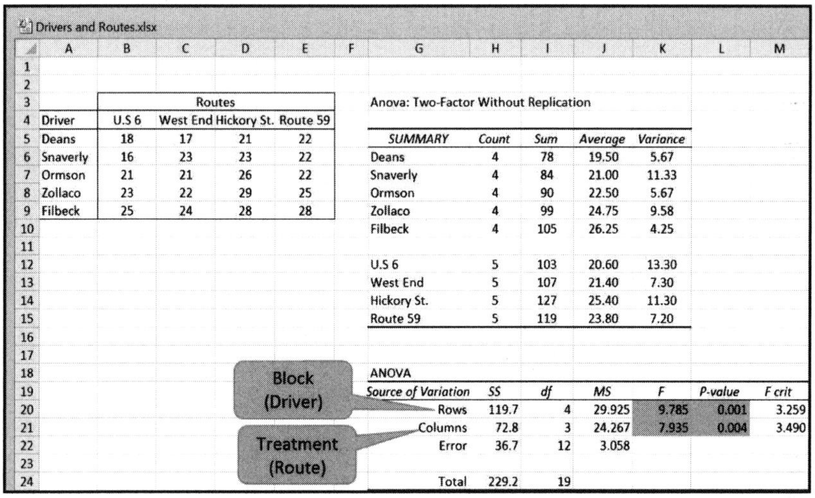

Drivers and Routes.xlsx

Driver	U.S 6	West End	Hickory St.	Route 59
Deans	18	17	21	22
Snaverly	16	23	23	22
Ormson	21	21	26	22
Zollaco	23	22	29	25
Filbeck	25	24	28	28

Anova: Two-Factor Without Replication

SUMMARY	Count	Sum	Average	Variance
Deans	4	78	19.50	5.67
Snaverly	4	84	21.00	11.33
Ormson	4	90	22.50	5.67
Zollaco	4	99	24.75	9.58
Filbeck	4	105	26.25	4.25
U.S 6	5	103	20.60	13.30
West End	5	107	21.40	7.30
Hickory St.	5	127	25.40	11.30
Route 59	5	119	23.80	7.20

ANOVA

Source of Variation	SS	df	MS	F	P-value	F crit
Rows	119.7	4	29.925	9.785	0.001	3.259
Columns	72.8	3	24.267	7.935	0.004	3.490
Error	36.7	12	3.058			
Total	229.2	19				

图 12-8 华伦地区交通管理局案例双因素 ANOVA 输出结果

自测 12-4

微雾洗发水公司出售三种洗发水，分别用于干性、中性和油性头发。过去 5 个月的销售额如表 12-18 所示。使用 0.05 的显著性水平，检验三种洗发水的平均销售额是否存在差异。

表 12-18 三种洗发水的平均销售额

（单位：百万美元）

月份	干性	中性	油性
6月	7	9	12
7月	11	12	14
8月	13	11	8
9月	8	9	7
10月	9	10	13

12.5 有交互作用的双因素方差分析

前一节研究了两个变量或因素对响应变量行驶时间的单独或独立影响。在案例中，这两个因素是公交路线和司机，响应变量是出行时间。分析得出了两个显著的结论。首先，每个司机在不同路线之间的平均行驶时间是不同的。其次，每条路线上，不同司机的平均行驶时间是不同的。什么能解释这些差异？如果不考虑路线，也许差异在于司机行驶的平均速度不同。

还有另一种情况可能影响到行驶时间，即路线与司机之间的交互作用对行驶时间的影响。也就是说，行驶时间的差异可能取决于司机和路线的共同影响。例如，其中一个司机非常熟悉其中一条路线，知道如何有效地减少等待交通灯的时间，或者知道如何避开一个或多个路线上严重堵塞的十字路口。在这种情况下，平均行驶时间的差异可能取决于司机和路线的交互作用。

> **交互作用（interaction）**：一个因素对响应变量的影响取决于另一个因素的值。

12.5.1 交互图

交互作用在日常中的一个例证是节食和运动对体重的影响。人们普遍认为，体重（反应变量）可能受节食和运动两个因素的影响。然而，研究表明，节食和运动对减肥也有联合或交互的作用。也就是说，不同的人减肥的程度将是不同的，并取决于节食和运动的程度。

图 12-9 说明了节食和运动的交互作用。首先，对于不运动的人，对节食 1 和节食 2 的平均减肥量作图，将它们用实线连接起来。显然，这两种节食在减肥量方面存在差异。其次，对于运动的人，对节食 1 和节食 2 的平均减肥量作图，将它们用虚线连接起来。同样，对于运动的人，节食 1 和节食 2 之间存在明显的差异。该图还显示了节食和运动对减肥量的交互作用。注意这两条线互不平行。对于节食 1，当人们运动时，平均体重减轻的幅度更大。对于节食 2，当人们也运动时，平均体重减轻的幅度远大于节食 1。那么，节食和运动对减肥有什么影响？它取决于节食和运动的交互作用。

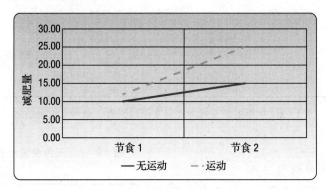

图 12-9 交互图

如果没有交互作用，交互图将如何显示？图 12-10 显示了没有交互作用的节食和运动对减肥量的影响。

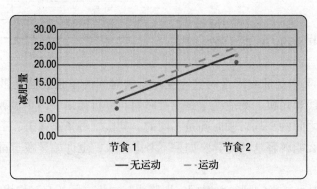

图 12-10 无交互作用图

在这种情况下，直线是平行的。相比之下，运动对节食 1 和节食 2 减肥量的影响是相同的，减肥量大约有两磅。此外，无论人们是否运动，节食的效果都是一样的，大约为 13 磅。

12.5.2 交互作用检验

为了检验交互作用，我们使用具有交互作用的双因素方差分析。为了说明这一点，重温前面的华伦地区交通管理局案例：他们希望将公共汽车服务从华伦市中心扩展到星砖郊区。迄今为止，他们根据统计分析得出结论，沿四条拟定路线的平均行驶时间存在差异，五名司机的平均行驶时间存在差异。但是，这种组合，或者说路线与司机之间的交互作用，可能对平均行驶时间有显著的影响。

在这一分析中，我们将这两个变量称为路线和司机因素，将变量行驶时间称为响应变量。若要测试交互作用，每条路线的样本数据必须被复制。在这个案例中，每个司机在每条路线上行驶三次，所以不同司机 – 路线组合有三次观测值。表 12-19 汇总了这一情况。

表 12-19　不同司机 – 路线组合的观测值　　　　　（单位：分钟）

司机	路线				各司机均值
	美国 6 号公路	伦敦西区	胡桃木街桥	59 号公路	
迪恩斯	18	17	21	22	
	15	14	20	19	19.50
	21	20	22	25	
斯纳弗利	16	23	23	22	
	19	19	24	20	20.83
	13	25	22	24	
奥尔姆森	21	21	26	22	
	19	23	24	24	22.25
	14	25	28	20	
佐勒罗	23	22	29	25	
	21	24	30	20	24.42
	25	20	28	26	
菲尔贝克	25	24	28	28	
	24	25	29	30	26.25
	26	23	27	26	
路线的均值	20.00	21.67	25.40	23.53	22.65

为了评估交互作用，可以绘制每个司机 – 路线的均值组合。对于司机 – 路线组合迪恩斯、美国 6 号公路，平均值为 18 分钟，由（18+15+21）/3 得出。对于司机 – 路线组合菲尔贝克、59 号公路，平均值为 28 分钟，由（28+30+26）/3 得出。以类似的方式计算其他单元格的平均值，并将结果汇总在表 12-20 中。

表 12-20　不同司机 – 路线的均值组合　　　　　（单位：分钟）

司机	路线			
	美国 6 号公路	伦敦西区	胡桃木街桥	59 号公路
迪恩斯	18	17	21	22
斯纳弗利	16	22.33	23	22

(续)

司机	路线			
	美国 6 号公路	伦敦西区	胡桃木街桥	59 号公路
奥尔姆森	18	23	26	22
佐勒罗	23	22	29	23.67
菲尔贝克	25	24	28	28

图 12-11 是使用表 12-20 中的信息绘制的交互图。纵轴是以分钟为单位的行驶时间。这四条路线标记在横轴上，每条线绘出所有四条路线不同司机的平均行驶时间。

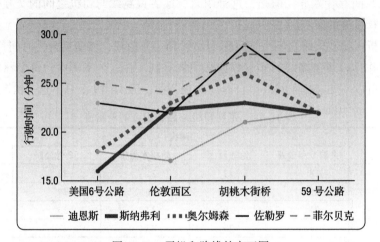

图 12-11 司机和路线的交互图

从图 12-11 可以看出，司机和路线在行驶时间上的交互作用是什么？最重要的是，这 5 条线不是平行的。由于这 5 条线不平行，司机和路线对行驶时间有交互作用；也就是说，行驶时间取决于司机和路线的综合影响。

注意行驶时间的差异。对于美国 6 号公路，斯纳弗利的平均行驶时间最短。迪恩斯在伦敦西区和胡桃木街桥的路线上平均行驶时间最短。佐勒罗在胡桃木街桥上的的平均行驶时间最长。还有许多其他的观察结果表明行驶时间与司机和路线的综合影响有关。关键的问题是观察到的交互作用是显著的还是偶然存在的。

12.5.3 交互作用的假设检验

下一步是进行统计检验，进一步研究可能的交互作用的影响。总之，我们对行驶时间的研究存在以下几个问题：司机和路线对平均行驶时间是否有交互作用？不同司机的平均行驶时间是一样的吗？不同路线的平均行驶时间相同吗？

在这三个问题中，我们最感兴趣的是交互作用的检验。

将这些想法转化为三组假设：

（1）H_0：司机和路线之间没有交互作用

H_1：司机和路线之间有交互作用

（2）H_0：各司机行驶时间的均值都相等

H_1：至少一个司机的行驶时间的均值不相等

（3）H_0：各路线的行驶时间的均值都相等

H_1：至少一条路线的行驶时间的均值不相等

像前面的小节一样，用 F 分布对这些假设进行检验。检验结果总结如表 12-21 所示。它类似于上一节中的双因素 ANOVA，但增加了交互作用的变差。此外，将司机效应称为因素 A，路线效应称为因素 B。这些假设中的每一个都是用熟悉的 F 统计量进行检验的。

表 12-21 有交互作用的方差分析表

变差来源	平方和	自由度	均方误差	F
因素 A（司机）	SSA	$k-1$	$MSA = SSA/(k-1)$	MSA/MSE
因素 B（路线）	SSB	$b-1$	$MSB = SSB/(b-1)$	MSB/MSE
交互作用	SSI	$(k-1)(b-1)$	$MSI = SSI/[(k-1)(b-1)]$	MSI/MSE
误差	SSE	$n-kb$	$MSE = SSE/(n-kb)$	
总计		$n-1$		

为了检验具有交互作用的双因素方差分析的假设，我们在 Excel 数据分析加载项中使用了 ANOVA：双因素方差分析。使用 Excel 的详细信息汇总于附录 C 中。图 12-12 显示了分析结果，使用 p 值来检验每个假设。使用 0.05 的显著性水平，如果计算的 p 值小于 0.05，则拒绝原假设。

ANOVA						
Source of Variation	SS	df	MS	F	P-value	F crit
Drivers	353.5667	4	88.39167	17.21916	0.0000	2.605975
Routes	244.9833	3	81.66111	15.90801	0.0000	2.838745
Interaction	125.7667	12	10.48056	2.041667	0.0456	2.003459
Error	205.3333	40	5.133333			
Total	929.65	59				

图 12-12 具有交互作用的双因素方差分析输出结果

回顾 ANOVA 的结果，交互作用检验的 p 值为 0.045 6，低于显著性水平 0.05。因此，我们的推断是拒绝无交互作用的原假设，得出司机和路线的交互作用对响应变量行驶时间有显著影响的结论。

显著的交互作用提供了关于变量的组合作用的重要信息。如果存在交互作用，那么下一步就是用单因素方差分析检验其他因素各水平的差异。这种分析需要一些时间和工作才能完成，但结果通常是很有启发性的。

我们将通过对每条路线进行单因素 ANOVA 来继续分析，检验假设 H_0：（不同司机行驶时间相等）的结果如图 12-13 所示。

单因素方差分析结果表明，除 59 号公路的 p 值为 0.06 外，各路线的司机平均行驶时间均有显著差异。对交互图的回顾可以揭示一些不同之处。例如，对于伦敦西区路线，图表表明迪恩斯的平均行驶时间最短。进一步的统计分析将对几对平均行驶时间进行测试，以确定具有显著 p 值的每条路线的司机行驶时间之间的显著差异。

```
US 6; H₀: Driver times are equal
Source of Variation   SS      df   MS      F        P-value  F crit
Between Groups        174     4    43.5    6.04167  0.010    3.478
Within Groups         72      10   7.2
Total                 246     14

West End; H₀: Driver times are equal
Source of Variation   SS       df   MS       F        P-value  F crit
Between Groups        88.6667  4    22.1667  4.05488  0.033    3.478
Within Groups         54.6667  10   5.46667
Total                 143.333  14

Hickory; H₀: Driver times are equal
Source of Variation   SS      df   MS     F        P-value  F crit
Between Groups        135.6   4    33.9   21.1875  0.000    3.478
Within Groups         16      10   1.6
Total                 151.6   14

Route 59; H₀: Driver times are equal
Source of Variation   SS       df   MS       F        P-value  F crit
Between Groups        81.0667  4    20.2667  3.23404  0.060    3.478
Within Groups         62.6667  10   6.26667
Total                 143.733  14
```

图 12-13 对每条路线进行单因素 ANOVA 输出结果

自测 12-5

参考表 12-22。

表 12-22

变差来源	平方和	自由度	均方误差	F	p 值
因素 A	6.41	3	2.137	3.46	0.032 2
因素 B	5.01	2	2.507	4.06	0.030 4
交互作用	33.15	6	5.525	8.94	0.000 0
误差	14.83	24	0.618		
总计	59.41	35			

使用 0.05 的显著性水平回答以下问题。

（1）因素 A 有几组值？因素 A 的均值是否有显著差异？你是如何知道的？

（2）因素 B 有几组值？因素 B 的均值是否有显著差异？你是如何知道的？

（3）每个单元格里有多少观测值？因素 A 和因素 B 对反应变量是否有显著的交互作用？你是如何知道的？

章节摘要

1. F 分布的特点是：
   （1）它是连续的。
   （2）它的值非负。
   （3）它是正偏的。
   （4）F 分布有 1 个族。每当分子或分母的自由度改变时，就会产生 1 个新的分布。
2. F 分布用于检验 2 个总体的方差是否相同。
   （1）抽样总体必须服从正态分布。

（2）2个样本方差中较大的1个放在分子上，迫使比率至少为1.00。
（3）F值的计算公式如下：

$$F = \frac{s_1^2}{s_2^2} \qquad (12\text{-}1)$$

3. 单因素方差分析用来比较几个组的均值。
   （1）组别是变差的来源。
   （2）基于ANOVA的假设如下：
   　1）样本来自服从正态分布的总体。
   　2）样本有相同的标准差。
   　3）样本是独立的。
   （3）查找F值的信息汇总在ANOVA表中。
   　1）SS total（总平方和）的公式：

$$\text{SS total} = \Sigma(X - \bar{X}_G)^2 \qquad (12\text{-}2)$$

   　2）SSE（残差平方和）的公式：

$$\text{SSE} = \Sigma(X - \bar{X}_C)^2 \qquad (12\text{-}3)$$

   　3）SST（组间平方和）的公式，由减法得来：

$$\text{SST} = \text{SS total} - \text{SSE} \qquad (12\text{-}4)$$

   　4）这一信息汇总于表12-23，并得出F值。

表 12-23

变差来源	平方和	自由度	均方误差	F
组别	SST	$k-1$	$\text{SST}/(k-1) = \text{MST}$	MST/MSE
误差	SSE	$n-k$	$\text{SSE}/(n-k) = \text{MSE}$	
总计	SS total	$n-1$		

4. 如果均值相等的原假设被拒绝，我们可以通过以下的置信区间找出哪几对均值不相等。

$$(\bar{X}_1 - \bar{X}_2) \pm t\sqrt{\text{MSE}\left(\frac{1}{n_1} + \frac{1}{n_2}\right)} \qquad (12\text{-}5)$$

5. 在双因素方差分析中，我们考虑第2个组别变量。
   （1）第2个组别变量称为区组变量。
   （2）它是用下列公式确定的：

$$\text{SSB} = k\Sigma(\bar{X}_b - \bar{X}_G)^2 \qquad (12\text{-}6)$$

   （3）SSE项，或残差平方和，由下列公式确定：

$$\text{SSE} = \text{SS total} - \text{SST} - \text{SSB} \qquad (12\text{-}7)$$

   （4）组别变量和区组变量的F统计量在表12-24中确定。

表 12-24

变差来源	平方和	自由度	均方误差	F
组别	SST	$k-1$	$\text{SST}/(k-1)=\text{MST}$	MST/MSE
区组变量	SSB	$b-1$	$\text{SSB}/(b-1) = \text{MSB}$	MSB/MSE
误差	SSE	$(k-1)(b-1)$	$\text{SSI}/[(k-1)(b-1)] = \text{MSE}$	
总计	SS total	$n-1$		

6. 在重复观测的双因素方差分析中，考虑了 2 个组别变量和变量之间可能的交互作用。表 12-25 是包括交互作用在内的完整的 ANOVA 表。

表 12-25

变差来源	平方和	自由度	均方误差	F
因素 A	SSA	$k-1$	SSA/$(k-1)$ = MSA	MSA/MSE
因素 B	SSB	$b-1$	SSB/$(b-1)$ = MSB	MSB/MSE
交互作用	SSI	$(k-1)(b-1)$	SSI/$[(k-1)(b-1)]$ = MSI	MSI/MSE
误差	SSE	$n-kb$	SSE/$(n-kb)$ = MSE	
总计	SS total	$n-1$		

章节练习

1. 当分子自由度为 6，分母自由度为 4 时，F 的临界值是多少？使用双尾检验和 0.01 的显著性水平。

2. 给出了以下假设。

$$H_0: \sigma_1^2 = \sigma_2^2$$

$$H_1: \sigma_1^2 \neq \sigma_2^2$$

从第 1 个总体中随机抽样 8 个观测结果的标准差为 10。从第 2 个总体中随机抽样 6 个观测结果的标准差为 7。在 0.02 的显著性水平下，两个总体的方差是否存在差异？

3. 阿比创媒体研究公司对男性和女性使用 iPod 听歌的习惯进行了研究。这项研究涉及平均听歌时间。公司发现 10 名男性样本的平均听歌时间为每天 35 分钟，标准差为每天 10 分钟；12 名女性的平均听歌时间也为 35 分钟，但标准差为每天 12 分钟。在 0.10 的显著性水平上，我们能否得出这样的结论：男性和女性在听歌时间上存在差异？

4. 表 12-26 是从三个组收集的观测值，用以检验组均值相等的假设。使用 0.05 的显著性水平。
   （1）明确原假设和备择假设。
   （2）推断准则是什么？
   （3）计算 SST、SSE 和 SS total。
   （4）填写 ANOVA 表。
   （5）说明你对原假设的推断。

表 12-26　三组观测值

组 1	组 2	组 3
8	3	3
6	2	4
10	4	5
9	3	4

5. 一家房地产开发商正在考虑在佐治亚州亚特兰大郊区的购物中心投资，目前正在评估 3 个地区，其中特别重要的是拟建商场周围地区的收入情况。在每个拟建商场附近随机抽取 4 个家庭作为样本，表 12-27 是样本结果。在 0.05 的显著性水平下，开发商能否得出以下结论：3 个地区的平均收入是否有差异？

表 12-27　3 个地区样本家庭的收入情况

（单位：千美元）

南威克地区	富兰克林公园	老果园地区
64	74	75
68	71	80
70	69	76
60	70	78

6. 在表 12-28 中，组 1 中有 3 个观测值，组 2 中有 5 个观测值，组 3 中有 4 个观测值。在 0.05 的显著性水平下，检验组均值都相同这一假设。
   （1）明确原假设和备择假设。
   （2）推断规则是什么？
   （3）计算 SST、SSE 和 SS total。
   （4）填写 ANOVA 表。
   （5）说明你对原假设的推断。

表 12-28　观测值

组 1	组 2	组 3
8	3	3
11	2	4
10	1	5
	3	4
	2	

（6）如果 H_0 被拒绝，我们能否得出结论：组 1 和组 2 不同。请使用 95% 的置信区间来说明。

7. 中南州立大学的一个高级会计师得到了四家注册会计师事务所提供的工作机会。为了进一步考虑这些机会，她询问了在四家事务所工作的人，了解为公司工作多少个月以后才能加薪。她把样本信息输入 Minitab，输出结果如图 12-14 所示。

```
Analysis of Variance
Source    DF     SS      MS      F      P
Factor     3   32.33   10.78   2.36   0.133
Error     10   45.67    4.57
Total     13   78.00
```

图 12-14　Minitab 输出结果

在 0.05 的显著性水平下，四家注册会计师事务所在加薪前的平均工作时间有没有差异？

8. 收集了关于 2 个组和 3 个区组变量的双因素方差分析，数据如表 12-29 所示。

使用 0.05 的显著性水平进行假设检验，以确定区组变量的均值或组均值是否存在差异。

（1）明确组均值检验的原假设和备择假设。
（2）说明组均值检验的推断规则。
（3）明确检验的原假设和备择假设。此外，请说明区组变量的推断准则。
（4）计算 SST、SSB、SStotal 和 SSE。
（5）填写 ANOVA 表。
（6）对这两组假设做出推断并解释结果。

表 12-29　双因素方差分析

区组变量	组别	
	组 1	组 2
A	46	31
B	37	26
C	44	35

9. 查宾制造公司每周 5 天、每天 24 小时运作，员工每周轮班。管理层对员工在不同班次工作时的生产量是否存在差异感兴趣。选取五名员工的样本，并将他们的产出记录在每个班次上（见表 12-30）。在 0.05 的显著性水平下，能否得出这样的结论：班次或员工的平均生产量有差异。

表 12-30　不同班次不同员工的生产量

员工	生产量			员工	生产量		
	白天	下午	晚上		白天	下午	晚上
斯卡夫	31	25	35	特丽丝	30	29	28
勒姆	33	26	33	摩根	28	26	27
克拉克	28	24	30				

10. 考虑以下用于双因素 ANOVA 分析的样本数据。因素 A（重量）分为 2 组（重和轻），因素 B（尺寸）分为 3 组（小、中、大）。对于尺寸和重量的每一种组合，有 3 个观测值（见表 12-31）。

使用统计软件计算 ANOVA，并使用 0.05 的显著性水平回答以下问题。

（1）尺寸的均值有什么不同吗？
（2）重量的均值有差异吗？
（3）重量和尺寸之间是否有显著的交互作用？

表 12-31　不同尺寸和重量组合的观测数据

		尺寸		
		小	中	大
重量	重	23	20	11
		21	32	20
		25	26	20

(续)

		尺寸		
		小	中	大
重量	轻	13	20	11
		32	17	23
		17	15	8

11. 一家自动售货机公司在各种不同的机器上销售袋装食品。该公司正在考虑三种新型自动售货机。管理部门想知道不同的机器是否影响销量。这些自动售货机被指定为 J-1000、D-320 和 UV-57。管理层还想知道机器的位置（室内、室外）是否会影响销量。公司在每个地点都随机分配了 1 个机器和位置组合。表 12-32 是四天内的交易数据。

表 12-32 交易数据

位置（机器）	J-1000	D-320	UV-57
室内	33、40、30、31	29、28、33、33	47、39、39、45
室外	43、36、41、40	48、45、40、44	37、32、36、35

（1）绘制交互图。根据你的观察，有没有交互作用？基于该图，描述机器与位置的交互作用。
（2）使用统计软件计算 ANOVA，并使用 0.05 的显著性水平来检验位置、机器和位置与机器的交互作用对销量的影响。报告结果。
（3）使用统计技术比较每台机器放在室内和室外的平均销售额。你的结论是什么？

12. 格鲁吉亚沿海地区的一家房地产代理商想将海滨房屋的售价变化与离海洋 1～3 个街区的房屋进行比较。去年销售的 21 所海滨房屋的样本显示，销售价格的标准差为 45 600 美元。在离海洋 1～3 个街区的 18 所房屋的样本中，标准差为 21 330 美元。在 0.01 的显著性水平下，请判断能否得出结论：海滨房屋的售价有更大的变化。

13. 纽约詹姆斯敦有 2 个雪佛兰经销商：夏基雪佛兰和戴夫白雪佛兰，月平均销量大致相同。然而，夏基雪佛兰的老板汤姆·夏基认为他的销售数据变化更小。表 12-33 是夏基雪佛兰最近 7 个月和戴夫白雪佛兰最近 8 个月的新车销售数量。你同意夏基先生的意见吗？使用 0.01 的显著性水平。

表 12-33 销售新车的数量

夏基雪佛兰	98	78	54	57	68	64	70	
戴夫白雪佛兰	75	81	81	30	82	46	58	101

14. 在 ANOVA 表中，MSE 等于 10。随机在 4 个总体中各抽取 6 个样本，总平方和为 250。
（1）建立原假设和备择假设。
（2）推断规则是什么？使用 0.05 的显著性水平。
（3）创建 ANOVA 表。F 值是多少？
（4）你对原假设的推断是什么？

15. 某消费者组织想知道，在三种不同的商店里，同一个玩具的售价是否会有所不同。该组织对五家折扣店、五家杂货店和五家百货商店的玩具售价进行了检验。结果如表 12-34 所示。使用 0.05 的显著性水平，请判断。

表 12-34 玩具售价
（单位：美元）

折扣店	杂货店	百货商店
12	15	19
13	17	17
14	14	16
12	18	20
15	17	19

16. 莫米市由 4 个区组成。北区警察局长想确定这 4 个地区的平均犯罪数量是否有所不同。他检查了随机挑选的 6 天的记录，并记录了犯罪数量（见表 12-35）。在 0.05 的显著性水平上，北区警察局长能否得出 4 个地区的平均犯罪数量有差异的结论？

表 12-35　不同地区的犯罪数量　　　　　　　　　　　　（单位：件）

犯罪数量				犯罪数量			
雷克中心	大街	蒙克洛娃	怀特豪斯	雷克中心	大街	蒙克洛娃	怀特豪斯
13	21	12	16	15	19	13	15
15	13	14	17	14	18	12	20
14	18	15	18	15	19	15	18

17. 当仅涉及两组时，ANOVA 和 t 检验会得出相同的结论。此外，对于计算的检验统计量，$t^2=F$。将 14 名参加历史课程的学生随机分为两组，一组为 6 名按常规教学方式参加历史课程的学生，另一组为 8 名学生以线上方式参加了这门课程。在课程结束时，对每一组进行了 50 项测试。表 12-36 统计了每个组的测试分数。

表 12-36　不同教学方法的测试分数

传统授课	线上授课	传统授课	线上授课
37	50	35	41
35	46	34	42
41	49		45
40	44		43

（1）采用方差分析的方法，检验 H_0：2 个平均测试分数是否相等。$\alpha=0.05$。
（2）使用第 11 章的 t 检验，计算 t。
（3）解释结果。

18. 将 27 辆小型、中型和大型汽车的燃料效率样本输入统计软件包。用方差分析来研究三种尺寸汽车的平均每加仑里程是否有差异（见表 12-37）。你的结论是什么？使用 0.01 的显著性水平。

表 12-37　描述性统计

组别	样本量	合计	均值	方差
小型	12	268.3	22.358 33	9.388 106
中型	9	172.4	19.155 56	7.315 278
大型	6	100.5	16.75	7.303

其他结果如表 12-38 所示。

表 12-38　方差分析结果

变差来源	平方和	自由度	均方	F	p 值
组间	136.480 3	2	68.240 14	8.258 752	0.001 866
组内	198.306 4	24	8.262 766		
总计	334.786 7	26			

19. 邮政服务将邮件分类为优先邮件快件、优先邮件、一等邮件或标准邮件。在 3 周时间里，每一种类型的邮件有 18 封，从佐治亚州亚特兰大的网络分配中心邮寄到了艾奥瓦州的德梅因。以天为单位的总交付时间被记录下来。使用 Minitab 进行方差分析。结果如图 12-15 所示。
利用方差分析结果，比较四种不同类型邮件的平均投递时间。

20. 香克公司是一家全国性的广告公司，想知道广告的尺寸和广告的颜色是否会对杂志读者产生影响。随机抽样的读者可以看到四种不同颜色和三种不同尺寸的广告。每位读者被要求对尺寸和颜色的特殊组合进行评分，分值为 1～10。假设评分服从正态分布。表 12-39 显示了每个组合的评分（例如，小尺寸、红色的广告评分为 2）。
广告的效果是否因颜色和尺寸而有所不同？使用 0.05 的显著性水平。

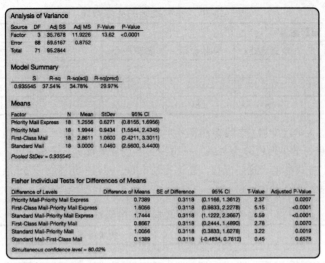

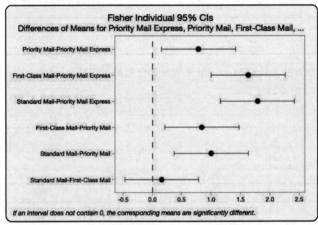

图 12-15　Minitab 方差分析结果

表 12-39　读者对不同颜色和尺寸的广告的评分

广告尺寸	广告颜色			
	红色	蓝色	橘色	绿色
小	2	3	3	8
中	3	5	6	7
大	6	7	8	8

21. 亚利桑那州图森市雇用评估员来评估房屋的价值，以计算房产税。市长将 4 个评估员送往相同的 5 个房屋，然后比较评估结果，如表 12-40 所示。使用 0.05 的显著性水平。

表 12-40　评估员评估房屋价值　　　　　　　　　　（单位：千美元）

房屋	评估员			
	扎沃德尼	诺曼	辛格	豪勒得
A	53.0	55.0	49.0	45.0
B	50.0	51.0	52.0	53.0
C	48.0	52.0	47.0	53.0
D	70.0	68.0	65.0	64.0
E	84.0	89.0	92.0	86.0

（1）处理均值是否存在不同？

（2）区组变量的均值是否存在不同？

22. 一家研究公司想要比较无铅常规汽油、中档汽油和超优质汽油的每加仑里程。由于不同类型汽车的性能差异，选择了 7 种不同类型的汽车作为区组变量。因此，每种品牌的汽油都与每种类型的汽车进行了测试。试验结果以英里（每加仑）为单位，如表 12-41 所示。在 0.05 的显著性水平下，汽油或汽车有差异吗？

表 12-41　不同汽车及汽油的每加仑里程

汽车	无铅常规汽油	中档汽油	超优质汽油
1	21	23	26
2	23	22	25
3	24	25	27
4	24	24	26
5	26	26	30
6	26	24	27
7	28	27	32

23. 表 12-42 列出了按颜色分类的 M&M 原味糖果样品的重量。使用统计软件来确定不同颜色糖果的平均重量是否存在差异。使用 0.05 的显著性水平。

表 12-42　不同颜色糖果的平均重量　（单位：克）

红色	橙色	黄色	褐色	棕褐色	绿色
0.946	0.902	0.929	0.896	0.845	0.935
1.107	0.943	0.960	0.888	0.909	0.903
0.913	0.916	0.938	0.906	0.873	0.865
0.904	0.910	0.933	0.941	0.902	0.822
0.926	0.903	0.932	0.838	0.956	0.871
0.926	0.901	0.899	0.892	0.959	0.905
1.006	0.919	0.907	0.905	0.916	0.905
0.914	0.901	0.906	0.824	0.822	0.852
0.922	0.930	0.930	0.908		0.965
1.052	0.883	0.952	0.833		0.898
0.903		0.939			
0.895		0.940			
		0.882			
		0.906			

24. 美国会计协会最近进行了一项研究，以比较在公共或私营会计部门就业的男性和女性的周工资。每组随机抽取 5 名男性和 5 名女性作为样本，结果如表 12-43 所示。

表 12-43　公共或私营会计部门就业的男性和女性的周工资　（单位：美元）

性别	部门		性别	部门	
	公共部门	私营部门		公共部门	私营部门
男性	978	1 335	女性	863	1 079
	1 035	1 167		975	1 160
	964	1 236		999	1 063
	996	1 317		1 019	1 110
	1 117	1 192		1 037	1 093

（1）按部门绘制性别交互图。

（2）用统计软件计算 ANOVA，并使用 0.05 的显著性水平，检验性别和部门对工资的交互作用。

（3）根据你在（2）部分的结果，对因素均值上的差异进行适当的假设检验。

（4）在简要报告中解释结果。

数据分析

25. 附录 A.1 北谷房地产数据报告了有关去年出售的房屋的信息。
    （1）在 0.02 的显著性水平上，有游泳池的房屋的价格与没有游泳池的房屋的价格是否存在差异？
    （2）在 0.02 的显著性水平上，有附属车库的房屋的价格与没有附属车库的房屋的价格是否存在差异？
    （3）在 0.05 的显著性水平上，5 个乡的房屋销售平均价格有差异吗？
    （4）亚当·马蒂最近加入了北谷房地产公司，并被分配了 20 套房屋进行市场推广和展示。当他被录用时，北谷向他保证，这 20 套房屋会公平分配给他。当他查看分配给他的房屋的销售价格时，他认为价格远低于 35.7 万美元的平均价格。亚当能够找到分配给公司代理人的房屋的数据。使用统计推断将分配给他的房屋的平均价格与分配给其他代理的房屋的平均价格进行比较。结果表明什么？你的分析如何定义公平？
    （5）购房者用抵押贷款为购房提供资金。在这个数据中，抵押贷款要么是 30 年内支付的固定利率抵押贷款，要么是可调利率抵押贷款。可调利率抵押贷款为入住的前五年提供较低的入门利率。在第五年，利率调整为当前利率加上额外的百分比。通常，调整后的利率高于入门利率。有了这些信息，我们可以预测房主的平均入住年数是否会因房贷类型或拖欠房贷而有所不同。使用这些数据来评估这个预测。

26. 请参阅附录 A.3 林肯维尔学区的公共汽车数据。
    （1）进行假设检验，以揭示每个公共汽车制造商的平均维修费用是否相等。使用 0.01 显著性水平。
    （2）进行假设检验，以确定自最后一次维护以来，每辆车的平均行驶里程是否相等。使用 0.05 显著性水平。

习题答案

扫码查看章节练习和数据分析答案

扫码查看自测答案

--- 第 10 ~ 12 章回顾 ---

本部分是对第 10、11、12 章中介绍的主要概念和术语的回顾。第 10 章开始了我们对假设检验的研究。假设是关于总体的特征的假设。在统计学假设检验中，我们首先要对原假设中的总体参数值进行陈述，建立原假设的目的是进行检验。当完成检验后，我们拒绝或不拒绝原假设。如果拒绝原假设，就会得出备择假设为真的结论。只有当我们证明原假设是假的，备择假设才是可以"被接受"的。我们也把备择假设称为研究假设，大多数时候，要证明备择假设。

在第 10 章中，我们从单一总体中随机选取样本，检验所研究的总体参数等于某个特定值是否合理。例如，我们希望研究在大公司中担任 CEO 职位的人的平均任期是否为 12 年，选取 1 个 CEO 的样本，计算样本平均值，并将样本的平均值与总体进行比较。所考虑的单一总体是大公司 CEO 的任职年限。我们描述了在已知总体标准差和未知总体标准差时进行检验的方法。

在第 11 章中，我们将假设检验的思想扩展到 2 个独立的随机样本是否来自具有相同总体均值的总体。例如，圣马修斯医院在田纳西州诺克斯维尔市的南北两边都设有一家急诊机构。研究问题是：这 2 个机构的患者平均等待时间是否相同？为了研究，我们从 2 个机构中各选取 1 个随机样本，并计算样本平均值。我们检验原假设，即 2 个机构的平均等待时间是相同的。备择假设是 2 个机构的平均等待时间不一样。如果总体标准差已知，使用 z 分布作为检验统计量。如果总体标准差不知道，则检验统计量服从 t 分布。

我们在第 11 章中的讨论也涉及不独立的样本，检验统计量服从 t 分布，假设差的分布服从正态分布。1 个典型的配对样本问题要求在用药前记录 1 个人的血压，然后在用药后再记录一次，以便评价药物的疗效。我们还考虑了检验 2 个总体比例的情况，例如，贝尔维尤钢铁公司的生产经理希望比较上午班和下午班生产的不良轮椅数量。

第 11 章讨论了 2 个总体平均值之间的差异。第 12 章介绍了方差检验和称为方差分析的程序。方差分析用于同时确定几个独立的正态总体是否具有相同的平均值。这是通过比较从这些总体中选出的随机样本的方差来实现的。我们应用常规的假设检验程序，但使用 F 分布作为检验统计量。通常情况下，计算是很烦琐的，所以建议使用统计软件包。

作为方差分析的一个例子，可以进行一个检验来解决五种肥料对麦穗增重的有效性是否有任何差异。这种类型的分析被称为单因素方差分析，因为我们只能对 1 个因素得出结论。如果我们想同时对 1 个以上的因素或变量的效应得出结论，就应当使用双因素方差分析技术。单因素和双因素检验都使用 F 分布作为检验统计量的分布。F 分布也是用来寻找一个正态总体是否比另一个正态总体有更多变异的检验统计量的分布。

双因素方差分析的另一个特点是各因素之间可能存在交互作用。如果对其中一个因素的反应取决于另一个因素的水平，则存在交互作用。幸运的是，方差分析很容易扩展到包括交互作用的检验。

回顾练习

对于问题 1～3，说明：原假设和备择假设，推断规则，关于原假设的推断，解读结果。

1. 一台机器专门生产网球，设置当球从具有一定高度的平台上落下时，平均弹跳为 36 英寸。生产主管怀疑平均反弹已经改变，并且小于 36 英寸。因此，他做了一个实验，取 12 个球作为样本从平台上落下，弹跳的平均高度为 35.5 英寸，标准差 0.9 英寸。在 0.05 的显著性水平下，主管能得出平均弹跳高度小于 36 英寸的结论吗？

2. 钨钢公司计划对两种为塑料设计的胶水的平均保持力进行测试。首先，在 1 个小塑料钩子的一端涂上环氧树脂胶水，并固定在塑料片上。待胶水干燥后，向钩子上添加重量，直到它与塑料片分离。然后记录重量。霍泰特胶水的测试过程也是如此，但只用了 10 个钩子。以磅为单位的样品测试结果如表 12-44 所示。

表 12-44 两种胶水的测试结果

(单位：磅)

	环氧树脂胶水	霍泰特胶水
样本量	12	10
样本平均数	250	252
样品标准差	5	8

在 0.01 的显著性水平下，是否存在着环氧树脂胶水平均保持力与霍泰特胶水平均保持力的差异？

3. 纽约布法罗市的一家可乐经销商正在特价销售 12 瓶可乐。经销商想知道在杂货店的什么地方放置可乐可以最大限度地吸引顾客的注意力，应该在杂货店门口、饮料区、收银台，还是牛奶和其他乳制品附近？四家总销售额相近的商店合作进行了一项实验。在一家商店里，这 12 瓶放在门口，另一家则放在收银台附近，依此类推。每一家商店在 4 分钟内检查销售额情况。结果如表 12-45 所示。

表 12-45 不同位置可乐销售额 （单位：美元）

在门口	在饮料区	在收银台附近	在乳制品区
6	5	7	10
8	10	10	9
3	12	9	6
7	4	4	11
	9	5	
		7	

4. 一名学校主管正在审查以前学生的初始年薪（以千美元计）。对 4 个不同专业（会计、管理、金融和市场营销）进行了为期 3 年的抽样调查。在专业和学年的每 1 个组合中，抽样了 3 名以前的学生作为样本（见表 12-46）。

表 12-46 不同专业不同年份 3 名学生的初始年薪 （单位：千美元）

专业/年度	2014 年	2015 年	2016 年
会计	75.4, 69.8, 62.3	73.9, 78.8, 62.0	64.2, 80.8, 68.2
管理	61.5, 59.9, 62.1	63.9, 57.6, 66.5	74.2, 67.5, 58.1
金融	63.6, 70.2, 72.2	69.2, 72.5, 67.2	74.7, 66.4, 77.9
市场营销	71.3, 69.2, 66.4	74.0, 67.6, 61.7	60.0, 61.3, 62.5

（1）图 12-16 的交互图揭示了什么？

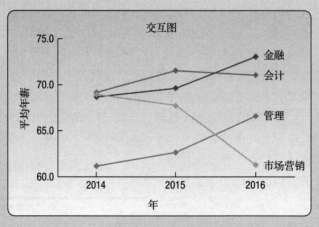

图 12-16 交互图

（2）写下要进行的双因素 ANOVA 的所有原假设和备择假设。

（3）图 12-17 是统计软件输出结果。使用 0.05 的显著性水平检查交互作用。

```
Source        DF      SS        MS        F       P
Major          3    329.20    109.732    3.39    0.034
Year           2      7.32      3.659    0.11    0.894
Interaction    6    183.57     30.595    0.94    0.482
Error         24    777.29     32.387
Total         35   1297.37
```

图 12-17　软件输出结果

（4）如果恰当，在 0.05 的显著性水平上，检验其他假设。如果不恰当，请描述为什么你不应该做这些检验。

篇章测试

客观题

1. 关于总体参数的陈述，如果包含等号，则称为_____。
2. 拒绝为真的原假设的可能性称为_____。
3. 假设原假设为真，找到 1 个检验统计量的值至少与样本中发现的极端值相同的可能性，称为_____。
4. 在对单一总体均值进行假设检验时，只有在已知_____时，才使用 z 分布作为检验统计量。
5. 在双样本均值的假设检验中，如果不知道总体标准差，应当假设总体的分布是什么？
6. 根据样本信息计算出的用于判断是否拒绝原假设的值称为_____。
7. 在双尾检验中，拒绝域为_____（全部在上尾，全部在下尾，两尾平分，这些都不是。选其一）。
8. 以下哪项不是 F 分布的特征？（连续、正偏、范围从 $-\infty$ 到 ∞、分布族）
9. 要进行单因素方差分析，各组必须是_____。（独立的、互斥的、连续的）
10. 在单因素方差分析中，有 4 组，每组有 6 个观测值。F 分布的自由度是多少？

主观题

对于问题 1 和问题 2，说明原假设和备择假设以及推断规则，对原假设做出推断，并解释结果。

1. 位于北卡罗来纳州费舍尔堡州立公园的公园经理认为，夏季游客普遍在该公园花费了超过 90 分钟。6 月、7 月和 8 月期间，有 18 名游客的样本显示，公园游客的平均时间为 96 分钟，标准偏差为 12 分钟。在 0.01 的显著性水平下，得出平均入园时间大于 90 分钟是合理的吗？
2. 在大海滨地区运营的两家出租车公司，每周平均行驶里程是否有差异？当地报纸《太阳新闻》正在调查并获得如表 12-47 所示的样本信息。在 0.05 的显著性水平下，得出平均行驶里程存在差异的结论是否合理？假设总体方差相等。

表 12-47　描述性统计

变量	黄色出租车公司	马车出租车公司
样本量	14	12
平均英里数	837	797
标准差	30	40

3. 单因素方差分析的结果报告如表 12-48 所示。使用 0.05 的显著性水平。

表　12-48

变差来源	平方和	自由度	均方误差	F
组间	6.892 202	2	3.446 101	4.960 047
误差	12.505 89	18	0.694 772	
总计	19.398 1	20		

回答以下问题。

（1）研究中有多少组样本均值？

（2）总样本量是多少？

（3）F 的临界值是多少？

（4）写出原假设和备择假设。

（5）你对原假设有什么推断？

（6）为什么我们能得出这样的结论呢？

扫码查看
篇章测试答案

第13章

相关与线性回归

旅行者网对国内航空航班进行了抽样调查,以探讨机票价格与飞行距离之间的关系。该网站想知道机票价格和飞行距离之间是否存在相关性。如果两者之间存在相关性,那么飞行距离可以用来解释机票价格的变动,了解飞行距离每增加1英里需要增加多少机票价格。

学完本章后,你将能够:

① 明确相关分析的目的。
② 计算相关系数以检验和解释两个变量之间的关系。
③ 采用回归分析方法估计两个变量之间的线性关系。
④ 解释回归方程斜率的意义。
⑤ 利用估计的标准误差和系数来评价回归方程的预测能力。
⑥ 计算并解释置信区间和预测区间。
⑦ 使用对数函数来转换非线性关系。

引言

第2~4章介绍了描述性统计。我们将原始数据组织成一个频数分布,并计算位置测度和离散测度,以描述分布的主要特征。在第5~7章,我们描述了概率,并建立了概率分布。在第8~12章中,我们研究了统计推断,并利用样本来估计总体参数,如总体均值或总体比例。此外,我们还利用样本数据检验了关于一个总体均值或总体比例的假设,两个总体均值之间的差异或几个总体均值是否相等的假设。这些检验中的每一项都只涉及一个定距变量或定比变量,如汽车销售的利润、银行行长的收入或某医院每月收治的患者数量等。

在本章中,我们将重点转移到研究两个定距变量或定比变量之间的关系上。在商业领域中,识别和研究变量之间的关系可以收集关于增加利润的方式、降低成本的方式或预测需求的变化的信息。在产品营销中,许多公司通过优惠券和折扣定价来降低产品价格,以增加销售量。在本例中,我们对两个变量之间的关系感兴趣:价格和销售量。为了收集数据,我们可以测试市场中的各种降价方法并观察销售情况,以求证实价格下降会导致销售量增加。在经济学中,我们会发现许多变量之间均有关系,如价格和需求。

作为另一个常见的案例,在第4章中,我们使用苹果伍德汽车集团的数据来绘制散点图以显示两个变量之间的关系,即在纵轴上绘制了每辆汽车的销售利润,在横轴上绘制了买家的年龄。在该图中,我们可以观察到,随着买家年龄的增加,每辆汽车的销售利润也在增加。

以下是一些其他的例子:

- 康泰斯（Healthtex）每月用于培训销售团队的金额是否会影响其每月的销售额？
- 在1月，地板的平方英尺数与家庭的取暖成本有关吗？
- 在燃料燃烧效率的研究中，每加仑里程与汽车的重量是否有关系？
- 学生为了应对考试而学习的小时数对考试分数有影响吗？

本章将进一步阐述这一观点，也就是说，利用数值方法来表达两个变量之间的关系。这种关系是强还是弱？它是正的还是负的？此外，我们提出用一个方程来表达变量之间的关系，并在此基础上估计另一个变量。

为了开展对两个变量之间关系的研究，我们研究了相关分析的意义和目的，并提出了一个方程，通过此方程可以根据一个变量的值来估计另一个变量的值。这就称为回归分析。同时我们还将评价通过方程进行准确估计的能力。

◆ **实践中的统计学**

"挑战者"号航天飞机于1986年1月28日爆炸。对于爆炸原因，有关部门调查了四个承包商：罗克韦尔国际提供航天飞机和发动机、洛克希德·马丁提供地面支持、马丁玛丽埃塔提供外部燃料箱、莫顿塞托尔提供固体燃料助推器火箭。经过几个月的调查，研究人员将爆炸归咎于莫顿塞托尔所生产的有缺陷的O形环。对承包商股票价格的研究揭示了一个有趣的现象，在"挑战者"号航天飞机爆炸的那一天，莫顿塞托尔的股票下跌了11.86%，而其他三家的股票只亏了2%～3%。我们能否得出结论：金融市场预测了调查结果。

13.1 什么是相关分析

当我们研究两个定距变量或定比变量之间的关系时，通常从散点图开始。散点图是变量之间关系的直观表示。下一步通常是计算相关系数。它定量地衡量了两个变量之间的关系强度。例如，北美复印机销售公司的销售经理在美国和加拿大各地拥有庞大的销售团队，他想确定销售人员在一个月内拨打的销售电话数量与当月的复印机销售量是否存在某种关系。该经理随机抽取15名销售人员，并获取了每名销售人员拨打的销售电话数量和复印机销售量。这些信息如表13-1所示。

表13-1　15名销售人员拨打的销售电话数量和复印机销售量

销售人员	销售电话数量（个）	复印机销售量（台）
布莱恩·维罗斯特	96	41
卡洛斯·拉米雷斯	40	41
卡罗尔·赛亚	104	51
格雷格·菲施	128	60
杰夫·霍尔	164	61
马克·雷诺兹	76	29
梅丽尔·鲁姆齐	72	39
迈克·基尔	80	50
雷·斯纳斯基	36	28
里奇·尼尔斯	84	43
罗恩·布罗德里克	180	70

(续)

销售人员	销售电话数量（个）	复印机销售量（台）
萨尔·斯皮纳	132	56
索尼·琼斯	120	45
苏珊·韦尔奇	44	31
汤姆·凯勒	84	30

通过查阅数据，我们发现销售电话数量与复印机销售量之间似乎存在某种关系。也就是说，销售人员拨打的销售电话数量越多，其复印机销售量也就越多。然而，这种关系并不"完全"或精确。例如，苏珊·韦尔奇拨打的销售电话数量比汤姆·凯勒少，但她的复印机销售量却多。

除第4章中的图形技术外，我们还将利用数值方法来精确地描述销售电话数量和复印机销售量这两个变量之间的关系。这种统计技术称为相关分析。

相关分析的基本思想是阐述两个变量之间的关系，第一步通常是在**散点图**（scatter diagram）中绘制数据。以下案例将说明如何使用散点图。

> **相关分析**（correlation analysis）：一种定量测量两个变量之间关系的统计方法。

例13-1 北美复印机销售公司向美国和加拿大的各种规模的企业销售复印机。马西·班谢尔女士最近被提升为国家销售经理。在即将举行的销售会议上，来自全国各地的销售代表将汇聚一堂。她想强调每天拨打额外数量的销售电话的重要性，因此她决定收集一些关于销售电话数量和复印机销售量之间关系的数据。她随机选取了15名销售人员作为样本，并确定了他们上个月拨打的销售电话数量和他们的复印机销售量。具体信息如表13-1所示。你能观察出销售电话数量和复印机销售量之间的关系吗？绘制散点图以显示信息。

解析 根据表13-1中的资料，班谢尔女士怀疑在一个月内拨打的销售电话数量与复印机的销售量之间存在一定的关系。罗恩·布罗德里克上个月拨打了180个销售电话，并卖掉了最多数量的复印机。雷·斯纳斯基、卡洛斯·拉米雷斯和苏珊·韦尔奇拨打的销售电话数量分别是36、40和44，他们的复印机销售量在抽样代表中也偏低。

这意味着所销售的复印机数量与所拨打销售电话的数量有关。随着销售电话数量的增加，复印机的销售量也在增加。我们将销售电话数量称为**自变量**（independent variable），将复印机销售量称为**因变量**（dependent variable）。

自变量为因变量的估计或预测提供了依据。例如，如果销售人员拨打了100个销售电话，我们想预测复印机销售量，那么在随机选择的样本数据中，自变量销售电话数量就是一个随机数。

因变量是正在被预测或估计的变量，是随机的。也就是说，对于给定的不同的自变量，因变量有许多可能的结果。

通常的做法是将因变量（复印机销售量）标在垂直轴或y轴上，将自变量（销售电话数量）标在水平轴或x轴上。为了绘制北美复印机销售公司销售信息的散点图，我们从第一位销售代表布莱恩·维罗斯特开始。维罗斯特上个月打了96个销售电话，卖了41台复印机，所以$x=96$，$y=41$。若要绘制此点，则先沿着水平轴移动到$x=96$，然后垂直移动到$y=41$，并在交叉处绘制。此过程将继续，直到所有配对数据对应的点都被绘制出来，如图13-1所示。

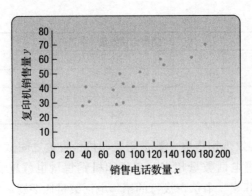

图 13-1　显示销售电话数量和复印机销售量的散点图

散点图以图表的形式显示出那些拨打了更多销售电话的销售代表会销售出更多的复印机。国家销售经理班谢尔告诉销售人员，拨打的销售电话越多，他们期望销售的复印机就越多。需要注意的是，虽然这两个变量之间似乎存在正向的关系，但并非所有点都落在一条直线上。在下面的内容中，你将通过确定相关系数来测量两个变量之间这种关系的强度和方向。

13.2　相关系数

相关系数由卡尔·皮尔逊（Karl Pearson）于 1900 年提出。**相关系数**（correlation coefficient）描述了两个定距变量或定比变量之间关系的强度，记为 r。它通常被称为皮尔逊的 r 相关系数或皮尔逊的积矩相关系数。它可以取 $-1.00 \sim +1.00$（含）的任何值。相关系数为 -1.00 或 $+1.00$ 表示完全相关。例如，若上述案例的相关系数为 $+1.00$，则表明销售电话数量和复印机销售量是完全正相关的。若为 -1.00，则表明销售电话数量和复印机销售量是完全负相关的。如果两个变量之间的关系是线性的，则散点图将如图 13-2 所示。

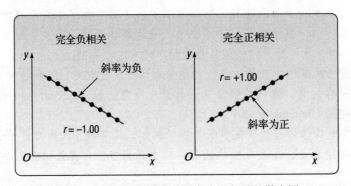

图 13-2　显示完全负相关和完全正相关的散点图

如果这两组变量完全不相关，则皮尔逊的 r 为零。相关系数 r 接近于 0，比如 0.08，这表明线性关系相当弱。如果 r 为 -0.08，则可得出同样的结论。相关系数 r 为 -0.91 和 $+0.91$ 的强度相等，两者都表明变量之间有很强的相关性。因此，相关性的强度不依赖于符号的方向。

弱相关（$r = -0.23$）和强相关（$r = +0.87$）的散点图如图 13-3 所示。请注意，如果相关性很弱，则点会很分散。在代表强相关的散点图中，散点比较集中。由图 13-3 可以看出，学习时间是预测考试成绩的好指标。

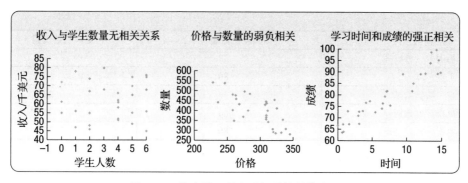

图 13-3 描述零、弱和强相关性的散点图

图 13-4 总结了相关系数的强度和方向。

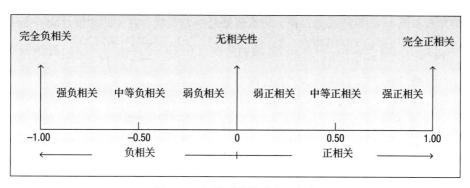

图 13-4 相关系数的强度和方向

相关系数：测量两个变量之间线性关系的强度。
相关系数的特征如下。
（1）样本相关系数用小写字母 r 来标识。
（2）它显示了两个定距或定比变量之间的线性关系的方向和强度。
（3）它从 $-1 \sim +1$ 不等。
（4）接近 0 的值表示变量之间几乎没有线性关系。
（5）接近 1 的值表示变量之间是线性正相关关系。
（6）接近 -1 的值表示变量之间是线性负相关关系。

相关系数的值是如何确定的？我们将以表 13-1 中的复印机销售量为例来说明，总计数量如表 13-2 所示。

表 13-2　15 名销售人员拨打的销售电话数量和复印机销售量

销售人员	销售电话数量（个）	复印机销售量（台）
布莱恩·维罗斯特	96	41
卡洛斯·拉米雷斯	40	41
卡罗尔·赛亚	104	51
格雷格·菲施	128	60
杰夫·霍尔	164	61
马克·雷诺兹	76	29

(续)

销售人员	销售电话数量（个）	复印机销售量（台）
梅丽尔·鲁姆齐	72	39
迈克·基尔	80	50
雷·斯纳斯基	36	28
里奇·尼尔斯	84	43
罗恩·布罗德里克	180	70
萨尔·斯皮纳	132	56
索尼·琼斯	120	45
苏珊·韦尔奇	44	31
汤姆·凯勒	84	30
总计	1 440	675

绘制类似于图 13-2 的散点图，在 x 的均值处画一条竖线，在 y 的均值处画一条横线。在图 13-5 中，即在 $\left(\bar{x}=\sum\dfrac{x}{n}=\dfrac{1\,440}{15}=96\right)$ 处绘制竖线，在 $\left(\bar{y}=\sum\dfrac{y}{n}=\dfrac{675}{15}=45\right)$ 处绘制横线。这些线穿过数据的"中心"，并将散点图分成四个象限，此时视作原点从（0，0）移动至（96，45）。

当复印机销售量超过平均数且销售电话数量也超过平均数时，这两个变量正相关。这些点出现在图 13-5 的右上象限（标记为象限Ⅰ）。同样，当复印机销售量低于平均数且销售电话数量也是如此时，这些点落在图 13-5 的左下象限（标记为象限Ⅲ）。例如，表 13-2 中的第三个人卡罗尔·赛亚打了 104 个销售电话，售出了 51 台复印机。由于这些值高于它们各自的平均值，因此这个点位于象限Ⅰ。她的销售电话数量比平均销售电话数量多了 8 个，复印机销售量比平均复印机销售量多了 6 台。汤姆·凯勒是表 13-2 中的最后一个人，他打了 84 个销售电话，卖了 30 台复印机。这两个值都小于它们各自的平均值，因此这个点位于象限Ⅲ。汤姆的销售电话数量比平均销售电话数量少了 12 个，复印机的销售量比平均复印机销售量少了 15 台。表 13-3 汇总了 15 名销售人员的销售电话数量和复印机销售量与其均值的偏差。

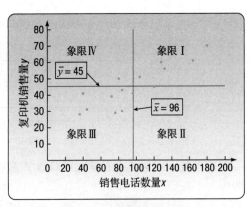

图 13-5 相关系数的计算

表 13-3 15 名销售人员拨打的销售电话数量和复印机销售量与其均值的偏差

销售人员	销售电话数量 (x)	复印机销售量 (y)	$x-\bar{x}$	$y-\bar{y}$	$(x-\bar{x})(y-\bar{y})$
布莱恩·维罗斯特	96	41	0	−4	0
卡洛斯·拉米雷斯	40	41	−56	−4	224
卡罗尔·赛亚	104	51	8	6	48
格雷格·菲施	128	60	32	15	480
杰夫·霍尔	164	61	68	16	1 088
马克·雷诺兹	76	29	−20	−16	320
梅丽尔·鲁姆齐	72	39	−24	−6	144
迈克·基尔	80	50	−16	5	−80

(续)

销售人员	销售电话数量 (x)	复印机销售量 (y)	$x-\bar{x}$	$y-\bar{y}$	$(x-\bar{x})(y-\bar{y})$
雷·斯纳斯基	36	28	−60	−17	1 020
里奇·尼尔斯	84	43	−12	−2	24
罗恩·布罗德里克	180	70	84	25	2 100
萨尔·斯皮纳	132	56	36	11	396
索尼·琼斯	120	45	24	0	0
苏珊·韦尔奇	44	31	−52	−14	728
汤姆·凯勒	84	30	−12	−15	180
总计	1 440	675	0	0	6 672

他们偏离各自平均值的乘积之和为 6 672，即 $\Sigma(x-\bar{x})(y-\bar{y})=6\,672$。

在象限 I 和象限 III 中，$(x-\bar{x})(y-\bar{y})$ 的乘积是正的，因为这两个因素有相同的符号。在本例中，除了迈克·基尔外，这种情况发生在所有销售人员身上。基尔打了 80 个销售电话（低于平均值），却卖了 50 台复印机（高于平均值）。因此我们可以期望这两个变量之间存在正相关关系。

如果这两个变量是负相关的，则一个变量将高于平均值，另一个变量将低于平均值。

在这种情况下，大多数点会出现在左上象限和右下象限，即象限 II 和象限 IV。因为 $(x-\bar{x})$ 和 $(y-\bar{y})$ 的符号相反，所以它们的乘积是负的，相关系数为负。

如果两个变量之间没有线性关系，则散点图中的点将出现在所有四个象限中。$(x-\bar{x})$ 与 $(y-\bar{y})$ 的负积抵消了正积，和接近于零，这就导致相关系数接近于零。因此，$\Sigma(x-\bar{x})(y-\bar{y})$ 决定了两个变量之间相关关系的强度和符号。

相关系数也不受两个变量单位的影响。例如，如果我们使用了销售百台复印机的数量，而不是销售一台复印机的数量，那么相关系数将是相同的。如果将 $\Sigma(x-\bar{x})(y-\bar{y})$ 除以样本标准误差，则相关系数就与使用的标度无关。如果除以 $(n-1)$，那么它就与样本大小无关，通常以值 +1.00 和 −1.00 为界。

我们通过这种推理可得出以下公式：

$$\text{相关系数} \quad r = \frac{\Sigma(x-\bar{x})(y-\bar{y})}{(n-1)s_x s_y} \quad (13\text{-}1)$$

为了计算相关系数，我们通过 15 个销售人员的销售电话数量和复印机销售量的标准误差，使用式（3-9）来计算样本标准误差，或者使用统计软件包来计算。有关特定的 Excel 和 Minitab 命令，请参阅附录 C 中的**软件命令**（software commands）。图 13-6 是 Excel 的输出结果。销售电话数量的标准误差是 42.76 个，复印机销售量的标准误差为 12.89 台。

现在将数值代入式（13-1），以确定相关系数：

$$r = \frac{\Sigma(x-\bar{x})(y-\bar{y})}{(n-1)s_x s_y} = \frac{6\,672}{(15-1)\times 42.76\times 12.89} = 0.865$$

如何解释相关系数为 0.865？首先，这是正的，因此可以得出结论，销售电话数量和复印机销售量之间存在正相关关系，这证实了基于散点图 13-5 的推理。其次，由于 0.865 的值相当接近 1.00，因此可以认为这种相关关系很强。

	A	B	C	D	E	F	G	H
1		Sales Representative	Sales Calls (x)	Copiers Sold (y)			Sales Calls (x)	Copiers Sold (y)
2		Brian Virost	96	41		Mean	96.00	45.00
3		Carlos Ramirez	40	41		Standard Error	11.04	3.33
4		Carol Saia	104	51		Median	84.00	43.00
5		Greg Fish	128	60		Mode	84.00	41.00
6		Jeff Hall	164	61		Standard Deviation	42.76	12.89
7		Mark Reynolds	76	29		Sample Variance	1828.57	166.14
8		Meryl Rumsey	72	39		Kurtosis	-0.32	-0.73
9		Mike Kiel	80	50		Skewness	0.46	0.36
10		Ray Snarsky	36	28		Range	144.00	42.00
11		Rich Niles	84	43		Minimum	36.00	28.00
12		Ron Broderick	180	70		Maximum	180.00	70.00
13		Sal Spina	132	56		Sum	1440.00	675.00
14		Soni Jones	120	45		Count	15.00	15.00
15		Susan Welch	44	31				
16		Tom Keller	84	30				
17		Total	1440	675				

图 13-6 Excel 的输出结果

由此可知,班谢尔女士鼓励销售人员拨打额外的销售电话是正确的,因为所拨打的销售电话数量与复印机销售量有关。但是,这是否意味着拨打更多的销售电话会产生更多的销售量?不是这样的。我们在这里只是说,销售电话数量和复印机销售量这两个变量在统计上是相关的。

如果两个变量之间有很强的相关关系(比如说相关系数为 0.97),一般情况下,即假设一个变量的增加或减少会导致另一个变量发生变化。但下面的例子告诉我们并不是这样的。例如,在历史上,格鲁吉亚花生的消费和阿司匹林的消费有很强的相关性,然而,这并不表明花生消费的增加会导致阿司匹林消费的增加。同样,教授的收入和精神病院的囚犯人数也成比例地增加。此外,随着驴子数量的减少,获得博士学位的人数会有所增加,像这样的关系被称为**虚假相关**(spurious correlation)。当我们发现两个变量之间具有很强的相关性时,可以得出的结论是,这两个变量之间存在一种关系或联系,而不是一个变量的变化会导致另一个变量的变化。

例 13-2 苹果伍德汽车集团的营销部门发现,年轻的购车者购买的汽车销售利润较低,而较为年长的购车者购买的汽车销售利润较高。他们希望利用这些信息进行广告宣传,以吸引年长的购车者,获取更大的销售利润。绘制汽车销售利润与购车者年龄关系的散点图,并利用统计软件确定相关系数。你认为这是一个有用的广告策略吗?

解析 以苹果伍德汽车集团为例,第一步是使用数据绘制散点图,如图 13-7 所示。

该散点图表明,购车者年龄与公司获得的利润之间存在正相关关系,然而,这种关系似乎并不强。

第二步是计算相关系数以评估关系的强度。统计软件为相关系数的计算提供了一种简便的方法。Excel 输出结果如图 13-8 所示。

经计算,$r=0.262$,因此我们可以得出购车者年龄与汽车销售利润的关系:

(1)这种关系是正向的,因为相关系数的符

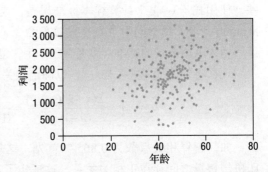

图 13-7 苹果伍德汽车集团汽车销售利润与购车者年龄的散点图

号是正的。这证实了随着购车者年龄的增长，汽车销售利润也会增加。

（2）相关系数 $r=0.262$，更接近于 0 而不是 1。由此可知，这两个变量之间的相关关系并不强，即购车者年龄与汽车销售利润之间的相关关系较弱。

因此，对于苹果伍德汽车集团来说，数据并不支持设计一个广告活动来吸引年长购车者的商业决策。

	A	B	C
1		Age	Profit
2	Age	1	
3	Profit	0.262	1

图 13-8　Excel 输出结果

自测 13-1

哈弗蒂家具是一家家族企业，多年来的目标客群一直是芝加哥地区的零售客户。该公司的广告在收音机、电视机和互联网上得到广泛宣传。经营者想了解销售收入与广告费用之间的关系。表 13-4 是过去 4 个月的销售收入和广告费用的信息。

表 13-4　过去 4 个月的销售收入和广告费用的信息

月份	广告费用（百万美元）	销售收入（百万美元）	月份	广告费用（百万美元）	销售收入（百万美元）
7月	2	7	9月	3	8
8月	1	3	10月	4	10

（1）经营者希望根据广告费用预测销售额。哪个变量是因变量？哪个变量是自变量？
（2）绘制散点图。
（3）确定相关系数。
（4）解释相关系数的强度。

检验相关系数的显著性

回想一下前面的案例，北美复印机销售公司的经理发现，销售电话数量与复印机销售量之间的相关系数是 0.865，这表明这两个变量之间有很强的正相关关系。然而，这只是 15 名销售人员之间的关系，总体中也存在这种相关关系吗？0.865 的相关性是不是抽样误差或者偶然因素所致呢？

要回答这一问题，我们需要做一个检验，使用 ρ 代表总体间的相关系数。

首先，使用与第 10 章相同的假设检验步骤。原假设和备择假设是：

$$H_0: \rho = 0 \text{（总体相关系数为0）}$$
$$H_1: \rho \neq 0 \text{（总体相关系数不为0）}$$

这是一个双尾检验，我们可以用相关系数的大样本值或小样本值来拒绝原假设。

t 值的计算公式为

相关系数的 t 检验　　$t = \dfrac{r\sqrt{n-2}}{\sqrt{1-r^2}}$　（自由度为 $n-2$）　　（13-2）

使用 0.05 的显著性水平时，如果计算的 t 在 $-2.160 \sim +2.160$ 之间，则不会拒绝原假设。要找到 2.160 的临界值，请参阅附录 B.5。图 13-9 是假设检验推断规则。

根据式（13-2）计算销售电话数量和复印机销售量的例子的 t 值：

$$t = \frac{r\sqrt{n-2}}{\sqrt{1-r^2}} = \frac{0.865\sqrt{15-2}}{\sqrt{1-0.865^2}} = 6.216$$

这里计算的 t 在拒绝域内。因此，H_0 在 0.05 的显著性水平上被拒绝。由此，我们可以得出结论，总体中的相关性不为零。这表明，销售电话数量和复印机销售量是相关的。

我们也可以用 p 值来解释假设检验。p 值是当 H_0 为真时，发现检验统计量的值比计算出的值更极端的可能性。要确定 p 值，请参阅附录 B.5 中的 t 分布并找到自由度为 13 的行。由于检验统计量的值为 6.216，因此对于自由度为 13 的双尾检验，要找到最接近 6.216 的值。对于 0.001 显著性水平的双尾检验，临界值为 4.221。因为 6.216 大于 4.221，因此 p 值小于 0.001。

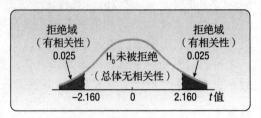

图 13-9　假设检验推断规则

Minitab 和 Excel 都将说明两个变量之间的相关性。此外，对于二者之间的相关性，Minitab 阐明了假设检验的 p 值。Minitab 输出结果如图 13-10 所示。

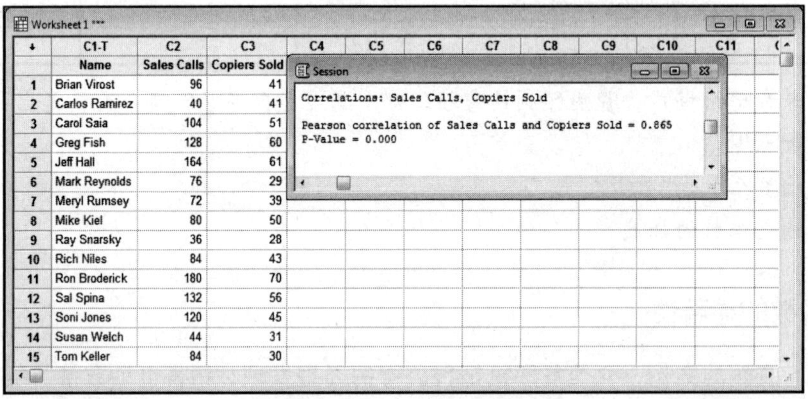

图 13-10　Minitab 输出结果

例 13-3　在苹果伍德汽车集团的例子中，我们发现苹果伍德汽车集团汽车的销售利润与购车者的年龄之间的相关系数为 0.262。该相关系数为正，说明这两个变量之间存在正相关关系。然而，由于相关系数的值很小，即接近于零，因此可以得出结论，没有必要针对年长的购车者进行广告宣传。我们也可以通过一个假设检验来检验该结论，即在 0.05 的显著性水平上，相关系数大于零。

解析　为了检验假设，我们需要阐明样本和总体的问题。假设苹果伍德汽车集团所销售的 180 辆车的数据是苹果伍德汽车集团多年来销售的所有车辆的样本。ρ 是总体相关系数，r 是样本中的相关系数。

接着建立原假设和备择假设。首先检验相关系数等于或小于零的原假设。备择假设是这两个变量之间存在正相关关系：

$$H_0: \rho \leq 0 \text{（总体相关系数为负或者为零）}$$
$$H_1: \rho > 0 \text{（总体相关系数为正）}$$

这是一个单尾检验，因为我们对确认变量之间的正相关感兴趣。检验统计量服从自由度为 $(n-2)$ 的 t 分布，自由度为 180−2=178。然而，自由度为 178 的 t 值不在附录 B.5 中，最接近的值是 180，故使用该值。当检验统计量的计算值大于 1.653 时，应当拒绝原假设。

使用式（13-2）求检验统计量的值。

$$t = \frac{r\sqrt{n-2}}{\sqrt{1-r^2}} = \frac{0.262\sqrt{180-2}}{\sqrt{1-0.262^2}} = 3.622$$

将检验统计量的值 3.622 与临界值 1.653 进行比较，我们拒绝了原假设。因此可以得出结论：样本相关系数 0.262 太大，不可能来自无相关性的总体。从另一个角度来说，总体中的利润与年龄是正相关关系。

这一结果令人困惑。一方面，我们观察到相关系数并未显示出非常强的相关性，因此苹果伍德汽车集团的营销部门不应将此信息用于促销和广告中。另一方面，假设检验表明相关系数不等于零，且购车者年龄与汽车销售利润之间存在正相关关系。怎么会这样呢？我们必须谨慎地应用假设检验结果。假设检验结果在统计学上是显著的。然而，这一结果并不一定支持一项实际决定，即针对年长的购车者开展一次新的营销和促销活动。事实上，相对较低的相关系数表明，新的营销和促销活动对潜在购车者的影响通常是不确定的。

自测 13-2

研究人口在 5 万～25 万的中型城市进行的 25 次市长竞选活动的样本表明，所获得的投票百分比与候选人在竞选活动中花费的金额之间的相关系数为 0.43。在 0.05 的显著性水平上，变量之间是否存在正相关关系？

13.3 回归分析

在本章的前几节中，我们通过寻找相关系数来评价两个变量之间的线性关系的方向和显著性。回归分析是检验两个变量之间的线性关系的另一种方法。这种分析利用了相关的基本概念，通过一个方程的形式来表示两个变量之间的线性关系，进而得到更多的信息。通过利用这个方程，我们可以根据自变量 x 的一个特定值来估计因变量 y 的值。用于推导方程并提供估计的方法称为**回归分析**（regression analysis）。

在表 13-1 中，我们罗列了北美复印机销售公司 15 名销售人员的销售电话数量和复印机销售量的情况。图 13-1 用散点图的形式描述了这些信息。回想一下，我们检验了相关系数的显著性（$r=0.865$），并得出结论：这两个变量之间存在相关关系。现在我们要建立一个线性方程，它能表示销售电话数量（自变量）和复印机销售量（因变量）之间的关系。这个在 x 的基础上估计 y 的直线方程称为回归方程。

> **回归方程 (regression equation)**：表示两个变量之间的线性关系的方程。

◆ 实践中的统计学

在金融领域中，投资者会关注回报与风险之间的关系。一种量化风险的方法是对公司股票价格（因变量）和股票市场的平均收益（自变量）进行回归分析。标准普尔（S&P）500 指数（简称"标普指数"）通常用来估计市场变化情况。金融行业的回归系数称为 β，它显示了一家公司的股票价格因标普指数的 1 单位变化而发生的变化。例如，如果股票的 β 值为 1.5，那么当标普指数上升 1% 时，股票价格将上升 1.5%；反之亦然。如果标普指数下降 1%，则股票价格就会下降 1.5%。如果 β 值为 1.0，则标普指数 1% 的变化表明股票价格 1% 的变化。如果 β 值小于 1.0，则标普指数 1% 的变化表明股票价格低于 1% 的变化。

13.3.1 最小二乘原理

在回归分析中，我们的目标是利用数据定位一条最能反映两个变量之间关系的线。第一种方法是使用散点图来直观地定位线。

图 13-1 中的散点图在图 13-11 中再现，通过点画一条直线可以说明数据分布规律。然而，使用直线有一个缺点：其位置取决于绘制线的人的判断。图 13-12 中的线代表了四个人的判断。除线 A 外的所有线看起来都是合理的。也就是说，每一条线都集中在大部分数据中。然而，对于一个特定的销售电话数量，每条线都会产生一个不同的复印机销售量的估计值。

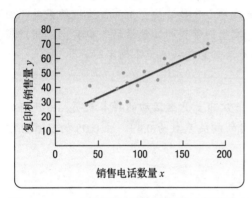

图 13-11　15 个销售人员拨打的销售电话数量和复印机销售量

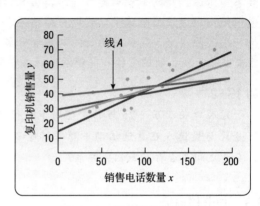

图 13-12　四条线叠加散点图

我们更喜欢用一条最好的回归线来得出结论，这种方法称为最小二乘原理。它给出了通常被称为"最合适的"线。

> **最小二乘原理（least squares principle）**：一种数学过程，利用数据定位一条直线，目的是使 y 的实际值与 y 的预测值之间的垂直距离的平方和最小。

为了说明这一概念，我们在随后的三个图中绘制了相同的数据。点是 y 的实际值，星号是在给定 x 的情况下的 y 的预测值。我们用最小二乘原理确定了图 13-13 中的回归线。它是最好的拟合线，因为它的垂直偏差平方和是最小的。第一个点 $(x=3, y=8)$ 的偏差平方为 4，第二个点 $(x=4, y=18)$ 的偏差平方为 16，第三个点 $(x=5, y=16)$ 的偏差平方为 4，偏差平方和为 24。

假设图 13-14 和图 13-15 中的线是用直尺绘制的，则图 13-14 中的垂直偏差平方和为 44。对于图 13-15 来说，它是 132。这两个和大于用最小二乘原理找到的图 13-13 中的线的偏差平方和。

一条直线的方程式有这样的形式：

$$\text{线性回归方程的一般形式}\quad \hat{y}=a+bx \tag{13-3}$$

式中　$\hat{y}$——当 x 为给定值时 y 的估计值；
　　　a——y 轴的截距，当 $x=0$ 时 y 的估计值；
　　　b——直线斜率，或自变量 x 的一个单位的变化所引起 $\hat{y}$ 的平均变化；
　　　x——选定的自变量的任何值。

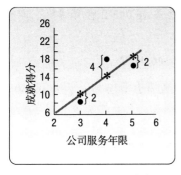
图 13-13 最小二乘线
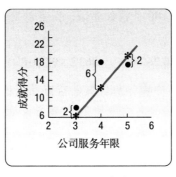
图 13-14 直线
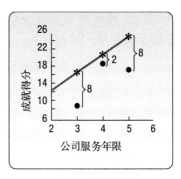
图 13-15 不同的直线

线性回归方程的一般形式与任意线性方程的形式完全相同。进行回归分析的目的是计算 a 和 b 的值，从而建立最适合分析数据的线性方程。

a 和 b 的计算公式如下：

回归直线的斜率　　$b = r\left(\dfrac{s_y}{s_x}\right)$　　　　　　　　　（13-4）

式中　r——相关系数；

　　　s_y——y（因变量）的标准误差；

　　　s_x——x（自变量）的标准误差。

回归直线的截距　　$a = \bar{y} - b\bar{x}$　　　　　　　　　（13-5）

式中　$\bar{y}$——y（因变量）的均值；

　　　$\bar{x}$——x（自变量）的均值。

例 13-4　回想一下北美复印机销售公司的例子。经理收集了 15 名销售人员拨打的销售电话数量和复印机销售量的信息。作为在即将举行的销售会议上发言的一部分内容，班谢尔女士想了解有关销售电话数量与复印机销售量之间关系的具体信息。下面用最小二乘原理确定的线性方程来表示这两个变量之间的关系。预计一位拨打了 100 个销售电话的销售人员售出的复印机数量是多少？

解析　确定回归方程的第一步是找出最小二乘回归线的斜率，也就是说，我们需要确定 b 的值。在 13.2 节，我们确定相关系数 $r=0.865$，在 Excel 输出结果中，确定了自变量 x 的标准误差（42.76）和因变量 y 的标准误差（12.89），将数值代入式（13-4）：

$$b = r\left(\dfrac{s_y}{s_x}\right) = 0.865 \times \dfrac{12.89}{42.76} = 0.260\,8$$

接下来需要确定 a 的值，为此，要使用刚刚计算的 b 值以及销售电话数量和复印机销售量的均值。这些数据也可在 Excel 中找到。

根据式（13-5）可得：

$$a = \bar{y} - b\bar{x} = 45 - 0.260\,8 \times 96 = 19.963\,2$$

因此，回归方程是：

$$\hat{y} = 19.963\,2 + 0.260\,8x$$

所以，如果销售人员拨打了 100 个销售电话，则可以期望销售 46.043 2 台复印机，即大概 46 台复印机。

$$\hat{y} = 19.9632 + 0.2608x = 19.9632 + 0.2608 \times 100 = 46.0432$$

b 值 0.260 8 表示，对于每一个额外的销售电话而言，销售人员预计会增加大约 0.260 8 台复印机的销售量。换言之，若一个月内增加 20 次销售电话，那么大约会增加 5 台复印机的销售量，即 $0.2608 \times 20 = 5.216$。

a 值 19.963 2 是方程通过 y 轴的点。一般来讲，如果没有拨打销售电话，即 $x=0$，则将售出 19.963 2 台复印机。注意，$x=0$ 超出了样本包含的范围，因此不应用于估计复印机的销售量。销售电话数量的取值在 36～180，因此估计值应限于此范围内。

13.3.2 绘制回归线

最小二乘方程 $\hat{y} = 19.9632 + 0.2608x$ 可以被绘制在散点图上。样本中的第五位销售人员是杰夫·霍尔。他拨打了 164 个销售电话。估计他售出的复印机数量为：$\hat{y} = 19.9632 + 0.2608 \times 164 = 62.7344$。$x = 164$ 和 $\hat{y} = 62.7344$ 分别在 x 轴的 164 处和 y 轴的 62.734 4 处。回归方程的其他点也可以确定下来（见表 13-5）。

先将 x 的一个特定值代入回归方程并计算 $\hat{y}$，再把所有的点连起来就得出回归线，如图 13-16 所示。

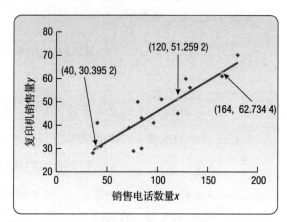

图 13-16　散点图上的回归线

表 13-5　15 名销售人员拨打的销售电话数量、复印机销售量与估计的销售量

销售代表	销售电话数量 x	复印机销售量 y	估计的销售量 $\hat{y}$
布莱恩·维罗斯特	96	41	45.000 0
卡洛斯·拉米雷斯	40	41	30.395 2
卡罗尔·赛亚	104	51	47.086 4
格雷格·菲施	128	60	53.345 6
杰夫·霍尔	164	61	62.734 4
马克·雷诺兹	76	29	39.784 0
梅丽尔·鲁姆齐	72	39	38.740 8
迈克·基尔	80	50	40.827 2
雷·斯纳斯基	36	28	29.352 0
里奇·尼尔斯	84	43	41.870 4
罗恩·布罗德里克	180	70	66.907 2
萨尔·斯皮纳	132	56	54.388 8
索尼·琼斯	120	45	51.259 2
苏珊·韦尔奇	44	31	31.438 4
汤姆·凯勒	84	30	41.870 4

最小二乘回归线具有一些有趣和独特的特征。首先，它总过点 $(\bar{x}, \bar{y})$。为了证明这是真的，我们可以使用平均销售电话数量来预测所售复印机的数量。在本例中，销售电话的平均数量为 96，由 $\bar{x}=1\,440/15$ 可得到。售出的复印机平均数量为 45 台，由 $\bar{y}=675/15$ 可得到。如果假设 $x=96$，然后使用回归方程来找到关于 y 的估计值 $\bar{y}$，则结果是：

$$\hat{y}=19.963\,2+0.260\,8\times 96=45$$

估计售出的复印机数量正好等于售出的复印机的平均数量。这个简单的例子表明，回归线将通过均值点。在这个例子里，回归方程将通过点（$x=96$，$y=45$）。

其次，正如在本节前面讨论过的一样，对于最小二乘回归方程而言，$\Sigma(y-\hat{y})^2$ 项比其他任何方程的值都要小。Excel 在下面的输出中证实了这个结果，如图 13-17 所示。

	A	B	C	D	E	F	G	H	I	J
1	Sales Rep	Sales Calls (x)	Copiers Sold (y)	Estimated Sales	$(y-\hat{y})$	$(y-\hat{y})^2$	y^*	$(y-y^*)^2$	y^{**}	$(y-y^{**})^2$
2	Brian Virost	96	41	45.0000	-4.0000	16.0000	44.4000	11.5600	41.6000	0.3600
3	Carlos Ramirez	40	41	30.3952	10.6048	112.4618	29.0000	144.0000	29.0000	144.0000
4	Carol Saia	104	51	47.0864	3.9136	15.3163	46.6000	19.3600	43.4000	57.7600
5	Greg Fish	128	60	53.3456	6.6544	44.2810	53.2000	46.2400	48.8000	125.4400
6	Jeff Hall	164	61	62.7344	-1.7344	3.0081	63.1000	4.4100	56.9000	16.8100
7	Mark Reynolds	76	29	39.7840	-10.7840	116.2947	38.9000	98.0100	37.1000	65.6100
8	Meryl Rumsey	72	39	38.7408	0.2592	0.0672	37.8000	1.4400	36.2000	7.8400
9	Mike Kiel	80	50	40.8272	9.1728	84.1403	40.0000	100.0000	38.0000	144.0000
10	Ray Snarsky	36	28	29.3520	-1.3520	1.8279	27.9000	0.0100	28.1000	0.0100
11	Rich Niles	84	43	41.8704	1.1296	1.2760	41.1000	3.6100	38.9000	16.8100
12	Ron Broderick	180	70	66.9072	3.0928	9.5654	67.5000	6.2500	60.5000	90.2500
13	Sal Spina	132	56	54.3888	1.6112	2.5960	54.3000	2.8900	49.7000	39.6900
14	Soni Jones	120	45	51.2592	-6.2592	39.1776	51.0000	36.0000	47.0000	4.0000
15	Susan Welch	44	31	31.4384	-0.4384	0.1922	30.1000	0.8100	29.9000	1.2100
16	Tom Keller	84	30	41.8704	-11.8704	140.9064	41.1000	123.2100	38.9000	79.2100
17	Total				0.0000	587.1108		597.8000		793.0000

图 13-17　Excel 的输出结果

在图 13-17 的 A、B 和 C 列中，复制销售人员、销售电话数量和复印机销售量的样本信息。在 D 列中，填写所估计的销售值。

在 E 列中，计算**残差**（residuals）或误差值。这是实际值与预测值之间的差异。也就是说，E 列中是 $(y-\hat{y})$。对索尼·琼斯来说：

$$\hat{y}=19.963\,2+0.260\,8\times 120=51.259\,2$$

y 值为 45。因此，估计的残差或误差是：

$$(y-\hat{y})=45-51.259\,2=-6.259\,2$$

该值反映了销售额的预测值与实际值的"差"。

接下来，在 F 列中，计算每个销售人员的残差平方，并将结果进行合计，总和约是 587.111。

$$\Sigma(y-\hat{y})^2=16.000\,0+112.461\,8+\cdots+140.906\,4=587.110\,8$$

这是最小的误差平方和。

通过选择两个接近于最小二乘方程的任意方程，并确定这些方程的误差平方和，便可证明最小二乘准则。在 G 列中，可利用方程 $y^*=18+0.275x$ 求预测值。注意，这个方程与最小二乘方程非常相似。在 H 列中，确定了残差并将其平方。对于第一位销售人员布莱恩·维罗斯特来说：

$$y^* = 18 + 0.275 \times 96 = 44.4$$

$$(y - y^*)^2 = (41 - 44.4)^2 = 11.56$$

对其他 14 名销售人员继续采用这一计算过程，并累计获得残差平方和，所得结果为 597.8。这比最小二乘回归线的残差平方和大（597.8 大于 587.110 8）。

在 I 列和 J 列中，对另一个方程 $y^{**} = 20 + 0.225x$ 重复上述计算过程。同样，这个方程与最小二乘方程类似。有关布莱恩·维罗斯特的数据的详细计算过程如下：

$$y^{**} = 20 + 0.225x = 20 + 0.225 \times 96 = 41.6$$

$$(y - y^{**})^2 = (41 - 41.6)^2 = 0.36$$

对其他 14 名销售人员继续采用这一计算过程，并累计获得残差平方和，所得结果为 793，也大于最小二乘值。

这个例子说明了什么呢？最小二乘方程的残差平方和 [$\Sigma(y - \hat{y})^2$] 比其他方程的结果小，因此，不能找到一条通过这些数据点的线使所对应的残差平方和小于最小二乘值。

自测 13-3

参考自测 13-1，哈弗蒂家具公司的经营者正在研究销售收入与广告费用之间的关系。过去 4 个月的广告费用和销售收入重新计算的结果如表 13-6 所示。

（1）确定回归方程。
（2）解释 a 和 b 的值。
（3）估计广告费用为 3 百万美元时的销售额。

表 13-6　4 个月的销售收入和广告费用的信息

（单位：百万美元）

月份	广告费用	销售收入
7 月	2	7
8 月	1	3
9 月	3	8
10 月	4	10

13.4　检验斜率的显著性

在 13.3 节，我们阐述了如何找到最适合分析数据的回归方程。该方程的求解方法基于最小二乘原理，目的是量化两个变量之间的线性关系。

下一步是通过假设检验来分析回归方程，看看回归线的斜率是否与零有明显的不同。这为什么这么重要呢？因为如果可以证明总体中线的斜率与零不同，那么就可以得出结论：使用回归方程可以提高基于自变量预测因变量的能力。如果不能证明这个斜率不等于零，那么就可以得出结论，用自变量进行预测是没有任何优点的。换言之，如果不能证明直线的斜率与零不同，那么最好使用因变量的平均值进行预测，而不是使用回归方程。

根据第 10 章的假设检验程序可知，原假设和备择假设是：

$$H_0: \beta = 0$$

$$H_1: \beta \neq 0$$

我们用 β 表示回归方程的总体斜率，这与通过希腊字母确定总体参数在原则上是一致的。下面仍采用北美复印机销售公司的例子，将表 13-2 作为一个样本。这是一个关于销售人员的样本。当我们选择一个特定的销售人员时，会得到两个信息：他拨打了多少个电话和售出了多少台复印机。

将斜率确定为 b，b 是基于样本计算的斜率，是对总体斜率 β 的估计。原假设是总体回归方程的斜率为零。在这种情况下，回归直线是水平的，即自变量 x 和因变量 y 之间不存在任何关系。换句话说，因变量的值对于自变量的任何值都是相同的，这对估计因变量的值没有任何帮助。

如果原假设被拒绝怎么办？如果原假设被拒绝，而备择假设被接受，则表明总体回归线的斜率不等于零。换句话说，这两个变量之间存在着显著的关系。通过自变量的值我们可以估计因变量的值。

在进行检验假设之前，我们可以使用统计软件来确定所需的回归统计量，即使用表 13-2 中的北美复印机销售公司的数据，并使用 Excel 完成必要的计算。图 13-18 显示了样本数据右侧的三个表格。

	A	B	C	D	E	F	G	H	I	J
1	Sales Representive	Sales calls (x)	Copiers Sold (y)		SUMMARY OUTPUT					
2	Brian Virost	96	41							
3	Carlos Ramirez	40	41		*Regression Statistics*					
4	Carol Saia	104	51		Multiple R	0.865				
5	Greg Fish	128	60		R Square	0.748				
6	Jeff Hall	164	61		Adjusted R Square	0.728				
7	Mark Reynolds	76	29		Standard Error	6.720				
8	Meryl Rumsey	72	39		Observations	15				
9	Mike Kiel	80	50							
10	Ray Snarsky	36	28		ANOVA					
11	Rich Niles	84	43			df	SS	MS	F	Significance F
12	Ron Broderick	180	70		Regression	1	1738.89	1738.89	38.5031	3.19277E-05
13	Sal Spina	132	56		Residual	13	587.11	45.1623		
14	Soni Jones	120	45		Total	14	2326			
15	Susan Welch	44	31							
16	Tom Keller	84	30			Coefficients	Standard Error	t Stat	P-value	
17					Intercept	19.9800	4.389675533	4.55159	0.00054	
18					Sales calls (x)	0.2606	0.042001817	6.20509	3.2E-05	

图 13-18　样本数据右侧的三个表格

（1）首先是回归统计量。我们将在后面的章节中使用这些信息，但是需注意，"判定系数 R" 值是已知的，是用式（13-1）计算的相关系数 0.865。

（2）接下来是 ANOVA 表。这是总结回归信息的有用的表格。当我们研究多元回归时会引用它。

（3）表的底部以浅灰色突出显示的，是进行关于回归线斜率的假设检验所需的信息，其中斜率为 0.260 6，截距为 19.98。（注意，斜率和截距的这些值与案例/解析中计算的值略有不同。这些微小的差异是四舍五入造成的。）在回归系数右侧的列中，有一列标记为"标准误差"。这是一个与平均值的标准误差类似的值。回想一下，平均值的标准误差反映了样本均值的变化。类似地，这些标准误差反映了斜率和截距数值的变化。斜率的标准误差为 0.042 0。

为了检验原假设，我们利用自由度为（$n-2$）的 t 分布和下面的公式：

$$\text{斜率检验} \quad t = \frac{b-0}{s_b} \quad \text{（自由度为 } n-2\text{）} \tag{13-6}$$

式中　b——根据样本信息计算的回归线斜率的估计值；

　　　s_b——斜率估计值的标准误差，也是由样本信息确定的。

首先要明确原假设和备择假设。它们是：

$$H_0: \beta \leq 0$$

$$H_1: \beta > 0$$

注意,我们做的是单尾检验,如果不拒绝原假设,则可以判定总体回归线的斜率可能为零。这意味着自变量对于改进对因变量的估计没有任何价值。在本例中,这意味着销售人员拨打的销售电话数量并不能帮助我们预测复印机销售量。

如果拒绝原假设并接受备择假设,则可以得出回归线的斜率大于零的结论。由此可知,自变量是预测因变量的辅助变量,即如果知道销售人员拨打的销售电话数量,那么我们就可以预测复印机销售量。因为已经证明这条线的斜率大于零,即正值,这就表明更多的销售电话数量将产生更多的复印机销售量。

t 分布为检验统计量,自由度为 13,由 $n-2=15-2$ 得到。使用 0.05 的显著性水平,在附录 B.5 中可找到临界值为 1.771。如果由式(13-6)计算的值大于 1.771,则应当拒绝原假设,使用式(13-6)求 t。

$$t = \frac{b-0}{s_b} = \frac{0.2606-0}{0.042} \approx 6.205$$

由于 6.205 超过了临界值 1.771,因此拒绝原假设,接受备择假设,即认为这条线的斜率大于零。自变量即销售电话数量,对于估计复印机销售量是有用的。

图 13-18 还为我们提供了关于此检验的 p 值信息,在单元格中用深灰色表示。因此,我们可以选择一个显著性水平,比如 0.05,并将该值与 p 值进行比较。在这个例子中,表格中计算的 p 值是用科学计数法表示的,等于 0.000 032,因此拒绝原假设。需要特别注意的是,统计软件中输出的 p 值通常用于双尾检验。

我们利用式(13-2)对这些相同数据的相关系数进行假设检验,得到了相同的 t 统计量,即 $t=6.205$。实际上,在比较简单线性回归和相关分析结果时,这两个检验是等价的,并且总能得到完全相同的 t 值和 p 值。

自测 13-4

参考自测 13-1,哈弗蒂家具公司的经营者研究了一个月内广告费用与销售收入之间的关系。销售收入是因变量,广告费用是自变量。该研究中的回归方程为 $\hat{y}=1.5+2.2x$。我们进行一个假设检验,以证明在广告费用和销售收入之间存在一种正相关关系。在统计软件中,回归系数的标准误差为 0.42。我们使用 0.05 的显著性水平。

13.5 评估回归方程的预测能力

13.5.1 估计的标准误差

北美复印机销售公司的回归分析结果表明,销售电话数量与复印机销售量之间存在显著的相关性。通过将变量的名称代入等式,可以得到:

$$复印机销售量 = 19.9632 + 0.2608 \times 销售电话数量$$

该方程可用于估计在数据范围内针对任何给定的"销售电话数量"所售出的复印机数

量。例如，如果销售电话数量为84，那么我们可以预测所销售的复印机数量是41.870 4，这可由 19.963 2 + 0.260 8 × 84 得到。然而，有关数据显示，有两名销售人员均拨打了84个销售电话，但分别售出了30台和43台复印机。那么，回归方程是不是"复印机销售量"的有效预测方法？

在几乎所有的学科（包括经济学和商科）中，完美的预测是几乎不可能实现的。例如：

- 一家在美国拥有生产设施的大型电子公司为雇员制订了股票期权计划。假设雇员的工作年限与所拥有的股份数量之间存在一定的关系。这种关系很可能是随着工作年限的增加，雇员获得的股份数量也会增加。如果我们观察所有雇员20年的工作情况，则他们很可能拥有不同数量的股份。
- 美国西南部的一个房地产开发商研究了某种关系，他发现购房者的收入与他们的购房面积（平方英尺）之间存在一定的关系。该开发商的分析表明，随着购房者收入的增加，购房的面积也会增加。然而，收入均为70 000美元的购房者并不会购买相同大小的房屋。

那么，这时需要一个度量，它可描述 y 是如何基于 x 精确预测的，或者相反，预测是多么的不精确。这种度量称为估计的标准误差。估计的标准误差由 $s_{y \cdot x}$ 表示。对于给定的 x 值，下标 $y \cdot x$ 被解释为 y 的标准误差。这与第3章讨论的标准误差是同一概念。标准误差可测量对于均值的平均离散度。估计的标准误差是在给定的 x 值下测量回归直线的离散度。

> **估计的标准误差（standard error of estimate）**：在给定的 x 值下测量回归线周围的观测值的离散度。

用式（13-7）可求得估计的标准误差：

$$\text{估计的标准误差} \quad s_{y \cdot x} = \sqrt{\frac{\sum (y - \hat{y})^2}{n - 2}} \qquad (13\text{-}7)$$

估计的标准误差的计算需要用到 y 的每一个观测值与 y 的预测值 $\hat{y}$ 之差的平方和。计算过程如图13-19所示，请参阅右下角的灰色单元格。

	A	B	C	D	E	F
1	Sales Rep	Sales Calls (x)	Copiers Sold (y)	Estimated Sales	$(y - \hat{y})$	$(y - \hat{y})^2$
2	Brian Virost	96	41	45.0000	−4.0000	16.0000
3	Carlos Ramirez	40	41	30.3952	10.6048	112.4618
4	Carol Saia	104	51	47.0864	3.9136	15.3163
5	Greg Fish	128	60	53.3456	6.6544	44.2810
6	Jeff Hall	164	61	62.7344	−1.7344	3.0081
7	Mark Reynolds	76	29	39.7840	−10.7840	116.2947
8	Meryl Rumsey	72	39	38.7408	0.2592	0.0672
9	Mike Kiel	80	50	40.8272	9.1728	84.1403
10	Ray Snarsky	36	28	29.3520	−1.3520	1.8279
11	Rich Niles	84	43	41.8704	1.1296	1.2760
12	Ron Broderick	180	70	66.9072	3.0928	9.5654
13	Sal Spina	132	56	54.3888	1.6112	2.5960
14	Soni Jones	120	45	51.2592	−6.2592	39.1776
15	Susan Welch	44	31	31.4384	−0.4384	0.1922
16	Tom Keller	84	30	41.8704	−11.8704	140.9064
17	Total				0.0000	587.1108

图 13-19　Excel 输出结果

估计的标准误差的计算方法是：

$$s_{y \cdot x} = \sqrt{\frac{\Sigma(y-\hat{y})^2}{n-2}} = \sqrt{\frac{587.1108}{15-2}} \approx 6.720$$

估计的标准误差可以用 Excel 等统计软件来计算。如果估计的标准误差较小，则表明数据相对接近回归线，回归方程可用于预测 y，且误差较小。如果估计的标准误差较大，则表明数据分散在回归线周围，回归方程不能对 y 进行精确预测。

13.5.2 判定系数

估计的标准误差提供了判断回归方程预测能力的相对度量。我们将使用它在 13.5.3 节中提供关于预测的更具体的信息。在本节中，我们介绍另一个统计量，这将为判断回归方程的预测能力提供一个具有说服力的度量。它称为判定系数，或 r^2。

> **判定系数（coefficient of determination）**：由自变量 x 的变化来解释因变量 y 的总变化的比例。

判定系数很容易计算，它是相关系数的平方。由北美复印机销售公司的数据可知，复印机销售量和销售电话数量之间的相关系数为 0.865。通过计算 0.865^2，可得到判定系数为 0.748。为了更好地解释判定系数，我们将其转换为百分比的形式。因此，我们认为 74.8% 的复印机销售量的变化是由销售电话数量的变化来解释的。

在给定销售电话数量的情况下，回归方程能很好地预测复印机销售量吗？如果能够做出完美的预测，则判定系数为 100%。这意味着自变量销售电话数量解释了所有的复印机销售量的变化。若判定系数为 100%，则相关系数为 +1.0 或 −1.0。如图 13-2 所示，这表明预测结果与线性关系相关，其中所有的点在散点图中都完美地落在了一条直线上。我们的分析表明，销售电话数量只解释了 74.8% 的复印机销售量的变化。很明显，这些数据并没有形成一条完美的回归线。相反，这些数据散布在最佳拟合的最小二乘回归线周围，表明预测有误差。

自测 13-5

参考自测 13-1，哈弗蒂家具公司的经营者研究了一个月内广告费用与销售收入之间的关系。其中，销售收入是因变量，广告费用是自变量。

（1）确定估计的标准误差。
（2）确定判定系数。
（3）解释判定系数。

13.5.3 相关系数、判定系数与估计的标准误差的关系

在式（13-7）中，我们描述了估计的标准误差。它可测量实际值与回归线的距离。当估计的标准误差较小时，说明这两个变量是密切相关的。在估计的标准误差的计算中，关键的一项是：

$$\Sigma(y-\hat{y})^2$$

如果这一项的值很小，那么说明估计的标准误差也很小。

相关系数能测量两个变量之间的线性相关的强度。当散点图上的点靠近回归线时，我们注意到相关系数会变大。由此可知，相关系数与估计的标准误差的变化方向是相反的。随着两个变量之间的线性关系强度的增大，相关系数会增大，估计的标准误差则会减小。

我们还注意到，相关系数的平方是判定系数。判定系数能衡量 x 的变化解释 y 的变化的百分比。

显示这三者之间关系的便捷工具是 ANOVA 表，如图 13-20 所示的突出显示部分。它与第 12 章中所编制的方差分析表类似。在第 12 章中，我们将总变差分为两个部分：组别变化引起的变差和随机误差引起的变差。这一概念在回归分析中是相似的。总变差分为两部分：①回归解释的变化（由自变量的变化来解释）；②误差或残差。这是无法解释的变差。这三个方差的来源（总计、回归和残差）参见 ANOVA 表的第 1 列。标题为"df"的列是指与每个类别相关的自由度。总自由度是（$n-1$）。回归中的自由度为 1，因为只有一个自变量。与误差项有关的自由度是（$n-2$）。位于 ANOVA 表中间的"SS"列是指平方和。值得注意的是，总自由度等于回归中的自由度和与误差项有关的自由度之和。总平方和等于回归平方和加残差平方和。这对于任何的 ANOVA 表都是适用的。

	A	B	C	D	E	F	G	H	I	J
1	Sales Representative	Sales Calls (x)	Copiers Sold (y)		SUMMARY OUTPUT					
2	Brian Virost	96	41		Regression Statistics					
3	Carlos Ramirez	40	41		Multiple R	0.865				
4	Carol Saia	104	51		R Square	0.748				
5	Greg Fish	128	60		Adjusted R Square	0.728				
6	Jeff Hall	164	61		Standard Error	6.720				
7	Mark Reynolds	76	29		Observations	15				
8	Meryl Rumsey	72	39							
9	Mike Kiel	80	50		ANOVA					
10	Ray Snarsky	36	28			df	SS	MS	F	Significance F
11	Rich Niles	84	43		Regression	1	1738.890	1738.890	38.503	0.000
12	Ron Broderick	180	70		Residual	13	587.110	45.162		
13	Sal Spina	132	56		Total	14	2326			
14	Soni Jones	120	45							
15	Susan Welch	44	31			Coefficients	Standard Error	t Stat	P-value	
16	Tom Keller	84	30		Intercept	19.980	4.390	4.552	0.001	
17					Sales Calls (x)	0.261	0.042	6.205	0.000	

图 13-20　Excel 输出结果

ANOVA 表中的各平方和为：

$$回归平方和 = SSR = \Sigma(\hat{y}-\bar{y})^2 = 1\ 738.89$$

$$残差平方和 = SSE = \Sigma(y-\hat{y})^2 = 587.11$$

$$总平方和 = SS\ Total = \Sigma(y-\bar{y})^2 = 2\ 326.00$$

回想一下，判定系数的定义为由回归方程（SSR）解释的总变化（SS Total）的百分比，因此使用 ANOVA 表可以验证 r^2 值：

$$判定系数 \quad r^2 = \frac{SSR}{SS\ Total} = 1 - \frac{SSE}{SS\ Total} \tag{13-8}$$

使用 ANOVA 表中的值时，其判定系数为 $1\ 738.89/2\ 326.00=0.748$。因此，若自变量（SSR）解释了更多的因变量（SS Total），则判定系数会变大。

我们也可以用残差平方和来表示判定系数：

$$r^2 = 1 - \frac{\text{SSE}}{\text{SS Total}} = 1 - \frac{587.11}{2\,326.00} = 1 - 0.252 = 0.748$$

如式（13-8）所示，判定系数和残差平方和成反比关系，即未解释的变化或误差变化占总变化的百分比越高，判定系数越小。由 $r^2 = 0.748$ 可知，因变量中有 25.2% 的总变化是由误差或残差所引起的。

最后我们将相关系数、判定系数和估计的标准误差联系起来，以揭示估计的标准误差和 SSE 之间的关系。将残差平方和 = SSE = $\sum(y - \hat{y})^2$ 代入估计的标准误差的公式中可得：

$$\text{估计的标准误差} = s_{y \cdot x} = \sqrt{\frac{\text{SSE}}{n-2}} \tag{13-9}$$

值得注意的是，$s_{y \cdot x}$ 也可以利用方差分析表中的均方误差来计算：

$$\text{估计的标准误差} = s_{y \cdot x} = \sqrt{\text{均方误差}} \tag{13-10}$$

总之，我们可以通过估计的标准误差和判定系数这两个统计量来评价回归方程的预测能力。在反映回归分析的结果时，特别是对因变量进行预测时，必须清楚地解释分析结果。结果中必须包括对判定系数的说明，以便读者了解预测的相对精度。统计分析的客观性报告是必要的，它能帮助读者做出正确的决定。

13.6 预测的区间估计

估计的标准误差和判定系数这两个统计量对回归方程预测因变量的能力进行了总体评价。在回归方程经过各种检验并证实满足模型假设后，就可以通过自变量的取值来预测因变量了。例如，我们可以通过销售电话数量 x 的取值来预测复印机销售量 y。简而言之，我们可以根据自变量的取值计算出因变量预测值的置信区间。

◈ 实践中的统计学

研究表明，无论男女，那些被认为长得好看的人可能比那些被认为长得不好看的人的收入更高。此外，男性的身高和工资之间也可能存在某种关联。比如，男性的身高每增加 2.5 厘米，每年有可能多赚 250 美元。因此，一个身高为 1.98 米的男性比身高为 1.67 米的同龄男性将多获得 3 000 美元的"身高"奖金。对女性而言，体重与收入之间也存在相关关系。一项对年轻女性的研究表明，超重 10% 的人比正常体重的同龄人平均少赚 6% 的工资。

13.6.1 线性回归的主要假设

在学习置信区间之前，我们首先回顾一下线性回归的主要假设，如图 13-21 所示。
（1）对于任何一个给定的 x 值，y 的取值都对应一个正态分布。
（2）每个正态分布的均值都落在回归线上。
（3）每个正态分布的标准差都是相同的，最佳估计值为估计的标准误差 $s_{y \cdot x}$。
（4）y 是相互独立的。这意味着在选择样本时，某个特定的 x 不依赖于 x 的其他任何值。

当数据是在一段时间内收集的时候,这个假设尤为重要,因为在这种情况下,某一时间段的误差往往与其他时间段的误差相关。

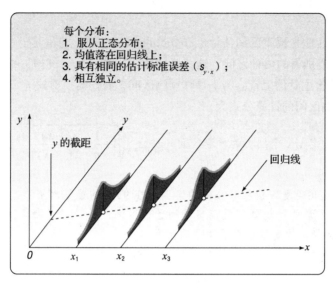

图 13-21　线性回归的主要假设

在第 7 章中,如果变量服从正态分布,那么均值加或减一个标准差将包含 68% 的观测值,均值加或减两个标准差将包含 95% 的观测值,均值加或减三个标准差将包含几乎所有的观测值。预测值 $\hat{y}$ 和估计的标准误差 $s_{y \cdot x}$ 之间存在同样的关系。

(1) $\hat{y} \pm s_{y \cdot x}$ 将包括 68% 的观测值。

(2) $\hat{y} \pm 2s_{y \cdot x}$ 将包括 95% 的观测值。

(3) $\hat{y} \pm 3s_{y \cdot x}$ 将包括几乎所有的观测值。

我们可以利用这些主要假设来研究销售电话数量与复印机销售量之间的关系。如果在回归线上方 6.72 个单位处画一条平行线,在回归线下方 6.72 个单位处再画一条平行线,那么大约有 68% 的点会落在两条线之间。同理,在回归线上方 13.44($2s_{y \cdot x} = 2 \times 6.72$)个单位处和回归线下方 13.44 个单位处的另一组平行线之间应该包括约 95% 的观测点。

在 15 个样本中,有 4 个的偏差超过了一个估计的标准误差,即卡洛斯·拉米雷斯、马克·雷诺兹、迈克·基尔和汤姆·凯勒的偏差都超过了 6.72,所有的数值都离回归线不到 13.44 个单位。简而言之,15 个偏差中有 11 个在一个标准误差之内,所有的偏差都在两个标准误差之内。对于一个相对较小的样本来说,这是一个相当不错的结果。

13.6.2　构建置信区间和预测区间

利用估计的回归方程,对自变量 x 的一个特定值求出因变量 y 的估计值的区间称为区间估计。对于自变量 x 的任何取值,因变量 y 都是一个服从均值为 $\hat{y}$、标准差是 $s_{y \cdot x}$ 的正态分布的随机变量。区间估计有两种类型。

第一种区间估计称为**置信区间估计**(confidence interval)。它是对于一个给定的 x 值,求出因变量 y 的平均值的估计区间,这一区间称为置信区间。例如,我们可以根据工作年限来

估计零售业中所有管理人员的平均工资。置信区间的计算公式为

$$给定 x, y 平均值的置信区间 = \hat{y} \pm ts_{y \cdot x} \sqrt{\frac{1}{n} + \frac{(x - \bar{x})^2}{\Sigma(x - \bar{x})^2}} \quad (13-11)$$

第二种区间估计称为**预测区间估计**（prediction interval）。它是对于一个给定的 x 值，求出因变量 y 的一个个别值的估计区间，这一区间称为预测区间。例如，我们能够估计一个有 20 年工作经验的零售主管的工资。为了计算预测区间，我们需要对式（13-11）进行修改，即在根号下加 1。预测区间的计算公式为

$$给定 x, y 个别值的预测区间 = \hat{y} \pm ts_{y \cdot x} \sqrt{1 + \frac{1}{n} + \frac{(x - \bar{x})^2}{\Sigma(x - \bar{x})^2}} \quad (13-12)$$

例 13-5 沿用北美复印机销售公司的案例，在 95% 的置信水平下，试计算所有拨打 50 个销售电话的销售人员的平均复印机销售量的置信区间，并计算西海岸销售人员希拉·贝克拨打 50 个销售电话售出的复印机数量的预测区间。

解析 使用式（13-11）来确定置信区间，表 13-7 包含了有关数据。

表 13-7 确定置信区间和预测区间的有关数据

销售人员	销售电话数量 (x)（个）	复印机销售量 (y)（台）	$x - \bar{x}$	$(x - \bar{x})^2$
布莱恩·维罗斯特	96	41	0	0
卡洛斯·拉米雷斯	40	41	-56	3 136
卡罗尔·赛亚	104	51	8	64
格雷格·菲施	128	60	32	1 024
杰夫·霍尔	164	61	68	4 624
马克·雷诺兹	76	29	-20	400
梅丽尔·鲁姆齐	72	39	-24	576
迈克·基尔	80	50	-16	256
雷·斯纳斯基	36	28	-60	3 600
里奇·尼尔斯	84	43	-12	144
罗恩·布罗德里克	180	70	84	7 056
萨尔·斯皮纳	132	56	36	1 296
索尼·琼斯	120	45	24	576
苏珊·韦尔奇	44	31	-52	2 704
汤姆·凯勒	84	30	-12	144
总计	1 440	675	0	25 600

第一步是确定如果销售人员拨打 50 个电话，预计能够卖出多少台复印机。由 $\hat{y} = 19.963\ 2 + 0.260\ 8x = 19.963\ 2 + 0.260\ 8 \times 50 = 33.003\ 2$ 可知，当销售人员拨打了 50 个电话后，预计能够卖出 33.003 2 台复印机。

要找到 t 值，首先需要知道自由度。在本题中，自由度是 $n - 2 = 15 - 2 = 13$，同时可确定置信水平为 95%。在附录 B.5 中寻找自由度为 13、置信水平为 95% 的行和列的交点即为 t 统计量的临界值，可得 t 值为 2.160。

在 13.5.1 中，我们计算出估计的标准误差为 6.720。现在假设 $x = 50$，由表 13-4 可知，销售电话数量的平均值为 1 440/15 = 96.0，$\Sigma(x - \bar{x})^2 = 25\ 600$，将这些数值代入式（13-11）

中就能够得到置信区间：

$$置信区间 = \hat{y} \pm ts_{y \cdot x}\sqrt{\frac{1}{n} + \frac{(x-\bar{x})^2}{\Sigma(x-\bar{x})^2}}$$

$$= 33.0032 \pm 2.160 \times 6.720\sqrt{\frac{1}{15} + \frac{(50-96)^2}{25600}}$$

$$= 33.0032 \pm 5.6090$$

由此可知，所有拨打50个电话的销售人员售出的复印机数量的95%的置信区间是[27.3942，38.6122]。换句话说，如果一个销售人员拨打了50个电话，他或她预计销售33台复印机，可能售出的复印机数量在27.4～38.6台。

假设我们想预测拨打了50个销售电话的希拉·贝克所售出的复印机数量，则可以利用式（13-12）计算希拉·贝克拨打了50个销售电话所售出的复印机数量的95%的预测区间：

$$预测区间 = \hat{y} \pm ts_{y \cdot x}\sqrt{1 + \frac{1}{n} + \frac{(x-\bar{x})^2}{\Sigma(x-\bar{x})^2}}$$

$$= 33.0032 \pm 2.160 \times 6.720\sqrt{1 + \frac{1}{15} + \frac{(50-96)^2}{25600}}$$

$$= 33.0032 \pm 15.5612$$

因此，预测区间是[17.442，48.5644]，由此可以得出以下结论：对于一个特定的销售人员来说，如希拉·贝克，她拨打了50个销售电话，所售出的复印机数量将在17.4～48.6台。这个区间相当大，比所有拨打了50个销售电话的销售人员的置信区间大得多。个人的销售估计值比群体的销售估计值有更大的差异是符合逻辑的。

下面用Minitab软件画出的图来说明最小二乘回归线（位于中心）、置信区间（深色虚线显示）和预测区间（浅色虚线显示）之间的关系（见图13-22）。我们可以看出，预测带总是比置信带离回归线更远，即预测区间的宽度要大于置信区间的宽度。此外，当x的值远大于或小于平均销售电话次数（96）时，置信带和预测带将会随之扩大，这是由式（13-11）和式（13-12）中根号里的项所引起的。随着该项的增加，置信区间和预测区间的宽度

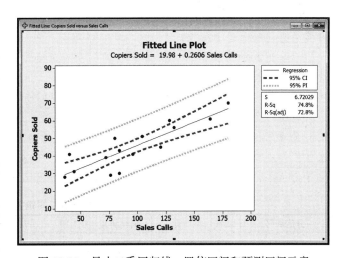

图13-22 最小二乘回归线、置信区间和预测区间示意

也会增加，即在任何一个方向上远离自变量的平均值时，估计精度就会降低。

这里再次强调置信区间和预测区间的区别。置信区间是指给定x值的因变量y的平均值的估计区间，用式（13-11）计算。预测区间是指给定x值的因变量y的一个个别值的估计区间，用式（13-12）计算。同时，预测区间总是比置信区间更宽，这是因为式（13-12）比式（13-11）中的根号内多了一个1。

自测 13-6

参考自测 13-1 中的样本数据,哈弗蒂家具公司的经营者在研究销售收入与广告费用的关系。表 13-8 是该公司 7～10 月的广告费用和销售收入的数据。

表 13-8 哈弗蒂家具公司 7～10 月的广告费用和销售收入

月份	广告费用(百万美元)	销售收入(百万美元)	月份	广告费用(百万美元)	销售收入(百万美元)
7月	2	7	9月	3	8
8月	1	3	10月	4	10

经计算,回归方程为 $\hat{y}=1.5+2.2x$,估计的标准误差为 0.948 7,可计算出广告费用为 3 百万美元的销售收入的 90% 的置信区间。

13.7 数据变换

回归分析描述的是两个变量之间的线性关系。相关系数也是如此,它衡量的是两个变量之间线性相关的强度。但如果两个变量之间的关系不是线性的呢?我们可以对变量进行变换,使新的变量之间的关系是线性的。例如,我们不把变量 y 的实际值当作因变量,而是用对数化处理后的 $\log(y)$ 来代替 y 作为新的因变量,这种方法称为数据变换。常用的数据变换方法包括对变量取平方根、取倒数或取平方。

在实际生活中,存在紧密联系的两个变量之间的相关关系可能不是线性的。当你想使用相关系数或回归方程对变量之间的关系进行解释时,就需要十分谨慎,因为统计数据很可能表明它们之间不存在线性关系,但实际上变量之间存在一些其他非线性的或曲线形式的关系。

例 13-6 某区域性的连锁超市有 300 多家分店。该超市的营销总监正在研究价格对两升装可乐周销售量的影响。

(1)判断销售价格与周销售量之间是否存在相关关系。这种相关关系是正相关还是负相关?是强关系还是弱关系?

(2)确定销售价格对周销售量的影响之后,我们能否根据销售价格有效地预测出周销售量?

解析 为了收集分析所需的数据,营销总监随机选择了 20 家分店作为样本,把这些分店两升装可乐的销售价格随机定为 0.5～2 美元。营销总监分别与这 20 家分店的经理联系,要求他们在一周结束时汇报该产品的销售情况。这 20 家分店的销售情况如表 13-9 所示。例如,编号为 A-17 的分店在这一周内销售出 181 瓶单价为 0.5 美元的两升装可乐。

表 13-9 销售价格和周销售量的数据

分店编号	销售价格(美元)	周销售量(瓶)	分店编号	销售价格(美元)	周销售量(瓶)
A-17	0.50	181	A-30	0.76	91
A-121	1.35	33	A-127	1.79	13
A-227	0.79	91	A-266	1.57	22
A-135	1.71	13	A-117	1.27	34
A-6	1.38	34	A-132	0.96	74
A-282	1.22	47	A-120	0.52	164
A-172	1.03	73	A-272	0.64	129
A-296	1.84	11	A-120	1.05	55

（续）

分店编号	销售价格（美元）	周销售量（瓶）	分店编号	销售价格（美元）	周销售量（瓶）
A-143	1.73	15	A-194	0.72	107
A-66	1.62	20	A-105	0.75	119

下面利用回归分析来研究销售价格和周销售量之间的关系，将销售价格作为自变量，将周销售量作为因变量，分析结果如图 13-23 所示。

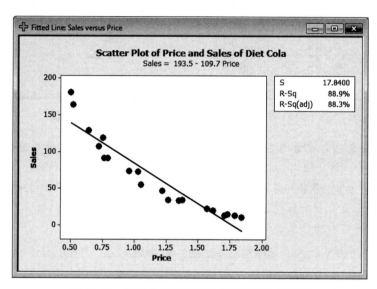

图 13-23　销售价格和周销售量的回归分析结果

由分析结果可得如下结论。

（1）销售价格和周销售量这两个变量呈负相关。当可乐的价格上升时，其销售量就会下降。这与供给和需求的经济理论相符。

销售价格和周销售量这两个变量之间有很强的相关关系。当判定系数为 88.9% 时，意味着销售量 88.9% 的变化是由价格的变化所引起的。我们根据判定系数可以计算出相关系数，相关系数的数值是判定系数的平方根，即 0.943。由于销售量与价格成反比，因此相关系数的符号为负。故销售价格和周销售量的相关系数为 -0.943。

（2）我们要仔细观察散点图和回归线，因为线性关系的假设是十分"脆弱"的。如果变量之间的关系是线性的，那么在整个自变量的范围内，数据点应该随机分布在回归线的上方和下方。但是，由散点图可以看出，最高和最低销售价格的数据点分别处于回归线的上方，而中间销售价格的大部分数据点在回归线的下方。这意味着线性回归方程并不能有效地描述销售价格和周销售量之间的关系。这两个变量之间的关系可能不是线性的，需要进行数据变换。

通过对变量进行变换，我们或许能够将变量之间的非线性关系转换成线性关系。因此，营销总监决定对因变量周销售量进行变换，即对每个销售值取以 10 为底的对数作为新的因变量。现在，回归分析使用 log（周销售量）作为因变量，将销售价格作为自变量，分析结果如图 13-24 所示。

利用数据变换后的变量进行回归分析，可以得出以下结论。

1）对因变量周销售量进行变换后，判定系数由 0.889 提高到 0.989。这意味着销售价格几乎解释了 log（周销售量）的所有变化。

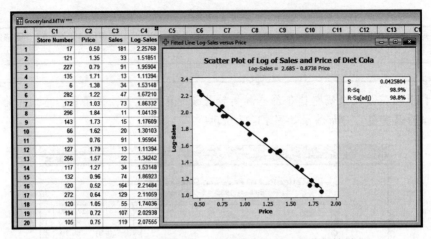

图 13-24　销售价格和 log（周销售量）的回归分析结果

2）与原因变量和自变量的散点图相比，对数化处理后的数据似乎更符合线性关系的要求。因为在销售价格的范围内，数据点均随机分布在回归线的上方和下方。

3）回归方程为 $\hat{y} = 2.685 - 0.873\,8x$，斜率为负说明变量之间存在负相关关系。因此，我们可以利用新的回归方程来研究销售价格变化对周销售量的影响。例如，如果该超市决定将两升装的可乐定价为 1.25 美元，则预测的 log（周销售量）为

$$\hat{y} = 2.685 - 0.873\,8x = 2.685 - 0.873\,8 \times 1.25 \approx 1.593$$

要注意的是，回归方程现在预测的因变量是周销售量的对数。因此，我们必须去掉对数，对 1.593 取指数运算，即 $10^{1.593} = 39.174$。当两升装的可乐被定价为 1.25 美元时，每周可能销售 39 瓶。如果将价格提高到 2.00 美元，则回归方程预测值为 0.937 4，取指数为 $10^{0.937\,4} = 8.658$，即每周可能销售出 9 瓶（四舍五入）。很明显，随着可乐价格的提高，周销售量会减少，这一结论将会在连锁超市对该产品进行定价时产生很大的帮助。

章节摘要

1. 散点图是用来描述两个变量之间关系的图形工具。
   （1）因变量在 y 轴上排列，是被估计的变量。
   （2）自变量的刻度在 x 轴上，是用来预测的变量。
2. 相关系数衡量的是两个变量之间线性相关关系的强度。
   （1）两个变量必须是定量变量。
   （2）相关系数的取值在 $-1.00 \sim +1.00$ 之间。
   （3）如果两个变量之间的相关系数为 0，则说明它们之间没有线性相关关系。
   （4）相关系数为 1 表示两个变量呈完全正相关，相关系数为 -1 表示呈完全负相关。
   （5）相关系数大于零，表示两个变量之间呈正相关；相关系数小于零，则表示两个变量呈负相关。
   （6）相关系数一般用字母 r 表示，计算公式如下：

$$r = \frac{\Sigma(x-\bar{x})(y-\bar{y})}{(n-1)s_x s_y} \tag{13-1}$$

   （7）为了检验总体相关系数是否等于零，通常使用以下统计量：

$$t = \frac{r\sqrt{n-2}}{\sqrt{1-r^2}} \quad (\text{自由度为} n-2) \tag{13-2}$$

3. 在一元回归分析中，我们根据一个变量估计另一个变量。
   （1）因变量是被估计的变量。
   （2）自变量是用来估计或预测因变量的变量。
      ①变量之间的关系是线性的。
      ②自变量和因变量都必须是定量变量。
      ③采用最小二乘原理对回归方程参数进行估计。
4. 用最小二乘原理估计一元回归方程时，回归直线的形式为 $\hat{y} = a + bx$。
   （1）$\hat{y}$ 是 y 对 x 的取值的估计值。
   （2）a 是常数或截距。
      ①它是 $x=0$ 时的 y 的值。
      ②它的计算公式如下：

$$a = \bar{y} - b\bar{x} \qquad (13\text{-}5)$$

   （3）b 为回归直线的斜率。
      ①它表示 x 变化一个单位时 y 的变化量。
      ② $b>0$，表示两个变量之间存在正相关关系；$b<0$，表示存在负相关关系。
      ③它的正负号和相关系数 r 的正负号是相同的。
      ④计算公式如下：

$$b = r\left(\frac{s_y}{s_x}\right) \qquad (13\text{-}4)$$

   （4）x 是自变量的具体值。
5. 检验一元回归方程的斜率是否显著。
   （1）假设检验的原假设：自变量和因变量之间的回归直线的斜率为零。
      ①如果不拒绝原假设，则会得出两个变量之间没有关系的结论。
      ②该检验相当于相关系数的检验。
   （2）在检验关于斜率的原假设时，检验统计量的自由度为 $n-2$。

$$t = \frac{b-0}{s_b} \quad （自由度为 n-2） \qquad (13\text{-}6)$$

6. 估计的标准误差度量的是各实际观测点在回归线周围的散布状况。
   （1）它与因变量的单位相同。
   （2）它以回归直线的残差平方和为基础。
   （3）数值越小，说明各观测点越靠近回归直线。
   （4）估计的标准误差的计算公式如下：

$$s_{y \cdot x} = \sqrt{\frac{\Sigma(y - \hat{y})^2}{n-2}} \qquad (13\text{-}7)$$

7. 判定系数是指因变量的变化能够被自变量解释的部分的占比。
   （1）它的取值范围是 [0，1]。
   （2）它是相关系数的平方。
   （3）判定系数的计算公式如下：

$$r^2 = \frac{SSR}{SS\ Total} = 1 - \frac{SSE}{SS\ Total} \qquad (13\text{-}8)$$

8. 下面是线性回归分析的基本假设。
   （1）对于任何一个给定的 x 值，y 的取值都对应一个正态分布。

（2）对于 x 的所有值，y 的正态分布中的每一个标准差都是相同的，估计值为估计标准误差。

（3）回归线的残差是相互独立的，其大小和方向没有规律可循。

9. 区间估计有两种类型。

（1）对于一个给定的 x 值，求出因变量 y 的平均值的估计区间，则这一区间称为置信区间。

①置信区间的计算公式如下：

$$\hat{y} \pm ts_{y \cdot x} \sqrt{\frac{1}{n} + \frac{(x-\bar{x})^2}{\Sigma(x-\bar{x})^2}} \quad (13-11)$$

②置信区间的宽度受置信水平、估计的标准误差和样本量的大小及自变量的值的影响。

（2）对于一个给定的 x 值，求出因变量 y 的一个个别值的估计区间，则这一区间称为预测区间。

① 预测区间的计算公式如下：

$$\hat{y} \pm ts_{y \cdot x} \sqrt{1 + \frac{1}{n} + \frac{(x-\bar{x})^2}{\Sigma(x-\bar{x})^2}} \quad (13-12)$$

② 与式（13-11）相比，式（13-12）的根号内多了一个 1。对于同一个 x 值，预测区间一般比置信区间更宽。预测区间也是根据置信水平、估计的标准误差和样本量的大小及自变量的值来确定。

章节练习

1. 随机选择下列观测样本。表 13-10 为样本观测值。

表 13-10　样本观测值

x	4	5	3	6	10
y	4	6	5	7	7

确定相关系数并解释 x 和 y 之间的关系。

2. 百乐电器超市有许多网点。销售总经理在星期六和星期日的销售活动期间，在当地一些电视台播放了一个数码相机的广告。她获得了此期间数码相机在各个网点的销售信息，并将其与广告在当地电视台播放的次数进行配对，目的是确定广告播放次数与数码相机销售额之间是否存在一定的关系。表 13-11 是星期六和星期日数码相机在各个网点的销售信息。

表 13-11　星期六和星期日数码相机在各个网点的销售信息

电视台所在地	广告播放数（次）	星期六和星期日的销售额（千美元）
普罗维登斯	4	15
斯普林菲尔德	2	8
纽黑文	5	21
波士顿	6	24
哈特福德	3	17

（1）因变量是什么？

（2）绘制散点图。

（3）确定相关系数。

（4）解释这些统计量。

3. 松树崖市议会正在考虑增加警察人数，以减少犯罪数量。在做出最后的决定之前，市议会要求警察局长调查其他类似规模的城市，以确定警察人数与犯罪数量之间的关系。警察局长提供了以下样本资料，如表 13-12 所示。

表 13-12　各地区的警察人数与犯罪数量资料

城市	警察人数	犯罪数量	城市	警察人数	犯罪数量
牛津	15	17	霍尔盖特	17	7
斯塔克斯维尔	17	13	凯里	12	21
丹维尔	25	5	惠斯勒	11	19
雅典	27	7	伍德维尔	22	6

（1）哪个变量是因变量？哪个变量是自变量？（以下哪一项更有意义？是警察人数较多的城市犯罪数量较少，还是警察人数较少的城市犯罪数量较多？解释你的选择。）

（2）绘制散点图。

（3）确定相关系数。

（4）解释相关系数。

4. 下面给出了以下假设：

$$H_0: \rho \leq 0$$

$$H_1: \rho > 0$$

随机抽样的 12 对成对观测值显示的相关系数为 0.32。我们能否得出结论：总体中的相关性大于零？使用 0.05 的显著性水平。

5. 宾夕法尼亚州的一家炼油公司正在研究汽油价格与销售加仑数之间的关系。对于上周二的 20 个站点的样本而言，相关系数为 0.78。在 0.01 的显著性水平上，总体相关度是否大于零？

6. 航空旅客协会研究了特定航班上的乘客人数与航班费用之间的关系。从逻辑上讲，似乎乘坐飞机的乘客越多，飞机所承载的行李的重量越大，进而导致燃料成本越高。对于 15 次飞行的样本而言，乘客人数与燃料总成本之间的相关系数为 0.667。是否可以合理地推断两个变量之间存在正相关关系？使用 0.01 的显著性水平。

7. 随机选择下列观测样本。表 13-13 为样本观测值。

表 13-13　样本观测值

x	4	5	3	6	10
y	4	6	5	7	7

（1）确定回归方程。

（2）确定当 x 为 7 时的 y 值。

8. 布莱德福电力照明公司正在研究用电量和家庭的房间数量之间的关系。随机抽样的 10 个家庭的样本数据如表 13-14 所示。

表 13-14　房间数量与用电量数据　　　　　　　　　　（单位：千千瓦时）

房间数量	用电量	房间数量	用电量
12	9	8	6
9	7	10	8
14	10	10	10
6	5	5	4
10	8	7	7

（1）确定回归方程。

（2）确定一个有 6 个房间的家庭的用电量。

9.《彭博商业周刊》最近发表的一篇文章列出了"最佳小型公司"。我们对这些公司目前的销售额和盈利结果感兴趣。我们随机抽取了 12 家公司的样本数据，如表 13-15 所示。

表 13-15　各公司的销售额和盈利结果　　（单位：百万美元）

公司	销售额	盈利结果	公司	销售额	盈利结果
Papa John's International	89.2	4.9	Checkmate Electronics	17.5	2.6
Applied Innovation	18.6	4.4	Royal Grip	11.9	1.7
Integracare	18.2	1.3	M-Wave	19.6	3.5
Wall Data	71.7	8.0	Serving-N-Slide	51.2	8.2
Davidson & Associates	58.6	6.6	Daig	28.6	6.0
Chico's FAS	46.8	4.1	Cobra Golf	69.2	12.8

我们以销售额为自变量，盈利结果为因变量。

（1）绘制散点图。

（2）计算相关系数。

（3）确定回归方程。

（4）估计一家销售额为 50 百万美元的小公司的盈利结果。

10. 参考章节练习 3，假设因变量为犯罪数量。

（1）确定回归方程。

（2）估计一个有 20 名警察的城市的犯罪数量。

（3）解释回归方程。

11. 参考章节练习 3，回归方程为 $\hat{y} = 29.29 - 0.96x$，样本量为 8，斜率的估计的标准误差为 0.22，使用 0.05 的显著性水平。我们能否得出回归直线的斜率小于零的结论？

12. 参考章节练习 9，回归方程为 $\hat{y} = 1.85 + 0.08x$，样本量为 12，斜率的估计的标准误差为 0.03，使用 0.05 的显著性水平。我们能否得出回归直线的斜率不等于零的结论？

13. 参考章节练习 3。确定估计的标准误差和判定系数，并解释判定系数（你可以用 Excel、Minitab 或 Megastat 等统计软件包来进行计算）。

14. 参考章节练习 8。确定估计的标准误差和判定系数，并解释判定系数。

15. 根据表 13-16 回答下列问题。

表 13-16　方差分析表

来源	df	SS	MS	F
回归	1	1 000	1 000	26
残差	13	500	38.46	
总计	14	1 500		

（1）计算判定系数。

（2）假设两个变量之间存在正相关关系，那么相关系数是多少？

（3）计算估计的标准误差。

16. 参考章节练习 7。

（1）当 $x=7$ 时，计算 y 的平均值的 95% 的置信区间。

（2）当 $x=7$ 时，计算 y 的一个个别值的 95% 的预测区间。

17. 参考章节练习 8。

（1）计算所有的有 6 个房间的家庭的用电量平均值的 95% 的置信区间（以千千瓦时为单位）。

（2）计算某一特定 6 个房间的家庭的用电量的 95% 的预测区间（以千千瓦时为单位）。

18. 根据以下 5 个观测样本，如表 13-17 所示，以 x 为自变量，y 为因变量来绘制散点图，并计算相关系数，判断两个变量之间的相关关系是不是线性的。尝试先对 x 变量取平方，再绘制出散点图并计算相关系数。

表 13-17 观测样本

x	−8	−16	12	2	18
y	58	247	153	3	341

19. 一家地区性航空公司随机选取了 25 个航班的样本，发现乘客人数与行李舱内存放的行李总重量（以磅为单位）之间的相关系数为 0.94。在 0.05 的显著性水平下，是否可以得出这两个变量之间存在正相关关系的结论？
20. 环境保护局对 12 辆汽车的研究表明，发动机大小与排放量之间的相关系数为 0.47。在 0.01 的显著性水平下，是否可以得出这些变量之间存在正相关关系的结论？请解释并计算出 p 值。
21. 表 13-18 是各年在某地销售的汽车数量和这些汽车中由通用汽车公司（GM）生产的占比数据，请回答下列问题。

表 13-18 汽车销售量和这些汽车中由 GM 生产的占比数据

年份	汽车销售量（百万辆）	GM 占比（%）	年份	汽车销售量（百万辆）	GM 占比（%）
1950	6	50.2	1985	15.4	40.1
1955	7.8	50.4	1990	13.5	36
1960	7.3	44	1995	15.5	31.7
1965	10.3	49.9	2000	17.4	28.6
1970	10.1	39.5	2005	16.9	26.9
1975	10.8	43.1	2010	11.6	19.1
1980	11.5	44	2015	17.5	17.6

（1）汽车销量与通用汽车在市场上的占比这两个变量之间是否有正相关关系？请通过绘制散点图来解释你的结论。
（2）计算两个变量之间的相关系数并进行解释。
（3）在 0.01 的显著性水平下得出两个变量之间存在负相关关系的结论是否合理？
（4）通用汽车占比的变化有多少是由汽车销量的变化引起的？

22. 32 支球队的得分和失分数据如表 13-19 所示。

表 13-19 32 支球队的得分和失分数据

队伍	体育协会	得分	失分	队伍	体育协会	得分	失分
巴尔的摩乌鸦队	AFC	343	321	亚利桑那红雀队	NFC	418	362
布法罗比尔队	AFC	399	378	亚特兰大猎鹰队	NFC	540	406
辛辛那提猛虎队	AFC	325	315	卡罗来纳黑豹队	NFC	369	402
克利夫兰布朗队	AFC	264	452	芝加哥熊队	NFC	279	399
丹佛野马队	AFC	333	297	达拉斯牛仔队	NFC	421	306
休斯顿德州人队	AFC	279	328	底特律雄狮队	NFC	346	358
印第安纳波利斯小马队	AFC	411	392	绿湾包装工队	NFC	432	388
杰克逊维尔美洲虎队	AFC	318	400	洛杉矶公羊队	NFC	224	394
堪萨斯城酋长队	AFC	389	311	明尼苏达维京人队	NFC	327	307
迈阿密海豚队	AFC	363	380	纽约巨人队	NFC	469	454
新英格兰爱国者队	AFC	441	250	新奥尔良圣徒队	NFC	310	284
纽约喷气机队	AFC	275	409	费城老鹰队	NFC	367	331
奥克兰突袭者队	AFC	416	385	旧金山 49 人队	NFC	309	480
匹兹堡钢人队	AFC	399	327	西雅图海鹰队	NFC	354	292
洛杉矶闪电队	AFC	410	423	坦帕湾海盗队	NFC	354	369
田纳西泰坦队	AFC	381	378	华盛顿红皮队	NFC	396	383

根据这些数据，请回答以下问题。

(1) 得分和失分这两个变量之间的相关系数是多少？相关系数是正的还是负的？

(2) 计算判定系数并进行解释。

(3) 在 0.05 的显著性水平下，能否得出"得分""失分"之间存在负相关关系的结论？

(4) 在 0.05 的显著性水平下，能得出每个体育协会（AFC 为美国橄榄球联合会，NFC 为国家橄榄球联合会）的"得分""失分"之间存在负相关关系的结论吗？

23. 滑翔运动设备的制造商希望研究出滑翔机的购买月数与上周使用设备的时间（以小时为单位）之间的关系，如表 13-20 所示。

表 13-20 购买月数与上周使用设备的时间数据

消费者	购买月数	使用时间（小时）	消费者	购买月数	使用时间（小时）
亚历山大	12	4	马萨	2	8
霍尔	2	10	萨斯	8	3
班尼特	6	8	卡尔	4	8
查尔斯	9	5	马克	10	2
菲利普斯	7	5	威廉	5	5

(1) 绘制出购买月数与上周使用设备的时间的散点图，以上周使用设备的时间为因变量，并给出解释。

(2) 计算相关系数并进行解释。

(3) 在 0.01 的显著性水平下，能否得出两个变量之间存在负相关关系的结论？

24. 某城市规划者认为大型城市的居民年龄中位数也相应较大。为了研究这种关系，他收集了 10 个大型城市的人口数量和年龄中位数的数据，如表 13-21 所示。

表 13-21 大型城市的人口数量和年龄中位数的数据

城市	人口数量（百万）	年龄中位数（岁）
芝加哥	2.833	31.5
达拉斯	1.233	30.5
休斯敦	2.144	30.9
洛杉矶	3.849	31.6
纽约	8.214	34.2
费城	1.448	34.2
菲尼克斯	1.513	30.7
圣安东尼奥	1.297	31.7
圣迭戈	1.257	32.5
圣何塞	0.930	32.6

(1) 自行绘制出大型城市人口数量和年龄中位数的散点图，以年龄中位数为因变量，并计算相关系数。

(2) 通过回归分析得出的回归方程为：年龄中位数 = 31.4 + 0.272 × 人口数量，请解释斜率的含义。

(3) 估计一个人口数量为 2.5 百万的城市的居民年龄中位数。

(4) 如表 13-22 所示，根据回归分析软件的部分输出结果，可以得到什么结论？

表 13-22 回归分析软件的部分输出结果

项目	系数	标准差	t 统计量	p 值
常数	31.367 2	0.615 8	50.94	0.000
人口数量	0.272 2	0.190 1	1.43	0.190

（5）在 0.10 的显著性水平下，检验斜率的显著性并进行解释。这两个变量之间是否存在显著关系？

25. 国家公路协会正在研究公路项目的投标人数量与项目中标价格（以百万美元为单位）之间的关系，如表 13-23 所示。

表 13-23 投标人数量与项目中标价格的数据

编号	投标人数量（个）	项目中标价格（百万美元）	编号	投标人数量（个）	项目中标价格（百万美元）
1	9	5.1	9	6	10.3
2	9	8.0	10	6	8.0
3	3	9.7	11	4	8.8
4	10	7.8	12	7	9.4
5	5	7.7	13	7	8.6
6	10	5.5	14	7	8.1
7	7	8.3	15	6	7.8
8	11	5.5			

（1）建立投标人数量与项目中标价格的回归方程并解释该方程。随着投标人数量的增加，项目中标价格是提高还是降低？
（2）如果有 7 个投标人，那么项目中标价格可能为多少？
（3）如果一个项目有 7 个投标人，请计算中标价格的 95% 的预测区间。
（4）计算判定系数并进行解释。

26. 某卡车公司正在研究货物的运输距离（以米为单位）与货物到达目的地所需时间（以天为单位）之间的关系。该公司随机抽取了上个月的 20 件货物，将运输距离作为自变量，运输时间作为因变量，具体的数据如表 13-24 所示。

表 13-24 货物运输距离和运输时间的数据

货物编号	运输距离（米）	运输时间（天）	货物编号	运输距离（米）	运输时间（天）
1	656	5	11	862	7
2	853	14	12	679	5
3	646	6	13	835	13
4	783	11	14	607	3
5	610	8	15	665	8
6	841	10	16	647	7
7	785	9	17	685	10
8	639	9	18	720	8
9	762	10	19	652	6
10	762	9	20	828	10

（1）绘制货物运输距离和运输时间的散点图，并解释货物运输距离和运输时间之间是否存在关系。
（2）计算出货物运输距离和运输时间的相关系数。在 0.05 的显著性水平下，是否可以得出运输距离和运输时间之间存在正相关关系的结论？
（3）计算并解释判定系数。
（4）计算估计的标准误差。
（5）你认为是否可以利用回归方程通过货物运输距离来预测运输时间？请说出理由。

27. 表 13-25 是 30 家公司的每股价格和股息的数据。

表 13-25 每股价格和股息的数据

公司	每股价格（美元）	股息（美元）
1	20.00	3.14
2	22.01	3.36
⋮	⋮	⋮
29	77.91	17.65
30	80.00	17.36

（1）将股息作为因变量、每股价格作为自变量，建立估计的回归方程。
（2）检验斜率的显著性。
（3）计算判定系数并进行解释。
（4）计算相关系数，判断能否在 0.05 的显著性水平下得出相关系数大于零的结论。

28. 表 13-26 是某县当前房屋的市场价格（以美元为单位）与房屋面积（以平方英尺为单位）的回归分析结果。回归方程为：价格 $=-37\,186 + 65.0 \times$ 面积。

表 13-26 市场价格与房屋面积的回归分析结果

项目	系数	标准差	t 统计量	p 值	
常数	−37 186	4 629	−8.03	0.000	
面积	64.993	3.047	21.33	0.000	
方差分析					
来源	df	SS	MS	F	p
回归	1	13 548 662 082	13 548 662 082	454.98	0.000
残差	33	982 687 392	29 778 406		
总和	34	14 531 349 474			

（1）样本中有多少个家庭？
（2）计算估计的标准误差。
（3）计算判定系数。
（4）计算相关系数。
（5）在 0.05 的显著性水平下，是否有证据表明房屋的市场价格与房屋面积之间存在正相关关系？

29. 我们随机抽取 12 台笔记本计算机，得到其零售价格和处理器速度（以千兆赫为单位）的数据，如表 13-27 所示。

表 13-27 笔记本计算机零售价格和处理器速度的数据

笔记本计算机	处理器速度（千兆赫）	零售价格（美元）	笔记本计算机	处理器速度（千兆赫）	零售价格（美元）
1	2	1 008.5	7	2	1 098.5
2	1.6	461	8	1.6	693.5
3	1.6	532	9	2	1 057
4	1.8	971	10	1.6	1 001
5	2	1 068.5	11	1	468.5
6	1.2	506	12	2	1 098.5

（1）建立笔记本计算机的零售价格和处理器速度的回归方程，并描述处理器速度对零售价格的影响。
（2）根据所建立的回归方程判断是否存在一台笔记本计算机的零售价格看起来特别高或特别低的情况？

（3）计算两个变量之间的相关系数。在 0.05 的显著性水平下进行假设检验，检验相关系数是否大于零。

30. 一位驯狗师正在研究狗的体重（以磅为单位）和它每天的食物消耗量（以标准杯为单位）之间的关系。表 13-28 是 18 个观察样本的数据。

表 13-28　狗的体重和食物消耗量的数据

狗	体重（磅）	食物消耗量（标准杯）	狗	体重（磅）	食物消耗量（标准杯）
1	41	3	10	91	5
2	148	8	11	109	6
3	79	5	12	207	10
4	41	4	13	49	3
5	85	5	14	113	6
6	111	6	15	84	5
7	37	3	16	95	5
8	111	6	17	57	4
9	41	3	18	168	9

（1）计算相关系数，并检验在 0.05 的显著性水平下，能否合理地得出相关系数大于零的结论。
（2）建立关于狗的体重和食物消耗量的回归方程，说明每增加一个标准杯的食物，狗的体重估计会有多大变化。
（3）判断其中一只狗是食量过小还是食量过大？

31. 旅航网对美国航空公司的航班进行抽样调查，以研究机票价格和飞行距离之间的关系。该网站想知道机票价格和飞行距离之间是否存在相关关系。如果存在相关关系，飞行距离会对机票价格的变化产生怎样的影响呢？飞行距离每增加一英里，机票价格会增加多少呢？机票价格和飞行距离的数据如表 13-29 所示。

表 13-29　机票价格和飞行距离的数据

起飞地	目的地	飞行距离（英里）	机票价格（美元）
密歇根州底特律	南卡罗来纳州默特尔比奇	636	109
马里兰州巴尔的摩	加利福尼亚州萨克拉曼多	2 395	252
内华达州拉斯维加斯	宾夕法尼亚州费城	2 176	221
加利福尼亚萨克拉门托	华盛顿州西雅图	605	151
佐治亚州亚特兰大	佛罗里达州奥兰多	403	138
马萨诸塞州波士顿	佛罗里达州迈阿密	1 258	209
伊利诺伊州芝加哥	肯塔基州卡温顿	264	254
俄亥俄州哥伦布	明尼苏达州明尼阿波利斯	627	259
佛罗里达州劳德代尔堡	加利福尼亚州洛杉矶	2 342	215
伊利诺伊州芝加哥	印第安纳州印第安纳波利斯	177	128
宾夕法尼亚州费城	加利福尼亚州（圣弗朗西斯科）	2 521	348
得克萨斯州休斯敦	北卡罗来纳州罗利-达勒姆	1 050	224
得克萨斯州休斯敦	得克萨斯州米德兰-敖德萨	441	175
俄亥俄州克利夫兰	得克萨斯州达拉斯	1 021	256
马里兰州巴尔的摩	俄亥俄州哥伦布	336	121
马萨诸塞州波士顿	肯塔基州卡温顿	752	252
密苏里州堪萨斯城	加利福尼亚州圣迭戈	1 333	206
威斯康星州密尔沃基	亚利桑那州菲尼克斯	1 460	167

(续)

起飞地	目的地	飞行距离（英里）	机票价格（美元）
俄勒冈州波特兰	华盛顿特区	2 350	308
亚利桑那州菲尼克斯	加利福尼亚州圣何塞	621	152
马里兰州巴尔的摩	密苏里州圣路易斯	737	175
得克萨斯州休斯敦	佛罗里达州奥兰多	853	191
得克萨斯州休斯敦	华盛顿州西雅图	1 894	231
加利福尼亚州伯班克	纽约州纽约	2 465	251
佐治亚州亚特兰大	加利福尼亚州圣迭戈	1 891	291
明尼苏达州明尼阿波利斯	纽约州纽约	1 028	260
佐治亚州亚特兰大	佛罗里达州棕榈滩	545	123
密苏里州堪萨斯城	华盛顿州西雅图	1 489	211
马里兰州巴尔的摩	缅因州波特兰	452	139
路易斯安那州新奥尔良	华盛顿特区	969	243

（1）以飞行距离为自变量，机票价格为因变量绘制散点图，并判断两者之间的相关关系是正相关还是负相关。

（2）计算相关系数，并判断在0.05的显著性水平下，能否合理地得出相关系数大于零的结论。

（3）建立有关飞行距离和机票价格的回归方程，并计算飞行距离的变化占机票价格总变化的百分比。飞行距离每增加一英里，机票价格会增加多少？估算出飞行距离为1 500英里时的机票价格。

（4）一位乘客计划从亚特兰大飞往伦敦希思罗机场，飞行距离是4 218英里，她想使用回归方程来估算机票价格。请解释为什么用所建立的回归方程来估算这一国际航班的票价不是一个好主意。

数据分析

32. 参考附录A.2 2015赛季棒球数据，该数据反映了2015赛季美国职业棒球大联盟赛季的信息。我们以上座数为因变量，球队薪金为自变量，建立回归方程并回答以下问题。

（1）绘制有关上座数和球队薪金的散点图，判断这两个变量之间是否存在正相关关系。

（2）球队薪金为1亿美元的预期上座数是多少？

（3）如果老板多付3 000万美元的球队薪金，那么上座数预计会多出多少人？

（4）在0.05的显著性水平下进行假设检验，判断回归直线的斜率是否为正。

（5）在上座数的变化中，球队薪金的变化占多大比例？

（6）计算上座数和球队BA（击球率）之间以及上座数和球队ERA（投手自责分率）之间的相关系数，判断哪一个更强，并对每一组变量进行假设检验。

习题答案

扫码查看章节练习和数据分析答案

扫码查看自测答案

第14章

多元回归分析

新英格兰银行抵押贷款部正在研究最近贷款的数据。他们对已购买房屋的价值、户主的受教育水平、户主的年龄、目前每月的抵押贷款支付额和户主的性别等因素与家庭收入的关系感兴趣。这些变量是不是家庭收入（因变量）的影响因素？

学完本章后，你将能够：
① 使用多元回归分析来描述并解释多个自变量和一个因变量之间的关系。
② 评估多元回归方程对数据的拟合程度。
③ 检验关于多元回归模型所推断的关系的假设。
④ 评估多元回归的假设。
⑤ 在多元回归分析中使用并解释定性和虚拟变量。
⑥ 在多元回归分析中定义并解释交互效应。
⑦ 应用逐步回归法建立多元回归模型。
⑧ 应用多元回归法建立线性模型。

引言

在第13章中，我们学习了如何描述两个定量变量之间的关系，并了解了衡量相关关系强度的相关系数。当相关系数接近于 +1.00 或 −1.00 时（例如 −0.88 或 0.78），表示两个变量之间存在非常强的线性关系；当相关系数接近于 0 时（例如 −0.12 或 0.18），则表示两个变量之间的线性关系很弱。接下来，我们使用线性方程进一步说明了两个变量之间的关系。回归直线描述了一个因变量 y 与单个自变量或解释变量 x 的整体关系。

在多元回归分析中，我们使用两个或两个以上的自变量（用 $x_1, x_2, \ldots, x_k$ 来表示）解释或预测因变量 y。在简单线性回归中看到的几乎所有的想法都能够扩展到这种更普遍的情况中，同时新增的自变量会导致一些新的问题出现。多元回归分析既可以作为一种描述性统计分析，也可以作为一种推断性统计分析。

14.1 多元回归方程

多元回归方程的一般形式如式（14-1）所示，我们用 k 来表示自变量的数目，k 可以是任何正整数。

多元回归方程的一般形式为

$$\hat{y} = a + b_1x_1 + b_2x_2 + b_3x_3 + \cdots + b_kx_k \tag{14-1}$$

式中　a——截距，即所有x为零时的$\hat{y}$值；
　　　b_j——偏回归系数。

b_j表示在其他自变量的值保持不变的情况下，特定的x_j每变动一个单位时$\hat{y}$的平均变动量。下标j只是一个帮助我们识别每个自变量的标签，通常是一个$1 \sim k$之间的整数，也可以是一个简短或缩写的标签，例如，可以用$x_{年龄}$来标识自变量"年龄"。

在第13章中，一元回归分析描述并检验了一个因变量$\hat{y}$和一个单一的自变量x之间的关系。$\hat{y}$和x之间的关系可以用一条回归直线进行描绘。含有两个自变量的多元回归方程的形式为

$$\hat{y} = a + b_1x_1 + b_2x_2$$

我们可以在三维空间中将这个方程画出来。二元回归方程在三维空间中是一个平面，如图14-1所示。在图14-1中，残差为平面上观测值y与拟合值$\hat{y}$的差值。如果多元回归分析包括两个以上的自变量，则无法用图来说明，因为这种关系无法在三维空间中画出来。

为了解释截距和两个偏回归系数的含义，我们用下面的例子进行说明。假设房

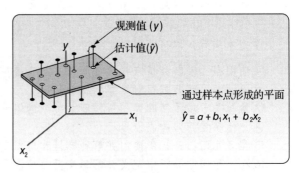

图14-1　10个样本点的回归平面

屋的售价与房间数成正比，与房龄成反比。我们用x_1表示房间数（以个为单位），x_2表示房龄（以年为单位），y表示房屋的售价（以千美元为单位）。

假设用统计软件计算出的多元回归方程为

$$\hat{y} = 21.2 + 18.7x_1 - 0.25x_2$$

由回归方程可知，截距为21.2，这表示回归方程（平面）与y轴相交于21.2，此时房间数和房龄都为零。这意味着没有卧室的房产的平均价格为21 200美元。

第一个偏回归系数为18.7，表示在房龄不变的条件下，房间数每增加一个，房屋的售价将平均增加18.7千美元（18 700美元）。第二个偏回归系数为-0.25，表示在房间数不变的条件下，房龄每增加一年，房屋的售价将平均减少0.25千美元（250美元）。以房龄是30年，房间数是7个的房屋为例，它的预计售价为144.6千美元。

$$\hat{y} = 21.2 + 18.7x_1 - 0.25x_2 = 21.2 + 18.7 \times 7 - 0.25 \times 30 = 144.6（千美元）$$

下面使用最小二乘法对多元回归方程的参数进行估计。回顾第13章，最小二乘原理使y的拟合值与实际值之差的平方和尽可能的小，即$\Sigma(y-\hat{y})^2$最小。由于最小二乘原理的计算过程非常烦琐，因此，通常我们利用统计软件来完成参数估计的求解。

例14-1阐述了有三个自变量的多元回归分析，并采用Excel进行分析，我们也可以使用

Minitab、MegaStat 等统计软件进行分析。

例 14-1 对于寒冷地区的房地产销售员而言,最常被买家询问的问题是:"如果我们购买了这套房子,那么在冬天预计要支付多少供暖费用?"因此,该房地产公司的研发部希望对家庭住宅供暖费用的影响因素进行研究。研发部认为有三个变量与供暖费用(Cost)有关:①室外平均气温(Temp);②房屋隔热层的厚度(Insul);③供暖设备的已使用年限(Age)。研发部随机选取了 20 户最近售出的房屋作为样本,收集了最近 1 个月每户支付的供暖费用、该地区最近 1 个月的室外平均气温、每户房屋隔热层的厚度和供暖设备的已使用年限。相关数据如表 14-1 所示。

表 14-1 20 户样本房屋 1 月的供暖费用与影响因素的数据

房屋	供暖费用(美元)	室外平均气温(℉)	房屋隔热层的厚度(英寸)	供暖设备的已使用年限(年)
1	250	35	3	6
2	360	29	4	10
3	165	36	7	3
4	43	60	6	9
5	92	65	5	6
6	200	30	5	5
7	355	10	6	7
8	290	7	10	10
9	230	21	9	11
10	120	55	2	5
11	73	54	12	4
12	205	48	5	1
13	400	20	5	15
14	320	39	4	7
15	72	60	8	6
16	272	20	5	8
17	94	58	7	3
18	190	40	8	11
19	235	27	9	8
20	139	30	7	5

使用 Excel 处理这些数据的基本操作说明参见附录 C 的软件命令。

根据以上的样本数据,回答以下几个问题。

(1)建立供暖费用与室外平均气温、房屋隔热层的厚度和供暖设备的已使用年限的多元回归方程。哪些变量是自变量?哪些变量是因变量?

(2)解释各回归系数的意义。有些系数为正,有些系数为负,请说明这是为什么?回归方程的截距值是多少?

(3)如果某房屋所处地区的室外平均气温为 30 华氏度,房屋有 5 英寸的隔热层,供暖设备的已使用年限为 10 年,那么该家庭应支付的供暖费用大约是多少?

解析 首先,需要明确因变量和自变量。因变量是最近 1 个月的供暖费用,用 y 表示,自变量有三个,分别是:最近 1 个月的室外平均气温,用 x_1 表示;房屋隔热层的厚度,用 x_2 表示;供暖设备的已使用年限,用 x_3 表示。

其次，用 $\hat{y}$ 的值来估计 y 的值，建立供暖费用与室外平均气温、房屋隔热层的厚度和供暖设备的已使用年限的多元回归方程为

$$\hat{y} = a + b_1x_1 + b_2x_2 + b_3x_3$$

现在已经确定了回归方程的形式，下面使用 Excel 对统计数据进行回归分析计算。Excel 的输出结果如图 14-2 所示。

再次，要使用回归方程来预测 1 个月的供暖费用，这就需要知道回归系数 b_1、b_2 和 b_3 的值，即图 14-2 中用灰色显示的部分。Excel 软件使用与每个自变量相关的变量名称或标签进行标记，即 Temp、Insul 和 Age。回归方程中的截距 a，在 Excel 输出结果中被标记为"Intercept"。

	A	B	C	D	E	F	G	H	I	J	K
1	Cost	Temp	Insul	Age		SUMMARY OUTPUT					
2	250	35	3	6							
3	360	29	4	10		*Regression Statistics*					
4	165	36	7	3		Multiple R	0.897				
5	43	60	6	9		R Square	0.804				
6	92	65	5	6		Adjusted R Square	0.767				
7	200	30	5	5		Standard Error	51.049				
8	355	10	6	7		Observations	20				
9	290	7	10	10							
10	230	21	9	11		ANOVA					
11	120	55	2	5			df	SS	MS	F	Significance F
12	73	54	12	4		Regression	3	171220.473	57073.491	21.901	0.000
13	205	48	5	1		Residual	16	41695.277	2605.955		
14	400	20	5	15		Total	19	212915.750			
15	320	39	4	7							
16	72	60	8	6			Coefficients	Standard Error	t Stat	P-value	
17	272	20	5	8		Intercept	427.194	59.601	7.168	0.000	
18	94	58	7	3		Temp	-4.583	0.772	-5.934	0.000	
19	190	40	8	11		Insul	-14.831	4.754	-3.119	0.007	
20	235	27	9	8		Age	6.101	4.012	1.521	0.148	
21	139	30	7	5							

图 14-2　Excel 的输出结果

根据图 14-2 的结果，得到多元回归方程为

$$\hat{y} = 427.194 - 4.583x_1 - 14.831x_2 + 6.101x_3$$

利用多元回归方程，我们就可以在知道室外平均气温、房屋隔热层的厚度和供暖设备的已使用年限的条件下，估计或预测 1 个月的供暖费用。例如，如果这个月的室外平均气温是 30 华氏度（x_1），房屋隔热层的厚度是 5 英寸（x_2），供暖设备的已使用年限是 10 年（x_3），那么将其代入回归方程可得：

$$\hat{y} = 427.194 - 4.583 \times 30 - 14.831 \times 5 + 6.101 \times 10 = 276.56$$

这个月的供暖费用大约为 276.56 美元。

回归系数的正负号反映了各变量与供暖费用的关系。室外平均气温的回归系数为 -4.583，表明供暖费用与室外平均气温之间是负相关关系，随着室外平均气温的升高，供暖费用会降低，这与实际相符。回归系数的数值能够提供更多的信息。在房屋隔热层的厚度和供暖设备的已使用年限保持不变的条件下，室外平均气温每升高 1 华氏度，每月的供暖费用将平均减少 4.583 美元。因此，如果波士顿的室外平均气温是 25 华氏度，而费城的室外平均气温是 35 华氏度，那么在其他条件（房屋隔热层的厚度和供暖设备的已使用年限）不变的情况下，我们预计费城 1 个月的供暖费用将比波士顿 1 个月的供暖费用平均减少 45.83 美元。

房屋隔热层的厚度与供暖费用同样呈现出负相关关系，即房屋隔热层的厚度越大，供暖费用越低，这也与现实相符。房屋隔热层的厚度的回归系数为 -14.831，这表示在室外平均

气温和供暖设备的已使用年限不变的情况下,每增加 1 英寸的隔热层,预计每月的供暖费用将平均减少 14.831 美元。

供暖设备的已使用年限与供暖费用呈现出正相关关系,即当供暖设备的已使用年限越长时,供暖费用将越高。供暖设备的已使用年限的回归系数为 6.101,这表示供暖设备的已使用年限每增加 1 年,预计每月的供暖费用将平均增加 6.101 美元。

◆ **实践中的统计学**

许多研究表明,从事同样工作的男性和女性,女性的收入约为男性收入的 70%。密歇根大学社会研究所的研究人员发现,这种收入差异约有 1/3 可以用教育、资历和工作中断等社会因素来解释,但是剩下的 2/3 则无法用这些因素来解释。

自测 14-1

一对夫妇在新泽西州经营着几家餐厅,他们正考虑搬到南卡罗来纳州的默特尔海滩开一家新餐厅。在做出最终决定之前,他们希望对附近现有的餐厅和与盈利能力有关的影响因素进行研究。他们把利润(以千美元为单位)当作因变量,自变量如下:

x_1 为餐厅附近的停车位数量;

x_2 为餐厅每周营业的小时数;

x_3 为餐厅距离默特尔海滩的地标摩天轮的距离;

x_4 为餐厅雇用的服务员数量;

x_5 为餐厅老板经营餐厅的年限。

Predictor	Coefficient	SE Coefficient	t
Constant	2.50	1.50	1.667
x_1	3.00	1.50	2.000
x_2	4.00	3.00	1.333
x_3	-3.00	0.20	-15.000
x_4	0.20	0.05	4.000
x_5	1.00	1.50	0.667

图 14-3 多元回归分析的部分输出结果

图 14-3 是使用统计软件得到的部分输出结果。

(1)对于一家有 40 个停车位,每周营业 72 小时,距离摩天轮 10 英里,有 20 个服务员,并由现任老板经营了 5 年的餐厅,其利润额是多少?

(2)根据统计软件的输出结果,写出多元回归方程并解释多元回归方程中 b_2 和 b_3。

14.2 评价多元回归方程

评价多元回归方程有很多种统计方法。使用这些统计方法的第一步就是用多元回归方程写出这种关系;第二步是沿用第 13 章中提出的概念,利用方差分析表中的信息来评价回归方程对数据的拟合程度。

14.2.1 方差分析表

与第 13 章一样,多元回归方程的统计分析总结被称为方差分析表。回顾一下,因变量 y 的总变差分为两部分:①由回归分析或所有自变量解释 y 的变差的部分;②由误差、残差或未解释的 y 的变差的部分。在方差分析表中,以"df"为标题的一列是指与每个部分相关的自由度,总的自由度为 $n-1$。回归分析的自由度等于多元回归方程中自变量的数量 k;与误差项相关的自由度等于总自由度 $(n-1)$ 减去回归自由度 k,即 $(n-1)-k$ 或 $n-(k+1)$。

在表 14-2 中,标题为"SS"的一栏列出了每个变差来源,即回归平方和(SSR)、残差或误差平方和（SSE）以及总平方和（SS total），平方和是指每个来源的变差量。

表 14-2 方差分析表

来源	*df*	SS	MS	*F*
回归	k	SSR	MSR = SSR/k	MSR/ MSE
残差	$n-(k+1)$	SSE	MSE = SSE/[$n-(k+1)$]	
总和	$n-1$	SS total		

因变量 y 的总变差用“ SS total”表示。值得注意的是，它是计算任何变差公式的分子。SS total 是 y 与其均值的离差的平方和，计算公式为

$$总平方和 = \text{SS total} = \sum(y-\bar{y})^2$$

总平方和是回归平方和以及残差平方和的总和。回归平方和是因变量 y 的估计值或预测值 $\hat{y}$ 与 y 的总平均值 $\bar{y}$ 之间的离差平方和，计算公式为

$$回归平方和 = \text{SSR} = \sum(\hat{y}-\bar{y})^2$$

残差平方和是指因变量 y 的观测值与其相应估计值或预测值 $\hat{y}$ 之间的离差平方和。需要注意的是，这个差值是多元回归方程估计或预测因变量的残差或误差，计算公式为

$$残差或误差平方和 = \text{SSE} = \sum(y-\hat{y})^2$$

通过 Excel 并利用方差分析表来评估 1 个月供暖费用的多元回归方程，输出结果如图 14-4 所示。

	A	B	C	D	G	H	I	J	K	L	M
1	Cost	Temp	Insul	Age		SUMMARY OUTPUT					
2	250	35	3	6							
3	360	29	4	10		*Regression Statistics*					
4	165	36	7	3		Multiple R	0.897				
5	43	60	6	9		R Square	0.804				
6	92	65	5	6		Adjusted R Square	0.767				
7	200	30	5	5		Standard Error	51.049				
8	355	10	6	7		Observations	20				
9	290	7	10	10							
10	230	21	9	11		ANOVA					
11	120	55	2	5			*df*	*SS*	*MS*	*F*	*Significance F*
12	73	54	12	4		Regression	3	171220.473	57073.491	21.901	0.000
13	205	48	5	1		Residual	16	41695.277	2605.955		
14	400	20	5	15		Total	19	212915.750			
15	320	39	4	7							
16	72	60	8	6			*Coefficients*	*Standard Error*	*t Stat*	*P-value*	
17	272	20	5	8		Intercept	427.194	59.601	7.168	0.000	
18	94	58	7	3		Temp	-4.583	0.772	-5.934	0.000	
19	190	40	8	11		Insul	-14.831	4.754	-3.119	0.007	
20	235	27	9	8		Age	6.101	4.012	1.521	0.148	

图 14-4 Excel 的输出结果

14.2.2 多元估计标准误差

多元估计标准误差（multiple standard error of estimate）与一元回归估计标准误差类似，估计的是预测误差的标准差。观察图 14-4 中第 1 个样本家庭的数据可知，第 1 个样本家庭的实际供暖费用 y 为 250 美元，室外平均气温 x_1 为 35 华氏度，每户房屋隔热层的厚度 x_2 为 3 英寸，供暖设备的已使用年限 x_3 为 6 年，将其代入已建立的多元回归方程，可以估计出该家庭应支付的供暖费用为

$$\hat{y} = 427.194 - 4.583x_1 - 14.831x_2 + 6.101x_3$$
$$= 427.194 - 4.583 \times 35 - 14.831 \times 3 + 6.101 \times 6 = 258.90$$

因此 1 个月的室外平均气温为 35 华氏度，房屋隔热层的厚度为 3 英寸，供暖设备的已使用年限为 6 年的房屋的供暖费用约为 258.90 美元。已知实际供暖费用是 250 美元，实际值和估计值之间的差额是 $y - \hat{y} = 250 - 258.90 = -8.90$。这 8.90 美元的差额就是第 1 个样本家庭的随机误差或未解释的误差。下一步我们计算出该差额的平方，即 $(y - \hat{y})^2 = (250 - 258.90)^2 = (-8.90)^2 = 79.21$。

对其他 19 个观测值重复上述步骤，并将这 20 个差额的平方相加，我们将得到方差分析表中的残差或误差平方和，进而计算多元估计标准误差为

$$\text{多元估计标准误差} = s_{y \cdot 1,2,3,\cdots,k} = \sqrt{\frac{\sum(y-\hat{y})^2}{n-(k+1)}} = \sqrt{\frac{\text{SSE}}{n-(k+1)}} \tag{14-2}$$

式中　y——实际观测值；
　　　$\hat{y}$——由回归方程计算出的估计值；
　　　n——样本中的观测值数量；
　　　k——自变量的数量；
　　　SSE——方差分析表中的残差平方和。

我们还可以利用方差分析表中的其他数据计算多元估计标准误差。标题为"MS"的一栏列出了回归和残差的均方平方和，其计算方法是用平方和除以相应的自由度。多元估计标准误差也可以用均方误差（MSE）的平方根计算：

$$s_{y \cdot 1,2,3,\cdots,k} = \sqrt{\text{MSE}} = \sqrt{2\,605.995} = 51.05$$

如何解释 51.05 的估计标准误差呢？这是用多元回归方程来预测供暖费用时的"预测误差"。首先，估计标准误差的单位与因变量相同，即 51.05 美元。其次，因为我们期望残差近似服从正态分布，所以大约 68% 的残差会在 ±51.05 美元的范围之内，大约 95% 的残差会在 ±2×51.05 的范围之内，即 ±102.10 美元。如同以前衡量类似离散度和第 13 章中的估计标准误差一样，较小倍数的标准误差表示更好或更有效的预测方程。

14.2.3　多重判定系数

接下来，我们学习多重判定系数。回顾第 13 章，判定系数的定义是：因变量的变差中被自变量解释的百分比。在多元回归分析中，我们将这个定义进一步加以扩展。

> **多重判定系数（coefficient of multiple determination）**：因变量 y 的变化百分比由一组自变量 $x_1, x_2, x_3, \cdots, x_k$ 所解释。

多重判定系数具有以下特点：
（1）**一般用 R^2 表示**。它等于相关系数的平方。
（2）**它的取值范围是 [0,1]**。多重判定系数接近于 0，表示自变量集和因变量之间的关联性很小，接近于 1 则表示关联性很大。
（3）**它不可能是负值**。

(4)**它很容易解释**。由于 R^2 是一个 0~1 之间的值,所以很容易解释、比较和理解。

$$多重判定系数 = R^2 = \frac{SSR}{SS\ total} \tag{14-3}$$

我们可以根据图 14-4 的结果计算出判定系数,即用回归平方和 SSR 除以总平方和 SS total。

$$R^2 = \frac{SSR}{SS\ total} = \frac{171\ 220.473}{212\ 915.750} = 0.804$$

如何解释多重判定系数这个数值呢?我们可以说室外平均气温、房屋隔热层的厚度和供暖设备的已使用年限这三个自变量可以解释 80.4% 的供暖费用的变化。或者,也可以说供暖费用 19.6% 的变化是由其他因素造成的,如随机误差或未列入分析的变量。用方差分析表中的误差平方和除以总的平方和可得到 19.6%,根据 SSR+SSE=SS total,可以计算出这个数值:

$$1 - R^2 = 1 - \frac{SSR}{SS\ total} = \frac{SSE}{SS\ total} = \frac{41\ 695.277}{212\ 915.750} = 0.196$$

14.2.4 调整后的判定系数

当更多的自变量加入多元回归模型中后,判定系数往往会增大。这是因为当增加自变量时,会使预测误差 SSE 变小,进而使 SSR 变大。因此,即使增加的自变量在统计上不显著,也会使 R^2 变大。事实上,如果变量数 k 和样本量 n 相等,则 $R^2=1$,虽然这种情况在现实中很少出现,但在理论上是存在的。因此,为了避免因增加自变量而高估 R^2,统计软件通常会给出调整后的多重判定系数:

$$调整后的多重判定系数 = R_{adj}^2 = 1 - \frac{\frac{SSE}{n-(k+1)}}{\frac{SS\ total}{n-1}} \tag{14-4}$$

调整后的多重判定系数就是将误差平方和以及总平方和分别除以它们的自由度。值得注意的是,误差平方和的自由度包含自变量的数量 k。以供暖费用为例,调整后的判定系数为

$$R_{adj}^2 = 1 - \frac{\frac{41\ 695.277}{20-(3+1)}}{\frac{212\ 915.750}{20-1}} = 1 - \frac{2\ 605.955}{11\ 206.092} = 1 - 0.233 = 0.767$$

通过比较 $R^2=0.804$ 和调整后的 $R_{adj}^2=0.767$,我们能够发现在这种情况下两者的差异很小。

自测 14-2

参考自测 14-1 中关于默特尔海滩餐厅的数据进行分析。表 14-3 是回归分析输出的方差分析结果。

(1)样本量是多少?
(2)有多少个自变量?
(3)有多少个因变量?

表 14-3 方差分析结果

来源	df	SS	MS
回归	5	100	20
残差	20	40	2
总和	25	140	

（4）计算估计的标准误差，并说明大约95%的残差会在哪两个值之间。
（5）计算多重判定系数并进行解释。
（6）计算调整后的多重判定系数。

14.3 多元回归分析中的推断

多元回归分析被视为描述一个因变量和几个自变量之间关系的一种方法，利用最小二乘原理可以对整体关系进行统计推断。回顾一下，将构建置信区间或假设检验作为统计推断的一部分时，是将数据视为从某个总体中抽取的随机样本。

在多元回归分析中，假设有一个未知的总体回归方程，它将因变量与 k 个自变量联系起来。它有时也被称为**关系模型**（model of the relationship），可以表示为

$$y = \alpha + \beta_1 x_1 + \beta_2 x_2 + \cdots + \beta_k x_k$$

这个方程类似于式（14-1），只是现在用希腊字母 α 和 β_i 表示未知参数。在一定的假设下，a 和 b_i 是样本统计量，它们分别是参数 α 和 β_i 的估计值。例如，样本回归系数 b_2 是参数 β_2 的估计值。这些估计值的抽样服从正态分布，并分别以各自的参数值为中心。换句话说，抽样分布的均值等于待估计的参数值，因此，利用这些统计量的抽样分布的特性，就可以推断出参数的信息。

14.3.1 整体检验：检验多元回归模型

我们可以检验自变量 $x_1, x_2, \cdots, x_k$ 来解释因变量 y 的变化的能力，即检验能否在不依赖自变量的情况下估计出因变量，此时的检验称为**整体检验**（global test）。它检验的是所有自变量的回归系数是否有可能都为零。

再次回到家庭供暖费用的案例中，我们将检验室外平均气温、房屋隔热层的厚度和供暖设备的已使用年限这三个自变量能否有效地估计家庭供暖费用。在检验假设时，我们首先用 β_1、β_2 和 β_3 这三个参数来说明原假设和备择假设，b_1、b_2 和 b_3 是样本回归系数，在假设陈述中并没有说明。在原假设中，我们检验的是各自变量的回归系数是否同时为零。

原假设为 H_0：$\beta_1 = \beta_2 = \beta_3 = 0$
备择假设为 H_1：β_j 至少有一个不等于0

如果假设检验不能拒绝原假设，则意味着回归系数全部为零。从逻辑上讲，这些自变量对估计因变量（供暖费用）没有任何价值。如果是这样的话，我们就必须寻找一些其他的自变量，或者采取不同的方法来预测家庭供暖费用。

我们可以使用第12章介绍的 F 分布来检验多元回归系数是否全部为零，通常在 0.05 的显著性水平下进行假设检验。我们首先回顾一下 F 分布的特征。

（1）F **分布是一个以自由度为参数的分布族**。每当分子或分母的自由度发生变化时，就会产生一个新的 F 分布。

（2）F **分布的值不能是负数**。F 分布最小的可能值是 0。

（3）**它是一个连续分布**。F 分布的值可以是 $0 \sim +\infty$ 之间的任意值。

（4）**它是正偏分布，即分布的长尾是在右侧的**。F 分布的形式随分子和分母自由度的增加而逐渐接近于正态分布。也就是说，其分布图形随着自由度的增加而变得更加对称。

（5）**它是渐进的**。随着 x 值的增加，F 分布的曲线将接近于横轴，但永远不会触及横轴。

整体检验的假设检验 F 统计量如下。与第 12 章一样，它是两个方差的比值，分子是回归平方和除以其自由度 k 的值，分母是残差平方和除以其自由度 $n-(k+1)$ 的值。计算公式如下：

$$\text{整体检验} \quad F = \frac{\text{SSR}/k}{\text{SSE}/[n-(k+1)]} \tag{14-5}$$

使用案例中的方差分析表的数值，我们可以计算出 F 统计量为

$$F = \frac{\text{SSR}/k}{\text{SSE}/\left[n-(k+1)\right]} = \frac{171\,220.473/3}{41\,695.277/[20-(3+1)]} = 21.90$$

当回归平方和除以其自由度 k 的值与残差平方和除以其自由度 $n-(k+1)$ 的值相比较大时，F 统计量将相对较大，且处于 F 分布的最右端尾部，同时 p 值较小，即小于选择的显著性水平 0.05。因此，我们拒绝所有回归系数均为零的原假设。

与其他假设检验方法一样，推断规则可以基于以下两种方法中的任何一种：①将检验统计量与临界值进行比较；②根据检验统计量计算 p 值，并将 p 值与显著性水平进行比较。使用 F 统计量的临界值法时需要三个信息：①分子自由度；②分母自由度；③显著性水平。分子和分母的自由度在图 14-5 的 Excel 的输出结果中用浅灰色高亮显示。在标有"df"的一栏中，最上面的数字是 3，表示分子有 3 个自由度，这个数值就是自变量的数量。在"df"栏中的中间数是 16，表示分母有 16 个自由度，由 $n-(k+1)=20-(3+1)=16$ 计算得出。

	A	B	C	D	G	H	I	J	K	L	M
1	Cost	Temp	Insul	Age	SUMMARY OUTPUT						
2	250	35	3	6							
3	360	29	4	10		*Regression Statistics*					
4	165	36	7	3		Multiple R	0.897				
5	43	60	6	9		R Square	0.804				
6	92	65	5	6		Adjusted R Square	0.767				
7	200	30	5	5		Standard Error	51.049				
8	355	10	6	7		Observations	20				
9	290	7	10	10							
10	230	21	9	11		ANOVA					
11	120	55	2	5			df	SS	MS	F	Significance F
12	73	54	12	4		Regression	3	171220.473	57073.491	21.901	0.000
13	205	48	5	1		Residual	16	41695.277	2605.955		
14	400	20	8	15		Total	19	212915.750			
15	320	39	4	7							
16	72	60	8	6			Coefficients	Standard Error	t Stat	P-value	
17	272	20	5	8		Intercept	427.194	59.601	7.168	0.000	
18	94	58	7	3		Temp	-4.583	0.772	-5.934	0.000	
19	190	40	8	11		Insul	-14.831	4.754	-3.119	0.007	
20	235	27	9	8		Age	6.101	4.012	1.521	0.148	

图 14-5　Excel 的输出结果

F 的临界值参见附录 B.6A。使用显著性水平为 0.05 的表格，水平移动到分子为 3 个自由度的位置，然后垂直移动到分母为 16 个自由度的位置，并读取临界值，即 3.24。接受域和拒绝域如图 14-6 所示。

我们继续进行整体检验，推断规则为：如果计算出的 F 统计量小于或等于 3.24，则不拒绝原假设 H_0，即所有的回归系数都是零。如果计算出的 F 统计量大于 3.24，则拒绝原假设 H_0，接受备选假设 H_1。

由于计算出的 F 统计量为 21.90，处于拒绝域，因此，拒绝所有多元回归系数都为零的原假设。这意味着至少有一个自变量能解释因变量（供暖费用）的变化。在现实生活中，室外平均气温、房屋隔热层的厚度和供暖设备的已使用年限确实对供暖费用有很大影响。整体检验也向我们验证了这个结论。

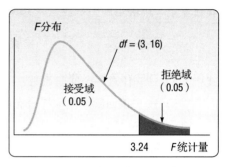

图 14-6　拒绝域和接受域

检验原假设也可以基于 p 值。p 值会在统计软件结果中输出。p 值通常被定义为当原假设为真时，比所得到的样本观察结果更极端的结果出现的概率。如果 p 值小于显著性水平，那么就拒绝原假设。方差分析显示 F 统计量的 p 值等于 0.000。显然，它小于显著性水平 0.05，故拒绝原假设，并得出结论：至少有一个回归系数不等于零。

14.3.2　评价个别回归系数

到目前为止，我们已经证明至少有一个但不一定是所有的回归系数不等于零。下一步是单独检验自变量的回归系数，以确定哪些回归系数是零，哪些不是。

为什么要知道是否有任何一个 β_j 等于 0 呢？因为如果 β_j 等于零，则意味着这个特定的自变量在解释因变量的变化方面没有任何价值。如果回归方程中存在一些不能拒绝 H_0 的系数，那么可以删除它们。

针对该案例我们将进行三组假设检验：一组是室外平均气温；一组是房屋隔热层的厚度；一组是供暖设备的已使用年限。

室外平均气温	H_0: $\beta_1 = 0$	H_1: $\beta_1 \neq 0$
房屋隔热层的厚度	H_0: $\beta_2 = 0$	H_1: $\beta_2 \neq 0$
供暖设备的已使用年限	H_0: $\beta_3 = 0$	H_1: $\beta_3 \neq 0$

我们在显著性水平为 0.05 的情况下进行假设检验，需要注意的是，这些都是双尾检验。

检验统计量服从 t 分布，自由度为 $n-(k+1)$，样本观测数为 n。在本案例中，共有 20 户，即 $n = 20$；自变量为 k，即 3 个，因此自由度 $= n-(k+1) = 20-(3+1)=16$。

t 的临界值参见附录 B.5。对于使用 0.05 的显著性水平进行 16 个自由度的双尾检验而言，如果 t 小于 -2.120 或大于 2.120，则拒绝 H_0。

根据图 14-5 的 Excel 输出结果，通过深灰色标注的系数列可得到多元回归方程为

$$\hat{y} = 427.194 - 4.583x_1 - 14.831x_2 + 6.101x_3$$

在回归方程中，$-4.583x_1$ 表示在房屋隔热层的厚度和供暖设备的已使用年限不变的情况下，室外平均气温每升高 1 华氏度，供暖费用将平均减少 4.583 美元。

Excel 输出结果中标有"Standard Error"的一列显示了样本回归系数的标准误差。假设在供暖费用的案例中被选择的 20 个房屋样本来自美国东海岸，那么如果现在选择了其他的随机样本，并计算该样本的回归系数，其数值就有可能发生变化。如果多次重复抽样过程，那么我们可以为每一个回归系数构建一个抽样分布。标准误差列估计了这些回归系数中每个系

数的变异性。回归系数的抽样数据遵循自由度为 $n-(k+1)$ 的 t 分布。因此,我们能够单独检验自变量,以确定回归系数是否为零。其计算公式为

$$\text{检验个别回归系数} \quad t = \frac{b_i - 0}{s_{b_i}} \tag{14-6}$$

式中　b_i——任意一个回归系数；

　　　s_{b_i}——该回归系数抽样分布的标准差。

已知原假设是 $\beta_i = 0$,从本节前面的输出结果来看,室外平均气温的回归系数为 -4.583,它的抽样分布标准差为 0.772,将其代入式(14-6)中可得：

$$t = \frac{b_i - 0}{s_{b_i}} = \frac{-4.583 - 0}{0.772} = -5.937$$

因此,室外平均气温的回归系数的 t 统计量的值为 -5.937(计算值与 Excel 输出值之间的微小差异是四舍五入造成的),房屋隔热层的厚度的回归系数的 t 统计量的值为 -3.119。这两个 t 值都小于 -2.120,处于左侧的拒绝域。因此我们可以得出结论,室外平均气温和房屋隔热层的厚度这两个自变量的回归系数显著不为零。供暖设备的已使用年限的 t 值为 1.521,小于 2.120,且不能拒绝原假设,故供暖设备的已使用年限的回归系数可能等于零,即自变量供暖设备的已使用年限对供暖费用的预测作用不显著。这些假设检验的结果表明,室外平均气温和房屋隔热层的厚度是供暖费用的显著影响因素。

我们还可以使用 p 值来检验各个回归系数。在 Excel 输出结果中,室外平均气温的 t 值为 -5.934,p 值为 0.000。因为 p 值小于 0.05,所以自变量室外平均气温的回归系数不等于零,应将其纳入回归方程中。对于房屋隔热层的厚度而言,t 值为 -3.119,p 值为 0.007。同样,因为 p 值小于 0.05,所以可以得出房屋隔热层的厚度的回归系数不等于零,我们也应该将其纳入回归方程来预测供暖费用。与室外平均气温和房屋隔热层的厚度相比,检验供暖设备的已使用年限的回归系数的 p 值为 0.148,明显大于 0.05,因此我们认为供暖设备的已使用年限的回归系数可能等于零。作为一个自变量,供暖设备的已使用年限对供暖费用的预测作用并不显著,因此,它不应被纳入预测供暖费用的回归方程中。

此时,我们需要确定一个删除自变量的策略。在供暖费用的案例中,有三个自变量。对于供暖设备的已使用年限这个自变量,由于未能拒绝回归系数为零的原假设,因此要删除这个变量并重新确定回归方程。图 14-7 是新的回归方程的 Excel 输出结果,其中供暖费用仍是因变量,室外平均气温和房屋隔热层的厚度是自变量。

由新的输出结果可以得到以下结论。

(1)新的回归方程是：

$$\hat{y} = 490.286 - 5.150 x_1 - 14.718 x_2$$

由此可以看出,室外平均气温 x_1 和房屋隔热层的厚度 x_2 的回归系数与加入供暖设备的已使用年限后的回归方程所得到的回归系数相似,但不完全相同。将上述方程与本节前面的 Excel 输出结果进行比较,可以发现这两个回归系数均是负数。

(2)整体检验：

$$H_0: \beta_1 = \beta_2 = 0$$
$$H_1: \beta_j \text{至少有一个不等于} 0$$

	A	B	C	D	E	F	G	H	I	J	K
1	Cost	Temp	Insul	Age		SUMMARY OUTPUT					
2	250	35	3	6							
3	360	29	4	10		*Regression Statistics*					
4	165	36	7	3		Multiple R	0.881				
5	43	60	6	9		R Square	0.776				
6	92	65	5	6		Adjusted R Square	0.749				
7	200	30	5	5		Standard Error	52.982				
8	355	10	6	7		Observations	20				
9	290	7	10	10							
10	230	21	9	11		ANOVA					
11	120	55	2	5			df	SS	MS	F	Significance F
12	73	54	12	4		Regression	2	165194.521	82597.261	29.424	0.000
13	205	48	5	1		Residual	17	47721.229	2807.131		
14	400	20	5	15		Total	19	212915.750			
15	320	39	4	7							
16	72	60	8	6				Coefficients	Standard Error	t Stat	P-value
17	272	20	5	8		Intercept		490.286	44.410	11.040	0.000
18	94	58	7	3		Temp		-5.150	0.702	-7.337	0.000
19	190	40	8	11		Insul		-14.718	4.934	-2.983	0.008
20	235	27	9	8							

图 14-7　Excel 的输出结果

F 分布是检验统计量，分子中有 $k = 2$ 个自由度，分母中有 $n − (k+1) = 20−(2+1) = 17$ 个自由度。在 0.05 的显著性水平下，通过查找附录 B.6A 可以得出推断规则是：当 F 大于 3.59 时，则拒绝 H_0。F 的值为

$$F = \frac{SSR/k}{SSE/[n-(k+1)]} = \frac{165\,194.521/2}{47\,721.229/[20-(2+1)]} = 29.424$$

由于 F 统计值为 29.424，大于临界值 3.59，因此拒绝原假设，接受备择假设。我们可以得出结论，至少有一个回归系数不为零。同样，F 检验统计量的 p 值为 0.000，显然小于 0.05，因此，我们也可以得出拒绝原假设、接受备择假设的结论。

（3）下一步是对回归系数进行单独检验。要确定是否有一个或两个回归系数不为零，则每个自变量的原假设和备择假设为

室外平均气温　　　　　　　H_0：$\beta_1 = 0$　　　　　H_1：$\beta_1 \neq 0$
房屋隔热层的厚度　　　　　H_0：$\beta_2 = 0$　　　　　H_1：$\beta_2 \neq 0$

检验统计是自由度为 $n − (k+1) = 20 − (2+1) = 17$ 的 t 分布，在 0.05 的显著性水平下，通过查阅附录 B.5 可得到 t 的临界值为 2.110，即如果 t 的值小于 −2.110 或大于 2.110，则拒绝 H_0。

室外平均气温：　　　　$t = \dfrac{b_1 - 0}{s_{b_1}} = \dfrac{-5.150 - 0}{0.702} = -7.337$

房屋隔热层的厚度：　　$t = \dfrac{b_2 - 0}{s_{b_2}} = \dfrac{-14.718 - 0}{4.934} = -2.983$

在这两个检验中，t 值均小于 −2.110，因此我们拒绝 H_0，接受 H_1。所以，我们认为每个回归系数都不为零，即室外平均气温和房屋隔热层的厚度都是解释供暖费用变化的显著变量。

同样，我们可以利用 p 值来判断。室外平均气温的 t 统计量的 p 值为 0.000，房屋隔热层的厚度的 t 统计量的 p 值为 0.008。由于两个 p 值都小于 0.05，所以在这两次检验中，我们都拒绝了原假设。这同样说明室外平均气温和房屋隔热层的厚度都是解释供暖费用变化的显著变量。

在供暖费用的案例中，要删除哪个自变量显而易见。然而，在某些情况下，要删除哪个

变量可能并不那么明确。例如，假设根据五个自变量确定了一个多元回归方程。在进行整体检验时，我们发现有些回归系数不为零。接下来，在对回归系数进行单独检验时，我们发现有三个回归系数显著，有两个不显著。此时，我们首先删除的是 t 统计量的绝对值最小或 p 值最大的单个自变量，用剩下的四个自变量重新确定回归方程，然后，对新的四个自变量的回归方程进行单独检验。这时如果仍有回归系数不显著，那么就再次放弃 t 统计量绝对值最小或 p 值最大的变量，即在统计上不显著的变量。我们用另一种方式来描述这个过程就是每次只删除一个变量，然后重新确定回归方程，并检查其余的自变量。

这个选择变量并将其纳入回归模型的过程可以使用 Excel、Minitab、MegaStat 或其他统计软件自动实现。大多数的软件系统都包含了依次删除或添加自变量的方法，同时给出了判定系数 R^2。最常见的两种方法是逐步回归和最佳子集回归，我们可以计算因变量和任何可能的自变量子集之间的每个回归。当然，这可能需要很长的时间。

有时软件系统可能会"太过努力"，它总是想寻找一个符合你的特定数据集的所有特征的回归方程，以至于始终无法找到。软件系统给出的方程可能不适合解释变量之间的关系，此时我们就需要进行选择。我们要考虑这些结果是否符合逻辑，是否具有合理的解释，是否与所在的领域知识相一致。

自测 14-3

图 14-8 是关于默特尔海滩餐厅利润的多元回归分析结果（见自测 14-1）。

（1）在 0.05 的显著性水平下进行整体假设检验，看是否有任何一个回归系数不为零？

（2）在 0.05 的显著性水平下对每个自变量进行单独检验。根据检验结果，你会考虑删除哪些自变量？

（3）简述如何删除自变量。

Predictor	Coefficient	SE Coefficient	t	p-value
Constant	2.50	1.50	1.667	0.111
x_1	3.00	1.50	2.000	0.056
x_2	4.00	3.00	1.333	0.194
x_3	-3.00	0.20	-15.000	0.000
x_4	0.20	0.05	4.000	0.000
x_5	1.00	1.50	0.667	0.511

Analysis of Variance				
Source	DF	SS	MS	F	p-value
Regression	5	100	20	10	0.000
Residual Error	20	40	2		
Total	25	140			

图 14-8 多元回归分析结果

14.4 评价对多元回归的假设

我们在 14.3 节中介绍了评价多元回归方程的方法，并检验是否至少有一个回归系数不等于零，同时介绍了评价每个回归系数的方法，还讨论了在多元回归方程中添加和删除自变量的推断过程。

整体检验和个别回归系数检验的有效性依赖于几个主要假设。如果假设不成立，那么检验结果就可能会出现偏差或错误。然而，严格遵守所有假设是很苛刻的要求，因此，只要本章中讨论的统计性质足够稳定，即使违背了一个或多个假设，这些检验也能有效地发挥作用。即使多元回归方程中的数值稍有"偏差"，通过多元回归方程得出的估计值也会比通过其他方式得出的估计值更接近真实值。

在第 13 章中，我们列出了只考虑单一自变量时回归分析的必要假设，类似地，多元回归也有以下假设。

（1）**因变量与自变量集之间存在线性关系。**

（2）**无论$\hat{y}$值的大小如何，残差的变化都相同**，即$(y-\hat{y})$与$\hat{y}$是大还是小无关。

（3）**残差服从正态分布**。残差是y的实际值与估计值$\hat{y}$之间的差值，因此我们对数据集中的每一个观测值都可以计算出$(y-\hat{y})$。这些残差应近似服从均值为0的正态分布。

（4）**自变量之间是不相关的**。也就是说，我们希望选择一组本身不相关的自变量。

（5）**残差是相互独立的**。这意味着虽然因变量的连续观测值是不相关的，但是当抽样观测值是时间序列数据时，这个假设通常不成立。

本节将对每一个假设进行讨论。此外，我们将给出验证这些假设的方法，并指出当这些假设不成立时所产生的后果。对这个问题感兴趣的读者还可以通过搜索"应用线性回归模型"进行学习。

14.4.1 线性关系

线性假设的主要内容是自变量集和因变量之间的关系是线性的。如果分析的是两个自变量，那么我们可以将这个假设可视化，即在三维空间中，两个自变量和因变量建立的回归方程将形成一个平面。我们可以用散点图和残差图来评估这个假设。

1. 使用散点图

散点图展示了因变量与每个自变量的关系。它有助于我们直观地了解这些关系，并给出了关于这些关系的方向（正或负）、线性和强度的基本信息。例如，图14-9是供暖费用案例的散点图。由图14-9可以看出，供暖费用与室外平均气温之间存在相当强的负相关关系，与房屋隔热层的厚度之间也存在负相关关系。

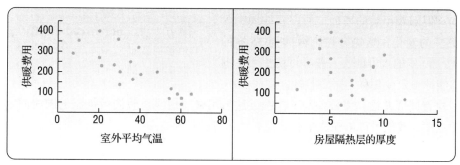

a）供暖费用和室外平均气温的散点图　　b）供暖费用和房屋隔热层的厚度的散点图

图14-9　供暖费用与室外平均气温和房屋隔热层的厚度的散点图

2. 使用残差图

残差$(y-\hat{y})$可由每个观测值的多元回归方程计算得出。第13章讨论了最佳回归直线会在散点图经过数据的中心点。此时，有一些观测值在回归直线的上方（这些残差是正值），有一些观测值在回归直线的下方（这些残差是负值），因此，观测值将在自变量的整个范围内随机地分散在回归直线的上下方。

同样的概念也适用于多元回归，虽然我们无法用图形描绘多元回归，但是可以通过残差图评价多元回归方程的线性关系。我们将残差与预测变量$\hat{y}$在纵轴上绘制出来就可以得到残差图。图14-10a是供暖费用案例的残差图。我们需注意以下几点。

（1）残差应绘制在纵轴上，并以零为中心。残差有正的，也有负的。
（2）残差图描述了横轴变量在整个范围内的正值和负值的随机分布状态。
（3）残差图中的点是分散的，没有明显的变化趋势，因此我们没有理由怀疑线性假设。

图 14-10b 显示了非随机残差，它并没有描述出横轴变量在整个范围内的正值和负值的随机分布状态，中间的这些点都集中于负值那边。因此，它表明这种关系可能不是线性的。在这种情况下，我们要考虑第 13 章中讨论的回归方程中变量的数据变换。

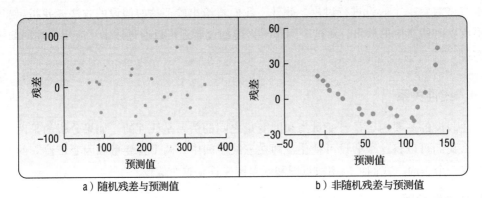

a）随机残差与预测值　　　　　　　b）非随机残差与预测值

图 14-10　随机残差图和非随机残差图

14.4.2　无论 $\hat{y}$ 值的大小如何，残差的变化都相同

这一假设表明，无论预测值 $\hat{y}$ 是大还是小，残差的变化都相同。下面举一个可能违背假设的具体例子。假设用单一自变量年龄来解释月收入的变化，并推测随着年龄的增加，收入也会增加。但随着年龄的增加，回归直线周围可能会有更多的变化，这也合理，因为与 35 岁的人群相比，50 岁的人群的收入差异可能更大。围绕回归直线的恒定变化称为同方差性。

> **同方差性（homoscedasticity）**：回归方程周围的变化对于所有自变量的值都是相同的。

为了检查同方差性，将残差与 $\hat{y}$ 作图，这与用来评估线性假设所绘制的图相同。根据绘制出的散点图，我们可以得到这个假设没有被违背的结论。

14.4.3　残差的分布

为了确保在整体检验和个别回归系数检验中得出的推论是有效的，我们对残差的分布进行假设，在理想情况下残差应该服从正态分布。

为了检验该假设，我们绘制残差频率分布图。以供暖费用为例，虽然只有 20 个观测值，很难证明残差服从正态分布，但从残差直方图，即图 14-11a 来看，残差近似服从正态分布的假设是合理的。另一个关键的图形叫作正态概率图，如图 14-11b 所示。如果绘制的点相当接近于从图形左下角到右上角的直线，则正态概率图支持残差服从正态分布的假设。

由于这两张图都支持残差服从正态分布的假设，所以，根据整体和个别回归系数假设检验所得出的推论是正确的。

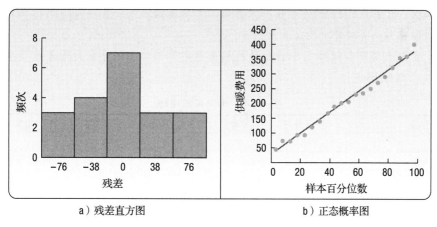

图 14-11 残差直方图和正态概率图

14.4.4 多重共线性

当自变量彼此相关时，就会出现多重共线性。自变量的相关关系使我们难以推断各个回归系数对因变量的单独影响。但是在现实生活中，完全不相关的变量几乎是不存在的。换句话说，要创造一组完全不相关的自变量几乎是不可能的。因此，我们对多重共线性问题的理解还是很重要的。

首先，多重共线性不会影响通过多元回归方程预测因变量的能力。但是，当我们想知道每个自变量和因变量之间的关系时，多重共线性的存在可能会产生让人意想不到的结果。

例如，如果我们使用高中 GPA（平均学分绩点）和高中班级排名这两个高度相关的自变量来预测大学新生的 GPA（因变量），那么我们会期望这两个自变量与因变量是正相关关系。但是，由于这两个自变量高度相关，并且其中一个自变量可能会出现无法解释的负号，因此，从本质上讲，同时选择这两个自变量是多余的，它们解释了因变量的相同变化。

其次，自变量高度相关可能会导致各个自变量的假设检验出现错误的结果。这是由估计的标准误差不稳定造成的。

具体来说，如果出现以下情况，则可能存在多重共线性：

（1）对于一个已知是重要预测因子的自变量而言，最后的回归系数却不显著；

（2）回归系数的正负号与预期的相反；

（3）当增加或删除一个自变量时，其余回归系数的值会发生剧烈变化。

在对多元回归方程的评价中，减少多重共线性影响的办法是认真地选择纳入回归方程的自变量。一般的规则是：尽量选择相关性在 −0.70 ~ 0.70 之间的两个自变量。更精确的检验方法就是计算方差膨胀因子，通常写为 VIF，计算公式如下：

$$方差膨胀因子 = VIF = \frac{1}{1-R_j^2} \quad (14-7)$$

其中 R_j^2 是指判定系数，如果我们将选定的自变量作为因变量，其他自变量作为自变量，则 VIF 大于 10 通常说明存在严重的多重共线性，这时应删除该自变量。下面的案例将介绍如何使用 VIF。

例 14-2 根据表 14-1 中的数据，计算相关系数矩阵，回答是否出现了多重共线性的问题，计算并解释每个自变量的方差膨胀因子。

解析 首先计算因变量和三个自变量的相关系数矩阵。相关系数矩阵显示了所有变量之间的相关性，如表 14-4 所示。

表 14-4 相关系数矩阵

变量	供暖费用	室外平均气温	房屋隔热层的厚度	供暖设备的已使用年限
供暖费用	1			
室外平均气温	−0.812	1		
房屋隔热层的厚度	−0.257	−0.103	1	
供暖设备的已使用年限	0.537	−0.486	0.064	1

灰底显示的区域是自变量之间的相关系数。因为所有的相关系数都在 −0.70～0.70 之间，所以存在多重共线性的可能性很小。自变量之间最大的相关系数是供暖设备的已使用年限和室外平均气温之间的相关系数，为 −0.486。

为了证实这个结论，下面分别计算三个自变量的方差膨胀因子（VIF）。首先考虑自变量室外平均气温，以室外平均气温为因变量，以房屋隔热层的厚度和供暖设备的已使用年限为自变量，求出多重判定系数。Excel 回归输出结果如图 14-12 所示。

SUMMARY OUTPUT					
Regression Statistics					
Multiple R	0.491				
R Square	0.241				
Adjusted R Square	0.152				
Standard Error	16.031				
Observations	20				
ANOVA					
	df	SS	MS	F	*Significance F*
Regression	2	1390.291	695.145	2.705	0.096
Residual	17	4368.909	256.995		
Total	19	5759.200			

图 14-12 Excel 回归输出结果

由回归输出结果可得判定系数 R^2 为 0.241，将其代入 VIF 的计算公式中：

$$\text{VIF} = \frac{1}{1-R_j^2} = \frac{1}{1-0.241} = 1.32$$

计算可得 VIF 为 1.32，远小于 10。这说明自变量室外平均气温与其他自变量的相关性不强。

同样，为了求出房屋隔热层的厚度的 VIF，我们建立以房屋隔热层的厚度为因变量，以室外平均气温和供暖设备的已使用年限为自变量的回归方程。已知这个回归方程的 R^2 为 0.011，将其代入式（14-7），可计算出房屋隔热层的厚度 VIF 为 1.011。同理，我们建立一个以供暖设备的已使用年限为因变量，以室外平均气温和房屋隔热层的厚度为自变量的回归方程。此时，R^2 为 0.236，将其代入式（14-7），可计算出供暖设备的已使用年限的 VIF 为 1.310。所有自变量的 VIF 均小于 10。由此可知，在这个案例中不存在多重共线性。

14.4.5 独立观测值

关于回归和相关分析的第五个假设是连续的残差序列是相互独立的。这表明残差不存在变化趋势，也不存在高度相关性，即不存在持续的正值或者负值。当连续的残差存在相关性时，我们把这种情况称为**自相关**（autocorrelation）。

在一段时间内收集数据时，经常会发生自相关现象。例如，我们根据广告投放的时间和花费的金额来预测某软件公司的年销售量。这时因变量是年销售量，自变量是广告投放的时间和花费的金额。在一段时间内，实际点很可能会高于回归平面（记住有两个自变量），经过一段时间后，实际点会低于回归平面。图 14-13 用纵轴表示残差，用横轴表示拟合值 $\hat{y}$，请分别观察残差在平均值以上和在平均值以下的情况。这样的散点图表明残差可能存在自相关。

我们将在第 18 章介绍 Durbin-Watson 自相关检验方法。

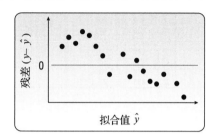

图 14-13 残差和拟合值的散点图

14.5 自变量相互独立

在关于供暖费用的案例中，室外平均气温和房屋隔热层的厚度这两个自变量是定量变量。在分析中我们常使用定类的变量，比如性别、家庭中是否有游泳池或者运动队是主队还是客队等。这些被称为**定性变量**（qualitative variable），因为它们描述了一种特定的属性，例如以男性或女性来衡量的性别。为了在回归分析中使用定性变量，我们引入了虚拟变量，即把两个属性中的一个编码为 0，另一个编码为 1。

> **虚拟变量（dummy variable）**：只有两种可能结果的变量。为了便于分析，我们将其中一个结果编码为 1，将另一个结果编码为 0。

例如，若我们想根据工作年限和是否大学毕业来估算一个管理人员的工资，那么大学毕业就是一个定性变量，它的结果只有是或不是。

假设在供暖费用的案例中加入新的自变量车库，用 x_4 表示。我们将没有车库的房屋标记为 0，将有车库的房屋标记为 1，将表 14-1 中的数据输入 Excel 系统中。已知在对供暖设备的已使用年限进行回归系数检验时，它并不显著，因此，我们可以确定它与供暖费用之间没有显著关系。

Excel 的回归输出结果如图 14-14 所示。

表 14-5 是 20 户样本房屋 1 月的供暖费用与影响因素的数据。

是否有车库对供暖费用产生了什么影响？它是否应该被纳入分析范围内？为了说明这个变量的影响，假设在纽约州布法罗有两栋完全相同的房屋，其中一栋有车库，另一栋没有。两栋房屋都有 3 英寸的隔热层。布法罗 1 月的平均气温是 20 华氏度。对于没有车库的房屋而言，在回归方程中设 x_4 为 0，由下列公式可计算出供暖费用为 280.404 美元：

$$\hat{y} = 393.666 - 3.963x_1 - 11.334x_2 + 77.432x_4$$
$$= 393.666 - 3.963 \times 20 - 11.334 \times 3 + 77.432 \times 0 = 280.404$$

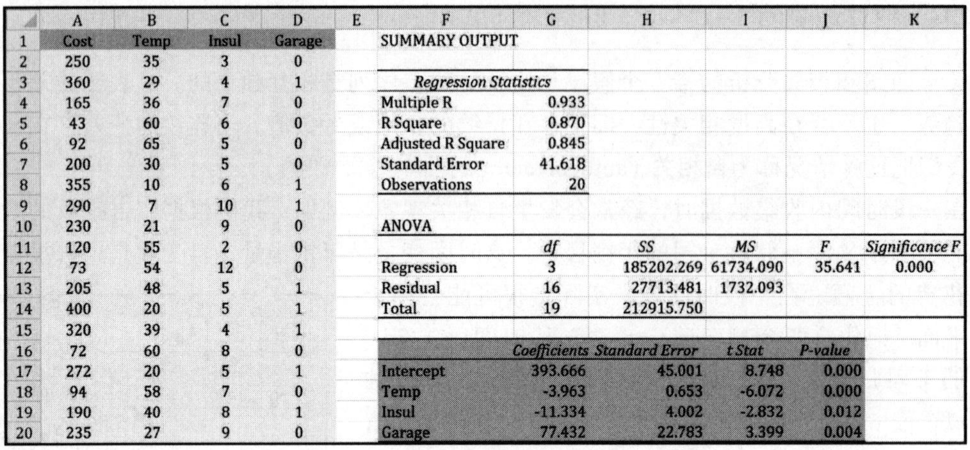

	A	B	C	D	E	F	G	H	I	J	K
1	Cost	Temp	Insul	Garage		SUMMARY OUTPUT					
2	250	35	3	0							
3	360	29	4	1		*Regression Statistics*					
4	165	36	7	0		Multiple R	0.933				
5	43	60	6	0		R Square	0.870				
6	92	65	5	0		Adjusted R Square	0.845				
7	200	30	5	0		Standard Error	41.618				
8	355	10	6	1		Observations	20				
9	290	7	10	1							
10	230	21	9	0		ANOVA					
11	120	55	2	0			*df*	*SS*	*MS*	*F*	*Significance F*
12	73	54	12	0		Regression	3	185202.269	61734.090	35.641	0.000
13	205	48	5	1		Residual	16	27713.481	1732.093		
14	400	20	5	1		Total	19	212915.750			
15	320	39	4	1							
16	72	60	8	0			*Coefficients*	*Standard Error*	*t Stat*	*P-value*	
17	272	20	5	1		Intercept	393.666	45.001	8.748	0.000	
18	94	58	7	0		Temp	-3.963	0.653	-6.072	0.000	
19	190	40	8	1		Insul	-11.334	4.002	-2.832	0.012	
20	235	27	9	0		Garage	77.432	22.783	3.399	0.004	

图 14-14 Excel 的回归输出结果

表 14-5 20 户样本房屋 1 月的供暖费用与影响因素的数据

供暖费用 y（美元）	室外平均气温 x_1（℉）	房屋隔热层的厚度 x_2（英寸）	是否有车库 x_4
250	35	3	0
360	29	4	1
165	36	7	0
43	60	6	0
92	65	5	0
200	30	5	0
355	10	6	1
290	7	10	1
230	21	9	0
120	55	2	0
73	54	12	0
205	48	5	1
400	20	5	1
320	39	4	1
72	60	8	0
272	20	5	1
94	58	7	0
190	40	8	1
235	27	9	0
139	30	7	0

对于有车库的房屋而言，在回归方程中设 x_4 为 1，由下列公式可计算出供暖费用为 357.836 美元：

$$\begin{aligned}\hat{y} &= 393.666 - 3.963x_1 - 11.334x_2 + 77.432x_4 \\ &= 393.666 - 3.963\times 20 - 11.334\times 3 + 77.432\times 1 = 357.836\end{aligned}$$

供暖费用的差额为 357.836−280.404 = 77.432 美元。因此，我们可以预测带有车库的房屋的供暖费用要比没有车库的同等房屋的供暖费用多出 77.432 美元。

已经计算出这两类房屋之间的差异是 77.432 美元，那么这种差异是否显著呢？我们需要进行以下假设检验。

$$H_0: \beta_4 = 0$$
$$H_1: \beta_4 \neq 0$$

根据图 14-14 的 Excel 回归输出结果可知，自变量车库的回归系数为 77.432，标准差为 22.783，将其代入式（14-6）可计算出 t 值：

$$t = \frac{b_4 - 0}{s_{b_4}} = \frac{77.432 - 0}{22.783} = 3.399$$

因为有三个自变量，所以有 $n-(k+1)=20-(3+1)=16$ 个自由度。我们在附录 B.5 中查到临界值为 2.120，因此，在双尾检验和 0.05 的显著性水平下，如果计算出的 t 值小于 −2.120 或大于 2.120，则拒绝 H_0。现在计算出的 t 值为 3.399，大于 2.120，故拒绝原假设。已知回归系数不为零，应将自变量车库纳入分析范围内。

我们同样可以利用 p 值进行判断，现在计算出的 t 值为 3.399，p 值为 0.004。由于 p 值小于 0.05 的显著性水平，故拒绝原假设。我们也可以得出回归系数不为零，故应将自变量车库纳入分析范围内的结论。

那么，是否可以选择具有两个以上的可能结果的定性变量呢？答案是肯定的，但是引入虚拟变量的方法较为复杂，此时需要引入一系列的虚拟变量。

例如，一家公司正在研究其最近 5 年中按季度与广告费用相关的销售额，假设销售额为因变量，广告费用为第一个自变量 x_1。为了包含有关季度的定性信息，我们使用三个额外的虚拟变量。对于变量 x_2，将 5 年中第一季度的 5 个观测值编码为 1，其他季度编码为 0。类似地，对于变量 x_3，将第二季度的 5 个观测值编码为 1，其他季度编码为 0。对于变量 x_4，将第三季度的 5 个观测值编码为 1，其他季度编码为 0。如果一个观测值不涉及前三个季度中的任何一个季度，那么它一定是指第四个季度，因此不需要一个单独的自变量来指代这个季度。

◆ 实践中的统计学

多元回归经常用于各种法律诉讼案中，特别是在指控性别或种族歧视的案件中。例如，假设一名女性指控 A 公司的工资对女性不公平。为了证明这个观点，她提供了工资数据，从数据来看，女性的平均收入确实低于男性。对此，A 公司辩解称其工资标准是根据工作经验、参加培训的情况和技能确定的，其女性员工的平均年龄较小且缺乏工作经验。该公司可能还会进一步辩解，当前的工资情况实际上是由其最近成功地雇用了更多的女性所造成的。

自测 14-4

房地产经纪人协会的一项研究表明，销售人员在 2020 年赚取的佣金与销售人员获得房地产执照后的月数之间存在一定的关系。该研究还涉及销售人员的性别。图 14-15 是回归输出结果的一部分。因变量是佣金，以千美元为单位，自变量是自获得执照以来的月数（Months）和性别（Gender）（女性 =1，男性 =0）。

（1）写出回归方程，并计算出一个 30 个月前获得执照的女性经纪人在 2020 年赚取了多少佣金？

```
                    Regression Analysis
                   Regression Statistics
              Multiple R        0.801
              R Square          0.642
              Adjusted R Square        0.600
              Standard Error 3.219
              Observations      20
    ANOVA
                  df        SS         MS         F         p-value
    Regression    2      315.9291   157.9645   15.2468    0.0002
    Residual     17      176.1284    10.36049
    Total        19      492.0575

                Coefficients   Standard Error   t Stat    p-value
    Intercept      15.7625        3.0782        5.121     .0001
    Months          0.4415        0.0839        5.262     .0001
    Gender          3.8598        1.4724        2.621     .0179
```

图 14-15　回归输出结果

（2）女性经纪人的平均收入与男性经纪人相比是多还是少？多多少或者少多少？

（3）在 0.05 的显著性水平下对虚拟变量进行假设检验，判断虚拟变量性别是否应包括在回归方程中？

14.6　带有交互作用的回归模型

第 12 章讨论了自变量之间的相互作用。假设我们正在研究减肥的课题，根据文献可知饮食和运动是相关的。因此，我们将体重变化量作为因变量，健康饮食（是或否）和运动（无、适中、剧烈）作为自变量。我们想知道主要自变量之间是否存在相互作用。也就是说，如果被研究者保持健康饮食和剧烈运动，是否会增加平均减重数量？总的减重是否会超过饮食效应导致的减重和运动效应导致的减重之和？

我们继续发散思维，研究几个定比变量的交互作用，而不仅是健康饮食和运动这两个定性变量。例如，假设我们想研究室温（68、72、76 或 80 华氏度）和噪声水平（60、70 或 80 分贝）对工人生产单位数的影响。换句话说，房间内的噪声水平和温度的组合对工人的生产效率是否会有影响？与在高温、有噪声的房间内相比，工人在凉爽、安静的房间内会不会生产更多的产品？

在回归分析中，交互作用是作为一个独立的自变量来研究的。我们将一个自变量的值乘以另一个自变量的值，从而建立一个新的自变量，然后就可以建立一个交互预测变量。一个包含交互作用项的两个变量模型为

$$y = \alpha + \beta_1 x_1 + \beta_2 x_2 + \beta_3 x_1 x_2$$

其中，$x_1 x_2$ 是交互作用项，我们通过将 x_1 和 x_2 的值相乘来构造这个新变量，利用这三个自变量建立一个回归方程，并利用本章前面介绍的自变量的个别回归系数检验来检验交互作用项的显著性。

例 14-3　根据供暖费用案例和表 14-1 中的数据，判断室外平均温度和房屋隔热层的厚度之间是否存在相互影响。如果这两个变量都增加，那么其对供暖费用的影响是否大于因室

外平均气温升高而节省的费用和因增加房屋隔热层的厚度而节省的费用之和?

解析 我们将室外平均气温和房屋隔热层的厚度的乘积作为交互作用项变量。例如,对于第一个样本家庭,室外平均气温为35华氏度,房屋隔热层的厚度为3英寸,所以交互作用项变量的值为35×3=105。图14-16为Excel的回归输出结果。

	A	B	C	D	E	F	G	H	I	J	K
1	Cost	Temp	Insul	Temp×Insul		SUMMARY OUTPUT					
2	250	35	3	105							
3	360	29	4	116		*Regression Statistics*					
4	165	36	7	252		Multiple R	0.893				
5	43	60	6	360		R Square	0.798				
6	92	65	5	325		Adjusted R Square	0.760				
7	200	30	5	150		Standard Error	51.846				
8	355	10	6	60		Observations	20				
9	290	7	10	70							
10	230	21	9	189		ANOVA					
11	120	55	2	110			df	SS	MS	F	Significance F
12	73	54	12	648		Regression	3	169908.452	56636.151	21.070	0.000
13	205	48	5	240		Residual	16	43007.298	2687.956		
14	400	20	5	100		Total	19	212915.750			
15	320	39	4	156							
16	72	60	8	480			Coefficients	Standard Error	t Stat	P-value	
17	272	20	5	100		Intercept	598.070	92.265	6.482	0.000	
18	94	58	7	406		Temp	-7.811	2.124	-3.678	0.002	
19	190	40	8	320		Insul	-30.161	12.621	-2.390	0.030	
20	235	27	9	243		Temp×Insul	0.385	0.291	1.324	0.204	
21	139	30	7	210							

图14-16　Excel的回归输出结果

将室外平均气温、房屋隔热层的厚度以及两者的交互作用作为自变量,建立多元回归方程如下:

$$\hat{y} = 598.070 - 7.811x_1 - 30.161x_2 + 0.385x_1x_2$$

要检验交互作用项变量是否显著,用下标 1×2 表示变量1和2的交互作用的系数,将显著性水平设为0.05,则原假设和备择假设分别为

$$H_0: \beta_{1 \times 2} = 0$$
$$H_1: \beta_{1 \times 2} \neq 0$$

此时,自由度为 $n-(k+1) = 20-(3+1) = 16$。在0.05的显著性水平和双尾检验下,t 的临界值为 -2.120 和 2.120。因此,当 t 小于 -2.120 或大于 2.120 时,拒绝原假设。由图14-16的输出结果可知,$b_{1 \times 2} = 0.385$,$s_{b_{1 \times 2}} = 0.291$,将其代入式(14-6):

$$t = \frac{b_{1 \times 2} - 0}{s_{b_{1 \times 2}}} = \frac{0.385 - 0}{0.291} = 1.323$$

计算出的 t 值为1.323,小于临界值2.120,因此无法拒绝原假设。此外,p 值为0.204,大于0.05,因此可认为室外平均气温与房屋隔热层的厚度对供暖费用不存在显著的交互作用。

在研究自变量之间的交互作用时,还可能出现其他情况。

(1)自变量之间有可能存在三向交互作用。在供暖费用的案例中,我们还可以考虑室外平均气温、房屋隔热层的厚度和供暖设备的已使用年限三者之间的交互作用。

(2)定量变量和定性变量在有些情况下也会发生交互作用。在供暖费用的案例中,我们可以研究室外平均气温和车库之间的交互作用。

在现实中研究所有可能的交互作用会非常复杂，因此仔细考虑自变量之间可能存在的交互作用，可以为建立回归模型提供有用的信息。

14.7 逐步回归

在供暖费用的案例中（见表 14-1 中的样本信息），我们考虑了三个自变量：室外平均气温、房屋隔热层的厚度和供暖设备的已使用年限。为了得到回归方程，首先进行整体检验以确定回归系数是不是显著的。当我们发现至少有一个显著变量时，分别检验回归系数以确定哪个是显著变量，然后保留显著变量，删除不显著变量，这使得回归方程更易于解释。最后，我们考虑了定性变量——是否有车库，并发现它与供暖费用显著相关，因此它也被添加到回归方程中。

在确定多元回归方程中包含的自变量集时，可以使用逐步回归法。逐步回归法能够有效地构建仅包含具有显著回归系数的自变量的回归方程。

> **逐步回归（stepwise regression）**：一种逐步确定回归方程的方法。该方法从单个自变量开始，逐个添加或删除自变量，直至所有显著的自变量都包含在回归方程中。

在逐步回归的过程中我们会构建很多回归方程。第一个方程只包含一个自变量。这个自变量是自变量集中解释因变量的变化百分比最大的一个。换句话说，如果我们要计算每个自变量和因变量之间的所有简单相关系数，那么逐步回归法首先选择的是与因变量相关性最强的自变量。

接下来，我们要利用逐步回归法观察其余的自变量，选择一个能够解释剩下的未被解释的变异的最大比例的自变量。继续完成这个过程，直到所有具有显著回归系数的自变量都包含在回归方程中。逐步回归法的优点是：

（1）仅将具有显著回归系数的自变量添加到回归方程中；
（2）建立回归方程的步骤很明确；
（3）能有效地找到只有显著回归系数的自变量的回归方程；
（4）显示了多元估计标准误差和判定系数的变化。

许多统计软件中都包含逐步回归的程序。例如，图 14-17 是 Minitab 针对供暖费用问题的逐步回归分析输出结果。需注意的是，在第 3 列中的最终回归方程包括室外平均气温、是否有车库和房屋隔热层的厚度这三个自变量。这些是通过整体检验和个别回归系数检验确定包含在回归方程中的自变量。我们可以发现供暖设备的已使用年限并不包括在内，这是因为它不是供暖费用的显著影响因素。

逐步回归法的步骤和解析如下。

步骤 1：首先选择自变量室外平均气温。这个变量比其他三个自变量更能解释供暖费用的变化。由第 1 列输出结果可以看出室外平均气温解释了供暖费用变化的 65.85%。第一步的回归方程为

$$\hat{y} = 388.8 - 4.93x_1$$

供暖费用与室外平均气温之间存在负相关关系。这意味着室外平均气温每升高 1 华氏度，供暖费用就平均减少 4.93 美元。

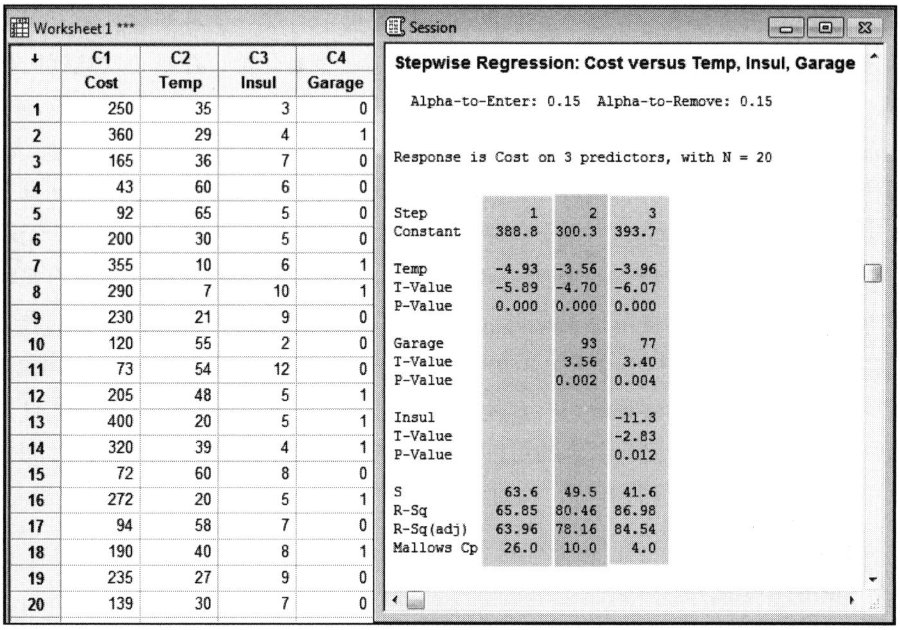

Worksheet 1 ***

↓	C1 Cost	C2 Temp	C3 Insul	C4 Garage
1	250	35	3	0
2	360	29	4	1
3	165	36	7	0
4	43	60	6	0
5	92	65	5	0
6	200	30	5	0
7	355	10	6	1
8	290	7	10	1
9	230	21	9	0
10	120	55	2	0
11	73	54	12	0
12	205	48	5	1
13	400	20	5	1
14	320	39	4	1
15	72	60	8	0
16	272	20	5	1
17	94	58	7	0
18	190	40	8	1
19	235	27	9	0
20	139	30	7	0

Session

Stepwise Regression: Cost versus Temp, Insul, Garage

Alpha-to-Enter: 0.15 Alpha-to-Remove: 0.15

Response is Cost on 3 predictors, with N = 20

Step	1	2	3
Constant	388.8	300.3	393.7
Temp	-4.93	-3.56	-3.96
T-Value	-5.89	-4.70	-6.07
P-Value	0.000	0.000	0.000
Garage		93	77
T-Value		3.56	3.40
P-Value		0.002	0.004
Insul			-11.3
T-Value			-2.83
P-Value			0.012
S	63.6	49.5	41.6
R-Sq	65.85	80.46	86.98
R-Sq(adj)	63.96	78.16	84.54
Mallows Cp	26.0	10.0	4.0

图 14-17　Minitab 逐步回归分析输出结果

步骤 2：引入回归方程中的自变量是否有车库。当我们把这个变量引入回归方程后，就会发现判定系数由 65.85% 提高到 80.46%。也就是说，加入是否有车库这个自变量后，判定系数增加了 14.61%。第二步的回归方程为

$$\hat{y} = 300.3 - 3.56x_1 + 93.0x_2$$

通常情况下，回归系数从一个步骤到下一个步骤会发生变化。在第二步中，室外平均气温的回归系数保留了负号，但它的数值从 −4.93 变为 −3.56。这种变化反映出自变量是否有车库的影响程度在增加。为什么在第二步中要选择自变量是否有车库而不是房屋隔热层的厚度或供暖设备的已使用年限呢？因为当引入是否有车库这个自变量时，R^2 增加的幅度比添加其他两个自变量中的任何一个都大。

步骤 3：此时，还剩下房屋隔热层的厚度和供暖设备的已使用年限。值得注意的是，程序在第三步选择了房屋隔热层的厚度后就停止了。这说明房屋隔热层的厚度比供暖设备的已使用年限更能解释供暖费用的剩余变化。第三步的回归方程为

$$\hat{y} = 393.7 - 3.96x_1 + 77.0x_2 - 11.3x_3$$

此时，供暖费用变化的 86.98% 可以由室外平均气温、是否有车库和房屋隔热层的厚度这三个自变量来解释。

步骤 4：逐步回归程序在这里就停止了。这意味着供暖设备的已使用年限不会显著增加判定系数。

我们采用逐步回归法找到了与本章前面介绍的整体和个别回归系数检验相同的回归方程，并选择了相同的自变量和相同的判定系数。逐步回归法的优点是它比综合使用整体和个别回归系数检验更直接。

当然还有其他的变量选择方法。逐步回归法也称为**前向选择法**（forward selection

method），即从没有自变量开始，每次迭代时在回归方程中增加一个自变量。还有一种方法是**后向剔除法**（backward elimination method），即从整个变量集开始，在每一次迭代时剔除一个自变量。

到目前为止所介绍的方法都是每次只看一个自变量，并决定是选择还是剔除该自变量。另一种方法是**最佳子集回归**（best-subset regression），即我们分别观察并使用一个自变量的最佳模型，两个自变量的最佳模型，三个自变量的最佳模型，依此类推。其标准是无论自变量的数量有多少，都要找到 R^2 最大的模型。另外，每个自变量的回归系数不一定为非零。由于每个自变量既可能被选择，也可能被剔除，所以 k 个自变量就会产生 (2^k-1) 个可能的模型。在供暖费用的案例中，由于考虑了 4 个自变量，所以会有 $2^4-1=15$ 个回归模型。因此，我们需要研究所有使用一个自变量，所有使用两个自变量的组合，所有使用三个自变量的组合，以及所有使用四个自变量的组合的可能性。最佳子集回归方法的优点是它可能会检查逐步回归法中没有考虑到的自变量组合，该过程可在 Minitab 和 MegaStat 中实现。

14.8 多元回归的复习

本章介绍了许多涉及多元回归的问题。下面我们重点介绍一个案例并进行解析，通过回顾各个知识点来复习，以便我们更好地掌握和应用多元回归。

例 14-4 新英格兰银行是一家服务于新英格兰各州以及纽约和新泽西的大型金融机构。新英格兰银行的抵押贷款部门正在研究户主所购房屋价值（以千美元为单位）、户主的受教育程度（以年为单位）、户主的年龄、目前每月的抵押贷款支付额（以美元为单位）、户主的性别（男性 =1，女性 =0）等因素与家庭收入的关系。抵押贷款部门想知道这些变量是不是家庭收入的有效预测因素。

解析 新英格兰银行对上个月提交的 25 笔贷款申请进行随机抽样调查，得到表 14-6 中部分样本信息，整个数据集可在网站（www.mhhe.com/Lind17e）上查阅。

表 14-6 新英格兰银行 25 笔贷款申请的样本数据

贷款人	收入（千美元）	房屋价值（千美元）	受教育程度（年）	年龄（岁）	抵押贷款月支付额（美元）	性别
1	100.7	190	14	53	230	1
2	99	121	15	49	370	1
3	102	161	14	44	397	1
⋮	⋮	⋮	⋮	⋮	⋮	⋮
23	102.3	163	14	46	142	1
24	100.2	150	15	50	343	0
25	96.3	139	14	45	373	0

首先计算相关系数矩阵，如表 14-7 所示。它直观地展现了每个自变量和因变量之间的关系。相关系数矩阵有助于确定与因变量收入关系更为密切的自变量，还可以显示出高度相关和可能多余的自变量。

从这个相关系数矩阵中可知以下内容。

（1）第一列显示了每个自变量与因变量收入之间的相关性，由此可以看出每个自变量都与收入成正相关关系。其中，房屋价值与收入的相关性最强，受教育程度和抵押贷款月支付额与收入的相关性较弱。因此，这两个变量是可以剔除的候选变量。

表 14-7 相关系数矩阵

	收入	房屋价值	受教育程度	年龄	抵押贷款月支付额	性别
收入	1					
房屋价值	0.720	1				
受教育程度	0.188	−0.144	1			
年龄	0.243	0.220	0.621	1		
抵押贷款月支付额	0.116	0.358	−0.210	−0.038	1	
性别	0.486	0.184	0.062	0.156	−0.129	1

（2）所有自变量之间的相关性用深灰色标识，我们通常选择相关系数的绝对值小于0.700的自变量。由此可知，案例中的自变量之间没有强相关关系，这说明存在多重共线性的可能性不大。

接下来，我们用所有的自变量确定多元回归方程，多元回归输出结果如图14-18所示。

图 14-18 多元回归输出结果

我们将判定系数，即R^2和调整后的R^2，在摘要输出结果中用灰色标记，可以看出$R^2=0.750$，这意味着这5个自变量能够解释收入变化的3/4。调整后的$R^2=0.684$衡量了回归方程中的变量数的自变量集与家庭收入之间关系的强度。调整后的R^2表明这5个自变量能够解释收入变化的68.4%。这两点都表明这些自变量对预测收入是有用的。

输出的回归方程为

$$\hat{y} = 70.606 + 0.072 \times 房屋价值 + 1.624 \times 受教育程度 - 0.122 \times 年龄 -$$
$$0.001 \times 抵押贷款月支付额 + 1.807 \times 性别$$

根据上述回归方程，我们可以得到以下结论。

（1）在其他条件不变的情况下，房屋价值每增加1 000美元，收入将平均增加72美元；

受教育程度每增加 1 年，收入将平均增加 1 624 美元；年龄每增加 1 岁，收入将平均减少 122 美元；抵押贷款月支付额每增加 1 美元[⊖]，收入将平均减少 1 美元。

（2）如果贷款者是男性，则收入将增加 1 807 美元。女性编码为 0，男性编码为 1。

（3）贷款者的年龄和抵押贷款月支付额的回归系数的符号为负，因此它们与收入呈负相关关系。

接下来我们进行整体假设检验，在 0.05 的显著性水平下，检验是否有回归系数不为零。

$$H_0: \beta_1 = \beta_2 = \beta_3 = \beta_4 = \beta_5 = 0$$
$$H_1: \beta_j 至少有一个不等于 0$$

在图 14-18 的输出结果中，F12 单元格显示了 p 值为 0.000，小于显著性水平，因此拒绝原假设，并得出至少有一个回归系数不等于零的结论。接下来我们对各个回归系数进行检验，每个回归系数的 p 值会在 E18～E22 单元格中显示出来。原假设和备择假设分别是：

$$H_0: \beta_i = 0$$
$$H_1: \beta_i \neq 0$$

在 0.05 的显著性水平下，房屋价值、受教育程度和性别的回归系数的 p 值小于 0.05，因此可认为这些回归系数不等于零，是收入的显著预测因子。由于年龄和抵押贷款月支付额的 p 值大于 0.05 的显著性水平，所以我们无法拒绝这些变量的原假设。这说明回归系数与零无差异，与家庭收入无关。

根据对各回归系数的检验结果，我们可得出结论：年龄和抵押贷款月支付额不是收入的有效预测因素，因此，应该将它们从多元回归方程中剔除。需注意的是，每次剔除一个自变量都必须重新进行分析，以评估剔除自变量后的回归效果。我们的策略是剔除 t 统计量最小或 p 值最大的自变量。在这个案例中，我们首先剔除的自变量是抵押贷款月支付额。剔除抵押贷款月支付额后的回归分析结果如图 14-19 所示。

	A	B	C	D	E	F
1	SUMMARY OUTPUT					
2						
3	*Regression Statistics*					
4	Multiple R	0.865				
5	R Square	0.748				
6	Adjusted R Square	0.698				
7	Standard Error	1.444				
8	Observations	25				
9						
10	ANOVA					
11		df	SS	MS	F	P-value
12	Regression	4	124.099	31.025	14.874	0.000
13	Residual	20	41.716	2.086		
14	Total	24	165.815			
15						
16		Coefficients	Standard Error	t Stat	P-value	
17	Intercept	70.159	7.165	9.791	0.000	
18	Value ($000)	0.070	0.011	6.173	0.000	
19	Education	1.647	0.585	2.813	0.011	
20	Age	-0.122	0.076	-1.602	0.125	
21	Gender	1.846	0.596	3.096	0.006	

图 14-19　剔除抵押贷款月支付额后的回归分析结果

剔除抵押贷款月支付额后，R^2 和调整后的 R^2 发生了微小的变化。同时我们观察到与年龄

⊖　原文为 1000 美元。——译者注

相关的 p 值仍大于 0.05 的显著性水平，因此，要进一步剔除年龄，并重新进行回归分析。剔除年龄和抵押贷款月支付额后的回归输出结果如图 14-20 所示。

	A	B	C	D	E	F
1	SUMMARY OUTPUT					
2						
3	*Regression Statistics*					
4	Multiple R	0.846				
5	R Square	0.716				
6	Adjusted R Square	0.676				
7	Standard Error	1.497				
8	Observations	25				
9						
10	ANOVA					
11		df	SS	MS	F	P-value
12	Regression	3	118.743	39.581	17.658	0.000
13	Residual	21	47.072	2.242		
14	Total	24	165.815			
15						
16		Coefficients	Standard Error	t Stat	P-value	
17	Intercept	74.527	6.870	10.849	0.000	
18	Value ($000)	0.063	0.011	5.803	0.000	
19	Education	1.016	0.449	2.262	0.034	
20	Gender	1.770	0.616	2.872	0.009	

图 14-20　剔除年龄和抵押贷款月支付额后的回归输出结果

根据回归输出结果，我们可得出以下结论。

（1）剔除两个不显著的自变量后，R^2 和调整后的 R^2 有所下降，分别为 0.716 和 0.676。我们更倾向于选择自变量数量少的回归方程，因为它更容易解释。

（2）在方差分析中，p 值小于 0.05，因此，至少有一个回归系数不等于零。

（3）检验各个回归系数的显著性，我们可以看到剩余的自变量的 p 值均小于 0.05，故所有的回归系数都不为零，也就是说，剩余的每个自变量都是收入的有效预测因子。

最后一步是检验回归分析的主要假设。第一个假设是每个自变量和因变量之间都存在线性关系。我们没有必要检验性别变量，因为这只有两种可能的结果。图 14-21 是收入与房屋价值和收入与受教育程度的散点图。

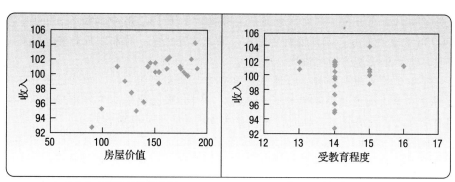

a）收入和房屋价值的散点图　　　b）收入和受教育程度的散点图

图 14-21　收入与房屋价值、受教育程度的散点图

由图 14-21a 可以看出正相关的趋势，即随着房屋价值的增加，收入也在增加。这些点似乎是线性的。也就是说，数据中不存在明显的非线性趋势。由图 14-21b 可以看出，受教育程

度是离散型数据，因此很难确定这种关系是不是线性的。

残差图对于评价线性假设也很有用。回忆一下，残差是$(y-\hat{y})$，即因变量的实际值y和预测值$\hat{y}$之间的差值。假设两者是线性关系，则残差的分布应该显示出以零为中心，负残差（线以上的点）和正残差（线以下的点）的比例相等的特征。从残差图来看，应该没有可观察到的明显的趋势，如图14-22所示。

由于图14-22中没有明显的趋势，所以我们认为线性假设是合理的。如果线性假设有效，那么残差应该服从均值为零的正态分布。我们应使用残差直方图和正态概率图来检验这个假设，如图14-23所示。

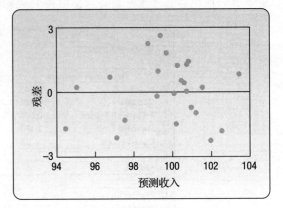

图14-22 残差图

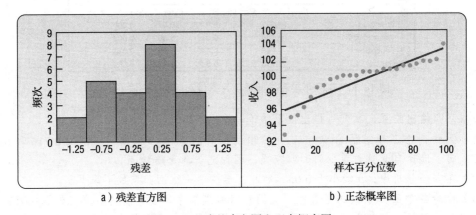

a）残差直方图　　　　b）正态概率图

图14-23 残差直方图和正态概率图

一般来说，图14-23a显示了正态分布的主要特征，即大部分观测值位于中间，且以均值是零为中心，分布的尾部频率较低。图14-23b用于检验一组数据是否服从正态分布。线条表示标准化的累积正态分布，灰色点表示残差的累积分布。

如果残差服从正态分布，那么灰色点就应该接近于图14-23b中的线条。但是，我们注意到在图14-23b的下半部分，残差偏离了直线，因此这可能是一种非线性趋势，但是图14-23b中并没有显示出严重偏离线性的情况。

最后一个假设是多重共线性，这意味着自变量不是高度相关的。我们给出了一个经验法则，即如果自变量之间的相关系数接近于0.7或−0.7，那么就很有可能出现多重共线性。本案例中的自变量之间没有强相关性，这说明存在多重共线性的可能性不大。

方差膨胀因子（VIF）能够更精确地检验多重共线性。为了计算VIF，我们需要将每个自变量作为因变量，将其他自变量作为自变量进行回归分析。在这些回归分析中，我们需要用式（14-7）计算VIF的R^2。表14-8显示了每个回归分析的R^2和计算出的VIF。如果VIF小于10，那么出现多重共线性的可能性就很小。由表14-8可以看出，三个自变量的VIF都小于10，所以几乎没有出现多重共线性的可能性。

综上所述，多元回归方程为

$$\hat{y} = 74.527 + 0.063 \times 房屋价值 + 1.016 \times 受教育程度 + 1.770 \times 性别$$

表 14-8 R^2 和 VIF

因变量	自变量	R^2	VIF
房屋价值	受教育程度和性别	0.058	1.062
受教育程度	房屋价值和性别	0.029	1.030
性别	房屋价值和受教育程度	0.042	1.044

这个方程能够解释 71.6% 的收入的变化，同时满足线性假设，残差服从正态分布假设，没有多重共线性假设。

章节摘要

1. 多元回归方程的一般形式为

$$\hat{y} = a + b_1 x_1 + b_2 x_2 + b_3 x_3 + \cdots + b_k x_k \tag{14-1}$$

其中，a 是所有 x 为零时 y 的截距，b_j 是样本回归系数，x_j 是各自变量的值。
（1）自变量的个数可以是任意数字。
（2）通常用最小二乘法确定回归方程。
（3）有时需要借助统计软件包进行计算。

2. 方差分析表对多元回归分析进行了总结。
（1）它展现了因变量的总变差，并将这种变差分为能够被自变量集解释的变差部分和无法解释的变差部分。
（2）它给出了与自变量、误差变差和总变差相关的自由度。

3. 衡量回归方程有效性的标准有两个。
（1）多元估计标准误差与标准差相似。
① 它的计量单位与因变量相同。
② 它是基于因变量的观测值和预测值之间的离差平方和计算出来的。
③ 它的取值范围为 $0 \sim +\infty$。
④ 它的计算公式如下：

$$\text{多元估计标准误差} = s_{y \cdot 1, 2, 3, \cdots, k} = \sqrt{\frac{\sum(y-\hat{y})^2}{n-(k+1)}} = \sqrt{\frac{\text{SSE}}{n-(k+1)}} \tag{14-2}$$

（2）多重判定系数是指因变量的变差能够由自变量集的变差所解释的百分比。
① 它的范围在 $0 \sim 1$ 之间。
② 它是基于回归方程的总平方和计算出的。
③ 它的计算公式如下：

$$\text{多重判定系数} = R^2 = \frac{\text{SSR}}{\text{SS total}} \tag{14-3}$$

④ 当自变量的个数较多时，我们可以利用自由度对判定系数进行调整：

$$\text{调整后的多重判定系数} = R^2_{\text{adj}} = 1 - \frac{\frac{\text{SSE}}{n-(k+1)}}{\frac{\text{SS total}}{n-1}} \tag{14-4}$$

4. 我们可以用整体检验来考察任何一个自变量的回归系数与零是否有显著差异。
（1）原假设是：所有的回归系数都为零。
（2）备择假设是：至少有一个回归系数不为零。

（3）检验统计量为 F 分布，分子自由度为 k（自变量数），分母自由度为 n−(k+1)，其中 n 为样本量。
（4）整体检验统计量的计算公式为

$$\text{整体检验} \quad F = \frac{\text{SSR}/k}{\text{SSE}/[n-(k+1)]} \tag{14-5}$$

5. 我们利用个别回归系数的检验可以确定哪些自变量的回归系数与零有显著差异。
   （1）通常剔除回归系数为零的自变量。
   （2）检验统计量为自由度是 n−(k+1) 的 t 分布。
   （3）计算个别回归系数检验统计量的公式为

$$\text{检验个别回归系数} \quad t = \frac{b_i - 0}{s_{b_i}} \tag{14-6}$$

6. 多元回归分析的五个主要假设如下。
   （1）因变量与自变量集之间必须是线性关系。
   ① 为了验证这个假设，可以绘制残差散点图，即将残差画在纵轴上，将因变量的拟合值画在横轴上。
   ② 如果残差散点图中出现随机分布的情况，我们就可以断定这种关系是线性的。
   （2）无论 $\hat{y}$ 值的大小如何，残差的变化都相同。
   ① 同方差性是指因变量的所有拟合值的变差都是相同的。
   ② 这个假设可以通过绘制残差散点图来检验，即将残差画在纵轴上，将因变量的拟合值画在横轴上。
   ③ 如果图中没有出现明显的趋势，也就是说，它们看起来是随机分布的，那么残差就满足了同方差性的要求。
   （3）残差服从正态分布。
   ① 这个条件可以通过绘制残差直方图或正态概率图来检验。
   ② 残差服从均值为 0 的正态分布。
   （4）自变量之间是不相关的。
   ① 相关系数矩阵能够显示自变量之间所有可能的相关性。一般来说，高度相关是指变量之间的相关系数大于 0.70 或小于 −0.70。
   ② 自变量之间存在高度相关性的现象有：一个理论上显著的自变量却不显著时；一个或多个自变量的回归系数的正负号明显相反时；从回归方程中剔除一个自变量后，其他自变量的回归系数会发生很大的变化。
   ③ 方差膨胀因子可以用于识别多重共线性。

$$\text{方差膨胀因子} = \text{VIF} = \frac{1}{1-R_j^2} \tag{14-7}$$

   （5）残差是相互独立的。
   ① 当连续残差存在相关性时，就会发生自相关问题。
   ② 当存在自相关问题时，标准误差的值就会出现偏差，有关回归系数的假设检验将不再可靠。
7. 有助于建立回归方程的几种方法。
   （1）对于只有两种可能结果的定性变量而言，可以通过引入虚拟变量的方式将其添加到回归方程中。
   ① 将可能的结果之一编码为 1，将另一种结果编码为 0。
   ② 使用式（14-6）来判断虚拟变量是否应该留在回归方程中。
   （2）交互作用是指一个自变量（x_2）与另一个自变量（x_1）的交互项会影响因变量（y）。
   （3）逐步回归是指通过一步步添加或剔除自变量来找到回归方程的过程。

① 只有回归系数显著不为零的自变量才会被引入回归方程中。
② 将自变量在回归方程中逐一添加或剔除。

章节练习

1. 某批发产品公司的营销总监正在研究月销售额的影响因素。他将地区人口、人均收入、地区失业率这三个变量作为自变量,将月销售额(以美元为单位)作为因变量,计算出的回归方程为

$$\hat{y} = 64\,100 + 0.394x_1 + 9.6x_2 - 11\,600x_3$$

(1)上述等式的全称是什么?
(2)常数项 64 100 代表着什么?
(3)若某地区人口为 796 000 人,人均收入为 6 940 美元,地区失业率为 6.0%,则该地区的月销售额估计为多少?

2. 某公司的人力资源部为了了解员工对生活质量的满意程度,特聘请了一个调查小组。该调查小组构建了一个满意度指数来衡量满意程度,其中包含六个指标,即结婚年龄(x_1)、年收入(x_2)、子女人数(x_3)、总资产(x_4)、健康状况指数(x_5)、每周平均社交活动次数(x_6)。假设多元回归方程为

$$\hat{y} = 16.24 + 0.017x_1 + 0.002\,8x_2 + 42x_3 + 0.001\,2x_4 + 0.19x_5 + 26.8x_6$$

(1)一个 18 岁结婚,年收入为 26 500 美元,有 3 个孩子,总资产为 156 000 美元,健康状况指数为 141,每周平均有 2.5 次社交活动的人,其满意度指数约为多少?
(2)在其他条件不变的情况下,一年多收入 1 万美元和每周多 2 次社交活动,哪个更能增加满意程度?

3. 根据表 14-9 回答以下问题。

表 14-9

来源	df	SS	MS	F	p
回归	2	77.907	38.954	4.14	0.021
残差	62	583.693	9.414		
总和	64	661.600			

(1)计算估计的标准误差,并说明大约 95% 的残差将在哪两个值之间?
(2)计算多重判定系数并进行解释。
(3)计算调整后的多重判定系数。

4. 根据图 14-24 所示的多元回归输出结果,回答下列问题。
(1)确定回归方程。
(2)如果 x_1 是 4、x_2 是 11,则因变量的期望值或预测值是多少?
(3)样本有多大?有多少个自变量?
(4)在 0.05 的显著性水平下进行整体假设检验,看是否有任何一组回归系数不为零?
(5)在 0.05 的显著性水平下对每个自变量进行假设检验。根据检验结果,你会考虑删除哪些自变量?
(6)简述在本案例中删除自变量的策略。

图 14-24 多元回归输出结果

5. 位于北卡罗来纳州的一个大型家具制造公司的经理正在研究该公司所雇用的 15 名电气维修工的工作表现。要成为一名电气维修工,需要通过人力资源部门的能力测试。因此,经理可以得到每个电气维修工的工作表现得分和能力测试分数的数据。此外,他还标示了哪些电气维修工是工会成员(编码为

1），哪些不是（编码为 0）。样本信息数据如表 14-10 所示。

表 14-10　15 名电气维修工的样本信息数据

电气维修工	工作表现得分	能力测试分数	是不是工会成员
雅培	58	5	0
安德森	53	4	0
班德	33	10	0
布什	97	10	0
森特	36	2	0
库姆斯	83	7	0
埃克斯坦	67	6	0
格洛斯	84	9	0
赫德	98	9	1
豪斯霍尔德	45	2	1
洛里	97	8	1
林德斯特伦	90	6	1
梅森	96	7	1
皮尔斯	66	3	1
罗德	82	6	1

（1）以工作表现得分为因变量，以能力测试分数和是不是工会成员为自变量，建立回归方程。

（2）对回归方程进行解释，计算并确定判定系数和工会成员资格对工作表现得分的影响。能力测试分数和是不是工会成员这两个变量能否有效地解释工作表现得分的变化？

（3）对是不是工会成员进行假设检验，确定是否应将其作为一个自变量引入回归方程中。

（4）分析是否存在可能的交互效应项的影响。

6. 一位艺术品收藏家正在研究一幅画作的拍卖价格与拍卖会上的竞拍者数量和画作年龄（以年为单位）这两个自变量之间的关系，通过对 25 幅画作进行抽样调查，可得到以下数据（见表 14-11）。

表 14-11　25 幅画作的抽样数据

画作	拍卖价格（美元）	竞拍者数量（人）	画作年龄（年）
1	3 470	10	67
2	3 500	8	56
3	3 700	7	73
⋮	⋮	⋮	⋮
23	4 660	5	94
24	4 710	3	88
25	4 880	1	84

（1）利用自变量竞拍者数量和画作年龄确定一个多元回归方程，以估计因变量拍卖价格并解释回归方程。根据回归方程能否得到竞拍者数量和拍卖价格之间存在反向关系的结论？

（2）创建一个交互作用项，并将其引入回归方程中。解释交互作用的含义并检验这个变量是否显著。

（3）使用逐步回归法，将竞拍者数量、画作年龄以及竞拍者数量和画作年龄之间的交互作用作为自变量集，你会选择哪些自变量？

7. 根据多元回归分析的结果（见图 14-25），回答以下问题。

（1）样本量是多少？

Source	Sum of Squares	df
Regression	750	4
Error	500	35

图 14-25　多元回归分析的结果（一）

（2）自变量个数是多少？

（3）计算判定系数。

（4）计算估计的标准误差。

（5）写出当 $\alpha = 0.05$ 时，至少有一个回归系数不等于零的假设检验。

8. 根据多元回归分析的结果（见图 14-26），回答以下问题。

（1）样本量是多少？

（2）计算判定系数。

（3）计算多元估计标准误差。

（4）在 0.05 的显著性水平下进行整体假设检验，判断所有的回归系数是否都为零。

（5）在 0.05 的显著性水平下对所有的回归系数进行单独检验，判断是否需要剔除自变量？如果需要剔除，那么应剔除哪一个自变量？

9. 一家大型商店的地区经理正在调查为什么她所在地区的某些商店的业绩比其他商店的好。她认为有三个因素与总销售额有关：该地区的竞争者数量、该地区的人口、广告费。她随机选择所在地区的 30 家商店作为样本。对于每家商店，她收集了以下信息：

y = 去年的总销售额（千美元）；

x_1 = 该地区的竞争者数量；

x_2 = 该地区的人口（百万）；

x_3 = 广告费（千美元）。

使用 Minitab 进行多元回归分析的结果如图 14-27 所示。

（1）假设该店在此地区内有 4 个竞争者，地区的人口为 0.4（40 万），广告费为 30（3 万美元），则估计该店的总销售额为多少？

Analysis of Variance			
Source	DF	SS	MS
Regression	5	100	20
Residual Error	20	40	2
Total	25	140	
Predictor	Coefficient	SE Coefficient	t
Constant	3.00	1.50	2.00
x_1	4.00	3.00	1.33
x_2	3.00	0.20	15.00
x_3	0.20	0.05	4.00
x_4	-2.50	1.00	-2.50
x_5	3.00	4.00	0.75

图 14-26 多元回归分析的结果（二）

Analysis of Variance			
Source	DF	SS	MS
Regression	3	3050	1016.67
Residual Error	26	2200	84.62
Total	29	5250	
Predictor	Coefficient	SE Coefficient	t
Constant	14.00	7.00	2.00
x_1	-1.00	0.70	-1.43
x_2	30.00	5.20	5.77
x_3	0.20	0.08	2.50

图 14-27 多元回归分析的结果（三）

（2）计算判定系数。

（3）计算多元估计标准误差。

（4）在 0.05 的显著性水平下进行整体假设检验，以确定是否有回归系数不等于零。

（5）在 0.05 的显著性水平下对每个回归系数进行假设检验，以确定哪些自变量是显著的。根据假设检验的结果，你会考虑剔除哪些自变量？

10. 某学院的一个律师助理项目的管理者想估算新项目的平均成绩。他认为高中 GPA（HSGPA）、大学本科标准入学考试的语言成绩（SAT_Verbal）和数学成绩（SAT_Math）将是预测律师助理 GPA（Paralegal GPA）的影响因素。为此，他收集了 9 名学生的样本数据，如表 14-12 所示。

表 14-12 9 名学生的样本数据

学生	高中 GPA	SAT 语言成绩（分）	SAT 数学成绩（分）	律师助理 GPA
1	3.25	480	410	3.21
2	1.80	290	270	1.68
3	2.89	420	410	3.58
4	3.81	500	600	3.92
5	3.13	500	490	3.00
6	2.81	430	460	2.82

学生	高中 GPA	SAT 语言成绩（分）	SAT 数学成绩（分）	律师助理 GPA
7	2.2	320	490	1.65
8	2.14	530	480	2.3
9	2.63	469	440	2.33

（1）根据表 14-13 所示的相关系数矩阵，判断哪个自变量与因变量的相关性最强，哪两个自变量之间的相关性很强。这说明了什么问题？

表 14-13 相关系数矩阵

	律师助理 GPA	高中 GPA	SAT 语言成绩
高中 GPA	0.911		
SAT 语言成绩	0.616	0.609	
SAT 数学成绩	0.487	0.636	0.599

（2）根据以下多元回归分析的结果（见图 14-28），计算多重判定系数。

```
The regression equation is
Paralegal GPA    = -0.411   + 1.20 HSGPA    + 0.00163 SAT_Verbal    - 0.00194 SAT_Math

Predictor              Coef          SE Coef              T              P
Constant            - 0.4111          0.7823           - 0.53          0.622
HSGPA                1.2014          0.2955             4.07          0.010
SAT_Verbal          0.001629        0.002147            0.76          0.482
SAT_Math           - 0.001939        0.002074           - 0.94          0.393

Analysis of Variance
SOURCE           DF           SS             MS            F            P
Regression        3         4.3595         1.4532        10.33         0.014
Residual Error    5         0.7036         0.1407
Total             8         5.0631

SOURCE      DF     Seq SS
HSGPA        1     4.2061
SAT_Verbal   1     0.0303
SAT_Math     1     0.1231
```

图 14-28 多元回归分析的结果（四）

（3）根据上述结果进行整体检验，当 $\alpha=0.05$ 时，判断是否至少有一个回归系数不等于零？

（4）在 $\alpha=0.05$ 时对每个自变量进行假设检验，并考虑是否剔除"SAT 语言成绩"和"SAT 数学成绩"这两个变量。

（5）剔除"SAT 语言成绩"和"SAT 数学成绩"这两个变量的多元回归分析的结果如图 14-29 所示，计算判定系数。R^2 与之前的分析结果相比发生了多大变化？

```
The regression equation is
Paralegal GPA     = - 0.454     + 1.16 HSGPA

Predictor         Coef          SE Coef              T            P
Constant        - 0.4542         0.5542           - 0.82         0.439
HSGPA            1.1589          0.1977             5.86         0.001

Analysis of Variance
SOURCE          DF         SS            MS            F            P
Regression       1        4.2061        4.2061        34.35        0.001
Residual Error   7        0.8570        0.1224
Total            8        5.0631
```

图 14-29 多元回归分析的结果（五）

（6）图 14-30 是残差直方图，判断残差的正态分布假设是否合理。

（7）图 14-31 是残差和拟合值的散点图，判断是否有任何违背假设的情况。

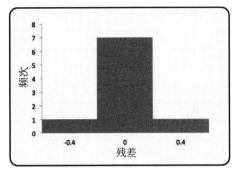

图 14-30　残差直方图

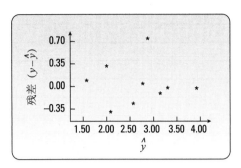

图 14-31　残差和拟合值的散点图

11. 某视频媒体顾问收集了通过在线零售商销售的热门 LED 电视的销售数据，如图 14-14 所示。

表 14-14　热门 LED 电视的销售数据

品牌	屏幕尺寸（英寸）	价格（美元）	品牌	屏幕尺寸（英寸）	价格（美元）
夏普	46	736.5	夏普	37	657.25
三星	52	1 150	夏普	32	426.75
三星	46	895	夏普	52	1 389
索尼	40	625	三星	40	874.75
夏普	42	773.25	夏普	32	517.5
三星	46	961.25	三星	52	1 475
三星	40	686	索尼	40	954.25
夏普	37	574.75	索尼	52	1 551.5
夏普	46	1 000	索尼	46	1 303
索尼	40	722.25	索尼	46	1 430.5
索尼	52	1 307.5	索尼	52	1 717
三星	32	373.75			

（1）屏幕尺寸与价格之间是否存在线性关系？

（2）哪个变量是因变量？

（3）确定回归方程并解释回归方程中的斜率值。

（4）以虚拟变量的形式将品牌引入多元回归分析中，判断是否会出现一些品牌可以获得更高价格的情况。（提示：你需要使用不止一个虚拟变量。）

（5）对每一个自变量的回归系数进行显著性检验。

（6）绘制残差直方图并判断残差是否服从正态分布。

（7）绘制残差与拟合值的散点图，观察它们的变化量是否相同。

12. 某公司为了研究一种水泥护墙板产品销售额的影响因素，在 26 个地区收集了有关销售额（千美元）、广告费（千美元）、会员数、竞争品牌数和市场潜力评级的数据，如表 14-15 所示。

表 14-15　水泥护墙板产品销售额的影响因素

销售额（千美元）	广告费（千美元）	会员数（个）	竞争品牌数（个）	市场潜力评级
79.3	5.5	31	10	10
200.1	2.5	55	8	8

(续)

销售额（千美元）	广告费（千美元）	会员数（个）	竞争品牌数（个）	市场潜力评级
163.2	8	67	12	12
200.1	3	50	7	7
146	3	38	8	8
177.7	2.9	71	12	12
⋮	⋮	⋮	⋮	⋮
93.5	4.2	26	8	8
259	4.5	75	8	8
331.2	5.6	71	4	4

根据上述数据进行多元回归分析，找到影响销售额的最佳预测变量。

（1）绘制销售额与每个自变量的散点图并进行解释。

（2）计算相关系数矩阵并描述其中的关系，以判断是否存在多余的自变量。

（3）建立估计的回归方程并进行整体检验，根据检验结果我们能否得到自变量能够较大程度地解释因变量的变化的结论？

（4）针对所建立的估计的回归方程，检验每个自变量的回归系数是否显著，判断是否需要剔除自变量？

（5）建立包含显著自变量的回归方程，并绘制残差直方图和正态概率图，从图中你能获取什么信息？

（6）计算每个自变量的方差膨胀因子并进行解释。

13. 如表14-16所示，一位人力资源经理记录了30名员工的月薪、工作年限、年龄、性别（1=男性，0=女性）以及该员工是担任管理职位还是工程职位（受雇于管理部门的员工编码为0，受雇于工程部门的员工编码为1）。

表14-16　30名员工的相关数据

员工	月薪（美元）	工作年限（月）	年龄（岁）	性别	职位
1	1 769	93	42	1	0
2	1 740	104	33	1	0
3	1 941	104	42	1	1
⋮	⋮	⋮	⋮	⋮	⋮
28	1 791	131	56	0	1
29	2 001	95	30	1	1
30	1 874	98	47	1	0

（1）以工资为因变量，以其他四个变量为自变量，建立估计的回归方程。

（2）计算 R^2 并进行解释。

（3）对假设进行整体检验，以确定是否有任何自变量的回归系数不为零。

（4）对每个回归系数进行检验，以确定是否需要剔除自变量。

（5）对显著的自变量重新建立回归方程，并回答男性员工比女性员工每月多挣多少钱？员工担任管理职位与担任工程职位对月薪的影响一样吗？

14. 一位投资顾问正在研究一只普通股的市盈率。她收集了20只股票样本的市盈率、每股收益和股息率的数据，如表14-17所示。

表14-17　20只股票的相关数据

股票	市盈率（%）	每股收益（美元）	股息率（%）
1	20.79	2.46	1.42

（续）

股票	市盈率（%）	每股收益（美元）	股息率（%）
2	3.03	2.69	4.05
3	44.46	−0.28	4.16
⋮	⋮	⋮	⋮
18	30.21	1.71	3.07
19	32.88	0.35	2.21
20	15.19	5.02	3.50

（1）以市盈率为因变量，以每股收益和股息率为自变量，建立多元回归方程。
（2）每股收益和股息率这两个自变量都是市盈率的显著影响因素吗？
（3）解释回归系数的含义。
（4）这些股票中是否有任何一只特别被低估？
（5）绘制残差和拟合值的散点图，并检验正态性假设。
（6）检验同方差性假设。
（7）计算相关系数矩阵，并解释是否存在多重共线性。

15. 某企业想研究在电视上投放的广告数量与销售额之间的关系，收集的有关数据如表 14-18 所示。

表 14-18　在电视上投放的广告数量与销售额的有关数据

广告数量（个）	销售额（千美元）	广告数量（个）	销售额（千美元）
20	3.2	22	2.5
15	2.6	15	2.4
25	3.4	25	3
10	1.8	16	2.7
18	2.2	12	2
18	2.4	20	2.6
15	2.4	25	2.8

（1）销售额能否通过广告数量预测出来？如果可以，写出回归方程。
（2）绘制残差直方图并判断正态性假设是否合理。

16. 假设你是房地产公司的一名新员工。该公司专门通过公开拍卖的方式出售房屋。你的老板要求你使用以下数据（抵押贷款、月供、已支付次数和最终拍卖价格）对最近的销售情况进行分析，以估计实际拍卖价格。表 14-19 是拍卖房屋的有关数据。

表 14-19　拍卖房屋的有关数据　　　　　　　　　　　　　　（单位：美元）

抵押贷款	月供	已支付次数	最终拍卖价格
85 600	985.87	1	16 900
115 300	902.56	33	75 800
103 100	736.28	6	43 900
⋮	⋮	⋮	⋮
119 400	1 021.23	58	69 000
90 600	836.46	3	35 600
104 500	1 056.37	22	63 000

（1）进行整体假设检验，以验证是否有回归系数不为零。
（2）对每个自变量的回归系数进行检验，根据检验结果你会剔除自变量吗？
（3）如果存在不显著的自变量，那么建立剔除该自变量后的回归方程。

数据分析

17. 附录 A.1 的北谷房地产数据报告了市场上房屋的信息，以房屋的价格为因变量，以面积、卧室、天数、浴室为自变量，建立多元回归方程。
    （1）计算相关系数矩阵。哪些自变量与因变量有很强的相关性？你觉得存在多重共线性的问题吗？
    （2）你是如何选择要包含在回归方程中的自变量的？你是如何使用相关分析的信息的？你所建立的回归方程中的每个自变量都是显著的吗？写出回归方程并解释其实际含义。房屋价格的总变异中被你所建立的回归方程解释的比例是多少？
    （3）利用你从问题（2）中得到的结果，在回归方程中引入是否有游泳池和是否有车库这两个变量，并写出你的结论。
    （4）绘制根据问题（3）所建立的回归方程的残差直方图，是否可以合理地认为正态性假设已被满足？
    （5）绘制残差与根据问题（3）所建立的回归方程的因变量拟合值的散点图，将残差画在纵轴上，将拟合值画在横轴上。

18. 我们根据附录 A.3 林肯维尔学区公共汽车数据，首先引入虚拟变量发动机类型。如果发动机类型为柴油发动机，则设为 0；如果发动机类型为汽油发动机，则设为 1。以维修费用为因变量，以车龄、里程表里程数、里程和发动机类型为自变量，建立多元回归方程。
    （1）计算相关系数矩阵。哪些自变量与因变量有很强的相关性？你觉得存在多重共线性的问题吗？
    （2）你是如何选择要包含在回归方程中的自变量的？你是如何使用相关分析的信息的？你所建立的回归方程中的每个自变量都是显著的吗？先写出回归方程并计算判定系数，然后解释回归方程和判定系数的含义。
    （3）绘制根据问题（2）所建立的回归方程的残差直方图，并判断其是否满足正态性假设？
    （4）绘制残差与根据问题（2）所建立的回归方程的因变量拟合值的散点图，将残差画在纵轴上，将拟合值画在横轴上。

习题答案

扫码查看章节练习和数据分析答案

扫码查看自测答案

—— 第 13～14 章回顾 ——

本节是对第 13 章和第 14 章中介绍的主要概念和术语的回顾。第 13 章指出，自变量和因变量之间线性关系的强弱由相关系数来衡量。相关系数用字母 r 表示。它可以在 $-1.00 \sim +1.00$（含）之间取任何值。相关系数为 -1.00 或 $+1.00$ 表示完全的线性关系，为 0 表示没有关系。相关系数越接近于 0，如 -0.14 或 0.14，表示关系越弱。相关系数接近于 -1 或 $+1$，如 -0.90 或 $+0.90$，表示关系很强。判定系数，也称为 r^2，衡量的是由自变量解释的因变量总变化的比例。它可以由相关系数的平方来计算。

同样，几个自变量与一个因变量之间关系的强弱，也可以用多重判定系数 R^2 来衡量。

它衡量的是两个或两个以上的自变量所解释的因变量的变化比例。

在简单的情况下，若涉及一个自变量和一个因变量的线性关系，则用方程 $\hat{y}=a+bx$ 来描述。k 个自变量 $x_1, x_2, \ldots, x_k$ 的多元回归方程为

$$\hat{y} = a + b_1x_1 + b_2x_2 + b_3x_3 + \cdots + b_kx_k$$

求解 $b_1, b_2, b_3, \ldots, b_k$ 是个复杂的计算过程，幸运的是，这可以通过统计软件来解决。在大多数统计软件程序的输出中，都会直接给出各种参数的计算结果，如判定系数、多元估计标准误差、整体检验的结果和个别回归系数的检验结果等。

回顾练习

1. 某箱包服饰公司的会计部门希望根据门店的员工人数、管理费用、平均加价和被盗损失来估算该连锁公司的众多门店的净利润。其中，两家门店的有关数据如表 14-20 所示。

表 14-20 两家门店的有关数据

门店	净利润（千美元）	员工人数	管理费用（千美元）	平均加价（%）	被盗损失（千美元）
1	846	143	79	69	52
2	513	110	64	50	45

（1）因变量是_____。

（2）多元回归方程的一般形式是_____。

（3）多元回归方程的计算结果为：$\hat{y} = 67 + 8x_1 - 10x_2 + 0.004x_3 - 3x_4$。假设某门店有112名员工，管理费用为65 000美元，平均加价为50%，被盗损失为50 000美元，那么根据多元回归方程所预测的销售额为多少？

（4）假设 R^2 的计算结果是 0.86，请解释一下。

（5）假设多元估计标准误差为 3 000 美元，请解释一下。

2. 图 14-32 是方差分析的输出结果。

Analysis of Variance			
Source	DF	SS	MS
Regression	4	1050.8	262.70
Residual Error	20	83.8	4.19
Total	24	1134.6	
Predictor	Coefficient	SE Coefficient	t
Constant	70.06	2.13	32.89
x_1	0.42	0.17	2.47
x_2	0.27	0.21	1.29
x_3	0.75	0.30	2.50
x_4	0.42	0.07	6.00

图 14-32 方差分析的输出结果

（1）计算判定系数。

（2）计算多元估计标准误差。

（3）进行整体假设检验，判断是否有回归系数不为零。

（4）对各个回归系数进行假设检验，判断是否可以剔除自变量？

篇章测试

扫码查看
回顾练习答案

客观题

1. 在散点图中，因变量总是被绘制在哪个轴上？_____
2. 计算相关系数时需要什么类型的变量？_____
3. 如果两个变量之间不存在相关性，那么相关系数的值是多少？_____
4. 以下哪个数值表示两个变量之间的相关性最强？（0.65、−0.77、0、−0.12）_____
5. 在什么条件下，判定系数的假设值会大于 1？_____

给定回归方程 $\hat{y} = 7 - 0.5x$，判定系数为 0.81，回答第 6~8 题。

6. 回归方程在什么情况下穿过 y 轴？_____
7. 自变量每增加 1 个单位，会导致因变量增加或减少多少？_____
8. 相关系数是多少？（要注意符号）_____
9. 如果散点图中的所有数据点都在回归线上，那么标准估计误差是多少？_____
10. 在多元回归方程中，允许的最大自变量数是多少？（2、10、30、无限）_____
11. 在多元回归分析中，我们假设因变量与自变量集之间是什么类型的关系？（线性、多元、曲线或者都不是）_____
12. y 与 $\hat{y}$ 之间的差称为？_____
13. 对于一个虚拟变量，如性别，可能有多少个不同的结果？_____
14. 如果一个表格显示了因变量与所有自变量之间以及所有自变量之间全部可能的相关系数，那么这个表格叫什么？_____
15. 如果因变量与自变量集之间存在线性关系，那么残差直方图将显示什么类型的分布？_____

主观题

1. 根据回归分析输出结果回答以下问题，如图 14-33 所示。

ANOVA Table					
Source	SS	df	MS	F	p-value
Regression	129.7275	1	129.7275	14.50	.0007
Residual	250.4391	28	8.9443		
Total	380.1667	29			

Regression Output			
Variables	Coefficients	Standard Error	t (df = 28)
Intercept	90.6190	1.5322	59.141
Slope	−0.9401	0.2468	−3.808

图 14-33　回归分析输出结果（一）

（1）样本量是多少？

（2）写出回归方程，并解释斜率和截距值。
（3）如果自变量的值是 10，那么因变量的值是多少？
（4）计算判定系数并进行解释。
（5）计算相关系数，并对两个变量之间是否存在显著的负相关进行假设检验。

2. 根据回归分析输出结果（见图 14-34）回答以下问题。

ANOVA Table					
Source	SS	df	MS	F	p-value
Regression	227.0928	4	56.7732	9.27	0.000
Residual	153.0739	25	6.1230		
Total	380.1667	29			
Regression Output					
Variables	Coefficients	Standard Error	t (df = 25)	p-value	
Intercept	68.3366	8.9752	7.614	0.000	
x_1	0.8595	0.3087	2.784	0.010	
x_2	−0.3380	0.8381	−0.403	0.690	
x_3	−0.8179	0.2749	−2.975	0.006	
x_4	−0.5824	0.2541	−2.292	0.030	

图 14-34　回归分析输出结果（二）

（1）样本量是多少？
（2）有多少个自变量？
（3）计算判定系数。
（4）在 0.01 的显著性水平下进行整体假设检验。你能得出至少有一个自变量不等于零的结论吗？
（5）在 0.01 的显著性水平下对每个自变量进行单独的假设检验。你会考虑剔除自变量吗？如果会，你会剔除哪个或哪些自变量？

扫码查看
篇章测试答案

第15章
Chapter 15

非参数方法：定类数据分析

多年来，电视部门的历史数据显示：工作日晚上，三大黄金时段网络电视台中的每个电视台都有30%的观众观看，而有线电视台只有10%的观众观看。在坦帕圣彼得堡地区随机抽取500名观众作为样本，结果显示，上周一晚上有165个家庭观看了ABC频道，有140个家庭观看了CBS频道，有125个家庭观看了NBC频道，其余家庭则观看了有线电视台。在5%的显著性水平下，可以认为电视部门的历史数据合理吗？

学完本章后，你将能够：

①完成关于总体比例的假设检验。
②完成关于两个总体比例的假设检验。
③将观察到的一组频率与预期的频率分布进行比较。
④解释在拟合优度检验中使用卡方统计量的局限性。
⑤对一组频率是否服从正态分布进行假设检验。
⑥对列联表进行卡方检验。

引言

在第9~12章中，我们学习了定距数据和定比数据的假设检验，比如班上第一次统计考试的成绩，以及技术公司的高管收入或宝马工厂雇用生产工人的年限等。

第10章介绍了关于单个总体均值的假设检验，第11章介绍了两个总体均值的假设检验，第12章则拓展到了三个或更多总体均值的假设检验。这些检验使用定距数据或定比数据，并假设总体服从正态分布。然而，有些假设检验不需要对总体分布进行任何假设，即非参数假设检验。

本章将从定类数据的假设检验开始学习。回想一下，定类数据是被分为互斥类别的数据。本章的前两节将介绍比例的检验，其中，个人或物体被划分到两个互斥的组之一，具体包括性别（男性或女性）、质量（可接受或不可接受）、糖尿病（是或否）和航班到达（准时或延迟）等组别。

在此基础上，本章将进一步分析将数据划分为几个互斥类别的情况，比如M&M糖果的颜色（红色、绿色、蓝色、黄色、橙色和棕色）、购买的花生酱品牌（彼得潘、积富、四季宝等）、工作日（星期一、星期二、星期三、星期四和星期五）等。本章还会将卡方分布作为新的检验统计量加以介绍，当定类数据存在两个以上的类别时，最常使用它。

15.1 关于总体比例的假设检验

从第 9 章开始，我们就讨论了比例的置信区间和假设检验。比例是某种特征出现的次数与观察总次数之比，令 x 代表特征出现的次数，n 代表观察总次数，因此，用于计算样本比例 p 的公式为 $p=x/n$。考虑以下问题：

- 通用汽车公司的历史数据显示，有 70% 的租用车辆被返还时行驶里程不足 36 000 英里。最新样本显示，归还的 200 辆汽车中有 158 辆汽车的行驶里程不足 36 000 英里。该比例增加了吗？
- 美国退休人员协会报告称，如果有合适的工作，65 岁以下的退休人员中将有 60% 选择全职工作。现有 500 名 65 岁以下退休人员的样本，结果显示 315 名将重返工作岗位。我们能否得出结论，认为超过 60% 的人会重新工作？
- 搬家公司告知其长途搬迁的客户，他们的家具将在 3 至 5 天内送达。历史记录显示，有 90% 的订单准时完成。最近的一次记录显示，在 200 个订单中有 190 个准时送达。公司能否得出结论，订单的准时率有所提高？

在对总体比例进行假设检验之前，需要进行一些假设。从总体中选择一个随机样本，假定其满足第 6 章中讨论的二项式分布假设：①收集的样本数据是计数所得；②试验的结果分为两个互斥的类别之一，即"成功"或"失败"；③每种类别发生的概率相同；④试验是独立的，一次试验的结果不会影响其他试验的结果。当 $n\pi$ 和 $n(1-\pi)$ 都大于等于 5 时，认为样本数是合适的，其中 n 是样本大小，并且 π 是总体比例。在这些假设下，可以通过正态分布来近似二项式分布。

例 15-1 州长正在考虑连任竞选。通常来讲，要连任，候选人必须在该州北部赢得 80% 以上的选票。州长请民调机构对该州北部的选民进行调查，确定将为他投票的选民百分比。民调机构将对 2 000 名选民进行调查，请使用假设检验来评估州长的连任机会。

解析 在这个问题中，州长能否连任符合二项式条件。

- 只有两种可能的结果：抽样的选民将为州长投票或不投票。
- 每次试验的成功概率是相同的。在该案例中，若州长可以连任，选民样本为其投票的可能性为 0.80。
- 试验是独立的。例如第 23 位选民的投票不受第 24 位或第 52 位选民的影响。
- 样本数据是计数的结果。将在 2 000 个样本中计算支持州长连任的选民人数。

如果 $n\pi$ 和 $n(1-\pi)$ 都超过 5，则可以使用二项式分布的正态近似。在这个问题中，$n = 2\,000$，$\pi = 0.80$（π 是需要赢得的该州北部的选票比例，即 80%）。因此，$n\pi = 2\,000 \times 0.80 = 1\,600$ 和 $n(1-\pi) = 2\,000 \times (1-0.80) = 400$。1 600 和 400 都明显大于 5。

步骤 1：明确原假设和备择假设。 原假设 H_0 是总体比例 π 大于等于 0.80，备择假设 H_1 是该比例小于 0.80。从实际的角度来看，现任州长最关注的就是该比例是否小于 0.80，如果其等于或大于 0.80，州长将顺利连任。这些假设可写为

$$H_0: \pi \geq 0.80$$
$$H_1: \pi < 0.80$$

如上所述，该检验是单尾的，检验应包含分布尾部的拒绝区域，因此 H_1 确定了检验方向。

步骤 2：选择检验的显著性水平。确定显著性水平为 0.05，即拒绝 H_0 的可能性。

步骤 3：选择检验统计量。z 统计量是合适的统计量，计算公式如下：

$$z = \frac{p - \pi}{\sqrt{\dfrac{\pi(1-\pi)}{n}}} \tag{15-1}$$

式中　π——总体比例；
　　　p——样本比例；
　　　n——样本数。

步骤 4：确定假设检验的规则。z 的一个或多个临界值构成拒绝 H_0 和不拒绝 H_0 的分割点。由于这是一个单尾检验，不等式的符号指向左侧，因此仅使用曲线的左侧。（参阅图 15-1）0.05 的显著性水平在左尾确定了拒绝域，0 到显著性水平 0.05 之间的区域是 0.45。参考附录 B.3，找到相应 z 值为 1.645。因此，如果 z 的计算值落在 -1.645 的左侧，则拒绝原假设并接受备择假设，否则无法拒绝原假设。

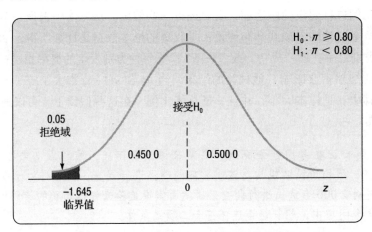

图 15-1　0.05 显著性水平下单尾拒绝域示意

步骤 5：做出推断。根据样本对 H_0 做出推断。对该州北部 2 000 名潜在选民的抽样调查显示，有 1 550 名选民表示会投票支持现任州长。0.775 的样本比例（1 550/2 000）是否足够接近 0.80，是否可以认为差异是抽样误差引起的？在这种情况下：

p 是 0.775，即计划为现任州长投票的选民比例。
n 是 2 000，即被调查的选民人数。
π 是 0.80，即假设的总体比例。
z 是正态分布的检验统计量。根据式（15-1）计算 z 值：

$$z = \frac{p - \pi}{\sqrt{\dfrac{\pi(1-\pi)}{n}}} = \frac{\dfrac{1\,550}{2\,000} - 0.80}{\sqrt{\dfrac{0.80 \times (1 - 0.80)}{2\,000}}} = \frac{0.775 - 0.80}{\sqrt{0.000\,08}} = -2.80$$

z 的计算值 -2.80 小于临界值，因此原假设在 0.05 的显著性水平下被拒绝。该州北部愿意投票的样本百分比（77.5%）与假设的总体百分比（80%）之间 2.5 个百分点的差异在统计上是显著的。根据附录B.3，z值介于0和-2.80之间的概率为0.4974。因此，检验的p值为0.0026，p值小于显著性水平，原假设被拒绝。

步骤6：解读结果。州长可以得出结论，他在州北部没有获得赢得连任所需的必要支持。换句话说，目前的结果并不支持现任州长连任。

自测15-1

保险业最近的一份报告显示，今年发生轻微交通事故的人中有40%在过去5年中至少发生过另一起交通事故。一个咨询小组对此存疑，认为该占比太大，决定进行调查。小组对今年发生的200起交通事故进行了抽样调查，结果显示最近5年内有74人还发生了另一起交通事故。在0.01的显著性水平下：

（1）可以使用z统计量作为检验统计量吗？为什么？
（2）写出原假设和备择假设。
（3）以图形方式展示假设检验的规则。
（4）计算z值，并给出推断。
（5）确定并解释p值。

15.2 关于两个总体比例的假设检验

上一节介绍了对单个总体比例的检验。但是，我们经常也对来自两个总体的样本比例是否相等感兴趣，比如：

- 人力资源副总裁希望了解在亚特兰大和休斯敦的工厂中，每年缺勤5天以上的员工的比例是否存在差异。
- 通用汽车正在考虑为雪佛兰迈锐宝（Chevy Malibu）设计一种新造型，该设计已向"千禧一代"样本组和"婴儿潮一代"样本组展示。通用汽车希望知道喜欢新设计的两组人的比例是否存在差异。
- 航空业的一名顾问正在调查成年人对飞行的恐惧情况。具体来说，顾问希望知道害怕飞行的男女比例是否存在差异。

在上述情况中，每个抽样的结果都可以归类为"成功"或"失败"。在雪佛兰迈锐宝的案例中，每个潜在买家都被分类为"喜欢新设计"或"不喜欢新设计"，将千禧一代的比例与婴儿潮一代的比例进行比较，发现婴儿潮一代喜欢新设计的比例更高。我们是否能得出结论，差异是偶然因素造成的？在这项研究中，喜爱程度并非数值变量，仅为分类变量。

为了进行检验，假设每个样本都足够大，二项式分布可以很好地用正态分布近似，检验统计量服从标准正态分布。根据以下公式计算z值：

$$z = \frac{p_1 - p_2}{\sqrt{\frac{p_c(1-p_c)}{n_1} + \frac{p_c(1-p_c)}{n_2}}} \qquad (15\text{-}2)$$

式中　n_1——第一个样本中的观察数；

n_2——第二个样本中的观察数；

p_1——第一个样本中具有某特征的样本比例；

p_2——第二个样本中具有某特征的样本比例；

p_c——合并样本中具有某特征的混合比例，被称为总体比例的混合估计值，是根据以下公式计算得出的。

$$p_c = \frac{x_1 + x_2}{n_1 + n_2} \quad (15\text{-}3)$$

式中　x_1——第一个样本中具有某特征的数量；

x_2——第二个样本中具有某特征的数量。

例 15-2　某香水公司最近开发了一款新香水，并计划将其命名为 Heavenly。许多市场研究表明，Heavenly 市场潜力很大。该公司销售部门特别感兴趣的是，会大量购买 Heavenly 的职场女性和居家女性的比例是否存在差异。此处有两个独立的总体，一个是职场女性，另一个是居家女性。被调查的每一个样本都将试闻 Heavenly，表达她是否喜欢这款香水并购买。

解析　使用假设检验常用的六个步骤。

步骤 1：明确原假设和备择假设。该案例的原假设是喜欢 Heavenly 的职场女性和居家女性的比例没有差异。令 π_1 为愿意购买 Heavenly 的职业女性的比例，π_2 为愿意购买 Heavenly 的居家女性的比例。备择假设是这两个比例不相等。

$$H_0: \pi_1 = \pi_2$$
$$H_1: \pi_1 \neq \pi_2$$

步骤 2：选择检验的显著性水平。在本案例中选择显著性水平为 0.05。

步骤 3：选择检验统计量。两个样本量足够大，使用标准正态分布作为检验统计量，使用式（15-2）计算检验统计量的值。

步骤 4：确定假设检验的规则。步骤 1 中备择假设未指明方向，因此这是双尾检验。参考附录 B.5，找到相应的 z 值为 1.960，因此临界值为 -1.960 和 1.960。如上所述，如果计算得到的检验统计量小于 -1.960 或大于 1.960，则原假设被拒绝。具体如图 15-2 所示。

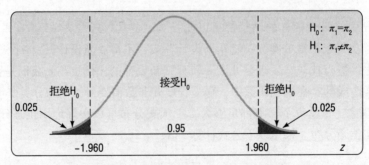

图 15-2　0.05 显著性水平下的双尾检验

步骤 5：做出推断。随机抽取 100 位职场女性进行抽样调查，发现 19 位女士非常喜欢 Heavenly 香水并愿意购买。200 位居家女性的样本中有 62 位女士非常喜欢 Heavenly 香水并愿意购买。p_1 指职场女性中愿意购买 Heavenly 香水的比例，p_2 指居家女性中愿意购买

Heavenly 香水的比例。

$$p_1 = \frac{x_1}{n_1} = \frac{19}{100} = 0.19, \quad p_2 = \frac{x_2}{n_2} = \frac{62}{200} = 0.31$$

研究问题是两个样本比例中 0.12 的差异是偶然因素造成的，还是喜欢 Heavenly 香水的职场女性和居家女性的比例确实存在差异。使用式（15-3）计算混合比例。

$$p_c = \frac{x_1 + x_2}{n_1 + n_2} = \frac{19 + 62}{100 + 200} = \frac{81}{300} = 0.27$$

请注意，混合比例更接近 0.31，这是因为抽样的居家女性中愿意购买 Heavenly 香水的人数比职场女性多。进一步使用式（15-2）计算检验统计量的值。

$$z = \frac{p_1 - p_2}{\sqrt{\frac{p_c(1-p_c)}{n_1} + \frac{p_c(1-p_c)}{n_2}}} = \frac{0.19 - 0.31}{\sqrt{\frac{0.27 \times (1-0.27)}{100} + \frac{0.27 \times (1-0.27)}{200}}} = -2.207$$

检验统计量的值 -2.207 位于 -1.960 的左侧，落在了拒绝域。因此，在 0.05 的显著性水平下拒绝原假设，即购买 Heavenly 的职场女性比例不等于居家女性比例。接下来需要求出 p 值，将 z 检验统计量从 -2.207 舍入为 -2.21，以便使用附录 B.3 中"正态曲线"下的面积。在表中，找到 z 值小于 -2.21 或大于 2.21 的概率。对应于 2.21 的概率是 0.486 4，因此检验统计量的值小于 -2.21 或大于 2.21 的概率为

$$p = 2 \times (0.500\,0 - 0.486\,4) = 2 \times 0.013\,6 = 0.027\,2$$

p 值为 0.027 2，小于 0.05 的显著性水平，因此拒绝原假设。

步骤 6：解读结果。假设检验的结果表明，购买 Heavenly 的职场女性比例不等于居家女性比例。

Excel 的 MegaStat 加载项可以计算检验统计值和 p 值。请注意，MegaStat 的输出包括两个样本比例，z 值和 p 值，如图 15-3 所示。

```
Hypothesis test for two independent proportions

        p1        p2        p_c
       0.19      0.31      0.27     p (as decimal)
      19/100    62/200    81/300    p (as fraction)
       19.       62.       81.      X
       100       200       300      n

                -0.12    difference
                   0.    hypothesized difference
                0.0544   std. error
                -2.21    z
                .0273    p-value (two-tailed)
```

图 15-3 MegaStat 输出结果

自测 15-2

在 150 名尝试了新桃味薄荷派的成年人中，有 87 名表示喜欢这个新口味。在 200 名儿童中，有 123 名表示喜欢这个新口味。在 0.10 的显著性水平下，我们可以认为喜欢新口味的成年人比例和儿童比例存在显著差异吗？

（1）写出原假设和备择假设。
（2）犯第一类错误的概率是多少？
（3）这是单尾检验还是双尾检验？
（4）假设检验的规则是什么？
（5）检验统计量的值是多少？
（6）你对原假设的结论是什么？
（7）p 值是多少？解释 p 值在本案例中的含义。

15.3 比较观察到的和预期的频率分布

接下来学习拟合优度检验,该检验将观察到的定类数据频率分布与预期的频率分布进行比较。例如,一家人寿保险公司将其保单分为4类,分别对应4种保险方案:永久期限、级别期限、递减期限和其他类别。表15-1 显示了不同保险方案的历史频率分布,即期望的频率分布。

保险公司希望将保险方案的历史分布与当前 2 000 份保单样本的方案分布进行比较。拟合优度检验将确定当前保单的分布是否服从历史分布。拟合优度检验是最常用的统计检验方法之一。

表 15-1 不同保险方案的期望频率分布

保险方案	占比(%)
永久期限	40
级别期限	25
递减期限	15
其他类别	20

15.3.1 对相同频率分布的假设检验

下面将介绍首个拟合优度检验的示例,并将观察到的频率分布与预期的频率分布进行比较。

例 15-3 某餐馆正在考虑在菜单中加入牛排。它聘请调查机构对成年人外出就餐时的偏好进行了调查。调查机构抽取了 120 名成年人作为样本,请他们说出外出就餐时最喜欢的主菜,调查结果如表 15-2 所示。我们能否认为大家对不同的主菜没有特别的偏好?

解析 如果四种食物的受欢迎程度没有差异,那么观察到的频数将相等或几乎一致。换句话说,喜欢鸡肉的人数和喜欢鱼肉的人数一样多,观测频数和期望频数的任何差异都被归因于抽样误差。

在这个问题中,数据类型是什么呢?需注意,对于每一个样本,只能确定他喜欢的主菜,而没有任何数值,每个样本最喜欢的主菜也没有高下之分,因此数据类型为定类数据。

如果各种食物的受欢迎程度一样,则每种食物都将有 30 人选择。为什么会这样呢?如果样本中有 120 名成年人和 4 个类别,则期望每个类别都会被 1/4 的被调查者所选择。因此,假设调查对象对任何食物都没有额外的偏好,则以 120/4 得出的 30 是每个类别的期望频数。从表 15-3 可看出,牛肉是大家最常选择的主菜(35 个),鱼肉是最少被选择的主菜(24 个)。根据这个结果,我们能否认为不同主菜的受欢迎程度不同?假设检验常用的六个步骤如下所述。

表 15-2 调查样本的偏好选择

主菜	个数
鸡肉	32
鱼肉	24
牛肉	35
面食	29
总计	120

表 15-3 调查样本的观测频数与期望频数

主菜	观测频数	期望频数
鸡肉	32	30
鱼肉	24	30
牛肉	35	30
面食	29	30
总计	120	120

步骤 1:明确原假设和备择假设。原假设 H_0 是观察到的频率与期望频率之间没有差异,即两组频率之间的任何差异都来源于抽样误差。备择假设 H_1 是观察到的频率和预期的频率之间存在差异。如果原假设被拒绝,则接受备择假设,由此可认为偏好在这四种主菜之间分布不均。

H_0:选择每种主菜的成年人比例没有差异

H_1:选择每种主菜的成年人比例有所不同

步骤 2：选择检验的显著性水平。 在本案例中选择显著性水平为 0.05，即拒绝原假设的概率为 0.05。

步骤 3：选择检验统计量。 检验统计量服从卡方分布，用 $\chi^2(k-1)$ 表示。

$$\chi^2(k-1) = \sum \left[\frac{(f_0 - f_e)^2}{f_e} \right] \tag{15-4}$$

式中　$k-1$——自由度，其中 k 是类别数；
　　　f_0——观察到的某特定类别的频率；
　　　f_e——某特定类别的预期频率。

步骤 4：确定假设检验的规则。 假设检验中把临界值定义为将不拒绝 H_0 的区域与拒绝 H_0 的区域分开的值。卡方分布实际上是一个分布族，每种分布的形状略有不同，具体取决于自由度的数值。自由度是 $k-1$，其中 k 是类别的数量。在这个问题中有 4 个类别，所以有 $k-1=4-1=3$ 个自由度。根据附录 B.7 找到临界值 7.815（该表的一部分显示在表 15-4 中）。

表 15-4　卡方分布部分

df	右尾区域			
	0.10	0.05	0.02	0.01
1	2.706	3.841	5.412	6.635
2	4.605	5.991	7.824	9.210
3	6.251	7.815	9.387	11.345
4	7.779	9.488	11.668	13.277
5	9.236	11.070	13.388	15.086

如果卡方统计量的计算值大于 7.815，将拒绝原假设；如果小于或等于 7.815，则无法拒绝原假设。图 15-4 展示了假设检验的规则。

若观测频率与预期频率之间存在较大差异导致计算出的 χ^2 大于 7.815，则应拒绝原假设。但是，如果 f_0 和 f_e 之间的差异很小，则计算出的 χ^2 值小于或等于 7.815，原假设不能被拒绝，因为观测频率和预期频率之间的微小差异可能是抽样误差导致的。这 120 个观测值是总体的样本。

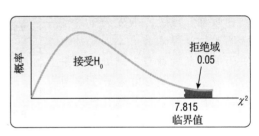

图 15-4　卡方统计量拒绝域（自由度为 3，显著性水平为 0.05）

步骤 5：做出推断。 在样本的 120 名成年人中，有 32 名表示他们最喜欢的主菜是鸡肉。表 15-5 展示了卡方统计量的计算（再次注意，每个主菜的预期频数是相同的）。

表 15-5　χ^2 值的计算

A	B	C	D	E	F
主菜	f_0	f_e	$f_0 - f_e$	$(f_0 - f_e)^2$	$(f_0 - f_e)^2 / f_e$
鸡肉	32	30	2	4	0.133
鱼肉	24	30	-6	36	1.200
牛肉	35	30	5	25	0.833
面食	29	30	-1	1	0.033
总计	120	120			2.200

D 列：确定每个 f_0 和 f_e 之间的差异，即 $f_0 - f_e$。这些差异的总计为零。

E 列：计算 $(f_0 - f_e)^2$。

F 列：将每个结果除以期望的频率，即 $(f_0 - f_e)^2 / f_e$。最后，相加得到 χ^2 的值为 2.20。

计算得出的 χ^2 值为 2.20，小于 7.815 的临界值，没有落入拒绝区域，因此不能拒绝原假设。

步骤 6：解读结果。由以上分析得出结论，观察到的频率与预期频率之间的差异可能是偶然误差导致的，数据表明四个主菜之间的偏好没有不同。

使用 MegaStat 来进行拟合优度检验，卡方的计算值为 2.20，与我们的计算结果相同。另请注意，如图 15-5 所示，p 值为 0.531 9，远大于 0.05（软件命令见附录 C）。

observed	expected	O − E	(O − E)²/E	% of chisq
32	30.000	2.000	0.133	6.06
24	30.000	−6.000	1.200	54.55
35	30.000	5.000	0.833	37.88
29	30.000	−1.000	0.033	1.52
120	120.000	0.000	2.200	100.00
2.20	chi-square			
3	df			
0.5319	p-value			

图 15-5　软件输出结果

卡方分布在统计中有许多应用，其有以下特点：

（1）卡方值永远为正，因为 f_0 和 f_e 之间的差进行了平方处理，即 $(f_0 - f_e)^2$。

（2）卡方分布是一个分布族，其自由度可能为 1、2、3 等，依此类推。在这类问题中，自由度由 $k-1$ 确定，其中 k 是类别的数量。因此，卡方分布的形状不取决于样本的大小，而是取决于其类别的数量。例如，如果将某航空公司的 200 名员工归为飞行人员、地勤人员和行政人员 3 类，则自由度为 2。

（3）卡方分布呈正偏态。但是，随着自由度的增加，分布开始接近正态分布。图 15-6 展示了一些自由度下的卡方分布。从图中可以看出，当自由度为 10 时，曲线接近正态分布。

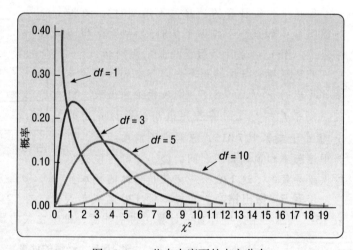

图 15-6　一些自由度下的卡方分布

自测 15-3

某人力资源主管担心小时工缺勤，因此决定对公司记录进行抽样，检查在 6 个工作日内，缺勤情况是否大致相同。假设是：

H_0：缺勤情况在 6 个工作日内大致相同

H_1：缺勤情况在 6 个工作日内分布不均

表15-6给出了抽样结果。
（1）12、9、11、10、9和9的术语是什么？
（2）本题中有几个类别？
（3）每天的预期频率是多少？
（4）自由度是多少？
（5）1%的显著性水平下，卡方统计量的临界值是多少？
（6）计算 χ^2 检验统计量。
（7）是否拒绝原假设？
（8）具体来说，这个结果对人力资源主管有什么帮助？

表15-6 抽样结果

日期	缺勤人数	日期	缺勤人数
周一	12	周四	10
周二	9	周五	9
周三	11	周六	9

15.3.2 对不同频率分布的假设检验

之前的案例中，预期频率（f_e）均相等。根据原假设，120名成年人平均选择了4种主菜。因此，我们期望30名成年人选择鸡肉，30名成年人选择鱼肉，依此类推。实际上，如果预期频率不相等，我们也可以使用卡方检验。下面的案例说明了频率不相等的情况，并使用卡方统计量进行拟合优度检验。

例15-4 美国医院行政管理人员协会（The American Hospital Administrators Association, AHAA）报告了有关老年人在一年内住院次数的信息。40%的老人未曾住院，30%的老人住院1次，20%的老人住院2次，剩余10%的老人住院3次及以上。

一项针对养老院150位老人的调查显示，去年共有55位老人没有住院，50位老人住院1次，32位老人住院2次，其余的住院3次及以上。我们是否可以得出结论，在养老院进行的调查与AHAA报告的信息一致？使用0.05的显著性水平。

解析 首先将以上信息整理到表15-7中。显然，我们无法直接将AHAA研究中给出的百分比与养老院调查的计数结果进行比较，而是要用AHAA给出的信息计算养老院调查的预期频率 f_e。根据AHAA，接受调查的老年人中有40%不需要住院。因此，如果国家层面的信息与养老院的调查之间没有差异，接受调查的150位老年人中有40%不会住院（$f_e = 60$），有30%会住院1次（$f_e = 45$），依此类推。表15-7列出了养老院调查的观测频数和预期频数。

表15-7 抽样和报告的结果汇总

住院次数	AHAA	养老院调查	养老院期望人数
0	40%	55	60=0.4×150
1	30%	50	45=0.3×150
2	20%	32	30=0.2×150
3次及以上	10%	13	15=0.1×150
总计	100%	150	

H_0：当地老人和国家层面的住院情况没有差异

H_1：当地老人和国家层面的住院情况存在差异

为确定假设检验的规则，使用附录B.7和0.05的显著性水平。本问题中有4个类别，因

此自由度为 $df=4-1=3$,临界值为 7.815。因此,如果 $\chi^2 > 7.815$,则拒绝原假设,如图 15-7 所示。

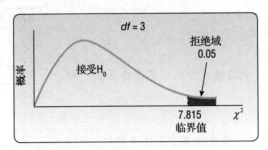

图 15-7 卡方分布

计算卡方统计值如表 15-8 所示。

表 15-8 计算卡方统计值

住院次数	f_0	f_e	f_0-f_e	$(f_0-f_e)^2$	$(f_0-f_e)^2/f_e$
0	55	60	−5	25	0.416 7
1	50	45	5	25	0.555 6
2	32	30	2	4	0.133 3
3 次及以上	13	15	−2	4	0.266 7
总计	150				1.372 3

χ^2 的计算值 1.372 3 位于 7.815 的左侧,因此不能拒绝原假设,于是我们可以得出结论,调查结果显示当地老人和国家层面的住院情况没有差异。

◆ 实践中的统计学

多年来,研究人员和统计学家一直认为所有变量都是正态分布的。卡尔·皮尔逊观察到,实验数据并不总是服从正态分布,但是他无法证明其观察是正确的。为了解决这个问题,皮尔逊发现了卡方统计量,卡方统计量可以将观察到的频率分布与期望的正态分布进行比较,进而证明了不是所有变量都服从正态分布。

在许多彩票中,编号的球是由机器混合选择的。在"三选一"游戏中,在 3 组编号从 0 到 9 的球中分别随机选择一个球,期望得到每个数字的频率相等。你如何检验机器是否确保了随机选择过程?卡方拟合优度检验可用于研究此问题。

15.4 卡方统计量的局限性

如果某个类别的预期频率异常小,那么卡方统计量可能会得出错误的结论。之所以会发生这种情况,是因为 f_e 出现在分母中,除以非常小的数字会使结果非常大。对于这种小类频率的两种普遍接受的处理方式是:

(1) 如果只有 2 个类别,要求每个类别中的预期频数应至少为 5。在以下问题中允许进行卡方的计算,涉及最小的 f_e 为 6(见表 15-9)。

表 15-9 小类示例(一)

类别	f_0	f_e
学者	641	642
大众	7	6

(2) 对于 2 个以上的类别,如果超过 20% 的类别预期频数小于 5,则不应使用卡方统计

量。因此，在以下情况中使用拟合优度检验是不合适的，即 7 个类别中有 3 个类别（43%）的预期频数 f_e 小于 5（见表 15-10）。

为了说明原因，我们对上述数据进行了拟合优度检验。MegaStat 输出结果如图 15-8 所示。

在 0.05 的显著性水平下，如果卡方的计算值大于 12.592，则原假设被拒绝。该例中计算值是 14.008，因此我们拒绝观察和预期频率分布相同的原假设。但是，仔细检查 MegaStat 输出结果可发现，3 种副总裁类别 [(4.50+0.25+9.0)/14.008]=0.981 5 占了所计算卡方值的 98% 以上，这些类别的权重过大。我们可以通过组合类别来解决此问题。在上面的示例中，我们将 3 个副总裁类别组合在一起。请注意，这时自由度从 6 变为了 4。表 15-11 给出了小类示例。

表 15-10 小类示例（二）

类别	f_0	f_e
领班	30	32
主管	110	113
经理	86	87
中层管理者	23	24
助理副总裁	5	2
副总裁	5	4
高级副总裁	4	1
总计	263	263

```
Goodness of Fit Test

observed  expected   O - E    (O - E)² / E   % of chisq
   30      32.000   -2.000       0.125         0.89
  110     113.000   -3.000       0.080         0.57
   86      87.000   -1.000       0.011         0.08
   23      24.000   -1.000       0.042         0.30
    5       2.000    3.000       4.500        32.12
    5       4.000    1.000       0.250         1.78
    4       1.000    3.000       9.000        64.25
  263     263.000    0.000      14.008       100.00

        14.01 chi-square
            6 df
       0.0295 p-value
```

图 15-8 MegaStat 输出结果

注：卡方值是四舍五入后的结果，保留小数点两位数，文中计算用的是小数点后三位数。

表 15-11 小类示例（三）

类别	f_0	f_e
领班	30	32
主管	110	113
经理	86	87
中层管理者	23	24
副总裁	14	7
总计	263	263

如图 15-9 所示，修订后卡方的计算值为 7.258（见图 15-9 所示的 MegaStat 输出结果），此值小于 0.05 显著性水平下的临界值 9.488（自由度为 4）。因此，在 0.05 显著性水平下无法拒绝原假设，表明观察到的分布与预期的分布之间没有显著差异。

```
Goodness-of-Fit Test

Observed  Expected   O - E   (O - E)² / E   % of chisq
   30      32.000   -2.000     0.125          1.72
  110     113.000   -3.000     0.080          1.10
   86      87.000   -1.000     0.011          0.16
   23      24.000   -1.000     0.042          0.57
   14       7.000    7.000     7.000         96.45
  263     263.000    0.000     7.258        100.00

7.26 chi-square
   4 df
0.1229 p-value
```

图 15-9　MegaStat 输出结果

注：卡方值是四舍五入后的结果，保留小数点两位数，文中计算用的是小数点后三位数。

自测 15-4

美国会计协会将应收账款分类为"当期""逾期"和"无法收回"。行业数据显示，应收账款中有 60% 是当期的，有 30% 是逾期的，有 10% 是无法收回的。某企业拥有 500 个应收账款，其中当期有 320 个，逾期有 120 个，无法收回有 60 个。这些数字是否与行业分布相符？使用 0.05 的显著性水平。

15.5　检验一组频数是否服从正态分布

使用拟合优度检验将观察到的频数分布与预期的频数分布进行比较。在餐馆案例中，观察到的频数是 120 名成年人样本喜欢的每种主菜的计数。假设样本对象对主菜没有偏好，以此来确定期望频数，那么每种主菜将被 30 名成年人选择。本节要通过拟合优度检验将观察到的频数分布与正态分布进行比较。为什么这个检验很重要呢？在第 11 章中，检验两个总体均值的差异时，我们假设这两个总体服从正态分布。我们在第 12 章中进行多个总体均值是否相等的检验时也做出了相同的假设。我们在第 13 章中也假设最小二乘回归分析中的残差分布服从正态分布。以下案例详细介绍了正态分布假设检验的过程。

例 15-5　沿用第 2 章苹果伍德汽车集团销售利润的数据，表 15-12 展示了相关数据。

第 3 章计算了车辆的平均利润为 1 843.17 美元，标准差为 643.63 美元。我们是否能得出以下结论：在 0.05 的显著性水平下，利润数据服从正态分布。

解析　检验正态分布需要找到正态分布下每个类别的期望频数。首先假设表 15-12 中的 8 个类别数据服从均值为 1 843.17、标准差为 643.63 的正态分布，采用第 7 章中的式 (7-1)，将 μ 替换为 $\bar{x}$，将 σ 替换为 s，确定 z 值。

$$z = \frac{x - \bar{x}}{s}$$

表 15-12　销售利润数据

利润	频数
[200, 600)	8
[600, 1 000)	11
[1 000, 1 400)	23
[1 400, 1 800)	38
[1 800, 2 200)	45
[2 200, 2 600)	32
[2 600, 3 000)	19
[3 000, 3 400)	4
总计	180

式中 z——标准正态统计量的值;

$\bar{x}$——样本均值 1 843.17;

s——样本标准差 643.63。

以表 15-12 中 [200, 600) 的类别为例,假设利润分配服从正态分布来确定此类的期望频率。首先找到对应 200 的 z 值。

$$z = \frac{x - \bar{x}}{s} = \frac{200 - 1\ 843.17}{643.63} = -2.55$$

可知该类别的下限低于平均值的 2.55 倍标准误差。根据附录 B.3,找到小于 -2.55 的 z 值的概率为 $0.500\ 0 - 0.494\ 6 = 0.005\ 4$。对于 [200, 600) 类别的上限来说,

$$z = \frac{x - \bar{x}}{s} = \frac{600 - 1\ 843.17}{643.63} = -1.93$$

600 左边的区域是 z 值小于 -1.93 的概率。根据附录 B.3,可计算 $0.500\ 0 - 0.473\ 2 = 0.026\ 8$。最后,要找到介于 200 和 600 之间的区域:

$$P(200 < x < 600) = P(-2.55 < z < -1.93) = 0.026\ 8 - 0.005\ 4 = 0.021\ 4$$

也就是说,售出的汽车中约有 2.14% 的利润在 200 美元至 600 美元之间。再考虑利润低于 200 美元的可能性:

$$P(x < 200) = P(z < -2.55) = 0.500\ 0 - 0.494\ 6 = 0.005\ 4$$

在表 15-13 第 3 列的第 2 行和第 3 行中填入这两个概率。

表 15-13 销售利润数据

利润	z 值	概率	计算过程	预期频数
200 以下	<−2.55	0.005 4	0.500 0−0.494 6	0.97
[200, 600)	[−2.55, −1.93)	0.021 4	0.494 6−0.473 2	3.85
[600, 1 000)	[−1.93, −1.31)	0.068 3	0.473 2−0.404 9	12.29
[1 000, 1 400)	[−1.31, −0.69)	0.150 0	0.404 9−0.254 9	27.00
[1 400, 1 800)	[−0.69, −0.07)	0.227 0	0.254 9−0.027 9	40.86
[1 800, 2 200)	[−0.07, 0.55)	0.236 7	0.027 9+0.208 8	42.61
[2 200, 2 600)	[0.55, 1.18)	0.172 2	0.381 0−0.208 8	31.00
[2 600, 3 000)	[1.18, 1.80)	0.083 1	0.464 1−0.381 0	14.96
[3 000, 3 400)	[1.80, 2.42)	0.028 1	0.492 2−0.464 1	5.06
3 400 以上	>2.42	0.007 8	0.500 0−0.492 2	1.40
总计		1.000 0		180.00

从理论上讲,如果售出 180 辆车,根据 $0.021\ 4 \times 180$,将期望 3.85 辆车的利润介于 200 美元至 600 美元之间,根据 $180 \times 0.005\ 4$,期望 0.97 辆汽车利润少于 200 美元,依此类推。表 15-14 中汇总了相关信息。

表 15-14 计算卡方统计量

利润	f_0	f_e	$f_0 - f_e$	$(f_0 - f_e)^2$	$(f_0 - f_e)^2 / f_e$
600 以下	8	4.82	3.18	10.112 4	2.098
[600, 1 000)	11	12.29	−1.29	1.664 1	0.135

(续)

利润	f_0	f_e	$f_0 - f_e$	$(f_0 - f_e)^2$	$(f_0 - f_e)^2 / f_e$
[1 000, 1 400)	23	27.00	-4.00	16.000 0	0.593
[1 400, 1 800)	38	40.86	-2.86	8.179 6	0.200
[1 800, 2 200)	45	42.61	2.39	5.712 1	0.134
[2 200, 2 600)	32	31.00	1.00	1.000 0	0.032
[2 600, 3 000)	19	14.96	4.04	16.321 6	1.091
3 000 以上	4	6.46	-2.46	6.051 6	0.937
总计	180	180.00	0		5.220

在继续之前，需要强调使用卡方检验统计量的局限性之一。上文提及，如果超过 20% 的类别预期频数小于 5，则应合并某些类别。在表 15-13 中，有 3 个类别的预期频数小于 5。因此将"200 以下"和"[200, 600)"合并，将"3 400 以上"与"[3 000, 3 400)"合并，相应预期频数分别为 4.82（=0.97+3.85）和 6.46（=5.06+1.40）。卡方计算的结果被展示于表 15-14 中，为 5.220。根据这些信息进行假设检验。原假设和备择假设是：

H_0：销售利润服从正态分布

H_1：销售利润不服从正态分布

确定卡方的临界值需要知道自由度，该案例中有 8 个类别，因此自由度为 $k-1=8-1=7$。此外，1 843.17（平均利润）和 643.63（标准差）是通过样本计算得出的。当利用样本数据估算总体参数时，每次估算都会失去自由度。因此，估计总体均值和总体标准差时又失去了两个自由度。综上，该问题的自由度为 5，由 $k-2-1=8-2-1=5$ 得出。

根据附录 B.7，在 0.05 的显著性水平下，卡方的临界值为 11.070。如果卡方统计量的计算值大于 11.070，则拒绝原假设。根据式（15-4）计算卡方值：

$$\chi^2 = \sum \frac{(f_0 - f_e)^2}{f_e} = \frac{(8-4.82)^2}{4.82} + \cdots + \frac{(4-6.46)^2}{6.46} = 5.220$$

表 15-14 的右栏中显示了每个类别的值，列和是 5.220，小于临界值，因此不拒绝原假设，认为利润分配服从正态分布。

如果已知总体均值和标准差，检验某些样本数据是否符合正态分布，则自由度为 $k-1$。假设将定类样本数据作为一个频率分布，但不知道总体均值和总体标准差值，则自由度为 $k-2-1$。通常，当使用样本统计信息估计总体参数时，估计的每个参数都会失去自由度。这与第 14 章（多元回归分析章节）的情况类似，在该情况下，对于每个自变量，F 统计量的分母中都失去了一定的自由度。

15.6 列联表分析

第 4 章讨论了双变量数据，研究了两个变量之间的关系。通过列联表，我们可以同时观测到两个感兴趣的定类变量。例如，将商学院的学生样本按性别（男性或女性）和专业（会计、管理、财务、市场营销等）分类。第 5 章讨论了列联表，分析调查样本每月看电影的数量与其年龄之间的关系。使用卡方分布，可以进一步检验两个定类变量是否相关，即一个变量是否独立于另一个变量。以下是一些相关的示例。

- 福特汽车公司装配工厂的员工每周工作 5 天，实行 3 个班次。质量控制经理希望比较一下 3 个班次的质量水平。车辆按质量等级（可接受、不可接受）和班次（白天、下午、晚上）分类。经理想知道产品的质量是否与制造时的班次有关。
- 根据性别和是否系安全带这两个变量对 100 名超速的驾驶员进行了分类。在这个样本中，系安全带是否与性别相关？

以下案例给出了分析这类问题的详细过程。

例 15-6 某公司的员工薪酬类型分为时薪制和月薪制两类。该公司人力资源副总裁对 380 名员工进行了调查，以了解他们对当前医疗保健福利计划的满意度。根据薪酬类型和满意度对员工进行分类，结果显示在表 15-15 中。

表 15-15 员工薪酬分类

薪酬类型	满意	一般	不满意	总计
月薪制	30	17	8	55
时薪制	140	127	58	325
总计	170	144	66	380

在 0.05 的显著性水平下，是否可以认为薪酬类型和对当前医疗保健福利计划的满意度相关？

解析 首先明确原假设和备择假设。

H_0：满意度和薪酬类型之间没有关系

H_1：满意度和薪酬类型之间存在关系

将显著性水平设为 0.05。薪资类型是定类数据，满意度实际是定序数据，但是这里将其看作定类数据。每个样本中的员工均按两个标准分类：对福利的满意度和薪资类型。该信息被展示在表 15-15 中，该表被称为列联表。

使用卡方分布作为检验统计量。为了确定卡方的临界值，计算自由度（df）为：

$$df = (行数 - 1)(列数 - 1) = (r-1)(c-1)$$

本例中，有 2 行和 3 列，因此自由度为 2。

$$df = (r-1)(c-1) = (2-1)(3-1) = 2$$

参阅附录 B.7 找到 2 个自由度下 0.05 显著性水平的临界值，为 5.991。如果 χ^2 的计算值大于 5.991，则拒绝原假设（见图 15-10）。

接下来，根据式（15-4）计算卡方值 χ^2。表 15-16 列出了观察频数 f_0。如何确定相应的预期频数 f_e 呢？首先，从表 15-15 中可看出，抽样的 380 名员工中有 55 名是月薪制。因此，样本中月薪制员工的比例为 55/380=0.144 74。如果薪酬类型与对医疗保健福利计划的满意度之间没有关系，期望对医疗保健福利计划感到满意的员工中将有相同比例的人是月薪制。有 170 名员

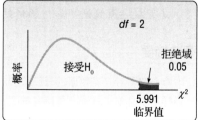

图 15-10 自由度为 2 的卡方分布

工对医疗保健福利计划感到满意，因此，期望感到满意的月薪制员工为 24.61，由 0.144 74×170 计算得出，左上角单元格的预期频数为 24.61。同样，如果满意度和薪酬类型之间没有关系，期望 144 名员工中的 14.474%（即 20.84 名）对月薪制并对医疗保健福利计划持中立态度。依此类推，填充剩余的单元格。每个单元格的预期频数计算公式如下：

$$f_e = \frac{\text{行和} \times \text{列和}}{\text{总和}} \quad (15\text{-}5)$$

根据此公式，表 15-16 列出了单元格预期频数

$$f_e = \frac{\text{行和} \times \text{列和}}{\text{总和}} = \frac{55 \times 170}{380} = 24.61$$

表 15-16　单元格的观测值频数和其预期频数

薪酬类型	满意程度					
	满意		一般		不满意	
	f_0	f_e	f_0	f_e	f_0	f_e
月薪制	30	24.61	17	20.84	8	9.55
时薪制	140	145.39	127	123.16	58	56.45
总计	170	170	144	144	66	66

根据式（15-4）计算卡方值：

$$\chi^2 = \sum \frac{(f_0 - f_e)^2}{f_e} = \frac{(30-24.61)^2}{24.61} + \frac{(17-20.84)^2}{20.84} + \cdots + \frac{(58-56.45)^2}{56.45}$$

$$= 1.181 + 0.708 + \cdots + 0.043 = 2.506$$

由于卡方的计算值（2.506）位于 5.991 的左侧区域，因此在 0.05 的显著性水平下不能拒绝原假设，即样本数据不能表明满意度和薪酬类型之间没有关系。

自测 15-5

一位社会科学家对 140 人进行了调查并根据收入水平以及上个月是否购买了彩票对其进行分类，结果如表 15-17 所示。是否能够得出购买彩票与收入水平有关的结论？使用 0.05 的显著性水平。

（1）这个表叫什么表？
（2）写出原假设和备择假设。
（3）假设检验的规则是什么？
（4）确定卡方统计量的值。
（5）是否拒绝原假设？如何解读结果。

表 15-17　调查结果

	收入水平			合计
	低	中	高	
购买彩票	46	28	21	95
未购买彩票	14	12	19	45
总计	60	40	40	140

章节摘要

1. 本章介绍了对定类数据的假设检验。
2. 当样本来自单一总体，且研究的变量只有两个可能的结果时，我们称之为比例检验。
   （1）必须满足二项式条件。
   （2）$n\pi$ 和 $n(1-\pi)$ 都必须大于等于 5。

（3）检验统计量为

$$z = \frac{p - \pi}{\sqrt{\dfrac{\pi(1-\pi)}{n}}} \quad (15\text{-}1)$$

3. 检验两个样本中的变量类别比例是否相同。

（1）使用以下公式计算两个样本的混合比例：

$$p_c = \frac{x_1 + x_2}{n_1 + n_2} \quad (15\text{-}3)$$

（2）使用以下公式计算这种情况下的检验统计量：

$$z = \frac{p_1 - p_2}{\sqrt{\dfrac{p_c(1-p_c)}{n_1} + \dfrac{p_c(1-p_c)}{n_2}}} \quad (15\text{-}2)$$

4. 卡方分布具有以下特征：
   （1）卡方值永远为正。
   （2）卡方分布是右偏的。
   （3）卡方分布是一个分布族。
      1）当自由度改变时，分布跟随自由度改变。
      2）随着自由度增加，分布向正态分布近似。

5. 拟合优度检验可以检验一组观测到的分布是否服从某个假设的总体分布。
   （1）自由度是 $k-1$，k 是类别的个数。
   （2）计算卡方检验统计量的公式为

$$\chi^2(k-1) = \sum \left[\frac{(f_0 - f_e)^2}{f_e} \right] \quad (15\text{-}4)$$

6. 拟合优度检验同样可以用于检验一组观测数据是否服从正态分布。
   （1）计算样本均值和样本标准差。
   （2）将数据整合为频数分布。
   （3）将类别的临界值转换为相应的 z 值，找到标准正态分布下每个类别的概率。
   （4）将正态分布的概率与样本数相乘，计算每种类别在正态分布下的频率。
   （5）根据观测到的频率数据和期望频率数据计算卡方检验统计量的值。
   （6）确定每个单元格的期望频率。
   （7）如果使用样本均值和样本标准差信息，则自由度为 $k-3$。

7. 列联表用于检测两个分类变量是否相关。
   （1）每个样本都根据两个分类变量被分类。
   （2）期望频数的计算公式为

$$f_e = \frac{行和 \times 列和}{总和} \quad (15\text{-}5)$$

（3）自由度为

$$df = (行数 - 1)(列数 - 1)$$

（4）与假设检验的常规步骤相同。

章节练习

1. 给定以下假设：

$$H_0: \pi \leq 0.70$$
$$H_1: \pi > 0.70$$

100 个观测值的样本显示 $p = 0.75$。在 0.05 的显著性水平下，原假设可以被拒绝吗？
（1）说明假设检验的规则。
（2）计算检验统计量的值。
（3）你认为原假设可以被拒绝吗？

2. 美国运输部估计，美国人拼车出行的比例为 10%。这是否意味着 10% 的汽车将有两个或两个以上的乘客呢？从新泽西收费公路的 300 辆汽车样本中，发现 63 辆车上有两个或两个以上的乘客。在 0.01 的显著性水平下，可以认为在新泽西收费公路上行驶的汽车中，有 10% 的车上有两个或更多的乘客吗？

3. 某炸鸡店宣传其 90% 的订单是在顾客下单后的 10 分钟内交付的。100 个订单的样本显示，该店在承诺的时间内交付了 82 个。在 0.10 的显著性水平下，是否可以得出该店没有达到其宣传的水平的结论？

4. 给定以下假设：

$$H_0: \pi_1 \leq \pi_2$$
$$H_1: \pi_1 > \pi_2$$

来自第一个总体的 100 个观测值样本显示 x_1 为 70。来自第二个总体的 150 个观测值样本显示 x_2 为 90。在 0.05 的显著性水平下：
（1）说明假设检验的规则。
（2）计算混合比例。
（3）计算检验统计量的值。
（4）你认为原假设可以被拒绝吗？

5. 达蒙家族拥有一个大型葡萄庄园。在葡萄的生长季节开始时必须向葡萄藤喷洒杀虫剂，以防各种昆虫和疾病。两种新杀虫剂刚刚上市，分别是 Pernod 5 和 Action。为了检验其有效性，选择了三排葡萄藤喷洒 Pernod 5，其他三排则喷洒 Action。当葡萄成熟时，检查了用 Pernod 5 和 Action 处理的葡萄藤的受灾情况，结果如表 15-18 所示。

在 0.05 的显著性水平下，请回答 Pernod 5 杀虫剂和 Action 杀虫剂的效果是否不同。

表 15-18 检查结果

杀虫剂种类	样本量	受灾数量
Pernod 5	400	24
Action	400	40

6. 两个组织的成员被抽样调查，询问他们是否赞成降低环境标准，允许燃煤电厂使用高硫煤，结果如表 15-19 所示。

在 0.02 的显著性水平下，能否认为乙组织赞成降低标准。计算相应 p 值。

表 15-19 调查结果

	甲组织	乙组织
调查样本量	1 000	800
同意人数	200	168

7. 在卡方检验中，有 4 个类别和 200 个观测值，使用 0.05 的显著性水平。
（1）自由度是多少？
（2）卡方的临界值是多少？

8. 原假设和备择假设为

$$H_0: 频率分布相同$$
$$H_1: 频率分布不同$$

表 15-20 给出了频数数据。

表 15-20 频数数据

种类	f_0
A	10
B	20
C	30

（1）使用 0.05 的显著性水平，说明假设检验的规则。
（2）计算卡方值。
（3）是否拒绝原假设？

9. 6 个面的骰子滚动 30 次，数字 1～6 出现的次数如表 15-21 所示。在 0.10 的显著性水平下，可以认为骰子数字出现的次数是相同的吗？

表 15-21 骰子结果

数字	次数	数字	次数
1	3	4	3
2	6	5	9
3	2	6	7

10. 百货商店的顾客试穿了新款连衣裙并发表了意见，结果如表 15-22 所示。

表 15-22

选项	人数	选项	人数
A	47	D	39
B	45	E	35
C	40	F	34

因为选择选项 A（认为非常棒）的人数最多（47 人），首席设计师认为可以对裙子进行批量生产。但裁缝认为评价是在 6 个选项中平均分配的，他进一步指出，各种评价之间的细微差异可能是偶然的。请检验原假设，在 0.01 的显著性水平下，顾客的评价之间没有差异。

11. 原假设和备择假设为

H_0：A 类占 40%，B 类占 40%，C 类占 20%。

H_1：观测值的分布与 H_0 中的频率分布不同。

从总体中随机抽取了 60 个样本，结果如表 15-23 所示。
（1）使用 0.01 的显著性水平，说明假设检验的规则。
（2）计算卡方值。
（3）是否拒绝原假设？

表 15-23

种类	f_0
A	30
B	20
C	10

12. 根据经验，信用卡持卡人中有 5% 接受过部分高中教育，15% 接受了完整的高中教育，25% 接受过部分大学教育，55% 接受了完整的大学教育。本月逾期未还款的 500 名持卡人中，有 50 名接受过部分高中教育，100 名接受了完整的高中教育，190 名接受过部分大学教育，160 名接受了完整的大学教育。是否可以得出结论，逾期未还款的持卡人分布与所有持卡人不同？使用 0.01 的显著性水平。

13. 美国国税局随机抽取了 50 个雇员少于 10 人的公共会计师事务所，表 15-24 报告了它们客户数量的情况。假设样本均值为 44.8 个客户，样本标准差为 9.37 个客户。是否可认为客户数量服从正态分布？使用 0.05 的显著性水平。

表 15-24

客户数量	频数
[20, 30)	1
[30, 40)	15
[40, 50)	22
[50, 60)	8
[60, 70)	4

14. 某报社的广告总监正在研究订阅者所居住的位置与其最新阅读的报纸版块之间的关系，收集的样本信息如表 15-25 所示。在 0.05 的显著性水平下，能否认为订阅者居住的位置和他们最先阅读的报纸版块之间有关系？

表 15-25

居住的位置	社会版块	运动版块	美食版块
城市	170	124	90
郊区	120	112	100
农村	130	90	88

15. 某杂货连锁店的质量保证部每月对扫描价格与发布价格进行检查。表 15-26 汇总了上个月 500 个项目的样本结果，公司管理层想知道正价物品和特价物品的错误率之间是否有关系。使用 0.01 的显著性水平。样本结果信息如表 15-26 所示。

16. 在大多数体育项目中通过掷硬币决定哪个球队首先获得球，这是非常公平的一种做法。在 50 场"超级碗"比赛中，掷硬币出现了 24 次正面和 26 次背面。但是，国家橄榄球联合会已抛到过 34 次正面，美国橄榄球联合会只抛到过 16 次正面。使用 0.01 的显著性水平，用本章假设检验的 6 个步骤来检验，国家橄榄球联合会抛硬币是否有优势。

表 15-26

	正价	特价
标低了	20	10
标高了	15	30
正确	200	225

（1）为什么可以使用 z 统计量作为检验统计量？
（2）说明原假设和备择假设。
（3）绘制假设检验决策规则的图。
（4）计算检验统计量的值并说明是否拒绝原假设。
（5）计算 p 值并解读其含义。

17. 某公司的财务总监认为，公司当前的现金流问题是应收账款收款缓慢导致的。她认为，超过 60% 的账户拖欠了 3 个月以上的款项。随机抽取的 200 个账户显示，有 140 个账户的还款期限超过 3 个月。在 0.01 的显著性水平下，是否可以得出结论，超过 60% 账户拖欠了 3 个月以上的款项？

18. 旅行社根据过去的经验发现，计划假期的人中有 44% 想去欧洲。在最近一个季节中，从档案中随机选择了 1 000 人，发现有 480 人想去欧洲度假。想去欧洲的人数比例是否有明显的上升？在 0.05 的显著性水平下进行检验。

19. 一位城市规划师称，在全国范围内租住公寓的家庭中有 20% 会搬家。随机抽取 200 个租住公寓的家庭样本，结果显示在过去的一年中有 56 个家庭搬家。在 0.01 的显著性水平下，能否认为有较大比例的公寓租住者将搬离？确定 p 值。

20. 20 世纪 90 年代，肺癌的致死率是每 10 万人中有 80 例。21 世纪以来，在新的治疗方案以及对公共广告进行了调整后，随机抽样的 10 000 人中只有 6 人死于肺癌。在 0.05 的显著性水平下检验肺癌的致死率是否降低了。

21. 一位心理学家发现，在接受调查的 1 500 位男性受访者中，有 990 位男性认为家庭职责分配是公平的，而 1 600 位妇女样本中有 970 位认为家庭职责分配公平。在 0.01 的显著性水平下，是否可以得出结论，认为家务分配合理的男性比例更大？p 值是多少？

22. 对消费者信心的调查每月进行一次，主要用于衡量消费者对个人经济的信心。在上个月对 5 000 个美国家庭的消费者信心调查中，有 9.1% 的消费者表示情况很好，而在上上个月的调查中这 5 000 个家庭中有 8.5% 的人表示很好。在 0.05 的显著性水平下，能否得出结论，认为情况很好的人数占比有所提升？计算 p 值并解释其含义。

23. 某机构对拥有宠物的 300 名已婚女性和 200 名已婚男性进行了调查。100 位女性和 36 位男性回答说，宠物是比配偶更好的倾听者。在 0.05 的显著性水平下，检验男女之间是否存在差异。

24. 某街道的车辆可以在街道路口右转、左转或直行。市政交通工程师认为，一半的车辆将继续直行穿过交叉路口，剩余的一半车辆选择左转或右转的概率相等。观察到 200 辆车在路口的选择结果如表 15-27 所示。在 0.10 的显著性水平下，可以认为交通工程师是正确的吗？

表 15-27

	直行	右转	左转
频数	112	48	40

25. 有3个商业电视台,每个电视台在下午6:00至下午6:30都有自己的新闻节目。昨晚从150名观众中随机抽取的样本显示,有53位在第5频道观看了新闻,有64位在第11频道上观看,有33位在第13频道上观看。在0.05的显著性水平下,观看这3个频道的观众比例是否有所不同?

26. 某主管希望将其销售与人口的地理分布进行比较。根据美国人口普查局的数据,21%的人口生活在东北部,24%的人口生活在中西部,35%的人口生活在南部,20%的人口生活在西部。表15-28是上个月400个销售订单的地区分布。在0.01的显著性水平下,订单的分布是否反映了总体?

27. 抽奖中每个数字的出现机会都相同。表15-29列出了加利福尼亚彩票中每个数字出现的次数。通过卡方检验,能否拒绝数字服从均匀分布的假设?显著性水平为0.05。

28. 某公司认为其每小时的工资服从正态分布。为证实这一点,该公司对270名员工进行了抽样,并将结果整理成如表15-30所示的频数分布。计算样本数据的平均值和标准偏差。在0.10的显著性水平下,可以认为每小时工资的分布服从正态分布吗?

表 15-28

地区	频数
东北部	68
中西部	104
南部	155
西部	73
合计	400

表 15-29

数字	频数	数字	频数
0	44	5	24
1	32	6	31
2	23	7	27
3	27	8	28
4	23	9	21

表 15-30

时薪	频数
[5.5, 6.5)	20
[6.5, 7.5)	24
[7.5, 8.5)	130
[8.5, 9.5)	68
[9.5, 10.5)	28
合计	270

29. 一项研究调查了公众对政府财政赤字的态度。每个样本都根据认为政府应该减少赤字、增加赤字、个人没有意见来进行分类。表15-31是按性别列出的调查样本结果。在0.05的显著性水平下,能否认为性别和个人观点无关?

表 15-31

性别	减少赤字	增加赤字	没有意见
女	244	194	68
男	305	114	25

30. 某保险公司的理赔部门认为,年轻的驾驶员会发生更多的事故,应该向他们收取更高的保险费。按照最近3年是否提起过索赔以及保单持有人年龄分类,1 200位保单持有人的调查结果如表15-32所示。在0.05的显著性水平下,是否可以得出结论,保单持有人的年龄与该人是否提出索赔之间存在关系?

表 15-32

年龄	未索赔	索赔
[16, 25)	170	74
[25, 40)	240	58
[40, 55)	400	44
55岁以上	190	24
合计	1 000	200

31. 你是否曾经购买过M&M糖果,想知道它的颜色分布吗?你是否知道它们最开始都是棕色的?现在,M&M糖果分别有12%为棕色、15%为黄色、12%为红色、23%为蓝色、23%为橙色以及15%为绿色。某顾客购买了一包M&M糖果,有14个棕色、13个黄色、14个红色、12个蓝色、7个橙色和12个绿色。能否认为与预期分布一致?使用0.05的显著性水平。

数据分析

32. 请参阅附录 A.2 2015 赛季棒球数据，该数据报告了 2015 赛季 30 支球队的信息。将球队分为有赛季获胜和无赛季获胜的两组，本季有 162 场比赛，因此将赛季获胜定义为赢得 81 场或更多场比赛。接下来，找到球队薪金的中位数并将球队分为两个薪金组。将薪金高的 15 个球队归为一组，剩下的 15 个球队归为另一组。在 0.05 的显著性水平下，球队薪金和赛季获胜之间是否有关系？

习题答案

扫码查看章节练习和数据分析答案

扫码查看自测答案

第16章

非参数方法：定序数据分析

某公司的装配工总是负责装配一个或两个零件的工作，公司高管认为，如果装配工组装所有零件并对完工的计算机进行验收，他们将对自己的工作感到更加自豪。该公司选择了25名装配工来检验该想法，结果显示有20名装配工喜欢组装整个计算机。在0.05的显著性水平下，可以得出装配工更喜欢组装整个计算机的结论吗？

学完本章后，你将能够：

① 使用符号检验来比较两个相关总体。
② 使用符号检验对中位数进行假设检验。
③ 使用 Wilcoxon 符号秩检验来检验相关总体假设。
④ 使用 Wilcoxon 秩和检验来检验独立总体假设。
⑤ 使用 Kruskal-Wallis 检验来检验几个总体独立的假设。
⑥ 检验并解读相关性的非参数假设检验。

引言

第15章介绍了定类数据的假设检验。回顾第1章，定类意味着数据只能分类，而分类没有特定的顺序。这些检验的目的是确定观察到的一组频率 f_o 是否与相应的一组预期频率 f_e 明显不同。同样，如果对两个定类变量（例如性别和音乐喜好）之间的关系感兴趣，则可以将数据汇总到列联表中，使用卡方分布作为检验统计量。这两类问题都不需要对总体分布进行假设。第 10～12 章都假设变量的总体服从正态分布，而这里不必如此假设。

本章继续讨论专门为非参数数据设计的假设检验。这些检验不需要假设总体分布，有时也被叫作"无分布检验"。这些检验的数据可以是定序数据、定距数据和定比数据。定序数据的一个例子是行政头衔，比如公司高管包括助理副总裁、副总裁、高级副总裁和总裁。副总裁的排名高于助理副总裁，高级副总裁的排名高于副总裁，依此类推。

本章将介绍5个无分布检验和 Spearman 相关系数，分别是符号检验、中位数检验、Wilcoxon 符号秩检验、Wilcoxon 秩和检验以及 Kruskal-Wallis 检验。

16.1 符号检验

符号检验（sign test）基于两个相关观测值差异的符号，将正差异指定为正号，将负差异指定为负号。例如，营养师希望知道在饮食中添加某种矿物质能否降低人的胆固醇水平。她选取了 20 名 40 岁以上的生产工人，并测量了工人的胆固醇水平。20 名受试者服用添加了矿物质的食物 6 周后，再次被检验。如果工人的胆固醇水平下降，则会记录一个正号；如果升高，则会记录一个负号；如果没有变化，则记录为零（将该人从研究中删除）。符号检验不关心差异的大小，仅关注差异的方向。

符号检验有许多应用，特别是"处理前/处理后"类型的实验。一家汽车维修厂希望评估一种针对汽车的新的调试程序，记录了在调试之前和调试之后每加仑汽油行驶的英里数。如果调试无效（即对性能没有影响），则大约一半的汽车将显示每加仑汽油行驶里程增加，而另一半则减少。"+"号代表增加，"−"号代表减少。

产品偏好实验是符号检验的另一种运用。某咖啡店出售两种咖啡：不含咖啡因的咖啡和普通咖啡。其市场研究部门希望确定咖啡饮用者喜欢哪一种咖啡。被调查者会得到两杯未标记的小杯咖啡，并被询问喜欢哪一杯。不含咖啡因的偏好可以编码为"+"，而普通的则可以编码为"−"。从某种意义上说，这些数据是按顺序排列的，因为咖啡饮用者会给予他们偏爱的咖啡更高的排名。同样，如果消费者群体没有偏好，预期一半的咖啡饮用者更喜欢不含咖啡因的咖啡，而另一半则喜欢普通咖啡。接下来我们通过一个"处理前/处理后"类型的案例来展示符号检验的应用。

例 16-1 某信息系统主管建议为某些经理制订厂内培训计划，其目的是改善工资管理系统、会计和生产计划部门员工的技术知识基础。从 3 个部门中随机抽取 15 名经理作为样本，对他们的技术水平以及管理方面的技术知识水平进行评分，分别为极好、优秀、好、一般或差（见表 16-1）。在为期 3 个月的培训计划之后，对每个经理再次进行了评估。"+"号表示有所改善，"−"号表示经理在培训计划后运用技术的能力有所下降。工厂内的培训计划是否增加了经理的技术知识呢？也就是说，培训课程结束后，管理人员是否比以前技术水平更高？

表 16-1 培训前后的技能水平

经理	培训前	培训后	差异符号
A	好	极好	+
B	一般	优秀	+
C	优秀	好	−
D	差	好	+
E	优秀	优秀	0（分析时剔除）
F	好	极好	+
G	差	一般	+
H	优秀	极好	+
I	好	差	−
J	差	好	+
K	好	极好	+
L	一般	优秀	+
M	好	一般	−
N	好	极好	+
O	差	好	+

解析 假设检验常用的 6 个步骤如下所述。

步骤 1：明确原假设和备择假设。

$H_0: \pi \leq 0.50$ 培训前后经理的技术水平没有变化

$H_1: \pi > 0.50$ 培训前后经理的技术水平有提升

π 代表具有特定特征的总体比例。如果不拒绝原假设，表明培训计划前后经理的技术水平没有变化或有所降低。如果拒绝原假设，则表明培训计划使管理人员的技术水平有所提升。检验统计量遵循二项式概率分布，因为符号检验满足所有二项式假设，即：

（1）只有"成功"和"失败"两个结果。管理者要么提升了技术水平，要么没有。

（2）对于每个试验，成功的概率均假定为 0.50。因此，所有试验的成功概率都相同。

（3）试验的总数是固定的（此题中为15）。

（4）对每个经理技术水平的判断都是独立的。例如，这意味着A经理在3个月的课程中的表现与M经理无关。

步骤2：选择检验的显著性水平。 本案例选择显著性水平为0.10。

步骤3：选择检验统计量。 检验统计量指试验中得到"+"的次数。

步骤4：确定假设检验的规则。 有15位管理人员参加了培训课程，但是E经理在培训前后的技术水平没有变化（见表16-1），因此他被排除在研究之外，因为他不能被分配到任何一个组，故$n=14$。从附录B.1的二项分布表中节选了部分显示在表16-2中。成功次数在第1列中，成功概率在第2列中，而累积概率在第3列中。要获得累积概率，从底部开始在第2列中增加成功概率。例如，要获得11次或更多次成功的累积概率，计算为0.000+0.001+0.006+0.022=0.029。

表 16-2　二项分布（$n=14$，$\pi=0.50$）

成功次数	成功概率		累积概率
0	0.000		1.000
1	0.001		0.999
2	0.006		0.998
3	0.022		0.992
4	0.061		0.970
5	0.122		0.909
6	0.183	累积	0.787
7	0.209		0.604
8	0.183		0.395
9	0.122		0.212
10	0.061		0.090 ← 0.000 + 0.001 + 0.006 + 0.022 + 0.061
11	0.022		0.029
12	0.006		0.007
13	0.001		0.001
14	0.000		0.000

这是一个单尾检验，备择假设给出了方向，不等式（>）指向右侧，因此，拒绝域在右侧尾部。如果不等号指向左尾（<），则拒绝域将在左侧尾部。

选择0.10的显著性水平，为了得出针对该问题的检验规则，转到表16-2第3列中的累积概率，从下往上读取，直到达到最接近但不超过显著性水平的累积概率0.090。对应于第1列中的成功次数为10。因此，检验规则为：如果样本中加号的数量为10或更多，则原假设被拒绝，备择假设被接受。

换句话说，由于备择假设不等式（>）的方向朝右，表明拒绝域在右尾，所以从下往上相加概率。如果样本中加号的数量等于或大于10，则拒绝原假设；反之，则接受。图16-1描绘了拒绝域。

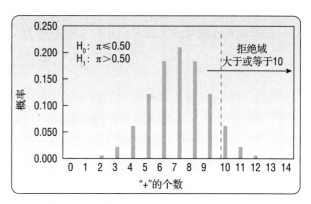

图 16-1　二项分布的拒绝域（$n=14$，$\pi=0.50$）

双尾检验的步骤又如何呢？将双尾的成功概率相加，直到尽可能接近期望的显著性水平（α）而不会超过它。在此案例中，α为0.10。3次或更少的成功概率为0.029，即0.000+0.001+0.006+0.022。11次或更多次成功的概率也为0.029。将两个概率相加得出0.058。这是可以接近0.10而又不超过它的最接近的值。如果将4次和10次包括进来，成功的概率为0.180，超过0.10。因此，如果存在3个或更少的加号或11个或更多的加号，则在双尾检验下拒绝原假设。

步骤5：做出推断。在参与培训课程的14位经理中，有11位提升了技术水平。11落在拒绝域中（从10开始），因此原假设被拒绝。

步骤6：解读结果。3个月的培训是有效的，培训确实提升了经理的技术水平。

如果备择假设没有给出方向（例如 $H_0: \pi = 0.50$ 和 $H_1: \pi \neq 0.50$），则为双尾检验。在这种情况下，有两个拒绝域，分别在左右两侧。如果α=0.10且检验是双尾的，则每侧尾巴的面积为0.05（α/2 =0.10/2=0.05）。

自测 16-1

回忆一下咖啡偏好的案例，该案例涉及一项消费者检验，以确定其对不含咖啡因的咖啡与普通咖啡的偏爱。在0.10的显著性水平下，原假设和备择假设是：

$$H_0: \pi = 0.50$$
$$H_1: \pi \neq 0.50$$
$$n = 12$$

（1）这是单尾检验还是双尾检验？
（2）在图表中展示检验规则。
（3）假设消费者对不含咖啡因的咖啡偏好为"+"，而对普通咖啡的偏好为"−"，发现有两个消费者更喜欢不含咖啡因的咖啡。你会得出怎样的结论，请解释。

使用二项式的正态近似

如果样本的观察次数大于10，则可以使用正态分布来近似二项式。使用正态分布将简化符号检验。第6章根据 $\mu = n\pi$ 计算了二项分布的均值，并根据 $\sigma = \sqrt{n\pi(1-\pi)}$ 计算了标准差。在这里，$\pi = 0.50$，因此方程式分别简化为 $\mu = 0.50n$ 和 $\sigma = 0.50\sqrt{n}$。

检验统计量 z 为

$$z = \frac{(x \pm 0.50) - \mu}{\sigma} \tag{16-1}$$

如果加号或减号的个数大于 n/2，z 统计量为

$$z = \frac{(x - 0.50) - \mu}{\sigma} = \frac{(x - 0.50) - 0.50n}{0.50\sqrt{n}} \tag{16-2}$$

如果加号或减号的个数小于 n/2，z 统计量为

$$z = \frac{(x + 0.50) - \mu}{\sigma} = \frac{(x + 0.50) - 0.50n}{0.50\sqrt{n}} \tag{16-3}$$

x 是加号（或减号）的数量，0.50 或 −0.50 是第7章讨论的连续修正因子。简而言之，当使用正态分布等连续分布来近似离散分布（二项式）时，可以应用此方法。以下案例说明了 n 大于10时的符号检验的具体步骤。

例 16-2 可口可乐公司市场部门的任务是检验一种新饮料。新饮料有两种版本可供选择，一个版本很甜，另一个版本很苦。市场部门随机选择 64 位消费者，每位消费者将品尝甜可乐（标为 A）和苦可乐（标为 B），并表示喜好。在 0.05 的显著性水平下进行假设检验，以确定消费者对甜味和苦味的偏好是否存在差异。

解析 **步骤 1：明确原假设和备择假设。**

$$H_0: \pi = 0.50 \quad 口味没有偏好$$

$$H_1: \pi \neq 0.50 \quad 口味有偏好$$

步骤 2：选择检验的显著性水平。 在本案例中选择显著性水平为 0.05。

步骤 3：选择检验统计量。 根据式（16-1）计算，其中 $\mu = 0.50n$，$\sigma = 0.50\sqrt{n}$。

$$z = \frac{(x \pm 0.50) - \mu}{\sigma}$$

步骤 4：确定假设检验的规则。 根据附录 B.5 的 t 分布，0.05 显著性水平下双尾检验的临界值为 +1.960 和 -1.960，因此，如果计算出的 z 值在 +1.960 和 -1.960 之间，则不拒绝 H_0。否则，拒绝 H_0 并接受 H_1。

步骤 5：做出推断。 偏好 A 可乐的被记为 "+"，偏好 B 可乐的被记为 "-"。在 64 位消费者中，有 42 个 "+"。42 比 $n/2=32$ 大，使用式（16-2）计算 z 值：

$$z = \frac{(x - 0.50) - 0.50n}{0.50\sqrt{n}} = \frac{(42 - 0.50) - 0.50 \times 64}{0.50 \times \sqrt{64}} = 2.38$$

计算的 z 值 2.38 大于临界值 1.96，因此原假设被拒绝。

步骤 6：解读结果。 有证据表明消费者的偏好有所不同，认为消费者更喜欢第一种可乐。p 值对应的是 z 值大于 2.38 或小于 -2.38 的概率。根据附录 B.3，找到 z 值大于 2.38 的概率为 0.500 0-0.491 3=0.008 7。对于双尾检验，此概率乘以 2，p 值为 0.017 4。因此，当原假设为真时，获得这种极端情况样本的可能性小于 2%。

自测 16-2

福特汽车公司的人力资源部门于年初开始了一项健康教育试点计划。研究主管随机选择 100 名员工参加该计划，并在 1 月的第一周记录了每个员工的血压。为了评估该计划的有效性，7 月再次记录了这 100 名员工的血压，结果显示 80 名员工的血压降低了。可以得出该计划可以有效降低血压的结论吗？

（1）说明原假设和备择假设。
（2）在 0.05 的显著性水平下，检验规则是什么？
（3）计算检验统计量。
（4）是否拒绝原假设？
（5）解读结果。

16.2 中位数检验

到目前为止，大多数假设检验都涉及总体均值或比例。符号检验是可用于检验中位数的少数检验之一。回顾第 3 章，中位数是一个值，高于该值的观测值占其中一半，低于该值的观测值占另一半。例如，对于每小时 7 美元、9 美元、11 美元和 18 美元的工资，中位数为 10 美元。一半的工资高于每小时 10 美元，另一半的工资低于 10 美元。为进行检验，我们将中位数以上的值分配为加号，将中位数以下的值分配为减号。如果值与中位数相同，则将其从进一步分析中删除。

例 16-3 美国劳工统计局 2015 年的报告称，美国家庭每年外出就餐支出的中位数约为 3 000 美元。《波特兰（俄勒冈州）论坛报》的美食编辑想知道去年波特兰市民外出就餐的支出水平是否与国家水平有所不同。她随机选择了 102 对夫妇，发现 60 对夫妇去年在外出就餐时花费超过 3 000 美元，40 对花费了不到 3 000 美元，有 2 对恰巧花费了 3 000 美元。在 0.10 的显著性水平下，是否可以得出合理的结论，认为今年波特兰市的市民外出就餐支出中位数不等于 3 000 美元？

解析 如果总体中位数为 3 000 美元，那么预计去年抽样的年轻人中大约有一半的花费超过 3 000 美元，而另外一半年轻人的花费不到 3 000 美元。剔除两对花费正好为 3 000 美元的夫妇后，期望有 50 对夫妇的外出就餐花费高于中位数，另外 50 对夫妇的外出就餐花费低于中位数。花费超过 3 000 美元与未超过 3 000 美元的个数差额是由偶然引起的吗？中位数是 3 000 美元吗？中位数检验将有助于回答这个问题。

原假设和备择假设为

$$H_0: 中位数 = 3\,000 美元$$
$$H_1: 中位数 \neq 3\,000 美元$$

这是一个双尾检验，因为备择假设没有给出检验的方向。也就是说，我们并不关心中位数是否大于 3 000 美元，而只关心中位数是否不等于 3 000 美元。检验满足了二项式分布的假设，即：

（1）观察结果大于或小于期望的中位数，因此只有两种可能的结果。
（2）成功的概率保持在 0.50 不变，即 $\pi=0.50$。
（3）选择一部分夫妇为样本代表进行独立试验。
（4）计算固定次数试验中的成功次数。本案例考虑 100 对夫妇，并计算每年在外出用餐上花费 3 000 美元以上的个数。

有效的样本量为 100，$\pi=0.50$，$n\pi=100\times0.50=50$，并且 $n(1-\pi)=100\times(1-0.50)=50$，均大于 5，因此使用正态分布来近似二项分布。具体而言，使用标准正态分布作为检验统计量，显著性水平为 0.10，因此正态分布每一侧尾部区域的面积为 $\alpha/2=0.05$。根据附录 B.5，临界值为 -1.645 和 1.645。若计算的 z 值大于 1.645 或小于 -1.645 则拒绝原假设。使用式（16-2）计算 z 值，因为 60 大于 $n/2$。

$$z = \frac{(x-0.50)-0.50n}{0.50\sqrt{n}} = \frac{(60-0.50)-0.50\times100}{0.50\times\sqrt{100}} = 1.90$$

z 值为 1.90，大于临界值 1.645，拒绝原假设，样本表示中位数不等于 3 000 美元。美食编辑应得出结论，波特兰市的市民外出就餐支出中位数和劳工统计局 2015 年报告的中位数不同。p 值为 0.057 4，由 $2\times(0.500\,0-0.471\,3)$ 计算得到，小于 0.01 的显著性水平。根据 p 值和显著性水平都可以拒绝原假设，认为波特兰市民外出就餐的中位数和全国中位数不同。

自测 16-3

根据上述案例的结果，美食编辑决定再做一项类似研究，调查该地区的家庭外出就餐支出中位数是否大于 3 000 美元。编辑调查了 64 对夫妇，其中有 42 对夫妇外出就餐的支出大于 3 000 美元。使用 0.05 的显著性水平，应该得出什么结论？

16.3 Wilcoxon 符号秩检验

第 11 章介绍的配对检验有两个要求。首先，样本必须是相关的。例如，一家大型公司在年初启动了一项健康计划，招募了 20 名工人。首先，该公司对所有参与者进行称重。接下来，参与者开始节食并锻炼身体以减轻体重。在为期 6 个月的计划结束时，再次对所有参与者称重。计划开始时和结束时体重的差异是我们感兴趣的变量。请注意，配对检验是先进行测量，然后进行干预，再进行另一次测量。

配对检验的第二个要求是差异服从正态分布。上述案例要求参与者总体的差异服从正态分布，这种假设是合理的。但是在某些情况下不能假设差异的分布近似于正态分布。通常，当样本为定序数据而不是定距或定比数据时，会遇到正态假设问题。例如，假设今天有 10 名外科手术患者。护理主管要求护士 A 和护士 B 根据患者护理的困难程度，以 10 个等级对 10 位患者进行评分。等级差异的分布可能不会近似于正态分布，因此，配对检验不适用。

1945 年，弗兰克·威尔科克森（Frank Wilcoxon）根据相关样本的差异提出了一种不需要正态假设的非参数检验，称为 **Wilcoxon 符号秩检验**（Wilcoxon signed-rank test）。以下案例详细介绍了其应用。

例 16-4 某家庭餐馆连锁店提供全套晚餐菜单，特色菜是鸡肉。最近，餐馆主厨为煮鸡肉的面糊开发了一种偏辣的新口味。在替换现在的口味之前，他希望确保顾客会喜欢。

主厨随机抽取了 15 位顾客，给每个顾客一小块当前口味的鸡肉，并要求其对味道进行评分，分值为 1～20。接近 20 的值表示参与者喜欢该口味，而接近 0 的值表示他们不喜欢该口味。接下来，向这 15 位顾客提供新的辣口味样品，并再次要求对味道进行评分。结果如表 16-3 所示。在 0.05 的显著性水平下，得出顾客偏爱辣味的结论是否合理？

解析 要求每个参与者对两种口味的鸡肉进行评分，因此，评分结果具有相关性。计算每个参与者对辣味和当前口味评分之间的差异，用辣味评分减去当前的口味评分，那么结果为正表明参与者偏爱辣味，结果为负表示参与者偏爱当前的口味。由于评分的主观性，不能确定差异的分布服从正态分布，因此选择使用非参数 Wilcoxon 符号秩检验。假设检验常用的 6 个步骤如下所述。原假设是，参与者对鸡肉口味的评价没有差异；备择假设是，辣味的评分较高。

H_0: 参与者对鸡肉口味的评价没有差异

H_1: 辣味的评分较高

这是一个单尾检验，因为餐厅想知道的是顾客是否更喜欢新的辣口味。在 0.05 的显著性水平下，

表 16-3 口味评分

顾客	辣口味评分	当前口味评分
A	14	12
B	8	16
C	6	2
D	18	4
E	20	12
F	16	16
G	14	5
H	6	16
I	19	10
J	18	10
K	16	13
L	18	2
M	4	13
N	7	14
O	16	4

进行 Wilcoxon 符号秩检验的 6 个步骤如下。

（1）计算每个参与者的对辣口味评分与当前口味评分之间的差异。例如，参与者 A 给辣口味的评分为 14，给当前口味的评分为 12，则差值为 2，对于参与者 B，评分差值为 -8，而参与者 C 的评分差值为 4。所有参与者的评分差值在表 16-4 的 D 栏中展示。

表 16-4　口味评分

A	B	C	D	E	F	G	H
参与者	辣口味评分	当前口味评分	评分差值	差值的绝对值	秩	秩方向 R^+	秩方向 R^-
A	14	12	2	2	1	1	
B	8	16	-8	8	6		6
C	6	2	4	4	3	3	
D	18	4	14	14	13	13	
E	20	12	8	8	6	6	
F	16	16	0	*	*		
G	14	5	9	9	9	9	
H	6	16	-10	10	11		11
I	19	10	9	9	9	9	
J	18	10	8	8	6	6	
K	16	13	3	3	2	2	
L	18	2	16	16	14	14	
M	4	13	-9	9	9		9
N	7	14	-7	7	4		4
O	16	4	12	12	12	12	
总计						75	30

秩和较小

（2）在下一步分析中，只考虑符号为正或负的差异，也就是说，如果评分之间的差值为 0，则在下一步分析中去掉该样本。根据表 16-4，第 6 位参与者给辣口味和当前口味的评分都为 16，因此将其从研究样本中去除，有效样本量变为 14。

（3）计算差值在 D 列中列出。这里仅关注差值的大小，而不关注其符号，在 E 列中列出差值的绝对值。

（4）接下来，将差值的绝对值从小到大进行排列。第一位参与者的评分的绝对差异为 2，是最小的，因此它的秩为 1。下一个最小的绝对差异为 3，是参与者 K，因此它的秩为 2，依此类推。参与者 B、参与者 E 和参与者 J 这 3 个人的评分差值绝对值均为 8，为解决此问题，对他们的秩进行平均，在这里，涉及秩 5、6 和 7，因此求平均后将所有 3 个参与者的秩都确定为 6。还有 3 位评分差值绝对值都为 9，所涉及的秩是 8、9 和 10，因此这些参与者的秩被确定为 9。

（5）在 F 列中给每个秩确定与原始差值相同的符号，在 G 列或 H 列中进行报告。例如，第二个参与者的差值为 -8，秩为 6。因此，秩 6 记录在 H 列 R^- 部分。

（6）计算 R^+ 和 R^- 的列和。正秩的总计是 75，负秩的总计是 30。两个秩列和中的较小者被用作检验统计量，记为 T。

Wilcoxon 符号秩检验的临界值位于附录 B.8 中，α 行用于单尾检验，2α 行用于双尾检验。想证明顾客更喜欢辛辣口味是一个单尾检验，因此选择 α 行。如表 16-5 所示，选择 0.05 的显著性水平,在该列下移至 n 为 14 的行。交点处的值为 25,因此临界值为 25。如果秩和中的较小者为 25 或更小,则拒绝原假设。从附录 B.8 获得的值是拒绝域中的最大值。本题中较小的秩和为 30,因此不拒绝原假设,不能认为两种口味评分有差异,即结果未能表明顾客更喜欢新口味,餐厅应该保留当前的鸡肉风味。

表 16-5　α 行下 Wilcoxon 符号秩检验部分临界值

n	0.075	0.050	0.025	0.000	0.015	0.010	0.005
4	0						
5	1	0					
6	2	2	0	0			
7	4	3	2	1	0	0	
8	7	5	3	3	2	1	0
9	9	8	5	5	4	3	1
10	12	10	8	7	6	5	3
11	16	13	10	9	8	7	5
12	19	17	13	12	11	9	7
13	24	21	17	16	14	12	9
14	28	25	21	19	18	15	12
15	33	30	25	23	21	19	15

自测 16-4

最近公司对某产品装配区域的照明系统和工作台重新进行了设计。生产主管想知道新设计是否提高了工人的生产率。为了进行调查,她选择了 11 名工人,并记录了重新设计前后工人的生产率。样本信息如表 16-6 所示。

表 16-6　工人生产率信息

工人	设计前	设计后	工人	设计前	设计后
A	17	18	G	10	22
B	21	23	H	20	19
C	25	22	I	17	20
D	15	25	J	24	30
E	10	28	K	23	26
F	16	16			

(1)本题中,有多少有效样本?n 是多少?
(2)使用 Wilcoxon 符号秩检验确定新设计是否真的增加了生产率。使用 0.05 的显著性水平。
(3)你对重新设计前后的生产率差异分布有何假设?

16.4　Wilcoxon 秩和检验

Wilcoxon 秩和检验(Wilcoxon rank-sum test)是专门用来确定两个独立样本是否来自同一总体的检验。该检验是第 11 章介绍的两次抽样 t 检验的替代方法。回想一下,t 检验要求两个总体服从正态分布并且具有相等的总体方差。Wilcoxon 秩和检验不需要这些条件。

Wilcoxon 秩和检验假设观测值来自同一总体，对数据进行排名并计算秩和。如果原假设为真，秩将在两个样本之间大致均匀地分布，并且两个样本的秩和将大致相同，低、中、高等级应在两个样本之间平均分配。如果备择假设为真，则样本之一将具有更多较低的秩，秩和较小，而另一个样本将具有更高的秩，因此秩和也更大。如果每个样本至少包含 8 个观测值，则将标准正态分布用作检验统计量。使用以下公式计算检验统计量的值。

$$z = \frac{W - \frac{n_1(n_1 + n_2 + 1)}{2}}{\sqrt{\frac{n_1 n_2(n_1 + n_2 + 1)}{12}}} \qquad (16\text{-}4)$$

式中　n_1——来自第 1 个总体的样本观测值；

　　　n_2——来自第 2 个总体的样本观测值；

　　　W——第 1 个总体样本观测值的秩和。

例 16-5　某航空公司总裁最近指出，亚特兰大登机口托运的行李数量有所增加。他特别想确定，与芝加哥登机口相比，亚特兰大登机口托运的行李是否更多。表 16-7 报告了航班样本的信息。在 0.05 的显著性水平下，是否可以得出结论，从亚特兰大起飞的航班会有更多的托运行李？

解析　如果登机口托运行李的总体服从正态分布并且具有相等的方差，则两次抽样 t 检验是合适的。在本案例中，总裁认为这两个条件不能被满足，因此 Wilcoxon 秩和检验更合适。

如果亚特兰大和芝加哥登机口的托运行李数量相同，期望这两个分布的秩和大致相同，即两组数据的平均秩将大致相同。如果托运行李的数量不同，期望秩的平均值相差很大。总裁认为亚特兰大登机口有更多的托运行李，因此是单尾检验。原假设和备择假设是：

表 16-7　安检的行李数量

（单位：个）

亚特兰大	芝加哥
11	13
15	14
10	10
18	8
11	16
20	9
24	27
22	21
25	

H_0：两个登机口的托运行李数量相同

H_1：亚特兰大登机口的托运行李数量更多

检验统计量服从标准正态分布。在 0.05 的显著性水平下，根据附录 B.5 的最后一行确定 z 的临界值为 1.645。如果 z 的计算值大于 1.645，则拒绝原假设。

备择假设是亚特兰大有更多的托运行李，这意味着亚特兰大的计算值位于芝加哥计算值的右侧。表 16-8 中显示了秩分配的详细信息。将两个样本的观察结果视为来自单个总体，并对其进行排名，芝加哥登机口 8 个托运行李最小，因此它的秩为 1。芝加哥登机口 9 个托运行李的秩为 2，依此类推。亚特兰大登机口 25 个托运行李是最高的，因此它被分配了最大的秩 17。还有两个并列秩的情况，同样对所涉及的秩进行平均，然后将平均值分配给两个样本。在 10 个托运行李的情况中，所涉及的秩为 3 和 4，平均值为 3.5，因此给托运行李数量为 10 的亚特兰大和芝加哥登机口都分配 3.5 的秩。

表 16-8 安检的行李数量及秩

亚特兰大		芝加哥	
行李数量（个）	秩	行李数量（个）	秩
11	5.5	13	7
15	9	14	8
10	3.5	10	3.5
18	12	8	1
11	5.5	16	10
20	13	9	2
24	16	27	11
22	15	21	14
25	17		
	96.5		56.5

↑ 亚特兰大秩和

亚特兰大登机口的秩和为 96.5，这是式（16-4）中 W 的值。根据表 16-8 中，有 9 个样本来自亚特兰大，有 8 个样本来自芝加哥，因此 $n_1=9$ 和 $n_2=8$。根据式（16-4）计算 z 得出：

$$z=\frac{W-\dfrac{n_1(n_1+n_2+1)}{2}}{\sqrt{\dfrac{n_1 n_2(n_1+n_2+1)}{12}}}=\frac{96.5-\dfrac{9\times(9+8+1)}{2}}{\sqrt{\dfrac{9\times 8\times(9+8+1)}{12}}}=1.49$$

因为计算的 z 值（1.49）小于 1.645，所以不能拒绝原假设。结果表明，两个登机口的托运行李数量分布没有差异，也就是说，亚特兰大的登机口托运行李的数量与芝加哥相同。p 值为 0.068 1（= 0.500 0 − 0.431 9），得到的结论相同。

MegaStat 提供了 Wilcoxon-Mann/Whitney 检验结果，如图 16-2 所示。

在使用 Wilcoxon 秩和检验时可以对两个总体任意进行编号。但是，一旦编好号，W 必须是被标识为总体 1 的秩和。如果在托运行李案例中芝加哥的总体被标识为 1，则备择假设的方向将被更改。z 的值相同，但符号相反。

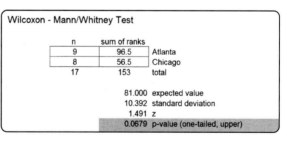

图 16-2 MegaStat 输出结果

H_0：两个登机口的托运行李数量相同或芝加哥登机口的托运行李数量更多
H_1：芝加哥登机口的托运行李数量更少

z 值为 −1.49，计算如下：

$$z=\frac{W-\dfrac{n_1(n_1+n_2+1)}{2}}{\sqrt{\dfrac{n_1 n_2(n_1+n_2+1)}{12}}}=\frac{56.5-\dfrac{8\times(8+9+1)}{2}}{\sqrt{\dfrac{8\times 9\times(8+9+1)}{12}}}=-1.49$$

得到的结论与上述相同，即两个登机口的托运行李数量没有差异。

自测 16-5

某研究主管想知道公司两种高尔夫球的行进距离分布是否存在差异。XL-5000 品牌的 8 个球和 D2 品牌的 8 个球被自动球道的金属击中,行进距离(以码⊖为单位)如表 16-9 所示。

表 16-9 行进距离

XL-5000	252,263,279,273,271,265,257,280
D2	262,242,256,260,258,243,239,265

不假设行进距离的分布服从正态分布,在 0.05 的显著性水平下,两种分布之间是否存在差异?

16.5 Kruskal-Wallis 检验

第 12 章讨论的方差分析(ANOVA)检验了几个总体均值相等的假设。它要求数据为定距数据或定比数据,同时假设总体服从标准差相等的正态分布。如果数据是定序数据或总体不服从正态分布时怎么办?可以使用 **Kruskal-Wallis 单因素方差分析**(Kruskal-Wallis one-way analysis of variance by rank)进行检验。此时,数据类型可以是定序数据、定距数据或定比数据,也不需要对总体分布的形态做出任何假设。

使用 Kruskal-Wallis 检验,总体必须是相互独立的。例如,如果从 3 个总体(执行人员、职员和主管)中抽取样本并进行访谈,则其中一组(如高管)的回答绝不会影响其他总体的回答。计算 Kruskal-Wallis 检验统计量的步骤为:①将所有样本合并;②合并后将值从低到高排序;③排序替换为秩,最小值从 1 开始。以下案例将详细介绍该过程。

例 16-6 某医院系统在城市西部、南部、东部经营着 3 家医院。行政主任对工作日晚上抵达 3 家医院的急诊患者等待时间感兴趣,具体来说,对 3 家医院的等待时间是否不同感兴趣。

解析 主任在这 3 个地点随机选择了患者样本,并收集了样本的等待时间(分钟),结果如表 16-10 所示。

从表 16-10 中观察到东部医院的第 5 个患者样本的等待时间最短,为 35 分钟。南部医院的第 7 个患者样本的等待时间最长,为 107 分钟。对于这个问题,首先选择使用第 12 章的单因素方差分析来进行解答。但是,单因素方差分析有 3 个假设要求:

(1)样本来自独立的总体。
(2)不同总体的方差相同。
(3)样本服从正态分布。

表 16-10 3 家医院的等待时间
(单位:分钟)

西部	南部	东部
56	103	42
39	87	38
48	51	89
38	95	75
73	68	35
60	42	61
62	107	
	89	

在该案例中,样本来自独立的总体,但是假设 2 和假设 3 的要求可能无法被满足。具体来说,3 个样本的方差分别为 163.57、577.36、486.67,东部和南部医院的样本方差是西部医院的 2 倍以上,同方差假设很难被满足。由于每个样本中的观测值较少,也难以支持正态分布假设。显然,单因素方差分析所需的假设无法全部被满足。因此,应该使用 Kruskal-Wallis

---

⊖ 1 码 =0.914 米。

检验，它不需要这些假设。进行 Kruskal-Wallis 检验的第一步是明确原假设和备择假设。

H_0：3家医院的等待时间分布相同

H_1：3家医院的等待时间分布不同

选择 0.05 的显著性水平。Kruskal-Wallisd 检验统计量 H 的计算方法如下：

$$H = \frac{12}{n(n+1)} \left[\frac{(\sum R_1)^2}{n_1} + \frac{(\sum R_2)^2}{n_2} + \cdots + \frac{(\sum R_k)^2}{n_k} \right] - 3(n+1) \quad (16\text{-}5)$$

自由度为 $k-1$，其中 $\sum R_1, \sum R_2, \cdots, \sum R_k$ 分别为样本 1，样本 2，…，样本 k 的秩和；n_1，n_2，…，n_k 分别为样本 1，样本 2，…，样本 k 的样本量；n 为所有样本的样本量。

H 统计量的分布服从自由度为 $k-1$ 的卡方分布，每个样本至少包含 5 个观测值。在此案例中，共有 3 个总体：西部医院患者的等待时间、南部医院患者的等待时间和东部医院患者的等待时间。因此，自由度为 $k-1=3-1=2$。参阅附录 B.7 中的卡方表临界值，2 个自由度和 0.05 显著性水平的临界值为 5.991。因此，如果检验统计量 H 的计算值小于或等于 5.991，则不能拒绝原假设。如果 H 的计算值大于 5.991，则拒绝原假设，并接受备择假设。

下一步是确定检验统计量的值。给 3 家医院患者的等待时间分配相应的秩，等待时间为 35 分钟的东部医院患者等待时间最短，因此秩为 1。有 2 位患者等待了 38 分钟，其中一位在西部医院接受治疗，另一位在东部医院接受治疗。为了解决这个问题，用秩平均法确定秩，故每位患者的秩为 $(2+3)/2= 2.5$，依此类推。最长的等待时间是 107 分钟，该南部医院的患者得到的秩为 21。这 3 家医院的秩和在表 16-11 中列出。计算 H 如下：

$$H = \frac{12}{n(n+1)} \left[\frac{(\sum R_1)^2}{n_1} + \frac{(\sum R_2)^2}{n_2} + \cdots + \frac{(\sum R_k)^2}{n_k} \right] - 3(n+1)$$

$$= \frac{12}{21 \times (21+1)} \left[\frac{(58.5)^2}{7} + \frac{(120)^2}{8} + \frac{(52.5)^2}{6} \right] - 3 \times (21+1) = 5.38$$

H 的计算值 5.38 小于 5.991，因此不能拒绝原假设。没有证据表明 3 家医院的等待时间分布不同。

表 16-11　3家医院的等待时间及秩

西部		南部		东部	
时长	秩	时长	秩	时长	秩
56	9	103	20	42	5.5
39	4	87	16	38	2.5
48	7	51	8	89	17.5
38	2.5	95	19	75	15
73	14	68	13	35	1
60	10	42	5.5	61	11
62	12	107	21		
		89	17.5		

$\sum R_1 = 58.5$　　$\sum R_2 = 120$　　$\sum R_3 = 52.5$

等待时间秩和

可以使用 Excel 的 MegaStat 加载项完成 Kruskal-Wallis 检验。图 16-3 是有关医院等待时间的案例输出结果。H 的计算值为 5.39，p 值为 0.067，结论相同。其中，图 16-3 中的 St.Luke's 是西部医院数据，Swedish 是南部医院数据，Piedmont 是东部医院数据。

Kruskal-Wallis Test				
	Median	n	Avg. Rank	
	56.00	7	8.36	St. Luke's
	88.00	8	15.00	Swedish
	51.50	6	8.75	Piedmont
	61.00	21		Total
			5.39	H (corrected for ties)
			2	d.f.
			0.067	p-value

图 16-3　MegaStat 输出结果

回顾第 12 章，应用方差分析法时假设：①总体呈正态分布；②这些总体具有相等的标准差；③样本选自独立的总体。如果在医院等待时间案例中满足了这些假设，将 F 分布用作检验统计量。如果无法满足这些假设，将采用 Kruskal-Wallis 进行无分布检验。为了突出两种方法之间的差异，使用 ANOVA 再次对医院等待时间的案例进行解析。首先，说明 3 家医院的原假设和备择假设。

$H_0 : \mu_1 = \mu_2 = \mu_3$

$H_1 :$ 3 家医院的等待时间不同

在 0.05 的显著性水平下，分子的自由度为 $k-1=3-1=2$，分母的自由度为 $n-k=21-3=18$，临界值为 3.5。如果 F 值大于 3.5 则拒绝原假设，使用 Excel 计算的输出结果如图 16-4 所示。

	A	B	C	D	E	F	G	H	I	J	K
1	St. Luke's	Swedish	Piedmont		Anova: Single Factor						
2	56	103	42								
3	39	87	38		SUMMARY						
4	48	51	89		Groups	Count	Sum	Average	Variance		
5	38	95	75		St. Luke's	7	376	53.714	163.571		
6	73	68	35		Swedish	8	642	80.250	577.357		
7	60	42	61		Piedmont	6	340	56.667	486.667		
8	62	107									
9		89									
10					ANOVA						
11					Source of Variation	SS	df	MS	F	P-value	F crit
12					Between Groups	3166.4	2	1583.202	3.822	0.041	3.555
13					Within Groups	7456.26	18	414.24			
14											
15					Total	10622.7	20				

图 16-4　输出结果

使用单因素方差分析检验，F 的计算值为 3.822，p 值为 0.041，拒绝原假设，可以得出等待时间不相同的结论。Kruskal-Wallis 检验和 ANOVA 检验出现了不同的结果。Kruskal-Wallis 检验结果是无法拒绝样本来自相同总体的假设。请记住，该检验不需要任何关于总体方差或分布的假设。ANOVA 检验结果是拒绝原假设并得出总体均值不同的结论。但是，在这个案例中总体方差相等的假设很可能不满足，正态分布总体的假设也很难满足，因此有理由怀疑方差分析的结果无效。比较 Kruskal-Wallis 和 ANOVA 的结果可知，验证 ANOVA 检验假设成立是非常重要的。如果 ANOVA 检验的假设不成立，得出的结果将不可靠。在这种情况下，应使用 Kruskal-Wallis 检验进行分析。

自测 16-6

某银行区域经理对 4 个分行内个人支票账户发生的交易数量感兴趣。每个分行都随机抽样一些个人支票账户并记录最近 6 个月的交易次数，结果如表 16-12 所示。在 0.01 的显著性水平下进行 Kruskal-Wallis 检验，确定 4 个分行的个人支票账户交易数量是否存在差异。

表 16-12 交易数量

A	B	C	D
208	91	302	99
307	62	103	116
199	86	319	189
142	91	340	103
91	80	180	100
296			131

16.6 等级相关系数

第 13 章介绍了相关系数，它衡量两组定距或定比数据之间的关系。例如，相关系数反映高管人员的薪水与其工作年限之间的相关性，或货运行驶的英里数与到达目的地所花费的天数之间的相关性。相关系数是一种常用的度量相关性的工具，但在某些情况下并不适用，可能还会引起误解，具体包括以下情况：

（1）当某组数据为定序数据时。
（2）数据之间的关系不是线性的。
（3）当一个或多个数据点与其他数据点完全不同时，即存在极端值时。

英国统计学家查尔斯·斯皮尔曼（Charles Spearman）提出了一种定序数据的相关系数，能够描述定序数据之间的关系。例如，出于资助目的，某大学办公室的两名工作人员被要求对 10 个教职员工的研究计划进行排名。我们想研究两名工作人员给出的排名等级之间的联系，也就是说，看这两名工作人员认为最有价值和最不值得资助的研究是否一致。

等级相关系数也适用于上述情况 2 和情况 3。对样本数据进行排名并计算排名值之间的相关性，用排名代替数据集中的实际值，就像第 13 章中的皮尔逊相关系数一样，其范围可以从 -1.00 到 1.00。值为 -1.00 或 1.00 表示等级之间的完全相关，值为 0 表示两个变量的等级之间没有关联。值为 -0.84 和 0.84 表示相同的关联程度，但 -0.84 表示负相关，0.84 表示正相关。将等级相关系数表示为 r_s，用排名值代替实际值（值始终从低到高排序），根据式（13-1）来计算。更简单的方法是使用以下公式，该公式直接使用等级。

$$r_s = 1 - \frac{6\sum d^2}{n(n^2-1)} \quad (16\text{-}6)$$

式中 d——每对数据排序之间的差；
n——观测的数据对数量。

以下案例给出了等级相关系数的具体计算步骤。

例 16-7 最近有一项关于在线购物者的年龄与浏览互联网时间之间的研究。表 16-13 列出了上周在线购物的 15 位顾客样本，包括他们的年

表 16-13 年龄和浏览互联网时间

顾客	年龄（岁）	浏览互联网时间（分钟）
A	28	342
B	50	125
C	44	121
D	32	257
E	55	56
F	60	225
G	38	185
H	22	141
I	21	342
J	45	169
K	52	218
L	33	241
M	19	583
N	17	394
O	21	249

龄和上周在互联网上花费的时间。

（1）绘制散点图，横轴为年龄，纵轴为浏览分钟数。
（2）样本数据表明什么类型的相关关系？强还是弱，正还是负？
（3）你是否发现变量之间的关系有任何问题？
（4）计算等级相关系数。
（5）进行假设检验以确定两变量间是否存在负相关。

解析 第一步，如图 16-5 所示，绘制一个散点图以便更好地了解这两个变量之间的关系。

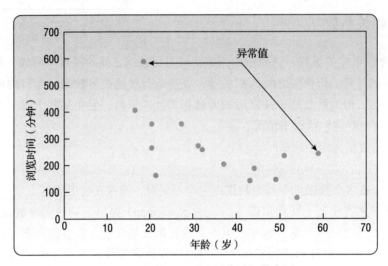

图 16-5 年龄和互联网浏览时间散点图

互联网购物者的年龄和浏览互联网所花费的时间之间似乎存在着很强的负相关性。也就是说，年轻的购物者在浏览互联网上花费了更多时间，但有几个数据点似乎与其他数据点完全不同，这几个点在图 16-5 中被标识。由于这些极端值点的存在，需使用等级相关系数。

要计算等级相关系数，首先对购物者的年龄进行排序。年龄最小的购物者是 17 岁，因此秩为 1。其次是 19 岁，秩为 2。有两个购物者均是 21 岁，用秩平均法确定秩为 3.5。该样本中年龄最大的购物者 60 岁，秩为 15。对互联网浏览时间进行相同的操作，最少的为 56 分钟，因此相应秩为 1。所有数据如表 16-14 所示。

表 16-14 年龄、互联网浏览时间和秩计算表

顾客	年龄	秩 — 年龄	互联网浏览时间	秩 — 互联网浏览时间	d	d^2
A	28	6.0	342	12.5	−6.50	42.25
B	50	12.0	125	3.0	9.00	81.00
C	44	10.0	121	2.0	8.00	64.00
D	32	7.0	257	11.0	−4.00	16.00
E	55	14.0	56	1.0	13.00	169.00
F	60	15.0	225	8.0	7.00	49.00
G	38	9.0	185	6.0	3.00	9.00
H	22	5.0	141	4.0	1.00	1.00
I	21	3.5	342	12.5	−9.00	81.00
J	45	11.0	169	5.0	6.00	36.00

(续)

顾客	年龄	秩-年龄	互联网浏览时间	秩-互联网浏览时间	d	d^2
K	52	13.0	218	7.0	6.00	36.00
L	33	8.0	241	9.0	−1.00	1.00
M	19	2.0	583	15.0	−13.00	169.00
N	17	1.0	394	14.0	−13.00	169.00
O	21	3.5	249	10.0	−6.50	42.25
					总计 d^2	965.50

等级相关系数为 −0.724，根据式（16-6）计算：

$$r_s = 1 - \frac{6\sum d^2}{n(n^2-1)} = 1 - \frac{6 \times 965.5}{15 \times (15^2-1)} = 1 - 1.724 = -0.724$$

−0.724 表示在线购物者的年龄和互联网浏览时间之间有相当强的负相关性，即年轻的购物者倾向于花更多的时间浏览互联网。

检验 r_s 的显著性

接下来检验等级相关系数反映的相关性是不是偶然发生的。回想一下，第 13 章研究了定距数据和定比数据的相关性是否显著，这一节研究秩相关。在前面的案例中，计算出等级相关系数是 −0.724，−0.724 的相关性是否可能是偶然因素造成的，总体中各个变量之间的相关性其实是 0？进行假设检验来回答这个问题。

对于 10 个或更多的样本，可以使用以下公式计算 t 来确定 r_s 的显著性。r_s 的分布服从 t 分布，自由度为 $n-2$。

$$t = r_s \sqrt{\frac{n-2}{1-r_s^2}} \qquad (16\text{-}7)$$

原假设和备择假设为

H_0: 总体的秩相关为 0
H_1: 存在负向的秩相关

使用 0.05 的显著性水平。如果计算的 t 值小于 −1.771，则拒绝原假设。根据附录 B.5，选取单尾检验下自由度为 15−2=13 的临界值。

$$t = r_s \sqrt{\frac{n-2}{1-r_s^2}} = -0.724 \times \sqrt{\frac{15-2}{1-(-0.724)^2}} = -3.784$$

计算的 t 值为 −3.784，小于 −1.771，拒绝原假设，接受备择假设，表明在线购物者的年龄和其浏览互联网的时间之间确实存在负相关关系。

自测 16-7

申请某公司制造业工作的求职者样本显示，其在视觉感知测试（x）和机械能力测试（y）方面得分如表 16-15 所示。
（1）计算等级相关系数。

（2）在 0.05 的显著性水平下，能否认为两项测试的相关性为 0？

表 16-15 测试得分

样本	视觉感知	机械能力	样本	视觉感知	机械能力
001	805	23	006	810	28
002	777	62	007	805	30
003	820	60	008	840	42
004	682	40	009	777	55
005	777	70	010	820	51

章节摘要

1. 符号检验基于两组相关变量差异的符号进行。
   （1）对两个总体的分布不需进行任何假设。
   （2）基于相关样本或成对样本。
   （3）对于小样本来说，确定了"+"和"−"的数量，可通过二项分布确定临界值。
   （4）对 10 个或更多的样本来说，可以使用标准正态分布和以下公式。

$$z = \frac{(x \pm 0.50) - 0.50n}{0.50\sqrt{n}} \qquad (16\text{-}2)(16\text{-}3)$$

2. 中位数检验用于检验一个总体的中位数。
   （1）找到二项分布的 μ 和 σ。
   （2）z 分布可被用作检验统计量。
   （3）使用以下公式计算 z 值，其中 x 是大于中位数的观测值个数。

$$z = \frac{(x \pm 0.50) - \mu}{\sigma} \qquad (16\text{-}1)$$

3. Wilcoxon 符号秩检验是关于两个相关总体的非参数检验。
   （1）不需要总体的正态分布假设。
   （2）检验的步骤如下：
   　　1）计算观测值之间秩差的绝对值。
   　　2）给秩的差值分配符号。
   　　3）对负秩求和，对正秩求和。
   　　4）将较小的秩和作为 T 值。
   　　5）根据附录 B.8 确定临界值，对原假设做出判断。

4. Wilcoxon 秩和检验用于检验两个独立样本是否来自同一总体。
   （1）不需要总体的正态分布假设。
   （2）数据类型至少是定序数据。
   （3）每个样本至少包含 8 个观测值。
   （4）为计算 W 值，要对所有样本观测值从低到高排序分配秩。
   （5）计算每组样本的秩和。
   （6）根据 W 计算 z 值，其中 W 是总体 1 的秩和。

$$z = \frac{W - \dfrac{n_1(n_1 + n_2 + 1)}{2}}{\sqrt{\dfrac{n_1 n_2 (n_1 + n_2 + 1)}{12}}} \qquad (16\text{-}4)$$

（7）标准正态分布为检验统计量（参见附录 B.3）。
5. Kruskal-Wallis 检验用于检验几个总体分布是否相同。
   （1）不需要总体的正态分布假设。
   （2）总体必须是相互独立的，数据类型至少是定序数据。
   （3）要对所有样本观测值从低到高排序分配秩。
   （4）若每个样本中都有 5 个或以上观测值，检验统计量服从卡方分布。
   （5）检验统计量的计算方法如下：

$$H = \frac{12}{n(n+1)}\left[\frac{(\sum R_1)^2}{n_1} + \frac{(\sum R_2)^2}{n_2} + \cdots + \frac{(\sum R_k)^2}{n_k}\right] - 3(n+1) \quad (16\text{-}5)$$

6. 等级相关系数可用来度量两个定序变量之间的相关性。
   （1）等级相关系数的范围是 −1 到 1。
      1）值为 0 代表变量间没有相关关系。
      2）值为 −1 代表变量完全负相关，值为 1 代表变量为完全正相关。
   （2）根据以下公式计算 r_s 的值：

$$r_s = 1 - \frac{6\sum d^2}{n(n^2-1)} \quad (16\text{-}6)$$

   （3）如果样本量为 10 或更多，可以根据以下公式计算检验统计量：

$$t = r_s\sqrt{\frac{n-2}{1-r_s^2}} \quad (16\text{-}7)$$

   1）检验统计量服从 t 分布。
   2）自由度为 $n-2$。

章节练习

1. 原假设和备择假设为：$H_0: \pi \leq 0.50$，$H_1: \pi > 0.50$。显著性水平为 0.10，样本量为 12。
   （1）假设检验的规则是什么？
   （2）如果有 9 个样本值小于 0.50，你对原假设的判断是什么？请解释。
2. 某俱乐部提供低卡路里的早餐、午餐和晚餐。如果你加入该俱乐部，它将每天为你提供两顿餐食。俱乐部声称，你可以在第三餐吃任何想吃的东西，同时按照这种饮食方式你可以在第一个月中至少减掉 5 磅。俱乐部会员在开始计划前以及第一个月月底称重，随机抽取 11 名参与者，结果如表 16-16 所示。俱乐部会员是否真的能通过这种方法减重？
   （1）说明原假设和备择假设。
   （2）在 0.05 的显著性水平下，检验规则是什么？
   （3）是否能够拒绝原假设？
3. 45 名超重男性参加了一项锻炼计划。该计划结束时，已有 32 人成功减肥。在 0.05 的显著性水平下，可以认为该计划有效吗？
   （1）说明原假设和备择假设。
   （2）检验规则是什么？
   （3）计算检验统计量。
   （4）是否能够拒绝原假设？
4. 某餐厅宣布，周四晚上的特别菜单将包括特别的美食，例如鱿鱼、兔肉、苏格兰蜗牛和绿色蒲公英。

表 16-16

参与者	体重变化	参与者	体重变化
A	减重	G	减重
B	减重	H	减重
C	增重	I	减重
D	减重	J	减重
E	无变化	K	减重
F	减重		

我们询问了81位常客,他们是喜欢常规菜单还是特别菜单,有43位表示喜欢特别菜单。在0.02的显著性水平下,是否可以得出结论:顾客喜欢特别菜单?

5. 根据美国劳工部的数据,在美国,医生的年薪中位数为81 500美元。一群应届毕业生认为这个数字太低了。在最近毕业的医生中随机抽取205个样本,有170位年薪超过81 500美元,5位年薪恰好为81 500美元。
(1)说明原假设和备择假设。
(2)检验规则是什么?使用0.05的显著性水平。
(3)计算检验统计量,并说明是否能够拒绝原假设。

6. 一位心理学家随机抽取了7对拥有住房的年轻城市夫妇,将他们的房屋大小与父母的房屋大小进行比较(见表16-17)。在0.05的显著性水平下,是否可认为父母的房屋更大?

表 16-17　　　　　　　　　　　　　　　　　　(单位:平方英尺)

样本	年轻夫妇房屋面积	父母房屋面积	样本	年轻夫妇房屋面积	父母房屋面积
A	1 725	1 175	E	1 290	1 360
B	1 310	1 120	F	1 880	1 750
C	1 670	1 420	G	1 530	1 440
D	1 520	1 640			

7. 有一套新的流水线程序,为了检验新程序是否优于旧程序,随机选择了15名流水线工人。首先确定工人在旧程序下一小时生产的零件数,然后引入新程序,在适当的磨合期后使用新程序再次测量其产量。结果如表16-18所示。

表 16-18

工人	旧流水线(个)	新流水线(个)	工人	旧流水线(个)	新流水线(个)
A	60	64	I	87	84
B	40	52	J	80	80
C	59	58	K	56	57
D	30	37	L	21	21
E	70	71	M	99	108
F	78	83	N	50	56
G	43	46	O	56	62
H	40	52			

在0.05的显著性水平下,能否认为新程序下的生产效率更高?
(1)说明原假设和备择假设。
(2)说明检验准则。
(3)是否拒绝原假设?

8. 从两个非正态分布的总体(A、B)中随机选择了8个观测值(见表16-19)。在0.05的显著性水平下,使用双尾检验和Wilcoxon秩和检验确定两个总体之间是否存在差异。

表 16-19

A	38, 45, 56, 57, 61, 69, 70, 79
B	26, 31, 35, 42, 51, 52, 57, 62

9. 某大学提供两门MBA课程。在第一门课程中,学生每周在主校区学习两个晚上。在第二门课程中,学生仅与讲师在线交流。MBA课程管理人员希望比较两组学生上周学习的小时数。10位在校学生和12位在线学生的样本信息如表16-20所示。

表 16-20 （单位：小时）

在校	28, 16, 42, 29, 31, 22, 50, 42, 23, 25
在线	26, 42, 65, 38, 29, 32, 59, 42, 27, 41, 46, 18

不要假设学习时间的两个分布遵循正态分布。在 0.05 的显著性水平下，是否可以得出在线学生花费更多学习时间的结论？

10. 在什么条件下应该使用 Kruskal-Wallis 检验代替 ANOVA 检验？
11. 表 16-21 所示的样本数据是从 3 个不服从正态分布的总体中获得的。
    （1）说明原假设。
    （2）使用 0.05 的显著性水平，说明检验准则。
    （3）计算检验统计量的值。
    （4）是否拒绝原假设？

表 16-21

样本 1	样本 2	样本 3
50	48	39
54	49	41
59	49	44
59	52	47
65	56	51
	57	

12. 某舷外机公司最近开发了一种环氧涂漆工艺，以保护排气组件不受腐蚀。公司股东希望确定涂料在盐水、无杂草的淡水和杂草浓密的淡水 3 种不同条件下的耐久性是否相同，于是在实验室进行了加速寿命测试并记录了油漆剥落前的持续时间（以小时计，见表 16-22）。他们在每种条件下测试了 5 艘船。

表 16-22

盐水	无杂草的淡水	杂草浓密的淡水	盐水	无杂草的淡水	杂草浓密的淡水
167.3	160.6	182.7	169.4	168.6	169.2
189.6	177.6	165.4	180.3	176.6	174.7
177.2	185.3	172.9			

使用 Kruskal-Wallis 检验和 0.01 的显著性水平，确定 3 种不同类型水的条件下油漆的持续时间是否相同。

13. 丈夫和妻子喜欢同一部电视节目吗？最近某媒体进行的一项研究要求一对已婚夫妇从最佳到最差给 14 个节目排名。等级 1 表示最喜欢的节目，等级 14 表示最不喜欢的节目。一对已婚夫妇给出的结果如表 16-23 所示。

表 16-23

节目	丈夫排名	妻子排名	节目	丈夫排名	妻子排名
A	4	5	H	3	9
B	6	4	I	13	2
C	7	8	J	14	10
D	2	7	K	1	1
E	12	11	L	9	13
F	8	6	M	10	12
G	5	3	N	11	14

（1）请画出散点图。横轴为丈夫对电视节目的排名，纵轴为妻子对电视节目的排名。
（2）计算等级相关系数。
（3）在 0.05 的显著性水平下，能否认为已婚夫妇对电视节目的排名之间有正相关关系？

14. 某公司的 10 个新销售代表在被分配到地区销售部门之前，必须参加培训课程。在培训结束时，公司对代表进行了一系列测试，并对他们测试的分数进行了排名（见表 16-24）。例如：F 测试成绩最低，秩为 1；D 的测试成绩最高，秩为 10。在第一销售年度结束时，根据测试成绩的排名与他们的第一年年销售额配对。

表 16-24

销售代表	年销售额（千美元）	秩-测试分数	销售代表	年销售额（千美元）	秩-测试分数
A	319	8	F	300	1
B	150	2	G	280	6
C	175	5	H	200	9
D	460	10	I	190	4
E	348	7	J	300	3

（1）计算并解读等级相关系数。

（2）在 0.05 的显著性水平下，能否认为培训测试分数和年销售额之间有正相关关系？

15. 某节目副总裁正在确定秋季黄金时段节目，她已决定收录一部医院题材的电视剧。但现在有两部医院题材的电视剧备选，她不确定要选择两部中的哪一部，其中一部叫《外科医生》，另一部叫《重症监护》。为了帮助她做出最终决定，我们邀请了来自美国各地的 20 名观众作为样本观看这两部电视剧并指出他们更喜欢哪个节目。结果表明，有 12 名观众喜欢《外科医生》，有 7 名观众喜欢《重症监护》，1 位则没有偏好。请问两个节目哪个更好？使用 0.10 的显著性水平。

16. 某大型零售百货商店希望只售卖一个品牌的 MP3 播放器，备选已缩小到两个品牌：索尼和松下。为了做出决定，16 位音频专家举行了小组会议。在会上，先使用索尼播放器播放了音乐曲目，随后使用松下播放器播放相同的曲目。表 16-25 中的"＋"表示个人更喜欢索尼播放器，"－"表示更喜欢松下播放器，0 表示无偏好。

表 16-25

专家																
1	2	3	4	5	6	7	8	9	10	11	12	13	14	15	16
＋	－	＋	－	＋	＋	－	0	－	＋	－	＋	＋	－	＋	－

在 0.10 的显著性水平下做检验，判断两个品牌的播放效果是否有差异。

17. 某公司希望确定消费者是喜欢带果肉的果汁还是不带果肉的果汁，随机抽取 212 位消费者作为样本。样本中的每位成员都品尝了一小杯带果肉的果汁和一小杯不带果肉的果汁。有 12 位消费者表示他们没有偏好，有 40 位消费者更喜欢果肉果汁，其余的消费者则更喜欢没有果肉的果汁。在 0.05 的显著性水平下，判断消费者对带果肉的果汁和不带果肉的果汁的偏好是否相同。

18. 西南、东南和西北 3 个区域的县区离婚率是否存在差异？在 0.05 的显著性水平下进行检验。西南 5 个县、东南 6 个县和西北 5 个县每千人的年离婚率分别如表 16-26 所示。

表 16-26

西南地区	5.9, 6.2, 7.9, 8.6, 4.6
东南地区	5.0, 6.4, 7.3, 6.2, 8.1, 5.1
西北地区	6.7, 6.2, 4.9, 8.0, 5.5

19. 某研究人员正在研究选定行业中高管的流动性。研究用过去 10 年中高管人员调动、更换公司或在本公司内换岗的次数来衡量流动性。调动和更换公司的流动性得分最高，本公司内换岗的流动性得分最少。研究人员随机抽取了化工行业的 5 位高管、零售行业的 6 位高管、互联网行业的 5 位高管和航空航天业的 5 位高管（见表 16-27）。流动性得分的分布不服从正态分布。在 0.05 的显著性水平下，请进行适当的检验，确定这四个行业的高管流动性是否存在差异。

表 16-27

化工	零售	互联网	航空航天	化工	零售	互联网	航空航天
4	3	62	30	20	17	96	40
17	12	40	38	16	31	76	21
8	40	81	46		19		

20. 某教授认为，在最短的时间内完成考试的学生得分最高，而完成时间最长的学生则得分最低。为了证实自己的猜想，他按照学生完成考试作答的时间排序并分配秩，然后对考试进行评分。结果如表 16-28 所示。

表 16-28

学生	完成的顺序	测试分数	学生	完成的顺序	测试分数
A	1	48	G	7	39
B	2	48	H	8	30
C	3	43	I	9	37
D	4	49	J	10	35
E	5	50	K	11	36
F	6	47	L	12	33

将测试分数转换为秩，并计算完成顺序和测试分数之间的等级相关系数。在 0.05 的显著性水平下，教授能否得出结论：考试作答的速度与考试成绩之间存在正相关关系？

数据分析

21. 北谷房地产代理商报告了市场上的房屋信息（见附录 A.1）。
    （1）使用适当的非参数检验确定几个乡中房屋的价格是否存在差异。假设房屋价格不服从正态分布，使用 0.05 的显著性水平。
    （2）将有 6 个卧室或更多卧室的房屋合并为一组，判断拥有不同卧室数量的房屋价格是否存在差异。使用 0.05 的显著性水平，并假设房屋价格不服从正态分布。
    （3）比较固定抵押贷款和可调抵押贷款的人群信用分数分布是否相同。信用分数反映了人们的信用等级，较高的分数表示较好的信誉。选用不同抵押类型的人信用分数的分布存在差异吗？使用 0.05 的显著性水平。
22. 使用附录 A.3 林肯维尔学区公共汽车数据。
    （1）假设不同容量的公共汽车的维修费用不服从正态分布。在 0.05 的显著性水平下进行假设检验，判断不同容量的公共汽车的维修费用分布是否不同。
    （2）假设两类（柴油或汽油发动机）公共汽车的维修费用不服从正态分布。在 0.05 的显著性水平下进行假设检验，判断两类公共汽车维修费用的分布是否不同。
    （3）假设 3 个公共汽车制造商制造的公共汽车的维修费用不服从正态分布。在 0.05 的显著性水平下进行假设检验，判断 3 个制造商制造的公共汽车维修费用的分布是否不同。

习题答案

扫码查看章节练习和数据分析答案

扫码查看自测答案

第 15～16 章回顾

在第 15 章和第 16 章中，我们学习了研究定序数据和定距数据的统计方法，即非参数统计或无分布统计，这些方法不需要对总体分布进行假设。回想一下，第 12 章研究几个总体的均值时，假设总体服从正态分布。

第 15 章介绍了定类数据的检验。首先学习了单样本或双样本的比例检验，比例反映了总体中具有某特征的部分的占比，被抽样的样本要么具有某特征，要么不具有。例如，在一个样本的比例检验中，调查了途经当地某加油站的 100 个人。这些个人要么购买汽油，要么不购买，只有两种可能的结果。在两个样本的比例检验中，比较了在 A 加油站购买汽油的比例和在 B 加油站购买汽油的比例。单样本检验和双样本检验的检验统计量均为标准正态分布。我们还使用卡方分布来比较观察到的一组频率和期望频率是否一致，数据类型为定类数据或定序数据。在前面的示例中，只有两种可能的结果：购买者购买了汽油或未购买汽油。我们使用卡方分布来研究存在多种类型的定类数据。汽油购买者可以购买普通汽油、中级汽油或高级汽油。当数据为定类数据时，只能根据某些标签、名称或特征对观察结果进行分类。第 15 章还探讨了列联表中两个变量之间的关系，即观察到每个样本的两个特征。例如，产品的质量（合格或不合格）与生产时的班次（白班、中班或夜班）之间是否存在关系？列联表检验将卡方分布用作检验统计量。

第 16 章介绍了 5 个非参数检验和等级相关系数。这些检验的数据都是定序数据，也就是说，能够对感兴趣的变量进行排序。相关样本的符号检验基于相关样本观测值之差的符号，将二项式分布用作检验统计量。在样本大于 10 的情况下，将二项式概率分布的正态近似用作检验统计量。中位数检验的第一步是计算高于或低于中位数的样本个数，接着使用标准正态分布进行检验。Wilcoxon 符号秩检验需要相关样本，它是符号检验的扩展，因为它同时使用了相关样本之间差异的方向和大小，其分布在 B.8 中被列出。Wilcoxon 秩和检验用来检验两个独立样本是否来自同一总体，但不要求总体服从正态分布，它可以替代第 11 章中介绍的独立样本的 t 检验。当每个样本都有 8 个及以上的观测值时，检验统计量是标准正态分布。Kruskal-Wallis 检验是 Wilcoxon 秩和检验的扩展，可以处理两个以上的总体。它是第 12 章中介绍的单因素方差分析的替代方法，不需要总体服从正态分布或具有相同的标准差的假设。斯皮尔曼等级相关系数是皮尔逊相关系数的特例，它度量的是相关观测值等级之间的相关性，范围从 -1.00 到 1.00，其中 0 表示等级之间没有关联。

回顾练习

1. 某公司高管认为，某期间每天售出的雪锥数量的中位数为 60。表 16-29 是随机选择的 20 天售出的雪锥的数量。能否认为中位数实际上大于 60？使用 0.05 的显著性水平。

表 16-29

65	70	65	64	66	54	68	61	62	67
65	50	64	55	74	57	67	72	66	65

2. 美国东北部、东南部和远西部的吊桥长度是否有所不同？表 16-30 列出了东北部的 7 座

桥梁、东南部的 9 座桥梁和远西部的 8 座桥梁的长度（以英尺为单位）。在 0.05 的显著性水平下对以下数据进行适当的假设检验，假设桥的长度不服从正态分布。

表 16-30

东北部	东南部	远西部	东北部	东南部	远西部
3 645	3 502	3 547	3 882	3 845	3 736
3 727	3 645	3 636	3 894	3 940	3 788
3 772	3 718	3 659		4 070	3 802
3 837	3 746	3 673		4 081	
3 873	3 758	3 728			

篇章测试

客观题

扫码查看
回顾练习答案

1. 卡方拟合优度检验需要的数据类型为_____。
2. 以下哪一项不是卡方分布的特征？（右偏，基于自由度，不能为负，至少 30 个观测值）_____。
3. 在列联表中，每个观测值有多少个特征？_____
4. 4 行 3 列的列联表自由度为_____。
5. 在拟合优度检验中，卡方的临界值基于_____。（样本大小，类别数，变量数，这些都不是）
6. 在符号检验中，样本是相关的还是独立的？_____
7. 在 8 个配对观测值的符号检验中，检验统计量为_____。（二项式，z，t，卡方）
8. Kruskal-Wallis 检验和 Wilcoxon 秩和检验之间的主要区别是_____。（一个基于相关样本，另一个基于独立样本；一个用于比较两个独立样本，另一个用于比较两个或多个独立样本）
9. 在什么条件下等级相关系数会小于 -1.00？_____
10. 当不满足以下_____条件时，使用 Kruskal-Wallis 检验代替 ANOVA。（正态总体，相等的标准差，样本数大于 12，总体是独立的）

主观题

1. 最近的一项人口普查报告显示，有 65% 的家庭由双亲照顾子女，有 20% 的家庭只有一个母亲照顾子女，有 10% 的家庭只有一个父亲照顾子女，有 5% 的家庭双亲均不在。从一个大型农村学区随机抽取了 200 名儿童，结果如表 16-31 所示。

表 16-31

双亲	仅母亲	仅父亲	双亲均不在	总计
120	40	30	10	200

是否有足够的证据可以得出结论：该学区人口状况与最近人口普查的报告结果有区别？

2. 一个图书发行商希望调查男性和女性选择用于休闲阅读的书籍类型。随机抽取 540 名男性和 500 名女性进行调查，请他们选择悬疑、浪漫或自立类型的书籍（见表 16-32）。在

0.05 的显著性水平下，判断性别与所选书籍的类型有关还是无关。

表 16-32

	悬疑	浪漫	自立	总计
男性	250	100	190	540
女性	130	170	200	500

3. 基础统计学有 3 堂课：上午 8:00、上午 10:00 和下午 1:30。表 16-33 列出的是每堂课的第一次考试成绩。假设分布不服从正态分布，在 0.05 的显著性水平下，3 堂课的分数分布是否有所不同？

表 16-33

上午 8:00	上午 10:00	下午 1:30	上午 8:00	上午 10:00	下午 1:30
68	59	67	77	76	83
84	59	69	88	80	86
75	63	75	71		86
78	62	76			87
70	78	79			

4. 根据《健康》杂志的一项研究，在美国，1/3 的儿童肥胖或超重。一名保健医生对 500 名儿童进行了抽样调查，发现有 210 名肥胖或超重的儿童。判断肥胖或超重儿童的实际比例是否超过 1/3。使用 0.01 的显著性水平。

扫码查看
篇章测试答案

第17章

统计指数

本章的章节练习中表17-33提供了2000年和2016年黄油、起酥油、牛奶和土豆片的价格和数量信息。请以2000年为基期,分别计算这4种食品的简单价格指数。

学完本章后,你将能够:
① 计算并解释简单不加权指数。
② 计算并解释不加权综合指数。
③ 计算并解释加权综合指数。
④ 列举并描述机构编制的统计指数。
⑤ 运用居民消费价格指数。

引言

在本章中,我们将研究一种有用的描述性工具——**指数**(index)。指数描述的是一个时期到另一个时期数值的相对变化。相信你已经熟悉了一些指数,比如美国劳工部每月发布的**居民消费价格指数**(Consumer Price Index)。除此之外,还有许多其他指数,如**道琼斯工业平均指数**(Dow Jones Industrial Average)、**纳斯达克指数**(NASDAQ)、**日经225指数**(NIKKEI 225)和**标准普尔500指数**(Standard & Poor's 500 Stock Average)。这些指数由联邦政府、《彭博商业周刊》和《福布斯》等商业出版物在大部分日报以及互联网上定期发布。

指数为什么很重要?为什么居民消费价格指数如此重要并被广泛应用?顾名思义,它衡量的是消费者购买的一组商品或服务价格水平的变动情况。联邦储备委员会、消费者、工会、管理层、老年公民组织以及其他商业和经济界人士都非常关注价格的变化,因此这些人群也都密切关注着居民消费价格指数以及**工业品出厂价格指数**(Producer Price Index)。工业品出厂价格指数衡量的是在整个生产阶段中价格的波动情况。同样,道琼斯工业平均指数描述的是30家知名上市公司普通股价格的整体变化情况,且其数据会在工作日期间不断更新。一些股票市场指数会刊登在日报的金融板版块,也有很多指数数据采用实时报告的方式。

17.1 简单指数

什么是指数?指数衡量的是某特定项目(通常是产品或服务)在两个时间段之间数量的相对变动。

如果指数只用来衡量单变量的相对变化，如制造业时薪的相对变化，我们将其称为简单指数，也就是两期数据的比值再换算成百分比。以下 4 个例子说明了指数的运用。正如定义中所指出的，指数在商业中主要用于表示一个或多个项目从一个时期到另一个时期的变化百分比。

> **指数（index number）**：用于表示与基期相比，价格、数量或价值的相对变化的数字。

例 17-1 根据美国劳工统计局的数据，2000 年生产工人的平均时薪为 14.02 美元，2016 年 3 月生产工人的平均时薪是 21.37 美元。请根据 2000 年的数据计算 2016 年 3 月生产工人的平均时薪指数是多少？

解析 答案是 152.43，由下式可得：

$$P = \frac{2016年3月时薪}{2000年时薪} \times 100 = \frac{21.37}{14.02} \times 100 = 152.43$$

因此，与 2000 年相比，2016 年的工人时薪指数为 152.43%。由 152.43-100.0=52.43 可知，在这期间，工人时薪增加了 52.43%。你可以在美国劳工统计局的网站（http://www.bls.gov）上查看最新的工资信息、居民消费价格指数以及其他相关数据。

例 17-2 指数也可以用于两个项目之间的对比。2014 年哥伦比亚的人口数为 4 657 947 人，安大略的人口数为 13 730 187 人。与安大略相比，哥伦比亚的人口指数是多少？

解析 哥伦比亚的人口指数是 33.9，由下式可得：

$$P = \frac{哥伦比亚人口数}{安大略人口数} \times 100 = \frac{4\ 657\ 947}{13\ 730\ 187} \times 100 = 33.9$$

这说明哥伦比亚的人口是安大略人口的 33.9%（约 1/3），或者说哥伦比亚的人口比安大略的人口少 66.1%（100-33.9=66.1）。

例 17-3 图 17-1 给出了 2014 年美国最繁忙的 10 个机场的乘客数量。以拉斯维加斯的麦卡伦国际机场为基准，其他机场的指数是多少？

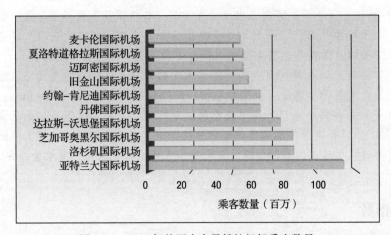

图 17-1 2014 年美国十大最繁忙机场乘客数量

解析 为了计算这 10 个指数，我们用其他 9 个机场的乘客量分别除以麦卡伦国际机场的乘客量。因此，由 (96.2/42.9)×100 计算得出亚特兰大国际机场的指数是 224.2；由 (47.1/42.9)×100 可得旧金山国际机场的指数是 109.8。由此可知，亚特兰大的乘客比拉斯维加斯多 124.2%，旧金山机场的乘客比拉斯维加斯多 9.8%。表 17-1 为乘客数量及指数汇总。2014 年，迈阿密国际机场和夏洛特道格拉斯国际机场所服务的乘客数量与拉斯维加斯的麦卡伦国际机场差不多（3 个指数都接近 100）。另外，亚特兰大国际机场的乘客数量是麦卡伦国际机场的两倍多。

表 17-1 美国十大最繁忙机场乘客数量及指数表

排名	机场	乘客数量（百万）	指数
1	亚特兰大国际机场	96.2	224.2
2	洛杉矶国际机场	70.7	164.8
3	芝加哥奥黑尔国际机场	70.0	163.2
4	达拉斯-沃思堡国际机场	63.6	148.3
5	丹佛国际机场	53.5	124.7
6	约翰-肯尼迪国际机场	53.3	124.2
7	旧金山国际机场	47.1	109.8
8	迈阿密国际机场	44.4	103.5
9	夏洛特道格拉斯国际机场	44.3	103.3
10	麦卡伦国际机场	42.9	100.0

从前面的讨论中可以看出：

（1）生产工人平均时薪指数（152.43）是百分比形式的，但通常省略百分号。

（2）指数要么包含一个**基期**（base period），要么包含一个**基数**（base）。对于生产工人的平均时薪这一问题，我们以 2000 年为基期；在居民消费价格指数中则以 1982—1984 年为基期；在机场乘客数量这一案例中，我们以拉斯维加斯的麦卡伦国际机场的乘客数量为基数进行分析比较。

（3）大多数商业和经济指数均会将报告的百分比数据四舍五入到整数或保留一位小数。

17.1.1 为什么要将数据转换成指数

指数编制并不是近年来的创新。意大利学者卡利（G.R.Carli）在 1764 年首次提出了指数，他在一份关于 1500—1750 年欧洲价格波动的报告中纳入了指数。直到 1900 年左右，美国才开始系统收集和报告指数数据。生活费用指数（现在称为居民消费价格指数）是 1913 年推出的，在那以后又编制了很多其他指数。

为什么要将数据转换为指数？指数是用于表示不同的项目组变化情况的简便方法。例如，居民消费价格指数包括了 200 个类别的项目，我们将其归纳为 8 类，分别是食品和饮料、住房、服装、交通运输、医疗、娱乐、教育和通信以及其他商品和服务，并对其中的 8 万种商品和服务价格进行收集。价格的单位各不相同，如多少美元一磅或一打鸡蛋。因此，只有将这些价格用指数进行汇总，联邦政府和其他关注通货膨胀的机构才能了解消费价格的总体变动情况。

将数据转换为指数，还便于评估由较大数值组成的序列的变化趋势。例如，2014 年美国电子商务零售额估计为 304 913 000 美元，而 2010 年为 168 895 000 美元，这 4 年时间里零售额增加了 13 601.8 万美元。由于数字非常大,通过原始数据很难直观地了解到增长情况。我们根据 2010 年的销售额计算出 2014 年销售额的指数为 180.5,那么该指数则意味着与 2010 年相比,2014 年的销售额增长了 80.5%。

$$指数 = \frac{2014年电子商务零售额}{2010年电子商务零售额} \times 100 = \frac{304\,913\,000}{168\,895\,000} \times 100 = 180.5$$

17.1.2 指数的构建

在前面,我们已经讨论了简单价格指数的构建,即选取某一年(如 2017 年)的价格除以基期年的价格。我们将基期价格记为 p_0,基期以外的价格通常称为报告期价格,并将其记为 p_t。以 100 为基数,计算任意报告期的简单价格指数 P,公式如下:

$$\textbf{简单指数} \quad P = \frac{p_t}{p_0} \times 100 \qquad (17\text{-}1)$$

假设 2000 年北卡罗来纳州西部的特赖恩山旅馆秋季周末套餐(包括食宿)的价格是 450 美元,2017 年价格上涨到 795 美元。以 2000 年为基期、100 为基数,2017 年的价格指数是多少?答案是 176.7,计算如下:

$$P = \frac{p_t}{p_0} \times 100 = \frac{795}{450} \times 100 = 176.7$$

由此可知,2000—2017 年,秋季周末套餐的价格上涨了 76.7%。

基期不一定单指某一年。请注意,在表 17-2 中,如果我们选择 2005—2006 年的指数 =100,那么订书机的基准价格将是 21 美元(通过确定 2005 年和 2006 年的平均价格 (20+22)/2=21 美元得到)。如果选择 2005—2007 年为基期,则需计算出 20 美元、22 美元、23 美元这 3 个价格的均值,即平均价格为 21.67 美元。表 17-2 列出了对应 3 个不同基期的指数(请注意,当选定 2005—2007 年的指数 =100 时,2005、2006 以及 2007 年的指数平均值为 100.0)。可看出,使用 3 个不同基期构建得到的 2015 年的指数是不一样的。

表 17-2 对应 3 个不同基期的本森自动订书机价格指数

年份	订书机价格	价格指数(2005 年的指数 =100)	价格指数(2005—2006 年的指数 =100)	价格指数(2005—2007 年的指数 =100)
2000	18	90.0	$\frac{18}{21} \times 100 = 85.7$	$\frac{18}{21.67} \times 100 = 83.1$
2005	20	100.0	$\frac{20}{21} \times 100 = 95.2$	$\frac{20}{21.67} \times 100 = 92.3$
2006	22	110.0	$\frac{22}{21} \times 100 = 104.8$	$\frac{22}{21.67} \times 100 = 101.5$
2007	23	115.0	$\frac{23}{21} \times 100 = 109.5$	$\frac{23}{21.67} \times 100 = 106.1$
2015	38	190.0	$\frac{38}{21} \times 100 = 181.0$	$\frac{38}{21.67} \times 100 = 175.4$

自测 17-1

1. 表 17-3 列出了 2014 年的主要产钢国及其钢产量（http://www.worldsteel.org）。以美国为基数，用指数表示中国、日本、印度、俄罗斯的产量。中国比美国多生产百分之几的钢？
2. 表 17-4 中是给定年份的生产工人的平均时薪。

表 17-3　主要产钢国及其钢产量
（单位：百万吨）

国家	产量
中国	822.7
日本	110.7
美国	88.2
印度	86.5
俄罗斯	71.5

表 17-4　平均时薪
（单位：美元）

年份	平均时薪
1995	11.65
2000	14.02
2005	16.13
2013	19.97
2016	21.37

（1）以 1995 年为基期、100 为基数，确定其他年份的指数并对指数进行解释。
（2）以 1995 年和 2000 年的均值为基数，确定其他年份的指数并对指数进行解释。

17.2　不加权总指数

在许多情况下，我们希望将几个项目合并起来制定一个指数来比较两个不同时期的项目总成本。例如，我们对一个汽车运行和维护费用相关的项目指数感兴趣，该指数中的项目可能包括轮胎、换油和汽油价格。或者我们可能对大学生消费指数感兴趣。这个指数可能包括书本费、学费、住宿费、餐饮费和娱乐费这几个项目。有几种方法可以将这些项目组合起来确定指数。

17.2.1　价格指数的简单平均

表 17-5 报告了 2003 年和 2015 年几种食品的价格。我们希望以 2003 年的价格为基数，为这组食品制定 2015 年的指数。

表 17-5　食品价格表

项目	2003 年价格（美元）	2015 年价格（美元）	简单指数
面包（磅）	1.042	1.440	138.2
鸡蛋（打）	1.175	2.133	181.5
牛奶（加仑）	2.686	3.463	128.9
苹果（磅）	0.911	1.265	138.9
橙汁（12 盎司）	1.848	2.678	144.9
咖啡（磅）	2.999	4.827	161.0
总计	10.661	15.806	

先以 2003 年的数据为基数，计算每个项目的价格指数的简单平均数。利用式 (17-1) 计算，求得面包的简单指数为 138.2。

$$P = \frac{p_t}{p_0} \times 100 = \frac{1.440}{1.042} \times 100 = 138.2$$

依此类推，我们可以计算出表 17-5 中其他项目的简单指数。其中，价格涨幅最大的是鸡蛋，为 81.5%，咖啡次之，为 61.0%。

我们还可以进一步通过对简单指数求平均来确定该组食品价格的变动百分比。该公式为

$$\text{价格的简单平均指数} \quad P = \frac{\sum P_i}{n} \tag{17-2}$$

式中 P_i——每个项目的简单指数；

n——项目数量。在本例中指数是 148.9，计算如下：

$$P = \frac{\sum P_i}{n} = \frac{138.2 + \cdots + 161.0}{6} = \frac{893.4}{6} = 148.9$$

由此可见，该组食品的平均价格比上月上涨 48.9%。

价格指数简单平均的一个优点是，无论采用何种计量单位，我们都会得到相同的指数值。在上述指数中，如果苹果以吨为单位，而不是以磅为单位，苹果对综合指数的影响也不会改变。也就是说，"苹果"这个商品是指数涉及的 6 个项目中的一个，所以这个项目对指数的影响与其计量单位无关。这种指数计算方法的一个缺点是，它没有考虑指数中所包含的项目的相对重要性。例如，牛奶和鸡蛋的权重是一样的，但是通常来说，一个普通家庭一年中在牛奶上的花费可能比在鸡蛋上的花费多得多。

17.2.2 简单综合指数

第二种计算方法是将两个时期的价格（而不是指数）相加，然后根据总价确定指数。计算公式为

$$\text{简单综合指数} \quad P = \frac{\sum p_t}{\sum p_0} \times 100 \tag{17-3}$$

这就是简单综合指数的计算方法。用 2015 年的价格之和除以 2003 年的价格之和，可以得出上一小节中的食品指数。基期的价格之和是 10.661 美元，给定时期的价格之和是 15.806 美元。简单综合指数为 148.3。这意味着，在这 13 年期间，物价总和增长了 48.3%。

$$P = \frac{\sum p_t}{\sum p_0} \times 100 = \frac{15.806}{10.661} \times 100 = 148.3$$

因为简单综合指数的值会受到计量单位的影响，所以它并不常用。在我们的例子中，如果我们以吨为单位而不是以磅为单位来报告苹果的价格，那么最终计算得到的指数结果会有很大的不同。另外，通过分析咖啡对综合指数的影响可以看出，无论观测当年还是基准年，咖啡都是综合指数的重要贡献者。因此咖啡的当前价格对指数的影响效果远远大于其他项目。因此，我们需要根据项目的相对重要性来适当地加权。

17.3 加权总指数

计算**加权价格指数**（weighted price index）的两种方法分别是**拉氏指数法**（Laspeyres）和**帕氏指数法**（Paasche），两者的区别在于作为权数的同度量因素的时期有所不同。拉氏指数法

将同度量因素固定在基期，即根据问题的不同，使用购买物品的原始价格和数量来计算一段时间内价格或消费数量的变化百分比。帕氏指数法则是将同度量因素固定在报告期，使用报告期当年的同度量因素进行加权。

17.3.1 拉氏指数

埃蒂恩·拉斯贝尔斯（Etienne Laspeyres）在 18 世纪后期提出了一种使用基期数量作为权重确定加权价格指数的方法。相应的加权价格指数的计算方法如下：

$$\text{拉氏指数} \quad P = \frac{\sum p_t q_0}{\sum p_0 q_0} \times 100 \quad (17\text{-}4)$$

式中 P——价格指数；
　　p_t——报告期价格；
　　p_0——基期价格；
　　q_0——基期对应的数量值。

例 17-4 表 17-6 中的食品价格数据与表 17-5 中的数据相同。此外，表 17-6 的数据中还包括了 2003 年和 2015 年某个家庭在这些食品上的消费数量。

表 17-6　食品价格及消费数量表

项目	2003 年		2015 年	
	价格（美元）	数量	价格（美元）	数量
面包（磅）	1.042	50	1.440	55
鸡蛋（打）	1.175	26	2.133	20
牛奶（加仑）	2.686	102	3.463	130
苹果（磅）	0.911	30	1.265	40
橙汁（12 盎司）	1.848	40	2.678	41
咖啡（磅）	2.999	12	4.827	12

用拉氏指数确定加权价格指数并解释所得结果。

解析　首先，我们确定 2003 年基期内 6 种食品的总支出。为了求出这个数值，用 2003 年基期面包价格 1.042 美元乘以 2003 年基期消费的面包数量 50，结果是 52.10 美元。这表明在基期内共花了 52.10 美元购买面包。继续对其他食品项目进行相应的计算，并将结果进行求和，最终得出基期总额为 493.86 美元。报告期的总额也是以类似的方式计算的，即对于第一个食品项目——面包，用 2003 年的消费数量乘以 2015 年的面包价格，结果是 72.00 美元。对每个项目进行同样的计算，然后将结果相加，总和为 683.68 美元。计算结果如表 17-7 所示。

2015 年的加权价格指数为 138.44，由下式计算可得：

$$P = \frac{\sum p_t q_0}{\sum p_0 q_0} \times 100 = \frac{683.68}{493.86} \times 100 = 138.44$$

由结果可知，这组商品的价格在 12 年内上涨了 38.44%。与简单综合指数相比，这种方法的优点是考虑了每个项目的权重。在简单综合指数中，咖啡的权重约为 40%。在拉氏指数中，权重最大的项目是牛奶，牛奶的价格和数量的乘积最大。

表 17-7　食品价格及消费数量表——拉氏指数计算

项目	2003 年			2015 年		
	价格（美元）	数量	价格乘以数量	价格（美元）	数量	价格乘以数量
面包（磅）	1.042	50	52.10	1.440	55	72.00
鸡蛋（打）	1.175	26	30.55	2.133	20	55.46
牛奶（加仑）	2.686	102	273.97	3.463	130	353.23
苹果（磅）	0.911	30	27.33	1.265	40	37.95
橙汁（12 盎司）	1.848	40	73.92	2.678	41	107.12
咖啡（磅）	2.999	12	35.99	4.827	12	57.92
总计			493.86			683.68

指数　138.44

17.3.2 帕氏指数

拉氏指数的缺点是它假定在报告期消费的商品数量仍然与基期一致，也就是认为这 6 种食品在 2003 年和 2015 年的购买量大致相同。但实际上鸡蛋的购买量下降了 23%，牛奶的购买量增加了近 28%，苹果的购买量增加了 33%。

帕氏指数是另一种价格指数计算方法。计算步骤与拉氏指数类似，区别在于不使用基期数量作为权数，而是使用报告期数量作为权数，即在本例中用 2003 年的价格和 2015 年的数量相乘。这种方法的好处是使用了较新的数量观测值。如果自基期以来，消费数量发生变化，那么这种变化将能够较好地反映在帕氏指数中。

$$帕氏指数 \quad P = \frac{\sum p_t q_t}{\sum p_0 q_t} \times 100 \quad (17-5)$$

例 17-5　使用表 17-6 中的信息来确定帕氏指数并讨论该问题使用哪种指数更合适。
解析　表 17-8 显示了帕氏指数的计算方法。

表 17-8　食品价格及消费数量表——帕氏指数计算

项目	2003 年			2015 年		
	价格（美元）	数量	价格乘以数量	价格（美元）	数量	价格乘以数量
面包（磅）	1.042	50	57.31	1.440	55	79.20
鸡蛋（打）	1.175	26	23.50	2.133	20	42.66
牛奶（加仑）	2.686	102	349.18	3.463	130	450.19
苹果（磅）	0.911	30	36.44	1.265	40	50.60
橙汁（12 盎司）	1.848	40	75.77	2.678	41	109.80
咖啡（磅）	2.999	12	35.99	4.827	12	57.92
总计			578.19			790.37

指数　136.7

帕氏指数为 136.7，由下式计算可得：

$$P = \frac{\sum p_t q_t}{\sum p_0 q_t} \times 100 = \frac{790.37}{578.19} \times 100 = 136.70$$

这一结果表明，2003—2015 年，这"一篮子"商品的价格上涨了 36.7%。也就是说，2015 年购买这些商品比 2003 年多花了 36.7%。

如何判定使用哪个指数更合理？即什么时候使用拉氏指数最合适，什么时候使用帕氏指数更好？

拉氏指数

优点　在计算时只需要基期的数量数据，这样可以在一段时间内进行更有意义的比较。指数的变化可归因于价格的变化。

缺点　并不能反映一段时间内购买模式的变化。另外，它可能会高估价格上涨的商品的权重。

帕氏指数

优点　因为帕氏指数使用的是报告期的数量，所以反映了当前的购买习惯。

缺点　在计算时需要报告期的数量数据。由于每年使用的数量不同，因此不可能将指数的变化仅仅归因于价格的变化。帕氏指数容易高估价格下降的商品的权重，且需要每年重新计算价格和数量的乘积。

17.3.3　费雪理想指数

如前所述，拉氏指数容易高估价格上涨的商品的权重，帕氏指数容易高估价格下降的商品的权重。为了弥补这些缺点，欧文·费雪（Irving Fisher）在1922年出版的 *The Making of Index Numbers* 一书中提出了费雪理想指数。它是拉氏和帕氏指数的几何平均值。我们在第3章介绍了几何平均数，它是对 k 个正数的连乘积开 k 次方根。

$$费雪理想指数 = \sqrt{拉氏指数 \times 帕氏指数} \qquad (17-6)$$

费雪指数在理论上似乎是理想的，因为它结合了拉氏指数和帕氏指数的优点。也就是说，它平衡了两种指数的效果。然而，费雪理想指数在实践中应用很少，原因在于它和帕氏指数有同样的问题，要求得到每个时期的数量值。

例 17-6　求出表 17-6 中所给数据的费雪理想指数。

解析　费雪理想指数为 137.57，求解如下：

$$费雪理想指数 = \sqrt{拉氏指数 \times 帕氏指数} = \sqrt{138.44 \times 136.70}$$

自测 17-2

以 2000 年为基期、100 为基数构建 2016 年的服装价格指数。其中，服装项目包括鞋子和裙子。表 17-9 给出了这两年的服装项目价格和数量数据。

表 17-9　服装项目价格和数量数据表

项目	2000 年		2016 年	
	价格	数量	价格	数量
裙子	75	500	85	520
鞋子	40	1 200	45	1 300

（1）求出价格指数的简单平均。
（2）求出这两年的综合价格指数。

(3) 求出拉氏指数。
(4) 求出帕氏指数。
(5) 求出费雪理想指数。

17.3.4 价值指数

价值指数衡量的是价格和数量的相关变化。价值指数，如百货商店销售指数，主要是以基期价格、基期数量、报告期价格和报告期数量来对其进行构建。其公式为

$$\text{价值指数} \quad V = \frac{\sum p_t q_t}{\sum p_0 q_0} \times 100 \tag{17-7}$$

例 17-7 2000 年 5 月和 2017 年 5 月，某公司销售的领带、西服、鞋子的价格和数量如表 17-10 所示。

表 17-10 服装销售情况表

项目	2000 年		2017 年	
	价格 p_0	数量 q_0	价格 p_t	数量 q_t
领带	1.00	1 000	2	900
西服	30.00	100	40	120
鞋子	10.00	500	8	500

以 2000 年 5 月为基期，计算 2017 年 5 月的价值指数是多少？

解析 如表 17-11 所示，2017 年 5 月的总销售额为 10 600 美元，2000 年的可比数据为 9 000 美元。因此，当设定 2000 年的指数为 100 时，2017 年 5 月的价值指数为 117.8，即 2017 年服装销售额比 2000 年增长了 17.8%。

表 17-11 2017 年价值指数的构建（2000 年的指数 =100）

项目	2000 年			2017 年		
	价格 p_0	数量 q_0	$p_0 q_0$	价格 p_t	数量 q_t	$p_t q_t$
领带	1.00	1 000	1 000	2.00	900	18 000.00
西服	30.00	100	3 000	40.00	120	4 800.00
鞋子	10.00	500	5 000	8.00	500	4 000.00
			9 000	指数 = 117.8		10 600.00

自测 17-3

2001 年和 2017 年好富顿公司产品的生产数量和批发价格如表 17-12 所示。

表 17-12 好富顿公司产品的生产数量和批发价格表

产品	批发价格		生产数量	
	2001 年	2017 年	2001 年	2017 年
剪刀销（盒）	3	4	10 000	9 000
切削料（磅）	1	5	600	200
拉杆（根）	10	8	3 000	5 000

(1) 以 2001 年为基期，求出 2017 年的生产价值指数。
(2) 解释该指数。

17.4 机构编制的统计指数

许多重要的指数都是由私营机构编制和出版的。某公司对汽车购买者进行调查,以确定客户在购买汽车一年后对汽车的满意程度。这个特殊的指数被称为消费者满意度指数(Consumer Satisfaction Index)。金融机构、公用事业公司和大学研究中心也经常编制其所在地区的就业、工厂工时和工资以及零售额的指数。许多行业协会也会编制对其研究领域至关重要的价格和数量指数。这些特殊的指数是如何编制的呢?下面以一个例子来说明。

例 17-8 西雅图商会希望制定一个衡量美国西北地区商业活动情况的标准。经济发展部主任被派去设计这个指数,该指数将被称为西北地区一般商业活动指数(General Business Activity Index of the Northwest)。

解析 经过一番思考和研究,主任认为在衡量经济活动情况时应该考虑4个因素:百货公司销售额(以百万美元为单位)、地区就业指数(以2005年数据为基准,由华盛顿报告)、货车装载量(以百万吨为单位),以及西雅图港的出口量(以千吨为单位)。表17-13列出了2005年、2010年和2016年的这些信息。

表 17-13 西北地区一般商业活动指数的计算数据表

年份	百货公司销售额	地区就业指数	货车装载量	出口量
2005	20	100	50	500
2010	41	110	30	900
2016	44	125	18	700

经过调研和咨询,主任给百货公司销售额分配了40%的权重,给就业率分配了30%的权重,给货运汽车装载量分配了10%的权重,给出口分配了20%的权重。以2005年的指数为100计算2016年西北地区一般商业活动指数,将2016年的各项数值用百分比表示,以基期数值为分母,比如2016年的百货公司销售额由$(44/20) \times 100 = 220$转换为百分比。这意味着百货公司的销售额在这一时期增长了120%,然后将这个百分比乘以相应的权重。对于百货公司的销售额来说,就是$220 \times 0.40 = 88.0$。2010年和2016年的指数具体计算方法如表17-14所示。

表 17-14 指数计算

	2010 年	2016 年
百货公司销售额	$(41/20) \times 100 \times 0.40 = 82.0$	$(44/20) \times 100 \times 0.40 = 88.0$
地区就业指数	$(110/100) \times 100 \times 0.30 = 33.0$	$(125/100) \times 100 \times 0.30 = 37.5$
货车装载量	$(30/50) \times 100 \times 0.10 = 6.0$	$(18/50) \times 100 \times 0.10 = 3.6$
出口量	$(900/500) \times 100 \times 0.20 = 36.0$	$(700/500) \times 100 \times 0.20 = 28.0$
总计	157.0	157.1

2010年西北地区一般商业活动指数为157.0,2016年为157.1。由此可见,2005—2010年,地区商业活动提升了57.0%;2005—2016年,商业活动提升了57.1%。

下面是几个机构编制的统计指数的例子。

17.4.1 居民消费价格指数

美国劳工统计局每月都会报告这一指数。它描述了"一篮子"商品和服务的价格在不同时期的变化。我们将在下一节中详细讨论其发展历史并介绍一些应用。你可以访问 http://www.bls.gov 来获取相关数据。

17.4.2 工业品出厂价格指数

工业品出厂价格指数的前身是批发物价指数，最早可以追溯到 1890 年，也是由美国劳工统计局发布的。它反映了超过 3 400 种商品的价格，数据来源为商品的卖家，且通常统计的是每种商品的第一笔大宗交易对应的价格。同时，它也是一个拉氏指数。你可以通过访问 http://www.bls.gov 来获取相关数据。

17.4.3 道琼斯工业平均指数

这是一个股票价格指数，但说它是一个"指标"也许会更合适。道琼斯工业平均指数本来是 30 只特定工业股票的平均价格。然而，将 30 只股票的价格相加再除以 30 并不能计算出它的价值，因为随着时间推移、股权分割、公司合并等，股票数量会随之增加或减少。当所选的 30 只股票发生变化时，计算平均数的分母也要进行调整。如今，道琼斯工业平均指数不仅代表了纽约证券交易所总体的价格走势，更像是一种心理指标。因为道琼斯工业平均指数的股票缺乏代表性，又设计了纽约证券交易所指数，纽约证券交易所指数是根据纽约证券交易所所有股票的平均价格计算的。有关道琼斯工业平均指数的更多信息可以通过访问网站 http://www.dowjones.com 获取。你也可以访问 http://www.marketwatch.com 找到道琼斯工业平均指数的当前数值。网页默认设置为显示当天的道琼斯工业平均指数、纳斯达克指数、标准普尔 500 指数和其他指数的变化。

通过浏览道琼斯工业平均指数图，你可以发现更多的指数变化细节。在图 17-2 底部中间，你可以改变水平比例，以显示指数 1 天、5 天并且依此类推直至 5 年的变化。在本例中，我们将标尺改为显示 1 年的变化。搜索纳斯达克指数和标准普尔 500 指数，也可以得到它们的信息。

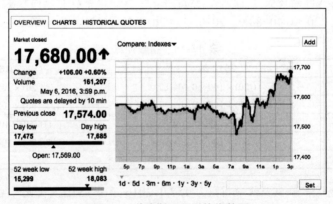

图 17-2　道琼斯工业平均指数图

自测 17-4

作为富尔顿县经济发展办公室的实习生，你需要为你所在的县开发一个专用指数。以下 3 个经济序列可以成为构建指数的基础，它们分别是棉花价格（每磅）、汽车销量，以及资金周转率（由当地银行公布）。在与你的主管和主任讨论后，确定资金周转率的权重为 0.60，汽车销量的权重为 0.30，棉花价格的权重为 0.10，基期为 2006 年（见表 17-15）。

（1）构建 2011 年和 2016 年的指数。

（2）解释 2011 年和 2016 年的指数计算结果。

表 17-15　经济序列表

年份	棉花价格	汽车销量	资金周转率
2006	0.20	1 000	80
2011	0.25	1 200	90
2016	0.50	900	75

17.5　居民消费价格指数

前面经常提到居民消费价格指数（CPI），它衡量的是固定的"一篮子"市场商品和服务的价格在不同时期的变化。1978 年 1 月，美国劳工统计局开始公布两类群体的居民消费价格指数。其中一个指数被称为城镇居民消费价格指数（CPI-U），涵盖了总人口的 87%。另一个指数（CPI-W）是针对城市工薪阶层和文职人员的，覆盖了约 32% 的总人口。

居民消费价格指数有以下几个主要功能。首先，它使消费者能够确定他们的购买力在多大程度上受到价格上涨的影响，因此它可以为调整工资、抚恤金等提供参考。其次，它还是测定通货膨胀率的一个经济指标。

该指数是根据约 250 家机构每月收集的 8 万件商品的价格数据所构建的。价格收集的渠道包括美国数千家零售店、服务机构、出租单位和诊所等。面包、啤酒、汽油、理发、诊疗费用和手术费用是典型消费者购买的所谓"一篮子"商品和服务中的一小部分（http://stats.bls.gov/cpi/cpifaq.htm）。

居民消费价格指数起源于 1913 年，并自 1921 年起定期发布。标准参考期（基期）定期更新，目前对应的基期为 1982—1984 年，较早的基期是 1967 年、1957—1959 年、1947—1949 年、1935—1939 年和 1925—1929 年。为什么要改变基期？这是因为我们的购买模式决定了商品和服务的"篮子"会随着时间的推移而变化，而这些变化也必须反映在基期价格中。

居民消费价格指数实际上不仅仅是一个指数。纽约、芝加哥、西雅图、亚特兰大以及其他一些大城市都有居民消费价格指数。除此之外，还有食品和饮料、服装、医疗保健及其他物品的价格

表 17-16　城镇居民消费价格指数

项目	城镇居民消费价格指数
所有项目	238.132
食品和饮料	247.677
服装	127.427
运输	191.257
医疗保健	458.620
住房	241.485

指数，表 17-16 是其中几个在 2016 年 3 月的数据，1982—1984 年的指数为 100。

可以发现，所有项目的加权指数自 1982—1984 年以来增长了 138.132%；医疗保健增长最快，达到 358.620%；服装的涨幅最小，为 27.427%。

实践中的统计学

价格一直在上涨吗？由美国劳工部计算和报告的居民消费价格指数是衡量价格变化的一个相对指标，它显示了我们感兴趣的产品和服务的价格信息。例如，你知道以 2007 年 12 月为基期，2016 年 3 月个人电脑及配套设备的物价指数为 45.269 吗？这意味着计算机和配套设备的相对价格自 2007 年 12 月以来已经下降了约 55%。

17.5.1　居民消费价格指数的特殊用途

除了衡量商品和服务价格的变化外，居民消费价格指数还有其他一些用途。居民消费价

格指数被用来确定个人实际可支配收入、平减销售额或其他变量,以及探究购买力并确定生活费用的增长。我们首先来讨论使用居民消费价格指数确定**实际收入**(real income)的问题。

实际收入 以实际收入的含义和计算为例,假设当前居民消费价格指数为200,基期1982—1984年为100。此外,假设沃茨在1982年、1983年和1984年的基期内年收入为2万美元。她目前的收入是4万美元。请注意,虽然她的货币收入比基期(1982—1984年)翻了一番,但她支付的食品、汽油、衣服和其他物品的价格也翻了一番。因此,从基期到现在,沃茨女士的生活水平一直保持不变。价格的上涨正好抵消了收入的增长,所以她现在的购买力(实际收入)仍然是2万美元(计算方法见表17-17)。一般来说:

$$\textbf{实际收入} \quad 实际收入 = \frac{现金收入}{居民消费价格指数} \times 100 \quad (17\text{-}8)$$

表17-17 1982—1984年及本年度实际收入的计算方法

年份	年现金收入(美元)	CPI(1982—1984年的指数=100)	实际收入的计算	实际收入(美元)
1982—1984	20 000	100	$\frac{20\,000}{100} \times 100$	20 000
本年	40 000	200	$\frac{40\,000}{200} \times 100$	20 000

实际收入有时也被称为平减收入,居民消费价格指数也被称为平减指数。在表17-17中,为了确定沃茨女士的生活水平是否发生了变化,我们将她的货币收入换算成了定值美元。可以发现,当使用1982—1984年的美元(定值美元)来表示她的购买力时,她在本年的购买力仍为20 000美元。

自测17-5

乔恩·格林的实得工资与2000年和2016年的CPI值如表17-18所示。

表17-18 乔恩·格林的实得工资和CPI值

年份	实得工资(美元)	CPI(1982—1984年的指数=100)
2000	25 000	170.8
2016	41 200	238.132

2000年乔恩的实际收入是多少?2016年乔恩的实际收入是多少?对你的计算结果进行解释说明。

平减销售额 价格指数也可以用来"平减"销售额或类似的数据。平减销售额的计算如下:

$$\textbf{使用某个指数作为平减指数} \quad 平减销售额 = \frac{实际销售额}{一个适当的指数} \times 100 \quad (17\text{-}9)$$

例17-9 纽约北部一家小型注塑公司的销售额从1982年到2015年一直在增长。增长情况如表17-19所示。

公司所有者哈里·希尔意识到,在这段时间内,加工所用的原材料价格也在上涨,因此,希尔想将销售额进行平减,以反映出原材料价格的增加。那么,用 1982 年的定值美元来表示的 1990 年、1995 年、2000 年、2005 年、2010 年和 2015 年的平减销售额是多少?

解析 工业品出厂价格指数(PPI)是每月发布并在《劳工月报》上公布的指数,同时也可以在劳工统计局的网站上找到。工业品出厂价格指数中包含的价格数据反映了制造商为采购金属、橡胶和其他原材料支付的价格。因此,工业品出厂价格指数似乎是一个可以用来平减制造商的销售额的指数。表 17-20 的第 2 列中列出了企业的销售额情况,第 3 列是每年的工业品出厂价格指数(PPI),第 4 列显示的是销售额除以工业品出厂价格指数,最右边的列详细说明了计算结果。

表 17-19 销售额数据

(单位:美元)

年份	销售额
1982	875 000
1990	1 482 000
1995	1 491 000
2000	1 502 000
2005	1 515 000
2010	1 596 000
2015	1 697 000

表 17-20 平减销售额的计算

年份	销售额	PPI	销售额/PPI	计算公式
1982	875 000	100.0	875 000.00	(875 000/100.0)×100
1990	1 482 000	119.2	1 243 288.59	(1 482 000/119.2)×100
1995	1 491 000	127.9	1 165 754.50	(1 491 000/127.9)×100
2000	1 502 000	138.0	1 088 405.80	(1 502 000/138.0)×100
2005	1 515 000	155.7	973 025.05	(1 515 000/155.7)×100
2010	1 596 000	179.8	887 652.95	(1 596 000/179.8)×100
2015	1 697 000	193.9	875 193.40	(1 697 000/193.9)×100

1982—2015 年,销售额一直处于增长趋势,2015 年销售额增加了 93.9%=[(1 697 000/875 000)×100−100.0]。然而,如果我们比较 1982 年和 2015 年对应的销售额/PPI,会发现它们几乎相同,分别为 875 000 美元与 875 193.40 美元。

货币购买力 居民消费价格指数也被用来确定货币的购买力。

使用某个指数来确定购买力 $\text{货币购买力} = \dfrac{1}{\text{CPI}} \times 100$ (17-10)

例 17-10 假设本月居民消费价格指数为 200.0(1982—1984 年的指数 = 100),货币购买力是多少?

解析 由式(17-10)可知,货币购买力为 0.5,由下式可得:

$$\text{货币购买力} = \dfrac{1}{200.0} \times 100 = 0.50$$

200.0 的居民消费价格指数表明,从 1982—1984 年到本月,物价上涨了 1 倍。因此,货币购买力被削减了一半。也就是说,1982—1984 年的 1 美元在这个月只值 0.5 美元。换句话说,如果你在 1982—1984 年丢了 1 000 美元,但刚刚找到它,现在这 1 000 美元只能买到它在 1982 年、1983 年和 1984 年能买到物品的一半。

生活费用调整 居民消费价格指数也是许多管理部门与工会签订的合同中生活费用调整的基础。合同中的具体条款通常被称为"自动调整条款"。大约 3 100 万社会保障受益人、250 万退休的军队和联邦公务员及遗属,以及 60 万邮政工人的收入或养老金与居民消费价格指数挂钩。

居民消费价格指数还用于调整赡养费和子女抚养费、律师费、工人赔偿费、公寓、住宅和办公楼的租金、福利支出等。退休人员每月领取 500 美元的养老金，居民消费价格指数从 165 上升到 170，上升了 5 个百分点。居民消费价格指数每增加 1 个百分点，养老金福利就增加 1%，由 [(170-165)/165] × 500 可知，每月增加的福利金为 15.15 美元。因此，现在退休人员每月将得到 515.15 美元。

自测 17-6

最近一个月的居民消费价格指数为 238.132（1982—1984 年的指数 =100）。试计算货币购买力是多少，并解释所得答案。

17.5.2 变动基期

如果两个或两个以上的时间序列具有相同的基期，则可以直接进行比较。例如，假设我们对 1982—1984 年基期以来的食品和饮料、住房、服装以及医疗保健的价格趋势感兴趣。请注意，表 17-21 中所有的居民消费价格指数均使用相同的基数。

表 17-21　截至 2015 年的消费者价格趋势表（1982—1984 年的指数 =100）

年份	所有项目	食品和饮料	住房	服装	医疗保健
1982—1984	100.0	100.0	100.0	100.0	100.0
1990	130.7	132.1	128.5	124.1	162.8
1995	152.4	148.9	148.5	132	220.5
2000	172.2	168.4	169.6	129.6	260.8
2005	195.3	191.2	195.7	119.5	323.2
2010	218.056	219.984	216.256	119.503	388.436
2015	237.017	246.804	238.060	125.903	446.752

从表 17-21 可以看出，从基期（1982—1984 年）到 2015 年，所有消费品价格合计上涨 137.017%（从 2007 年 1 月开始，居民消费价格指数报告到小数点后三位而不是一位）。同样，食品和饮料价格上涨 146.804%，住房价格上涨 138.060%，服装价格上涨 25.903%，医疗保健价格上涨 346.752。

但是，在比较两个或多个不具有相同基期的序列时，就会出现相应的问题。下面的例子比较了两个最受广泛报道的股票市场指数：道琼斯工业平均指数和纳斯达克指数。

例 17-11　我们希望比较道琼斯工业平均指数和纳斯达克指数在 2004—2016 年第一个交易日的开盘价（见表 17-22）。

表 17-22　指数开盘价

日期	开盘价		日期	开盘价	
	道琼斯工业平均指数	纳斯达克指数		道琼斯工业平均指数	纳斯达克指数
2004-01-02	10 452.74	2 011.08	2007-01-03	12 459.54	2 429.72
2005-01-03	10 783.75	2 184.75	2008-01-02	13 261.82	2 653.91
2006-01-05	10 718.30	2 216.53	2009-01-02	8 772.25	1 578.87

(续)

日期	开盘价		日期	开盘价	
	道琼斯工业平均指数	纳斯达克指数		道琼斯工业平均指数	纳斯达克指数
2010-01-04	10 430.69	2 294.41	2014-01-02	16 572.17	4 160.03
2011-01-03	11 577.43	2 676.65	2015-01-02	17 823.07	4 760.24
2012-01-03	12 221.19	2 657.39	2016-01-04	17 405.48	4 897.65
2013-01-02	13 104.30	3 091.33			

解析 直接对道琼斯工业平均指数和纳斯达克指数的开盘价进行对比是不合适的。要比较两个市场开盘价的变化,一种合理的方法是以2004年的开盘价为基数计算两个市场的指数。对于道琼斯工业平均指数来说,基数是10 452.74美元;对于纳斯达克指数来说,基数是2 011.08美元。

2016年道琼斯工业平均指数计算如下:

$$指数 = \frac{17\,405.48}{10\,452.74} \times 100 = 166.52$$

表17-23呈现了完整的指数集。

表17-23 指数集

日期	道琼斯工业平均指数		纳斯达克指数	
	价值	指数	价值	指数
2004-01-02	10 452.74	100.0	2 011.08	100.0
2005-01-03	10 783.75	103.2	2 184.75	108.6
2006-01-05	10 718.30	102.5	2 216.53	110.2
2007-01-03	12 459.54	119.2	2 429.72	120.8
2008-01-02	13 261.82	126.9	2 653.91	132.0
2009-01-02	8 772.25	83.9	1 578.87	78.5
2010-01-04	10 430.69	99.8	2 294.41	114.1
2011-01-03	11 577.43	110.8	2 676.65	133.1
2012-01-03	12 221.19	116.9	2 657.39	132.1
2013-01-02	13 104.30	125.4	3 091.33	153.7
2014-01-02	16 572.17	158.5	4 160.03	206.9
2015-01-02	17 823.07	170.5	4 760.24	236.7
2016-01-04	17 405.48	166.5	4 897.65	243.5

综上,可以得出,这两个指数在此期间都有所上升。道琼斯工业平均指数上涨66.5%,纳斯达克指数上涨143.5%。

图17-3中用菱形节点表示道琼斯工业平均指数(DJIA),方形节点表示纳斯达克指数(NASDAQ)。该图显示了两个指数从2004年1月2日开始的变化。从这张图中我们可以看出纳斯达克指数在2016年年初达到了最高点。道琼斯工业平均指数的最高点是在2016年1月。总的来说,这两个指数的走势很相似。

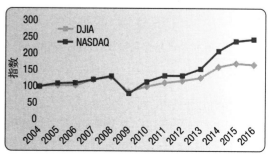

图17-3 指数走势对比图

自测 17-7

要求比较制造商工业生产中为原材料支付的价格变化。但是，衡量生产变化的工业生产指数和工业品出厂价格指数的基期并不相同。生产指数以2012年为基期，工业品出厂价格指数以1982年为基期。表17-24报告了各指数在年初的数值。以2010年数据为基数，比较两个序列并对结果进行解释。

表17-24 工业生产指数与工业品出厂价格指数

年份	工业生产指数（2012年的指数=100）	工业品出厂价格指数（1982年的指数=100）
2007	104.98	162.9
2008	101.25	175.8
2009	89.6	167.1
2010	94.52	175.4
2011	97.28	189.1
2012	100	193.9
2013	101.91	193.9
2014	104.89	195.5
2015	105.22	185.6

章节摘要

1. 指数衡量社会经济现象数量从一个时期到另一个时期的相对变化。
   （1）指数的主要特征有：
   1）它是一个百分比，但是百分号通常被省略。
   2）它有一个对应的基期。
   （2）计算指数的原因如下：
   1）它有助于对不同序列进行比较。
   2）如果数据值很大，指数更能直观地反映数据的变化情况。
2. 价格指数有不加权和加权两种。
   （1）在不加权指数中，我们不考虑数量。
   1）在简单指数中，我们将基期数据与报告期数据进行比较。

$$P = \frac{p_t}{p_0} \times 100 \qquad (17\text{-}1)$$

式中 p_t——报告期价格；
   p_0——基期价格。
   2）在价格指数的简单平均中，将每个项目的简单指数相加，然后除以项目数。

$$P = \frac{\sum P_i}{n} \qquad (17\text{-}2)$$

   3）在价格简单综合指数中，将两期的项目价格求和后再进行比较。

$$P = \frac{\sum p_t}{\sum p_0} \times 100 \qquad (17\text{-}3)$$

（2）在加权指数中，需要考虑数量。
   1）在拉氏指数中，在基期和报告期都使用基期数量作为权重。

$$P = \frac{\sum p_t q_0}{\sum p_0 q_0} \times 100 \qquad (17\text{-}4)$$

2）在帕氏指数中，采用的是报告期数量作为权重。

$$P = \frac{\sum p_t q_t}{\sum p_0 q_t} \times 100 \qquad (17\text{-}5)$$

3）费雪理想指数是拉氏指数和帕氏指数的几何平均值。

$$\text{费雪理想指数} = \sqrt{\text{拉氏指数} \times \text{帕氏指数}} \qquad (17\text{-}6)$$

（3）价值指数同时使用基期和报告期的价格和数量。

$$V = \frac{\sum p_t q_t}{\sum p_0 q_0} \times 100 \qquad (17\text{-}7)$$

3. 最常见的指数是居民消费价格指数（CPI）。
   （1）它经常被用来测定通货膨胀率。
   （2）它由美国劳工统计局每月进行报告。
   （3）当前基准期是 1982—1984 年。
   （4）居民消费价格指数常用于计算实际收入和货币购买力以及调整养老金和纳税等级。

章节练习

1. 总部位于匹兹堡的某银行公司报告了 2008—2015 年的商业贷款总额，如表 17-25 所示。以 2008 年为基数，计算以下年份商业贷款的简单指数。

表 17-25　银行公司贷款额　　　　　　　　　（单位：百万美元）

年份	贷款额	年份	贷款额
2008	69 220	2012	83 040
2009	54 818	2013	88 378
2010	55 177	2014	97 420
2011	65 694	2015	98 608

2. 表 17-26 列出的是旧金山地区一家邮购零售商 2006—2015 年的净销售额。用最早 3 年的平均销售额确定一个基数，然后计算出 2014 年和 2015 年的指数。净销售额比基期增加了多少？

表 17-26　净销售额数据表　　　　　　　　（单位：百万美元）

年份	销售额	年份	销售额
2006	486.6	2011	568.5
2007	506.8	2012	581.9
2008	522.2	2013	496.1
2009	574.6	2014	456.6
2010	580.7	2015	433.3

对于练习 3～练习 4：
（1）求出简单价格指数。
（2）求出这两年的综合价格指数。
（3）求出拉氏指数。
（4）求出帕氏指数。
（5）求出费雪理想指数。

3. 表 17-27 是 2000 年 8 月和 2017 年 8 月的牙膏（9 盎司）、洗发水（7 盎司）、止咳片（100 片装）、止汗剂（2 盎司）的价格以及对应的购买数量，以 2000 年 8 月为基期。

表 17-27 价格和数量表

项目	2000 年 8 月		2017 年 8 月	
	价格	数量	价格	数量
牙膏	2.49	6	3.35	6
洗发水	3.29	4	4.49	5
止咳片	1.59	2	4.19	3
止汗剂	1.79	3	2.49	4

4. 某小型机械和冲压厂生产的各种物品的价格和数量如表 17-28 所示。以 2000 年为基期。

表 17-28 生产物品价格和数量表

项目	2000 年		2017 年	
	价格	数量	价格	数量
垫圈	0.07	17 000	0.10	20 000
开口销	0.04	125 000	0.03	130 000
灶具螺栓	0.15	40 000	0.15	42 000
六角螺母	0.08	62 000	0.10	65 000

5. 2002 年和 2015 年的粮食价格和产量（http://www.ers.usda.gov）数据如表 17-29 所示。

表 17-29 粮食价格和产量数据表

粮食	2002 年		2015 年	
	每蒲式耳①价格	产量（百万蒲式耳）	每蒲式耳价格	产量（百万蒲式耳）
燕麦	1.81	116	2.09	90
小麦	3.56	2	5.99	2
玉米	2.32	8 967	3.65	13 601
大麦	2.72	227	5.53	214

① 1 蒲式耳 =38.235 千克。

以 2002 年为基期，求出 2015 年粮食产量的价值指数。

6. 美国国家经济研究局编制和发布的经济先行指标由 12 个时间序列组成，其中包括制造业的平均生产工时、制造商的新订单和货币供应量等。设计这类指数以及其他类似指数的目的是对经济发展情况进行预测，这些指数会在经济发生波动前呈现上升或下降变化。从而，经济学家就拥有了能够预测未来趋势的统计依据。

假设你希望为纽约州北部的伊利县构建一个先行指标，该指标将基于 2000 年的数据。由于数据的获取受到时间和工作量的限制，你决定只使用 4 个时间序列，分别为：失业率、股票价格、价格指数和零售额。表 17-30 是 2000 年和 2016 年的数据。

表 17-30 指标序列数据表

	2000 年	2016 年
失业率（%）	5.3	6.8
股票价格（美元）	265.88	362.26
价格指数（1982 年的指数 =100）	109.6	125.0
零售额（百万美元）	529 917.0	622 864.0

各项目分配的权重如下：失业率 20%，股票价格 40%，价格指数 25%，零售额 15%。

（1）以 2000 年为基期，构建 2016 年的经济先行指标。

（2）对你计算出来的经济先行指标进行解读。

7. 2013年4月，拥有本科学历的护士长的平均工资为89 673美元。2016年3月的居民消费价格指数为238.132（1982—1984年的指数=100）。1982—1984年基期内护士的平均年薪为19 800美元。2016年3月护士长的实际收入是多少？平均工资增加了多少？

8. 2000年，蒂诺拉学区教师的平均工资为28 650美元。到2010年，平均工资增加到33 972美元，2016年进一步增加到37 382美元。美国课堂教师联合会保持着全美课堂教师工资趋势的信息：以2000年为基准期，2010年的指数为122.5，2016年的指数为136.9。根据上述数据，比较一下蒂诺拉学区教师和全美教师工资的变化趋势。

请使用以下取自强生公司（Johnson & Johnson）年度报告的信息（见表17-31）完成练习9～练习11。强生公司的主要办事处在新泽西州的新不伦瑞克，它的普通股在纽约证券交易所上市，股票代码为JNJ。

表 17-31 强生公司年度销售额数据

年份	国内销售额（百万美元）	国际销售额（百万美元）	雇员人数（千人）
2000	17 316	11 856	100.9
2001	19 825	12 492	101.8
2002	22 455	13 843	108.3
2003	25 274	16 588	110.6
2004	27 770	19 578	109.9
2005	28 377	22 137	115.6
2006	29 775	23 549	122.2
2007	32 444	28 651	119.2
2008	32 309	31 438	118.7
2009	30 889	31 008	115.5
2010	29 437	32 124	114
2011	28 907	36 107	117.9
2012	29 830	37 394	127.6
2013	31 910	39 402	128.1
2014	34 782	39 548	126.5
2015	35 687	34 387	127.1

9. 以2000年为基期，计算2004—2015年每年国内销售额的简单指数并解读国内销售额的变化趋势。

10. 以2000年为基期，计算2004—2015年每年国际销售额的简单指数并解读国际销售额的变化趋势。

11. 以2000年为基期，计算2004—2015年每年雇员人数的简单指数并解读雇员人数的变化趋势。

请使用某电气公司年度报告中的以下信息（见表17-32）完成练习12至练习13。

表 17-32 电气公司年度报告部分数据表

年份	收入（百万美元）	雇员人数（千人）	年份	收入（百万美元）	雇员人数（千人）
2004	134	325	2010	150	304
2005	152	307	2011	147	287
2006	157	316	2012	147	301
2007	168	319	2013	146	307
2008	177	327	2014	149	305
2009	183	323	2015	151	333

12. 以 2004 年为基期，计算电气公司收入的简单指数。根据这段时期的收入变化，你能得出什么结论？
13. 以 2004 年为基期，计算电气公司的雇员人数的简单指数。根据这段时期雇员人数的变化，你能得出什么结论？

使用表 17-33 中 2000 年和 2016 年中相关食品项目的信息，完成练习 14～练习 16。

表 17-33 相关食品项目信息表

项目	2000 年		2016 年	
	价格	数量	价格	数量
黄油	0.81	18	2.00	27
起酥油	0.84	5	1.88	9
牛奶（½ 加仑）	1.44	70	2.89	65
土豆片	2.91	27	3.99	33

14. 以 2000 年作为基期，计算以上 4 个项目的简单价格指数。
15. 以 2000 年为基期，计算 2016 年的拉氏指数和帕氏指数。
16. 用前面问题中计算得出的拉氏指数和帕氏指数的值求出费雪理想指数。

使用表 17-34 中的数据完成练习 17～练习 19。贝茨电子为其制造过程中所使用的机器购买了三种零件，表 17-34 中的数据是零件的价格和数量。

表 17-34 零件价格和数量表

零件型号	价格		数量	
	2000 年	2016 年	2000 年	2016 年
RC-33	0.50	0.60	320	340
SM-14	1.20	0.90	110	130
WC50	0.85	1.00	230	250

17. 以 2000 年为基期，计算这 3 种零件的简单价格指数。
18. 以 2000 年为基期，计算这 3 种零件 2016 年的拉氏指数和帕氏指数。
19. 用前面问题中计算得出的拉氏指数和帕氏指数的值求出费雪理想指数。

使用表 17-35 给出的 2000 年和 2016 年部分食品的价格信息完成练习 20～练习 22。

表 17-35 部分食品价格信息表

项目	价格		数量	
	2000 年	2016 年	2000 年	2016 年
白菜（磅）	0.06	0.05	2 000	1 500
胡萝卜（束）	0.10	0.12	200	200
豌豆（夸脱）	0.20	0.18	400	500
莴苣（束）	0.15	0.15	100	200

20. 以 2000 年作为基期，计算以上 4 个项目的简单价格指数。
21. 以 2000 年为基期，计算以上 4 个项目 2016 年的拉氏指数和帕氏指数。
22. 用前面问题中计算得出的拉氏指数和帕氏指数的值求出费雪理想指数。

利用以下 1990 年和 2016 年某几种商品的价格及数量信息（见表 17-36），完成练习 23～练习 25。

表 17-36 商品价格及数量信息表

项目	价格		数量	
	1990 年	2016 年	1990 年	2016 年
铝（美分/磅）	0.287	0.73	1 000	1 200

(续)

项目	价格		数量	
	1990 年	2016 年	1990 年	2016 年
天然气（1 000 立方英尺）	0.17	2.12	5 000	4 000
石油（桶）	3.18	44.08	60 000	60 000
铂（盎司）	133.00	1 904.30	500	600

23. 以 2000 年作为基期，计算以上 4 个项目的简单价格指数。
24. 以 2000 年为基期，计算以上 4 个项目 2016 年的拉氏指数和帕氏指数。
25. 用前面问题中计算得出的拉氏指数和帕氏指数的值求出费雪理想指数。
26. 某经济部主任选定了以下 4 个序列构建专用指数来监测西南地区的总体经济。经过研究，决定零售额权重为 20%，银行存款总额权重为 10%，地区工业产量权重为 40%，非农业就业人数权重为 30%。1996 年和 2016 年的数据如表 17-37 所示。

表 17-37 经济活动情况表

年份	零售额（百万美元）	银行存款总额（十亿美元）	地区工业产量（1990 年的指数 =100）	非农就业人数
1996	1 159.0	87	110.6	1214 000
2016	1 971.0	91	114.7	1501 000

以 1996 年为基期，构建 2016 年的专用指数并解释说明。

27. 某超级折扣店在俄克拉何马城地区有几家分店，其管理层希望构建一个大都市地区的经济活动指数。并且，管理层认为，如果该指数显示经济正在放缓，则应将门店库存保持在较低水平。

选择以下 3 个序列作为经济活动的预测指标——地区零售额、银行存款和就业人数，这些数据都可以每月从政府网站获取。权重分配如下：地区零售额占 40%，银行存款占 35%，就业人数占 25%。经季节性调整后，本年度前 3 个月的数据如表 17-38 所示。

表 17-38 经济活动预测指标数据表

月份	地区零售额（百万美元）	银行存款（十亿美元）	就业人数（千人）
1 月	8.0	20	300
2 月	6.8	23	303
3 月	6.4	21	297

以 1 月为基期，构建 2 月和 3 月的经济活动指数。

28. 2006 年和 2016 年霍斯金批发经销商的工业品出厂价格指数和销售额数据如表 17-39 所示。

请问，霍斯金批发经销商这 2 年的实际销售额（即平减销售额）是多少？

表 17-39 工业品出厂价格指数和销售额数据表

年份	工业品出厂价格指数	销售额
2006	160.5	2 400 000
2016	109.7	3 500 000

习题答案

扫码查看
章节练习答案

扫码查看自测答案

第18章
Chapter 18

时间序列分析与预测

Teamsports 公司根据商品目录向高中和大学出售体育用品。公司的管理层估计，明年将出售 2 000 件威尔逊 A2000 型棒球手套。此外，管理层还预计明年 4 个季度的淡季销售额将保持不变，并且第二季度的季节指数是 145。根据上述信息，确定季节调整后明年第二季度的销售额。

学完本章后，你将能够：

① 定义和描述时间序列的组成部分。
② 通过移动平均对时间序列进行平滑处理。
③ 通过加权移动平均对时间序列进行平滑处理。
④ 利用回归分析来拟合时间序列的线性趋势。
⑤ 利用回归分析来拟合非线性时间序列。
⑥ 计算并运用季节指数来做季节性调整预测。
⑦ 利用季节指数剔除时间序列的季节效应。
⑧ 进行时间序列的自相关检验。

引言

本章的重点是时间序列分析与预测。时间序列是在一段时间内（每周、每月、每季度或每年）所记录的数据集合。时间序列的两个示例是微软公司自 1985 年以来的季度销售额数据以及最近 3 个月内道琼斯工业平均指数的每日行情报告。

管理层在对历史时间序列进行分析的基础上，基于长期的预测来制定当前的决策以及计划。通常情况下，我们认为过去的情况会延伸到未来。一般来说，对未来的长期预测通常延伸至 1 年以上，对于未来 2 年、5 年以及 10 年的预测是很常见的。基于长期预测的结果，公司的采购、制造、销售、财务和其他部门能够有足够的时间来对潜在的新业务、融资、新产品开发等制订计划。

不论长期还是短期，销售水平的预测情况实际上都是由商业机构本身的性质所决定的。经济活动的主要动力在于：对消费者的竞争、盈利的业绩压力、对更大的市场份额的渴望以及对高管职位的野心。因此，为了更好地达成目的，有必要对未来进行预测，从而制订原材料、生产设施以及人员方面的计划，以满足预期的需求。

18.1 时间序列数据的构成

时间序列的构成要素有以下 4 个：长期趋势、循环变动、季节变动和不规则变动。

18.1.1 长期趋势

销售、失业、股票价格以及其他经济序列的趋势所遵循的模式各不相同。有些趋势随着时间的推移稳步上升，有的则下降，还有一些随着时间的推移保持不变。伴随时间所发生的变化可能是线性的，也可能是指数型增长。长期内呈现出来的某种变化态势被称为时间序列的趋势，更为准确的说法为长期趋势。

> **长期趋势（secular trend）**：时间序列长期沿某一方向持续变化的规律性。

以下是长期趋势的几个例子：

- 成立于 1978 年的家得宝股份有限公司是全球最大的家居装饰零售商。图 18-1 显示了家得宝股份有限公司的员工人数。如图所示，员工人数从 1996 年的 98 000 多人增加到 2006 年的 364 400 人。此后，2007—2009 年，员工人数有所下降；2009—2015 年，员工人数呈现出稳定增长。时间序列图常用于汇总数据。

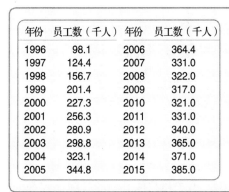
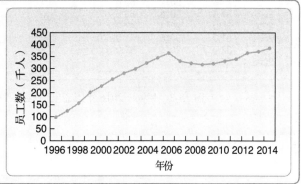

图 18-1　1996—2015 年家得宝公司员工人数序列图

- 在 2005 年之前，1 加仑普通汽油的平均价格低于 2 美元。2005—2013 年这段时间，除了 2009—2010 年，汽油价格每年稳定增长近 0.2 美元。2013 年以后，汽油价格开始下降。上述信息如图 18-2 所示。

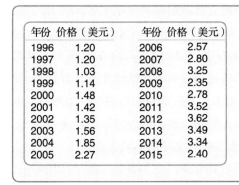
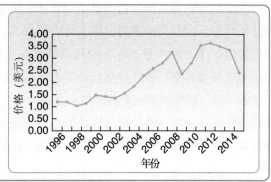

图 18-2　1996—2015 年汽油价格序列图

18.1.2 循环变动

时间序列的第二个构成要素是循环变动。一个典型的经济周期包括繁荣、衰退、萧条和复苏 4 个阶段。在超过一年的时间段里,往往会出现偏离长期趋势的一些大幅度波动。例如,在经济衰退期,就业、生产、道琼斯工业平均指数以及其他的许多商业经济数据都低于长期趋势线。反之,在经济繁荣期,它们又高于长期趋势线。

> **循环变动(cyclical variation)**:时间序列在超过 1 年的时间内呈现出的峰谷交替的周期性波动。

图 18-3 显示了国能电池科技股份有限公司从 1996 年到 2016 年的电池年销售量。在图中,经济的循环特征得以凸显。从图中可以看出,该时间序列有一段复苏期,紧接着的是繁荣期,而后是一段萧条期,最后该周期随着萧条而触底。

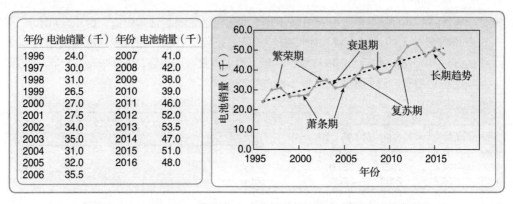

图 18-3　1996—2016 年国能电池科技股份有限公司电池销量序列

18.1.3 季节变动

时间序列的第三个构成要素是季节变动。许多销售、生产和其他类型的时间序列会随着季节而波动。其中,变动呈现的时间单位通常是每季度或每月,但也可能是每周。

> **季节变动(seasonal variation)**:时间序列在 1 年内的变化形式。这些变化形式往往每年都会重复出现。

几乎所有企业的销售额都表现出了反复的季节性。例如,男女服装在圣诞节前的销售额非常高,而在圣诞节后和夏季的销售额相对较低。海滩租赁物业则是另一个例子:冬天的租金相对较低,而在温度较高的夏天,租金会大幅提高。玩具销售是另一个有着极端的季节性的例子。通常情况下,每年超过一半的玩具销售都发生在 11 月和 12 月。在东北和中北部地区,草坪护理业务也具有季节性特征。许多企业都尝试通过引入季节相抵性业务来抵消季节性影响。在东北部,草坪护理业务的经营者会在卡车的前部安装扫雪机,以期在淡季赚钱。此外,你也许经常会在全国各地的滑雪胜地附近找到高尔夫球场。这是因为旅馆的经营者在冬天吸引滑雪者,在夏天吸引高尔夫球手,这是将固定成本分摊到全年的有效方法。

图 18-4 显示了赫彻体育用品股份有限公司的季度销售额。芝加哥地区的运动用品公司专门向高中、大学和青年联盟出售棒球与垒球设备,同时在一些大型购物中心也有零售店。体

育用品公司的业务有明显的季节性，其大部分销售都发生在每年的第一和第二季度，也就是学校和社团在为即将到来的赛季购买设备的这一时间段。在初夏期间，公司又忙于出售替换设备。在假期，也就是第四季度的时候，公司也会开展一些业务。相较而言，夏末（第三季度）是公司业务的淡季。

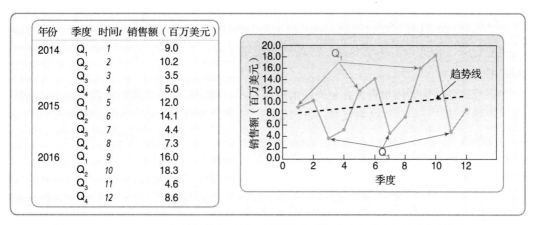

图18-4　2014—2016年赫彻体育用品股份有限公司棒球及垒球设备的季度销售额

◆ **实践中的统计学**

统计学家、经济学家和企业高管一直都在寻找可以预测国家经济发展形势的变量。原油产量、世界市场上的黄金价格、道琼斯工业平均指数以及许多已发布的政府指数等都是被使用过的并成功进行预测的变量。此外，诸如裙摆长度和超级杯冠军得主等变量也被尝试过。总体看来，用于预测的最成功的变量是废金属的价格。为什么？因为废金属是制造链的开端。当废金属的需求增加时，表明制造业也在兴起。

18.1.4　不规则变动

许多分析者倾向于将不规则变动细分为异常变动和残余变动。异常变动虽然无法预测，但可以识别。重大的罢工行为和战争对于经济的初始影响可以被识别，但是我们并不能预测罢工或者战争这类事件。在消除了异常变动后，剩余的变动称为残余变动。残余变动通常也被称为随机扰动或白噪声，它是无法被预测和识别的。当然，异常变动和残余变动都无法用于将来的预测。

◆ **实践中的统计学**

预测并不总是正确的。导致预测不准确的原因有哪些呢？一位专家列出了8种在预测中常见的问题：①没能有效检验假设的准确性；②预测资料的限制；③缺乏想象力；④忽略限制条件；⑤对于预测过分乐观；⑥太依赖机械性推算；⑦过早产生定论；⑧过度描述。

18.2　移动平均法

移动平均法（moving average）有助于平滑时间序列并进一步了解其趋势，这也是用于测量季节性变动的基本方法,具体内容将在本章后面部分进行介绍。与最小二乘法($\hat{y}=a+bt$)表示趋势相比,移动平均法仅仅是对数据中的波动进行平滑处理,这可以通过将时间序列中的算术平均值进行"移动"来得以实现。

要将移动平均法应用于时间序列,首先要求数据在一定程度上遵循线性趋势,并且具有明确的波动模式(比如波动每3年重复一次)。以下示例中的数据有3个构成要素,分别是:长期趋势、循环变动和不规则变动,将其分别用缩写T、C和I进行表示。由于此处的数据按年份进行记录,因此没有季节变动。移动平均法完成对C和I的平均后,序列中剩下的就是长期趋势。

如果周期的持续时间恒定,并且周期的振幅相等,则使用移动平均就可以完全消除循环变动和不规则变动,最后所得结果就是一条趋势线。例如,在以下时间序列中,周期为7年/次,周期的振幅为4,也就是说,序列从波谷到波峰之间恰好有4个单位。因此,7年移动平均值完美地消除了循环变动和不规则变动,最终剩余的是长期趋势。

计算7年移动平均值的第一步是确定7年移动总数。前7年(1991—1997年)的总销售额为2 200万美元,算式表示为1+2+3+4+5+4+3(见表18-1)。将2 200万美元的总收入除以7,从而得到每年销售额的算术平均。如表18-1所示,7年的总和(22)和7年的均值(3.143)相对应的年份即为这7年的中间年份——1994年。然后,再确定接下来的7年(1992—1998年)的总销售额。这样做的一种简便方法是从前7年的总销售额(2 200万美元)中减去1991年的销售额(100万美元),再加上1998年的销售额(200万美元),得出新的总销售额(2 300万美元)。该总数的平均值为328.6万美元,对应于中间年份——1995年。与之相对的销售数据和7年移动平均值如表18-1与图18-5所示。

表18-1 7年移动平均值的计算

年份	销售额（百万美元）	7年移动总数	7年移动平均值	年份	销售额（百万美元）	7年移动总数	7年移动平均值
1991	1			2004	4	32	4.571
1992	2			2005	3	33	4.714
1993	3			2006	4	34	4.857
1994	4	22	3.143	2007	5	35	5.000
1995	5	23	3.286	2008	6	36	5.143
1996	4	24	3.429	2009	7	37	5.286
1997	3	25	3.571	2010	6	38	5.429
1998	2	26	3.714	2011	5	39	5.571
1999	3	27	3.857	2012	4	40	5.714
2000	4	28	4.000	2013	5	41	5.857
2001	5	29	4.143	2014	6		
2002	6	30	4.286	2015	7		
2003	5	31	4.429	2016	8		

移动平均计算中所要包含的数据量取决于所收集的数据。如果是季度数据,那么通常会有4个值,因为一年中有4个季度。如果是周数据,那么用7个数值进行计算是比较合适的,因为1周有7天。此外,也可以通过反复试验,从而找出能够消除随机波动的数值。表18-2和图18-6显示了产量数据序列的3年以及5年移动平均值。

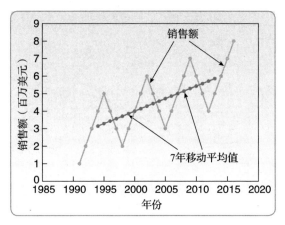

图 18-5 销售额和 7 年移动平均值

表 18-2 产量数据序列的 3 年及 5 年移动平均值

年份	产量	3 年移动总数	3 年移动平均值	5 年移动总数	5 年移动平均值
1998	5				
1999	6	19	6.33		
2000	8	24	8.00	34	6.80
2001	10	23	7.67	32	6.40
2002	5	18	6.00	33	6.60
2003	3	15	5.00	35	7.00
2004	7	20	6.67	37	7.40
2005	10	29	9.67	43	8.60
2006	12	33	11.00	49	9.80
2007	11	32	10.67	55	11.00
2008	9	33	11.00	60	12.00
2009	13	37	12.33	66	13.20
2010	15	46	15.33	70	14.00
2011	18	48	16.00	72	14.40
2012	15	44	14.67	73	14.60
2013	11	40	13.33	75	15.00
2014	14	42	14.00	79	15.80
2015	17	53	17.67		
2016	22				

销售额、产量以及其他经济序列通常不具有长度相等的振荡周期或相同的振幅。因此，在实际操作中，进行移动平均后并不能使数据完全线性。例如，表 18-2 中的生产序列大约每 5 年重复一次，但是每次的振幅却不尽相同。可以看到，移动平均值呈现上升趋势且呈线性关系。3 年和 5 年移动平均值足以描述 1998 年以来的生产趋势。

4 年、6 年及其他偶数年的移动平均值在移动总数和移动平均值的中心化上存在一个小问题。在表 18-3 中，可以注意到没有中心时间段，因此移动总数位于两个时间段之间。前 4 年的总金额 (42 美元) 位于 2009—2010 年之间。将前 4 年和后 4 年的平均值 (分别为 10.5 美元和 10.75 美元) 进行平均，得到的结果集中在 2010 年。重复此步骤，直到计算出所有的 4 年移动平均值。

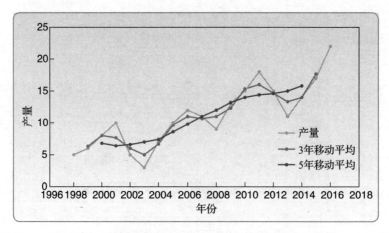

图 18-6 产量数据时间序列图（3 年及 5 年移动平均值）

表 18-3　4 年移动平均值的计算

年份	销售额	4 年移动总数	4 年移动平均值	中心移动平均值
2008	8			
2009	11			
		42（=8+11+9+14）	10.50（=42/4）	
2010	9			10.625
		43（=11 + 9 + 14 + 9）	10.75（=43/4）	
2011	14			10.625
		42	10.50	
2012	9			10.625
		43	10.75	
2013	10			10.000
		37	9.25	
2014	10			9.625
		40	10.00	
2015	8			
2016	12			

18.3 加权移动平均法

移动平均中对每个观测值都使用相同的权重。例如，将 3 年的移动总数除以 3，得出 3 年的移动平均数。换句话说，在这种情况下，每个数据值的权重为 1/3。同样，你可以看到，对于 5 年移动平均数，每个数据值的权重为 1/5。

第 3 章中讨论的加权平均数的扩展为计算加权移动平均数。这涉及为每个数据值选择不同的权值，然后将计算出的最近 n 个值的加权平均值作为平滑值。在大多数应用中，我们使用平滑值作为对未来的预测。因此，最近的观测值的权重通常较大，而时间较靠前的数据值的权重则较低。当然，权重之和必须等于 1。

假设我们计算表18-3中数据的两年加权移动平均值,并给最近的年份赋两倍的权重。换句话说,去年的权重为2/3,前年的权重为1/3。那么,2010年的销售额"预测值"是 $(1/3) \times 8 + (2/3) \times 11 = 10$ 美元。依此类推,下一个加权移动平均值的计算方法是 $(1/3) \times 11 + (2/3) \times 9 = 9.667$ 美元。同理,2016年的加权移动平均值将是 $(1/3) \times 10 + (2/3) \times 8 = 10.667$ 美元。总之,加权移动平均法能够用于确定一个时间序列中的长期趋势(因为它能够消除短期波动)以及揭示任何周期性和季节性的波动。

例18-1 雪松娱乐公司(Cedar Fair)经营着11个游乐园、3个室外水上乐园、1个室内水上乐园和5家旅馆。表18-4列出了其过去20年的总客流量(以千人计)。请你研究一下客流量的趋势并计算3年移动平均值和3年加权移动平均值,权重分别为0.2、0.3和0.5。

表18-4 总客流量数据

年份	客流量(千人)	年份	客流量(千人)	年份	客流量(千人)
1996	7 445	2003	12 181	2010	22 785
1997	7 405	2004	12 557	2011	23 377
1998	11 450	2005	12 700	2012	23 300
1999	11 224	2006	19 300	2013	23 500
2000	11 703	2007	22 100	2014	23 300
2001	11 890	2008	22 720	2015	24 400
2002	12 380	2009	21 136		

解析 3年移动平均值如表18-5所示。

表18-5 3年移动平均值的计算

年份	客流量(千人)	3年移动平均值	计算公式
1996	7 445		
1997	7 405	8 766.67	(7 445 + 7 405 + 11 450)/3
1998	11 450	10 026.33	(7 405 + 11 450 + 11 224)/3
1999	11 224	11 459.00	……
2000	11 703	11 605.67	……
2001	11 890	11 991.00	……
2002	12 380	12 150.33	……
2003	12 181	12 372.67	……
2004	12 557	12 479.33	……
2005	12 700	14 852.33	……
2006	19 300	18 033.33	……
2007	22 100	21 373.33	……
2008	22 720	21 985.33	……
2009	21 136	22 213.67	……
2010	22 785	22 432.67	……
2011	23 377	23 154.00	……
2012	23 300	23 392.33	……
2013	23 500	23 366.67	……
2014	23 300	23 733.33	(23 500 + 23 300 + 24 400)/3
2015	24 400		

3年加权移动平均值如表18-6所示。

表 18-6　3 年加权移动平均值的计算

年份	客流量（千人）	3 年加权移动平均值	计算公式
1996	7 445		
1997	7 405	9 435.50	0.2 × 7 445+0.3 × 7 405+0.5 × 11 450
1998	11 450	10 528.00	0.2 × 7 405+0.3 × 11 450+0.5 × 11 224
1999	11 224	11 508.70	……
2000	11 703	11 700.70	……
2001	11 890	12 097.60	……
2002	12 380	12 182.50	……
2003	12 181	12 408.80	……
2004	12 557	12 553.30	……
2005	12 700	15 971.40	……
2006	19 300	19 380.00	……
2007	22 100	21 850.00	……
2008	22 720	21 804.00	……
2009	21 136	22 277.30	……
2010	22 785	22 751.20	……
2011	23 377	23 220.10	……
2012	23 300	23 415.40	……
2013	23 500	23 360.00	……
2014	23 300	23 890.00	0.2 × 23 500+0.3 × 23 300+0.5 × 24 400
2015	24 400		

仔细研究图 18-7，你会发现，客流量呈现出了一个均匀上升的趋势，即客流量每年大约增加 40 万人次。但是，1997—1998 年，游客量突然增加了大约 300 万人次。这是因为雪松娱乐公司在 1997 年年底收购了位于南加州的诺特草莓农场，从而导致客流量有了较大的提升。2006 年雪松娱乐收购俄亥俄州辛辛那提附近的国王岛后，游客量也出现了类似的提升。此外，你也可以观察到在 2009 年的金融危机后，游客数量有了稳步回升。

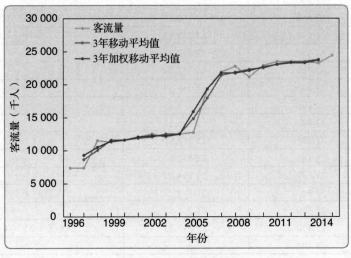

图 18-7　客流量趋势图

加权移动平均值比移动平均值更接近真实数据。在加权移动平均中，较近的时期被赋予了较大的权重，因此不会很平滑。

自测 18-1

表 18-7 给出了瓦卡玛机床公司生产数量数据。确定瓦卡玛机床公司生产数量的 3 年移动平均值并绘制原始数据和移动平均值的数据图。

表 18-7　瓦卡玛机床公司生产数量数据

年份	生产数量（千）	年份	生产数量（千）
2011	2	2014	5
2012	6	2015	3
2013	4	2016	10

18.4　线性趋势

销量、出口量和生产量这样的经济序列的长期趋势通常近似于一条直线，公式如下：

$$\textbf{线性趋势方程} \quad \hat{y} = a + bt \tag{18-1}$$

式中　$\hat{y}$——y 变量在给定某个时间 t 时的预测值；

　　　a——趋势线截距，它是趋势线与 y 轴的交点，即 $t=0$ 时 y 的估计值；

　　　b——趋势线的斜率，也就是 t 每变动一个单位，$\hat{y}$ 的平均变动量。

为了说明 $\hat{y}$、a、b、t 在时间序列问题中的含义，我们在图 18-8 中画了一条直线来表示销售额的长期趋势。假设这家公司的业务开始于 2008 年，把起始年（2008 年）记为时间段 1。我们注意到从 2008 年起，销售额平均每年增加 200 万美元。通过销售数据画出的直线可看出，销售额从 2008 年的 300 万美元增加到了 2009 年的 500 万美元，2010 年为 700 万美元，2011 年为 900 万美元，依此类推。由此可知，斜率 b 为 2。斜率是该时间段内每增加一个时间单位后，销售额的平均变动量。还需要注意的是，这条趋势线在 y 轴（当 $t=0$ 时，也就是 2007 年）的截距为 100 万美元，这就是 a 的值。另一种确定 b 的方法是确定出趋势线的起点和终点，然后用两点的纵坐标之差除以横坐标之差，最终得到的就是斜率 b。

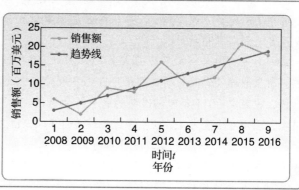

图 18-8　销售数据拟合趋势线

图 18-8 中的直线方程为

$$\hat{y} = 1 + 2t$$

式中　$\hat{y}$——销售额,单位为百万美元;
　　　1——y 轴截距,同时也是 2007 年的销售额（百万美元）;
　　　t——每年的编码时间段。

在第 13 章中,我们在散点图上画了一条线来近似回归线。然而,这种确定回归方程的方法有一个严重的缺点,即线的位置取决于画线人的判断,不同的人可能会通过散点图画出不同的线。同样地,在图 18-8 中通过销售数据画出的线也可能不是最合适的线。由于涉及主观判断,因此这种方法只能在需要快速逼近直线方程或者是用于检查最小二乘直线的合理性时使用,这一点将在下面详细讨论。

最小二乘法

在第 13 章关于简单线性回归的讨论中,介绍了如何使用最小二乘法来寻找两个变量之间的最佳线性关系。在预测方法中,时间是自变量,时间序列的值是因变量。此外,我们经常对时间进行编码,从而使方程更容易解释。换句话说,设第一年的时间 t 是 1,第二年是 2,依此类推。如果一个时间序列包括电气公司从 2012 年开始到 2016 年这 5 年的销售额数据,我们就将 2012 年记为 1,2013 年记为 2,2016 年记为 5。

当使用最小二乘法来求解时间序列的趋势线时,误差或残差通常具有相关性而不是独立的。因此,在第 13 章中提出的回归分析的假设检验结果在时间序列分析中可能不成立。然而,简单的线性回归仍然可以用来寻找时间序列的最佳拟合线。

例 18-2　2012—2016 年,位于得克萨斯州西南部的小型连锁杂货店詹森食品的销售额数据如表 18-8 所示。

根据以上数据,确定回归方程。销售额每年增长多少？2018 年的销售额预测值是多少？

解析　为了确定趋势方程,一种方法是用式（13-4）求出斜率的值,用式（13-5）求出截距的

表 18-8　詹森食品销售额数据

年份	时间 t	销售额（百万美元）
2012	1	7.0
2013	2	10.0
2014	3	9.0
2015	4	11.0
2016	5	13.0

值,并用 t 来代替方程中的 x。另一种方法是使用软件来计算。图 18-9 显示了每年的销售情况及拟合的销售额情况。

由回归分析可知,趋势方程为 $\hat{y} = 6.1 + 1.3t$。如何解释这个方程呢？销售额的单位是百万美元。所以斜率 1.3 代表销售额每年以 130 万美元的速度增长。截距值 6.1 是第 0 年销售额的估计值,也就是 2011 年即基准年的销售额估计值。如果要确定 2015 年对应的趋势线上的值,只用在方程中令 t 值为 4,即可得到 $\hat{y} = 6.1 + 1.3 \times 4 = 11.3$。

如果销售额、生产量或其他数据近似于线性趋势,则使用最小二乘法得到的方程来估计未来的数据。对于詹森食品公司来说,销售额数据似乎遵循线性趋势,因此可以使用趋势方程来预测未来的销售额。

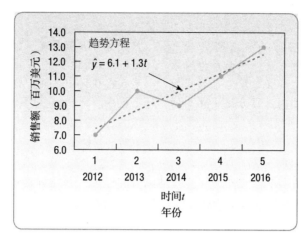

图 18-9　詹森食品的销售额及趋势线图（2012—2016 年）

如表 18-9 所示，令 2012 年对应的时间 t 为 1，2014 年为 3，2016 年为 5。因此，可将 2018 年的时间 t 记 7，2019 年记为 8。将 $t=7$ 代入趋势方程，解得 $\hat{y}$。

表 18-9　确定趋势线上点的计算方法

年份	销售额（百万美元）	时间 t	y	计算公式
2012	7.0	1	7.4	$6.1 + 1.3 \times 1$
2013	10.0	2	8.7	$6.1 + 1.3 \times 2$
2014	9.0	3	10	$6.1 + 1.3 \times 3$
2015	11.0	4	11.3	$6.1 + 1.3 \times 4$
2016	13.0	5	12.6	$6.1 + 1.3 \times 5$

$$\hat{y} = 6.1 + 1.3t = 6.1 + 1.3 \times 7 = 15.2$$

因此，根据过去的销售情况进行估计，2018 年的销售额预测值是 1 520 万美元。

在这个时间序列的例子中，已知 5 年的销售数据。根据这 5 年的销售数据，我们估计了 2018 年的销售额。许多研究者建议我们不要对销售额、生产量和其他商业或经济序列超过未来 $n/2$ 个时间段的情况进行预测，其中 n 是已观测到的年份。例如，如果已知 10 年的数据值，我们最好只对未来 5 年的情况进行估计（$n/2=10/2=5$）。还有一些学者认为，在经济快速变化的时期内，预测的时间最好不要超过 2 年。

自测 18-2

伍德产品公司 2009—2016 年特大号摇臂的年产量数据如表 18-10 所示。

（1）绘制生产数据图。
（2）使用软件确定最小二乘方程。
（3）利用最小二乘方程，确定 2009 年和 2016 年对应的线上的点。
（4）根据线性趋势方程，估计 2019 年的产量是多少。

表 18-10　摇臂年产量数据

年份	时间 t	产量（千）
2009	1	4
2010	2	8
2011	3	5
2012	4	8
2013	5	11
2014	6	9
2015	7	11
2016	8	14

◈ 实践中的统计学

投资者经常使用回归分析来研究某只股票和市场变化之间的关系。因变量为股票价值的月度百分比变化，自变量为市场指数（如标准普尔 500 指数）的月百分比变化。回归方程中 b 值是某只特定股票的系数。如果 b 大于 1，说明股票对市场变化很敏感；如果 b 在 0 到 1 之间，说明该股票对市场变化不敏感。

18.5 非线性趋势

前面讨论的重点是一个呈线性增长或衰减的时间序列。当序列数据从一个时期到另一个时期均匀增加或减少时，常用线性趋势方程来表示时间序列。

当数据的增加或减少随着时间的推移递增或递减时，对应的坐标轴上绘制出的图像就会呈现出曲线形态。换句话说，在一段时间内以相等的比例递增（或递减）的数据形态为曲线型（见图 18-10）。

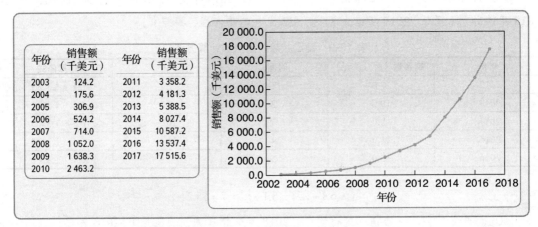

图 18-10 格尔夫海岸进口销售额（2003—2017 年）

对于如图 18-10 所示的呈曲线趋势的时间序列，其趋势方程是通过对数据取对数后再使用最小二乘法来计算得到的。对数趋势方程表达式如下：

$$\text{对数趋势方程} \quad \log \hat{y} = \log a + \log b(t) \quad (18\text{-}2)$$

使用 Excel 可以确定图 18-10 中格尔夫海岸进口销售额数据的对数趋势方程。首先是输入数据，然后以 10 为底对原数据取对数。然后，利用回归程序求出最小二乘方程，即以各年销售额数据的对数作为因变量，用编码年份为自变量进行回归。图 18-11 给出了计算结果。

回归方程为 $\hat{y} = 2.053\,805 + 0.153\,357t$，这个方程是对数形式，也就是说，0.153 357 表示 t 每增加一个单位时，$\hat{y}$ 的变化百分比，这个值类似于第 3 章中描述的几何平均数。

由回归方程可知，$\log b = 0.153\,357$，即 b 的值为 1.423 498。如果我们像第 3 章那样从这个值中减去 1，那么 0.423 498 这个值表示 2003—2017 年销售额的几何平均年增长率。因此可得出结论：在此期间进口销售额的年增长率为 42.35%。

我们还可以利用对数趋势方程对未来的数值进行预测。假设我们要预测 2021 年的进口销售额，第一步是确定 2021 年对应的时间 t 为 19（2017 年对应的时间 t 是 15，2021 年是 4 年后，所以 15+4=19）。2021 年的进口销售额取对数的结果是：

$$\hat{y} = 2.053\,805 + 0.153\,357t = 2.053\,805 + 0.153\,357 \times 19 = 4.967\,588$$

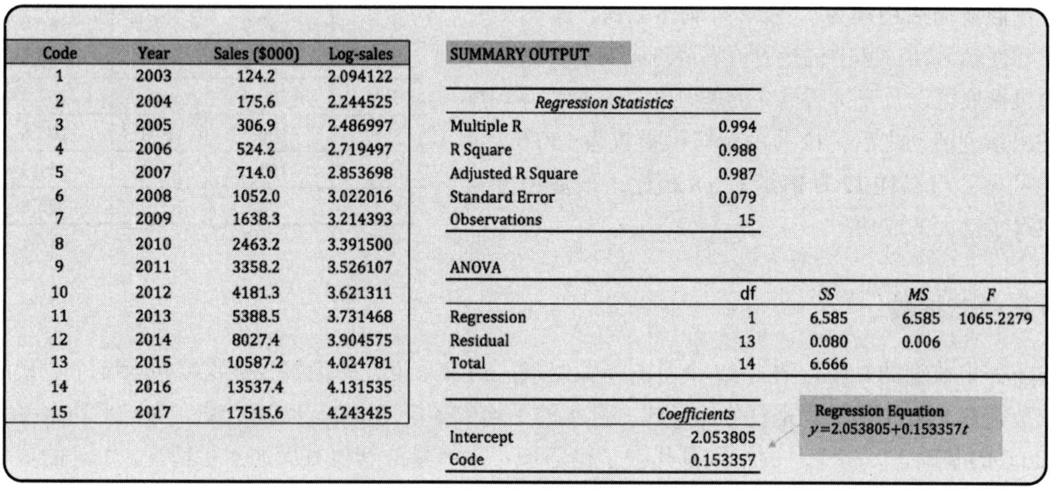

Code	Year	Sales ($000)	Log-sales
1	2003	124.2	2.094122
2	2004	175.6	2.244525
3	2005	306.9	2.486997
4	2006	524.2	2.719497
5	2007	714.0	2.853698
6	2008	1052.0	3.022016
7	2009	1638.3	3.214393
8	2010	2463.2	3.391500
9	2011	3358.2	3.526107
10	2012	4181.3	3.621311
11	2013	5388.5	3.731468
12	2014	8027.4	3.904575
13	2015	10587.2	4.024781
14	2016	13537.4	4.131535
15	2017	17515.6	4.243425

SUMMARY OUTPUT

Regression Statistics

Multiple R	0.994
R Square	0.988
Adjusted R Square	0.987
Standard Error	0.079
Observations	15

ANOVA

	df	SS	MS	F
Regression	1	6.585	6.585	1065.2279
Residual	13	0.080	0.006	
Total	14	6.666		

	Coefficients
Intercept	2.053805
Code	0.153357

Regression Equation
$y = 2.053805 + 0.153357t$

图 18-11　Excel 计算结果

对 4.967 588 取指数求出 2021 年的进口销售额预测值，结果为 92 809，这就是我们对 2021 年进口销售额的估计值。由于数据是以千美元为单位的，所以最终的估计值是 92 809 000 美元。

自测 18-3

2013—2017 年，某制造公司的销售额数据如表 18-11 所示。

（1）确定销售额数据的对数趋势方程。
（2）2013—2017 年，销售额每年增长多少百分比？
（3）预测 2018 年的销售额是多少？

表 18-11　制造公司销售额数据

年份	销售额（百万美元）
2013	2.13
2014	18.10
2015	39.80
2016	81.40
2017	112.00

18.6　季节变动

季节变动是时间序列的另一个组成部分。汽车销售量、软饮料瓶的出货量、住宅建设等时间序列数据每年都有高于和低于平均水平的一段时期。在生产领域，分析季节变动有利于提前准备足够的原材料供应，以满足不同季节的需求。例如，某大型公司的玻璃容器部门主要生产不可回收的啤酒瓶、碘酒瓶、阿司匹林瓶、橡胶水泥瓶等产品。因此，生产调度部门必须知道每一种瓶的生产数量和生产时间，如果一种瓶子的数量过多则会造成严重的库存积压问题。而且，公司的生产活动不能完全基于手头的订单进行，因为许多订单都是通过电话订购并要求立即发货，因此需要提前准备生产。由于许多瓶子的需求量随季节变化而变化，因此提前一两年按月对瓶子需求量进行预测对良好的计划安排至关重要。

对多年来的季节变动进行分析也有助于评价当前的销售情况。美国百货商店的销售情况（不包括邮购销售额）如表 18-12 所示，其中每个指数代表几年内的平均销售额。某些月份的实际销售额高于平均水平（用超过 100.0 的指数表示），同时也有某些月份的销售额低于平均水平。12 月的指数为 126.8，表明 12 月的销售额比平均水平高 26.8%；7 月的指数为 86.0，表明 7 月百货商店的销售额比平均水平低 14%。

假设商店经理为了在 12 月刺激销售，推出了一系列促销活动，其中包括邀请唱诗班来商店、举办大型机械展览以及安排店员穿上圣诞老人的服装等。在推出系列活动之后，12 月的销售额指数为 150.0。由此可见，与以往 12 月销量 126.8 相比，该促销方案取得了巨大的成功。

表 18-12 百货商店销售额指数数据

1 月	87.0	7 月	86.0
2 月	83.2	8 月	99.7
3 月	100.5	9 月	101.4
4 月	106.5	10 月	105.8
5 月	101.6	11 月	111.9
6 月	89.6	12 月	126.8

计算季节指数

一组典型的月度指数由 12 个月的指数组成。通常来说，季度报告数据都包含 4 个典型的季节指数，每个指数都是百分比形式，全年的平均数等于 100.0。也就是说，在年平均水平为 100.0 的基础上，每个月的指数都代表了销售额、生产量或其他方面的水平情况。1 月的典型指数为 96.0，表示销售额（或是其他变量水平）比全年平均水平低 4%；10 月的指数为 107.2，这意味着该变量水平比全年平均水平高出 7.2%。

目前已有好几种方法来测算时间序列中典型的季节变动。其中，最常用的方法为移动平均趋势剔除法。该方法剔除了原始数据（Y）中的长期趋势、循环变动和不规则变动成分。在下面的讨论中，T 表示长期趋势，C 为循环变动，S 为季节变动，I 为不规则变动。最终所得到的数值被称为季节指数。接下来，我们将详细讨论使用移动平均趋势剔除法得出季节指数的步骤，所分析的数据可以是月度或季度数据。本例中，我们对玩具公司的季度销售额数据进行分析。首先，我们将展示求解一组典型季节指数的步骤，然后使用 Excel 中的 MegaStat 项来计算季节指数。

例 18-3 表 18-13 为玩具国际公司 2012—2017 年的季度销售额数据，单位为百万美元。用移动平均趋势剔除法确定季度季节指数。

表 18-13 2012—2017 年玩具国际公司季度销售额数据　　（单位：百万美元）

年份	冬季	春季	夏季	秋季
2012	6.7	4.6	10.0	12.7
2013	6.5	4.6	9.8	13.6
2014	6.9	5.0	10.4	14.1
2015	7.0	5.5	10.8	15.0
2016	7.1	5.7	11.1	14.5
2017	8.0	6.2	11.4	14.9

解析 图 18-12 描述了玩具国际公司在 6 年内的季度销售额情况。请注意图中所呈现的销售额数据的季节性：每年第四季度的销售额最大，第二季度的销售额最小。另外，从这 6 年的第四季度销售额的数据可看出，每年的销售额都有一定幅度的增长。同时，在这 6 年中，第四季度的销售额一直保持着增长趋势。根据上述分析，有理由认为 2018 年也会出现类似的季节变动。

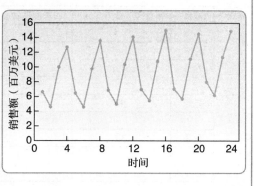

图 18-12　玩具国际公司季度销售情况（2012—2017 年）

计算季节指数的步骤如下：

步骤 1：（以下具体讨论过程请参考表 18-14）首先，要确定 2012 年 4 个季度的移动总量。从 2012 年冬季开始，将 6.7、4.6、10.0、12.7 相加，合计为 34.0（百万美元）。接下来，将 2012 年春、夏、秋三季的销售额与 2013 年冬季销售额相加，总额为 33.8（百万美元），由 4.6+10.0+12.7+6.5 得出。这 6 年中每年的季度销售额都用该方法进行计算。表的第 2 列显示了所有的移动总量。请注意，移动总量 34.0 位于 2012 年春季和夏季销售额之间。下一个移动总量 33.8 位于 2012 年夏季和秋季的销售额之间，依此类推。在计算时及时检查移动总量可以有效避免计算错误。

步骤 2：将表中第 4 列中的四季度移动总量除以 4，即可得出四季度移动平均值（见第 5 列）。所有的移动平均值仍然位于两季度之间。例如，第一个移动平均值（8.500）位于 2012 年春季和夏季之间。

步骤 3：对移动平均值进行中心化处理。第一个中心化移动平均值由 (8.500+8.450)/2=8.475 计算得到，并与 2012 年夏季的销售额数据位于同一行。第二个中心化移动平均值由 (8.450+8.450)/2=8.450 计算得到，其余值的计算方法相同。可以发现，位于第四列的中心化移动平均值与季度销售额数据位于同一行。

步骤 4：用表中第 3 列的销售额除以第 6 列的中心化移动平均值，从而计算出每个季度的季节指数。季节指数是原始时间序列值与移动平均值的比值。也就是说，如果时间序列用 TSCI 表示，移动平均数用 TC 表示，那么，计算两者之比——TSCI/TC，所得结果就是季节性成分 SI。在本例中，2012 年夏季的季节指数为 1.180，由 10.0/8.475 得出。

表 18-14　季节指数计算表

年份	季度	销售额（百万美元）	四季度移动总量	四季度移动平均值	中心化移动平均值	季节指数
2012	冬季	6.7				
	春季	4.6				
			34.0	8.500		
	夏季	10.0			8.475	1.180
			33.8	8.450		
	秋季	12.7			8.450	1.503
			33.8	8.450		

(续)

年份	季度	销售额（百万美元）	四季度移动总量	四季度移动平均值	中心化移动平均值	季节指数
2013	冬季	6.5			8.425	0.772
			33.6	8.400		
	春季	4.6			8.513	0.540
			34.5	8.625		
	夏季	9.8			8.675	1.130
			34.9	8.725		
	秋季	13.6			8.775	1.550
			35.3	8.825		
2014	冬季	6.9			8.900	0.775
			35.9	8.975		
	春季	5.0			9.038	0.553
			36.4	9.100		
	夏季	10.4			9.113	1.141
			36.5	9.125		
	秋季	14.1			9.188	1.535
			37.0	9.250		
2015	冬季	7.0			9.300	0.753
			37.4	9.350		
	春季	5.5			9.463	0.581
			38.3	9.575		
	夏季	10.8			9.588	1.126
			38.4	9.600		
	秋季	15.0			9.625	1.558
			38.6	9.650		
2016	冬季	7.1			9.688	0.733
			38.9	9.725		
	春季	5.7			9.663	0.590
			38.4	9.600		
	夏季	11.1			9.713	1.143
			39.3	9.825		
	秋季	14.5			9.888	1.466
			39.8	9.950		
2017	冬季	8.0			9.988	0.801
			40.1	10.025		
	春季	6.2			10.075	0.615
			40.5	10.125		
	夏季	11.4				
	秋季	14.9				

步骤 5：表 18-15 列出了具体的季节指数计算结果，借助此表我们能找到相应季度的具体季节指数值。1.180、1.130、1.141、1.126 以及 1.143 这些数值都代表了夏季季节指数的估计值。求出典型季节指数的合理方法是对这些值进行平均，进而消除不规则成分。因此，(1.180+1.130+1.141+1.126+1.143)/5=1.144 为夏季的季节指数。

表 18-15 典型季节指数计算结果

年份	冬季	春季	夏季	秋季	
2012			1.180	1.503	
2013	0.772	0.540	1.130	1.550	
2014	0.775	0.553	1.141	1.535	
2015	0.753	0.581	1.126	1.558	
2016	0.733	0.590	1.143	1.466	
2017	0.801	0.615			
总计	3.834	2.879	5.720	7.612	
均值	0.767	0.576	1.144	1.522	4.009
调整	0.765	0.575	1.141	1.519	4.000
指数	76.5	57.5	114.1	151.9	

步骤 6：4 个季度均值（0.767、0.576、1.144 和 1.522）理论上总和应为 4.00，因为平均数设定为 1.0。由于四舍五入，4 个季度均值的总和可能不完全等于 4.00。在这个问题中，均值的总和是 4.009。因此，需要对 4 个均值进行修正调整，以使得它们的总和为 4.00。

修正系数

$$\text{修正系数} = \frac{4.00}{4\text{个均值总和}} \qquad (18\text{-}3)$$

在本例中：

$$\text{修正系数} = \frac{4.00}{4.009} = 0.997\ 755$$

因此，调整后的冬季指数为 0.767 × 0.997 755=0.765，即经过修正后，每一个平均值都向下调整了，最终 4 个季度均值的总和是 4.00。指数通常以百分比来报告，所以表最后一行的每个值都乘以了 100。由此可得，冬季指数是 76.5，秋季指数是 151.9。如何解释这些数值呢？秋季的销售额比平常季度高 51.9%，冬季的销售额比平常季度低 23.5(=100.0−76.5)%。这些结果与实际情况是相符合的，圣诞节前（秋季）是玩具销售旺盛的时期，而圣诞节后（冬季）玩具的销售量会急剧下降。

这些计算可以通过统计软件实现。Excel 的 MegaStat 加载项输出结果如表 18-16、表 18-17 所示。使用软件将大大减少计算时间和计算错误概率，但前提是你应该了解季节指数这个计算过程中的步骤。由于计算中数据保留的小数位数不同，答案可能会有些许差异。

表 18-16 中心化移动平均值和去季节化

t	年份	季度	销售额	中心化移动平均值	比率	季节指数	去季节化后的数据
1	2012	1	6.70			0.765	8.759
2	2012	2	4.60			0.575	8.004
3	2012	3	10.00	8.475	1.180	1.141	8.761
4	2012	4	12.70	8.450	1.503	1.519	8.361
5	2013	1	6.50	8.425	0.772	0.765	8.498
6	2013	2	4.60	8.513	0.540	0.575	8.004
7	2013	3	9.80	8.675	1.130	1.141	8.586
8	2013	4	13.60	8.775	1.550	1.519	8.953
9	2014	1	6.90	8.900	0.775	0.765	9.021
10	2014	2	5.00	9.038	0.553	0.575	8.700

(续)

t	年份	季度	销售额	中心化移动平均值	比率	季节指数	去季节化后的数据
11	2014	3	10.40	9.113	1.141	1.141	9.112
12	2014	4	14.10	9.188	1.535	1.519	9.283
13	2015	1	7.00	9.300	0.753	0.765	9.151
14	2015	2	5.50	9.463	0.581	0.575	9.570
15	2015	3	10.80	9.588	1.126	1.141	9.462
16	2015	4	15.00	9.625	1.558	1.519	9.875
17	2016	1	7.10	9.688	0.733	0.765	9.282
18	2016	2	5.70	9.663	0.590	0.575	9.918
19	2016	3	11.10	9.713	1.143	1.141	9.725
20	2016	4	14.50	9.888	1.466	1.519	9.546
21	2017	1	8.00	9.988	0.801	0.765	10.459
22	2017	2	6.20	10.075	0.615	0.575	10.788
23	2017	3	11.40			1.141	9.988
24	2017	4	14.90			1.519	9.809

表 18-17 季节指数计算表

	1	2	3	4	
2012			1.180	1.503	
2013	0.772	0.540	1.130	1.550	
2014	0.775	0.553	1.141	1.535	
2015	0.753	0.581	1.126	1.558	
2016	0.733	0.590	1.143	1.466	
2017	0.801	0.615			
均值	0.767	0.576	1.144	1.522	4.009
调整值	0.765	0.575	1.141	1.519	4.000

现在我们简单总结一下前面的计算方法和思路。表 18-14 中第 3 列中的原始数据包含长期趋势（T）、循环变动（C）、季节变动（S）和不规则变动（I）成分，最终目的是将季节变动（S）从原始销售额数据中剔除。

表 18-14 中的第 4 列和第 5 列是用于推导第 6 列中的中心化移动平均值。从第 3 列的原始数据中剔除掉季节变动和不规则变动，因此最后在第 6 列中只剩下长期趋势和周期性波动（TC）。

接下来，将第 3 列（TCSI）中的销售数据除以第 6 列（TC）的中心化移动平均值，得到第 7 列（SI）中的季节指数，即 TCSI/TC=SI。接下来，将 SI 乘以 100.0，即得到用指数形式表示的典型季节性特征。

最后，对所有冬季指数、春季指数等取平均值。这种平均法能够消除大部分季节性因素的不规则变动，最终所得到的 4 个指数反映了典型的季节性销售模式。

自测 18-4

怀俄明州的蒂顿村在大蒂顿公园和黄石公园附近，村里有商店、餐馆和汽车旅馆。该村的旅游业有两个旺季，分别是冬季和夏季，冬季时游客可以在 1 万英尺高的斜坡上滑雪，夏季时游客可以参观公园。2013—2017 年这 5 年按季节统计的游客数量（千人）如表 18-18 所示。

表 18-18 游客数量表——按季节统计

年份	冬季	春季	夏季	秋季
2013	117.0	80.7	129.6	76.1
2014	118.6	82.5	121.4	77.0
2015	114.0	84.3	119.9	75.0
2016	120.7	79.6	130.7	69.6
2017	125.2	80.2	127.6	72.0

（1）用移动平均趋势剔除法分析蒂顿村游客数量的季节效应。
（2）对冬季的典型季节指数结果进行解读。

18.7 剔除时间序列的季节效应

一组代表性的指数有利于调整销售额序列的季节性波动，由此产生的销售额序列被称为**去季节化销售额**（deseasonalized sale）或**季节性调整销售额**（seasonally adjusted sale）。对销售额序列进行去季节化操作是为了消除季节变动，从而可以研究其趋势和周期。为了说明这一步骤，本节利用表 18-19 中的玩具国际公司季度销售额数据来进行相关分析。

表 18-19 销售额和去季节化销售额数据　　（单位：百万美元）

年份	季度	销售额	季节指数	去季节化销售额
2012	冬季	6.7	0.765	8.759
	春季	4.6	0.575	8.004
	夏季	10	1.141	8.761
	秋季	12.7	1.519	8.361
2013	冬季	6.5	0.765	8.498
	春季	4.6	0.575	8.004
	夏季	9.8	1.141	8.586
	秋季	13.6	1.519	8.953
2014	冬季	6.9	0.765	9.021
	春季	5	0.575	8.700
	夏季	10.4	1.141	9.112
	秋季	14.1	1.519	9.283
2015	冬季	7	0.765	9.151
	春季	5.5	0.575	9.570
	夏季	10.8	1.141	9.462
	秋季	15	1.519	9.875
2016	冬季	7.1	0.765	9.282
	春季	5.7	0.575	9.918
	夏季	11.1	1.141	9.725
	秋季	14.5	1.519	9.546
2017	冬季	8	0.765	10.459
	春季	6.2	0.575	10.788
	夏季	11.4	1.141	9.988
	秋季	14.9	1.519	9.809

为了消除季节性变化的影响,将每个季度的销售额(包含长期趋势、循环变动、不规则变动和季节变动)除以该季度对应的季节指数,即 TSCI/SI。例如,2012 年冬季的实际销售额为 670 万美元,根据上述计算结果,冬季的季节指数为 76.5%,这表明冬季的销售额比典型季度的平均值低 23.5%。将 670 万美元的实际销售额数据除以 76.5,再将结果乘以 100,我们就可以得出 2012 年冬季的去季节化销售额数据,即去除季节性影响后的销售额。由 (6 700 000/76.5) × 100 计算得出 2012 年冬季的销售额为 8 758 170 美元。我们在表 18-19 的第 5 列中继续对其他季度进行上述处理,最终显示结果以百万美元为单位。由于季节变动的因素已经从季度销售额中剔除,所以去季节化的销售额只包含长期趋势(T)、循环变动(C)和不规则变动(I)因素。观察表 18-19 第 5 列中的去季节化销售额数据,我们可以发现玩具的销售额在 6 年内有一定的增长。图 18-13 显示了玩具国际公司的实际销售额和去季节化销售额数据。显然,剔除季节变动因素后,我们可以更好地关注销售额数据的整体长期变化趋势。

我们还可以求出趋势数据的回归方程,并利用它来预测未来的销售额情况。

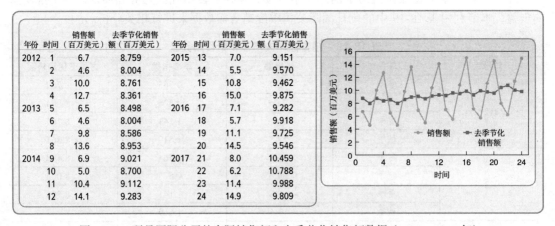

图 18-13 玩具国际公司的实际销售额和去季节化销售额数据(2012—2017 年)

利用去季节化数据进行预测

识别趋势和季节性调整这两个步骤可以结合起来进行,进而得出季节性调整预测。为了确定趋势,我们利用去季节化数据来确定最小二乘趋势方程。然后,我们利用趋势方程对未来的数据进行预测,最后再针对季节变动因素对这些趋势值进行调整。下面的例子将有助于说明具体分析方法与步骤。

例 18-4 某玩具国际公司想预测 2018 年每个季度的销售额,请利用表 18-19 中的信息来确定预测值。

解析 图 18-13 中描述的去季节化数据似乎呈线性趋势。因此,根据这些数据设定一个线性趋势方程是合理的。去季节化数据的趋势方程为

$$\hat{y} = a + bt$$

式中 $\hat{y}$——玩具国际公司在 t 时期销售额的估计值；

a——趋势线的 y 轴截距；

b——该趋势线的斜率；

t——时间编码。

2012 年冬季是第一季度，所以对应的时间 t 为 1，2012 年春季季度编码为 2，依此类推。2017 年最后一个季度对应的时间 t 为 24。

可以用 Excel 得到回归方程。输出结果如图 18-14 所示，输出的内容包括这段时间内的数据散点图、去季节化的销售额数据以及回归线。

趋势线方程如下：

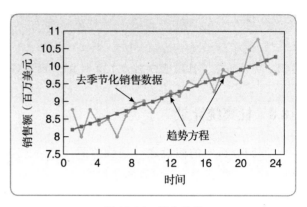

图 18-14 拟合结果

$$\hat{y} = 8.110\,43 + 0.089\,88t$$

趋势线的斜率为 0.089 88。由此可见，在 24 个季度中，去季节化销售额的增长速度为每季度 0.089 88 百万美元，即每季度 89 880 美元；数值 8.110 43 对应的是趋势线在 y 轴上的截距（即 $t=0$ 时对应的值）。

判定系数为 0.785，这个值是用 Excel 计算出来的，显示在图上的文本框中。我们可以用这个值来表示数据的拟合优度。因为本例所用数据不是样本信息，所以从技术上讲，我们不应该用 R^2 来判断一个回归方程。然而，R^2 有助于快速评估去季节化销售数据的拟合优度。在本例中，由于 R^2 较大，因此我们得出的结论是，玩具国际公司的去季节化销售额可以通过线性趋势方程得到有效解释。

用趋势方程可以对未来的销售额数据进行预测。2018 年冬季对应的 t 值为 25，因此，估计该期的销售额为 10.357 43，通过如下计算求出：

$$\hat{y} = 8.110\,43 + 0.089\,88t = 8.110\,43 + 0.089\,88 \times 25 = 10.357\,43$$

2018 年冬季的去季节化销售额预测值为 10 357 430 美元（该预测结果是在我们考虑季节性影响之前的销售额预测值）。使用同样的步骤来确定 2018 年每个季度的预测值，预测结果如表 18-20 所示。

表 18-20 季度销售额预测

季度	时间	预测值	季节指数	季度预测
冬季	25	10.357 43	0.765	7.923 43
春季	26	10.447 31	0.575	6.007 20
夏季	27	10.537 19	1.141	12.022 93
秋季	28	10.627 07	1.519	16.142 52

现在我们已经有了 2018 年 4 个季度的销售额预测值，接下来可以对其进行季节性调整。冬季的季节指数是 0.765，所以可以通过将预测值与对应指数相乘，即 10.357 43×0.765=7.923 43，对 2018 年冬季的预测值进行季节性调整。其余季度的估计值如表 18-20 所示。根据表中数据，可以发现季节性调整对于销售额预测值有较大的影响。

自测 18-5

某电力公司向纽约詹姆斯敦地区的客户销售电动马达。基于前 5 年月度数据得到的月度趋势方程为

$$\hat{y} = 4.4 + 0.5t$$

1 月、2 月的季节性因素分别为 120 和 95。确定第 6 年 1 月和 2 月季节调整的预测。

18.8 杜宾统计量

回归分析中的假设之一是残差的独立性。这意味着残差没有固定模式,即残差既不存在高度相关性,也不会长期为正或为负。在图 18-15 中,残差在纵轴上排列,ŷ 值在横轴上排列。在水平轴上方和下方都"分布"着残差,如果我们计算该连续残差之间的相关性,那么相关性很可能会较强。

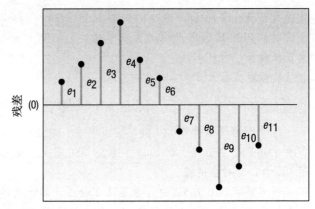

图 18-15 具有相关性的残差分布

连续残差在时间序列数据中是相关的,因为一个时间段的事件往往会对下一个时间段造成影响。举例来说,家具店老板决定在这个月举行一次促销活动,并花费了大量的资金来对促销活动进行宣传。我们预计销售额和广告费用之间会有相关性,但结果发现,广告所带来的销售额提升效果没有在这个月体现出来,那么很有可能是因为广告的一部分效果延续到了下个月。因此,可以预计残差之间存在相关性。

在时间序列中的回归关系表示为

$$y_t = \alpha + \beta_1 x_t + \varepsilon_t$$

其中,用下标 t 来代替原本的 i,以此表示数据是在 t 时段收集的。

如果残差存在相关性,那么我们在对回归系数进行假设检验时就会出现问题。此外,使用估计的置信区间或预测区间也可能无法得到正确的结果。

自相关系数 r 是残差之间的关联程度。r 与相关系数具有相同的特征,即接近 -1.00 或 1.00 的值表示强关联,接近 0 的值表示无关联。在分析中,我们借助杜宾统计量对 r 进行假设检验。

用字母 d 表示的杜宾统计量是通过确定每个观测值的残差来计算的,即先计算出 $e_t = (y_t - \hat{y}_t)$。接下来,我们使用以下关系式来计算 d:

$$\text{杜宾统计量} \quad d = \frac{\sum_{t=2}^{n}(e_t - e_{t-1})^2}{\sum_{t=1}^{n} e_t^2} \tag{18-4}$$

为了求出式(18-4)的分子,我们将每个残差项滞后一期,然后将连续两期残差之间的差值进行平方。在分母中,我们对残差项进行平方后求和。

杜宾统计量的取值范围在 0 ~ 4，当残差之间不存在自相关时，d 的值为 2.00；当 d 的值接近 0 时，表示呈正自相关；负自相关在实际情况中很少存在。

自相关检验的原假设和备择假设是：

H_0：无残差自相关 ($\rho = 0$)
H_1：残差存在正自相关 ($\rho > 0$)

从上一章可以看出，r 表示样本相关性，ρ 是分布中的相关系数，d 的临界值报告在附录 B.9 中。为了确定临界值，我们需要知道 α（显著性水平）、n（样本量）和 k（独立变量的个数）。杜宾检验的决策规则与我们所习惯的规则有所不同。通常来说，在检验中都有一个拒绝原假设的范围，也有一个不拒绝原假设的范围。但是，在某个范围内，杜宾统计量的值不能被划分到拒绝域或者是接受域。也就是说，在不确定的范围内，原假设既没有被拒绝，也没有被接受，即：

- 当杜宾统计量 $d < d_L$ 时拒绝原假设。
- 当杜宾统计量 $d > d_U$ 时不拒绝原假设。
- 当杜宾统计量 $d_U < d < d_L$ 时会产生不确定的结果。

其中，下标 L 指 d 的下限，U 指上限。

如果原假设没有被拒绝，我们认为残差不存在自相关，满足了回归假设，且在参数估计方面不会有任何问题。如果原假设被拒绝，那么认为自相关是存在的。

对自相关的补救措施通常是引入另一个时序预测变量。例如，可以用 y 的平方根来代替 y，但是这种转换将导致残差分布的改变。在替换掉原本的 y 之后，如果杜宾统计量的结果落在不确定的范围内，则需要更复杂的检验。因此，通常情况下，当杜宾统计量的值落入不确定范围内时，更加保守的做法是选择拒绝原假设。

以下案例将详细展示如何进行杜宾检验以及怎样对结果进行解释。

例 18-5 班纳摇椅公司主要负责生产和销售摇椅，该公司为老年人开发了一种特殊摇椅并在电视上投放了大量的广告。班纳摇椅的目标市场是卡罗来纳州、佛罗里达州和亚利桑那州，因为那里有许多老年人和退休人员。班纳摇椅公司的总裁正在研究他的广告费用（x）与过去 20 个月内销售的摇椅数量（y）之间的关系。他收集了以下数据（见表 18-21），想据此建立一个模型，从而根据广告费用来预测销售量。但他担心由于收集的是连续几个月的数据，因此可能会存在自相关问题。

表 18-21 销售量及广告费用数据

月份数	销售量（千）	广告费用（百万美元）	月份数	销售量（千）	广告费用（百万美元）
1	153	5.5	11	169	6.3
2	156	5.5	12	176	5.9
3	153	5.3	13	176	6.1
4	147	5.5	14	179	6.2
5	159	5.4	15	184	6.2
6	160	5.3	16	181	6.5
7	147	5.5	17	192	6.7
8	147	5.7	18	205	6.9
9	152	5.9	19	215	6.5
10	160	6.2	20	209	6.4

根据已有信息确定回归方程。请问利用广告费用是否能很好地预测销售量？如果总裁将广告费用增加 1 000 000 美元，预计他可以多卖出多少把摇椅？探究是否存在自相关问题。

解析 第一步是确定回归方程（见图 18-16）。

```
SUMMARY OUTPUT

          Regression Statistics
Multiple R              0.828
R Square                0.685
Adjusted R Square       0.668
Standard Error         12.347
Observations              20

ANOVA
                df        SS          MS          F
Regression       1    5967.731456  5967.73146  39.1430957
Residual        18    2744.268544   152.459364
Total           19       8712

              Coefficients  Standard Error  t Stat   p-value
Intercept       -43.80          34.44       -1.27     0.22
Advertising      35.95           5.75        6.256    0.00
```

图 18-16 回归分析结果

判定系数为 0.685，由此可知变量之间有很强的正相关关系。所得出的结论是，当增加广告费用时，我们有理由认为能够卖出更多的摇椅。

如果我们增加 100 万美元的广告费，预计能多卖出多少把摇椅？在回答这一问题时，我们必须注意数据的单位：销售量是以千把摇椅为单位，广告费用是以百万美元为单位。回归方程为

$$\hat{y} = -43.80 + 35.95x$$

这个等式表明，x 每增加 1 个单位，y 就会增加 35.95 个单位，所以当增加 100 万美元的广告费用时，摇椅的销售量就会增加 35 950 把。也就是说，每卖出一把摇椅将增加 27.82 美元的广告费用（由 1 000 000/35 950 得出）。

那么是否存在潜在的自相关问题呢？很多软件都会计算出杜宾检验的数值，并输出结果。为了了解该检验的本质以及式（18-4）的具体计算方法，我们使用表 18-22 来说明。

为了研究可能存在的自相关性，我们需要求出每个观测值的残差。首先，找到这 20 个月的拟合值 $\hat{y}$，该数值显示在表 18-22 中的 D 列。接下来计算残差，即实际值和拟合值之间的差异，对于第一个月：

$$\hat{y} = -43.80 + 35.95x = -43.80 + 35.95 \times 5.5 = 153.925$$
$$e_1 = y_1 - \hat{y}_1 = 153 - 153.925 = -0.925$$

由于计算时涉及四舍五入，因此 E 列中所呈现的残差值略有不同。在 F 列中，我们将残差项滞后一期。然后在 G 列中，我们计算出当前期残差和前一期残差的差值，并将其进行平方。利用软件计算得出的数值结果如下：

$$(e_t - e_{t-1})^2 = (e_2 - e_{2-1})^2 = [2.075 - (-0.925)]^2 = (3.000\ 0)^2 = 9.000$$

表 18-22 计算结果表

A	B	C	D	E	F	G	H
月份	销售量 y（千）	广告费用 x（百万美元）	销售量预测值 $\hat{y}$	残差 e_t	滞后残差 e_{t-1}	$(e_t - e_{t-1})^2$	e_t^2
1	153	5.5	153.925	-0.925			0.855 6
2	156	5.5	153.925	2.075	-0.925	9.000	4.305 6
3	153	5.3	146.735	6.265	2.075	17.556	39.250 2
4	147	5.5	153.925	-6.925	6.265	173.976	47.955 6
5	159	5.4	150.330	8.670	-6.925	243.204	75.168 9
6	160	5.3	146.735	13.265	8.670	21.114	175.960 2
7	147	5.5	153.925	-6.925	13.265	407.636	47.955 6
8	147	5.7	161.115	-14.115	-6.925	51.696	199.233 2
9	152	5.9	168.305	-16.305	-14.115	4.796	265.853 0
10	160	6.2	179.090	-19.090	-16.305	7.756	364.428 1
11	169	6.3	182.685	-13.685	-19.090	29.214	187.279 2
12	176	5.9	168.305	7.695	-13.685	457.104	59.213 0
13	176	6.1	175.495	0.505	7.695	51.696	0.255 0
14	179	6.2	179.090	-0.090	0.505	0.354	0.008 1
15	184	6.2	179.090	4.910	-0.090	25.000	24.108 1
16	181	6.5	189.875	-8.875	4.910	190.026	78.765 6
17	192	6.7	197.065	-5.065	-8.875	14.516	25.654 2
18	205	6.9	204.255	0.745	-5.065	33.756	0.555 0
19	215	6.5	189.875	25.125	0.745	594.384	631.265 6
20	209	6.4	186.280	22.720	25.125	5.784	516.198 4
求和项						2 338.570	2 744.268 6

右下角标注：$\sum_{t=1}^{n} e_t^2$ ， $\sum_{t=2}^{n}(e_t - e_{t-1})^2$

G 列中的其他数值也是以同样的方式计算求出的，H 列中的数值是 E 列中数值的平方。

$$e_1^2 = -0.925^2 = 0.855\ 6$$

接下来，对 G 列和 H 列求和，从而计算出 d 的值，具体计算结果如表 18-22 所示。

$$d = \frac{\sum_{t=2}^{n}(e_t - e_{t-1})^2}{\sum_{t=1}^{n} e_t^2} = \frac{2\ 338.570}{2\ 744.269} = 0.852\ 2$$

现在来回答是否有显著自相关性的问题。其原假设和备择假设如下：

H_0：无残差自相关

H_1：残差存在正自相关

d 统计量的临界值详见附录 B.9，其中部分临界值数据如表 18-23 所示。本问题中有一个自变量，所以 $k=1$，显著性水平为 0.05，样本量为 20。我们对应到表中 $k=1$，$n=20$ 所对应的行和列。对应的临界值为 $d_L=1.20$，$d_U=1.41$。因此，如果 $d<1.20$，则拒绝原假设；如果 $d>1.41$，则不拒绝原假设；如果 d 在 1.20 和 1.41 之间，则无法得出结论。

表 18-23　部分 d 统计量临界值

k	1		2	
n	d_L	d_U	d_L	d_U
15	1.08	1.36	0.95	1.54
16	1.10	1.37	0.98	1.54
17	1.13	1.38	1.02	1.54
18	1.16	1.39	1.05	1.53
19	1.18	1.40	1.08	1.53
20	1.20	1.41	1.10	1.54
21	1.22	1.42	1.13	1.54
22	1.24	1.43	1.15	1.54
23	1.26	1.44	1.17	1.54
24	1.27	1.45	1.19	1.55
25	1.29	1.45	1.21	1.55

因为计算出的 d 值为 0.852 2，小于 d_L，所以我们拒绝原假设，接受备择假设。由此得出结论，残差存在自相关性。在这种情况下，我们违反了一个回归假设。在这种情况下，存在自相关性通常意味着没有正确设定回归模型。因此，我们可能需要添加一个或多个自变量，且这些自变量对因变量有一定的影响。其中，最简单的是表示时间的自变量。

章节摘要

1. 时间序列是一段时期内的数据集合。
   （1）趋势是时间序列在长期内呈现出来的某种持续上升或持续下降的变动。
   （2）循环性成分是时间序列中呈现出来的围绕长期趋势的一种振荡式变动。
   （3）季节变动是在一年内重复出现的周期性波动。对于大多数企业来说，这些波动往往每年都会重复出现。
   （4）不规则变动分为以下两部分：
      1）异常变动是不可预知的，但通常可以识别，洪水就是一个例子。
      2）残余变动是随机的。
2. 移动平均用于平滑时间序列的趋势。
3. 线性趋势方程表达式为 $\hat{y}=a+bt$，其中 a 为 y 轴截距，b 为斜率，t 为对应的时间编码。
   （1）我们用最小二乘法来确定趋势方程。
   （2）如果趋势不是呈线性的而是趋向于恒定的百分比，那么就将 y 值取对数，并利用对数结果来确定最小二乘法方程。
4. 季节性变动因素是用移动平均趋势剔除法来计算的。
   通过 6 个步骤程序，可以得出每个时期的季节指数。
      1）季节性变动因素通常按月或季度计算。
      2）季节指数可用于调整包含季节影响的预测问题。
5. 杜宾统计量用于检验自相关性。

$$d=\frac{\sum_{t=2}^{n}(e_t-e_{t-1})^2}{\sum_{t=1}^{n}e_t^2} \tag{18-4}$$

章节练习

1. 计算某公司 9 个季度数据中流通股数量的 4 季度加权移动平均值，数据以千股为单位。对过去 3 个季度和本季度分别赋 0.1、0.2、0.3 和 0.4 的权重。用几句话描述用户数量的变化趋势。表 18-24 给出了流通股数量数据。

表 18-24　流通股数量数据表

2015 年第一季度	28 766	2016 年第二季度	35 102
2015 年第二季度	30 057	2016 年第三季度	35 308
2015 年第三季度	31 336	2016 年第四季度	35 203
2015 年第四季度	33 240	2017 年第一季度	34 386
2016 年第一季度	34 610		

2. 表 18-25 列出的是 2006—2016 年佐治亚州种植园度假村的租房数量数据。注意：2006 年对应的时间 t 为 1。

表 18-25　度假村租房数量数据

年份	租房数量	年份	租房数量	年份	租房数量
2006	6 714	2010	9 762	2014	6 162
2007	7 991	2011	10 180	2015	6 897
2008	9 075	2012	8 334	2016	8 285
2009	9 775	2013	8 272		

确定最小二乘方程。根据这些信息，估计 2017 年的租房数量是多少？

3. 表 18-26 列出了某玻璃制品有限公司 2013—2017 年的玻璃碎料年产量。

表 18-26　玻璃碎料年产量

年份	时间 t	碎料（吨）	年份	时间 t	碎料（吨）
2013	1	2	2016	4	5
2014	2	4	2017	5	6
2015	3	3			

确定最小二乘方程并估计 2019 年的碎料产量。

4. 某软件公司 2013—2017 年的销售情况如表 18-27 所示。

（1）确定销售额数据的对数趋势方程。

（2）在这期间，销售额平均增长了多少百分比？

（3）预测 2020 年的销售额。

表 18-27　软件公司销售情况表

年份	销售额（百万美元）
2013	1.1
2014	1.5
2015	2.0
2016	2.4
2017	3.1

5. 皮带公司的老板维克多·安德森正在研究员工的缺勤情况。他的员工人数不多，只有 5 名。他记录了从 2014 年到 2016 年，每个季度的员工缺勤天数情况，具体数据如表 18-28 所示。

确定每个季度的典型季节指数。

6. 女鞋企划部根据 5 年的季度销售数据，以百万双为单位，确定了如下趋势方程：

$$\hat{y} = 3.30 + 1.75t$$

表 18-29 列出了每个季度的季节性因素。

表 18-28　员工缺勤天数记录表

年份	季度			
	1	2	3	4
2014	4	10	7	3
2015	5	12	9	4
2016	6	16	12	4

确定第 6 年 4 个季度的季节性调整预测值。

表 18-29 季度指数表

	季度			
	1	2	3	4
指数	110.0	120.0	80.0	90.0

7. 参考章节练习 5，使用你计算的季节指数来确定去季节化缺勤指数。根据已有的 3 年季度数据来确定线性趋势方程，从而预测 2017 年的季节性调整缺勤率。

8. 回顾第 14 章的章节练习 5 和预测工作绩效的回归方程。
   （1）按所给数据顺序绘制残差图。
   （2）在 0.05 的显著性水平下检验自相关性。

9. 某公司 2007—2017 年的资产周转率（不包括现金和短期投资）数据如表 18-30 所示。

表 18-30 资产周转率

2007 年	2008 年	2009 年	2010 年	2011 年	2012 年	2013 年	2014 年	2015 年	2016 年	2017 年
1.11	1.28	1.17	1.10	1.06	1.14	1.24	1.33	1.38	1.50	1.65

（1）根据数据绘制点状图。
（2）确定最小二乘方程。
（3）计算 2010 年和 2015 年对应的趋势线上的点值并画图。
（4）估计 2022 年的资产周转率。
（5）2007—2017 年，资产周转率平均每年增加多少？

10. 2012—2017 年，凯勒门业公司的雇员人数（千人）数据如表 18-31 所示。

表 18-31 公司雇员人数

年份	雇员人数（千人）	年份	雇员人数（千人）
2012	45.6	2015	39.3
2013	42.2	2016	34.0
2014	41.1	2017	30.0

（1）根据数据绘制点状图。
（2）确定最小二乘方程。
（3）利用趋势方程计算 2014 年和 2017 年对应的点值，将它们绘制在图上并画出回归线。
（4）估计 2020 年的雇员人数。
（5）在这期间，雇员人数平均每年增加（或减少）多少？

11. 表 18-32 中销售额序列的数据图为曲线形态，这表明销售额是以某种恒定的比率增长的。因此，使用对数方程对销售额进行拟合。

表 18-32 销售额数据

年份	销售额（百万美元）	年份	销售额（百万美元）
2007	8.0	2013	39.4
2008	10.4	2014	50.5
2009	13.5	2015	65.0
2010	17.6	2016	84.1
2011	22.8	2017	109.0
2012	29.3		

（1）根据数据绘制点状图。
（2）求出 2007 年和 2014 年对数方程直线上各点的坐标值。
（3）2007—2017 年期间，销售额平均每年增长多少百分比？
（4）根据方程估计 2018 年的销售额。

12. 表 18-33 列出的是 1998—2015 年某公司单股股票年底售价。
（1）根据数据绘制点状图。
（2）分别用实际股票价格和对数价格确定最小二乘方程，分析哪种预测方法更准确。

（3）利用对数价格方程计算出 2001 年和 2006 年对应的点值。
（4）利用对数价格方程估计 2018 年的售价并根据历史数据分析该预测值是否合理。
（5）使用对数价格方程分析在这一时期股价平均每年上涨或下降了多少。

表 18-33　单股股票年底售价

年份	价格（美元）	年份	价格（美元）	年份	价格（美元）	年份	价格（美元）
1998	7.187 5	2003	13.23	2008	17.73	2013	37.78
1999	28.015 6	2004	13.72	2009	24.53	2014	45.02
2000	29.062 5	2005	12.21	2010	31.30	2015	36.01
2001	13.81	2006	19.11	2011	26.33		
2002	10.80	2007	20.23	2012	34.08		

13. 某专卖店 2012 年和 2013 年的销售额数据如表 18-34 所示。

表 18-34　专卖店销售额数据表

月份	2012 年销售额（千美元）	2013 年销售额（千美元）	月份	2012 年销售额（千美元）	2013 年销售额（千美元）
1 月	78	65	7 月	81	65
2 月	72	60	8 月	85	61
3 月	80	72	9 月	90	75
4 月	110	97	10 月	98	
5 月	92	86	11 月	115	
6 月	86	72	12 月	130	

（1）使用移动平均趋势剔除法确定 2012 年 7 月、8 月、9 月和 10 月的季节指数。
（2）将你在第（1）问中计算得到的 2012 年 7 月、8 月、9 月和 10 月的季节指数填入表 18-35 中，并使用表 18-35 所给数据确定这 12 个典型季节指数。

表 18-35　季节指数表

年份	月份											
	1	2	3	4	5	6	7	8	9	10	11	12
2012							?	?	?	?	123.6	150.9
2013	83.9	77.6	86.1	118.7	99.7	92.0	87.0	91.4	97.3	105.4	124.9	140.1
2014	86.7	72.9	86.2	121.3	96.6	92.0	85.5	93.6	98.2	103.2	126.1	141.7
2015	85.6	65.8	89.2	125.6	99.6	94.4	88.9	90.2	100.2	102.7	121.6	139.6
2016	77.3	81.2	85.8	115.7	100.3	89.7						

（3）对典型季节指数结果进行解读。

14. 手套公司正在分析其生产的最耐用手套的季度销售情况，2011—2016 年各季度生产的数量（千只）如表 18-36 所示。
（1）使用移动平均趋势剔除法，确定这四个典型季度指数。
（2）解读其季节性规律。

表 18-36　手套数量

年份	第一季度	第二季度	第三季度	第四季度
2011	142	312	488	208
2012	146	318	512	212
2013	160	330	602	187
2014	158	338	572	176
2015	162	380	563	200
2016	162	362	587	205

15. 某俱乐部希望找到包场、非包场和总包场数的季节指数。表 18-37 中的数据展示了 2014 年 7 月—2017 年 6 月的俱乐部包场数。使用统计软件求解下列问题：
（1）为每个月的包场数据构建一个季节指数，从中你能发现什么问题？

（2）为每个月的非包场数据构建一个季节指数，从中你能发现什么问题？
（3）为每个月的包场总数构建一个季节指数，从中你能发现什么问题？
（4）比较包场数、非包场数和包场总数的指数，这些指数所呈现出来的俱乐部最忙的月份是同一个月吗？

表 18-37 俱乐部包场数据

年份	月份	包场数	非包场数	总包场数	年份	月份	包场数	非包场数	总包场数
2014	7月	18.36	43.44	61.80	2016	1月	30.60	9.48	40.08
	8月	28.62	56.76	85.38		2月	63.54	30.96	94.50
	9月	101.34	34.44	135.78		3月	167.67	47.64	215.31
	10月	182.70	38.40	221.10		4月	299.97	59.40	359.37
	11月	54.72	44.88	99.60		5月	173.61	40.56	214.17
	12月	36.36	12.24	48.60		6月	64.98	63.96	128.94
2015	1月	25.20	9.36	34.56		7月	25.56	67.20	92.76
	2月	67.50	25.80	93.30		8月	31.14	52.20	83.34
	3月	179.37	34.44	213.81		9月	81.09	37.44	118.53
	4月	267.66	34.32	301.98		10月	213.66	62.52	276.18
	5月	179.73	40.80	220.53		11月	96.30	35.04	131.34
	6月	63.18	40.80	103.98		12月	16.20	33.24	49.44
	7月	16.20	77.88	94.08	2017	1月	26.46	15.96	42.42
	8月	23.04	76.20	99.24		2月	72.27	35.28	107.55
	9月	102.33	42.96	145.29		3月	131.67	46.44	178.11
	10月	224.37	51.36	275.73		4月	293.40	67.56	360.96
	11月	65.16	25.56	90.72		5月	158.94	59.40	218.34
	12月	22.14	15.96	38.10		6月	79.38	60.60	139.98

16. 滑雪小屋的老板雷·安德森想要预测下一年的游客数量。表 18-38 是按季度统计的从 2010 年第一季度到 2016 年第四季度的数据，根据这些数据为每个季度构建一个季节指数。求出趋势方程，以此预测 2017 年的游客数量，在此基础上再对预测进行季节性调整。

表 18-38 游客数量

年份	季度	游客数量	年份	季度	游客数量
2010	1	86	2013	3	100
	2	62		4	174
	3	28	2014	1	188
	4	94		2	172
2011	1	106		3	128
	2	82		4	198
	3	48	2015	1	208
	4	114		2	202
2012	1	140		3	154
	2	120		4	220
	3	82	2016	1	246
	4	154		2	240
2013	1	162		3	190
	2	140		4	252

17. 表 18-39 给出了 1996—2015 年每加仑汽油的成本数据。

表 18-39　汽油成本数据　　　　　　　　　　（单位：美元）

年份	成本	年份	成本	年份	成本
1996	1.20	2003	1.56	2010	2.78
1997	1.20	2004	1.85	2011	3.52
1998	1.03	2005	2.27	2012	3.62
1999	1.14	2006	2.57	2013	3.49
2000	1.48	2007	2.80	2014	3.34
2001	1.42	2008	3.25	2015	2.40
2002	1.35	2009	2.35		

分别用线性和非线性方程确定趋势线。相比之下你觉得哪种方法更合适？为什么？利用你认为更优的趋势方程估计 2016 年和 2017 年每加仑汽油的成本。

数据分析

18. 使用从家得宝公司年报中获取的以下数据信息（见表 18-40）来解决以下问题。具体数据包括一个编码的时间变量（1～23）、以千为单位的联营公司数量、以百万美元为单位的净销售额、以美元为单位的平均每笔交易金额以及每年的居民消费价格指数（CPI）。

表 18-40　家得宝公司年报数据

年份	时间 t	联营公司数量（千）	净销售额（百万美元）	平均每笔交易金额（美元）	CPI
1993	1	50.6	9 239	39.13	144.500
1994	2	67.3	12 477	41.29	148.200
1995	3	80.8	15 470	41.78	152.400
1996	4	98.1	19 535	42.09	156.900
1997	5	124.4	24 156	43.63	160.500
1998	6	156.7	30 219	45.05	163.000
1999	7	201.4	38 454	47.87	166.000
2000	8	227.3	45 738	48.65	172.200
2001	9	256.3	53 553	48.64	177.100
2002	10	280.9	58 247	49.43	179.900
2003	11	298.8	64 816	51.15	184.000
2004	12	323.1	73 094	54.89	188.900
2005	13	344.8	81 511	57.98	195.300
2006	14	364.4	79 022	58.90	201.600
2007	15	331.0	77 349	57.48	207.342
2008	16	322.0	71 288	55.61	215.303
2009	17	317.0	66 176	51.76	214.537
2010	18	321.0	67 997	51.93	218.056
2011	19	331.0	70 395	53.28	224.939
2012	20	340.0	74 754	54.89	229.594
2013	21	365.0	78 812	56.76	232.957
2014	22	371.0	83 176	57.87	236.736
2015	23	385.0	88 519	58.77	237.017

家得宝数据中的变量——平均每笔交易金额表明这一年中顾客在一次消费中平均花费的金额。例如，1993 年顾客在一次到店消费中平均花费 39.13 美元购买商品；到 2012 年，这一金额增加到 54.89 美元。同期，美国劳工统计局报告的 CPI 从 144.500 上升到 229.594。根据已有数据，用平均每笔交易金额的 1993 年固定价值美元构建一个线性趋势方程并说明其合理性。据此，我们是否可以得出结论：顾客在家得宝公司的实际消费金额在逐年减少？

19. 将附录 A.2 2015 赛季棒球数据中 2000 年以来的球员平均工资数据绘制成图表并构建线性趋势方程。根据你的发现撰写一份简要报告。

习题答案

扫码查看章节练习
和数据分析答案

扫码查看自测答案

——— 第 17～18 章回顾 ———

第 17 章介绍了指数。指数描述了从一个时期（基期）到另一个时期（报告期）的相对数值变化。指数实际上是一个百分数，但通常省略百分号。指数能够用于比较不同序列在不同时期的变化。例如，一家公司可能希望将销售额的变化与同一时期内雇用的销售代表人数的变化进行比较。对于这一问题，直接比较是没有意义的，因为一组数据的单位是美元，另一组数据的单位是人数。指数也用于较大数值的变化比较，因为实际数值的变化量较大，因此利用指数进行分析比较将会更加简化明了。

价格指数有两种类型。在不加权价格指数中，不考虑数量。用基期值除以报告期值，从而得出不加权指数，并以百分比的形式进行报告。举例来说，如果 2011 年的销售额是 1 200 万美元，2017 年的销售额是 1 860 万美元，那么 2017 年的简单价格指数是：

$$p = \frac{p_t}{p_0} \times (100) = \frac{18\,600\,000}{12\,000\,000} \times 100 = 155.0$$

因此，可以得出结论：销售额在这 6 年期间增长了 55%。

在加权价格指数中将数量纳入考虑。最广泛使用的加权指数是拉氏指数，它使用基期数量作为权数来比较价格的变化。具体计算方法如下：首先将每个产品的基期数量乘以对应的基期价格，并将结果相加，这一步骤所得结果是指数的分母部分。分子部分是产品对应的基期数量与报告期价格的乘积。举例来说，一家电器商店在 2011 年卖出了 50 台单价为 1 000 美元的电脑和 200 张单价为 150 美元的 DVD。2017 年，这家商店卖出了 60 台单价为 1 200 美元的电脑和 230 张单价为 175 美元的 DVD。其拉氏指数是：

$$P = \frac{\sum p_t q_0}{\sum p_0 q_0} \times 100 = \frac{1200 \times 50 + 175 \times 200}{1000 \times 50 + 150 \times 200} \times 100 = \frac{95\,000}{80\,000} \times 100 = 118.75$$

请注意，分子和分母中都使用了基期的数量作为权数。该指数表明，在这 6 年期间，销售额增长了 18.75%。

最常见的指数是居民消费价格指数。居民消费价格指数是一种拉氏指数，每月由美国劳工部进行报告。该指数通常用于测定商品和服务价格的通货膨胀率。目前该指数对应的基期是 1982—1984 年。

在第 18 章，我们学习了时间序列分析与预测。时间序列是一段时期内的数据集合。通用电气（General Electric）普通股在过去 10 年的每股收益数据就是一个时间序列的例子。时间序列有 4 个组成部分，分别是：长期趋势、循环变动、季节变动和不规则变动。

趋势是时间序列在长期内呈现出来的某种持续上升或持续下降的变动。

循环性成分是在几年时间里，时间序列中呈现出来的围绕长期趋势的一种振荡式变动。经济周期就是循环性成分的例子。大多数企业在几年的周期内都会有相对扩张和缩减这样的阶段转换。

季节变动是在一年内反复出现的规律性变动。许多产品和服务的消费都具有季节效应。海湾沿岸的海滨住宅在冬季很少出租，怀俄明州的滑雪旅馆在夏季也几乎没人光顾。因此，我们可以认为海滨住宅和滑雪小屋的出租是具有季节性的。

不规则变动部分包括了所有不可预测的事件。不规则变动可以分为两种类型。异常变动是不可预知的，但通常可以识别。休斯敦在 2016 年春季的洪灾就是一个例子。残余变动是随机的，无法对其进行预测或识别。

时间序列的线性趋势由公式 $\hat{y}=a+bt$ 给出，其中 $\hat{y}$ 是趋势估计值，a 是 y 轴的截距，b 是趋势线的斜率，t 是指各时间段的编码值。我们使用第 13 章中描述的最小二乘法来确定趋势线。在使用趋势方程时，通常会涉及自相关问题，自相关意味着连续的时间序列值具有相关性。

回顾练习

1. 表 18-41 列出的是阿迪达斯集团（Adidas Group）2008—2015 年的净销售额数据（单位：百万欧元）。
   （1）以 2008 年为基期，求出 2015 年的销售额指数。
   （2）以 2008—2010 年为基期，求出 2015 年的销售额指数。
   （3）以 2008 年为基期，用最小二乘法求出趋势方程并估计 2017 年的净销售额是多少，每年的增长速度是多少。
2. 根据某小公司 2011 年 1 月—2015 年 12 月这 5 年的月度数据求出其销售额趋势方程为 $\hat{y}=3.5+0.7t$。1 月的季节指数为 120，6 月的季节指数为 90。2016 年 1 月和 2016 年 6 月经季节调整后的销售额预测值是多少？

表 18-41 净销售额数据

年份	净销售额
2008	10 799
2009	10 381
2010	11 990
2011	13 332
2012	14 883
2013	14 203
2014	14 534
2015	16 915

篇章测试

客观题

1. 要计算一个指数，基期总是在_____。（分子、分母、分子与分母都可以，总是 100）

2. 衡量从一个时期到另一个时期的相对变化的数字被称为_____。
3. 在加权指数中，价格和_____都被纳入考虑。
4. 在拉氏指数中，分子和分母都使用_____数量。（基期、给定期、最早、最新）
5. 目前居民消费价格指数的基期为_____。
6. 一个时间序列的长期发展方向被称为_____。
7. 一种用于平滑时间序列趋势的方法是_____。
8. 当连续的残差具有相关性时，这种情况被称为_____。
9. 时间序列中具有随机性的不规则变化被称为_____。
10. 在3年移动平均计算中，给予各期的权重为_____。（相同的，最早的年份比重最大，最早的年份比重最小）

主观题

1. 表18-42列出的是罗伯塔冰激凌摊2012—2016年的销售情况。

表18-42 销售情况

年份	销售额	年份	销售额
2012	130 000	2015	170 000
2013	145 000	2016	190 000
2014	120 000		

（1）以2012年为基期，计算每年的简单指数。
（2）以2012—2013年为基期，计算每年的简单指数。

2. 表18-43列出了2012年和2016年某俱乐部男子高尔夫联赛会员购买的几种高尔夫用品的价格和数量。

表18-43 高尔夫用品的价格和数量

	2012年		2016年	
	价格	数量	价格	数量
发球杆	250.00	5	275.00	6
轻击棒	60.00	12	75.00	10
铁杆	700.00	3	750.00	4

（1）计算以2012年为基期的简单价格综合指数。
（2）计算拉氏指数。
（3）计算帕氏指数。
（4）计算价值指数。

3. 某饮品店的销售额月度线性趋势方程为

$$\hat{y} = 5.50 + 1.25t$$

该等式基于4年的月度数据得出，单位为千美元。1月的指数是105.0，2月的指数是98.3，请计算出第5年1月和2月销售额的季节性调整预测。

扫码查看
篇章测试答案

第19章
Chapter 19

统计过程控制和质量管理

一个自行车制造商每天随机选择10个车架并测试是否存在缺陷。在过去14天内,发现有缺陷的车架数量为3、2、1、3、2、2、8、2、0、3、5、2、0、4。为这个过程构造一个控制图,并评估该过程是否处于控制之中。

学完本章后,你将能够:
① 解释生产和服务操作中质量控制的目的。
② 定义过程变化的两个来源,并解释如何使用它们来监控质量。
③ 解释如何使用图表来调查过程变化的来源。
④ 计算质量可变度量的平均值和极差控制图的控制限值。
⑤ 评估控制图以确定过程是否失控。
⑥ 计算控制图的控制极限,以进行质量属性度量。
⑦ 解释验收抽样的过程。

引言

在本书中,我们介绍了假设检验的多种应用。在第10章中,我们介绍了单个总体值假设检验的方法。在第11章中,我们描述了关于两个总体假设检验的方法。在本章中,我们将介绍假设检验的另一种应用——**统计过程控制**(statistical process control,SPC)。

统计过程控制是组织为保证生产出高质量产品或提供高质量服务而采取的策略、技术和行动的集合。当指定产品或服务的属性时,统计过程控制从产品计划阶段开始,贯穿整个生产阶段。整个过程中每个流程的提升都有助于提升产品的整体质量,为了有效地进行质量控制,需要确定可测量的属性和规格来比较产品或服务的实际属性。

19.1 质量控制简史

在20世纪之前,美国有很多制造蜡烛和家具等相对简单产品的小商店。在这些小商店里,个体户一般都是工匠,对产品质量全权负责。工匠可以通过对材料的个性化选择、熟练的制造、选择性的装配和调整等手段确保产品质量。

20世纪初,工厂如雨后春笋般出现,在那里,受过一定培训的工人组建成大型装配线,产品从此变得更加复杂。产品的质量不再完全由个体户控制,而是由检验部门的半专业人员负责,通常通过对产品的所有重要特征进行全面筛查来实现质量把控。如果发现任何问题,这些问题将由制造部主管处理。本质上，整体的质量是由被检验产品的质量来体现的。

20 世纪 20 年代，贝尔电话实验室的爱德华兹·戴明（W. Edwards Deming）博士提出了统计质量控制的概念，即在生产过程中引入控制产品质量的概念，而不是在生产后对产品进行质量检查。为了实现控制质量，他开发了用于控制过程制造操作的图表技术。此外，他还引入了统计样本检验的概念，以估计产品在生产过程中的质量。这取代了在生产操作中、在生产完成后对每一个零件进行检验的旧方法。

统计质量控制的形成是在第二次世界大战（简称"二战"）期间。由于需要以尽可能低的成本大量生产与战争有关的物品，如炸弹瞄准器、精确雷达和其他电子设备，由此促进了统计抽样和质量控制图的使用。自二战以来，这些统计技术得到了改进和提高，计算机的使用也扩大了这些技术的应用。

二战几乎摧毁了日本的生产能力。日本人没有重新调整他们的旧生产方法，而是求助于爱德华兹·戴明博士来帮助他们制订出一个整体计划。在与日本规划人员开展的一系列研讨会上，他强调了一种哲学，即今天广为人知的"戴明学说十四要点"，后文详列了这 14 个要点。他强调，质量源于过程的改进，而不是检验，质量是由客户决定的。制造商必须能够通过市场调查来预测客户的需求，高级管理人员有长期改进的责任。此外，公司的每个成员都必须为公司的长远发展做出贡献（这一点得到了日本人的强烈支持），为了实现这一改进，必须进行持续的教育和培训。

戴明的一些观点与当时美国的管理理念并不一致，不同之处具体体现在生产配额和绩效评级这两个方面。他认为，生产配额和绩效评级这两种做法在美国尽管很普遍，但是是无效的，应该被淘汰。他还指出，美国经理人大多对好消息感兴趣。然而，好消息并不能提供改进的机会。另外，坏消息为新产品打开了大门，并使得公司不断发展。

以下是戴明学说十四要点总结。他坚持认为，要取得成功，必须采纳这 14 个要点。

◆ 戴明学说十四要点

1. 为产品和社会服务的持续改进创造恒定的目标。
2. 采取这样的理念，即我们不能忍受延迟、错误、材料缺陷和工艺缺陷等问题。
3. 消除了进行质量检查的要求。相反，要通过正确地生产产品来把控质量。
4. 结束仅以价格为基础开展业务的做法。相反，要求对价格和质量进行有意义的衡量。
5. 持续不断地改进计划、生产和服务的每一个过程。
6. 为包括管理人员在内的所有员工制定现代化的在职培训方法，这样有利于更好地发挥每个员工的能力。
7. 培养并提高领导力，以提高员工的工作效率。
8. 鼓励有效的双向沟通及其他方式来消除整个企业的不安感，从而使每个人都可以更有效地为公司工作。
9. 打破不同部门员工之间的区域障碍。
10. 在没有提供方法的情况下，避免使用要求零缺陷和新水平生产力的口号、海报和建议等。
11. 取消为员工规定配额和为管理层人员规定数字目标的工作标准，采用有益的领导，以实现质量和生产力的不断提高。
12. 加强计时工人和管理人员以工作为荣的观念。
13. 制订有力的教育计划，鼓励每个人自我完善。组织需要的是优秀的人和通过教育不断进步的人，知识是提升竞争力的基础。
14. 明确管理层对不断提高质量和生产力的永久坚持，以贯彻所有这些原则。

戴明学说十四要点强调了统计质量控制，统计质量控制的目的是通过生产的多个阶段来监控生产。可以使用统计质量控制工具，例如 X-bar 和 R 图表，来把控诸多生产流程和服务的质量。控制图使我们能够判定流程或服务何时"失控"。

自 20 世纪 80 年代末以来，美国对质量的探究热情急剧上升。打开电视，看看由福特、尼桑和通用赞助的广告，这些都验证了对装配线质量控制的重视。美国著名的质量控制顾问丹尼尔·亨特曾指出，目前美国 20%～25% 的生产成本被用在了查找和改进错误上。他还说，在现场维修或更换有问题产品所产生的额外成本累加起来大概是劣质产品总成本的近 30%。他表示，在日本，这一成本约占 3%！

近年来，公众越发重视质量，各公司受到激励，纷纷希望提高质量。马尔科姆·鲍德里奇国家质量奖设立于 1988 年，每年颁发给在质量成就和管理方面表现出色的美国公司。获奖的行业包括制造业、服务业、小企业、医疗保健和教育。过去的获奖者包括施乐、IBM、威斯康星大学斯托特分校、丽思·卡尔顿酒店集团、联邦快递和凯迪拉克。2016 年的获奖者是：

- 位于里约热内卢里奥兰珠市的唐·查默斯·福特公司是一家由福特汽车公司特许经营的独立公司，是小型企业中的佼佼者。公司的座右铭是通过对"客户、质量和社会"的承诺来实现"真正的价值、真诚的商家、真正的简单"。
- 总部位于加州尔湾的动量集团成立于 1994 年，成立之初只是一家小型的纺织品合同商，现在它专门生产定制的商品。在过去的 20 年里，该集团的销售额增长了 400% 以上。
- 位于加利福尼亚州芒廷维尤的金德里德护理和康复中心获得了医疗保健类奖项。自 2013 年以来，接受调查的居民和家庭成员中，所有人都对该康复中心的评价很高，远高于全国同类设施的平均评估水平。
- 赫尔曼纪念舒格兰医院是得克萨斯州东南部最大的非营利性医疗系统。医院对患者安全的重视促使与压力性溃疡、呼吸机相关性肺炎、输血反应以及正常低死亡率致死有关的医疗失误为零。

你可以通过访问网站 http://www.nist.gov/baldrige 获得有关这些获奖者和其他获奖者的更多信息。

◆ 实践中的统计学

卓越的质量管理是否会带来更高的财务业绩？最近的研究将获得国家质量奖的公司财务业绩与没有获得该奖的类似公司进行了比较。研究表明，获得该奖项的公司平均营业收入比没有获奖的公司高 39%，销售额高 26%，每销售一美元的成本低 1.22%。

六西格玛

许多服务、制造业和非营利组织都致力于提高它们的服务和产品质量。"六西格玛"（six sigma，6σ）是一个旨在提高整个组织的质量和绩效的程序，该计划的重点是减少用于生产和向客户提供服务与产品的任何过程中的差异。六西格玛适用于生产过程、会计和其他组织过程，它的最终目标是减少失误和失误的成本，提高产品和服务的质量及客户满意度，并增加利润。

六西格玛源于正态分布。术语 sigma 表示标准偏差，"正负"三个标准偏差给出了六个标准偏差的总极差。因此，六西格玛意味着一个流程对于任何产品或服务所产生的缺陷均不得超过百万分之三点四。在此基础上，许多公司甚至争取实现更少的缺陷。

为了实现这个目标，六西格玛项目会对每个组织成员进行过程培训，以识别对质量有重大影响的源头。该过程包括识别和定义问题、收集和分析数据以调查和了解问题，进行过程改进以减少过程变化以及实施改进程序。

六西格玛使用许多统计技术来收集和分析所需的数据，以减少过程变化。本书介绍的技术包括：直方图、变异分析、独立性、回归、相关卡方检验。

通用电气、摩托罗拉和联信公司（现为霍尼韦尔的一部分）使用了六西格玛方法，并显著提高了质量且节约了成本。甚至于像印第安纳州的韦恩堡这样的城市，也使用了六西格玛方法来改进其操作。据报道，该市自 2000 年以来节省了 1 000 万美元，同时改善了客户服务。例如，该市减少了 50% 的垃圾，并将修补坑槽的响应时间从 21 小时缩短到 3 小时。你可以在网站 http://www.6sigma.us 上了解更多的有关六西格玛的思想、方法和培训信息。

19.2　偏差因素

没有两种产品是完全相同的，产品间总会有不同。每个标明重量为 0.25 磅的麦当劳汉堡的实际重量可能并不是 0.25 磅。有些会超过 0.25 磅，有些则要轻一点。区域运输管理局的巴士从俄亥俄州托莱多市区行驶到佩里斯堡的托莱多地区的标准运行时间为 25 分钟。但是，每次运行并不一定为 25 分钟，有时运行时间更长，因为有些时候托莱多地区区域运输管理局巴士的司机必须在返回托莱多之前在佩里斯堡等待一段时间。在某些情况下，公共汽车迟到是有原因的，例如高速公路上的事故或暴风雪。在其他情况下，可能是因为没有遇上绿灯或者其他原因导致交通异常繁忙。流程中的变量通常有两个来源：机会变差和可控变差。

机会变差产生的原因有内部机器摩擦、轻微的材料或工艺条件的变化、大气条件（如温度、湿度和空气的尘埃含量）、通过叉车传递到机器上的振动等。

> **机会变差（chance variation）**：机会变差的变化在本质上是随机的，除非对过程中使用的技术、方法、设备或材料进行重大更改，否则无法完全消除此类变化。

如果因钻头钝化而导致在钢件上钻的孔过大，可将钻头磨尖或插入新的钻头。持续不正确地安装机器的操作员则应当被更换或接受培训。如果要使用的轧辊在加工过程中没有符合要求的抗拉强度，则可拒绝使用。这些是可控变差的示例。

我们应该关注变差的原因有多个，其中两项列举如下。

（1）可以改变被测产品的形状、离散程度和中心位置等分布特征。

> **可控变差（assignable variation）**：可控变差不是随机的变异，可以通过调查问题并找出原因来消除或减少。

（2）可控变差通常是可纠正的，而机会变差通常无法进行纠正。

19.3　诊断图表

有各种各样的诊断技术可用来调查质量问题。这些技术中最常用的两种就是**帕累托图**（Pareto chart）和**鱼骨图**（fishbone diagram）。

19.3.1 帕累托图

帕累托图分析是一种计算产品或服务中出现的缺陷数量和类型的技术。该图表是以 19 世纪的意大利科学家维弗雷多·帕累托的名字命名的。他指出，流程中的大多数"问题"是由相对较少的"因素"引起的，他的概念通常被称为"80-20 规则"，即 80% 的问题是由 20% 的因素引起的，通过专注于 20% 的因素，管理人员可以解决 80% 的问题。例如，位于 75 号州际公路和 70 号州际公路交界处的艾米丽家庭餐厅正在调查"客户投诉"。最常听到的五项投诉是服务不礼貌、冷餐、等位时间过长、菜单选择少和小孩不守规矩。假设服务不礼貌是最常被提到的，冷餐次之。数据显示，这两个因素占总投诉的 85% 以上。首先解决这两项投诉中提到的问题，可以最大限度地减少投诉，最大限度地提高客户满意度。

首先从计算缺陷的类型入手来制作帕累托图，接下来根据缺陷出现的频数从大到小进行排序，最后制作成一个垂直的条形图，条形图的高度对应于每个缺陷出现的频数。下面通过例子详细说明。

例 19-1 犹他州格罗夫市的城市管理者关心用水问题，尤其是独户家庭的用水问题。她想在格罗夫市制订一个减少用水的计划，下面哪项活动用水量最大？她应该着重改进哪个方面来减少用水量？表 19-1 给出了该城市的用水量相关数据。

表 19-1 用水量数据

用水原因	用水量（加仑/天）
洗烫	24.9
绿地用水	143.7
洗浴	106.7
烹饪	5.1
游泳池活动	28.3
洗碗	12.3
洗车	10.4
喝水	7.9

解析 帕累托图表有助于确定可以最大限度减少用水量的活动。第一步是将每项活动的用水量转换为百分比形式，然后将它们从大到小排序。如表 19-2 所示，通过对 8 项活动的用水量进行加总得出每天的总用水量为 339.3 加仑，用水量最大的活动是绿地用水，这项活动每天的用水量为 143.7 加仑，占总用水量的 42.4%。第二大类别是洗浴，占总用水量的 31.4%。这两项活动的用水量占总用水量的 73.8%。

表 19-2 用水量统计信息

用水原因	用水量（加仑/天）	百分比
洗烫	24.9	7.3
绿地用水	143.7	42.4
洗浴	106.7	31.4
烹饪	5.1	1.5
游泳池活动	28.3	8.3
洗碗	12.3	3.6
洗车	10.4	3.1
喝水	7.9	2.3
总计	339.3	100.0

为了绘制帕累托图，首先用左边的纵轴表示每天的用水量，右边的纵轴表示相应活动用水量所占的百分比。接下来，画一条竖线，竖线的高度对应出现次数最多的活动。在格罗夫市的例子中，针对绿地用水画了一条竖线，高度为 143.7 加仑，对于其他活动，继续这一流程。图 19-1 显示了 Minitab 的输出结果。

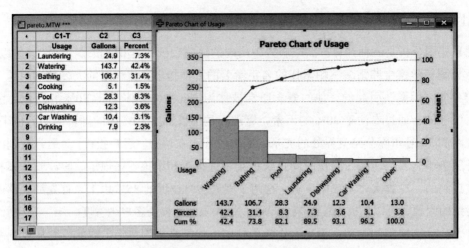

图 19-1 犹他州格罗夫市用水量的帕累托图

在图中，我们列出了这些活动项目、相应的频率以及每项活动用水量所占的百分比。在最后一行，我们列出了累计百分比，这有助于快速确定哪一项活动用水量占比最大，将累计百分比绘制在竖线上方。以格罗夫市为例，绿地用水、个人洗浴和游泳池活动用水量占总用水量的82.1%。通过减少这3项活动的用水量，城市管理者可以获得最大的收益。

19.3.2 鱼骨图

另一种诊断图是**因果关系图**（cause-and-effect diagram）或鱼骨图。它通常被称为因果图，目的是用来强调一个结果和一系列可能产生特定结果的原因之间的关系。此图有助于组织思想和确定关系，它是一种鼓励开放的头脑风暴想法的工具。通过识别这些关系，可以确定导致过程变化的因素。鱼骨图这个名字来自各种原因和结果在图表上的组织方式。形式通常是在图的右边列示一个特定的问题或者目标，在图的左侧列示主要原因。

绘制鱼骨图的通常方法是考虑4个问题，即方法、材料、设备和人员，问题或影响位于鱼头部分（见图 19-2）。

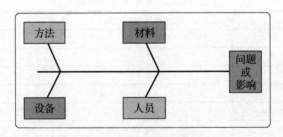

图 19-2 鱼骨图

在每一个可能的原因下面都有被识别和调查的子原因，子原因是可能产生特定效果的因素。收集有关问题的信息，并用于填充鱼骨图。调查每个子原因，并消除那些不重要的子原因，直到确定问题的真正原因。

为了解释鱼骨图，我们调查了艾米丽家庭餐厅有关冷食的投诉的原因。回想一下，帕累托分析显示冷食是最常见的两种投诉之一。在图 19-3 中，每个子原因都被作为假设列出，我们必须对这些子原因分别进行调查，才能找到有关冷食的真正问题。在鱼骨图中，子原因没有权重。

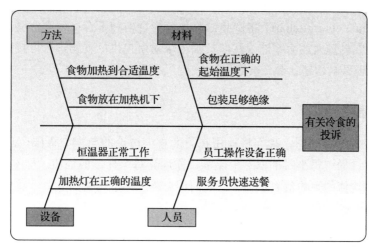

图 19-3　鱼骨图用于餐馆对冷食投诉的调查

自测 19-1

洛斯之家位于芝加哥南部，是一家精神健康医疗机构。最近有一些关于机构的投诉，管理员希望使用帕累托图进行调查。当患者或其亲属对某项服务不满时，他会被要求填写一份投诉表。表 19-3 是过去 12 个月接获的投诉表摘要。绘制帕累托图，你会建议管理员首先处理哪些投诉以取得最大的进步？

表 19-3　投诉表

投诉事项	数量	投诉事项	数量
无所事事	45	条件脏乱	63
员工护理欠佳	71	食品质量差	84
用药错误	2	员工缺乏尊重	35

19.4　质量控制图的目的和类型

控制图识别了可控的变化或变化的原因进入过程的时间。例如，惠灵公司（Wheeling Company）为较老的房屋更换具有乙烯基涂层的铝窗户。乙烯基涂层的厚度必须在某些极差之间。如果涂层太厚，将导致窗户堵塞；如果涂层太薄，窗口将不能被正确密封。确定在每个窗户上放置多少涂料的机械装置会发生磨损，因此，在装置运作过程中会产生变化。控制图有利于检测工艺条件的变化，其中很重要的一点是要知道变化何时发生，这样才能在产生大量不可使用的窗户之前识别并纠正原因。

控制图类似于棒球比赛中的计分板。通过看计分板，球迷、教练和球员可以知道哪支球队将赢得比赛。然而，计分板对比赛的输赢没有任何影响，控制图也有类似的功能。这些图表能够给工人、组长、质量控制工程师、生产主管和管理人员说明零件的生产或服务是可控的还是失控的。如果生产"失控"，则控制图将无法确定具体失控情况，因为它只是一张上面有数字和点的纸。负责人必须调整制造零件的机器或采取使生产恢复"受控"的必要措施。

控制图有两种类型。**可变控制图**（variable control chart）描绘了测量结果，例如容量为两升的瓶子中的可乐含量或一根管子的外径，可变控制图需要进行定距或定比尺度的测量。**属性控制图**（attribute control chart）将产品或服务分为合格和不合格两类，属于定类尺度的测量，比如：驻扎在勒琼营的海军陆战队队员被要求对所提供的食物进行可接受或不可接受的评价；银行贷款要么被偿还，要么被拖欠。

19.4.1 计量值控制图

为了探究变量的控制图，我们将运用在第 8 章中讨论的与中心极限定理有关的抽样理论。假设在生产过程中每小时抽取 5 个样本，并计算每个样本的均值。样本均值是 $\bar{x}_1$、$\bar{x}_2$、$\bar{x}_3$……这些样本均值的平均值表示为 $\bar{\bar{x}}$，我们用 k 表示样本均值的数量。总体或总体均值可以通过以下方式找到：

$$\text{总体均值} \quad \bar{\bar{x}} = \frac{\sum \text{样本均值}}{\text{样本均值数}} = \frac{\sum \bar{x}}{k} \qquad (19\text{-}1)$$

样本均值分布的标准误差用 $s_{\bar{x}}$ 表示。它是由下式得出的：

$$\text{标准误差} \quad s_{\bar{x}} = \frac{s}{\sqrt{n}} \qquad (19\text{-}2)$$

这些关系使我们能够建立样本均值的极差，以显示在给定的样本大小下可以期望多少变差，这些预期极差被称为**控制上限**（upper control limit，UCL）和**控制下限**（lower control limit，LCL）。一个例子将说明控制极差的使用以及如何确定这些极差。

例 19-2 统计软件公司（Statistical Software Inc.）提供了一个免费电话号码，客户可以在每天 7 点到 22 点之间拨打涉及其产品使用问题的电话。要让每一个电话都有一个技术代表立即回复是不可能的。公司知道等待时间的长短会影响客户对服务质量的感知，为了了解它的服务呼叫过程，统计软件公司决定开发一个控制图表，描述从接到呼叫到代表接听呼叫并解决呼叫者提出的问题的总时间。昨天，在 16 个小时的运营中，每小时抽取 5 个电话，记录下解决客户问题的总时间（以分钟为单位），这一资料报告如表 19-4 所示。

表 19-4　呼叫时间统计

时间	采样号				
	1	2	3	4	5
7 点	8	9	15	4	11
8 点	7	10	7	6	8
9 点	11	12	10	9	10
10 点	12	8	6	9	12
11 点	11	10	6	14	11
12 点	7	7	10	4	11
13 点	10	7	4	10	10
14 点	8	11	11	7	7
15 点	8	11	8	14	12
16 点	12	9	12	17	11

(续)

时间	采样号				
	1	2	3	4	5
17点	7	7	9	17	13
18点	9	9	4	4	11
19点	10	12	12	12	12
20点	8	11	9	6	8
21点	10	13	9	4	9
22点	9	11	8	5	11

根据这些信息，为通话的平均持续时间绘制一个控制图。通话时间是否有规律、是否存在客户等待的时间比其他人长的现象？

解析 平均值图表有两个限制：一个控制上限（UCL）和一个控制下限（LCL）。控制上下限的计算方法如下：

控制平均值的界限 $\quad UCL = \bar{\bar{x}} + 3\dfrac{s}{\sqrt{n}}$，$LCL = \bar{\bar{x}} - 3\dfrac{s}{\sqrt{n}}$ （19-3）

式中 s——总体标准偏差 σ 的估计值。

请注意，在计算上下控制极限时涉及数字3，它代表了99.74%的置信度，这个界限通常被称为 3σ 的界限。但是，也可以使用其他级别的置信度（比如90%或95%）。

这个应用程序是在计算机广泛使用之前开发的，计算标准差是困难的。与其从每个样本中计算标准偏差作为变异的度量，不如使用极差更容易。对于固定大小的样本，其极差与标准差之间存在常数关系，因此我们可以使用以下公式来确定均值的99.74%控制限。可以证明，式（19-3）中的项 $3(s/\sqrt{n})$ 与下式中的 $A_2\bar{R}$ 等价。

均值的控制极限 $\quad UCL = \bar{\bar{x}} + A_2\bar{R}$，$LCL = \bar{\bar{x}} - A_2\bar{R}$ （19-4）

式中 A_2——常数，用于计算上下控制限，基于平均极差 $\bar{R}$ 计算得出。不同样本量的因素见附录B.10。附录B.10的一部分如表19-5所示（注：表19-5中 n 为样本项数）。为了找到这个问题的 A_2 因子，在左侧空白中找到 n 的样本容量5，然后水平移动到 A_2 列，读取因子，它是0.577。

$\bar{\bar{x}}$——样本均值的平均值，由 $\sum \bar{x}/k$ 计算得出，其中 k 是所选样本数。在这个问题中，在16个小时中，每小时取5个观察值的样本，所以 $k=16$。

$\bar{R}$——样品极差的平均值，即 $\sum R/k$。极差是每个样本中最大值和最小值之间的差，表示在特定样本中的波动程度（见表19-6）。

表19-5 计算结果

n	A_2	d_2	D_3	D_4
2	1.880	1.128	0	3.267
3	1.023	1.693	0	2.575
4	0.729	2.059	0	2.282
5	0.577	2.326	0	2.115
6	0.483	2.534	0	2.004

表 19-6 统计软件公司呼叫持续时间数据

时间	1	2	3	4	5	均值	极差
7 点	8	9	15	4	11	9.4	11
8 点	7	10	7	6	8	7.6	4
9 点	11	12	10	9	10	10.4	3
10 点	12	8	6	9	12	9.4	6
11 点	11	10	6	14	11	10.4	8
12 点	7	7	10	4	11	7.8	7
13 点	10	7	4	10	10	8.2	6
14 点	8	11	11	7	7	8.8	4
15 点	8	11	8	14	12	10.6	6
16 点	12	9	12	17	11	12.2	8
17 点	7	7	9	17	13	10.6	10
18 点	9	9	4	4	11	7.4	7
19 点	10	12	12	12	12	11.6	2
20 点	8	11	9	6	8	8.4	5
21 点	10	13	9	4	9	9	9
22 点	9	11	8	5	11	8.8	6
总计						150.6	102

图表的均值 $\bar{\bar{x}}$ 为 9.413(=150.6/16) 分钟,极差的均值 $\bar{R}$ 是 6.375(=102/16) 分钟。因此,均值图的控制上限为:

$$\text{UCL} = \bar{\bar{x}} + A_2\bar{R} = 9.413 + 0.577 \times 6.375 = 13.091$$

均值图的控制下限为:

$$\text{LCL} = \bar{\bar{x}} - A_2\bar{R} = 9.413 - 0.577 \times 6.375 = 5.735$$

$\bar{\bar{x}}$、UCL、LCL 和样本均值如图 19-4 所示。均值 $\bar{\bar{x}}$ 为 9.413 分钟,控制上限为 13.091 分钟,控制下限为 5.735 分钟。通话时间有所不同,但所有采样均值均在控制极差内。因此,基于 5 个通话的 16 个样本,我们得出结论:5 个通话时长的样本的平均值有 99.74% 的时间介于 5.735 分钟和 13.091 分钟之间。

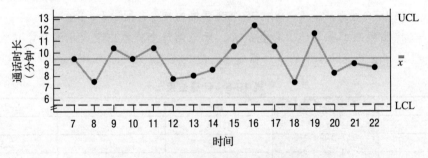

图 19-4 统计软件公司的平均通话时长控制图

因为统计理论是基于大样本的正态性,所以控制图应该基于一个稳定的过程,也就是一个长时间的大样本。在实际使用控制图之前,至少需要收集 25 个样本来确定控制图的界限。

◆ **实践中的统计学**

控制图被用来帮助定罪谁贿赂了球员输球。均值和极差图显示了不寻常的投注模式，一些参赛者在进行某些投注时实际收益没有预期的多。一位质量控制专家能够识别可分配变异停止的时间，检察官能够将这些时间与逮捕嫌疑人联系起来。

19.4.2 极差图

除了样本的中心位置，我们还必须监测样本之间的变化量。极差图显示了样本极差的变化。如果代表极差的点落在上限和下限之间，则可认为该操作处于受控状态。根据概率，样本极差的1 000次中有997次在这个限制内。如果极差超过了限制，则需要对过程进行调整。为什么我们不那么关心极差的下限控制呢？对于小样本，下限通常为0。实际上，对于任何6个或更少的样本，控制下限是0。如果极差为0，那么逻辑上所有部分都是相同的，样本内不存在可变性问题。

根据以下方程式确定极差图的控制上下限。

$$\text{极差控制} \quad \text{UCL} = D_4 \bar{R} \quad \text{LCL} = D_3 \bar{R} \quad (19\text{-}5)$$

附录B.10的表中列出了D_3和D_4的值，这些值反映了各种样本量的通常3σ（标准差）限值。

例19-3 表19-6中记录了统计软件公司从接听客户电话到技术代表回答问题或解决问题的时长。绘制极差的控制图。在操作中是否会出现太多的变化？

解析 第一步是找到样本极差的平均值。上午7点采样的5个呼叫的极差是11分钟，从该时段中选择的最长通话时长为15分钟，最短为4分钟，长度的差异是11分钟。在上午8点，极差是4分钟。16个极差的总和为102分钟，由$\bar{R} = 102/16$得，平均极差是6.375分钟。参考附录B.10的部分表，D_3和D_4分别为0和2.115，控制下限和上限分别为0和13.483。

$$\text{UCL} = D_4 \bar{R} = 2.115 \times 6.375 = 13.483$$
$$\text{LCL} = D_3 \bar{R} = 0 \times 6.375 = 0$$

图19-5绘制了16个样本极差的极差图，该图显示所有极差都在控制极差内。因此，我们得出结论，服务客户电话的时间变化在正常极差内，即"处于控制之中"。当然，我们应该根据一组数据来确定控制限制，然后应用它们来评估未来的数据。

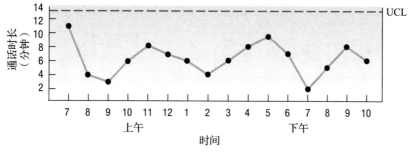

图19-5 极差图

统计软件可计算所有统计数据并绘制控制图。图19-6是Minitab软件的分析结果，显示了平均值和极差情况。

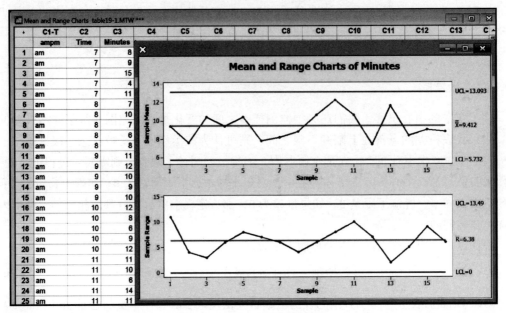

图 19-6　平均值和极差情况

19.5　在控制和失控的情况下

图 19-7～图 19-9 是自控过程和失控过程的 3 个插图。

（1）均值图和极差图共同表明，整个过程处于控制之中。注意，样本均值和样本极差都聚集在靠近中心线的地方。有些在中心线之上，有些在中心线之下，表明这个过程是相当稳定的。也就是说，没有明显的趋势，极差也没有变动到失控的区域。

（2）样本均值在控制极差内，但后两个样本的极差不受控制，这表明样本中存在相当大的差异。有些样本极差较大；有些样本极差则较小。在这个过程中进行调整可能是必要的。

（3）第一个样本的均值是可控的，但是 UCL 有上升趋势，最后两个样本均值失去控制，在这个过程中需要进行调整。

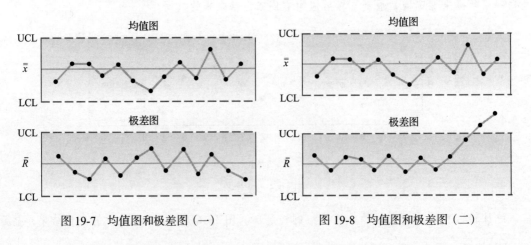

图 19-7　均值图和极差图（一）　　　　图 19-8　均值图和极差图（二）

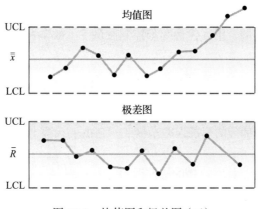

图 19-9 均值图和极差图（三）

上面的均值图是提供一些额外信息的控制图的一个例子。注意观察最后 5 个均值的方向，它们都在 $\bar{x}$ 之上并不断增加，实际上，最后 2 个均值已失控。在连续 6 次观察中，样本均值不断增加的事实是非常不可能的，这是过程失去控制的另一个迹象。

自测 19-2

某河畔城的经理在某一天的 3 个小时内随机挑选 4 名顾客，挑选时间为上午 9 点、上午 10 点和上午 11 点。她根据从订单输入到订单交付的时间（以分钟为单位）来选定客户。结果如表 19-7 所示。

表 19-7 订单交付时间

时间	采样时间（分钟）			
	1	2	3	4
上午 9 点	1	4	5	2
上午 10 点	2	3	2	1
上午 11 点	1	7	3	5

（1）计算平均使用时间及极差，确定均值和极差的控制极差，并创建控制图。
（2）测量是否在控制极差内？解释图表。

19.6 计数值控制图

通常我们收集的数据是计数而不是测量的结果，也就是说我们需要观察某些属性的存在性。例如，一瓶洗发水上的螺旋盖要么恰好装在瓶子上，使得洗发水不泄漏（"可接受"的条件），或者不密封并导致泄漏（"不可接受"的条件）；银行贷款客户的贷款偿还或不偿还。在其他情况下，我们会对样本中的缺陷数量感兴趣。英国航空公司可能会计算每天晚点到达伦敦盖特威克机场的航班数量。在本节中，我们讨论两种类型的属性图：p 图（缺陷比例）和 c 柱图（单位缺陷数）。

19.6.1 p 图

如果记录的项目是不合格零件在较大批次零件中所占的比例，则适当的控制图是 p 图

(p-chart)。这个图是基于第 6 章讨论的二项分布和第 15 章讨论的比例而绘制的。中心线在 p 点,表示缺陷的平均比例。用 p 代替变量控制图的 $\bar{x}$。缺陷的平均比例可通过以下方程式得出:

$$\text{平均缺陷比例} \quad p = \frac{\text{缺陷总数}}{\text{采样总数}} \quad (19\text{-}6)$$

样本比例的变化用某部分的标准误差来描述,它由下式得出:

$$\text{样本比例的标准误差} \quad s_p = \sqrt{\frac{p(1-p)}{n}} \quad (19\text{-}7)$$

因此,将控制上限(UCL)和控制下限(LCL)计算为缺陷的平均比例,加上或减去比例标准误差的 3 倍。比例控制限值公式为

$$\text{比例控制限值} \quad \text{LCL, UCL} = p \pm 3\sqrt{\frac{p(1-p)}{n}} \quad (19\text{-}8)$$

例 19-4 将详细说明计算结果和结论。

例 19-4 泽西玻璃公司生产小型镜子,这家公司在工作日实行白天和晚上轮班。质保部在白班和晚班分别对镜子的质量进行监控。质量检查人员每 4 个小时随机选择 50 面镜子进行细致检查。每面镜子都被分为合格或不合格。最后,质量检查人员会计算样品中不符合质量规格的镜子的数量。表 19-8 列出了过去 10 个工作日中这些检查的结果。

表 19-8 检查结果

日期	样本数	瑕疵品	日期	样本数	瑕疵品
10 月 10 日	50	1	10 月 17 日	50	7
	50	0		50	9
	50	9		50	0
	50	9		50	8
10 月 11 日	50	4	10 月 18 日	50	6
	50	4		50	9
	50	5		50	6
	50	3		50	1
10 月 12 日	50	9	10 月 19 日	50	4
	50	3		50	5
	50	10		50	2
	50	2		50	5
10 月 13 日	50	2	10 月 20 日	50	0
	50	4		50	0
	50	9		50	4
	50	4		50	7
10 月 14 日	50	6	10 月 21 日	50	5
	50	9		50	1
	50	2		50	9
	50	4		50	9

为这个过程构造一个 p 图。控制的上限和下限是什么？解释结果，并说明在此期间流程是否出现失控？

解析 第一步是确定有缺陷的总比例。可使用式（19-6）。

$$p = \frac{\text{瑕疵总数}}{\text{采样总数}} = \frac{196}{2\,000} = 0.098$$

所以可以估计在此期间生产的镜子中有 9.8% 不符合规格（见表 19-9）。

表 19-9 统计信息表

日期	样本数	瑕疵品	瑕疵比例	日期	样本数	瑕疵品	瑕疵比例
10月10日	50	1	0.02	10月17日	50	7	0.14
	50	0	0.00		50	9	0.18
	50	9	0.18		50	0	0.00
	50	9	0.18		50	8	0.16
10月11日	50	4	0.08	10月18日	50	6	0.12
	50	4	0.08		50	9	0.18
	50	5	0.10		50	6	0.12
	50	3	0.06		50	1	0.02
10月12日	50	9	0.18	10月19日	50	4	0.08
	50	3	0.06		50	5	0.10
	50	10	0.20		50	2	0.04
	50	2	0.04		50	5	0.10
10月13日	50	2	0.04	10月20日	50	0	0.00
	50	4	0.08		50	0	0.00
	50	9	0.18		50	4	0.08
	50	4	0.08		50	7	0.14
10月14日	50	6	0.12	10月21日	50	5	0.10
	50	9	0.18		50	1	0.02
	50	2	0.04		50	9	0.18
	50	4	0.08		50	9	0.18
				总计	2 000	196	

控制上下限由式（19-8）计算得出：

$$\text{LCL, UCL} = p \pm 3\sqrt{\frac{p(1-p)}{n}} = 0.098 \pm 3\sqrt{\frac{0.098(1-0.098)}{50}} = 0.098 \pm 0.126\,1$$

根据以上计算，由 0.098+0.126 1 可知，控制上限为 0.224 1，控制下限为 0，因为虽然公式计算出下限为 0.098−0.126 1 = −0.028 1，但不可能出现负比例瑕疵，因此最小值为 0。我们将控制限制设置为 0 和 0.224 1，任何超出这些限制的样品都表明工艺的质量水平发生了变化。图 19-10 总结了 Minitab 软件的输出结果。

建立限制值后，将在下一周（五天，每天两班）对过程进行监控。结果如表 19-10 所示。

该过程有两次失控，分别在 10 月 24 日（瑕疵比例为 0.26）和 10 月 27 日（瑕疵比例为 0.24）。质量检查人员应将此信息报告给生产部门，以采取适当的措施。Minitab 输出结果如图 19-11 所示。

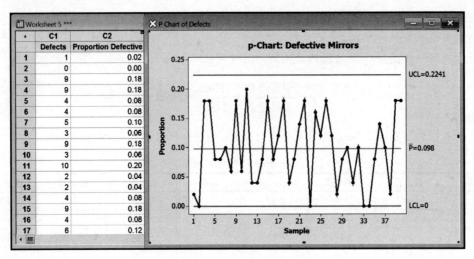

图 19-10 泽西玻璃公司的 p 图

表 19-10 质量检查结果

日期	样本数	瑕疵品	瑕疵比例	日期	样本数	瑕疵品	瑕疵比例
10月24日	50	1	0.02	10月26日	50	8	0.16
	50	13	0.26		50	4	0.08
	50	10	0.20	10月27日	50	2	0.04
	50	7	0.14		50	1	0.02
10月25日	50	4	0.08		50	7	0.14
	50	5	0.10		50	12	0.24
	50	6	0.12	10月28日	50	5	0.10
	50	10	0.20		50	5	0.10
10月26日	50	6	0.12		50	10	0.20
	50	1	0.02		50	9	0.18

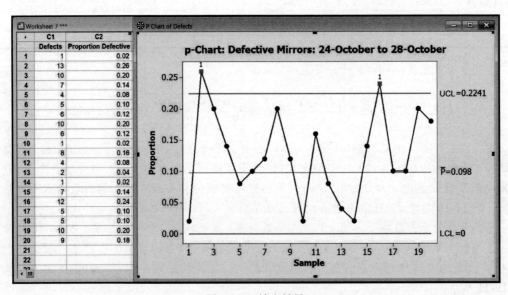

图 19-11 输出结果

19.6.2 c 图

c 图基于第 6 章讨论的泊松分布,绘制了每个单元的缺陷或故障的数量。蓝天航空公司可能会用 c 图来监测飞机上错误处理行李的数量,"单元"是航班。在大多数航班上,没有行李被错误处理,错误处理的情况可能只有一两种,依此类推。美国国税局可能会对每份纳税申报单的计算错误数量进行计数并开发一个控制图表,大多数返回的申报值不会有任何错误,有些申报值会有一两个错误。我们设 $\bar{c}$ 为单位缺陷的平均数量。回顾第 6 章,泊松分布的标准差是均值的平方根。因此,我们可以通过以下方法确定 c 图上的 3σ(即 99.74%)限制:

$$\text{控制每个部件的缺陷数量} \quad \text{LCL, UCL} = \bar{c} \pm 3\sqrt{\bar{c}} \qquad (19\text{-}9)$$

例 19-5 《奥克港每日电讯报》的发行人很关注日报中单词拼写错误的数量,为了控制这类问题,促进正确拼写,他使用控制图来分析、解决问题。在最近 10 天的最终版本中,发现拼写错误的单词数量为 5、6、3、0、4、5、1、2、7 和 4。确定适当的控制极限并解释图表。在此期间,是否有拼写错误的单词数量失控的情况存在?

解析 在这 10 天的调查中,总共出现了 37 个拼写错误,每版平均错别字数为 3.7 个。每个版本拼写错误的单词数量遵循泊松分布,标准差是均值的平方根。

$$\bar{c} = \frac{\sum x}{n} = \frac{5+6+\cdots+4}{10} = \frac{37}{10} = 3.7$$
$$s = \sqrt{\bar{c}} = \sqrt{3.7} = 1.924$$

为了找到控制上限,我们使用式(19-9),控制下限为零。

$$\text{UCL} = \bar{c} + 3\sqrt{\bar{c}} = 3.7 + 3\sqrt{3.7} = 3.7 + 5.77 = 9.47$$

计算出的控制下限为 3.7-3×1.924=-2.07,但由于拼写错误的单词数量不能小于 0,故取 0 为控制下限,控制上限为 9.47。将每个数据点与 9.47 的值进行比较时,可以看到它们都小于控制上限,表明拼写错误的单词数量是"可控制的"。当然,报纸将努力避免拼写错误,控制图表技术提供了一种跟踪每日结果并确定是否发生变化的方法。例如,如果雇用了新的校对员,则可以将她的工作与其他人进行比较。图 19-12 显示了 Minitab 软件的输出结果。

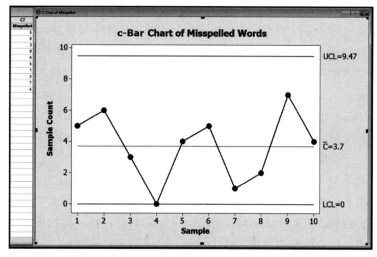

图 19-12 《奥克港每日电讯报》中单词拼写错误的 c 图

自测 19-3

某公司生产汽车电池,在每个班次结束时,质量保证部门都会选择一个电池样本并进行测试。在过去的 12 个班次中发现的有缺陷的电池的数量是 2、1、0、2、1、1、7、1、1、2、6 和 1。为该过程绘制一个控制图,并判断过程是否处于控制之中。

19.7 验收抽样

上一节是关于产品在生产过程中如何保证质量的内容。在许多业务场合中,我们还担心购进的货物的质量。以下情况有什么共同点?

- 模拟人生软件公司从 DVD 出版者处购买 DVD。通常购买 100 000 张 DVD,每 1 000 张包装一次。公司总裁并不指望每张 DVD 都是完美的,他已经同意接受 1 000 张有 10% 的瑕疵产品。他想制订一个计划来检验所有的批次,以确保质量标准得到满足。检验程序的目的是把合格的批次和不合格的批次分开。
- 泽尼机公司从博诺电子设备公司购买磁控管以用于新的微波炉。10 000 件磁控管将被运往泽尼机公司,泽尼机公司购入的磁控管中不允许超过 5% 的磁控管有瑕疵。它想要制订一个抽样计划来确定哪些批次符合标准,哪些不符合标准。
- 通用汽车从许多供应商那里购买挡风玻璃。通用汽车每批购进 1 000 个挡风玻璃,并愿意接受每批 50 个或更少的瑕疵,即 5% 的瑕疵比例。它想开发一种抽样程序来验证进口货物是否符合标准。

在这些情况下,需要使用通用线程来验证传入的产品是否符合规定的要求。这种情况可以比作一个纱窗,它允许温暖的夏季空气进入房间,同时防止虫子进入。验收抽样让可接受的质量批次进入生产区域,并筛选出不可接受的批次。

当然,现代商业的情况更为复杂。买方不愿意接收低于质量标准的货物,防止劣质品的最好办法是进行 100% 的检验。不幸的是,100% 的检验的成本往往令人望而却步,检查每个项目的另一个问题是测试可能具有破坏性。如果所有的灯泡在装运前都要经过测试,直到烧坏为止,那么就没有灯泡可以卖了。此外,100% 的检验可能不能识别出所有的瑕疵,因为重复的无聊检验可能造成部分检验人员的知觉丧失。因此,实际中很少使用完全检验。

我们使用统计抽样调查评估来料的质量。根据规定,从 N 个单位中随机抽取一个 n 个单位的样本,叫作**验收抽样**(acceptance sampling),验收抽样需要确定样本中的瑕疵品的数量,并将这个数字与一个预先确定的数字 [**临界数**(the critical number)或**验收数**(the acceptance number)] 进行比较。如果含 n 个单位的样本中的瑕疵品数量小于或等于 c,则该批货物被接受。如果瑕疵品数量超过 c,则该批货物被拒绝,并且退给供应商,或者进行 100% 的检验。

验收抽样是一个决策过程,有两种可能的结果:接受或拒绝该批次。另外,批次有两种情况:批次好或批次坏,这些都是原始状态。样品检验能够显示批次货的好坏,因此可以利用抽样调查来做出正确的决策。然而,还有另外两种可能:批次实际上可能包含更多的瑕疵,但是它被接受了,这被称为**消费者风险**(consumer's risk)。同样,批次可能在约定的极差内,但在抽检时被拒收,这被称为**生产者风险**(producer's risk)。下面的接受决策汇总表显示了这些可能性(见表 19-11)。

注意，此讨论与第 10 章讨论的第一类和第二类错误的思想非常相似。

为了评估抽样计划并使得它对生产者和消费者都是公平的，通常的程序是绘制一条**操作特性曲线**（operating characteristic curve），或称 OC 曲线（OC curve）。操作特性曲线的横轴表示瑕疵品的百分比，纵轴表示接受该瑕疵百分比的概率。通常绘制一条光滑的曲线，连接所有可能的质量级别。利用二项分布构造操作特性曲线的概率。

表 19-11 决策汇总表

决策	原始状态	
	良好批次	不良批次
接受批次	调整	消费者风险
拒收批次	生产者风险	调整

例 19-6 如前所述，模拟人生软件公司从 DVD 出版者处购买 DVD。DVD 每包 1 000 张。模拟人生软件公司总裁托德·西姆斯已同意接受缺陷 DVD 率为 10% 或更少。托德指示检查部门从 20 张 DVD 中随机抽取样本，并仔细检查它们。如果样品中有两个或更少的瑕疵，他将接受该批货。为这个检查计划准备一条 OC 曲线。接受有 10% 瑕疵产品的概率是多少？

解析 这种类型的抽样被称为**属性抽样**（attribute sampling），因为被抽样的项目（在本例中为 DVD）可划分为可接受或不可接受。在 DVD 上存在没有读取或读取两种情况。设 π 表示总体中瑕疵的实际比例。

如果 $\pi \leq 0.10$，这些都是好的。

如果 $\pi > 0.10$，这些都是有缺陷的。

设 x 为样本中缺陷的数量。决策规则是：

如果 $x \leq 2$，接受该批次。

如果 $x \geq 3$，则拒绝该批次。

可接受的批次是指含有 10% 或更少瑕疵的 DVD。如果批次的瑕疵百分比恰好为 10% 时是可接受的，如果它包含少于 10% 的瑕疵品，那将更好。因此，通常的做法是使用瑕疵百分比的上限。

利用二项分布计算 OC 曲线上的各种值。回想一下，要使用二项式，有以下 4 个条件。

（1）只有两种可能的结果：DVD 要么是可以接受的，要么是不可接受的。

（2）试验的次数是固定的：试验次数为 20 个样本量。

（3）成功的概率是恒定的：成功发现有瑕疵的 DVD，成功的概率被假定为 0.10。

（4）试验是独立的：随机选择的第三张 DVD 有瑕疵的概率和随机选择的第四张 DVD 上有瑕疵的概率不会互相影响。

附录 B.1 给出了各种二项概率。但是，附录 B.1 中表中的 n 最大值为 15。在这个问题中 $n = 20$，所以我们将使用 Excel 来计算各种二项概率，图 19-13 显示了 $n = 20$ 时的二项概率，即当 $\pi = 0.05$、0.10、0.15、0.20、0.25 和 0.30 时。

首先需要将第 6 章中使用的术语转换为验收抽样词汇。记 π 为发现瑕疵的概率，c 代表可接受的瑕疵品数量，n 代表抽样项目的数量。在这种情况下，最多允许两个瑕疵，所以 $c = 2$。这意味着当 20 个样本中的 0 个、1 个或 2 个有瑕疵时，仍然接受进口的 DVD。

然后，我们确定接受 5% 瑕疵的批次的可能性。这意味着 $\pi = 0.05$，$c = 2$ 和 $n = 20$。从 Excel 的输出结果可知，从包含 5% 瑕疵的货物中选择 20 个样品并发现 0 个瑕疵的可能性是 0.358。找到一个瑕疵的概率是 0.377，找到两个瑕疵的概率是 0.189。因此，2 个或更少瑕疵的可能性为 0.924(=0.358 + 0.377 + 0.189)。通常用以下简写形式表示此结果（请注意，符号

"|"表示"给定")。

	A	B	C	D	E	F	G	H
1					Incoming Lot Fraction Defective			
2								
3								
4					Probability			
5		Number of Defects	0.05	0.10	0.15	0.20	0.25	0.30
6		0	0.358	0.122	0.039	0.012	0.003	0.001
7		1	0.377	0.270	0.137	0.058	0.021	0.007
8		2	0.189	0.285	0.229	0.137	0.067	0.028
9		3	0.060	0.190	0.243	0.205	0.134	0.072
10		4	0.013	0.090	0.182	0.218	0.190	0.130
11		5	0.002	0.032	0.103	0.175	0.202	0.179
12		6	0.000	0.009	0.045	0.109	0.169	0.192
13		7	0.000	0.002	0.016	0.055	0.112	0.164
14		8	0.000	0.000	0.005	0.022	0.061	0.114
15		9	0.000	0.000	0.001	0.007	0.027	0.065
16		10	0.000	0.000	0.000	0.002	0.010	0.031
17		11	0.000	0.000	0.000	0.000	0.003	0.012
18		12	0.000	0.000	0.000	0.000	0.001	0.004
19		13	0.000	0.000	0.000	0.000	0.000	0.001
20		14	0.000	0.000	0.000	0.000	0.000	0.000
21		⁝	⁝	⁝	⁝	⁝	⁝	⁝
22		20	0.000	0.000	0.000	0.000	0.000	0.000
23									

图 19-13 输出结果

$$P(x \leq 2 \mid \pi = 0.05, n = 20) = 0.358 + 0.377 + 0.189 = 0.924$$

由下式可得接受实际上有 10% 不合格率的产品的概率是 0.677：

$$P(x \leq 2 \mid \pi = 0.10, n = 20) = 0.122 + 0.270 + 0.285 = 0.677$$

图 19-14 中的完整 OC 曲线显示了 π 的所有值（介于 0 和大约 30% 之间）的平滑曲线。此图无须显示大于 30% 的值，因为它们的概率非常接近 0。图 19-14 中右侧的表格表示的是接受大量不合格质量水平的可能性。有了 OC 曲线，模拟人生软件公司的管理人员将能够快速地评估各种质量水平的概率。

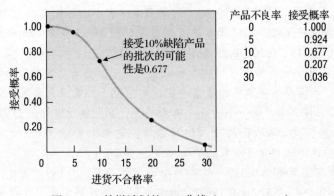

图 19-14 抽样计划的 OC 曲线（$n = 20$，$c = 2$）

自测 19-4

使用模拟人生软件公司的抽样计划,计算接受大量实际上有 30% 缺陷的 DVD 的概率。

章节摘要

1. 统计质量控制的目的是在开发产品或服务时监视其质量。
2. 帕累托图是一种计算产品或服务中发生的缺陷的数量和类型的技术。
   (1) 这个图是以意大利科学家维尔弗雷多·帕累托的名字命名的。
   (2) 该图的概念是 80% 的问题是由 20% 的因素引起的。
3. 鱼骨图强调了可能产生特定效果的问题原因之间的关系。
   (1) 它也被称为因果图。
   (2) 通常需要考虑 4 个层面的问题:方法、材料、设备和人员。
4. 控制图的目的是用图形的方式监控产品或服务的质量。
   (1) 有两种类型的控制图表。
      1) 可变控制图是测量的结果。
      2) 属性图显示产品或服务是否可接受。
   (2) 产品或服务质量的变化有两个来源。
      1) 偶然变异在本质上是随机的,不能被控制或消除。
      2) 可控的变化不是由于随机原因产生的,可以消除。
   (3) 本章考虑了 4 个控制图。
      1) 均值图表示变量的均值,极差图表示变量的极差。
         ①控制上限和下限被设定为与平均值正负 3 个标准误差。
         ②均值的上下控制限的公式为

$$\text{UCL} = \bar{\bar{x}} + A_2 \bar{R}$$

$$\text{LCL} = \bar{\bar{x}} - A_2 \bar{R} \tag{19-4}$$

         ③极差的上下控制限的公式为

$$\text{UCL} = D_4 \bar{R}$$

$$\text{LCL} = D_3 \bar{R} \tag{19-5}$$

      2) p 图是一种属性图,显示了不符合标准的产品或服务的比例。
         ①发现瑕疵的平均比例为

$$p = \frac{缺陷总数}{采样总数} \tag{19-6}$$

         ②由该方程确定了瑕疵比例的控制极限:

$$\text{LCL, UCL} = p \pm 3\sqrt{\frac{p(1-p)}{n}} \tag{19-8}$$

      3) c 图是指每个单元的缺陷数量。
         ①它基于泊松分布而绘制。
         ②每个单元的平均瑕疵数是 $\bar{c}$。
         ③控制极限由下式确定:

$$\text{LCL, UCL} = \bar{c} \pm 3\sqrt{\bar{c}} \tag{19-9}$$

5. 验收抽样是一种方法，用来确定进样产品是否符合规定的标准。
   （1）它基于随机抽样技术。
   （2）从 N 个单位的总体中选择一个 n 个单位的随机样本。
   （3）c 是在 n 的样品中发现的最大瑕疵数，该批次仍然被认为是可接受的。
   （4）利用二项分布建立了一个 OC（操作特性）曲线，以确定接受许多不同质量水平的概率。

章节练习

1. 汤姆·夏基是汽车公司的负责人。年初，汤姆制订了一个客户意见计划，以寻找改善服务的方法。服务完成后的第二天，汤姆的行政助理会打电话给客户，询问服务是否令人满意，以及如何改进服务。表 19-12 是前 6 个月的投诉摘要，通过制作一个帕累托图，说明汤姆应该如何优先处理投诉以提高服务质量。

表 19-12　服务调查表

投诉	数量
问题未解决	38
发票出现错误	8
气氛不和谐	12
价格过高	23
等待服务时间太久	10

2. 描述可控变差与机会变差之间的区别。
3. 从生产线中选择 $n=4$ 的样品。
   （1）用于确定均值上下限的 A_2 因子的值是多少？
   （2）用于确定极差下限和上限的 D_3 和 D_4 因子的值是多少？
4. 皮亚特面包店刚安装了一台新的工业烤箱。为了研究烤箱温度，从早上 8 点开始，检查员每半小时读取烤箱内 4 个不同地方的温度。最后一次读数是在上午 10:30，共有 6 个样本。早上 8 点的第一次读数是华氏 340 度（为了便于计算，表 19-13 只给出了最后两位数字）。

表 19-13　温度信息

时间	读数			
	1	2	3	4
上午 8:00	40	50	55	39
上午 8:30	44	42	38	38
上午 9:00	41	45	47	43
上午 9:30	39	39	41	41
上午 10:00	37	42	46	41
上午 10:30	39	40	39	40

（1）根据最初的经验，确定平均温度的控制限值、总体均值，并将结果绘制在控制图上。
（2）解释图表并判断是否会有温度失控的时候。

5. 图 19-15 是一个生产过程的 p 图。
   （1）不良品的平均比例是多少？控制上限和下限是多少？
   （2）是否有任何样本观察表明该过程失控？它们是哪个样品号？
   （3）在这个过程中有什么趋势吗？也就是说，这个过程看起来是在变好、变坏，还是保持不变？

6. 一个自行车制造商每天随机选择 10 个车架并测试其是否有缺陷。在过去 14 天内

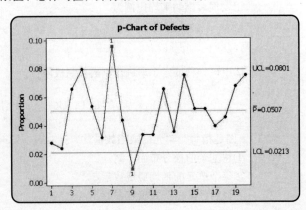

图 19-15　p 图

发现的缺陷框架数量为 3、2、1、3、2、2、8、2、0、3、5、2、0、4。为该过程建立控制图，并分析该过程是否处于控制之中。

7. 山姆超市通过随机检查收据的扫描错误来监控结账扫描器。10月27日，他们记录了每张收据上扫描错误的数量：0、1、1、0、0、1、1、0。为这个过程绘制一个控制图，并评论该过程是否处于控制之中。
8. 使用大小为12的样本和接受数为2的样本，确定接受10%、20%、30%和40%有效批次的概率。
9. 某公司为许多客户制造保险丝。为保证出厂产品的质量，每小时测试10个保险丝。如果被测试的保险丝没有一个是有瑕疵的，它将被包装并准备装运。为抽样计划绘制操作特性曲线，计算接受10%、20%、30%和40%瑕疵批次的概率，并用4个质量等级绘制抽样计划的操作特性曲线。
10. 某公司的生产主管注意到，在最终检查时被淘汰的电动机数量有所增加。在最后淘汰的200台电动机中，有80项瑕疵是接线不良引起的，有60项是线圈短路引起的，有50项是插头有瑕疵，有10项是其他瑕疵。绘制帕累托图以显示主要问题区域。
11. 在拉姆西式老式烤牛肉店里，可乐饮料是由一台自动机器灌装的，它的操作是由装满可乐的杯子的重量来决定的。当过程处于受控状态时，机器将每个杯子装满，以使5个样本的均值为10.0盎司，均值极差为0.25。

    （1）确定过程的上下限控制极差，包括均值和极差。

    （2）I-280店的经理对前一小时提供的5杯可乐进行了测试，发现均值为10.16盎司，极差为0.35盎司。该过程是否受到控制？是否应该采取其他措施？

12. 作为其检查过程的一部分，某轮胎公司在模拟道路条件下测试轮胎胎面磨损情况。在过去的一个月里，分别从不同班次抽取了3种轮胎的20个样品。表19-14以1/100英寸为单位报告了轮胎胎面磨损情况。

表19-14　轮胎胎面磨损情况

样品	胎面磨损			样品	胎面磨损		
1	44	41	19	11	11	33	34
2	39	31	21	12	51	34	39
3	38	16	25	13	30	16	30
4	20	33	26	14	22	21	35
5	34	33	36	15	11	28	38
6	28	23	39	16	49	25	36
7	40	15	34	17	20	31	33
8	36	36	34	18	26	18	36
9	32	29	30	19	26	47	26
10	29	38	34	20	34	29	32

（1）确定均值和极差的控制极限。

（2）绘制胎面磨损均值和极差的控制极限。

（3）均值或极差图上是否存在"失控"的点？就图表发表评论。

13. 在2016年美国高尔夫大师赛（Masters Golf tournament）上，乔丹·斯皮思（Jordan Spieth）未能卫冕冠军。他在每一轮、每一洞相对于标准杆的分数如表19-15所示，为他的表现制定和审查适当的控制图表。谈谈你的发现。

表19-15　乔丹·斯皮思相对于标准杆的分数

进洞	第1轮	第2轮	第3轮	第4轮
1	0	−1	0	0
2	0	0	−1	−1
3	−1	−1	0	0
4	0	0	0	0

（续）

进洞	第1轮	第2轮	第3轮	第4轮
5	0	2	0	1
6	–1	0	0	–1
7	0	0	1	–1
8	–1	–1	–1	–1
9	0	1	0	–1
10	–1	1	0	1
11	0	0	2	1
12	0	0	–1	4
13	–1	0	0	–1
14	0	0	–1	0
15	0	–1	–1	–1
16	0	1	0	0
17	0	1	1	1
18	–1	0	2	0

14. 自动机器以高速度生产 5.0 毫米的螺栓。已启动质量控制程序以控制瑕疵数量，质量控制检查员随机选择 50 个螺栓，并确定有多少个螺栓有瑕疵。前 10 个样本中的瑕疵数量为 3、5、0、4、1、2、6、5、7 和 7。

（1）设计一个 p 图并将瑕疵、UCL 和 LCL 的平均比例加入图中。

（2）在图表上绘制前 10 个样本的不良品比例。

（3）解释图表。

15. 投资者相信一只股票在某个特定的日子上涨的概率是 50%。为了研究这个想法，投资者在连续 30 个交易日中随机选择了 50 只股票，并对上涨的股票数量进行计数。表 19-16 给出了样本中上涨的股票数量情况。

表 19-16　上涨的股票数量情况

14	12	13	17	10	18	10	13	13	14
13	10	12	11	9	13	14	11	12	11
15	13	10	16	10	11	12	15	13	10

绘制 p 图并写一份简短的报告来总结你的发现。根据这些样本结果，一只股票上涨的概率是 50%，这合理吗？为了使这一过程失去控制，每天需要百分之多少的股票上涨？

16. 一个过程工程师正在考虑两个抽样计划。在第一种情况下，我们会选择 10 个样品，如果发现 3 个或 3 个以下有缺陷，我们就会接受这个批次。在第二个样本中，样本大小为 20，接受数为 5。为每个样本绘制特性操作曲线。比较 5%、10%、20% 和 30% 不合格品的验收概率。如果你是供应商，你会推荐哪种方案？

17. 埃里克的饼干屋在购物中心出售巧克力饼干。值得关注的是每个饼干中巧克力片的数量，老板兼总裁埃里克想要制作一个巧克力片数量的控制图表。他从今天生产的饼干中挑选了 15 个饼干作为一个样本，并计算了这 15 个饼干中巧克力片的数量结果如下：6、8、20、12、20、19、11、23、12、14、15、16、12、13 和 12。

（1）确定中心线和极差。

（2）制作一个控制图表，画出每块饼干中巧克力片的数量。

（3）解释图表。在取样的饼干中，巧克力片的数量是否出现了失控？

18. 在最近10天内，向地铁公安部门报告的抢劫案数量如下：10、8、8、7、8、5、8、5、4和7。绘制适当的控制图，确定每天报告的抢劫案的均值，并确定控制限度。有没有哪天报告的抢劫案数目超过控制范围？
19. 自动屏蔽门制造公司从许多供应商处购买门闩。采购部负责检查入库门闩，每月购买1万个门闩，随机抽查20个门闩。如果有3个门闩有缺陷则进货批次仍被接受，为抽样计划绘制操作特性曲线。

习题答案

扫码查看章节练习答案

扫码查看自测答案

第20章
Chapter 20

决策理论导论

某公司正在考虑是否引进两种新型瓶装火箭,既可以都引进,也可以只引进一种,或者都不引进。产品能否成功引进取决于消费者的反应,这些反应可以概括为好、中或差。在本章的章节练习6的收益表中估算了公司的收入。计算每个决策对应的预期货币价值。

学完本章后,你将能够:

① 识别并应用决策的3个组成部分。
② 使用预期货币值分析决策。
③ 使用机会损失分析决策。
④ 应用大中取小、大中取大和小中取大的后悔策略进行决策。
⑤ 计算并解释理想信息的期望值。
⑥ 应用敏感性分析来评估不确定性下的决策。
⑦ 使用决策树来说明和分析不确定性下的决策。

引言

决策理论是统计学的一个分支,可以用于在面对不确定的情况时,评估两个或多个决策选择的优劣。概率用于预测未来事件的可能性。决策理论,顾名思义,重点在于决策过程,并包括选择特定决策的替代方案所产生的收益。相反,经典统计专注于估计参数(例如总体均值),构建置信区间或进行假设检验。

统计决策理论涉及在特定的一组条件下,从一组可能的备选方案中确定哪一项决策是最优的,以下为决策理论问题的例子。

- 福特汽车公司必须决定是为2017款福特F-150卡车购买组装门锁,还是在肯塔基州路易斯维尔的工厂生产和组装门锁。如果这款卡车的销售量持续增加,制造和组装零件将更有利可图。如果销售量下降,购买组装的门锁将更有利可图。请问该公司应该生产门锁还是购买门锁?

- B公司开发了一款新的防雨外套,该产品在该国天气寒冷的地区非常受欢迎。该公司在考虑是否要在即将到来的NCAA篮球决赛中购买电视广告时间。如果参加比赛的两支球队都来自该国的温暖地区,则估计只有一小部分观众会对防雨外套感兴趣。但是,如果是来自寒冷地区的两支球队的话将会吸引观众穿着防雨外套。请问该公司是否应该购买电视广告时间?

- 通用电气公司正在考虑明年冰箱价格的3种选择方案,分别是提价5%、提价2.5%或者保持原价。公司将基于销售情况以及对其他冰箱制造商的了解做出最后的决策。

在每一种情况下，决策都有以下特征，即都包含几个替代行动方案和几个不受决策者控制的因素。例如，B 公司无法控制哪些球队进入 NCAA 篮球决赛。这些案例说明了决策的性质。尽管我们可以列出可能的决策备选方案，确定可能的未来事件，甚至确定概率，但这些决策仍面临一定的不确定性。

20.1 决策要素

任何决策都有以下 3 个组成部分：①可用的选择或替代方案；②不受决策者控制的自然状态；③收益。

替代方案是决策者可用的选择。福特汽车公司可以选择自己制造和组装门锁，也可以选择购买。B 公司有两种广告选择：购买商业电视时间或不购买。通用电气公司正在考虑有关冰箱营销的 3 种定价方案。为了简化我们的演示，假设决策者可以从很少的结果中进行选择。但是借助计算机，决策选择可以多种多样。

自然状态是指未来无法控制的事件，实际发生的自然状态是决策者无法控制的。福特汽车公司不知道某产品的需求是否会持续提高。B 公司不能确定参加 NCAA 篮球决赛的球队来自温暖地区还是寒冷地区。通用电气公司不知道竞争对手将如何给冰箱定价。

可以通过计算收益的方式来比较每种决策和不同自然状态的组合。福特汽车公司估计，如果在自家工厂生产和组装门锁，同时消费者对 2017 款福特 F-150 卡车的需求较低，可获得 40 000 美元的收益。相反，如果购买组装的门锁，并且消费者对该卡车的需求很高，预计收益将为 22 000 美元。给定寒冷地区观众的潜在比例，B 公司需要估计购买商业电视时间的收益。考虑到竞争对手的定价估计，通用电气公司需要估计每种定价选择的收益。

在不确定的条件下，决策的主要要素如图 20-1 所示。

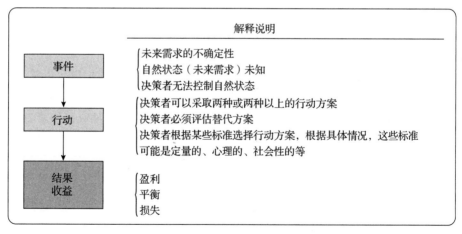

图 20-1 决策的主要要素

在许多情况下，如果能确定自然状态的概率，就能做出更好的决策。这种概率可根据历史数据或主观估计确定。福特汽车公司估计需求提高的概率为 70%，B 公司估计广告传达至目标受众的概率为 75%，通用电气公司可能估计其他制造商将提高其冰箱的价格的概率为 25%。

20.2 不确定性条件下的决策

首先用一个不确定性下的决策案例开始本节的讨论。该案例的目的是解释一个逻辑过程，以评估一组备选方案并选择一个备选方案作为最终决策。第一步，设置收益表。

20.2.1 收益表

A 投资者已经进行了 1 100 美元投资。他研究了几种常见的股票，并将他的选择范围缩小到 3 种，即 A_1 股票、A_2 股票和 A_3 股票。他估计，如果他的 1 100 美元被投资于 A 股票，并在年底前股市呈现出强劲的牛市（即股票价格大幅上涨），他的 A 股票的价值将增加 1 倍以上，达到 2 400 美元。然而，如果出现熊市（即股价下跌），他的 A 股票的价值在年底时会下降到 1 000 美元。他对 1 100 美元投资 3 种股票分别在牛市和熊市中的价值的预测如表 20-1 所示。此表为**收益表**（payoff table）。

每种选择被称为决策选择或行为，案例中有 3 个选择，即购买 A_1、A_2、A_3 股票。不管市场是熊市还是牛市，都不在投资者的控制之内。这些不受控制的未来事件是自然状态。用 S_1 表示牛市，S_2 表示熊市。

表 20-1 两种市场条件下 3 种普通股的收益表

购买方案	牛市 S_1（美元）	熊市 S_2（美元）
A_1	2 400	1 000
A_2	2 200	1 100
A_3	1 900	1 150

20.2.2 期望收益

如果收益表是唯一可用的信息，投资者为保险起见会购买 A_3 股票，保证在年底至少获得 1 150 美元的收益（略有利润）。然而，一个投机性的风险决策可能是购买 A_1 股票，这可能会使 1 100 美元的投资增加 1 倍以上。

任何仅根据收益表中的信息做出的投资决策都会忽略其他有效历史信息。假设对这些投资的研究表明，在过去 10 年中，股票市场价格上涨了 6 次，只下降了 4 次。根据这一信息，股票市场上涨的概率是 0.6，下跌的概率是 0.4。

假设这些历史信息是可靠的，收益表和概率估计也已知，那么我们就可以求出购买这 3 只股票的**预期收益**（expected payoff）。预期收益也被称为**预期货币价值**（expected monetary value，EMV），也被称为**平均收益**（mean payoff）。购买 A_1 股票的预期收益如表 20-2 所示。

表 20-2 购买 A_1 股票的预期收益（A_1）

自然状态	收益（美元）	自然状态发生的概率	预期值（美元）
市场上升 S_1	2 400	0.6	1 440
市场下降 S_2	1 000	0.4	400
			1 840

从表 20-1 可知，如果投资者购买了股票 A_1，在市场价格下降时，年底时股票价值仅为 1 000 美元。然而，过去的经验表明，市场下跌的可能性为 40%，因此，从长远来看，市场下跌将导致股票预期收益为 400 美元，而在股价不断上升的市场情况下，股票收益的预期值将达到 1 440 美元，从而购买 A_1 股票的预期总收益为 1 840 美元。

因此，我们得出如下计算公式：

预期收益 $\quad \text{EMV}(A_i) = \sum [P(S_j) \cdot V(A_i, S_j)]$ （20-1）

式中　$\text{EMV}(A_i)$——决策 i 所带来的预期收益；

　　　i——整个决策集；

　　　$P(S_j)$——自然状态的概率；

　　　j——可能的结果；

　　　$V(A_i, S_j)$——收益的价值。每个收益都是决策选择和自然状态相结合的结果。

购买 A_1 股票的决策方案的预期收益 $\text{EMV}(A_1)$ 由下式得出：

$$\text{EMV}(A_1) = P(S_1) \cdot V(A_1, S_1) + P(S_2) \cdot V(A_1, S_2) = 0.6 \times 2\,400 + 0.4 \times 1\,000 = 1\,840$$

购买 A_1 股票只是一个可能的选择。购买 A_1、A_2 和 A_3 股票的预期收益如表 20-3 所示。

对表 20-3 中预期收益的分析表明，购买 A_1 股票将产生最大的预期收益。这一结果基于以下估计及经验得出：①投资者对股票未来价值的估计；②股票价格上涨和下跌的历史经验。应该强调的是，虽然在预期价值标准下购买 A_1 股票是最佳决策，但投资者仍然可能购买 A_3 股票，以尽量减少投资中的风险。

表 20-3　3 种股票的预期收益

（单位：美元）

股票	预期收益
A_1	1 840
A_2	1 760
A_3	1 600

自测 20-1

验证如表 20-3 所示的结论，即购买 A_2 股票的预期收益为 1 760 美元。

20.3　机会损失

分析购买哪种股票的方法是为了确定可能损失的利润，因为投资者购买股票时处于未知的自然状态（市场行为），这种潜在的损失被称为**机会损失**（opportunity loss）。举例来说，假设投资者购买了 A_2 股票，并且市场刚好处在牛市。此外，假设投资者购买的 A_2 股票价值与预期一致，从 1 100 美元增加到 2 200 美元，但如果投资者购买 A_1 股票，该股票的价值将达到 2 400 美元（由表 20-1 得出）。因此，投资者由于购买了 A_2 股票而不是 A_1 股票而损失了 200 美元的额外利润。换句话说，200 美元代表了未知的自然状态的机会损失。如果市场价格确实上涨，投资者会后悔购买 A_2 股票。然而，如果投资者购买 A_1 股票，市场价格上涨，他就不会后悔，因为没有机会损失。

表 20-4 给出了与此案例相对应的机会损失。每一数额都是行动和自然状态的特定组合的结果（机会损失），即股票购买和市场反应。

表 20-4　股票购买和市场反应的各种组合的机会损失　　（单位：美元）

股票类型	机会损失	
	市场上升	市场下降
A_1	0	150
A_2	200	50
A_3	500	0

在股票市场上升（牛市）的情况下，购买 A_1 股票将是一个很好的投资选择；在股票市场下降（熊市）的情况下，购买 A_3 股票将是一个很好的投资选择。

自测 20-2

根据表 20-4，验证预期机会损失：

（1）在股票市场下降的情况下，购买 A_2 股票的机会损失为 50 美元。

（2）在股票市场上升的情况下，购买 A_3 股票的机会损失为 500 美元。

表 20-4 中的机会损失再次忽略了市场走势的历史经验。回想一下，市场上升或下降的概率分别是 60% 和 40%，通过这一概率和机会损失可以确定预期的机会损失。计算结果如表 20-5 所示，购买 A_2 股票，相应的预期机会损失为 140 美元。

表 20-5　购买 A_2 股票行为的预期机会损失

自然状态	机会损失（美元）	自然状态发生概率	预期机会损失（美元）
市场上升 S_1	200	0.6	120
市场下降 S_2	50	0.4	20
			140

具体来说，140 美元的预期机会损失意味着，从长期来看，如果投资者决定购买 A_2 股票，他将失去额外盈利 140 美元的机会。这一预期损失的产生主要是因为投资者无法准确预测股票市场的趋势。在牛市中，他可以通过购买 A_1 股票获得 200 美元的额外收益，但在熊市中，投资者可以通过购买 A_3 股票获得 50 美元的额外收益。当按事件发生概率加权后，可得预期机会损失为 140 美元。

计算公式如下：

预期机会损失　$EOL(A_i) = \sum[P(S_j) \cdot R(A_i, S_j)]$　　　　（20-2）

式中　$EOL(A_i)$——决策 i 所带来的预期机会损失；

　　　$P(S_j)$——自然状态 j 相关的概率；

　　　$R(A_i, S_j)$——自然状态 j 和决策 i 的特定组合的损失。

选择 A_2 股票进行投资所带来的预期机会损失计算如下：

$$EOL(A_2) = P(S_1) \cdot R(A_2, S_1) + P(S_2) \cdot R(A_2, S_2) = 0.6 \times 200 + 0.4 \times 50 = 140$$

表 20-6 给出了 3 种决策方案的预期机会损失。最低的预期机会损失是 60 美元，这意味着如果投资者购买 A_1 股票，与购买其他股票相比，他最不会感到后悔。

此外，购买 A_1 股票的决策肯定了先前的分析结果，因为它提供了最低的预期机会损失，而且购买 A_1 股票最终将产生最高的预期收益（1 840 美元）。这两种方法（最低预期机会损失和最高预期收益）都可以得出关于后续决策的一致结论。

表 20-6　3 种股票的预期机会损失

（单位：美元）

股票	预期机会损失
A_1	60
A_2	140
A_3	300

自测 20-3

参考表 20-6，验证购买 A_3 股票的预期机会损失为 300 美元。

20.4 大中取小、大中取大和小中取大的后悔策略

假设几位财务顾问认为购买 A_1 股票的决策风险太大。他们指出，收益可能不是 1 840 美元，而是 1 000 美元（由表 20-1 得出）。他们认为股市不可预测，因此敦促投资者采取更保守的措施，购买 A_3 股票。这被称为大中取小策略：使最小增益最大化。根据收益表（见表 20-1），他们认为投资者将获得至少 1 150 美元的利润。

另一个极端是乐观的最大化者，他们会选择最大化最大收益的股票。如果遵循大中取大策略，投资者将购买 A_1 股票。这些乐观主义者强调有可能在未来以 2 400 美元的价格出售该股票，而不是像悲观者所主张的那样只能卖 1 150 美元。

还有一种策略是小中取大的后悔策略。根据表 20-4 中的机会损失，倡导这种策略的人会选择最大限度地减少最大机会损失的股票。在这个例子中，他们会选择 A_1 股票，它的最大机会损失为 150 美元。回想一下，你希望避免机会损失，而 A_2 和 A_3 股票的最大机会损失分别为 200 美元和 500 美元。

20.5 完美信息价值

在决定购买一只股票之前，投资者可能会考虑如何预测股票市场的走势。如果他知道市场走势，他就可以通过总是做出正确的决策来使得自身利润最大化。问题是：这个预先信息值多少钱？这个信息的价值被称为**完美信息的期望值**（expected value of perfect information，EVPI）。在这个例子中，如果有完美的信息，投资者就会知道未来会发生什么，即股票市场会上升还是下降。如果投资者有这个信息，他总是会做出最佳决策。问题是：投资者最愿意为完美的信息付出什么？

一家大型经纪公司的分析师说，他愿意向投资者提供他在预测市场上升和下降方面有价值的信息。当然，对于这一信息，无论投资者是否使用，都将收取费用。投资者应该为这项特殊服务支付的最高金额是多少？10 美元、100 美元还是 500 美元？从本质上讲，来自分析师的信息的价值是完美信息的预期价值，这一信息可以保证投资者将购买最有利可图的股票。

> **完美信息价值（value of perfect information）**：确定性条件下的最大预期收益与不确定性条件下的最大预期收益之间的差异。

在这个例子中，完美信息价值是指在确定性条件下，股票在年底的最大价值与使用预期价值准则的最佳决策相应的价值之间的差异。在确定性条件下的最大期望值意味着投资者将在市场预期上升时购买 A_1 股票，市场下降时购买 A_3 股票。因此，在确定性条件下的预期收益为 1 900 美元（见表 20-7）。

表 20-7 确定性条件下的预期收益计算

自然状态	决策	收益（美元）	自然状态发生的概率	预期收益（美元）
市场上升 S_1	购买 A_1	2 400	0.6	1 440
市场下降 S_2	购买 A_3	1 150	0.4	460
				1 900

回想一下，如果股票市场的实际行为是未知的（不确定的条件），购买的股票将是 A_1；该期间结束时的预期值被计算为 1 840 美元（见表 20-3），则完美信息的价值为 60 美元，即 1 900 减去 1 840 所计算出的结果。

一般情况下，完美信息的期望值计算如下：

$$\text{EVPI} = \text{确定性条件下的预期价值} - \text{不确定性条件下的预期价值} \quad (20\text{-}3)$$

对于股票分析师可能提供的信息，其价值可达 60 美元。从本质上讲，分析师将"保证"平均收益为 1 900 美元，如果分析师收取 40 美元的服务费用，则投资者最终将得到 1 860 美元的收益，即 1 900-40。因此，投资者认为支付这一费用是值得的，因为确定性条件下的预期价值（1 860 美元）大于不确定性条件下的预期价值（1 840 美元）。然而，如果分析师想要 100 美元的服务费用，投资者收益仅为 1 800 美元，从逻辑上讲，这项服务不值 100 美元，因为投资者在没有这个信息的情况下，预计得到的平均收益是 1 840 美元。请注意，完美信息的期望值（60 美元）与预期机会损失的最小值相同（见表 20-6）。

预期收益和预期机会损失分别与表 20-3 和表 20-6 中报告的相同。当决策策略的数量和自然状态的数量变得很大时，建议使用计算机包或电子表格。

20.6 敏感性分析

在上述选股情况下，收益值的概率集合是根据相似市场条件下的历史经验得出的。然而，也有反对者认为未来的市场行为可能与过去的经验不同。尽管存在这些差异，决策备选方案的排名往往对合理范围内的变化不太敏感。举个例子，假设投资者的哥哥认为股市上升的概率不是 60%，而是 40%，下跌的概率不是 40%，而是 60%。此外，这位投资者的弟弟认为市场上升的概率是 50%，下跌的概率也是 50%。此时 3 种不同概率下的投资收益比较结果如表 20-8 所示。这 3 个案例的决定都是一样的——购买 A_1 股票。

表 20-8 三组概率的预期收益　　　　　　　　　　　　（单位：美元）

股票类型	收益		
	历史经验： 上升概率 60% 下降概率 40%	哥哥的经验： 上升概率 40% 下降概率 60%	弟弟的经验： 上升概率 50% 下降概率 50%
A_1	1 840	1 560	1 700
A_2	1 760	1 540	1 650
A_3	1 600	1 450	1 525

自测 20-4

根据表 20-8，回答下列问题：

（1）根据哥哥的经验，验证购买 A_3 股票所得到的预期收益是 1 450 美元。

（2）根据弟弟的经验，验证购买 A_1 股票所得到的预期收益是 1 700 美元。

对表 20-8 中的 3 组预期收益进行比较后发现，最佳选择仍然是购买 A_1 股票。正如预期的那样，3 只股票的预期未来值存在一定差异。

如果分配的概率发生重大变化，预期值和最优决策也会发生变化。举例来说，假设市场上升的可能性为 0.20，市场下降的可能性为 0.80。预期收益将如表 20-9 所示。从长远来看，最佳选择是购买股票 A_2。因此，敏感性分析可让投资者了解概率估计需要多精确才能对自己的选择感到放心。

表 20-9　购买这 3 只股票的预期收益

股票类型	收益（美元） 历史经验： 上升概率 20% 下降概率 80%
A_1	1 280
A_2	1 320
A_3	1 300

自测 20-5

有没有最好的方案来购买德州电子的股票？（提示：可以通过代数方法或使用试错法来实现。试着为市场上升设定一个极端的可能性。）

20.7　决策树

第 5 章中介绍了一种分析工具，对于研究决策情况也是有用的，即决策树（树状图）。它概述了所有可能的行动方案和由此产生的相应结果。方框用于表示必须做出决策的点，从方框中辐射出的分支表示正在考虑的备选方案。参考图 20-2，左边是决策的起点，延伸出了 3 个分支，分别代表购买 A_1、A_2、A_3 股票。

编号为 1、2 和 3 的 3 个圆圈节点表示 3 只股票的预期收益。向节点右侧分散出去的分支显示机会事件（市场上升或下降）及其相应的概率（括号中的数字）。分支末端的数字是该决策过程的估计值，这有时被称为条件收益，以表示收益取决于特定的行动选择和特定的机会结果。因此，如果投资者购买 A_2 股票，市场上升，股票的条件收益将为 2 200 美元。

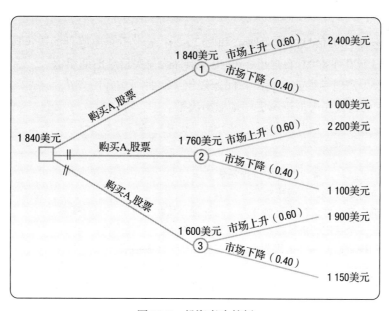

图 20-2　投资者决策树

在构建决策树之后，通过所谓的反向归纳找到最佳决策策略。例如，假设投资者正在考虑购买 A_3 股票。从图 20-2 中的右下角开始向左移动，在给定市场上升（1 900 美元）和市场下降（1 150 美元）的预期收益的情况下，运用相应的概率可以求出 1 600 美元的预期收益。

如图 20-2 所示，投资者将在圆圈节点 3 上标明 1 600 美元的预期值。运用同样的方法，可以得出投资者购买 A_1 和 A_2 股票的期望值。

假设投资者希望最大化购买股票的预期价值，则 1 840 美元将优先于 1 760 美元或 1 600 美元。继续向左推，投资者将在代表他拒绝的两个备选方案（购买 A_2 股票、购买 A_3 股票）的分支上画一个双杠，于是投资者会选择决策起点处的无标记分支所表示的方案，即购买 A_1 股票。

确定性条件下的期望值也可以通过决策树分析来描绘（见图 20-3）。回想一下，在确定的条件下，投资者在购买股票之前知道股市上升还是下跌。因此，他将在市场价格上升的情况下购买 A_1 股票，在下降的情况下购买 A_3 股票，预期收益将为 1 900 美元。重复多次，可以使用逆向归纳法来得到 1 900 美元的预期收益。

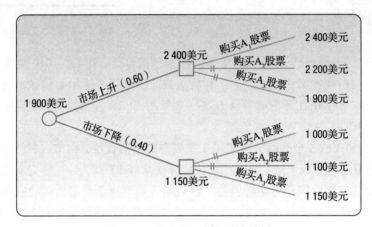

图 20-3　给定完美信息的决策树

图 20-3 中基于完美信息的决策收益和图 20-2 中基于不完美信息的决策收益之间的差异为 60 美元，即 1 900-1 840。在这里，60 美元被称为完美信息的期望值。

决策树分析为实现本章前面提出的问题提供了一种可选择的方法。一些经理发现这些决策树分析有助于他们按照决策逻辑更好地做出决策。

章节摘要

1. 统计决策理论用于从一组替代方案中选择最优方案。
   （1）各种行动方案被称为行动或决策。
   （2）不可控制的未来事件被称为自然状态。每一种自然状态都有一定的概率。
   （3）收益是做出一个特定的决策选择和自然状态的结果。
   （4）所有可能的决策选择和自然状态的组合都会产生一个收益表。
2. 最佳决策的选择标准：
   （1）预期货币价值（EMV）计算每个决策的期望值。如果期望值是成本，则选择具有最小 EMV 的决策。如果期望值是利润，则选择具有最大 EMV 的决策。
   （2）可以使用机会损失表来进行决策。
      1）要构造一个机会损失表，首先计算每个自然状态的最佳收益和其他决策选择的收益之间的差异。
      2）最优决策与任何其他决策的差异就是由于做出了除最优之外的决策而造成的机会损失或遗憾。
      3）预期机会损失（EOL）与预期货币价值相似。机会损失与每个决策方案的不同自然状态的概率相结合,以确定预期的机会损失。
(3) 大中取小策略比较决策选项的最低收益,选择具有这些收益最大值的决策选择。
(4) 大中取大策略选择具有最高收益的决策选择。
(5) 小中取大的后悔策略。首先,将收益转换为机会损失;然后,基于最大损失进行决策选择比较,并选择具有最小损失的决策。
3. 完美信息的期望值(EVPI)是确定性条件下的最佳预期收益与不确定性条件下的最佳预期收益之间的差值。
4. 敏感性分析考察了自然状态的各种概率对期望值的影响。
5. 决策树有利于构建各种备选方案,呈现了各种备选方案和可能的自然状态的结果。

章节练习

1. 收益表如表 20-10 所示。设 $P(S_1)=0.3$,$P(S_2)=0.5$,$P(S_3)=0.2$。请计算每种选择方案的预期收益。你会选择哪个决策?
2. 根据章节练习 1,制定机会损失表,并确定每个决策的机会损失。
3. 根据章节练习 1、2,计算预期机会损失。

表 20-10 收益表　　　　　　　　　　　(单位:美元)

选择方案	自然状态		
	S_1	S_2	S_3
A_1	50	70	100
A_2	90	40	80
A_3	70	60	90

4. 根据章节练习 1、2 和 3,计算完美信息的期望值。
5. 根据章节练习 1,将概率修改如下:$P(S_1)=0.5$,$P(S_2)=0.2$,$P(S_3)=0.3$,使用预期收益来评估决策。这会让你改变决策吗?
6. 某公司正在考虑引进两个新的产品,既可以都引进,也可以引进一种,或者都不引进。产品是否成功引进取决于消费者的反应。这些反应可以概括为好、中或差,即 $P(S_1)=0.3$,$P(S_2)=0.5$,$P(S_3)=0.2$。公司的收益情况如表 20-11 所示,请回答以下问题:
(1) 计算每个决策的预期收益。
(2) 你会如何决策?
(3) 制定机会损失表。
(4) 计算每个决策的预期机会损失。
(5) 计算完美信息的期望值。

表 20-11　　　　　　　　　　　(单位:美元)

选择方案	自然状态		
	S_1	S_2	S_3
都不引进	0	0	0
引进产品 1	125	65	30
引进产品 2	105	60	30
都引进	220	110	40

7. 某公司有 100 000 美元资金可供投资。公司总裁兼首席执行官约翰有 3 个选择,要么扩大生产,要么把钱投资于股票,要么存进银行。当然,经济趋势具有不确定性。但是约翰估计经济衰退的可能性为 20%。无论是否出现衰退,把钱存进银行都会带来 6% 的收益。如果经济出现衰退,扩大生产将会

损失10%，投资股票则会损失5%。如果没有衰退，扩大生产将带来15%的收益，股票投资将产生12%的收益。

（1）如果他使用大中取小策略，他应该做出什么决策？
（2）如果他使用大中取大策略，他应该做出什么决策？
（3）如果他使用预期收益标准，他又将做出什么决策？
（4）完美信息的期望值是多少？

8. A公司成立的动机是解决美国东部和南部地区许多家庭没有足够的休假时间开车去西南和落基山地区的牧场的问题。各种调查表明，这种家庭度假形式引起了人们的极大兴趣，其中包括骑马、驱牛、游泳、钓鱼等。因此，该公司在东部的几个城市附近购买了一个大型农场，并建造了一个湖泊、一个游泳池和其他设施。但是，要在牧场上建造一些家庭用房需要大量投资。此外，业主们认为，如果牧场–农场综合设施出现财务问题，大部分投资将损失。相比之下，他们决定与B公司签订协议，以提供一种非常有吸引力的地道牧场式移动房屋。移动房屋公司同意在周六交付移动房屋，费用为每周300美元。移动房屋公司必须在周六清晨知道A公司在接下来的一周中需要多少间移动房屋，因为它有其他客户要供应，只能在周六交付房屋。A公司到周六时将会有一些预订，但迹象表明许多家庭没有预订。相反，他们更喜欢在做出决定之前检查设施。对涉及的各种费用的分析表明，牧场房屋每周应收取350美元。因此，每周要预定多少间移动牧场房屋呢？是否应订购10（考虑最低）、11、12、13或14（考虑最高）间房屋？

然而，任何仅仅根据收益表中的信息做出的决定都将忽略在过去4年（约200周）中获得的宝贵经验，这些经验实际上是在西南地区经营一家牧场时所得的。它的记录表明，它总是有9间房屋被提前预订。此外，它从来没有要求15间或更多的房屋。占用10、11、12、13或14间牧场房屋的部分原因是，这些家庭在租房前开车进入并检查了设施。表20-12显示了在200周中租用10～14间牧场房屋的周数分布。

表20-12 牧场房屋的周数分布

房屋预订数量	周数
10	26
11	50
12	60
13	44
14	20
总计	200

（1）构造一个收益表。
（2）确定预期收益，并做出决策。
（3）建立机会损失表。
（4）计算预期机会损失，并做出决策。
（5）确定完美信息的期望值。

9. 某公司对大型户外夏季聚会可租用的家具和设备的供应情况进行了多次调查，调查了折叠椅和桌子、豪华烤架、丙烷气体和灯等物品。当地没有这种性质的租赁设备，该公司的管理层正在考虑成立一家子公司来管理租赁事务。一项调查显示，大多数有兴趣租户外聚会用品的人都想租一套完整的聚会必需品（大约12把折叠椅、4张桌子、1个豪华烤架、1瓶丙烷气、1把钳子等）。管理层决定不购买大量的成套设备，因为涉及财务风险。调查发现，波士顿的一家公司提供夏季聚会时用的完整的套装聚会必需品，租赁价格为560美元，这相当于每天5美元左右。在波士顿公司的宣传方案中，租赁价格为15美元。因此，每租一套，可获得10美元的利润。最后该公司决定从波士顿公司租赁至少一季产品。

波士顿公司建议，根据其他城市类似租赁公司的综合经验，租赁41套、42套、43套、44套、45套或46套成套设备。根据这一建议，管理层现在必须决定最有利可图的成套租赁数量。此外，波士顿的租赁公司还提供了几家类似租赁公司的一些额外信息。由表20-13（根据其他租赁公司的经验绘制）可知，在6 000天中，有360天即大约6%的时间里这些租赁公司租了41套成套设备。在整个夏季10%的时间里，它们租了42套成套设备。

（1）构造一个收益表。（可用如果有41套成套设备，则收益为410美元进行核查。）
（2）从波士顿公司租赁43套、45套、46套成套设备的预期日利润分别是426.70美元、431.70美元和427.45美元。将这些预期的每日利润整理成一个表格，并通过从波士顿公司找到租赁41套、42套和44套的预期每日利润来填充表格。

（3）在预期日利润的基础上，最有利可图的决策是什么？

（4）从波士顿公司租赁 43 套、45 套、46 套成套设备的预期机会损失分别为 11.60 美元、6.60 美元和 10.85 美元。根据这些信息绘制预期机会损失表，并通过计算 41 套、42 套和 44 套的预期机会损失来完善表格。

（5）根据预期机会损失表，最有利可图的行动方针是什么？这是否与你在（3）中的决策一致？

（6）确定完美信息的期望值。解释它在这个问题中说明了什么。

表 20-13　调查信息表

租赁数量	天数	租赁数量	天数
40	0	44	2 400
41	360	45	1 500
42	600	46	300
43	840	47	0

10. 表 20-14 显示了你支付手机费用的几个方案。例如，如果你选择方案 1，并且在第 1 个月使用 700 分钟，你将只支付 79.99 美元。如果你的使用量在第 2 个月下降到 200 分钟，你将只支付 29.99 美元。你认为你的每月使用量可能是 100、300、500 或 700 分钟。假设每个事件发生的概率是相同的。请回答以下问题：

（1）为这个决策创建一个收益（成本）表。

（2）使用预期收益原则，你会选择哪个方案？

（3）使用乐观策略，你会选择哪个方案？

（4）使用悲观策略，你会选择哪个方案？

（5）为这个决策制定一个机会损失表。

（6）使用小中取大后悔策略，你会建议采取哪种方案？

（7）完美信息的期望值是多少？

表 20-14　手机费用方案

方案	分钟	费用（美元）
1	0～200	29.99
	201～700	5（每 50 分钟）
	＞700	10
2	0～400	34.99
	401～900	5（每 50 分钟）
	＞900	10
3	0～1 000	29.99
	1 001～1 500	5（每 50 分钟）
	＞1 500	10

习题答案

扫码查看章节练习答案

扫码查看自测答案

附录A
Appendix A

数 据 集

A.1 数据集1：北谷房地产数据

变量

记录 = 财产识别号

代理人 = 分配给该物业的房地产代理人姓名

价格 = 市场价格（美元）

面积 = 房屋的可居住面积（平方英尺）

卧室 = 卧室数量

浴室 = 浴室数量

游泳池 = 房屋是否有游泳池？（1= 有，0= 没有）

车库 = 房屋是否有附属车库？（1= 有，0= 没有）

天数 = 房屋在市场上销售的天数

房产地 = 房屋所在地区（5个乡）

抵押贷款类 = 固定或可调类。固定利率抵押贷款是以固定利率贷款30年。可调利率抵押贷款前5年的初始利率为3%，然后利率按现行利率加1%计算（即第5年后每年的利率和还款额有可能发生变化）

年数 = 按揭贷款已支付的年数

FICO= 抵押贷款人的信用分数。最高分是850分，平均分是680分，低分表示在680分以下。该分数反映了一个人偿还债务的能力

违约 = 抵押贷款是否违约？（1= 是，0= 否）

表A-1 北谷房地产数据

记录	代理人	价格	面积	卧室	浴室	游泳池	车库	天数	房产地	抵押贷款类	年数	FICO	违约
1	Marty	206 424	1 820	2	1.5	1	1	33	2	固定	2	824	0
2	Rose	346 150	3 010	3	2	0	0	36	4	固定	9	820	0
3	Carter	372 360	3 210	4	3	0	1	21	2	固定	18	819	0
4	Peterson	310 622	3 330	3	2.5	1	0	26	3	固定	17	817	0
5	Carter	496 100	4 510	6	4.5	0	1	13	4	固定	17	816	0
6	Peterson	294 086	3 440	4	3	1	1	31	4	固定	19	813	0

(续)

记录	代理人	价格	面积	卧室	浴室	游泳池	车库	天数	房产地	抵押贷款类	年数	FICO	违约
7	Carter	228 810	2 630	4	2.5	0	1	39	4	可调	10	813	0
8	Isaacs	384 420	4 470	5	3.5	0	1	26	2	固定	6	812	0
9	Peterson	416 120	4 040	5	3.5	0	1	26	4	固定	3	810	0
10	Isaacs	487 494	4 380	6	4	1	1	32	3	固定	6	808	0
11	Rose	448 800	5 280	6	4	0	1	35	4	固定	8	806	1
12	Peterson	388 960	4 420	4	3	0	1	50	2	可调	9	805	1
13	Marty	335 610	2 970	3	2.5	0	1	25	3	可调	9	801	1
14	Rose	276 000	2 300	2	1.5	0	0	34	1	固定	20	798	0
15	Rose	346 421	2 970	4	3	1	1	17	3	可调	10	795	0
16	Isaacs	453 913	3 660	6	4	1	1	12	3	固定	18	792	0
17	Carter	376 146	3 290	5	3.5	1	1	28	2	可调	9	792	1
18	Peterson	694 430	5 900	5	3.5	0	1	36	3	可调	10	788	0
19	Rose	251 269	2 050	3	2	1	1	38	3	固定	16	786	0
20	Rose	547 596	4 920	6	4.5	1	1	37	5	固定	2	785	0
21	Marty	214 910	1 950	2	1.5	1	0	20	4	固定	6	784	0
22	Rose	188 799	1 950	2	1.5	1	0	52	1	固定	10	782	0
23	Carter	459 950	4 680	4	3	1	1	31	4	固定	8	781	0
24	Isaacs	264 160	2 540	3	2.5	0	1	40	1	固定	18	780	0
25	Carter	393 557	3 180	4	3	1	1	54	1	固定	20	776	0
26	Isaacs	478 675	4 660	5	3.5	1	1	26	5	可调	9	773	0
27	Carter	384 020	4 220	5	3.5	0	1	23	4	可调	9	772	1
28	Marty	313 200	3 600	4	3	0	1	31	3	固定	19	772	0
29	Isaacs	274 482	2 990	3	2	1	0	37	3	固定	5	769	0
30	Marty	167 962	1 920	2	1.5	1	1	31	5	固定	6	769	0
31	Isaacs	175 823	1 970	2	1.5	1	0	28	5	可调	9	766	1
32	Isaacs	226 498	2 520	4	3	1	1	28	3	固定	8	763	1
33	Carter	316 827	3 150	4	3	1	1	22	4	固定	2	759	1
34	Carter	189 984	1 550	2	1.5	1	0	22	2	固定	17	758	0
35	Marty	366 350	3 090	3	2	1	1	23	3	固定	5	754	1
36	Isaacs	416 160	4 080	4	3	0	1	25	4	固定	12	753	0
37	Isaacs	308 000	3 500	4	3	0	1	37	2	固定	18	752	0
38	Rose	294 357	2 620	4	3	1	1	15	4	固定	10	751	0
39	Carter	337 144	2 790	4	3	1	1	19	3	固定	15	749	0
40	Peterson	299 730	2 910	3	2	0	0	31	2	固定	13	748	0
41	Rose	445 740	4 370	4	3	0	1	19	3	固定	5	746	0
42	Rose	410 592	4 200	4	3	1	1	27	1	可调	9	741	1
43	Peterson	667 732	5 570	5	3.5	1	1	29	5	固定	4	740	0
44	Rose	523 584	5 050	6	4	1	1	19	5	可调	10	739	0
45	Marty	336 000	3 360	3	2	0	0	32	3	固定	6	737	0
46	Marty	202 598	2 270	3	2	1	0	28	1	固定	10	737	0
47	Marty	326 695	2 830	3	2.5	1	0	30	4	固定	8	736	0
48	Rose	321 320	2 770	3	2	0	1	23	4	固定	6	736	0
49	Isaacs	246 820	2 870	4	3	0	1	27	5	固定	13	735	0

（续）

记录	代理人	价格	面积	卧室	浴室	游泳池	车库	天数	房产地	抵押贷款类	年数	FICO	违约
50	Isaacs	546 084	5 910	6	4	1	1	35	5	可调	10	731	0
51	Isaacs	793 084	6 800	8	5.5	1	1	27	4	固定	6	729	0
52	Isaacs	174 528	1 600	2	1.5	1	0	39	2	固定	15	728	0
53	Peterson	392 554	3 970	4	3	1	1	30	4	固定	17	726	0
54	Peterson	263 160	3 060	3	2	0	1	26	3	固定	10	726	0
55	Rose	237 120	1 900	2	1.5	1	0	14	3	固定	18	723	0
56	Carter	225 750	2 150	2	1.5	1	1	27	2	固定	15	715	0
57	Isaacs	848 420	7 190	6	4	0	1	49	1	固定	5	710	0
58	Carter	371 956	3 110	5	3.5	1	1	29	5	固定	8	710	0
59	Carter	404 538	3 290	5	3.5	1	1	24	2	固定	14	707	0
60	Rose	250 090	2 810	4	3	0	1	18	5	固定	11	704	0
61	Peterson	369 978	3 830	4	2.5	1	1	27	4	固定	10	703	0
62	Peterson	209 292	1 630	2	1.5	1	0	18	3	固定	10	701	0
63	Isaacs	190 032	1 850	2	1.5	1	1	30	4	可调	2	675	0
64	Isaacs	216 720	2 520	3	2.5	0	0	2	4	可调	5	674	1
65	Marty	323 417	3 220	4	3	1	1	22	4	可调	2	673	0
66	Isaacs	316 210	3 070	3	2	0	0	30	1	可调	1	673	0
67	Peterson	226 054	2 090	2	1.5	1	1	28	1	可调	6	670	0
68	Marty	183 920	2 090	3	2	0	1	30	2	可调	8	669	1
69	Rose	248 400	2 300	3	2.5	1	1	50	2	可调	4	667	0
70	Isaacs	466 560	5 760	5	3.5	0	1	42	4	可调	3	665	0
71	Rose	667 212	6 110	6	4	1	1	21	3	可调	8	662	1
72	Peterson	362 710	4 370	4	2.5	0	1	24	1	可调	2	656	0
73	Rose	265 440	3 160	5	3.5	1	1	22	5	可调	3	653	0
74	Rose	706 596	6 600	7	5	1	1	40	3	可调	7	652	1
75	Marty	293 700	3 300	3	2	0	0	14	4	可调	7	647	1
76	Marty	199 448	2 330	2	1.5	1	1	25	3	可调	5	644	1
77	Carter	369 533	4 230	4	3	1	1	32	2	可调	2	642	0
78	Marty	230 121	2 030	2	1.5	1	0	21	2	可调	3	639	0
79	Marty	169 000	1 690	2	1.5	0	0	20	1	可调	7	639	0
80	Peterson	190 291	2 040	2	1.5	1	1	31	4	可调	6	631	1
81	Rose	393 584	4 660	4	3	1	1	34	3	可调	7	630	1
82	Marty	363 792	2 860	3	2.5	1	1	48	5	可调	3	626	0
83	Carter	360 960	3 840	6	4.5	0	1	32	2	可调	5	626	1
84	Carter	310 877	3 180	3	2	1	1	40	1	可调	6	624	1
85	Peterson	919 480	7 670	8	5.5	1	1	30	4	可调	1	623	0
86	Carter	392 904	3 400	3	2	1	0	40	2	可调	8	618	1
87	Carter	200 928	1 840	2	1.5	1	1	36	4	可调	3	618	1
88	Carter	537 900	4 890	6	4	0	1	23	1	可调	7	614	0
89	Rose	258 120	2 390	3	2.5	0	1	23	1	可调	6	614	1
90	Carter	558 342	6 160	6	4	1	1	24	3	可调	7	613	0
91	Marty	302 720	3 440	4	2.5	0	1	38	3	可调	3	609	1
92	Isaacs	240 115	2 220	2	1.5	1	0	39	5	可调	1	609	0

(续)

记录	代理人	价格	面积	卧室	浴室	游泳池	车库	天数	房产地	抵押贷款类	年数	FICO	违约
93	Carter	793 656	6 530	7	5	1	1	53	4	可调	3	605	1
94	Peterson	218 862	1 930	2	1.5	1	0	58	4	可调	1	604	0
95	Peterson	383 081	3 510	3	2	1	1	27	2	可调	6	601	1
96	Marty	351 520	3 380	3	2	0	1	35	2	可调	8	599	1
97	Peterson	841 491	7 030	6	4	1	1	50	4	可调	8	596	1
98	Marty	336 300	2 850	3	2.5	0	0	28	1	可调	6	595	1
99	Isaacs	312 863	3 750	6	4	1	1	12	4	可调	2	595	0
100	Carter	275 033	3 060	3	2	1	1	27	3	可调	3	593	0
101	Peterson	229 990	2 110	2	1.5	0	0	37	3	可调	6	591	1
102	Isaacs	195 257	2 130	2	1.5	1	0	11	5	可调	8	591	1
103	Marty	194 238	1 650	2	1.5	1	1	30	2	可调	7	590	1
104	Peterson	348 528	2 740	4	3	1	1	27	5	可调	3	584	1
105	Peterson	241 920	2 240	2	1.5	0	1	34	5	可调	8	583	1

A.2 数据集2：2015赛季棒球统计数据

变量

团队 = 团队名称

联赛 = 美国联赛（美联）或国家联赛（国联）

开业年份 = 球队的球场投入使用的第一年

球队薪金 = 球队薪金总额，以百万美元为单位

上座数 = 参加常规赛的总人数

胜场数 = 常规赛胜场数

ERA = 团队平均得分

BA = 团队平均击球率

HR = 团队本垒打

年份 = 运行年份

平均工资 = 球员平均年薪（美元）

表A-2 2015赛季棒球统计数据

团队	联赛	开业年份	球队薪金	上座数	胜场数	ERA	BA	HR
亚利桑那州	国联	1998	65.80	2 080 145	79	4.04	0.264	154
亚特兰大	国联	1996	89.60	2 001 392	67	4.41	0.251	100
巴尔的摩	美联	1992	118.90	2 281 202	81	4.05	0.250	217
波士顿	美联	1912	168.70	2 880 694	78	4.31	0.265	161
芝加哥小熊队	国联	1914	117.20	2 959 812	97	3.36	0.244	171
芝加哥袜队	美联	1991	110.70	1 755 810	76	3.98	0.250	136
辛辛那提	国联	2003	117.70	2 419 506	64	4.33	0.248	167
克利夫兰	美联	1994	87.70	1 388 905	81	3.67	0.256	141
科罗拉多	国联	1995	98.30	2 506 789	68	5.04	0.265	186

（续）

团队	联赛	开业年份	球队薪金	上座数	胜场数	ERA	BA	HR
底特律	美联	2000	172.80	2 726 048	74	4.64	0.270	151
休斯敦	美联	2000	69.10	2 153 585	86	3.57	0.250	230
堪萨斯城	美联	1973	112.90	2 708 549	95	3.73	0.269	139
洛杉矶天使队	美联	1966	146.40	3 012 765	85	3.94	0.246	176
洛杉矶道奇队	国联	1962	230.40	3 764 815	92	3.44	0.250	187
迈阿密	国联	2012	84.60	1 752 235	71	4.02	0.260	120
密尔沃基	国联	2001	98.70	2 542 558	68	4.28	0.251	145
明尼苏达	美联	2010	108.30	2 220 054	83	4.07	0.247	156
纽约大都会队	国联	2009	100.10	2 569 753	90	3.43	0.244	177
纽约扬基队	美联	2009	213.50	3 193 795	87	4.05	0.251	212
奥克兰	美联	1966	80.80	1 768 175	68	4.14	0.251	146
费城	国联	2004	133.00	1 831 080	63	4.69	0.249	130
匹兹堡	国联	2001	85.90	2 498 596	98	3.21	0.260	140
圣迭戈	国联	2004	126.60	2 459 742	74	4.09	0.243	148
旧金山市	国联	2000	166.50	3 375 882	84	3.72	0.267	136
西雅图	美联	1999	123.20	2 193 581	76	4.16	0.249	198
圣路易斯	国联	2006	120.30	3 520 889	100	2.94	0.253	137
坦帕湾	美联	1990	74.80	1 287 054	80	3.74	0.252	167
得克萨斯州	美联	1994	144.80	2 491 875	88	4.24	0.257	172
多伦多	美联	1989	116.40	2 794 891	93	3.8	0.269	232
华盛顿	国联	2008	174.50	2 619 843	83	3.62	0.251	177

表 A-3　2015 赛季棒球队球员平均工资统计数据

年份	平均工资	年份	平均工资
2000	1 988 034	2008	3 154 845
2001	2 264 403	2009	3 240 206
2002	2 383 235	2010	3 297 828
2003	2 555 476	2011	3 305 393
2004	2 486 609	2012	3 440 000
2005	2 632 655	2013	3 650 000
2006	2 866 544	2014	3 950 000
2007	2 944 556	2015	4 250 000

A.3　数据集 3：林肯维尔学区公共汽车数据

变量

ID = 公共汽车车号

制造商 = 蓝鸟、凯泽或汤普森

发动机类型 = 如果是柴油发动机，那么发动机类型为 0；如果是汽油发动机，那么发动机类型为 1

载客量 = 车上的座位数

维修费用＝去年维修一辆公共汽车所花费的费用（美元）
车龄＝车辆离开制造厂后的年数
里程表里程数＝车辆行驶的总里程数（英里）
里程＝自上次维修后行驶的里程数（英里）

表 A-4 林肯维尔学区公共汽车数据

ID	制造商	发动机类型	载客量	维修费用	车龄	里程表里程数	里程
10	凯泽	1	14	4 646	5	54 375	11 973
396	汤普森	0	14	1 072	2	21 858	11 969
122	蓝鸟	1	55	9 394	10	116 580	11 967
751	凯泽	0	14	1 078	2	22 444	11 948
279	蓝鸟	0	55	1 008	2	22 672	11 925
500	蓝鸟	1	55	5 329	5	50 765	11 922
520	蓝鸟	0	55	4 794	10	119 130	11 896
759	凯泽	0	55	3 952	8	87 872	11 883
714	蓝鸟	0	42	3 742	7	73 703	11 837
875	蓝鸟	0	55	4 376	9	97 947	11 814
600	蓝鸟	0	55	4 832	10	119 860	11 800
953	蓝鸟	0	55	5 160	10	117 700	11 798
101	蓝鸟	0	55	1 955	4	41 096	11 789
358	蓝鸟	0	55	2 775	6	70 086	11 782
29	蓝鸟	1	55	5 352	6	69 438	11 781
365	凯泽	0	55	3 065	6	63 384	11 778
162	凯泽	1	55	3 143	3	31 266	11 758
686	蓝鸟	0	55	1 569	3	34 674	11 757
370	凯泽	1	55	7 766	8	86 528	11 707
887	蓝鸟	0	55	3 743	8	93 672	11 704
464	蓝鸟	1	55	2 540	3	34 530	11 698
948	凯泽	0	42	4 342	9	97 956	11 691
678	凯泽	0	55	3 361	7	75 229	11 668
481	凯泽	1	6	3 097	3	34 362	11 662
43	蓝鸟	1	55	8 263	9	102 969	11 615
704	蓝鸟	0	55	4 218	8	83 424	11 610
814	蓝鸟	0	55	2 028	4	40 824	11 576
39	蓝鸟	1	55	5 821	6	69 444	11 533
699	蓝鸟	1	55	9 069	9	98 307	11 518
75	蓝鸟	0	55	3 011	6	71 970	11 462
693	凯泽	1	55	9 193	9	101 889	11 461
989	凯泽	0	55	4 795	9	106 605	11 418
982	蓝鸟	0	55	505	1	10 276	11 359
321	蓝鸟	0	42	2 732	6	70 122	11 358
724	凯泽	0	42	3 754	8	91 968	11 344
732	凯泽	0	42	4 640	9	101 196	11 342
880	凯泽	1	55	8 410	9	97 065	11 336
193	汤普森	0	14	5 922	11	128 711	11 248

（续）

ID	制造商	发动机类型	载客量	维修费用	车龄	里程表里程数	里程
884	蓝鸟	0	55	4 364	9	92 457	11 231
57	蓝鸟	0	55	3 190	7	79 240	11 222
731	蓝鸟	0	42	3 213	6	68 526	11 168
61	凯泽	0	55	4 139	9	103 536	11 148
135	蓝鸟	0	55	3 560	7	76 426	11 127
833	汤普森	0	14	3 920	8	90 968	11 112
671	汤普森	1	14	6 733	8	89 792	11 100
692	蓝鸟	0	55	3 770	8	93 248	11 048
200	蓝鸟	0	55	5 168	10	103 700	11 018
754	凯泽	0	14	7 380	14	146 860	11 003
540	蓝鸟	1	55	3 656	4	45 284	10 945
660	蓝鸟	1	55	6 213	6	64 434	10 911
353	凯泽	1	55	4 279	4	45 744	10 902
482	蓝鸟	1	55	10 575	10	116 534	10 802
398	汤普森	0	6	4 752	9	45 284	10 802
984	蓝鸟	0	55	3 809	8	95 922	10 760
977	蓝鸟	0	55	3 769	7	87 664	10 759
705	凯泽	0	42	2 152	4	79 422	10 755
767	凯泽	0	55	2 985	6	47 596	10 726
326	蓝鸟	0	55	4 563	9	71 538	10 724
120	凯泽	0	42	4 723	10	107 343	10 674
554	蓝鸟	0	42	1 826	4	44 604	10 662
695	蓝鸟	0	55	1 061	2	23 152	10 633
9	凯泽	1	55	3 527	4	46 848	10 591
861	蓝鸟	1	55	9 669	10	106 040	10 551
603	凯泽	0	14	2 116	4	44 384	10 518
156	汤普森	0	14	6 212	12	140 460	10 473
427	凯泽	1	55	6 927	7	73 423	10 355
883	蓝鸟	1	55	1 881	2	20 742	10 344
168	汤普森	1	14	7 004	7	83 006	10 315
954	蓝鸟	0	42	5 284	10	101 000	10 235
768	蓝鸟	0	42	3 173	7	71 778	10 227
490	蓝鸟	1	55	10 133	10	106 240	10 210
725	蓝鸟	0	55	2 356	5	57 065	10 209
45	凯泽	0	55	3 124	6	60 102	10 167
38	凯泽	1	14	5 976	6	61 662	10 140
314	汤普森	0	6	5 408	11	128 117	10 128
507	蓝鸟	0	55	3 690	7	72 849	10 095
40	蓝鸟	1	55	9 573	10	118 470	10 081
918	蓝鸟	0	55	2 470	5	53 620	10 075
387	蓝鸟	1	55	6 863	8	89 960	10 055
418	蓝鸟	0	55	4 513	9	104 715	10 000

A.4 数据集 4：苹果伍德汽车集团

年龄——购车时买家的年龄

利润——经销商在销售每辆车时赚取的金额

地点——经销商公司的位置

车辆类型——SUV、大轿车（Sedan）、小汽车（Compact）、混合动力型（Hybrid）、卡车（Truck）

购买记录——消费者之前在苹果伍德汽车集团四家经销店购买的车辆数量。

表 A-5 苹果伍德汽车集团数据

年龄	利润	地点	车辆类型	购买记录
21	1 387	蒂奥涅斯塔	大轿车	0
23	1 754	谢菲尔德	SUV	1
24	1 817	谢菲尔德	混合动力型	1
25	1 040	谢菲尔德	小汽车	0
26	1 273	凯恩	大轿车	1
27	1 529	谢菲尔德	大轿车	1
27	3 082	凯恩	卡车	0
28	1 951	凯恩	SUV	1
28	2 692	蒂奥涅斯塔	小汽车	0
29	1 206	谢菲尔德	大轿车	0
29	1 342	凯恩	大轿车	2
30	443	凯恩	大轿车	3
30	754	欧林	大轿车	2
30	1 621	谢菲尔德	卡车	1
31	870	蒂奥涅斯塔	大轿车	1
31	1 174	凯恩	卡车	0
31	1 412	谢菲尔德	大轿车	1
31	1 809	蒂奥涅斯塔	大轿车	1
31	2 415	凯恩	大轿车	0
32	1 546	谢菲尔德	卡车	3
32	2 148	蒂奥涅斯塔	SUV	2
32	2 207	谢菲尔德	小汽车	0
32	2 252	蒂奥涅斯塔	SUV	0
33	1 428	凯恩	SUV	2
33	1 889	欧林	SUV	1
34	1 166	欧林	大轿车	1
34	1 320	蒂奥涅斯塔	大轿车	1
34	2 265	欧林	大轿车	0
35	1 323	欧林	大轿车	2
35	1 761	凯恩	大轿车	1
35	1 919	蒂奥涅斯塔	SUV	1
36	2 357	凯恩	SUV	2
36	2 866	凯恩	大轿车	1

（续）

年龄	利润	地点	车辆类型	购买记录
37	732	欧林	SUV	1
37	1 464	欧林	大轿车	3
37	1 626	蒂奥涅斯塔	小汽车	4
37	1 761	欧林	SUV	1
37	1 915	蒂奥涅斯塔	SUV	2
37	2 119	凯恩	混合动力型	1
38	1 766	谢菲尔德	SUV	0
38	2 201	谢菲尔德	卡车	2
39	996	凯恩	小汽车	2
39	2 813	蒂奥涅斯塔	SUV	0
40	323	凯恩	大轿车	0
40	352	谢菲尔德	小汽车	0
40	482	欧林	大轿车	1
40	1 144	蒂奥涅斯塔	卡车	0
40	1 485	谢菲尔德	小汽车	0
40	1 509	凯恩	SUV	2
40	1 638	谢菲尔德	大轿车	0
40	1 961	谢菲尔德	大轿车	1
40	2 127	欧林	卡车	0
40	2 430	蒂奥涅斯塔	大轿车	1
41	1 704	谢菲尔德	大轿车	1
41	1 876	凯恩	大轿车	2
41	2 010	蒂奥涅斯塔	大轿车	1
41	2 165	蒂奥涅斯塔	SUV	0
41	2 231	蒂奥涅斯塔	SUV	2
41	2 389	凯恩	卡车	1
42	335	欧林	SUV	1
42	963	凯恩	大轿车	0
42	1 298	蒂奥涅斯塔	大轿车	1
42	1 410	凯恩	SUV	2
42	1 553	蒂奥涅斯塔	小汽车	0
42	1 648	欧林	SUV	0
42	2 071	凯恩	SUV	0
42	2 116	凯恩	小汽车	2
43	1 500	蒂奥涅斯塔	大轿车	0
43	1 549	凯恩	SUV	2
43	2 348	蒂奥涅斯塔	大轿车	0
43	2 498	蒂奥涅斯塔	SUV	1
44	294	凯恩	SUV	1
44	1 115	凯恩	卡车	0
44	1 124	蒂奥涅斯塔	小汽车	2
44	1 532	蒂奥涅斯塔	SUV	3
44	1 688	凯恩	大轿车	4

（续）

年龄	利润	地点	车辆类型	购买记录
44	1 822	凯恩	SUV	0
44	1 897	谢菲尔德	小汽车	0
44	2 445	凯恩	SUV	0
44	2 886	欧林	SUV	1
45	820	凯恩	小汽车	1
45	1 266	欧林	大轿车	0
45	1 741	欧林	小汽车	2
45	1 772	欧林	小汽车	1
45	1 932	蒂奥涅斯塔	大轿车	1
45	2 350	谢菲尔德	小汽车	0
45	2 422	凯恩	大轿车	1
45	2 446	欧林	小汽车	1
46	369	欧林	大轿车	1
46	978	凯恩	大轿车	1
46	1 238	谢菲尔德	小汽车	1
46	1 818	凯恩	SUV	0
46	1 824	欧林	卡车	0
46	1 907	欧林	大轿车	0
46	1 938	凯恩	大轿车	0
46	1 940	凯恩	卡车	3
46	2 197	谢菲尔德	大轿车	1
46	2 646	蒂奥涅斯塔	大轿车	2
47	1 461	凯恩	大轿车	0
47	1 731	蒂奥涅斯塔	小汽车	0
47	2 230	蒂奥涅斯塔	大轿车	1
47	2 341	谢菲尔德	SUV	1
47	3 292	欧林	大轿车	2
48	1 108	谢菲尔德	大轿车	1
48	1 295	谢菲尔德	SUV	1
48	1 344	谢菲尔德	SUV	0
48	1 906	凯恩	大轿车	1
48	1 952	蒂奥涅斯塔	小汽车	1
48	2 070	凯恩	SUV	1
48	2 454	凯恩	大轿车	1
49	1 606	欧林	小汽车	0
49	1 680	凯恩	SUV	3
49	1 827	蒂奥涅斯塔	卡车	3
49	1 915	蒂奥涅斯塔	SUV	1
49	2 084	蒂奥涅斯塔	大轿车	0
49	2 639	谢菲尔德	SUV	0
50	842	凯恩	SUV	0
50	1 963	谢菲尔德	大轿车	1
50	2 059	谢菲尔德	大轿车	1

（续）

年龄	利润	地点	车辆类型	购买记录
50	2 338	蒂奥涅斯塔	SUV	0
50	3 043	凯恩	大轿车	0
51	1 059	凯恩	SUV	1
51	1 674	谢菲尔德	大轿车	1
51	1 807	蒂奥涅斯塔	大轿车	1
51	2 056	谢菲尔德	混合动力型	0
51	2 236	蒂奥涅斯塔	SUV	2
51	2 928	凯恩	SUV	0
52	1 269	蒂奥涅斯塔	大轿车	1
52	1 717	谢菲尔德	SUV	3
52	1 797	凯恩	大轿车	1
52	1 955	欧林	混合动力型	2
52	2 199	蒂奥涅斯塔	SUV	0
52	2 482	欧林	小汽车	0
52	2 701	谢菲尔德	SUV	0
52	3 210	欧林	卡车	4
53	377	欧林	SUV	1
53	1 222	欧林	大轿车	0
53	1 401	蒂奥涅斯塔	SUV	2
53	2 175	欧林	大轿车	1
54	1 118	谢菲尔德	小汽车	1
54	2 584	欧林	小汽车	2
54	2 666	蒂奥涅斯塔	卡车	0
54	2 991	蒂奥涅斯塔	SUV	0
55	934	谢菲尔德	卡车	1
55	2 063	凯恩	SUV	1
55	2 083	谢菲尔德	大轿车	1
55	2 856	欧林	混合动力型	1
55	2 989	蒂奥涅斯塔	小汽车	1
56	910	谢菲尔德	SUV	0
56	1 536	凯恩	SUV	0
56	1 957	谢菲尔德	SUV	1
56	2 240	欧林	大轿车	0
56	2 695	凯恩	大轿车	2
57	1 325	欧林	大轿车	1
57	2 250	谢菲尔德	大轿车	2
57	2 279	谢菲尔德	混合动力型	1
57	2 626	谢菲尔德	大轿车	2
58	1 501	谢菲尔德	混合动力型	1
58	1 752	凯恩	大轿车	3
58	2 058	凯恩	SUV	1
58	2 370	蒂奥涅斯塔	小汽车	0
58	2 637	谢菲尔德	SUV	1

(续)

年龄	利润	地点	车辆类型	购买记录
59	1 426	谢菲尔德	大轿车	0
59	2 944	欧林	SUV	2
60	2 147	欧林	小汽车	2
61	1 973	凯恩	SUV	3
61	2 502	欧林	大轿车	0
62	783	谢菲尔德	混合动力型	1
62	1 538	欧林	卡车	1
63	2 339	欧林	小汽车	1
64	2 700	欧林	卡车	0
65	2 222	凯恩	卡车	1
65	2 597	谢菲尔德	卡车	0
65	2 742	蒂奥涅斯塔	SUV	2
68	1 837	谢菲尔德	大轿车	1
69	2 842	凯恩	SUV	0
70	2 434	欧林	大轿车	4
72	1 640	欧林	大轿车	1
72	1 821	蒂奥涅斯塔	SUV	1
73	2 487	欧林	小汽车	4

A.5 数据集5：银行业务数据集——世纪国家银行案例

余额 = 账户余额（美元）

ATM = 当月 ATM 交易次数

服务 = 使用其他银行服务的数量

借记卡 = 账户是否有借记卡（1= 有，0= 没有）

利息 = 账户收到利息（1= 是，0= 否）

城市 = 办理银行业务的城市

60 个账户信息如表 A-6 所示。

表 A-6 银行业务数据：世纪国家银行案例

余额	ATM	服务	借记卡	利息	城市	余额	ATM	服务	借记卡	利息	城市
1 756	13	4	0	1	2	1 958	6	2	1	0	2
748	9	2	1	0	1	634	2	7	1	0	4
1 501	10	1	0	0	1	580	4	1	0	0	1
1 831	10	4	0	1	3	1 320	4	5	1	0	1
1 622	14	6	0	1	4	1 675	6	7	1	0	2
1 886	17	3	0	1	1	789	8	4	0	0	4
740	6	3	0	0	3	1 735	12	7	0	1	3
1 593	10	8	1	0	1	1 784	11	5	0	0	1
1 169	6	4	0	0	4	1 326	16	8	0	0	3
2 125	18	6	0	0	2	2 051	14	4	1	0	4

(续)

余额	ATM	服务	借记卡	利息	城市	余额	ATM	服务	借记卡	利息	城市
1 554	12	6	1	0	3	1 044	7	5	1	0	1
1 474	12	7	1	0	1	1 885	10	6	1	1	2
1 913	6	5	0	0	1	1 790	11	4	0	1	3
1 218	10	3	1	0	1	765	4	3	0	0	4
1 006	12	4	0	0	1	1 645	6	9	0	1	4
2 215	20	3	1	0	4	32	2	0	0	0	3
137	7	2	0	0	3	1 266	11	7	0	0	4
167	5	4	0	0	4	890	7	1	0	1	1
343	7	2	0	0	1	2 204	14	5	0	0	2
2 557	20	7	1	0	4	2 409	16	8	0	0	2
2 276	15	4	1	0	3	1 338	14	4	1	0	2
1 494	11	2	0	1	1	2 076	12	5	1	0	2
2 144	17	3	0	0	3	1 708	13	3	1	0	1
1 995	10	7	0	0	2	2 138	18	5	0	1	4
1 053	8	4	1	0	3	2 375	12	4	0	0	2
1 526	8	4	0	1	2	1 455	9	5	1	1	3
1 120	8	6	1	0	3	1 487	8	4	1	0	4
1 838	7	5	1	1	3	1 125	6	4	1	0	2
1 746	11	2	0	0	2	1 989	12	3	0	1	2
1 616	10	4	1	1	2	2 156	14	5	1	0	2

附录 B
Appendix B

分　布

B.1　二项分布

表 B-1　二项分布表（n=1）

x \ π	0.05	0.10	0.20	0.30	0.40	0.50	0.60	0.70	0.80	0.90	0.95
0	0.950	0.900	0.800	0.700	0.600	0.500	0.400	0.300	0.200	0.100	0.050
1	0.050	0.100	0.200	0.300	0.400	0.500	0.600	0.700	0.800	0.900	0.950

表 B-2　二项分布表（n=2）

x \ π	0.05	0.10	0.20	0.30	0.40	0.50	0.60	0.70	0.80	0.90	0.95
0	0.903	0.810	0.640	0.490	0.360	0.250	0.160	0.090	0.040	0.010	0.003
1	0.095	0.180	0.320	0.420	0.480	0.500	0.480	0.420	0.320	0.180	0.095
2	0.003	0.010	0.040	0.090	0.160	0.250	0.360	0.490	0.640	0.810	0.903

表 B-3　二项分布表（n=3）

x \ π	0.05	0.10	0.20	0.30	0.40	0.50	0.60	0.70	0.80	0.90	0.95
0	0.857	0.729	0.512	0.343	0.216	0.125	0.064	0.027	0.008	0.001	0.000
1	0.135	0.243	0.384	0.441	0.432	0.375	0.288	0.189	0.096	0.027	0.007
2	0.007	0.027	0.096	0.189	0.288	0.375	0.432	0.441	0.384	0.243	0.135
3	0.000	0.001	0.008	0.027	0.064	0.125	0.216	0.343	0.512	0.729	0.857

表 B-4　二项分布表（n=4）

x \ π	0.05	0.10	0.20	0.30	0.40	0.50	0.60	0.70	0.80	0.90	0.95
0	0.815	0.656	0.410	0.240	0.130	0.063	0.026	0.008	0.002	0.000	0.000
1	0.171	0.292	0.410	0.412	0.346	0.250	0.154	0.076	0.026	0.004	0.000
2	0.014	0.049	0.154	0.265	0.346	0.375	0.346	0.265	0.154	0.049	0.014
3	0.000	0.004	0.026	0.076	0.154	0.250	0.346	0.412	0.410	0.292	0.171
4	0.000	0.000	0.002	0.008	0.026	0.063	0.130	0.240	0.410	0.656	0.815

表 B-5　二项分布表（$n=5$）

x \ π	0.05	0.10	0.20	0.30	0.40	0.50	0.60	0.70	0.80	0.90	0.95
0	0.774	0.590	0.328	0.168	0.078	0.031	0.010	0.002	0.000	0.000	0.000
1	0.204	0.328	0.410	0.360	0.259	0.156	0.077	0.028	0.006	0.000	0.000
2	0.021	0.073	0.205	0.309	0.346	0.313	0.230	0.132	0.051	0.008	0.001
3	0.001	0.008	0.051	0.132	0.230	0.313	0.346	0.309	0.205	0.073	0.021
4	0.000	0.000	0.006	0.028	0.077	0.156	0.259	0.360	0.410	0.328	0.204
5	0.000	0.000	0.000	0.002	0.010	0.031	0.078	0.168	0.328	0.590	0.774

表 B-6　二项分布表（$n=6$）

x \ π	0.05	0.10	0.20	0.30	0.40	0.50	0.60	0.70	0.80	0.90	0.95
0	0.735	0.531	0.262	0.118	0.047	0.016	0.004	0.001	0.000	0.000	0.000
1	0.232	0.354	0.393	0.303	0.187	0.094	0.037	0.010	0.002	0.000	0.000
2	0.031	0.098	0.246	0.324	0.311	0.234	0.138	0.060	0.015	0.001	0.000
3	0.002	0.015	0.082	0.185	0.276	0.313	0.276	0.185	0.082	0.015	0.002
4	0.000	0.001	0.015	0.060	0.138	0.234	0.311	0.324	0.246	0.098	0.031
5	0.000	0.000	0.002	0.010	0.037	0.094	0.187	0.303	0.393	0.354	0.232
6	0.000	0.000	0.000	0.001	0.004	0.016	0.047	0.118	0.262	0.531	0.735

表 B-7　二项分布表（$n=7$）

x \ π	0.05	0.10	0.20	0.30	0.40	0.50	0.60	0.70	0.80	0.90	0.95
0	0.698	0.478	0.210	0.082	0.028	0.008	0.002	0.000	0.000	0.000	0.000
1	0.257	0.372	0.367	0.247	0.131	0.055	0.017	0.004	0.000	0.000	0.000
2	0.041	0.124	0.275	0.318	0.261	0.164	0.077	0.025	0.004	0.000	0.000
3	0.004	0.023	0.115	0.227	0.290	0.273	0.194	0.097	0.029	0.003	0.000
4	0.000	0.003	0.029	0.097	0.194	0.273	0.290	0.227	0.115	0.023	0.004
5	0.000	0.000	0.004	0.025	0.077	0.164	0.261	0.318	0.275	0.124	0.041
6	0.000	0.000	0.000	0.004	0.017	0.055	0.131	0.247	0.367	0.372	0.257
7	0.000	0.000	0.000	0.000	0.002	0.008	0.028	0.082	0.210	0.478	0.698

表 B-8　二项分布表（$n=8$）

x \ π	0.05	0.10	0.20	0.30	0.40	0.50	0.60	0.70	0.80	0.90	0.95
0	0.663	0.430	0.168	0.058	0.017	0.004	0.001	0.000	0.000	0.000	0.000
1	0.279	0.383	0.336	0.198	0.090	0.031	0.008	0.001	0.000	0.000	0.000
2	0.051	0.149	0.294	0.296	0.209	0.109	0.041	0.010	0.001	0.000	0.000
3	0.005	0.033	0.147	0.254	0.279	0.219	0.124	0.047	0.009	0.000	0.000
4	0.000	0.005	0.046	0.136	0.232	0.273	0.232	0.136	0.046	0.005	0.000
5	0.000	0.000	0.009	0.047	0.124	0.219	0.279	0.254	0.147	0.033	0.005
6	0.000	0.000	0.001	0.010	0.041	0.109	0.209	0.296	0.294	0.149	0.051
7	0.000	0.000	0.000	0.001	0.008	0.031	0.090	0.198	0.336	0.383	0.279
8	0.000	0.000	0.000	0.000	0.001	0.004	0.017	0.058	0.168	0.430	0.663

表 B-9 二项分布表（n=9）

x \ π	0.05	0.10	0.20	0.30	0.40	0.50	0.60	0.70	0.80	0.90	0.95
0	0.630	0.387	0.134	0.040	0.010	0.002	0.000	0.000	0.000	0.000	0.000
1	0.299	0.387	0.302	0.156	0.060	0.018	0.004	0.000	0.000	0.000	0.000
2	0.063	0.172	0.302	0.267	0.161	0.070	0.021	0.004	0.000	0.000	0.000
3	0.008	0.045	0.176	0.267	0.251	0.164	0.074	0.021	0.003	0.000	0.000
4	0.001	0.007	0.066	0.172	0.251	0.246	0.167	0.074	0.017	0.001	0.000
5	0.000	0.001	0.017	0.074	0.167	0.246	0.251	0.172	0.066	0.007	0.001
6	0.000	0.000	0.003	0.021	0.074	0.164	0.251	0.267	0.176	0.045	0.008
7	0.000	0.000	0.000	0.004	0.021	0.070	0.161	0.267	0.302	0.172	0.063
8	0.000	0.000	0.000	0.000	0.004	0.018	0.060	0.156	0.302	0.387	0.299
9	0.000	0.000	0.000	0.000	0.000	0.002	0.010	0.040	0.134	0.387	0.630

表 B-10 二项分布表（n=10）

x \ π	0.05	0.10	0.20	0.30	0.40	0.50	0.60	0.70	0.80	0.90	0.95
0	0.599	0.349	0.107	0.028	0.006	0.001	0.000	0.000	0.000	0.000	0.000
1	0.315	0.387	0.268	0.121	0.040	0.010	0.002	0.000	0.000	0.000	0.000
2	0.075	0.194	0.302	0.233	0.121	0.044	0.011	0.001	0.000	0.000	0.000
3	0.010	0.057	0.201	0.267	0.215	0.117	0.042	0.009	0.001	0.000	0.000
4	0.001	0.011	0.088	0.200	0.251	0.205	0.111	0.037	0.006	0.000	0.000
5	0.000	0.001	0.026	0.103	0.201	0.246	0.201	0.103	0.026	0.001	0.000
6	0.000	0.000	0.006	0.037	0.111	0.205	0.251	0.200	0.088	0.011	0.001
7	0.000	0.000	0.001	0.009	0.042	0.117	0.215	0.267	0.201	0.057	0.010
8	0.000	0.000	0.000	0.001	0.011	0.044	0.121	0.233	0.302	0.194	0.075
9	0.000	0.000	0.000	0.000	0.002	0.010	0.040	0.121	0.268	0.387	0.315
10	0.000	0.000	0.000	0.000	0.000	0.001	0.006	0.028	0.107	0.349	0.599

表 B-11 二项分布表（n=11）

x \ π	0.05	0.10	0.20	0.30	0.40	0.50	0.60	0.70	0.80	0.90	0.95
0	0.569	0.314	0.086	0.020	0.004	0.000	0.000	0.000	0.000	0.000	0.000
1	0.329	0.384	0.236	0.093	0.027	0.005	0.001	0.000	0.000	0.000	0.000
2	0.087	0.213	0.295	0.200	0.089	0.027	0.005	0.001	0.000	0.000	0.000
3	0.014	0.071	0.221	0.257	0.177	0.081	0.023	0.004	0.000	0.000	0.000
4	0.001	0.016	0.111	0.220	0.236	0.161	0.070	0.017	0.002	0.000	0.000
5	0.000	0.002	0.039	0.132	0.221	0.226	0.147	0.057	0.010	0.000	0.000
6	0.000	0.000	0.010	0.057	0.147	0.226	0.221	0.132	0.039	0.002	0.000
7	0.000	0.000	0.002	0.017	0.070	0.161	0.236	0.220	0.111	0.016	0.001
8	0.000	0.000	0.000	0.004	0.023	0.081	0.177	0.257	0.221	0.071	0.014
9	0.000	0.000	0.000	0.001	0.005	0.027	0.089	0.200	0.295	0.213	0.087
10	0.000	0.000	0.000	0.000	0.001	0.005	0.027	0.093	0.236	0.384	0.329
11	0.000	0.000	0.000	0.000	0.000	0.000	0.004	0.020	0.086	0.314	0.569

表 B-12　二项分布表（n=12）

x \ π	0.05	0.10	0.20	0.30	0.40	0.50	0.60	0.70	0.80	0.90	0.95
0	0.540	0.282	0.069	0.014	0.002	0.000	0.000	0.000	0.000	0.000	0.000
1	0.341	0.377	0.206	0.071	0.017	0.003	0.000	0.000	0.000	0.000	0.000
2	0.099	0.230	0.283	0.168	0.064	0.016	0.002	0.000	0.000	0.000	0.000
3	0.017	0.085	0.236	0.240	0.142	0.054	0.012	0.001	0.000	0.000	0.000
4	0.002	0.021	0.133	0.231	0.213	0.121	0.042	0.008	0.001	0.000	0.000
5	0.000	0.004	0.053	0.158	0.227	0.193	0.101	0.029	0.003	0.000	0.000
6	0.000	0.000	0.016	0.079	0.177	0.226	0.177	0.079	0.016	0.000	0.000
7	0.000	0.000	0.003	0.029	0.101	0.193	0.227	0.158	0.053	0.004	0.000
8	0.000	0.000	0.001	0.008	0.042	0.121	0.213	0.231	0.133	0.021	0.002
9	0.000	0.000	0.000	0.001	0.012	0.054	0.142	0.240	0.236	0.085	0.017
10	0.000	0.000	0.000	0.000	0.002	0.016	0.064	0.168	0.283	0.230	0.099
11	0.000	0.000	0.000	0.000	0.000	0.003	0.017	0.071	0.206	0.377	0.341
12	0.000	0.000	0.000	0.000	0.000	0.000	0.002	0.014	0.069	0.282	0.540

表 B-13　二项分布表（n=13）

x \ π	0.05	0.10	0.20	0.30	0.40	0.50	0.60	0.70	0.80	0.90	0.95
0	0.513	0.254	0.055	0.010	0.001	0.000	0.000	0.000	0.000	0.000	0.000
1	0.351	0.367	0.179	0.054	0.011	0.002	0.000	0.000	0.000	0.000	0.000
2	0.111	0.245	0.268	0.139	0.045	0.010	0.001	0.000	0.000	0.000	0.000
3	0.021	0.100	0.246	0.218	0.111	0.035	0.006	0.001	0.000	0.000	0.000
4	0.003	0.028	0.154	0.234	0.184	0.087	0.024	0.003	0.000	0.000	0.000
5	0.000	0.006	0.069	0.180	0.221	0.157	0.066	0.014	0.001	0.000	0.000
6	0.000	0.001	0.023	0.103	0.197	0.209	0.131	0.044	0.006	0.000	0.000
7	0.000	0.000	0.006	0.044	0.131	0.209	0.197	0.103	0.023	0.001	0.000
8	0.000	0.000	0.001	0.014	0.066	0.157	0.221	0.180	0.069	0.006	0.000
9	0.000	0.000	0.000	0.003	0.024	0.087	0.184	0.234	0.154	0.028	0.003
10	0.000	0.000	0.000	0.001	0.006	0.035	0.111	0.218	0.246	0.100	0.021
11	0.000	0.000	0.000	0.000	0.001	0.010	0.045	0.139	0.268	0.245	0.111
12	0.000	0.000	0.000	0.000	0.000	0.002	0.011	0.054	0.179	0.367	0.351
13	0.000	0.000	0.000	0.000	0.000	0.000	0.001	0.010	0.055	0.254	0.513

表 B-14　二项分布表（n=14）

x \ π	0.05	0.10	0.20	0.30	0.40	0.50	0.60	0.70	0.80	0.90	0.95
0	0.488	0.229	0.044	0.007	0.001	0.000	0.000	0.000	0.000	0.000	0.000
1	0.359	0.356	0.154	0.041	0.007	0.001	0.000	0.000	0.000	0.000	0.000
2	0.123	0.257	0.250	0.113	0.032	0.006	0.001	0.000	0.000	0.000	0.000
3	0.026	0.114	0.250	0.194	0.085	0.022	0.003	0.000	0.000	0.000	0.000
4	0.004	0.035	0.172	0.229	0.155	0.061	0.014	0.001	0.000	0.000	0.000
5	0.000	0.008	0.086	0.196	0.207	0.122	0.041	0.007	0.000	0.000	0.000
6	0.000	0.001	0.032	0.126	0.207	0.183	0.092	0.023	0.002	0.000	0.000
7	0.000	0.000	0.009	0.062	0.157	0.209	0.157	0.062	0.009	0.000	0.000

（续）

x \ π	0.05	0.10	0.20	0.30	0.40	0.50	0.60	0.70	0.80	0.90	0.95
8	0.000	0.000	0.002	0.023	0.092	0.183	0.207	0.126	0.032	0.001	0.000
9	0.000	0.000	0.000	0.007	0.041	0.122	0.207	0.196	0.086	0.008	0.000
10	0.000	0.000	0.000	0.001	0.014	0.061	0.155	0.229	0.172	0.035	0.004
11	0.000	0.000	0.000	0.000	0.003	0.022	0.085	0.194	0.250	0.114	0.026
12	0.000	0.000	0.000	0.000	0.001	0.006	0.032	0.113	0.250	0.257	0.123
13	0.000	0.000	0.000	0.000	0.000	0.001	0.007	0.041	0.154	0.356	0.359
14	0.000	0.000	0.000	0.000	0.000	0.000	0.001	0.007	0.044	0.229	0.488

表 B-15　二项分布表（$n=15$）

x \ π	0.05	0.10	0.20	0.30	0.40	0.50	0.60	0.70	0.80	0.90	0.95
0	0.463	0.206	0.035	0.005	0.000	0.000	0.000	0.000	0.000	0.000	0.000
1	0.366	0.343	0.132	0.031	0.005	0.000	0.000	0.000	0.000	0.000	0.000
2	0.135	0.267	0.231	0.092	0.022	0.003	0.000	0.000	0.000	0.000	0.000
3	0.031	0.129	0.250	0.170	0.063	0.014	0.002	0.000	0.000	0.000	0.000
4	0.005	0.043	0.188	0.219	0.127	0.042	0.007	0.001	0.000	0.000	0.000
5	0.001	0.010	0.103	0.206	0.186	0.092	0.024	0.003	0.000	0.000	0.000
6	0.000	0.002	0.043	0.147	0.207	0.153	0.061	0.012	0.001	0.000	0.000
7	0.000	0.000	0.014	0.081	0.177	0.196	0.118	0.035	0.003	0.000	0.000
8	0.000	0.000	0.003	0.035	0.118	0.196	0.177	0.081	0.014	0.000	0.000
9	0.000	0.000	0.001	0.012	0.061	0.153	0.207	0.147	0.043	0.002	0.000
10	0.000	0.000	0.000	0.003	0.024	0.092	0.186	0.206	0.103	0.010	0.001
11	0.000	0.000	0.000	0.001	0.007	0.042	0.127	0.219	0.188	0.043	0.005
12	0.000	0.000	0.000	0.000	0.002	0.014	0.063	0.170	0.250	0.129	0.031
13	0.000	0.000	0.000	0.000	0.000	0.003	0.022	0.092	0.231	0.267	0.135
14	0.000	0.000	0.000	0.000	0.000	0.000	0.005	0.031	0.132	0.343	0.366
15	0.000	0.000	0.000	0.000	0.000	0.000	0.000	0.005	0.035	0.206	0.463

B.2　泊松分布

表 B-16　泊松分布表 1

x \ u	0.1	0.2	0.3	0.4	0.5	0.6	0.7	0.8	0.9
0	0.904 8	0.818 7	0.740 8	0.670 3	0.606 5	0.548 8	0.496 6	0.449 3	0.406 6
1	0.090 5	0.163 7	0.222 2	0.268 1	0.303 3	0.329 3	0.347 6	0.359 5	0.365 9
2	0.004 5	0.016 4	0.033 3	0.053 6	0.075 8	0.098 8	0.121 7	0.143 8	0.164 7
3	0.000 2	0.001 1	0.003 3	0.007 2	0.012 6	0.019 8	0.028 4	0.038 3	0.049 4
4	0.000 0	0.000 1	0.000 3	0.000 7	0.001 6	0.003 0	0.005 0	0.007 7	0.011 1
5	0.000 0	0.000 0	0.000 0	0.000 1	0.000 2	0.000 4	0.000 7	0.001 2	0.002 0
6	0.000 0	0.000 0	0.000 0	0.000 0	0.000 0	0.000 0	0.000 1	0.000 2	0.000 3
7	0.000 0	0.000 0	0.000 0	0.000 0	0.000 0	0.000 0	0.000 0	0.000 0	0.000 0

表 B-17 泊松分布表 2

x \ u	1.0	2.0	3.0	4.0	5.0	6.0	7.0	8.0	9.0
0	0.367 9	0.135 3	0.049 8	0.018 3	0.006 7	0.002 5	0.000 9	0.000 3	0.000 1
1	0.367 9	0.270 7	0.149 4	0.073 3	0.033 7	0.014 9	0.006 4	0.002 7	0.001 1
2	0.183 9	0.270 7	0.224 0	0.146 5	0.084 2	0.044 6	0.022 3	0.010 7	0.005 0
3	0.061 3	0.180 4	0.224 0	0.195 4	0.140 4	0.089 2	0.052 1	0.028 6	0.015 0
4	0.015 3	0.090 2	0.168 0	0.195 4	0.175 5	0.133 9	0.091 2	0.057 3	0.033 7
5	0.003 1	0.036 1	0.100 8	0.156 3	0.175 5	0.160 6	0.127 7	0.091 6	0.060 7
6	0.000 5	0.012 0	0.050 4	0.104 2	0.146 2	0.160 6	0.149 0	0.122 1	0.091 1
7	0.000 1	0.003 4	0.021 6	0.059 5	0.104 4	0.137 7	0.149 0	0.139 6	0.117 1
8	0.000 0	0.000 9	0.008 1	0.029 8	0.065 3	0.103 3	0.130 4	0.139 6	0.131 8
9	0.000 0	0.000 2	0.002 7	0.013 2	0.036 3	0.068 8	0.101 4	0.124 1	0.131 8
10	0.000 0	0.000 0	0.000 8	0.005 3	0.018 1	0.041 3	0.071 0	0.099 3	0.118 6
11	0.000 0	0.000 0	0.000 2	0.001 9	0.008 2	0.022 5	0.045 2	0.072 2	0.097 0
12	0.000 0	0.000 0	0.000 1	0.000 6	0.003 4	0.011 3	0.026 3	0.048 1	0.072 8
13	0.000 0	0.000 0	0.000 0	0.000 2	0.001 3	0.005 2	0.014 2	0.029 6	0.050 4
14	0.000 0	0.000 0	0.000 0	0.000 1	0.000 5	0.002 2	0.007 1	0.016 9	0.032 4
15	0.000 0	0.000 0	0.000 0	0.000 0	0.000 2	0.000 9	0.003 3	0.009 0	0.019 4
16	0.000 0	0.000 0	0.000 0	0.000 0	0.000 0	0.000 3	0.001 4	0.004 5	0.010 9
17	0.000 0	0.000 0	0.000 0	0.000 0	0.000 0	0.000 1	0.000 6	0.002 1	0.005 8
18	0.000 0	0.000 0	0.000 0	0.000 0	0.000 0	0.000 0	0.000 2	0.000 9	0.002 9
19	0.000 0	0.000 0	0.000 0	0.000 0	0.000 0	0.000 0	0.000 1	0.000 4	0.001 4
20	0.000 0	0.000 0	0.000 0	0.000 0	0.000 0	0.000 0	0.000 0	0.000 2	0.000 6
21	0.000 0	0.000 0	0.000 0	0.000 0	0.000 0	0.000 0	0.000 0	0.000 1	0.000 3
22	0.000 0	0.000 0	0.000 0	0.000 0	0.000 0	0.000 0	0.000 0	0.000 0	0.000 1

B.3 正态曲线下的面积

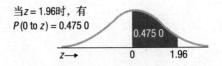

当 $z = 1.96$ 时，有 $P(0 \text{ to } z) = 0.475\ 0$

表 B-18 正态分布表

z	0.00	0.01	0.02	0.03	0.04	0.05	0.06	0.07	0.08	0.09
0.0	0.000 0	0.004 0	0.008 0	0.012 0	0.016 0	0.019 9	0.023 9	0.027 9	0.031 9	0.035 9
0.1	0.039 8	0.043 8	0.047 8	0.051 7	0.055 7	0.059 6	0.063 6	0.067 5	0.071 4	0.075 3
0.2	0.079 3	0.083 2	0.087 1	0.091 0	0.094 8	0.098 7	0.102 6	0.106 4	0.110 3	0.114 1
0.3	0.117 9	0.121 7	0.125 5	0.129 3	0.133 1	0.136 8	0.140 6	0.144 3	0.148 0	0.151 7
0.4	0.155 4	0.159 1	0.162 8	0.166 4	0.170 0	0.173 6	0.177 2	0.180 8	0.184 4	0.187 9
0.5	0.191 5	0.195 0	0.198 5	0.201 9	0.205 4	0.208 8	0.212 3	0.215 7	0.219 0	0.222 4
0.6	0.225 7	0.229 1	0.232 4	0.235 7	0.238 9	0.242 2	0.245 4	0.248 6	0.251 7	0.254 9
0.7	0.258 0	0.261 1	0.264 2	0.267 3	0.270 4	0.273 4	0.276 4	0.279 4	0.282 3	0.285 2
0.8	0.288 1	0.291 0	0.293 9	0.296 7	0.299 5	0.302 3	0.305 1	0.307 8	0.310 6	0.313 3

（续）

z	0.00	0.01	0.02	0.03	0.04	0.05	0.06	0.07	0.08	0.09
0.9	0.315 9	0.318 6	0.321 2	0.323 8	0.326 4	0.328 9	0.331 5	0.334 0	0.336 5	0.338 9
1.0	0.341 3	0.343 8	0.346 1	0.348 5	0.350 8	0.353 1	0.355 4	0.357 7	0.359 9	0.362 1
1.1	0.364 3	0.366 5	0.368 6	0.370 8	0.372 9	0.374 9	0.377 0	0.379 0	0.381 0	0.383 0
1.2	0.384 9	0.386 9	0.388 8	0.390 7	0.392 5	0.394 4	0.396 2	0.398 0	0.399 7	0.401 5
1.3	0.403 2	0.404 9	0.406 6	0.408 2	0.409 9	0.411 5	0.413 1	0.414 7	0.416 2	0.417 7
1.4	0.419 2	0.420 7	0.422 2	0.423 6	0.425 1	0.426 5	0.427 9	0.429 2	0.430 6	0.431 9
1.5	0.433 2	0.434 5	0.435 7	0.437 0	0.438 2	0.439 4	0.440 6	0.441 8	0.442 9	0.444 1
1.6	0.445 2	0.446 3	0.447 4	0.448 4	0.449 5	0.450 5	0.451 5	0.452 5	0.453 5	0.454 5
1.7	0.455 4	0.456 4	0.457 3	0.458 2	0.459 1	0.459 9	0.460 8	0.461 6	0.462 5	0.463 3
1.8	0.464 1	0.464 9	0.465 6	0.466 4	0.467 1	0.467 8	0.468 6	0.469 3	0.469 9	0.470 6
1.9	0.471 3	0.471 9	0.472 6	0.473 2	0.473 8	0.474 4	0.475 0	0.475 6	0.476 1	0.476 7
2.0	0.477 2	0.477 8	0.478 3	0.478 8	0.479 3	0.479 8	0.480 3	0.480 8	0.481 2	0.481 7
2.1	0.482 1	0.482 6	0.483 0	0.483 4	0.483 8	0.484 2	0.484 6	0.485 0	0.485 4	0.485 7
2.2	0.486 1	0.486 4	0.486 8	0.487 1	0.487 5	0.487 8	0.488 1	0.488 4	0.488 7	0.489 0
2.3	0.489 3	0.489 6	0.489 8	0.490 1	0.490 4	0.490 6	0.490 9	0.491 1	0.491 3	0.491 6
2.4	0.491 8	0.492 0	0.492 2	0.492 5	0.492 7	0.492 9	0.493 1	0.493 2	0.493 4	0.493 6
2.5	0.493 8	0.494 0	0.494 1	0.494 3	0.494 5	0.494 6	0.494 8	0.494 9	0.495 1	0.495 2
2.6	0.495 3	0.495 5	0.495 6	0.495 7	0.495 9	0.496 0	0.496 1	0.496 2	0.496 3	0.496 4
2.7	0.496 5	0.496 6	0.496 7	0.496 8	0.496 9	0.497 0	0.497 1	0.497 2	0.497 3	0.497 4
2.8	0.497 4	0.497 5	0.497 6	0.497 7	0.497 7	0.497 8	0.497 9	0.497 9	0.498 0	0.498 1
2.9	0.498 1	0.498 2	0.498 2	0.498 3	0.498 4	0.498 4	0.498 5	0.498 5	0.498 6	0.498 6
3.0	0.498 7	0.498 7	0.498 7	0.498 8	0.498 8	0.498 9	0.498 9	0.498 9	0.499 0	0.499 0

B.4 随机数表

表 B-19 随机数表

02711	08182	75997	79866	58095	83319	80295	79741	74599	84379
94873	90935	31684	63952	09865	14491	99518	93394	34691	14985
54921	78680	06635	98689	17306	25170	65928	87709	30533	89736
77640	97636	37397	93379	56454	59818	45827	74164	71666	46977
61545	00835	93251	87203	36759	49197	85967	01704	19634	21898
17147	19519	22497	16857	42426	84822	92598	49186	88247	39967
13748	04742	92460	85801	53444	65626	58710	55406	17173	69776
87455	14813	50373	28037	91182	32786	65261	11173	34376	36408
08999	57409	91185	10200	61411	23392	47797	56377	71635	08601
78804	81333	53809	32471	46034	36306	22498	19239	85428	55721
82173	26921	28472	98958	07960	66124	89731	95069	18625	92405
97594	25168	89178	68190	05043	17407	48201	83917	11413	72920
73881	67176	93504	42636	38233	16154	96451	57925	29667	30859
46071	22912	90326	42453	88108	72064	58601	32357	90610	32921
44492	19686	12495	93135	95185	77799	52441	88272	22024	80631
31864	72170	37722	55794	14636	05148	54505	50113	21119	25228

（续）

51574	90692	43339	65689	76539	27909	05467	21727	51141	72949
35350	76132	92925	92124	92634	35681	43690	89136	35599	84138
46943	36502	01172	46045	46991	33804	80006	35542	61056	75666
22665	87226	33304	57975	03985	21566	65796	72915	81466	89205
39437	97957	11838	10433	21564	51570	73558	27495	34533	57808
77082	47784	40098	97962	89845	28392	78187	06112	08169	11261
24544	25649	43370	28007	06779	72402	62632	53956	24709	06978
27503	15558	37738	24849	70722	71859	83736	06016	94397	12529
24590	24545	06435	52758	45685	90151	46516	49644	92686	84870
48155	86226	40359	28723	15364	69125	12609	57171	86857	31702
20226	53752	90648	24362	83314	00014	19207	69413	97016	86290
70178	73444	38790	53626	93780	18629	68766	24371	74639	30782
10169	41465	51935	05711	09799	79077	88159	33437	68519	03040
81084	03701	28598	70013	63794	53169	97054	60303	23259	96196
69202	20777	21727	81511	51887	16175	53746	46516	70339	62727
80561	95787	89426	93325	86412	57479	54194	52153	19197	81877
08199	26703	95128	48599	09333	12584	24374	31232	61782	44032
98883	28220	39358	53720	80161	83371	15181	11131	12219	55920
84568	69286	76054	21615	80883	36797	82845	39139	90900	18172
04269	35173	95745	53893	86022	77722	52498	84193	22448	22571
10538	13124	36099	13140	37706	44562	57179	44693	67877	01549
77843	24955	25900	63843	95029	93859	93634	20205	66294	41218
12034	94636	49455	76362	83532	31062	69903	91186	65768	55949
10524	72829	47641	93315	80875	28090	97728	52560	34937	79548
68935	76632	46984	61772	92786	22651	07086	89754	44143	97687
89450	65665	29190	43709	11172	34481	95977	47535	25658	73898
90696	20451	24211	97310	60446	73530	62865	96574	13829	72226
49006	32047	93086	00112	20470	17136	28255	86328	07293	38809
74591	87025	52368	59416	34417	70557	86746	55809	53628	12000
06315	17012	77103	00968	07235	10728	42189	33292	51487	64443
62386	09184	62092	46617	99419	64230	95034	85481	07857	42510
86848	82122	04028	36959	87827	12813	08627	80699	13345	51695
65643	69480	46598	04501	40403	91408	32343	48130	49303	90689
11084	46534	78957	77353	39578	77868	22970	84349	09184	70603

B.5 t 分布表

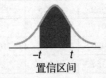
置信区间

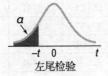
左尾检验

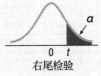
右尾检验

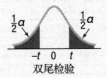
双尾检验

表 B-20　t 分布表

df	置信区间, C					
	80%	90%	95%	98%	99%	99.90%
	单尾检验的显著性水平, α					
	0.10	0.05	0.025	0.01	0.005	0.0005
	双尾检验的显著性水平, α					
	0.20	0.10	0.05	0.02	0.01	0.001
1	3.078	6.314	12.706	31.821	63.657	636.619
2	1.886	2.920	4.303	6.965	9.925	31.599
3	1.638	2.353	3.182	4.541	5.841	12.924
4	1.533	2.132	2.776	3.747	4.604	8.610
5	1.476	2.015	2.571	3.365	4.032	6.869
6	1.440	1.943	2.447	3.143	3.707	5.959
7	1.415	1.895	2.365	2.998	3.499	5.408
8	1.397	1.860	2.306	2.896	3.355	5.041
9	1.383	1.833	2.262	2.821	3.250	4.781
10	1.372	1.812	2.228	2.764	3.169	4.587
11	1.363	1.796	2.201	2.718	3.106	4.437
12	1.356	1.782	2.179	2.681	3.055	4.318
13	1.350	1.771	2.160	2.650	3.012	4.221
14	1.345	1.761	2.145	2.624	2.977	4.140
15	1.341	1.753	2.131	2.602	2.947	4.073
16	1.337	1.746	2.120	2.583	2.921	4.015
17	1.333	1.740	2.110	2.567	2.898	3.965
18	1.330	1.734	2.101	2.552	2.878	3.922
19	1.328	1.729	2.093	2.539	2.861	3.883
20	1.325	1.725	2.086	2.528	2.845	3.850
21	1.323	1.721	2.080	2.518	2.831	3.819
22	1.321	1.717	2.074	2.508	2.819	3.792
23	1.319	1.714	2.069	2.500	2.807	3.768
24	1.318	1.711	2.064	2.492	2.797	3.745
25	1.316	1.708	2.060	2.485	2.787	3.725
26	1.315	1.706	2.056	2.479	2.779	3.707
27	1.314	1.703	2.052	2.473	2.771	3.690
28	1.313	1.701	2.048	2.467	2.763	3.674
29	1.311	1.699	2.045	2.462	2.756	3.659
30	1.310	1.697	2.042	2.457	2.750	3.646
31	1.309	1.696	2.040	2.453	2.744	3.633
32	1.309	1.694	2.037	2.449	2.738	3.622
33	1.308	1.692	2.035	2.445	2.733	3.611
34	1.307	1.691	2.032	2.441	2.728	3.601
35	1.306	1.690	2.030	2.438	2.724	3.591
36	1.306	1.688	2.028	2.434	2.719	3.582
37	1.305	1.687	2.026	2.431	2.715	3.574
38	1.304	1.686	2.024	2.429	2.712	3.566

(续)

	置信区间，C					
	80%	90%	95%	98%	99%	99.90%
	单尾检验的显著性水平，α					
df	0.10	0.05	0.025	0.01	0.005	0.000 5
	双尾检验的显著性水平，α					
	0.20	0.10	0.05	0.02	0.01	0.001
39	1.304	1.685	2.023	2.426	2.708	3.558
40	1.303	1.684	2.021	2.423	2.704	3.551
41	1.303	1.683	2.020	2.421	2.701	3.544
42	1.302	1.682	2.018	2.418	2.698	3.538
43	1.302	1.681	2.017	2.416	2.695	3.532
44	1.301	1.680	2.015	2.414	2.692	3.526
45	1.301	1.679	2.014	2.412	2.690	3.520
46	1.300	1.679	2.013	2.410	2.687	3.515
47	1.300	1.678	2.012	2.408	2.685	3.510
48	1.299	1.677	2.011	2.407	2.682	3.505
49	1.299	1.677	2.010	2.405	2.680	3.500
50	1.299	1.676	2.009	2.403	2.678	3.496
51	1.298	1.675	2.008	2.402	2.676	3.492
52	1.298	1.675	2.007	2.400	2.674	3.488
53	1.298	1.674	2.006	2.399	2.672	3.484
54	1.297	1.674	2.005	2.397	2.670	3.480
55	1.297	1.673	2.004	2.396	2.668	3.476
56	1.297	1.673	2.003	2.395	2.667	3.473
57	1.297	1.672	2.002	2.394	2.665	3.470
58	1.296	1.672	2.002	2.392	2.663	3.466
59	1.296	1.671	2.001	2.391	2.662	3.463
60	1.296	1.671	2.000	2.390	2.660	3.460
61	1.296	1.670	2.000	2.389	2.659	3.457
62	1.295	1.670	1.999	2.388	2.657	3.454
63	1.295	1.669	1.998	2.387	2.656	3.452
64	1.295	1.669	1.998	2.386	2.655	3.449
65	1.295	1.669	1.997	2.385	2.654	3.447
66	1.295	1.668	1.997	2.384	2.652	3.444
67	1.294	1.668	1.996	2.383	2.651	3.442
68	1.294	1.668	1.995	2.382	2.650	3.439
69	1.294	1.667	1.995	2.382	2.649	3.437
70	1.294	1.667	1.994	2.381	2.648	3.435
71	1.294	1.667	1.994	2.380	2.647	3.433
72	1.293	1.666	1.993	2.379	2.646	3.431
73	1.293	1.666	1.993	2.379	2.645	3.429
74	1.293	1.666	1.993	2.378	2.644	3.427
75	1.293	1.665	1.992	2.377	2.643	3.425
76	1.293	1.665	1.992	2.376	2.642	3.423

（续）

df	置信区间, C					
	80%	90%	95%	98%	99%	99.90%
	单尾检验的显著性水平, α					
	0.10	0.05	0.025	0.01	0.005	0.0005
	双尾检验的显著性水平, α					
	0.20	0.10	0.05	0.02	0.01	0.001
77	1.293	1.665	1.991	2.376	2.641	3.421
78	1.292	1.665	1.991	2.375	2.640	3.420
79	1.292	1.664	1.990	2.374	2.640	3.418
80	1.292	1.664	1.990	2.374	2.639	3.416
81	1.292	1.664	1.990	2.373	2.638	3.415
82	1.292	1.664	1.989	2.373	2.637	3.413
83	1.292	1.663	1.989	2.372	2.636	3.412
84	1.292	1.663	1.989	2.372	2.636	3.410
85	1.292	1.663	1.988	2.371	2.635	3.409
86	1.291	1.663	1.988	2.370	2.634	3.407
87	1.291	1.663	1.988	2.370	2.634	3.406
88	1.291	1.662	1.987	2.369	2.633	3.405
89	1.291	1.662	1.987	2.369	2.632	3.403
90	1.291	1.662	1.987	2.368	2.632	3.402
91	1.291	1.662	1.986	2.368	2.631	3.401
92	1.291	1.662	1.986	2.368	2.630	3.399
93	1.291	1.661	1.986	2.367	2.630	3.398
94	1.291	1.661	1.986	2.367	2.629	3.397
95	1.291	1.661	1.985	2.366	2.629	3.396
96	1.290	1.661	1.985	2.366	2.628	3.395
97	1.290	1.661	1.985	2.365	2.627	3.394
98	1.290	1.661	1.984	2.365	2.627	3.393
99	1.290	1.660	1.984	2.365	2.626	3.392
100	1.290	1.660	1.984	2.364	2.626	3.390
120	1.289	1.658	1.980	2.358	2.617	3.373
140	1.288	1.656	1.977	2.353	2.611	3.361
160	1.287	1.654	1.975	2.350	2.607	3.352
180	1.286	1.653	1.973	2.347	2.603	3.345
200	1.286	1.653	1.972	2.345	2.601	3.340
∞	1.282	1.645	1.960	2.326	2.576	3.291

B.6A F 分布的临界值（$\alpha=0.05$）

表 B-21　F 分布的临界值 (α=0.05)

		分子自由度													
		1	2	3	4	5	6	7	8	9	10	12	15	20	24	30	40
分母自由度	1	161	200	216	225	230	234	237	239	241	242	244	246	248	249	250	251
	2	18.5	19.0	19.2	19.2	19.3	19.3	19.4	19.4	19.4	19.4	19.4	19.4	19.4	19.5	19.5	19.5
	3	10.1	9.55	9.28	9.12	9.01	8.94	8.89	8.85	8.81	8.79	8.74	8.70	8.66	8.64	8.62	8.59
	4	7.71	6.94	6.59	6.39	6.26	6.16	6.09	6.04	6.00	5.96	5.91	5.86	5.80	5.77	5.75	5.72
	5	6.61	5.79	5.41	5.19	5.05	4.95	4.88	4.82	4.77	4.74	4.68	4.62	4.56	4.53	4.50	4.46
	6	5.99	5.14	4.76	4.53	4.39	4.28	4.21	4.15	4.10	4.06	4.00	3.94	3.87	3.84	3.81	3.77
	7	5.59	4.74	4.35	4.12	3.97	3.87	3.79	3.73	3.68	3.64	3.57	3.51	3.44	3.41	3.38	3.34
	8	5.32	4.46	4.07	3.84	3.69	3.58	3.50	3.44	3.39	3.35	3.28	3.22	3.15	3.12	3.08	3.04
	9	5.12	4.26	3.86	3.63	3.48	3.37	3.29	3.23	3.18	3.14	3.07	3.01	2.94	2.90	2.86	2.83
	10	4.96	4.10	3.71	3.48	3.33	3.22	3.14	3.07	3.02	2.98	2.91	2.85	2.77	2.74	2.70	2.66
	11	4.84	3.98	3.59	3.36	3.20	3.09	3.01	2.95	2.90	2.85	2.79	2.72	2.65	2.61	2.57	2.53
	12	4.75	3.89	3.49	3.26	3.11	3.00	2.91	2.85	2.80	2.75	2.69	2.62	2.54	2.51	2.47	2.43
	13	4.67	3.81	3.41	3.18	3.03	2.92	2.83	2.77	2.71	2.67	2.60	2.53	2.46	2.42	2.38	2.34
	14	4.60	3.74	3.34	3.11	2.96	2.85	2.76	2.70	2.65	2.60	2.53	2.46	2.39	2.35	2.31	2.27
	15	4.54	3.68	3.29	3.06	2.90	2.79	2.71	2.64	2.59	2.54	2.48	2.40	2.33	2.29	2.25	2.20
	16	4.49	3.63	3.24	3.01	2.85	2.74	2.66	2.59	2.54	2.49	2.42	2.35	2.28	2.24	2.19	2.15
	17	4.45	3.59	3.20	2.96	2.81	2.70	2.61	2.55	2.49	2.45	2.38	2.31	2.23	2.19	2.15	2.10
	18	4.41	3.55	3.16	2.93	2.77	2.66	2.58	2.51	2.46	2.41	2.34	2.27	2.19	2.15	2.11	2.06
	19	4.38	3.52	3.13	2.90	2.74	2.63	2.54	2.48	2.42	2.38	2.31	2.23	2.16	2.11	2.07	2.03
	20	4.35	3.49	3.10	2.87	2.71	2.60	2.51	2.45	2.39	2.35	2.28	2.20	2.12	2.08	2.04	1.99
	21	4.32	3.47	3.07	2.84	2.68	2.57	2.49	2.42	2.37	2.32	2.25	2.18	2.10	2.05	2.01	1.96
	22	4.30	3.44	3.05	2.82	2.66	2.55	2.46	2.40	2.34	2.30	2.23	2.15	2.07	2.03	1.98	1.94
	23	4.28	3.42	3.03	2.80	2.64	2.53	2.44	2.37	2.32	2.27	2.20	2.13	2.05	2.01	1.96	1.91
	24	4.26	3.40	3.01	2.78	2.62	2.51	2.42	2.36	2.30	2.25	2.18	2.11	2.03	1.98	1.94	1.89
	25	4.24	3.39	2.99	2.76	2.60	2.49	2.40	2.34	2.28	2.24	2.16	2.09	2.01	1.96	1.92	1.87
	30	4.17	3.32	2.92	2.69	2.53	2.42	2.33	2.27	2.21	2.16	2.09	2.01	1.93	1.89	1.84	1.79
	40	4.08	3.23	2.84	2.61	2.45	2.34	2.25	2.18	2.12	2.08	2.00	1.92	1.84	1.79	1.74	1.69
	60	4.00	3.15	2.76	2.53	2.37	2.25	2.17	2.10	2.04	1.99	1.92	1.84	1.75	1.70	1.65	1.59
	120	3.92	3.07	2.68	2.45	2.29	2.18	2.09	2.02	1.96	1.91	1.83	1.75	1.66	1.61	1.55	1.50
	∞	3.84	3.00	2.60	2.37	2.21	2.10	2.01	1.94	1.88	1.83	1.75	1.67	1.57	1.52	1.46	1.39

B.6B　F 分布的临界值（α=0.01）

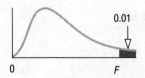

表 B-22 F 分布的临界值 (α=0.01)

		分子自由度														
		1	2	3	4	5	6	7	8	9	10	12	15	20	24	30	40
分母自由度	1	4052	5000	5403	5625	5764	5859	5928	5981	6022	6056	6106	6157	6209	6235	6261	6287
	2	98.5	99.0	99.2	99.2	99.3	99.3	99.4	99.4	99.4	99.4	99.4	99.4	99.4	99.5	99.5	99.5
	3	34.1	30.8	29.5	28.7	28.2	27.9	27.7	27.5	27.3	27.2	27.1	26.9	26.7	26.6	26.5	26.4
	4	21.2	18.0	16.7	16.0	15.5	15.2	15.0	14.8	14.7	14.5	14.4	14.2	14.0	13.9	13.8	13.7
	5	16.3	13.3	12.1	11.4	11.0	10.7	10.5	10.3	10.2	10.1	9.89	9.72	9.55	9.47	9.38	9.29
	6	13.7	10.9	9.78	9.15	8.75	8.47	8.26	8.10	7.98	7.87	7.72	7.56	7.40	7.31	7.23	7.14
	7	12.2	9.55	8.45	7.85	7.46	7.19	6.99	6.84	6.72	6.62	6.47	6.31	6.16	6.07	5.99	5.91
	8	11.3	8.65	7.59	7.01	6.63	6.37	6.18	6.03	5.91	5.81	5.67	5.52	5.36	5.28	5.20	5.12
	9	10.6	8.02	6.99	6.42	6.06	5.80	5.61	5.47	5.35	5.26	5.11	4.96	4.81	4.73	4.65	4.57
	10	10.0	7.56	6.55	5.99	5.64	5.39	5.20	5.06	4.94	4.85	4.71	4.56	4.41	4.33	4.25	4.17
	11	9.65	7.21	6.22	5.67	5.32	5.07	4.89	4.74	4.63	4.54	4.40	4.25	4.10	4.02	3.94	3.86
	12	9.33	6.93	5.95	5.41	5.06	4.82	4.64	4.50	4.39	4.30	4.16	4.01	3.86	3.78	3.70	3.62
	13	9.07	6.70	5.74	5.21	4.86	4.62	4.44	4.30	4.19	4.10	3.96	3.82	3.66	3.59	3.51	3.43
	14	8.86	6.51	5.56	5.04	4.69	4.46	4.28	4.14	4.03	3.94	3.80	3.66	3.51	3.43	3.35	3.27
	15	8.68	6.36	5.42	4.89	4.56	4.32	4.14	4.00	3.89	3.80	3.67	3.52	3.37	3.29	3.21	3.13
	16	8.53	6.23	5.29	4.77	4.44	4.20	4.03	3.89	3.78	3.69	3.55	3.41	3.26	3.18	3.10	3.02
	17	8.40	6.11	5.18	4.67	4.34	4.10	3.93	3.79	3.68	3.59	3.46	3.31	3.16	3.08	3.00	2.92
	18	8.29	6.01	5.09	4.58	4.25	4.01	3.84	3.71	3.60	3.51	3.37	3.23	3.08	3.00	2.92	2.84
	19	8.18	5.93	5.01	4.50	4.17	3.94	3.77	3.63	3.52	3.43	3.30	3.15	3.00	2.92	2.84	2.76
	20	8.10	5.85	4.94	4.43	4.10	3.87	3.70	3.56	3.46	3.37	3.23	3.09	2.94	2.86	2.78	2.69
	21	8.02	5.78	4.87	4.37	4.04	3.81	3.64	3.51	3.40	3.31	3.17	3.03	2.88	2.80	2.72	2.64
	22	7.95	5.72	4.82	4.31	3.99	3.76	3.59	3.45	3.35	3.26	3.12	2.98	2.83	2.75	2.67	2.58
	23	7.88	5.66	4.76	4.26	3.94	3.71	3.54	3.41	3.30	3.21	3.07	2.93	2.78	2.70	2.62	2.54
	24	7.82	5.61	4.72	4.22	3.90	3.67	3.50	3.36	3.26	3.17	3.03	2.89	2.74	2.66	2.58	2.49
	25	7.77	5.57	4.68	4.18	3.85	3.63	3.46	3.32	3.22	3.13	2.99	2.85	2.70	2.62	2.54	2.45
	30	7.56	5.39	4.51	4.02	3.70	3.47	3.30	3.17	3.07	2.98	2.84	2.70	2.55	2.47	2.39	2.30
	40	7.31	5.18	4.31	3.83	3.51	3.29	3.12	2.99	2.89	2.80	2.66	2.52	2.37	2.29	2.20	2.11
	60	7.08	4.98	4.13	3.65	3.34	3.12	2.95	2.82	2.72	2.63	2.50	2.35	2.20	2.12	2.03	1.94
	120	6.85	4.79	3.95	3.48	3.17	2.96	2.79	2.66	2.56	2.47	2.34	2.19	2.03	1.95	1.86	1.76
	∞	6.63	4.61	3.78	3.32	3.02	2.80	2.64	2.51	2.41	2.32	2.18	2.04	1.88	1.79	1.70	1.59

B.7 卡方分布的临界值

本表包含给定右尾区域和自由度相对应的 χ^2 值。

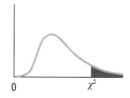

例:自由度为 17、右尾区域为 0.02,对应的 χ^2=30.995

表 B-23 卡方分布的临界值

df	右尾区域				df	右尾区域			
	0.10	0.05	0.02	0.01		0.10	0.05	0.02	0.01
1	2.706	3.841	5.412	6.635	16	23.542	26.296	29.633	32.000
2	4.605	5.991	7.824	9.210	17	24.769	27.587	30.995	33.409
3	6.251	7.815	9.837	11.345	18	25.989	28.869	32.346	34.805
4	7.779	9.488	11.668	13.277	19	27.204	30.144	33.687	36.191
5	9.236	11.070	13.388	15.086	20	28.412	31.410	35.020	37.566
6	10.645	12.592	15.033	16.812	21	29.615	32.671	36.343	38.932
7	12.017	14.067	16.622	18.475	22	30.813	33.924	37.659	40.289
8	13.362	15.507	18.168	20.090	23	32.007	35.172	38.968	41.638
9	14.684	16.919	19.679	21.666	24	33.196	36.415	40.270	42.980
10	15.987	18.307	21.161	23.209	25	34.382	37.652	41.566	44.314
11	17.275	19.675	22.618	24.725	26	35.563	38.885	42.856	45.642
12	18.549	21.026	24.054	26.217	27	36.741	40.113	44.140	46.963
13	19.812	22.362	25.472	27.688	28	37.916	41.337	45.419	48.278
14	21.064	23.685	26.873	29.141	29	39.087	42.557	46.693	49.588
15	22.307	24.996	28.259	30.578	30	40.256	43.773	47.962	50.892

B.8 Wilcoxon T 值

表 B-24 Wilcoxon T 值

n	2α						
	0.15	0.10	0.05	0.04	0.03	0.02	0.01
	α						
	0.075	0.050	0.025	0.000	0.015	0.010	0.005
4	0						
5	1	0					
6	2	2	0	0			
7	4	3	2	1	0	0	
8	7	5	3	3	2	1	0
9	9	8	5	5	4	3	1
10	12	10	8	7	6	5	3
11	16	13	10	9	8	7	5
12	19	17	13	12	11	9	7
13	24	21	17	16	14	12	9
14	28	25	21	19	18	15	12
15	33	30	25	23	21	19	15
16	39	35	29	28	26	23	19
17	45	41	34	33	30	27	23
18	51	47	40	38	35	32	27
19	58	53	46	43	41	37	32
20	65	60	52	50	47	43	37
21	73	67	58	56	53	49	42

(续)

n	2α						
	0.15	0.10	0.05	0.04	0.03	0.02	0.01
	α						
	0.075	0.050	0.025	0.000	0.015	0.010	0.005
22	81	75	65	63	59	55	48
23	89	83	73	70	66	62	54
24	98	91	81	78	74	69	61
25	108	100	89	86	82	76	68
26	118	110	98	94	90	84	75
27	128	119	107	103	99	92	83
28	138	130	116	112	108	101	91
29	150	140	126	122	117	110	100
30	161	151	137	132	127	120	109
31	173	163	147	143	137	130	118
32	186	175	159	154	148	140	128
33	199	187	170	165	159	151	138
34	212	200	182	177	171	162	148
35	226	213	195	189	182	173	159
40	302	286	264	257	249	238	220
50	487	466	434	425	413	397	373
60	718	690	648	636	620	600	567
70	995	960	907	891	872	846	805
80	1 318	1 276	1 211	1 192	1 168	1 136	1 086
90	1 688	1 638	1 560	1 537	1 509	1 471	1 410
100	2 105	2 045	1 955	1 928	1 894	1 850	1 779

B.9A 杜宾统计量临界值（$\alpha=0.05$）

表 B-25 杜宾统计量临界值（$\alpha=0.05$）

n	k=1		k=2		k=3		k=4		k=5	
	$d_{L, 0.05}$	$d_{U, 0.05}$	$d_{L, 0.05}$	$d_{U, 0.05}$	$d_{L, 0.05}$	$d_{U, 0.05}$	$d_{L, 0.05}$	$d_{U, 0.05}$	$d_{L, 0.05}$	$d_{U, 0.05}$
15	1.08	1.36	0.95	1.54	0.82	1.75	0.69	1.97	0.56	2.21
16	1.10	1.37	0.98	1.54	0.86	1.73	0.74	1.93	0.62	2.15
17	1.13	1.38	1.02	1.54	0.90	1.71	0.78	1.90	0.67	2.10
18	1.16	1.39	1.05	1.53	0.93	1.69	0.82	1.87	0.71	2.06
19	1.18	1.40	1.08	1.53	0.97	1.68	0.86	1.85	0.75	2.02
20	1.20	1.41	1.10	1.54	1.00	1.68	0.90	1.83	0.79	1.99
21	1.22	1.42	1.13	1.54	1.03	1.67	0.93	1.81	0.83	1.96
22	1.24	1.43	1.15	1.54	1.05	1.66	0.96	1.80	0.86	1.94
23	1.26	1.44	1.17	1.54	1.08	1.66	0.99	1.79	0.90	1.92
24	1.27	1.45	1.19	1.55	1.10	1.66	1.01	1.78	0.93	1.90
25	1.29	1.45	1.21	1.55	1.12	1.66	1.04	1.77	0.95	1.89
26	1.30	1.46	1.22	1.55	1.14	1.65	1.06	1.76	0.98	1.88

(续)

n	k=1		k=2		k=3		k=4		k=5	
	$d_{L, 0.05}$	$d_{U, 0.05}$	$d_{L, 0.05}$	$d_{U, 0.05}$	$d_{L, 0.05}$	$d_{U, 0.05}$	$d_{L, 0.05}$	$d_{U, 0.05}$	$d_{L, 0.05}$	$d_{U, 0.05}$
27	1.32	1.47	1.24	1.56	1.16	1.65	1.08	1.76	1.01	1.86
28	1.33	1.48	1.26	1.56	1.18	1.65	1.10	1.75	1.03	1.85
29	1.34	1.48	1.27	1.56	1.20	1.65	1.12	1.74	1.05	1.84
30	1.35	1.49	1.28	1.57	1.21	1.65	1.14	1.74	1.07	1.83
31	1.36	1.50	1.30	1.57	1.23	1.65	1.16	1.74	1.09	1.83
32	1.37	1.50	1.31	1.57	1.24	1.65	1.18	1.73	1.11	1.82
33	1.38	1.51	1.32	1.58	1.26	1.65	1.19	1.73	1.13	1.81
34	1.39	1.51	1.33	1.58	1.27	1.65	1.21	1.73	1.15	1.81
35	1.40	1.52	1.34	1.58	1.28	1.65	1.22	1.73	1.16	1.80
36	1.41	1.52	1.35	1.59	1.29	1.65	1.24	1.73	1.18	1.80
37	1.42	1.53	1.36	1.59	1.31	1.66	1.25	1.72	1.19	1.80
38	1.43	1.54	1.37	1.59	1.32	1.66	1.26	1.72	1.21	1.79
39	1.43	1.54	1.38	1.60	1.33	1.66	1.27	1.72	1.22	1.79
40	1.44	1.54	1.39	1.60	1.34	1.66	1.29	1.72	1.23	1.79
45	1.48	1.57	1.43	1.62	1.38	1.67	1.34	1.72	1.29	1.78
50	1.50	1.59	1.46	1.63	1.42	1.67	1.38	1.72	1.34	1.77
55	1.53	1.60	1.49	1.64	1.45	1.68	1.41	1.72	1.38	1.77
60	1.55	1.62	1.51	1.65	1.48	1.69	1.44	1.73	1.41	1.77
65	1.57	1.63	1.54	1.66	1.50	1.70	1.47	1.73	1.44	1.77
70	1.58	1.64	1.55	1.67	1.52	1.70	1.49	1.74	1.46	1.77
75	1.60	1.65	1.57	1.68	1.54	1.71	1.51	1.74	1.49	1.77
80	1.61	1.66	1.59	1.69	1.56	1.72	1.53	1.74	1.51	1.77
85	1.62	1.67	1.60	1.70	1.57	1.72	1.55	1.75	1.52	1.77
90	1.63	1.68	1.61	1.70	1.59	1.73	1.57	1.75	1.54	1.78
95	1.64	1.69	1.62	1.71	1.60	1.73	1.58	1.75	1.56	1.78
100	1.65	1.69	1.63	1.72	1.61	1.74	1.59	1.76	1.57	1.78

资料来源：J. Durbin and G. S. Watson, "Testing for Serial Correlation in Least Squares Regression, Ⅱ," *Biometrika* 30 (1951), pp. 159–178. Reproduced by permission of the Biometrika Trustees.

B.9B 杜宾统计量临界值（$\alpha=0.025$）

表 B-26 杜宾统计量临界值（$\alpha=0.025$）

n	k=1		k=2		k=3		k=4		k=5	
	$d_{L, 0.025}$	$d_{U, 0.025}$	$d_{L, 0.025}$	$d_{U, 0.025}$	$d_{L, 0.025}$	$d_{U, 0.025}$	$d_{L, 0.025}$	$d_{U, 0.025}$	$d_{L, 0.025}$	$d_{U, 0.025}$
15	0.95	1.23	0.83	1.40	0.71	1.61	0.59	1.84	0.48	2.09
16	0.98	1.24	0.86	1.40	0.75	1.59	0.64	1.80	0.53	2.03
17	1.01	1.25	0.90	1.40	0.79	1.58	0.68	1.77	0.57	1.98
18	1.03	1.26	0.93	1.40	0.82	1.56	0.72	1.74	0.62	1.93
19	1.06	1.28	0.96	1.41	0.86	1.55	0.76	1.72	0.66	1.90
20	1.08	1.28	0.99	1.41	0.89	1.55	0.79	1.70	0.70	1.87

(续)

n	k=1		k=2		k=3		k=4		k=5	
	$d_{L, 0.025}$	$d_{U, 0.025}$	$d_{L, 0.025}$	$d_{U, 0.025}$	$d_{L, 0.025}$	$d_{U, 0.025}$	$d_{L, 0.025}$	$d_{U, 0.025}$	$d_{L, 0.025}$	$d_{U, 0.025}$
21	1.10	1.30	1.01	1.41	0.92	1.54	0.83	1.69	0.73	1.84
22	1.12	1.31	1.04	1.42	0.95	1.54	0.86	1.68	0.77	1.82
23	1.14	1.32	1.06	1.42	0.97	1.54	0.89	1.67	0.80	1.80
24	1.16	1.33	1.08	1.43	1.00	1.54	0.91	1.66	0.83	1.79
25	1.18	1.34	1.10	1.43	1.02	1.54	0.94	1.65	0.86	1.77
26	1.19	1.35	1.12	1.44	1.04	1.54	0.96	1.65	0.88	1.76
27	1.21	1.36	1.13	1.44	1.06	1.54	0.99	1.64	0.91	1.75
28	1.22	1.37	1.15	1.45	1.08	1.54	1.01	1.64	0.93	1.74
29	1.24	1.38	1.17	1.45	1.10	1.54	1.03	1.63	0.96	1.73
30	1.25	1.38	1.18	1.46	1.12	1.54	1.05	1.63	0.98	1.73
31	1.26	1.39	1.20	1.47	1.13	1.55	1.07	1.63	1.00	1.72
32	1.27	1.40	1.21	1.47	1.15	1.55	1.08	1.63	1.02	1.71
33	1.28	1.41	1.22	1.48	1.16	1.55	1.10	1.63	1.04	1.71
34	1.29	1.41	1.24	1.48	1.17	1.55	1.12	1.63	1.06	1.70
35	1.30	1.42	1.25	1.48	1.19	1.55	1.13	1.63	1.07	1.70
36	1.31	1.43	1.26	1.49	1.20	1.56	1.15	1.63	1.09	1.70
37	1.32	1.43	1.27	1.49	1.21	1.56	1.16	1.62	1.10	1.70
38	1.33	1.44	1.28	1.50	1.23	1.56	1.17	1.62	1.12	1.70
39	1.34	1.44	1.29	1.50	1.24	1.56	1.19	1.63	1.13	1.69
40	1.35	1.45	1.30	1.51	1.25	1.57	1.20	1.63	1.15	1.69
45	1.39	1.48	1.34	1.53	1.30	1.58	1.25	1.63	1.21	1.69
50	1.42	1.50	1.38	1.54	1.34	1.59	1.30	1.64	1.26	1.69
55	1.45	1.52	1.41	1.56	1.37	1.60	1.33	1.64	1.30	1.69
60	1.47	1.54	1.44	1.57	1.40	1.61	1.37	1.65	1.33	1.69
65	1.49	1.55	1.46	1.59	1.43	1.62	1.40	1.66	1.36	1.69
70	1.51	1.57	1.48	1.60	1.45	1.63	1.42	1.66	1.39	1.70
75	1.53	1.58	1.50	1.61	1.47	1.64	1.45	1.67	1.42	1.70
80	1.54	1.59	1.52	1.62	1.49	1.65	1.47	1.67	1.44	1.70
85	1.56	1.60	1.53	1.63	1.51	1.65	1.49	1.68	1.46	1.71
90	1.57	1.61	1.55	1.64	1.53	1.66	1.50	1.69	1.48	1.71
95	1.58	1.62	1.56	1.65	1.54	1.67	1.52	1.69	1.50	1.71
100	1.59	1.63	1.57	1.65	1.55	1.67	1.53	1.70	1.51	1.72

资料来源：J. Durbin and G. S. Watson, "Testing for Serial Correlation in Least Squares Regression, II," *Biometrika* 30 (1951), pp. 159–178. Reproduced by permission of the Biometrika Trustees.

B.9C 杜宾统计量临界值（$\alpha=0.01$）

表 B-27 杜宾统计量临界值（$\alpha=0.01$）

n	k=1		k=2		k=3		k=4		k=5	
	$d_{L, 0.01}$	$d_{U, 0.01}$	$d_{L, 0.01}$	$d_{U, 0.01}$	$d_{L, 0.01}$	$d_{U, 0.01}$	$d_{L, 0.01}$	$d_{U, 0.01}$	$d_{L, 0.01}$	$d_{U, 0.01}$
15	0.81	1.07	0.70	1.25	0.59	1.46	0.49	1.70	0.39	1.96

(续)

n	k=1		k=2		k=3		k=4		k=5	
	$d_{L, 0.01}$	$d_{U, 0.01}$	$d_{L, 0.01}$	$d_{U, 0.01}$	$d_{L, 0.01}$	$d_{U, 0.01}$	$d_{L, 0.01}$	$d_{U, 0.01}$	$d_{L, 0.01}$	$d_{U, 0.01}$
16	0.84	1.09	0.74	1.25	0.63	1.44	0.53	1.66	0.44	1.90
17	0.87	1.10	0.77	1.25	0.67	1.43	0.57	1.63	0.48	1.85
18	0.90	1.12	0.80	1.26	0.71	1.42	0.61	1.60	0.52	1.80
19	0.93	1.13	0.83	1.26	0.74	1.41	0.65	1.58	0.56	1.77
20	0.95	1.15	0.86	1.27	0.77	1.41	0.68	1.57	0.60	1.74
21	0.97	1.16	0.89	1.27	0.80	1.41	0.72	1.55	0.63	1.71
22	1.00	1.17	0.91	1.28	0.83	1.40	0.75	1.54	0.66	1.69
23	1.02	1.19	0.94	1.29	0.86	1.40	0.77	1.53	0.70	1.67
24	1.04	1.20	0.96	1.30	0.88	1.41	0.80	1.53	0.72	1.66
25	1.05	1.21	0.98	1.30	0.90	1.41	0.83	1.52	0.75	1.65
26	1.07	1.22	1.00	1.31	0.93	1.41	0.85	1.52	0.78	1.64
27	1.09	1.23	1.02	1.32	0.95	1.41	0.88	1.51	0.81	1.63
28	1.10	1.24	1.04	1.32	0.97	1.41	0.90	1.51	0.83	1.62
29	1.12	1.25	1.05	1.33	0.99	1.42	0.92	1.51	0.85	1.61
30	1.13	1.26	1.07	1.34	1.01	1.42	0.94	1.51	0.88	1.61
31	1.15	1.27	1.08	1.34	1.02	1.42	0.96	1.51	0.90	1.60
32	1.16	1.28	1.10	1.35	1.04	1.43	0.98	1.51	0.92	1.60
33	1.17	1.29	1.11	1.36	1.05	1.43	1.00	1.51	0.94	1.59
34	1.18	1.30	1.13	1.36	1.07	1.43	1.01	1.51	0.95	1.59
35	1.19	1.31	1.14	1.37	1.08	1.44	1.03	1.51	0.97	1.59
36	1.21	1.32	1.15	1.38	1.10	1.44	1.04	1.51	0.99	1.59
37	1.22	1.32	1.16	1.38	1.11	1.45	1.06	1.51	1.00	1.59
38	1.23	1.33	1.18	1.39	1.12	1.45	1.07	1.52	1.02	1.58
39	1.24	1.34	1.19	1.39	1.14	1.45	1.09	1.52	1.03	1.58
40	1.25	1.34	1.20	1.40	1.15	1.46	1.10	1.52	1.05	1.58
45	1.29	1.38	1.24	1.42	1.20	1.48	1.16	1.53	1.11	1.58
50	1.32	1.40	1.28	1.45	1.24	1.49	1.20	1.54	1.16	1.59
55	1.36	1.43	1.32	1.47	1.28	1.51	1.25	1.55	1.21	1.59
60	1.38	1.45	1.35	1.48	1.32	1.52	1.28	1.56	1.25	1.60
65	1.41	1.47	1.38	1.50	1.35	1.53	1.31	1.57	1.28	1.61
70	1.43	1.49	1.40	1.52	1.37	1.55	1.34	1.58	1.31	1.61
75	1.45	1.50	1.42	1.53	1.39	1.56	1.37	1.59	1.34	1.62
80	1.47	1.52	1.44	1.54	1.42	1.57	1.39	1.60	1.36	1.62
85	1.48	1.53	1.46	1.55	1.43	1.58	1.41	1.60	1.39	1.63
90	1.50	1.54	1.47	1.56	1.45	1.59	1.43	1.61	1.41	1.64
95	1.51	1.55	1.49	1.57	1.47	1.60	1.45	1.62	1.42	1.64
100	1.52	1.56	1.50	1.58	1.48	1.60	1.46	1.63	1.44	1.65

资料来源：J. Durbin and G. S. Watson, "Testing for Serial Correlation in Least Squares Regression, II," *Biometrika* 30 (1951), pp. 159–178. Reproduced by permission of the Biometrika Trustees.

B.10 控制图因素

表 B-28 控制图因素

样本数 n	均值图 控制限度因素 A_2	范围图		
		中心线因素 D_2	控制限度因素	
			D_3	D_4
2	1.880	1.128	0	3.267
3	1.023	1.693	0	2.575
4	0.729	2.059	0	2.282
5	0.577	2.326	0	2.115
6	0.483	2.534	0	2.004
7	0.419	2.704	0.076	1.924
8	0.373	2.847	0.136	1.864
9	0.337	2.970	0.184	1.816
10	0.308	3.078	0.223	1.777
11	0.285	3.173	0.256	1.744
12	0.266	3.258	0.284	1.716
13	0.249	3.336	0.308	1.692
14	0.235	3.407	0.329	1.671
15	0.223	3.472	0.348	1.652

资料来源：Adapted from American Society for Testing and Materials, *Manual on Quality Control of Materials*, 1951, Table B2, p. 115. For a more detailed table and explanation, see J. Duncan Acheson, *Quality Control and Industrial Statistics*, 3d ed. (Homewood, Ⅲ : Richard D. Irwin, 1974), Table M, p. 927.

附录C
Appendix C

软件命令

第2章

2-1 使用数据透视表向导创建频率表、条形图和饼图的 Excel 命令如下：

（1）打开苹果伍德汽车集团数据文件。

（2）单击数据集中某处的单元格，例如单元格 C5。

（3）单击工具栏上的 Insert 菜单。然后单击功能区最左边的 PivotTable。

（4）接着会出现如图 C-2-1 所示界面。单击 Select a table or range，选择数据范围，如 Table/Range 所示。然后单击 Existing Worksheet 并选择一个单元格位置，如 N1，最后单击 OK。

图 C-2-1

（5）在电子表格右侧会出现一个 PivotTable 字段列表，其中就有数据集变量的列表。要总结"车辆类型（Vehicle-Type）"变量，请单击 Vehicle-Type 变量，它将出现在左下角名为 Row Label 的框中。注意到频数表在 N1 单元格中的起始行上标示有变量 Vehicle-Type。接下来，返回到顶部的框中，选择并拖动 Vehicle-Type 变量到"ΣValues"框中，然后表中会添加一列频数。请注意，你可以将表格格式化使数值居中，还可以根据需要重新标注列标题。

（6）创建条形图时，选择 PivotTable 中的任意单元格。接下来，从工具栏中选择 Insert 菜单，在 Charts 组中，从 Column 下拉菜单中选择条形图，然后就会产生一个条形图。单击图表标题并根据需要给图表贴上标签。

（7）创建饼图时，应将频数转换为频率。在 PivotTable 的主体中单击，右侧会出现

PivotTable 字段列表。在"Σ Values"框中，单击"车辆类型计数（Count of Vehicle Type）"的下拉菜单，选择 Value Field Settings 选项，你将看到许多用于总结 PivotTable 中的变量的选择。单击 Show Values As 选项卡，在下拉菜单中选择"% of Grand Total"。频数将被转换为频率。

然后开始创建饼图。首先选择 PivotTable 中的任意单元格，接下来，从工具栏中选择 Insert 菜单，在 Charts 组中从 Column 下拉菜单中选择饼图。然后会出现一个饼图，你可以单击图表标题，根据需要给图表贴上标签。如果要添加百分比，请单击饼图，然后在出现的菜单栏中单击 Add Data Labels。

2-2 使用数据透视表向导，创建频数和频率分布直方图的 Excel 命令如下：

（1）打开苹果伍德汽车集团数据文件。

（2）单击数据集中某处的单元格，例如单元格 C5。

（3）单击工具栏上的 Insert 菜单。然后单击功能区最左边的 PivotTable。

（4）接着会出现如图 C-2-1 所示界面。单击 Select a table or range，选择数据范围，如 Table/Range 所示。然后单击 New Worksheet，数据透视表将在新工作表中创建。

（5）在电子表格的右侧会出现一个 PivotTable 字段列表（见图 C-2-2），其中有数据集变量的列表。如果对"利润（Profit）"变量进行汇总，请单击 Profit 变量，并将其拖动到 Row Labels 框中。然后回到顶部框中，再次单击 Profit 并将其拖动到"Σ Values"框中。在这个框中，单击 Sum of Profit 的下拉菜单，你会看到很多不同的选项，这些选项可以对 PivotTable 中的变量进行总结。在 Summarize Values As 选项卡中选择 Count，为变量 Profit 创建频数。然后在新的工作表中会出现一个数据透视表。

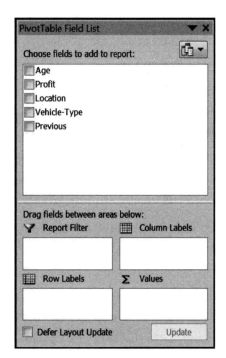

图 C-2-2

（6）在数据透视表中，左列显示了变量 Profit 的每一个值。如果要为 Profit 创建组，请选择这一列中的任何一个单元格，然后右键单击会出现一个菜单，从菜单中选择 Group 来创建组。首先，取消选中这两个框。其次，在对话框中输入第一组的下限值作为 Starting at 值，并输入最后一个组的上限值作为 Ending at 值。再次，输入组间距作为 By 值。最后，单击"OK"，产生频率分布。

（7）若要创建频率分布，请单击数据透视表中的任意一个单元格，右侧显示 PivotTable Field List。将变量 Profit 拖到"Σ Values"框中，出现第二个 Counts of Profit，在"Σ Values"中单击第二个 Counts of Profit，并且选择 Value Fields Setting。你将看到许多用于总结 PivotTable 中的变量的选择。单击 Show Values As 选项卡，在下拉菜单中选择"% of Grand Total"。你可以通过重新标注如"频率"和"频数"等列标题对该表进行格式化。

（8）要创建直方图，请选择 PivotTable 中的任意单元格。接下来，从工具栏中选择 Insert

菜单，在 Charts 组中，从 Column 下拉菜单中选择 Column 图表，然后就会产生一个包含 Count of Profit 和 Count of Profit2 的条形图。右击图表顶部的 Count of Profit2 气泡并选择删除，图表和 PivotTable 就会只报告频率。如果要消除条形图之间的空间，请选择整个图表区域，顶部会出现 PivotChart Tools，选择 Design，在 Chart Layouts 选择中选择显示条形图之间没有空格的选项。该选项如右图所示。若要添加数据标签，请选择直方图，右键单击，然后选择 Add Data Labels。最后还可以根据需要重新标注图表和坐标轴。

第 3 章

3-1 描述性统计的 Excel 的命令是：

（1）从 www.mhhe.com/Lind17e 网站检索苹果伍德汽车集团的数据。

（2）从菜单中选择 Data，然后选择 Data Analysis，接着选择 Descriptive Statistics 然后单击 OK。

（3）对于 Input Range，输入 C1:C181，表明数据按列分组，标签位于第一行。单击 Output Range，表明输出应该在 G1（或你希望的任何地方），单击 Summary statistics，然后单击 OK（见图 C-3-1）。

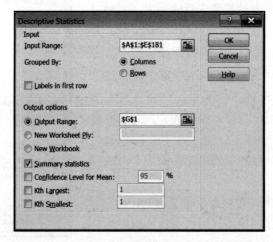

图　C-3-1

（4）得到结果后，请再次检查输出中的计数，以确保它包含的项目数量是正确的。

第 4 章

4-1 第 4.1 节的案例中，显示点状图的 Minitab 命令为：

（1）在第一列输入蒂奥涅斯塔公司的车辆维修数据，在第二列输入谢菲尔德公司的车辆维修数据。并按公司名给变量命名（见图 C-4-1）。

（2）选择 Graph 和 Dotplot。在第一个对话框中，选择 Multiple Y's 及左下角的 Simple 选项，然后单击 OK。在下一个对话框中，选择蒂奥涅斯塔公司（Tionesta）和谢菲尔德公司

（Sheffield）作为图形的变量，单击 Labels，写上适当的标题，然后单击 OK。

（3）要得到输出结果中显示的描述性统计，首先要选择 Stat、Basic statistics，再选择 Display Descriptive statistics。然后在对话框中选择蒂奥涅斯塔公司和谢菲尔德公司作为变量，单击 Statistics，选择需要输出的统计信息，最后单击两次 OK。

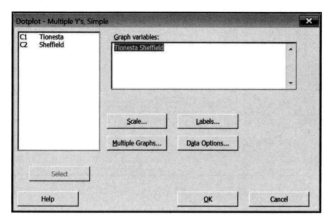

图 C-4-1

4-2 第 4.2 节的案例中，显示茎叶图的 Minitab 命令为：

（1）从 www.mhhe.com/ Lind17e 中导入表 4-4 的数据。

（2）选择 Graph 中的 Stem-and-Leaf。

（3）选择变量 Spots，在 Increment 选项中输入 10，然后单击 OK。

4-3 第 4.3 节的案例中，进行描述性统计的 Minitab 命令为：

（1）输入案例中列示的摩根士丹利投资公司经理人收益的相关数据。

（2）从工具栏中，选择 Sta、Basic Statistics，进一步选择 Display Descriptive Statistics。在对话框中，选择收益作为变量，然后单击 OK。

4-4 第 4.3 节的案例中，计算四分位数的 Minitab 命令为：

（1）在第一列中输入 4.3 节中摩根士丹利投资公司经理人收益的相关数据。

如果你使用的是 Excel 2010 并希望使用式（4-1）计算四分位，步骤如下：

（2）在单元格 C3 中写明式（4-1），在 C4 中输入第一个四分位数，在 C6 中输入第 3 个四分位数。

（3）在单元格 D4 中输入"=QUARTILE.EXC(A2:A16,1)"，然后按 Enter 键。在单元格 D6 中输入"=QUARTILE.EXC(A2:A16,3)"，然后按 Enter 键。

如果你使用的是 Excel 2007 或 2010，并且希望使用 Excel 方法计算四分位数，步骤更换为：

（2）在单元格 C8 中写明 Excel 方法，在 C9 中输入第一个四分位数，在 C11 中输入第三个四分位数。

（3）在单元格 D8 中输入"=QUARTILE(A2:A16,1)"，然后按 Enter 键。在单元格 D11 键入"=QUARTILE(A2:A16,3)"，然后按 Enter 键。

4-5 第 4.4 节的第二个案例中，绘制箱线图的 Minitab 命令为：

（1）从 www.mhhe.com/Lind17e 中导入苹果伍德汽车集团的数据。

（2）选择 Graph 中的 Boxplot。在对话框中，选择左上角的 Simple 并单击 OK。选择年龄（Age）作为图形的变量（见图 C-4-2），单击 Labels 并添加适当的标题，然后单击 OK。

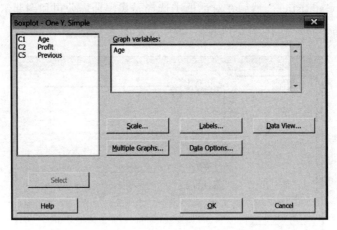

图　C-4-2

4-6 第 4.5 节的案例中，进行描述性统计的 Minitab 命令为：

（1）在第一栏中输入数据。在 C1 下面的单元格中，输入变量 Earnings。

（2）选择 Stat、Basic Statistics，再单击 Graphical。选择 Earnings 作为变量，单击 OK。

4-7 第 4.6 节的案例中，绘制散点图的 Minitab 命令为：

（1）导入苹果伍德汽车集团的数据。

（2）使用鼠标，选中年龄（Age）和利润（Profit）这两列（包括第一行）。

（3）在顶部显示的 Chart Tools 中，选择 Layout 选项卡。选择 Chart Title，并输入该图的标题。接下来，在同一 Layout 选项卡下，选择 AxisTitles。将 Primary Vertical Axis Title 命名为 Profit。将 Primary Horizontal Axis Title，命名为 Age。之后，单击 Legend 并选择 None。

第 5 章

5-1 第 5.7.3 小节的案例中，计算排列数的 Minitab 命令为：

（1）单击菜单中的 Formulas 选项卡，然后选择最左边的 Insert Function fx 选项。

（2）在 Insert Function fx 选项中，选择 Statistical，在 Select a function list 选项中选择 PERMUT，单击 OK。

（3）在 Number 下面的 PERM 框中，输入 8，在 Number_chosen 框中输入 3。就可以得到正确答案 336，该答案在最终显示的结果中出现了两次。

5-2 第 5.7.3 小节的案例中，计算组合数的 Minitab 命令为：

（1）单击菜单中的 Formulas 选项卡，然后选择最左边的 Insert Function fx 选项。

（2）在 Insert Function fx 选项中，选择 Math & Trig，在 Select a function list 选项中选择 COMBIN，单击 OK。

（3）在 Number 下面的 COMBIN 框中，输入 7，在 Number_chosen 框中输入 3。就可以得到正确答案 35，该答案在最终显示的结果中出现了两次。

第6章

6-1 确定二项式概率分布所需的 Excel 命令是:

(1) 在一个空白的 Excel 工作表上,在单元格 A1 和 B1 中分别输入单词 Success 和 Probability。在单元格 A2 到 A17 中,写 0 到 15 的整数。单击 B2 作为活动单元格。

(2) 单击顶部菜单中的 Formulas 选项卡,然后在最左边选择 Insert Function fx。

(3) 在第一个对话框中,在功能类别里选择 Statistical 和在函数名类别中 BINOM.DIST,然后单击 OK。

(4) 在第二个对话框中,输入计算二项式概率所需的四项。

 1) 在 Number_s 中输入 0。
 2) 在 Trials 中输入 40。
 3) 输入 0.09 作为成功的概率。
 4) 在 Cumulative 中输入 false 或 0,然后单击 OK。
 5) Excel 将计算当每次成功的概率为 0.09 时,40 次试验中成功 0 次的概率,结果为 0.022 996 18,存储在单元 B2 中(见图 C-6-1)。

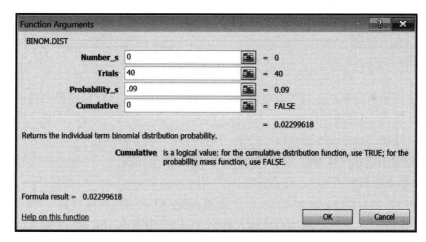

图 C-6-1

(5) 要完成成功次数为 1 到 15 的概率分布,双击单元格 B2,会出现二项式函数。将左括号右边的 0 替换为单元格引用 A2。

(6) 将鼠标移动到单元格 B2 的右下角,直到出现一个纯黑色"+"符号,然后单击并按住 B 列并高亮显示到单元格 B17。随机变量为不同成功次数的概率。

6-2 确定超几何分布所需的 Excel 命令是:

(1) 在一个空白的 Excel 工作表上,在单元格 A1 和 B1 中分别输入单词 Union Members 和 Probability。在单元格 A2 到 A7 中分别输入数字 0 到 5。单击单元格 B2。

(2) 单击顶部菜单中的 Formulas 选项卡,然后在最左边选择 Insert Function fx。

(3) 在第一个对话框中,选择 Statistical 和 HYPGEOM.DIST,然后单击 OK。

(4) 在第二个对话框中,输入计算超几何概率所需的五项。

 1) 在 Sample_s 输入 0。

2）在 Number_sample 输入 5。

3）在 Population_s 输入 40。

4）在 Number_pop 中输入 50。

5）在 Cumulative 中输入 0 并单击 OK。

6）Excel 将计算 5 次试验中 0 次成功的概率，为 0.000 118 937，并将结果存储在单元格 B2 中（见图 C-6-2）。

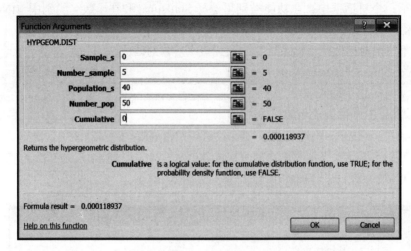

图 C-6-2

（5）要完成成功次数从 1 到 5 的概率分布，双击单元格 B2，会出现超几何函数。将左括号右边的 0 替换为单元格引用 A2。

（6）将鼠标移动到单元格 B2 的右下角，直到出现一个纯黑色"+"符号，然后单击并按住 B 列并高亮显示到单元格 B7。各种结果的成功概率就会出现。

6-3 确定泊松概率分布所需的 Excel 命令是：

（1）在一个空白的 Excel 工作表上，在单元格 A1 和 B1 中分别输入单词 Success 和 Probability。在单元格 A2 到 A9 中分别输入数字 0 到 7。单击单元格 B2 作为活动单元格。

（2）点击顶部菜单中的 Formulas 选项卡，然后在最左边选择 Insert Function fx。

（3）在第一个对话框中，在功能类别里选择 Statistical 和在函数名类别中选择 POISSON.DIST，然后单击 OK。

（4）在第二个对话框中，输入计算泊松概率所需的三项。

1）在 X 中输入 0。

2）在 Mean 中输入 0.3。

3）在 Cumulative 中输入单词 false 或数字 0，然后单击 OK。

4）Excel 将计算均值为 0.3，服从泊松概率分布且成功 0 次的概率，结果为 0.740 818 22，存储在单元格 B2 中（见图 C-6-3）。

（5）要完成成功次数从 1 到 7 的概率分布，双击单元格 B2，会出现泊松函数。将左括号右边的 0 替换为单元格引用 A2。

（6）将鼠标移动到单元格 B2 的右下角，直到出现一个纯黑色"+"符号，然后单击并按住 B 列并高亮显示到单元格 B9。随机变量为不同成功次数的概率将会出现。

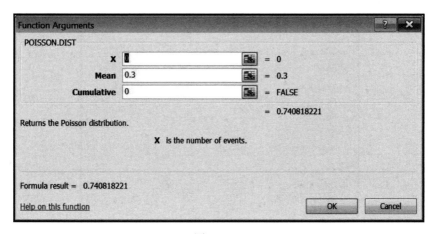

图 C-6-3

第7章

7-1 生成图 7-13 的输出所需的 Excel 命令是:

(1) 点击顶部菜单中的 Formulas 选项卡,然后在最左边选择 Insert Function fx。接着从分类框中,选择 Statistical 和低于 NORM.DIST,然后单击 OK。

(2) 在对话框中,在 X 中输入 1 100,在 Mean 中输入 1 000,Standard_dev 为 100,在 Cumulative 框中为 true,然后单击 OK。

(3) 结果将出现在对话框中。如果单击 OK,答案将出现在表格中。

7-2 生成图 7-18 输出所需的 Excel 命令是:

(1) 点击顶部菜单中的 Formulas 选项卡,然后在最左边选择 Insert Function fx。选择 Statistical 和低于 NORM.DIST,然后单击 OK。

(2) 在对话框中,设置 Probability 为 0.04,Mean 为 67 900,以及 Standard_dev 为 2 050。

(3) 结果将出现在对话框中。请注意,由于舍入误差,答案可能会有所不同。如果单击 OK,答案也会出现在表格中。

(4) 尝试输入 Probability 为 0.04,Mean 为 0,Standard_dev 为 1。z 值将被计算出来。

第8章

8-2 从租赁数据中选择一个简单随机样本的 Excel 命令如下:

(1) 选择菜单顶部的 Data 选项卡。然后在最右边选择 Data Analysis,然后选择 Sampling,最后单击 OK。

(2) 插入 B1:B31(输入范围)。由于该列已命名,所以单击 Labels 框。选择 Random,并在 Number of Samples 输入样本大小,本例中为 5。单击 Output Range,并定位到电子表格中你想放置样本信息的位置(见图 C-8-1)。请注意,你选择的样本结果与文本中的结果可能不同。Excel 执行替换样本操作,所以有可能一个总体值在样本中出现不止一次。

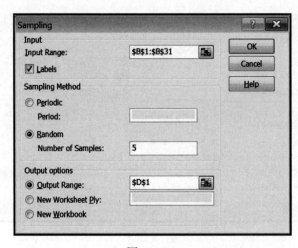

图 C-8-1

第9章

9-1 构建广场购物中心花费金额的置信区间的 Minitab 命令如下（见图 C-9-1）：

（1）在 C1 列中输入 20 个消费金额，并将变量命名为 Amount。

（2）在工具栏中选择 Stat，Basic Statistics，然后单击 1-Sample t。

（3）选择 Samples in columns：输入 Amount，然后单击 OK。

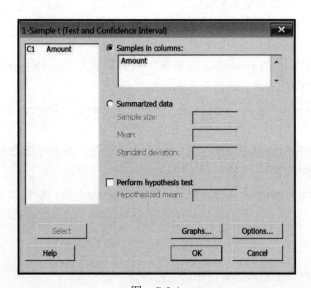

图 C-9-1

9-2 构建广场购物中心花费金额的置信区间的 Excel 命令如下（见图 C-9-2）：

（1）选择顶部菜单上的 Data 选项卡。然后在最右边选择 Data Analysis，然后单击 Descriptive Statistics，最后单击 OK。

（2）单击 Labels in first row，插入 A1:A21（输入范围），在 Output Range 中输入 C1，单击 Summary statistics 和 Confidence Level for Mean，最后单击 OK。

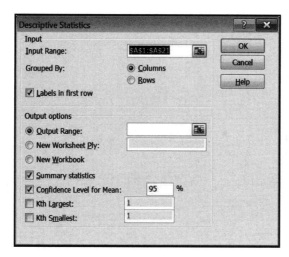

图 C-9-2

第 10 章

10-1 生成图 10-10 和图 10-11 的 Minitab 的命令是：

（1）在 C1 列中输入 26 个样本观测值，并命名为 Cost。

（2）从菜单栏中，选择 Stat、Basic Statistics 和 Graphical Summary，然后在对话框中选择 Cost 作为变量，然后单击 OK（见图 C-10-1）。

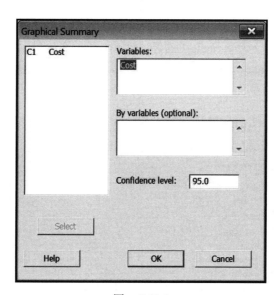

图 C-10-1

10-2 生成图 10-14 的 Minitab 中进行单样本 t 检验的命令是：

（1）在 C1 列中输入样本数据，并将变量命名为 Minutes。

（2）从菜单栏中，选择 Stat, Basic Statistics 和 1-Sample t，然后按 Enter 键。

（3）选择 Minutes 为变量，选择 Perform hypothesized mean，并输入 40，单击 Options，在 Alternate 下选择 greater than，最后，单击 OK 两次（见图 C-10-2）。

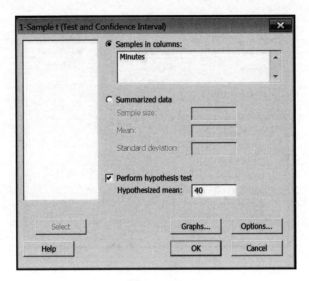

图 C-10-2

第 11 章

11-1 生成图 11-3 的 Excel 中进行双样本 t 检验的命令是：

（1）在表格的 A 列和 B 列（或任何其他列）中输入数据，并在每列的第一行输入变量名。

（2）选择顶部菜单上的 Data，然后，在最右边，选择 Data Analysis，接着选择 t-Test: Two Sample Assuming Equal Variances，然后单击 OK。

（3）在对话框中，设置 Variable 1 的范围为 A1 到 A6，Variable 2 的范围为 B1 到 B7，Hypothesized Mean Difference 为 0，单击 Labels，将 Alpha 设为 0.05，Output Range 设为 D1，最后单击 OK（见图 C-11-1）。

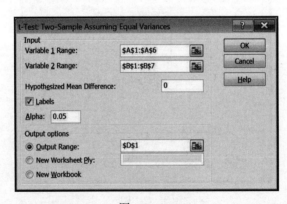

图 C-11-1

11-2 生成图 11-5 的用 Minitab 做双样本 t 检验的命令是：

（1）将商店（Store）品牌吸收度的数据放入 C1，品牌（Name）纸巾吸液量的数据放入 C2。

（2）从工具栏中，选择 Stat, Basic Statistics，然后选择 2-Sample，然后单击 OK。

（3）在下一个对话框中，选择 Samples in different columns，选择 C1 Store 作为 First，选择 C2 Name 作为 Second，单击 Assume equal variances 旁边的对话框，然后单击 OK（见图 C-11-2）。

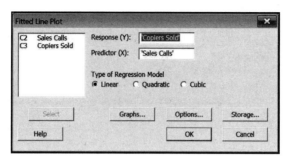

图　C-11-2

11-3 生成图 11-6 的用 Excel 做成对 t 检验的命令是：

（1）将数据输入表格中的 B 列和 C 列（或任何其他两列），并在第一行输入变量名。

（2）选择顶部菜单上的 Data 选项卡，然后，在最右边，选择 Data Analysis，接着选择 t-Test: Paired Two Sample for Means，然后单击 OK。

（3）在对话框中，Variable 1 的范围从 B1 到 B11，Variable 2 的范围从 C1 到 C11，设置 Hypothesized Mean Difference 为 0，单击 Labels，将 Alpha 设为 0.05，Output Range 为 E1，然后单击 OK（见图 C-11-3）。

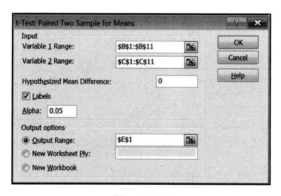

图　C-11-3

第 12 章

12-1 生成图 12-2 的方差检验的 Excel 命令是：

（1）在 A 列中输入美国 25 号公路的数据，在 B 列中输入 75 号州际公路的数据，并给这两列加标签。

（2）选择顶部菜单栏上的 Data 选项卡。然后，在最右边，选择 Data Analysis。选择 F-Test: Two-Sample for Variances，然后单击 OK。

（3）第一个变量的范围是 A1:A8，第二个变量的范围是 B1:B9。单击 Labels，Alpha 为 0.05，选择 D1 为 Output Range，然后单击 OK（见图 C-12-1）。

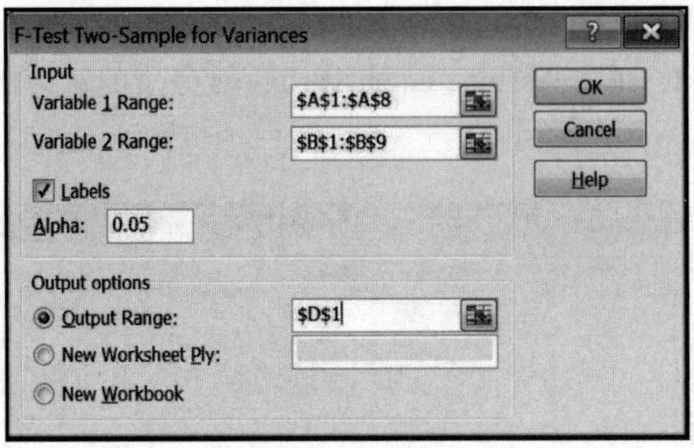

图 C-12-1

12-2 生成图 12-5 的用于单因素方差分析的 Excel 命令是：

（1）将数据输入到标有 Northern、WTA、Pocono 和 Branson 的四列中。

（2）选择顶部菜单栏上的 Data 选项卡。然后，在最右边，选择 Data Analysis。选择 ANOVA：Single Factor，然后单击 OK。

（3）在随后的对话框中，将输入范围设为 A1:D8，单击 Grouped by Columns，单击 Labels in first row，Alpha 为 0.05，最后选择 Output Range 为 F1 并单击 OK（见图 C-12-2）。

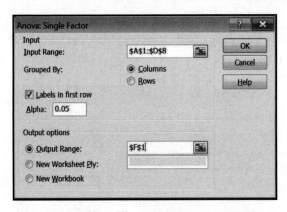

图 C-12-2

12-3 生成图 12-6 的用于成对比较的 Minitab 命令是：

（1）将数据输入为四列，并将列标识为 Northern、WTA、Pocono 和 Branson。

（2）选择 Stat、ANOVA 和 One-way，选择"Response data are in a separated column for each factor level"，选择变量名称并按以下顺序单击变量名称，将变量名称输入 Responses：Branson、Pocono、WTA 和 Northern。然后选择 Comparisons，然后选择 Fisher's, individual error rate，并单击 OK（见图 C-12-3）。

12-4 生成图 12-7 的双因素方差分析的 Excel 命令是：

（1）在第一列的第一行中，写上 Driver 一词，然后在第一列中列出五个司机。在后面四列的第一行，输入路线名称。在每个路线名称下输入数据。

（2）选择顶部菜单栏中的 Data 选项卡。然后，在最右边，选择 Data Analysis。选择 ANOVA: Two-Factor Without Replication，然后单击 OK。

（3）在对话框中，Input Range 为 A3:E8，点击 Labels，Alpha 为 0.05，Output Range 选

择 G3，然后单击 OK（见图 C-12-4）。

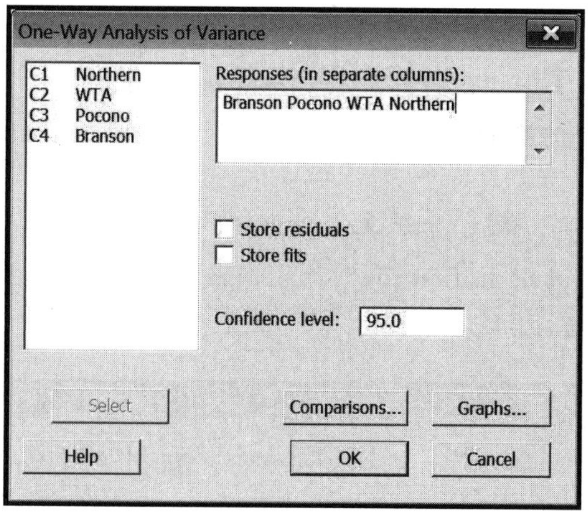

图　C-12-3

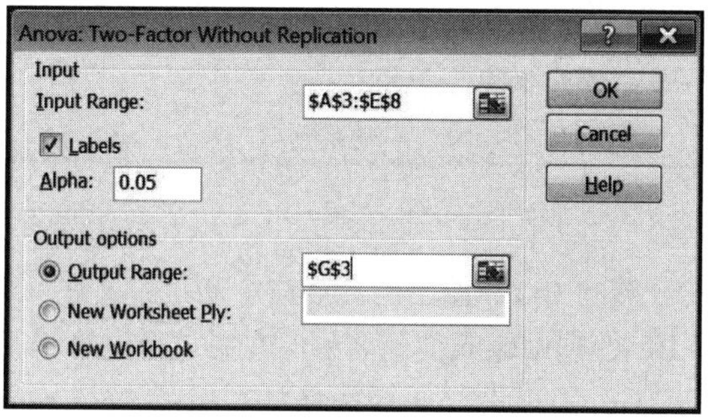

图　C-12-4

12-5 生成图 12-7 的带交互作用的双因素方差分析的 Excel 命令是：

（1）将数据输入 Excel 中。

（2）选择顶部菜单栏上的 Data 选项卡。然后，在最右边，选择 Data Analysis。选择 ANOVA: Two-Factor With Replication，然后单击 OK。

（3）在对话框中，对于 Input Range 突出显示数据的整个范围，包括行和列标签，输入 Rows per sample 为 3，Alpha 为 0.05，Output Range 为单元格 H1（见图 C-12-5）。

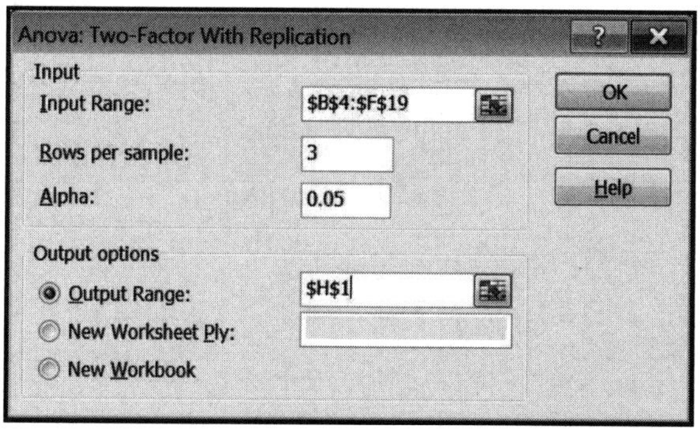

图　C-12-5

第 13 章

13-1 生成图 13-8 的计算相关系数的 Excel 命令是：

（1）进入苹果伍德汽车集团数据集（www.mhhe.com/Lind17e）。

（2）选择功能区顶部的 Data 选项卡，然后选择最右边的 Data Analysis，选择 Correlation，然后单击 OK。

（3）对于 Input Range，高亮显示 Age 和 Profit 列，包括第 1 行中的标签。数据按列（Columns）分组，选中 Labels in first row。在工作表中选择一个单元格作为输出相关的范围的开始，单击 OK（见图 C-13-1）。

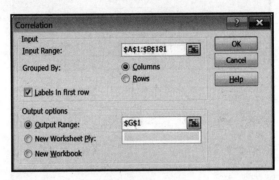

图 C-13-1

13-2 生成图 13-18 的回归分析的 Excel 输出的计算命令是：

（1）在第 1 行的 A、B、C 列中输入变量名称。在第 2 行至第 16 行的同一列中输入数据。

（2）选择菜单顶部的 Data 选项卡，然后选择最右边的 Data Analysis，选择 Regression，然后单击 OK。

（3）在电子表格中，B 列是拨打电话次数（Calls），C 列是销售数量（Sales）。输入 Y 范围（Input Y Range）是 C1:C16，输入 X 范围（Input X Range）是 B1:B16。选中 Labels，选择 E1 作为输出范围，然后单击 OK（见图 C-13-2）。

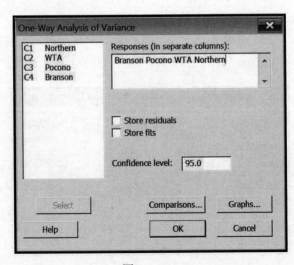

图 C-13-2

13-3 生成图 13-22 的用于计算置信区间和预测区间的 Minitab 命令是：

（1）选择 Stat、Regression 和 Fitted line plot。

（2）在下一个对话框中，因变量（Y）是复印机销售数量（Copiers Sold），自变量（X）是拨打销售电话数量（Sales Calls）。回归模型的类型选择 Linear，然后单击 Options。

（3）在 Options 对话框中，单击 Display confidence i terval and prediction interval，置信度（confidence level）使用 95%，在 Title 框中输入适当的标题，然后单击 OK，再单击 OK（见图 C-13-3）。

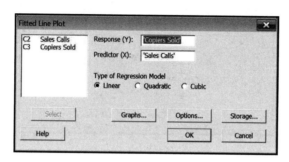

图 C-13-3

第 14 章

注：第 14 章没有展示所有统计软件的步骤，下面展示的是基本步骤。

14-1 多元回归输出的 Excel 命令是：

（1）从 www.mhhe.com/ Lind17e 网站导入数据，文件名为 Tbl14。

（2）选择菜单顶部的 Data 选项卡，然后选择最右边的 Data Analysis，选择 Regression，然后单击 OK。

（3）输入 Y 范围（Input Y Range）是 A1:A21，输入 X 范围（Input X Range）是 B1:D21。选中 Labels，选择 F1 作为输出范围，然后单击 OK（见图 C-14-1）。

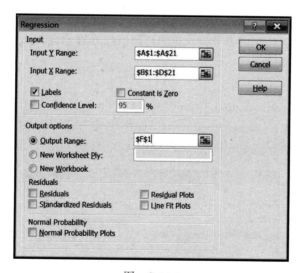

图 C-14-1

第 15 章

15-1 生成图 15-3 的关于两个总体比例假设检验的 MegaStat 命令：

（1）在 Add-Ins 中选中 MegaStat 选项，在命令框中选择 Hypothesis Tests，再选择 Compare Two Independent Proportions。

（2）输入数据。第一组中，x 为 19，n 为 100；第二组中，x 为 62，n 为 200。单击 OK（见图 C-15-1）。

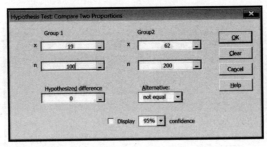

图 C-15-1

15-2 生成图 15-5 的卡方拟合优度检验的 MegaStat 命令：

（1）将数据输入 Excel 表格中。

（2）选择 MegaStat，Chi-Square/Crosstabs 和 Goodnessof Fit Test，按 Enter 键。

（3）在对话框中，Observed values 项选择 B2:B5，Expected values 项选择 C2:C5，Number of parameters estimated from the data 项输入 0，单击 OK（见图 C-15-2）。

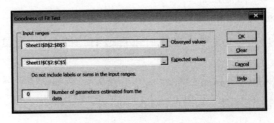

图 C-15-2

15-3 生成图 15-8 和图 15-9 中的卡方统计量的局限性部分的 MegaStat 软件操作，仅列出其中一个：

（1）将数据输入 Excel 表格中。

（2）选择 MegaStat，Chi-Square/Crosstabs 和 Goodnessof Fit Test，按 Enter 键。

（3）在对话框中，Observed values 项选择 B1:B7，Expected values 项选择 C1:C7，Number of parameters estimated from the data 项输入 0，单击 OK（见图 C-15-3）。

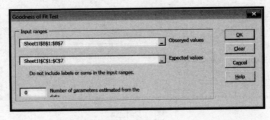

图 C-15-3

15-4 生成图 15-11 的列联表分析的 MegaStat 命令：

（1）将数据输入 Excel 表格的 A1 至 D3 区域，包括行名和列名，不要包括合计行和合计列。

（2）在 Add-Ins 中选中 MegaStat 选项，在命令框中选择 Chi-square/Crosstab，再选择 Contingency Table。

（3）Input Range 中选择 A1 至 D3，选中 chi-square 和 Expected values 两项，单击 OK（见图 C-15-4）。

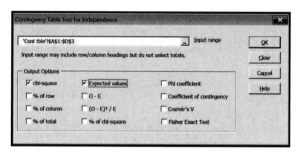

图 C-15-4

第 16 章

16-1 生成图 16-2 的 Wilcoxon 秩和检验的 MegaStat 命令：

（1）将亚特兰大的数据输入 A 列，芝加哥的数据输入 B 列。

（2）选择 MegaStat，Nonparametric Tests 和 Nonparametric Test，按 Enter 键。

（3）第一组中选择 A1:A9，第二组中选择 B1:B8，单击 Correct for ties 和 one-tailed，Alternative 项选择 greater than。单击 OK（见图 C-16-1）。

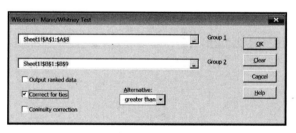

图 C-16-1

16-2 生成图 16-3 的 Kruskal-Wallis 检验的 MegaStat 命令：

（1）将数据输入 Excel 表格中，在第一列输入列名。

（2）在 Add-Ins 中选中 MegaStat 选项，在命令框中选择 Nonparametric Tests，再选择 Kruskal-Wallis Test。

（3）Input Range 中选择 A1 至 C9，选中 Correct for Ties 项，单击 OK（见图 C-16-2）。

16-3 生成图 16-4 的单因素方差分析的 Excel 命令：

（1）将数据输入 Excel 表格中，在第一列输入列名。

（2）在菜单栏选择 Data，再选择 Data Analysis，继续选择 ANOVA: Single Factor，单击 OK。

（3）在对话框中，Input Range 中选择 A1:C9，点击 Labels in first row，在 Output Range 中输入 E1，单击 OK。

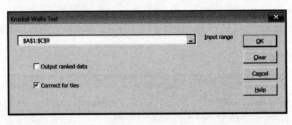

图　C-16-2

第 18 章

18-1 生成表 18-17 的用于创建季节指数的 MegaStat 命令：

（1）在两列数据栏中分别输入编码时间段和对应时间序列的值。

（2）勾选 MegaStat，Time Series/Forecasting 和 Deseasonalization 选项，然后按 Enter 键。

（3）输入销售数据的时间范围和时间起点，然后单击 OK（见图 C-18-1）。

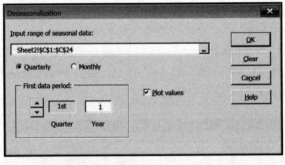

图　C-18-1

第 19 章

19-1 生成图 19-1 的帕累托图的 Minitab 命令为：

（1）在第一列中输入各项用水活动（命名为 Usage），在第二列中输入相应的用水量（命名为 Gallons）。

（2）依次单击 Stat、Quality Tools、Pareto Chart，之后按 Enter 键。

（3）在 Defects of attribute data Usage 这个框中输入 Usage，在 Frequencies 框中输入 Gallons。然后单击 Options 并输入图表标题，单击 OK（见图 C-19-1）。

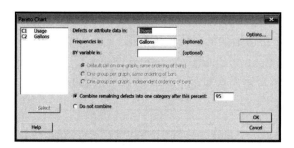

图 C-19-1

19-2 生成图 19-6 的平均值和极差图的 Minitab 命令为：

（1）从表 19-4 或网站 www.mhhe.com/Lind17e 录入相关数据，文件命名为表 19-4。

（2）依次单击 Stat、Control Charts、Variables Charts for Subgroups、Xbar-R，然后按 Enter 键。

（3）选择 All observations for a chart are in one column 选项，然后在下面的方框中，选择变量 Minutes，最后在 Subgroup sizes 后面的方框中，输入变量 Time（见图 C-19-2）。

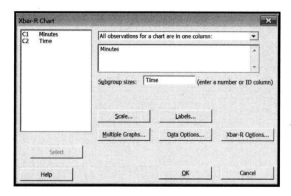

图 C-19-2

19-3 生成图 19-10 的 p 图的 Minitab 命令为：

（1）根据表 19-4 的信息输入瑕疵品数量数据。

（2）依次单击 Stat、Control Charts、Variables Charts for Subgroups、P，然后按 Enter 键。

（3）在所列示的变量中选择 Defects，然后在 Subgroup sizes 后面的方框中，输入 50。再单击 Labels 为该图命名，最后单击两次 OK（见图 C-19-3）。

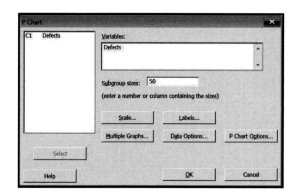

图 C-19-3

19-4 生成图 19-12 的 c 图的 Minitab 命令为：

（1）输入该案例关于拼写错误的单词数量数据。

（2）依次单击 Stat、Control Charts、Variables Charts for Subgroups、C，然后按 Enter 键。

（3）选择表示单词拼写错误数量的变量，然后单击 Labels，在空白处输入标题，最后单击两次 OK（见图 C-19-4）。

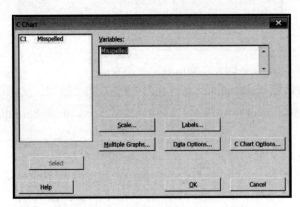

图　C-19-4

#　术　语　表

A

备择假设（alternate hypothesis）：如果样本数据提供了足够的证据证明原假设是假的，则选择接受的另一个假设。

方差分析（analysis of variance，ANOVA）：同时比较几个总体均值是否相等的方法称为方差分析，它使用 F 分布作为检验统计量。

可控变差（assignable variation）：可控变差不是随机的变差，可以通过调查问题并找出原因来消除或减少。

属性控制图（attribute control chart）：属性控制图绘制一段时间内名义变量的值。

自相关（autocorrelation）：当连续的残差存在相关性时，把这种情况称为自相关。

B

条形图（bar chart）：通常情况下，横轴是要进行统计分析的变量，纵轴显示每个可能结果的频数，其中每个矩形的高度是频数。

贝叶斯定理（Bayes' theorem）：它是由牧师贝叶斯在 18 世纪发展起来的，它的目的是在给定另一个事件 B 已经发生的情况下，找出一个事件 A 发生的概率。

二项式概率分布（binomial probability distribution）：它是一个离散型概率分布，它的主要特点是：

（1）一次试验只有两个相互排斥的结果。

（2）这个分布是通过计算在固定数量的试验中成功的次数得出的。

（3）每次试验都是相互独立的，这意味着试验 1 的结果（成功或者失败）不影响试验 2 的结果。

（4）成功的概率，在不同的试验中保持不变。

区组变量（blocking variable）：第二个组变量，当包含在方差分析中时，具有降低 SSE 的作用。

箱线图（box plot）：是一种用图形描述数据的方法，要构建箱线图，只需要五个统计量：最小值、Q_1（第 1 个四分位数）、中位数、Q_3（第 3 个四分位数）和最大值。

C

因果图（cause-and-effect diagram）：目的是用来强调一个结果和一系列可能产生特定结果的原因之间的关系。

中心极限定理（central limit theorem）：如果从任意总体中选择所有具有特定大小的样本，则样本均值的抽样分布近似为正态分布，这种近似程度随着样本量的增加而增加。

机会变差（chance variation）：机会变差的变化在本质上是随机的，除非对过程中使用的技术、方法、设备或材料进行重大更改，否则无法完全消除此类变化。

切比雪夫定理（Chebyshev's theorem）：给定一组观测值（样本或总体），其均值假定为 μ，标准差 $\sigma > 0$，则对任意 $k \geqslant 1$，位于区间 $[\mu - k\sigma, \mu + k\sigma]$ 内的数据所占比例大于等于 $1 - 1/k^2$。

古典概率（classical probability）：古典概率的基础假设是随机试验的结果是有限的，且所有结果出现的可能性都相等。

整群抽样（cluster sampling）：根据地理界限或其他界限将总体划分为不同群体，然后随机集群，并从每个集群中随机选择样本。

完备事件组（collectively exhaustive）：在进行随机

试验时，其中至少有一个事件必须发生。

组合公式（combination formula）：如果所选对象的次序并不重要，所选对象一样的被称为一种组合。例如，结果 $\{a,b,c\}$ 和 $\{c,b,a\}$ 被认为是一样的。

条件概率（conditional probability）：在某一事件发生的条件下，另一事件发生的概率。

置信区间（confidence interval）：由样本数据构造的一个数值区间，总体参数很可能以指定的概率出现在该取值范围内，指定的概率称为置信水平。

居民消费价格指数（Consumer Price Index，CPI）：美国劳工部每月报告的一种指数。它描述了1982—1984年基期到现在的"一篮子"商品和服务的变化。

消费者风险（consumer's risk）：当一批货物应当被拒收时，接受一批货物的错误。

列联表（contingency table）：根据两个可识别特征对样本观察结果进行分类汇总的表格。

连续修正因子（continuity correction factor）：当离散概率分布近似为连续概率分布时，根据问题的不同，对选定的值加上或减去 0.5。

连续随机变量（continuous random variable）：一个随机变量，可以在给定的范围内取任意值。

相关分析（correlation analysis）：一种定量测量两个变量之间关系的统计方法。

相关系数（correlation coefficient）：测量两个变量之间线性关系的强度。

临界值（critical value）：拒绝原假设的区域与不拒绝原假设的区域之间的分界点。

循环变动（cyclical variation）：时间序列在超过1年的时间内呈现出的峰谷交替的周期性波动。

D

十分位数（deciles）：一个有序的（从最小值到最大值）数据集的值，将数据分成 10 等份。

因变量（dependent variable）：被预测或估计的变量。

描述性统计（descriptive statistics）：以信息性的方式组织、汇总和呈现数据的方法。

离散型随机变量（discrete random variable）：一种只能取某些明确分离的值的随机变量。

点状图（dot plot）：将不同的变量值表示成不同的点，以此来描述一个变量的分布。点状图中应包括所有观测数值。

虚拟变量（dummy variable）：只有两种可能结果的变量。为了便于分析，其中一个结果编码为 1，另一个编码为 0。

E

经验概率（empirical probability）：事件发生的概率等于类似事件在过去发生的次数的比例。

经验法则（empirical rule）：对于对称的钟形分布，大约 68% 的观测值将在平均值加减 1 个标准差范围之内，大约 95% 的观测值将在平均值加减 2 个标准差范围之内，几乎所有（99.7%）的观测值都将在平均值加减 3 个标准差范围之内。

事件（event）：随机试验的一种或多种结果的集合。

随机试验（experiment）：导致事件中出现一种且仅有一种可能结果的过程。

F

有限总体修正因子（finite-population correction factor，FPC）：当从有限总体中进行无重复抽样时，根据样本与总体规模的相对大小，使用一个校正项来降低平均值的标准误差。当样本超过有限总体的 5% 时，使用该修正因子。

鱼骨图（fishbone diagram）：用来强调一个结果和一系列可能产生特定结果的原因之间的关系的图。

频数分布（frequency distribution）：将定量数据分为互斥且所有数据完全穷尽的组，展示每个组中的观测次数。

频率表（frequency table）：将定性数据分成相互排斥的类别，显示每个类别中的观察数。

G

整体检验（global test）：用于考察任何一组自变量的回归系数是否与零不同的检验。

H

直方图（histogram）：横轴上标记各组，纵轴上标记频数，高度表示组频数，柱与柱之间是相邻的。

同方差性（homoscedasticity）：回归方程周围的变化对于所有自变量的值都是相同的。

超几何分布（hypergeometric distribution）：一种基于离散随机变量的概率分布。其主要特点是试验次数固定，只有两种可能的结果，而且每次试验成功的概率不一样。

I

独立事件（independent events）：一个事件的发生对另一个事件的概率没有影响。

自变量（independent variable）：用作估计或预测的变量。

指数（index number）：用于表示与基期相比，价格、数量或价值的相对变化的数字。

推断性统计（inferential statistics）：基于样本估计总体属性的方法。

交互作用（interaction）：一个因素对响应变量的影响取决于另一个因素的值。

四方位距（interquartile range）：第一和第三四分位数之间的绝对数值差。50% 的分布值出现在此范围内。

定距尺度（interval level of measurement）：对于在定距尺度上记录的数据，数值之间的距离或间隔是有意义的。测量的间隔水平基于已知测量单位的刻度。

不规则变异（irregular variation）：时间序列中的变动之一，其性质是随机的、没有规律地重复。

J

联合概率（joint probability）：衡量两个或两个以上事件同时发生的可能性的概率。

K

Kruskal-Wallis 单因素方差分析（Kruskal-Wallis one-way analysis of variance by rank）：当方差分析（ANOVA）的假设不能满足时使用的一种检验方法。其目的是检验几个总体是否相同，数据必须至少是定序数据。

L

大数定律（law of large numbers）：经过大量的随机试验，事件的经验概率会接近它的真实概率。

M

离散测度（measures of dispersion）：显示数据集分布的值。极差、方差和标准差都是离散程度的一种量度。

位置测度（measures of location）：是数据的典型值，它精确地指出了一个分布的中心。算术平均值、中位数、众数、加权平均值和几何平均值都是位置测度。

中位数（median）：从最小值到最大值排序后的值的中点。

众数（mode）：最常出现的观测值，对于分组数据，它是包含最多值的类的中点。

乘法原理（multiplication formula）：如果做一件事的方法有 n 种，做另一件事的方法有 m 种，那么做这两件事的方法共有 $m \times n$ 种。

相互排斥（mutually exclusive）：同一时间，一个事件的发生意味着其他事件都不会发生。

N

定类尺度（nominal level of measurement）：在定类尺度上记录的数据代表着标签和名称，它们没有顺序，是用于分类和计数的。

原假设（null hypothesis）：为检验数值而制定的关于总体参数值的设定。

O

定序尺度（ordinal level of measurement）：定序数据基于属性变量或定性变量的相对排名或评级，基于这一测量尺度的变量只进行排序或计数。

结果（outcome）：随机试验的特定结果。

异常值（outlier）：一个与其他数据点相差甚远的数据点。公认规则是：如果一个观测值是四分位数范围的 1.5 倍，高于第三四分位数或低于第一四分位数，则将其列为异常值。

P

p 值（p-value）：在原假设为真的前提下，与观察到的样本值一样极端或更极端的概率。

参数（parameter）：总体的特征。

百分位数（percentiles）：将数据分为 100 个区间的有序（最小到最大）数据集的数值。

排列（permutation）：从一组 n 个可能的对象中选出的 r 个对象的所有排列方式。

排列数公式（permutation formula）：当结果的顺序很重要时，用于计算可能的排列的数目。比如，结果 $\{a, b, c\}$ 和结果 $\{c, b, a\}$。

饼图（pie chart）：饼图显示每个类所代表的频数占总数的比例或百分比。

点估计值（point estimate）：是从样本信息中获得的，用于计算和估计总体特征的样本值（点）。如果样本均值是 1 020，它就是总体均值的最佳估计值。

点估计量（point estimates）：点估计用样本信息计算出的，用于估计总体参数的统计量。

泊松概率分布（Poisson probability distribution）：一种离散型概率分布，当 n 很大 π 很小时，通常被用于近似二项式概率分布。

总体（population）：包含所研究的全部个体（数据）的集合，通常由所研究的一些个体组成。

后验概率（posterior probability）：事件发生后，判断事情由哪个原因引起的概率。

先验概率（prior probability）：事件发生前，根据以往的经验和分析得到的概率。

概率（probability）：介于 0 和 1 之间的值，描述随机事件发生的可能性大小。

概率分布（probability distribution）：包括随机试验的所有结果以及每个结果相应的概率的汇总。

工业品出厂价格指数（Producer Price Index，PPI）：生产者价格指数衡量的是国内生产者的销售价格随时间的变化。

生产者风险（producer's risk）：当一批货是可接受的时候，却拒收一批货的错误。

Q

定性变量（qualitative variable）：一种名义标度变量，用于记录非数值结果或类别。例如，一个人要么被认为有工作，要么被认为失业。

四分位数（quartiles）：将一组数据按从小到大的次序进行排列，四分位数将其分为四等份。

R

随机变量（random variable）：试验结果中测量或观察到的变量。变量可以有不同的值。

随机误差（random variation）：各观测值与组均值的平方差之和。

极差（range）：用于描述离散程度的度量，它是数据集中最大值和最小值之差。

定比尺度（ratio level of measurement）：定比尺度是在具有已知测量单位的标尺上定义的，并且标尺上的零点有确定性的意义。

回归方程（regression equation）：表示两个变量之间的线性关系的方程。

残差（residual）：变量的实际值与估计值之差，即 $y - \hat{y}$。

S

样本（sample）：观测或调查的一部分个体，总体是研究对象的全部。

样本均值的抽样分布（sampling distribution of the sample mean）：样本均值的抽样分布是给定样本容量的所有可能样本的均值概率分布。

抽样误差（sampling error）：样本统计量与其相应的总体参数之间的差值。

散点图（scatter diagram）：描绘两个变量间关系的图形，两个变量都是用定距或定比尺度。

季节变动（seasonal variation）：时间序列在 1 年内的变化形式。这些变化形式往往每年都会重复出现。

长期趋势（secular trend）：时间序列长期沿某一方向持续变化的规律性。

符号检验（sign test）：基于相关样本的检验。符号检验用于发现对两种产品是否有品牌偏好，或判断处理后的性能是否大于处理前。也用于检验关于中位数的假设。

简单随机抽样（simple random sample）：为了使总体中的每个对象都有相同的被抽取的机会而进行样本选取的方法。

特殊的加法法则（special rule of addition）：用以计算互斥事件的概率。

特殊的乘法法则（special rule of multiplication）：用来计算相互独立的事件同时发生的概率。

估计的标准误差（standard error of estimate）：在给定的 x 值下测量回归线周围的观测值的离散度。

统计量（statistic）：样本的特征。

统计学（statistics）：收集、组织、呈现、分析和解释数据以帮助做出更有效决策的科学。

茎叶图（stem-and-leaf display）：是一种显示数据的方式。数据按位数进行分类。例如，如果一个数据集包含 13 到 84 之间的值，则十位数的数字有 8 个，用来表示茎，个位数的数字就是树叶。

逐步回归（stepwise regression）：一种逐步确定回归方程的方法。该方法逐步从单个自变量开始，逐个添加或删除自变量，直至所有显著的自变量都包含在回归方程中。

分层随机抽样（stratified random sample）：将一个总体按一定标准划分为组，每个组称为层，从每个层中随机抽取一组样本。

主观概率（subjective probability）：某一事件发生的概率由个人根据所掌握的任何信息进行估计。

系统随机抽样（systematic random sampling）：将总体按一定顺序排序，选择一个随机起点，然后按照间隔 K 来选择总体中的个体。

T

检验统计量（test statistic）：根据样本信息确定的一个值，用于确定是否拒绝原假设。

总变差（total variation）：所有观测值与总体均值之间的平方差之和。

组间变差（treatment variation）：各组均值与总体均值之间的平方差之和。

V

完美信息价值（value of perfect information）：确定性条件下的最大预期收益与不确定性条件下的最大预期收益之间的差异。

变量控制图（variable control chart）：变量控制图绘制了一个定距数据或者定比数据的平均值随时间的变化。

方差（variance）：与平均值的平方偏差的算术平均值。

方差膨胀因子（variance inflation factor）：用于独立变量之间相关性的检验。

W

加权指数（weighted index）：基期和报告期间内的价格乘以数量（权重）。

Wilcoxon 秩和检验（Wilcoxon rank-sum test）：独立样本的非参数检验。数据类型至少是定序数据。当不能满足 t 检验的假设时，使用该检验。用于检验两个独立样本是否来自同一总体。如果配对 t 检验所需的假设不能满足时，也可以使用它。

Z

z 值（z value）：选定值 X 与均值 μ 之差，除以标准差 σ。

关 键 公 式

第 3 章

- 总体均值：

$$\mu = \frac{\sum X}{N} \qquad (3\text{-}1)$$

- 样本均值：

$$\bar{X} = \frac{\sum X}{n} \qquad (3\text{-}2)$$

- 加权平均值：

$$\bar{X}_w = \frac{w_1 X_1 + w_2 X_2 + \ldots + w_n X_n}{w_1 + w_2 + \ldots w_n} \qquad (3\text{-}3)$$

- 几何平均值：

$$\text{GM} = \sqrt[n]{(X_1)(X_2)\ldots(X_n)} \qquad (3\text{-}4)$$

- 平均年增长率：

$$\text{GM} = \sqrt[n]{\frac{\text{期末值}}{\text{期初值}}} - 1 \qquad (3\text{-}5)$$

- 极差：

$$\text{极差} = \text{最大值} - \text{最小值} \qquad (3\text{-}6)$$

- 总体方差：

$$\sigma^2 = \frac{\sum (X - \mu)^2}{N} \qquad (3\text{-}7)$$

- 总体标准差：

$$\sigma = \sqrt{\frac{\sum (X - \mu)^2}{N}} \qquad (3\text{-}8)$$

- 样本方差：

$$s^2 = \frac{\sum (X - \bar{X})^2}{n - 1} \qquad (3\text{-}9)$$

- 样本标准差：

$$s = \sqrt{\frac{\sum(X-\bar{X})^2}{n-1}} \qquad (3\text{-}10)$$

- 分组数据的算术平均值：

$$\bar{X} = \frac{\sum fM}{n} \qquad (3\text{-}11)$$

- 分组数据的标准差：

$$s = \sqrt{\frac{\sum f(M-\bar{X})^2}{n-1}} \qquad (3\text{-}12)$$

第 4 章

- 百分位数的位置：

$$L_P = (n+1)\frac{P}{100} \qquad (4\text{-}1)$$

- 皮尔森偏度系数：

$$sk = \frac{3(\bar{X}-\text{中位数})}{s} \qquad (4\text{-}2)$$

- 软件计算偏度系数：

$$sk = \frac{n}{(n-1)(n-2)}\left[\sum\left(\frac{X-\bar{X}}{s}\right)^3\right] \qquad (4\text{-}3)$$

第 5 章

- 特殊的加法法则：

$$P(A \cup B) = P(A) + P(B) \qquad (5\text{-}2)$$

- 对立法则：

$$P(A) = 1 - P(\bar{A}) \qquad (5\text{-}3)$$

- 一般的加法法则：

$$P(A \cup B) = P(A) + P(B) - P(A \cap B) \qquad (5\text{-}4)$$

- 特殊的乘法法则：

$$P(A \cap B) = P(A)P(B) \qquad (5\text{-}5)$$

- 一般的乘法法则:

$$P(A \cap B) = P(A)P(B|A) \qquad (5\text{-}6)$$

- 贝叶斯定理:

$$P(A_1/B) = \frac{P(A_1)P(B|A_1)}{P(A_1)P(B|A_1) + P(A_2)P(B|A_2)} \qquad (5\text{-}7)$$

- 乘法原理:

$$\text{组合数量} = m \times n \qquad (5\text{-}8)$$

- 排列数公式:

$$A_n^r = \frac{n!}{(n-r)!} \qquad (5\text{-}9)$$

- 组合数公式:

$$C_n^r = \frac{n!}{r!(n-r)!} \qquad (5\text{-}10)$$

第 6 章

- 概率分布的均值:

$$\mu = \Sigma[XP(X)] \qquad (6\text{-}1)$$

- 概率分布的方差:

$$\sigma^2 = \Sigma[(X-\mu)^2 P(X)] \qquad (6\text{-}2)$$

- 二项分布的概率:

$$P(X) = C_n^X \pi^X (1-\pi)^{n-X} \qquad (6\text{-}3)$$

- 二项分布的均值:

$$\mu = n\pi \qquad (6\text{-}4)$$

- 二项分布的方差:

$$\sigma^2 = n\pi(1-\pi) \qquad (6\text{-}5)$$

- 超几何分布:

$$P(X) = \frac{C_S^X C_{N-S}^{n-X}}{C_N^n} \qquad (6\text{-}6)$$

- 泊松分布:

$$P(X) = \frac{\mu^X e^{-\mu}}{X!} \qquad (6\text{-}7)$$

- 泊松分布的均值：

$$\mu = n\pi \tag{6-8}$$

第7章

- 均匀分布的均值：

$$\mu = \frac{a+b}{2} \tag{7-1}$$

- 均匀分布的标准差：

$$\sigma = \sqrt{\frac{(b-a)^2}{12}} \tag{7-2}$$

- 均匀分布（当 $a \leq X \leq b$ 时，概率如下式所示；在其他任意点，概率为 0）：

$$P(X) = \frac{1}{b-a} \tag{7-3}$$

- 正态概率分布：

$$P(X) = \frac{1}{\sigma\sqrt{2\pi}} e^{-\frac{(X-\mu)^2}{2\sigma^2}} \tag{7-4}$$

- 标准正态值：

$$z = \frac{X-\mu}{\sigma} \tag{7-5}$$

- 指数分布：

$$P(X) = \lambda e^{-\lambda X} \tag{7-6}$$

- 用指数分布计算概率：

$$P(\text{Arrival time} < X) = 1 - e^{-\lambda X} \tag{7-7}$$

第8章

- 均值的标准误差：

$$\sigma_{\bar{X}} = \frac{\sigma}{\sqrt{n}} \tag{8-1}$$

- 当总体标准差已知时：

$$z = \frac{\bar{X}-\mu}{\sigma/\sqrt{n}} \tag{8-2}$$

第 9 章

- σ 已知时，μ 的置信区间：

$$\bar{X} \pm z\frac{\sigma}{\sqrt{n}} \tag{9-1}$$

- σ 未知时，μ 的置信区间：

$$\bar{X} \pm t\frac{s}{\sqrt{n}} \tag{9-2}$$

- 样本比例：

$$p = \frac{X}{n} \tag{9-3}$$

- 总体比例的置信区间：

$$p \pm z\sqrt{\frac{p(1-p)}{n}} \tag{9-4}$$

- 估计总体均值的样本量：

$$n = \left(\frac{z\sigma}{E}\right)^2 \tag{9-5}$$

- 估计总体比例的样本量：

$$n = \pi(1-\pi)\left(\frac{z}{E}\right)^2 \tag{9-6}$$

第 10 章

- 当 σ 已知时，检验 μ：

$$z = \frac{\bar{X} - \mu}{\sigma/\sqrt{n}} \tag{10-1}$$

- 在 σ 未知时，检验均值：

$$t = \frac{\bar{X} - \mu}{s/\sqrt{n}} \tag{10-2}$$

- 第二类错误：

$$Z = \frac{\bar{X}_c - \mu_1}{\sigma/\sqrt{n}} \tag{10-3}$$

第 11 章

- 均值差异分布的方差：

$$\sigma^2_{\bar{X}_1-\bar{X}_2} = \frac{\sigma_1^2}{n_1} + \frac{\sigma_2^2}{n_2} \tag{11-1}$$

- σ 已知时的双样本均值检验：

$$z = \frac{\bar{X}_1 - \bar{X}_2}{\sqrt{\dfrac{\sigma_1^2}{n_1} + \dfrac{\sigma_2^2}{n_2}}} \tag{11-2}$$

- 混合方差：

$$s_p^2 = \frac{(n_1-1)s_1^2 + (n_2-1)s_2^2}{n_1 + n_2 - 2} \tag{11-3}$$

- σ 未知时两样本均值的检验：

$$t = \frac{\bar{X}_1 - \bar{X}_2}{\sqrt{s_p^2 \left(\dfrac{1}{n_1} + \dfrac{1}{n_2}\right)}} \tag{11-4}$$

- 均值无差异，方差不相等的检验统计量：

$$t = \frac{\bar{X}_1 - \bar{X}_2}{\sqrt{\dfrac{s_1^2}{n_1} + \dfrac{s_2^2}{n_2}}} \tag{11-5}$$

- 方差不相等时的自由度：

$$df = \frac{\left[(s_1^2/n_1) + (s_2^2/n_2)\right]^2}{\dfrac{(s_1^2/n_1)^2}{n_1-1} + \dfrac{(s_2^2/n_2)^2}{n_2-1}} \tag{11-6}$$

- 成对 t 检验：

$$t = \frac{\bar{d}}{s_d / \sqrt{n}} \tag{11-7}$$

第 12 章

- 比较两组方差的检验统计量：

$$F = \frac{s_1^2}{s_2^2} \tag{12-1}$$

- 总平方和：
$$\text{SS total} = \sum (X - \bar{X}_G)^2 \quad (12\text{-}2)$$

- 残差平方和：
$$\text{SSE} = \sum (X - \bar{X}_C)^2 \quad (12\text{-}3)$$

- 组间平方和：
$$\text{SST} = \text{SS total} - \text{SSE} \quad (12\text{-}4)$$

- 组间均值差的置信区间：
$$(\bar{X}_1 - \bar{X}_2) \pm t\sqrt{\text{MSE}\left(\frac{1}{n_1} + \frac{1}{n_2}\right)} \quad (12\text{-}5)$$

- 区组变量平方和：
$$\text{SSB} = k\sum (\bar{X}_b - \bar{X}_G)^2 \quad (12\text{-}6)$$

- 双因素残差平方和：
$$\text{SSE} = \text{SS total} - \text{SST} - \text{SSB} \quad (12\text{-}7)$$

第 13 章

- 估计标准误差：
$$S_{y \cdot x} = \sqrt{\frac{\text{SSE}}{n-2}} \quad (13\text{-}9)$$

- 给定 x，y 平均值的置信区间：
$$\hat{y} \pm t s_{y \cdot x} \sqrt{\frac{1}{n} + \frac{(x - \bar{x})^2}{\sum (x - \bar{x})^2}} \quad (13\text{-}11)$$

- 给定 x，y 个别值的预测区间：
$$\hat{y} \pm t s_{y \cdot x} \sqrt{1 + \frac{1}{n} + \frac{(x - \bar{x})^2}{\sum (x - \bar{x})^2}} \quad (13\text{-}12)$$

第 14 章

- 多元回归方程：
$$\hat{y} = a + b_1 x_1 + b_2 x_2 + b_3 x_3 + \cdots + b_k x_k \quad (14\text{-}1)$$

- 多元估计标准误差：

$$s_{y \cdot 1,2,3,\ldots,k} = \sqrt{\frac{\sum(y-\hat{y})^2}{n-(k+1)}} = \sqrt{\frac{\text{SSE}}{n-(k+1)}} \qquad (14\text{-}2)$$

- 多重判定系数：

$$R^2 = \frac{\text{SSR}}{\text{SS total}} \qquad (14\text{-}3)$$

- 调整后的多重判定系数：

$$R_{\text{adj}}^2 = 1 - \frac{\dfrac{\text{SSE}}{n-(k+1)}}{\dfrac{\text{SS total}}{n-1}} \qquad (14\text{-}4)$$

- 整体检验：

$$F = \frac{\text{SSR}/k}{\text{SSE}/[n-(k+1)]} \qquad (14\text{-}5)$$

- 检验个别回归系数：

$$t = \frac{b_i - 0}{s_{b_i}} \qquad (14\text{-}6)$$

- 方差膨胀因子：

$$\text{VIF} = \frac{1}{1 - R_j^2} \qquad (14\text{-}7)$$

第 15 章

- 单样本的比例检验，检验统计量：

$$z = \frac{p - \pi}{\sqrt{\dfrac{\pi(1-\pi)}{n}}} \qquad (15\text{-}1)$$

- 两个样本的比例检验，检验统计量：

$$z = \frac{p_1 - p_2}{\sqrt{\dfrac{p_c(1-p_c)}{n_1} + \dfrac{p_c(1-p_c)}{n_2}}} \qquad (15\text{-}2)$$

- 计算两个样本的混合比例：

$$p_c = \frac{x_1 + x_2}{n_1 + n_2} \qquad (15\text{-}3)$$

- 卡方检验统计量的公式：

$$\chi^2(k-1) = \sum \left[\frac{(f_0 - f_e)^2}{f_e} \right] \quad (15\text{-}4)$$

- 预期频数的计算公式：

$$f_e = \frac{行和 \times 列和}{总和} \quad (15\text{-}5)$$

第 16 章

- 符号检验，$n>10$：

$$z = \frac{(x \pm 0.50) - \mu}{\sigma} \quad (16\text{-}1)$$

- Wilcoxon 秩和检验：

$$z = \frac{W - \dfrac{n_1(n_1 + n_2 + 1)}{2}}{\sqrt{\dfrac{n_1 n_2 (n_1 + n_2 + 1)}{12}}} \quad (16\text{-}4)$$

- Kruskal-Wallis 检验：

$$H = \frac{12}{n(n+1)} \left[\frac{(\sum R_1)^2}{n_1} + \frac{(\sum R_2)^2}{n_2} + \cdots + \frac{(\sum R_k)^2}{n_k} \right] - 3(n+1) \quad (16\text{-}5)$$

- 等级相关系数：

$$r_s = 1 - \frac{6 \sum d^2}{n(n^2 - 1)} \quad (16\text{-}6)$$

- 等级相关系数的检验：

$$t = r_s \sqrt{\frac{n-2}{1-r_s^2}} \quad (16\text{-}7)$$

第 17 章

- 简单指数：

$$P = \frac{p_t}{p_0} \times 100 \quad (17\text{-}1)$$

- 价格的简单平均指数：

$$P = \frac{\sum P_i}{n} \quad (17\text{-}2)$$

- 简单综合指数：

$$P = \frac{\sum p_t}{\sum p_0} \times 100 \qquad (17\text{-}3)$$

- 拉氏指数：

$$P = \frac{\sum p_t q_0}{\sum p_0 q_0} \times 100 \qquad (17\text{-}4)$$

- 帕氏指数：

$$P = \frac{\sum p_t q_t}{\sum p_0 q_t} \times 100 \qquad (17\text{-}5)$$

- 费雪理想指数：

$$\text{费雪理想指数} = \sqrt{\text{拉氏指数} \times \text{帕氏指数}} \qquad (17\text{-}6)$$

- 价值指数：

$$V = \frac{\sum p_t q_t}{\sum p_0 q_0} \times 100 \qquad (17\text{-}7)$$

- 实际收入：

$$\text{实际收入} = \frac{\text{现金收入}}{\text{居民消费价格指数}} \times 100 \qquad (17\text{-}8)$$

- 使用某个指数作为平减指数：

$$\text{平减销售额} = \frac{\text{实际销售额}}{\text{一个适当的指数}} \times 100 \qquad (17\text{-}9)$$

- 使用某个指数来确定购买力：

$$\text{货币购买力} = \frac{1}{\text{CPI}} \times 100 \qquad (17\text{-}10)$$

第 18 章

- 线性趋势方程：

$$\hat{y} = a + bt \qquad (18\text{-}1)$$

- 对数趋势方程：

$$\log \hat{y} = \log a + \log b(t) \qquad (18\text{-}2)$$

- 修正系数：

$$\text{修正系数} = \frac{4.00}{4\text{个均值总和}} \qquad (18\text{-}3)$$

- 杜宾统计量：

$$d = \frac{\sum_{t=2}^{n}(e_t - e_{t-1})^2}{\sum_{t=1}^{n}e_t^2} \tag{18-4}$$

第 19 章

- 总体均值：

$$\bar{\bar{x}} = \frac{\sum \text{样本均值}}{\text{样本均值数}} = \frac{\sum \bar{x}}{k} \tag{19-1}$$

- 均值的上下控制限的公式：

$$\text{UCL} = \bar{\bar{x}} + A_2 \bar{R} \qquad \text{LCL} = \bar{\bar{x}} - A_2 \bar{R} \tag{19-4}$$

- 极差的上下控制限的公式：

$$\text{UCL} = D_4 \bar{R} \qquad \text{LCL} = D_3 \bar{R} \tag{19-5}$$

- 平均缺陷比例：

$$p = \frac{\text{缺陷总数}}{\text{采样总数}} \tag{19-6}$$

- 比例控制限值：

$$\text{LCL, UCL} = p \pm 3\sqrt{\frac{p(1-p)}{n}} \tag{19-8}$$

- 控制每个部件的缺陷数量：

$$\text{LCL, UCL} = \bar{c} \pm 3\sqrt{\bar{c}} \tag{19-9}$$

第 20 章

- 预期收益：

$$\text{EVA}(A_i) = \sum \left[P(S_j) \cdot V(A_i, S_j) \right] \tag{20-1}$$

- 预期机会损失：

$$\text{EOL}(A_i) = \sum \left[P(S_j) \cdot R(A_i, S_j) \right] \tag{20-2}$$

- 完美信息期望值：

$$\text{EVPI} = \text{确定性条件下的预期价值} - \text{不确定性条件下的预期价值} \tag{20-3}$$

t 分布表

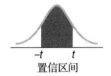
置信区间

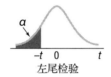
左尾检验

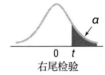
右尾检验

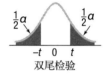
双尾检验

表 B-29　t 分布表

df	置信区间，C					
	80%	90%	95%	98%	99%	99.90%
	单尾检验的显著性水平，α					
	0.10	0.05	0.025	0.01	0.005	0.000 5
	双尾检验的显著性水平，α					
	0.20	0.10	0.05	0.02	0.01	0.001
1	3.078	6.314	12.706	31.821	63.657	636.619
2	1.886	2.920	4.303	6.965	9.925	31.599
3	1.638	2.353	3.182	4.541	5.841	12.924
4	1.533	2.132	2.776	3.747	4.604	8.610
5	1.476	2.015	2.571	3.365	4.032	6.869
6	1.440	1.943	2.447	3.143	3.707	5.959
7	1.415	1.895	2.365	2.998	3.499	5.408
8	1.397	1.860	2.306	2.896	3.355	5.041
9	1.383	1.833	2.262	2.821	3.250	4.781
10	1.372	1.812	2.228	2.764	3.169	4.587
11	1.363	1.796	2.201	2.718	3.106	4.437
12	1.356	1.782	2.179	2.681	3.055	4.318
13	1.350	1.771	2.160	2.650	3.012	4.221
14	1.345	1.761	2.145	2.624	2.977	4.140
15	1.341	1.753	2.131	2.602	2.947	4.073
16	1.337	1.746	2.120	2.583	2.921	4.015
17	1.333	1.740	2.110	2.567	2.898	3.965
18	1.330	1.734	2.101	2.552	2.878	3.922
19	1.328	1.729	2.093	2.539	2.861	3.883
20	1.325	1.725	2.086	2.528	2.845	3.850
21	1.323	1.721	2.080	2.518	2.831	3.819
22	1.321	1.717	2.074	2.508	2.819	3.792

(续)

df	置信区间，C					
	80%	90%	95%	98%	99%	99.90%
	单尾检验的显著性水平，α					
	0.10	0.05	0.025	0.01	0.005	0.000 5
	双尾检验的显著性水平，α					
	0.20	0.10	0.05	0.02	0.01	0.001
23	1.319	1.714	2.069	2.500	2.807	3.768
24	1.318	1.711	2.064	2.492	2.797	3.745
25	1.316	1.708	2.060	2.485	2.787	3.725
26	1.315	1.706	2.056	2.479	2.779	3.707
27	1.314	1.703	2.052	2.473	2.771	3.690
28	1.313	1.701	2.048	2.467	2.763	3.674
29	1.311	1.699	2.045	2.462	2.756	3.659
30	1.310	1.697	2.042	2.457	2.750	3.646
31	1.309	1.696	2.040	2.453	2.744	3.633
32	1.309	1.694	2.037	2.449	2.738	3.622
33	1.308	1.692	2.035	2.445	2.733	3.611
34	1.307	1.691	2.032	2.441	2.728	3.601
35	1.306	1.690	2.030	2.438	2.724	3.591
36	1.306	1.688	2.028	2.434	2.719	3.582
37	1.305	1.687	2.026	2.431	2.715	3.574
38	1.304	1.686	2.024	2.429	2.712	3.566
39	1.304	1.685	2.023	2.426	2.708	3.558
40	1.303	1.684	2.021	2.423	2.704	3.551
41	1.303	1.683	2.020	2.421	2.701	3.544
42	1.302	1.682	2.018	2.418	2.698	3.538
43	1.302	1.681	2.017	2.416	2.695	3.532
44	1.301	1.680	2.015	2.414	2.692	3.526
45	1.301	1.679	2.014	2.412	2.690	3.520
46	1.300	1.679	2.013	2.410	2.687	3.515
47	1.300	1.678	2.012	2.408	2.685	3.510
48	1.299	1.677	2.011	2.407	2.682	3.505
49	1.299	1.677	2.010	2.405	2.680	3.500
50	1.299	1.676	2.009	2.403	2.678	3.496
51	1.298	1.675	2.008	2.402	2.676	3.492
52	1.298	1.675	2.007	2.400	2.674	3.488
53	1.298	1.674	2.006	2.399	2.672	3.484
54	1.297	1.674	2.005	2.397	2.670	3.480
55	1.297	1.673	2.004	2.396	2.668	3.476
56	1.297	1.673	2.003	2.395	2.667	3.473
57	1.297	1.672	2.002	2.394	2.665	3.470
58	1.296	1.672	2.002	2.392	2.663	3.466
59	1.296	1.671	2.001	2.391	2.662	3.463
60	1.296	1.671	2.000	2.390	2.660	3.460

（续）

df	置信区间，C					
	80%	90%	95%	98%	99%	99.90%
	单尾检验的显著性水平，α					
	0.10	0.05	0.025	0.01	0.005	0.000 5
	双尾检验的显著性水平，α					
	0.20	0.10	0.05	0.02	0.01	0.001
61	1.296	1.670	2.000	2.389	2.659	3.457
62	1.295	1.670	1.999	2.388	2.657	3.454
63	1.295	1.669	1.998	2.387	2.656	3.452
64	1.295	1.669	1.998	2.386	2.655	3.449
65	1.295	1.669	1.997	2.385	2.654	3.447
66	1.295	1.668	1.997	2.384	2.652	3.444
67	1.294	1.668	1.996	2.383	2.651	3.442
68	1.294	1.668	1.995	2.382	2.650	3.439
69	1.294	1.667	1.995	2.382	2.649	3.437
70	1.294	1.667	1.994	2.381	2.648	3.435
71	1.294	1.667	1.994	2.380	2.647	3.433
72	1.293	1.666	1.993	2.379	2.646	3.431
73	1.293	1.666	1.993	2.379	2.645	3.429
74	1.293	1.666	1.993	2.378	2.644	3.427
75	1.293	1.665	1.992	2.377	2.643	3.425
76	1.293	1.665	1.992	2.376	2.642	3.423
77	1.293	1.665	1.991	2.376	2.641	3.421
78	1.292	1.665	1.991	2.375	2.640	3.420
79	1.292	1.664	1.990	2.374	2.640	3.418
80	1.292	1.664	1.990	2.374	2.639	3.416
81	1.292	1.664	1.990	2.373	2.638	3.415
82	1.292	1.664	1.989	2.373	2.637	3.413
83	1.292	1.663	1.989	2.372	2.636	3.412
84	1.292	1.663	1.989	2.372	2.636	3.410
85	1.292	1.663	1.988	2.371	2.635	3.409
86	1.291	1.663	1.988	2.370	2.634	3.407
87	1.291	1.663	1.988	2.370	2.634	3.406
88	1.291	1.662	1.987	2.369	2.633	3.405
89	1.291	1.662	1.987	2.369	2.632	3.403
90	1.291	1.662	1.987	2.368	2.632	3.402
91	1.291	1.662	1.986	2.368	2.631	3.401
92	1.291	1.662	1.986	2.368	2.630	3.399
93	1.291	1.661	1.986	2.367	2.630	3.398
94	1.291	1.661	1.986	2.367	2.629	3.397
95	1.291	1.661	1.985	2.366	2.629	3.396
96	1.290	1.661	1.985	2.366	2.628	3.395
97	1.290	1.661	1.985	2.365	2.627	3.394
98	1.290	1.661	1.984	2.365	2.627	3.393

(续)

df	置信区间, C					
	80%	90%	95%	98%	99%	99.90%
	单尾检验的显著性水平, α					
	0.10	0.05	0.025	0.01	0.005	0.000 5
	双尾检验的显著性水平, α					
	0.20	0.10	0.05	0.02	0.01	0.001
99	1.290	1.660	1.984	2.365	2.626	3.392
100	1.290	1.660	1.984	2.364	2.626	3.390
120	1.289	1.658	1.980	2.358	2.617	3.373
140	1.288	1.656	1.977	2.353	2.611	3.361
160	1.287	1.654	1.975	2.350	2.607	3.352
180	1.286	1.653	1.973	2.347	2.603	3.345
200	1.286	1.653	1.972	2.345	2.601	3.340
∞	1.282	1.645	1.960	2.326	2.576	3.291

正态曲线下的面积

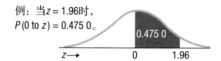

例：当 $z = 1.96$ 时，$P(0\ \text{to}\ z) = 0.4750$。

表 B-30 正态分布表

z	0.00	0.01	0.02	0.03	0.04	0.05	0.06	0.07	0.08	0.09
0.0	0.0000	0.0040	0.0080	0.0120	0.0160	0.0199	0.0239	0.0279	0.0319	0.0359
0.1	0.0398	0.0438	0.0478	0.0517	0.0557	0.0596	0.0636	0.0675	0.0714	0.0753
0.2	0.0793	0.0832	0.0871	0.0910	0.0948	0.0987	0.1026	0.1064	0.1103	0.1141
0.3	0.1179	0.1217	0.1255	0.1293	0.1331	0.1368	0.1406	0.1443	0.1480	0.1517
0.4	0.1554	0.1591	0.1628	0.1664	0.1700	0.1736	0.1772	0.1808	0.1844	0.1879
0.5	0.1915	0.1950	0.1985	0.2019	0.2054	0.2088	0.2123	0.2157	0.2190	0.2224
0.6	0.2257	0.2291	0.2324	0.2357	0.2389	0.2422	0.2454	0.2486	0.2517	0.2549
0.7	0.2580	0.2611	0.2642	0.2673	0.2704	0.2734	0.2764	0.2794	0.2823	0.2852
0.8	0.2881	0.2910	0.2939	0.2967	0.2995	0.3023	0.3051	0.3078	0.3106	0.3133
0.9	0.3159	0.3186	0.3212	0.3238	0.3264	0.3289	0.3315	0.3340	0.3365	0.3389
1.0	0.3413	0.3438	0.3461	0.3485	0.3508	0.3531	0.3554	0.3577	0.3599	0.3621
1.1	0.3643	0.3665	0.3686	0.3708	0.3729	0.3749	0.3770	0.3790	0.3810	0.3830
1.2	0.3849	0.3869	0.3888	0.3907	0.3925	0.3944	0.3962	0.3980	0.3997	0.4015
1.3	0.4032	0.4049	0.4066	0.4082	0.4099	0.4115	0.4131	0.4147	0.4162	0.4177
1.4	0.4192	0.4207	0.4222	0.4236	0.4251	0.4265	0.4279	0.4292	0.4306	0.4319
1.5	0.4332	0.4345	0.4357	0.4370	0.4382	0.4394	0.4406	0.4418	0.4429	0.4441
1.6	0.4452	0.4463	0.4474	0.4484	0.4495	0.4505	0.4515	0.4525	0.4535	0.4545
1.7	0.4554	0.4564	0.4573	0.4582	0.4591	0.4599	0.4608	0.4616	0.4625	0.4633
1.8	0.4641	0.4649	0.4656	0.4664	0.4671	0.4678	0.4686	0.4693	0.4699	0.4706
1.9	0.4713	0.4719	0.4726	0.4732	0.4738	0.4744	0.4750	0.4756	0.4761	0.4767
2.0	0.4772	0.4778	0.4783	0.4788	0.4793	0.4798	0.4803	0.4808	0.4812	0.4817
2.1	0.4821	0.4826	0.4830	0.4834	0.4838	0.4842	0.4846	0.4850	0.4854	0.4857
2.2	0.4861	0.4864	0.4868	0.4871	0.4875	0.4878	0.4881	0.4884	0.4887	0.4890
2.3	0.4893	0.4896	0.4898	0.4901	0.4904	0.4906	0.4909	0.4911	0.4913	0.4916
2.4	0.4918	0.4920	0.4922	0.4925	0.4927	0.4929	0.4931	0.4932	0.4934	0.4936
2.5	0.4938	0.4940	0.4941	0.4943	0.4945	0.4946	0.4948	0.4949	0.4951	0.4952
2.6	0.4953	0.4955	0.4956	0.4957	0.4959	0.4960	0.4961	0.4962	0.4963	0.4964

（续）

z	0.00	0.01	0.02	0.03	0.04	0.05	0.06	0.07	0.08	0.09
2.7	0.4965	0.4966	0.4967	0.4968	0.4969	0.4970	0.4971	0.4972	0.4973	0.4974
2.8	0.4974	0.4975	0.4976	0.4977	0.4977	0.4978	0.4979	0.4979	0.4980	0.4981
2.9	0.4981	0.4982	0.4982	0.4983	0.4984	0.4984	0.4985	0.4985	0.4986	0.4986
3.0	0.4987	0.4987	0.4987	0.4988	0.4988	0.4989	0.4989	0.4989	0.4990	0.4990

推荐阅读

	中文书名	原作者	中文书号	定价
1	货币金融学(美国商学院版，原书第5版)	弗雷德里克·S. 米什金 哥伦比亚大学	978-7-111-65608-1	119.00
2	货币金融学(英文版·美国商学院版，原书第5版)	弗雷德里克·S. 米什金 哥伦比亚大学	978-7-111-69244-7	119.00
3	《货币金融学(原书第5版)》习题集	弗雷德里克·S. 米什金 哥伦比亚大学	978-7-111-73491-8	69.00
4	投资学（原书第10版）	滋维·博迪 波士顿大学	978-7-111-56823-0	129.00
5	投资学（英文版·原书第10版）	滋维·博迪 波士顿大学	978-7-111-58160-4	149.00
6	投资学（原书第10版）习题集	滋维·博迪 波士顿大学	978-7-111-60620-8	69.00
7	投资学（原书第9版·精要版）	滋维·博迪 波士顿大学	978-7-111-48772-2	55.00
8	投资学（原书第9版·精要版·英文版）	滋维·博迪 波士顿大学	978-7-111-48760-9	75.00
9	公司金融(原书第12版·基础篇)	理查德·A. 布雷利 伦敦商学院	978-7-111-57059-2	79.00
10	公司金融(原书第12版·基础篇·英文版)	理查德·A. 布雷利 伦敦商学院	978-7-111-58124-6	79.00
11	公司金融(原书第12版·进阶篇)	理查德·A. 布雷利 伦敦商学院	978-7-111-57058-5	79.00
12	公司金融(原书第12版·进阶篇·英文版)	理查德·A. 布雷利 伦敦商学院	978-7-111-58053-9	79.00
13	《公司金融（原书第12版）》学习指导及习题解析	理查德·A. 布雷利 伦敦商学院	978-7-111-62558-2	79.00
14	国际金融（原书第5版）	迈克尔·H. 莫菲特 雷鸟国际管理商学院	978-7-111-66424-6	89.00
15	国际金融（英文版·原书第5版）	迈克尔·H. 莫菲特 雷鸟国际管理商学院	978-7-111-67041-4	89.00
16	期权、期货及其他衍生产品（原书第11版）	约翰·赫尔 多伦多大学	978-7-111-71644-0	199.00
17	期权、期货及其他衍生产品（英文版·原书第10版）	约翰·赫尔 多伦多大学	978-7-111-70875-9	169.00
18	金融市场与金融机构（原书第9版）	弗雷德里克·S. 米什金 哥伦比亚大学	978-7-111-66713-1	119.00

推荐阅读

	中文书名	原作者	中文书号	定价
1	金融市场与机构（原书第6版）	安东尼·桑德斯 纽约大学	978-7-111-57420-0	119.00
2	金融市场与机构（原书第6版·英文版）	安东尼·桑德斯 纽约大学	978-7-111-59409-3	119.00
3	商业银行管理（第9版）	彼得·S.罗斯 得克萨斯A&M大学	978-7-111-43750-5	85.00
4	商业银行管理（第9版·中国版）	彼得·S.罗斯 得克萨斯A&M大学 戴国强 上海财经大学	978-7-111-54085-4	69.00
5	投资银行、对冲基金和私募股权投资（原书第3版）	戴维·斯托尼尔 西北大学凯洛格商学院	978-7-111-62106-5	129.00
6	收购、兼并和重组：过程、工具、案例与解决方案（原书第7版）	唐纳德·德帕姆菲利斯 洛杉矶洛约拉马利蒙特大学	978-7-111-50771-0	99.00
7	风险管理与金融机构（原书第5版）	约翰·赫尔 多伦多大学	978-7-111-67127-5	99.00
8	现代投资组合理论与投资分析（原书第9版）	埃德温·J.埃尔顿 纽约大学	978-7-111-56612-0	129.00
9	债券市场：分析与策略（原书第8版）	弗兰克·法博齐 耶鲁大学	978-7-111-55502-5	129.00
10	固定收益证券（第3版）	布鲁斯·塔克曼 纽约大学	978-7-111-44457-2	79.00
11	固定收益证券	彼得罗·韦罗内西 芝加哥大学	978-7-111-62508-7	159.00
12	财务报表分析与证券估值（第5版·英文版）	斯蒂芬·H.佩因曼 哥伦比亚大学	978-7-111-52486-1	99.00
13	财务报表分析与证券估值（第5版）	斯蒂芬·H.佩因曼 哥伦比亚大学	978-7-111-55288-8	129.00
14	金融计量：金融市场统计分析（第4版）	于尔根·弗兰克 凯撒斯劳滕工业大学	978-7-111-54938-3	75.00
15	金融计量经济学基础：工具，概念和资产管理应用	弗兰克·J.法博齐 耶鲁大学	978-7-111-63458-4	79.00
16	行为金融：心理、决策和市场	露西·F.阿科特 肯尼索州立大学	978-7-111-39995-7	59.00
17	行为公司金融（第2版）	赫什·舍夫林 加州圣塔克拉大学	978-7-111-62011-2	79.00
18	行为公司金融（第2版·英文版）	赫什·舍夫林 加州圣塔克拉大学	978-7-111-62572-8	79.00
19	财务分析：以Excel为分析工具（原书第8版）	蒂莫西·R.梅斯 丹佛大都会州立学院	978-7-111-67254-8	79.00
20	金融经济学	弗兰克·J.法博齐 耶鲁大学	978-7-111-50557-0	99.00